法兰西经典 05

Différence
et répétition

差异与重复

[法]吉尔·德勒兹(Gilles Deleuze) 著
安靖 张子岳 译

华东师范大学出版社
上海

华东师范大学出版社六点分社 策划

出版弁言

1

法国——一个盛产葡萄酒和思想家的地方。

英国人曾写了一本名叫 *Fifty Key Contemporary Thinkers* 的书，遴选了 50 位 20 世纪最重要的思想家，其中居然有一半人的血统是法兰西的。

其实，自 18 世纪以来，法国就成为制造"思想"的工厂，欧洲三大启蒙思想家孟德斯鸠、伏尔泰、卢梭让法国人骄傲了几百年。如果说欧洲是整个现代文明的发源地，法国就是孕育之床——启蒙运动的主战场。自那时起，法国知识界就从不缺席思想史上历次重大的思想争论，且在这些争论中总是扮演着重要的角色，给后人留下精彩的文字和思考的线索。毫不夸张地说，当今世界面临的诸多争论与分歧、问题与困惑，从根子上说，源于启蒙运动的兴起。

法国人身上具有拉丁文化传统的先天基因，这种优越感使他们从不满足于坐在历史车厢里观望这个世界，而是始终渴望占据历史火车头的位置。他们从自己的对手——英德两翼那里汲取养料,在知识的大洋里,法国人近似于优雅的"海盗",从早年"以英为师",到现代法德史上嫁接思想典范的3M和3H事件,①可以说,自18世纪以来,启蒙运动的硝烟在法国始终没有散去——法国总是有足够多的思想"演员"轮番上场——当今世界左右之争的桥头堡和对峙重镇,无疑是法国。

保罗·利科(P. Ricœur)曾这样形容法兰西近代以来的"学统"特质:从文本到行动。法国人制造思想就是为了行动。巴黎就是一座承载法兰西学统的城市,如果把巴黎林林总总的博物馆、图书馆隐喻为"文本",那巴黎大大小小的广场则可启示为"行动"聚所。

2

当今英美思想界移译最多者当属法国人的作品。法国知识人对经典的吐故纳新能力常常令英美德知识界另眼相看,以至于法国许多学者的功成是因为得到英美思想界首肯而名就。法国知识界戏称"墙内开花墙外香",福柯(M. Foucault)如此,德里达(J. Derrida)如此,当下新锐托马斯·皮凯蒂(T. Piketty)也是如此。

移译"法兰西经典"的文本,我们的旨趣和考量有四:一是脱胎于"革命"、"改革"潮流的今日中国人,在精气、历史变迁和社会心理上,与法国人颇有一些相似之处。此可谓亲也。二是法国知

---

① 法国知识界有这样的共识:马克思、弗洛伊德和尼采被誉为三位"怀疑大师"(trois Maîtres de soupçon),法称3M;黑格尔、胡塞尔和海德格尔这三位名字首字母为H的德国思想家,法称3H;这六位德国思想大家一直是当代法国知识谱系上的"主食"。可以说,3M和3H是法国知识界制造"思想"工厂的"引擎"力量。

识人历来重思想的创造，**轻体系**的建构。面对欧洲强大的德、英学统，法国人**拒绝**与其"接轨"，咀嚼、甄别、消化、筛选、创新、行动是法国人的逻辑。此可谓学也。三是与英美德相比较，法国知识人对这个世界的"追问"和"应答"，总是带有**启示的力量**和**世俗的雅致**，他们总会把人类面临的问题和思考的结果赤裸裸地摆上桌面，语惊四座。此可谓奇也。四是法国人创造的文本形态，丰富多样，语言精细，文气沁人。既有狄德罗"百科全书式"的书写传统，又有承袭自蒙田那般精巧、灵性的 Essai（随笔）文风，更有不乏卢梭那样，假托小说体、自传体，言表隐匿的思想，其文本丰富性在当今世界独树一帜，此可谓读也。

3

伏尔泰说过这样的话：思想像胡须一样，不成熟就不可能长出来。法兰西民族是一个早熟的民族——法国思想家留给这个世界的文字，总会令人想象天才的模样和疯子的影子，总会自觉或不自觉地让人联想到中国人的那些事儿，那些史记。

从某种意义上说，法国人一直在骄傲地告诉世人应当如何生活，而我们译丛的旨趣则关注他们是如何思考未来的。也许法兰西民族嫁接思想、吐故纳新、创造历史的本领可以使我们一代人领悟：恢复一个民族的元气和自信要经历分娩的阵痛，且难免腥风血雨。

是所望焉。谨序。

倪为国
2015 年 3 月

我认为我自己就是一个纯粹的形而上学家。

——吉尔·德勒兹

对于法国的学院传统来说，德勒兹是一个深受尊敬且易于归类的人物（尽管他生前几乎未曾得到过学院派的承认）。他是一个职业哲学家，他在大学担任教席（尽管是在一所暧昧可疑的左派大学），他曾经撰写过一篇国家博士论文（《差异与重复》），这种论文算得上是法国论文中的古老怪兽（他的这篇论文是一部相当古怪的作品，尤其当读者用国家博士论文一般所是的那个样子为标准来衡量它时）。他沉浸在法国的哲学史学院传统和那时时更新的对正典文本的塔木德式评注之中（尽管德勒兹总是在宣扬那"令人反感"的原创性，但他专论柏格森、斯宾诺莎和莱布尼茨的著作——对于一位哲学家来说——的确是值得尊敬的杰出成就）。而且，尽管对学院哲学家持批评态度，他却仍然是一个面向其他哲学家进行写作的专业哲学家（《差异与重复》的作者绝没想过要把它写成一本大众读物：这种论文的读者往往就是对其进行评审的五人答辩委员会）。

——让-雅克·勒塞尔克莱（Jean-Jacques Lecercle），
《德勒兹与语言》（*Deleuze and Language*）

目 录

中译本说明 …………………………………………… 1

序言 …………………………………………………… 1

导论：重复与差异 …………………………………… 7
 重复与一般性：从行为着眼的第一种区别 ………… 7
 一般性的两种类型：类似性与相等性 …………… 9
 从法则着眼的第二种区别 ………………………… 11
 重复、自然法则与道德法则 ……………………… 12
 克尔凯郭尔、尼采、贝玑的重复哲学纲要 ……… 15
 真实运动、戏剧与表象 …………………………… 20
 重复与一般性：从概念着眼的第三种区别 ……… 26
 概念的内涵与"阻断"的现象 ……………………… 27
 "自然阻断"的三种实例与重复：名词概念、自然概念、
  自由概念 ………………………………………… 28
 概念的同一性无法解释重复；单纯否定性的条件同样
  无法解释重复 …………………………………… 34
 "死亡欲力"的功能：与差异联系在一起，并且
  要求一条实定原则的重复（自由概念的例子） …… 35

两种重复：以概念之同一性和否定的条件为本的重复；
　　以差异和理念中的过剩为本的重复（自然概念与
　　名词概念的示例）…………………………………… 41
重复中的赤裸之物与着装之物……………………………… 48
概念性的差异与无概念的差异……………………………… 52
但是，差异的概念（理念）不能被还原为一种概念性的
　　差异，重复的实定性本质不能被还原为一种无
　　概念的差异…………………………………………… 54

第一章　自在之差异………………………………………… 56

差异与晦暗的基底…………………………………………… 56
应该表象差异吗？表象的四个方面（四重根）…………… 59
圆满的时刻、差异、大与小………………………………… 59
概念性的差异：最大的差异与最好的差异………………… 60
亚里士多德的差异逻辑学，以及差异的概念与概念性
　　的差异的混淆………………………………………… 62
种差与属差…………………………………………………… 65
四大方面，或表象对它们的从属：概念的同一性、
　　判断的类比、谓词的对立、被知觉者的
　　类似性………………………………………………… 66
差异与有机表象……………………………………………… 68
单义性与差异………………………………………………… 70
两类分配……………………………………………………… 72
调和单义性与类比的不可能性……………………………… 75
单义性的诸环节：司各脱、斯宾诺莎、尼采……………… 77
被界定为存在之单义性的永恒回归中的重复……………… 80
差异与狂放表象（无限大与无限小）……………………… 82
作为理由的根据……………………………………………… 83

黑格尔的差异逻辑学与差异存在论:矛盾 …………… 85
莱布尼茨的差异逻辑学和差异存在论:非本质矛盾
　（连续性与不可分辨者）………………………… 87
狂放表象或差异之无限如何没能逃脱先前那四个
　方面？ …………………………………………… 92
差异、肯定与否定 …………………………………… 95
否定的幻相 …………………………………………… 98
差异之消除与永恒回归 …………………………… 101
柏拉图的差异逻辑学与差异存在论 ……………… 110
划分法的种种形态:追求者、根据—考验、发
　问—问题、(非)存在与否定的地位 …………… 111
在差异问题中至关重要的是:拟像、拟像之
　抵抗 …………………………………………… 123

第二章　自为之重复 ………………………………… 129
重复:某种东西被改变了 ………………………… 129
第一时间综合:活生生的当前 …………………… 130
习性、被动综合、缩合、静观 …………………… 133
习惯的问题 ………………………………………… 138
第二时间综合:纯粹过去 ………………………… 144
记忆、纯粹过去与诸当前的表象 ………………… 145
过去的四重悖论 …………………………………… 147
习惯与记忆中的重复 ……………………………… 149
物质性重复与精神性重复 ………………………… 152
笛卡尔式我思与康德式我思·未规定者、规定、
　可规定者 ……………………………………… 154
分裂的我、被动自我与空时间形式 ……………… 156

记忆的不足之处：第三时间综合 ………………………… 158
　　时间的形式、顺序、总体与系列 ………………………… 160
　　第三综合中的重复：它的不足条件、它的变形
　　　　施动者、它的无条件特征 …………………………… 163
　　以永恒回归中的重复为着眼点的悲剧与喜剧、
　　　　历史、信仰 …………………………………………… 165
　　重复与无意识："超越快感原则" ………………………… 172
　　第一综合与钳合：哈比图斯 ……………………………… 173
　　第二综合：潜能对象与过去 ……………………………… 175
　　爱若斯与摩涅莫绪涅 ……………………………………… 184
　　重复、移置与伪装：差异 ………………………………… 185
　　无意识之本性的种种结果：系列的无意识、微分
　　　　无意识与发问的无意识 ……………………………… 190
　　朝向第三综合或第三种"超越"：自恋的自我、死亡
　　　　欲力与空时间形式 …………………………………… 195
　　死亡欲力、对立与物质性的重复 ………………………… 198
　　死亡欲力与永恒回归中的重复 …………………………… 200
　　类似性与差异 ……………………………………………… 206
　　系统是什么？ ……………………………………………… 207
　　阴暗预兆与"行分化者" ………………………………… 210
　　文学系统 …………………………………………………… 213
　　幻想或拟像，以及与差异相关联的同一之物的三种
　　　　形态 …………………………………………………… 218
　　柏拉图主义的真正动机存在于拟像的问题中 …………… 222
　　拟像与永恒回归中的重复 ………………………………… 224

第三章　思想的形象 ……………………………………………… 226
　　哲学的前提问题 …………………………………………… 226

第一公设:Cogitatio natura universalis[拉:普遍的自然思维]原则	229
第二公设:常识的理想	232
第三公设:认知的范型	233
思想与意见	235
康德式批判的模糊之处	238
第四公设:表象之元素	240
微分[差异性]能力理论	242
诸能力的不协和运用:暴力与每一能力的极限	244
柏拉图主义的模糊之处	246
思考:它在思想之中的发生	249
第五公设:错误之"否定"	257
愚蠢的问题	260
第六公设:指称的优先性	265
意义与命题	266
意义的种种悖论	269
意义与问题	271
第七公设:解决之样态	273
真理学说中的解决之幻相	275
问题范畴的存在论重要性与认识论重要性	280
"学习"意味着什么?	283
第八公设:知识之结果	285
对作为一种差异与重复的哲学的障碍的诸公设的回顾	287

第四章　差异的理念综合 ······ 289
 作为成问题审级的理念 ······ 289
 未规定者、可规定者与规定:差异 ······ 292

微分 ⋯⋯⋯⋯⋯⋯⋯⋯⋯⋯⋯⋯⋯⋯⋯⋯⋯⋯⋯⋯⋯⋯⋯ 293
可量化性与可规定性原则 ⋯⋯⋯⋯⋯⋯⋯⋯⋯⋯⋯⋯⋯ 294
可质化性与相互规定原则 ⋯⋯⋯⋯⋯⋯⋯⋯⋯⋯⋯⋯⋯ 296
潜势性与完全规定原则(级数形式) ⋯⋯⋯⋯⋯⋯⋯⋯⋯ 300
无限小在微分学中的无用性 ⋯⋯⋯⋯⋯⋯⋯⋯⋯⋯⋯⋯ 302
微分的与成问题的 ⋯⋯⋯⋯⋯⋯⋯⋯⋯⋯⋯⋯⋯⋯⋯⋯ 307
问题理论:辩证法与科学 ⋯⋯⋯⋯⋯⋯⋯⋯⋯⋯⋯⋯⋯⋯ 309
理念与繁复体 ⋯⋯⋯⋯⋯⋯⋯⋯⋯⋯⋯⋯⋯⋯⋯⋯⋯⋯ 310
结构:它们的标准、理念类型 ⋯⋯⋯⋯⋯⋯⋯⋯⋯⋯⋯⋯ 314
非本质矛盾的方法:奇异与规则、特异与普通 ⋯⋯⋯⋯⋯ 323
理念与诸能力的微分的[差异的]理论 ⋯⋯⋯⋯⋯⋯⋯⋯ 326
问题与发问 ⋯⋯⋯⋯⋯⋯⋯⋯⋯⋯⋯⋯⋯⋯⋯⋯⋯⋯⋯ 332
命令与游戏[赌博] ⋯⋯⋯⋯⋯⋯⋯⋯⋯⋯⋯⋯⋯⋯⋯⋯ 336
理念与重复 ⋯⋯⋯⋯⋯⋯⋯⋯⋯⋯⋯⋯⋯⋯⋯⋯⋯⋯⋯ 341
重复、特异与普通 ⋯⋯⋯⋯⋯⋯⋯⋯⋯⋯⋯⋯⋯⋯⋯⋯ 342
否定的幻相 ⋯⋯⋯⋯⋯⋯⋯⋯⋯⋯⋯⋯⋯⋯⋯⋯⋯⋯⋯ 344
差异、否定与对立 ⋯⋯⋯⋯⋯⋯⋯⋯⋯⋯⋯⋯⋯⋯⋯⋯ 346
否定之发生 ⋯⋯⋯⋯⋯⋯⋯⋯⋯⋯⋯⋯⋯⋯⋯⋯⋯⋯⋯ 350
理念与潜能性 ⋯⋯⋯⋯⋯⋯⋯⋯⋯⋯⋯⋯⋯⋯⋯⋯⋯⋯ 353
潜能之实在性:ens omni modo⋯[拉:以一切方式⋯⋯
　　存在者] ⋯⋯⋯⋯⋯⋯⋯⋯⋯⋯⋯⋯⋯⋯⋯⋯⋯⋯⋯ 355
微分与分化;对象的两半 ⋯⋯⋯⋯⋯⋯⋯⋯⋯⋯⋯⋯⋯⋯ 356
每一半的两个方面 ⋯⋯⋯⋯⋯⋯⋯⋯⋯⋯⋯⋯⋯⋯⋯⋯ 358
潜能与可能的区别 ⋯⋯⋯⋯⋯⋯⋯⋯⋯⋯⋯⋯⋯⋯⋯⋯ 358
微分的[差异的]无意识;清楚—模糊 ⋯⋯⋯⋯⋯⋯⋯⋯ 360
作为理念之现实化过程的分化 ⋯⋯⋯⋯⋯⋯⋯⋯⋯⋯⋯ 362
动力或戏剧 ⋯⋯⋯⋯⋯⋯⋯⋯⋯⋯⋯⋯⋯⋯⋯⋯⋯⋯⋯ 365
戏剧化的普遍性 ⋯⋯⋯⋯⋯⋯⋯⋯⋯⋯⋯⋯⋯⋯⋯⋯⋯ 369

$\frac{微分}{分化}$的复杂概念 ·· 372

第五章　感性物的不对称综合 ·························· 374
差异与杂多 ·· 374
差异与强度 ·· 375
差异之取消 ·· 376
良知与常识 ·· 378
差异与悖论 ·· 382
强度、质、外延：取消之幻相 ·················· 384
深度或 spatium［拉：空间］ ··················· 385
强度的第一个特征：自在的不等 ············· 392
不等在数中发挥的作用 ························· 393
强度的第二个特征：肯定差异 ················· 395
否定的幻相 ·· 397
感性物之存在 ····································· 399
强度的第三个特征：内含 ······················· 400
本性差异与程度差异 ···························· 402
能量与永恒回归 ·································· 406
永恒回归中的重复既不是质的，也不是外延的，
　　而是内强的 ································ 407
强度与微分 ·· 412
个体化在理念之现实化中发挥的作用 ····· 414
个体化与分化 ····································· 416
个体化是内强的 ·································· 417
个体差异与个体化差异 ························· 422
"交错"、"内含"、"外展" ····················· 424
系统的进化 ·· 428

包含中心·· 430
个体化因素、我与自我·································· 431
他人在精神系统中的本性与功能······················ 435

结论　差异与重复·· 439
　　表象之批判··· 439
　　有限—无限之非此即彼的取舍的无用性··············· 441
　　同一性、类似性、对立与类比：它们如何背叛了差异
　　　（四重幻相）·· 443
　　但同一性、类似性、对立与类比如何同时背叛了
　　　重复？··· 450
　　作为理由的根据：它的三种意义························ 453
　　从根据到无底··· 456
　　无人称的个体化与前个体的奇异性····················· 459
　　拟像··· 461
　　理念与问题理论·· 462
　　他人··· 466
　　两种游戏：它们的特征···································· 467
　　范畴批判··· 471
　　重复、同一与否定·· 473
　　两种重复··· 475
　　病理学与艺术、刻板症与副歌：作为全部重复之共
　　　存场所的艺术··· 479
　　朝向第三种重复、存在论重复··························· 482
　　时间形式与三种重复······································· 485
　　第三种重复的遴选性力量：永恒回归与尼采（拟像）
　　·· 487
　　不会回归的东西·· 490

相同的三种意义：存在论、幻相与谬误……………………494
　　存在之类比与表象，存在之单义性与重复 ……………………496
参考文献　人名与专题一览……………………………………501

后记………………………………………………………………516

中译本说明

（一）本书译自 Gilles DELEUZE, *DIFFÉRENCE ET RÉPÉTITION*, Paris, P. U. F., 2003（1968 年初版）。

（二）译者在翻译过程中参考了 *Différence et répétition* 一书的德译本（*Differenz und Wiederholung*, übers. v. Joseph Vogl, München: Wilhelm Fink Verlag, 1992）、日译本（『差異と反復』、財津理訳、河出書房新社、1993 年）和英译本（*Difference and Repetition*, trans. Paul Patton, New York: Columbia University Press, 1994），并将三个译本（特别是日译本）中的一些解释性注解收入了中译本之中。

（三）译文中以中文楷体字对应法文中的斜体字，以示强调。

（四）原文中德勒兹特意首字大写的名词，译文中皆以黑体字标出。一般来说，德勒兹对大写形式的使用"往往是由于下面两个原因中的一个：(1)一个重要概念第一次出现在某一段落中（之后便使用小写形式），或(2)某一概念在一特定句子中（但不在邻近的其他句子中）具有特殊的重要性"（Gilles Deleuze, *Expressionism in Philosophy: Spinoza*, trans. Martin Joughin, New York: Zone Books, 1990, p.403）。

（五）文中所插页码为法文原著页码。

（六）原文中出现的其他语言的中文翻译大多放在原文之后的方括号［　］中。其中［希：……］表示原文为古希腊文；［拉：……］表示原文为拉丁文；［德：……］表示原文为德文；［英：……］表示原文为英文。

（七）德勒兹在本书中经常同时调用同一术语的两种意义，我们会将两种意义同时译出，然后将相关语境中较次要的意义放在［］中。例如："rapports différentiels"会被译为"微分比［差异关系］"。

（八）译者添加的一些补充性文字会放在〔　〕中。

序　言

[1]一本书的不足之处往往被视同为那些没能实现的空洞意图。从这种意义上说,相较于理想的(idéal)书而言,表明意图则表现出了一种现实的(réelle)谦逊。人们常说序言应当放到最后来读。反过来说,结论应当放到开头来读;本书亦是如此:读罢结论再读其余部分是多余的。

本书所探讨的主题明显处于时代的氛围之中。人们可以指出这种时代氛围的一些迹象:海德格尔(Heidegger)越来越强调一种**存在论差异**之哲学(philosophie de la Différence ontologique)的取向①;结构主义的活动则建立在共存空间中差异性特征的分配之上;当代小说艺术,无论是其最为抽象的反思,还是其实际操作的技术,全都围绕差异与重复旋转着;无意识、语言、艺术……无论在

---

①　【译按】劳勒(Leonard Lawlor)提请我们注意:"德勒兹在《差异与重复》中提到的第一位哲学家并不像人们预期的那样是柏格森、尼采或斯宾诺莎,而是海德格尔。的确,德勒兹所说的'海德格尔的存在论洞见'——亦即差异必须在不经过任何同一之物的中介的条件下与不同之物发生关系——全面地指引着德勒兹在《差异与重复》中的思考。因此,我认为我们可以毫不夸张地说《差异与重复》就是德勒兹的《存在与时间》。我甚至认为我们可以毫不夸张地说德勒兹的《差异与重复》在1968年的出版和《存在与时间》在1927年的出版具有同等的重要性"。见氏著《透思法国哲学:发问之存在》(Thinking through French Philosophy: The Being of the Question, Bloomington & Indianapolis: Indiana University Press, 2003),页96。

哪个领域,重复本来的力量(puissance)都得到了发现。所有这些迹象都可以被归于一种一般化了的反黑格尔主义:差异与重复已经取代了同一之物与否定之物、同一性与矛盾。这是因为只有当人们继续使差异从属于同一之物时,差异才内含着否定之物,才放任自己一直被带到矛盾那里。无论同一性是以什么方式被构想的,它的优先地位都界定了表象的世界(monde de la représentation)。而现代思想却诞生自表象的破产,同一性的破灭,以及所有在同一之物的表象下发挥作用的力(forces)。现代世界是拟像(simulacres)的世界。在拟像的世界中,人不会在上帝死后幸存,主体的同一性不会在实体的同一性死后幸存。所有同一性都只是伪造之物,它们是更具深度的游戏——差异与重复的游戏——制造出来的视觉"效果"。我们想要[2]思考自在的差异,想要独立于"将不同之物重新引向**相同**(Même)并使它们经受否定之物洗礼的表象形式"来思考不同之物与不同之物的关系。

　　面对着我们内外最为机械、最为刻板的重复,我们从中不断地提取出微小的差异、变易和变状(modification)——这便是我们的现代生活。反过来说,差异的恒常置换给那些秘密的、伪装的、隐藏的重复带来了活力,它们在我们内外恢复了裸露的、机械的、刻板的重复。在拟像当中,重复已然与多种重复相关,差异已然与多种差异相关。所重复者正是重复,所分化者正是行分化者。生活的任务就是让所有重复在一个作为差异之分配场所的空间中共存。本书源自两个研究方向:一个方向关涉一个无否定的差异概念,这恰恰是因为不从属于同一之物的差异并没有或者"不须要一直走到"对立和矛盾那里;另一个方向关涉着一个重复概念,即隐藏的重复,"微分者(différentiel)"在其中移动和自我伪装,而物理的、机械的、裸露的重复(**相同之重复**)则在它更具深度的结构中发现了自身的理由。这两种研究自发地接合了起来,因为纯粹差异和复杂重复的概念似乎无论在什么情况下都会相互统一、浑然不分。与差异之发散和差异之恒常的去中心化相紧密对应的,正是重复当中的置换和伪装。

援用"从同一之物当中解放出来的,已然独立于否定之物的纯粹差异"非常危险,而最大的危险就是陷入优美灵魂(belle-âme)①的表象之中:没有别的,只有可以达成和解、可以结成联盟、远离血腥斗争的差异。优美灵魂说:我们虽然不同,但并不对立……我们看到,和差异概念联系在一起的问题(problème)概念似乎也在维持优美灵魂的状态:只有问题和发问(question)是重要的……不过,我们相信,当问题达到了专属于它们的实定性(positivité)程度时,当差异成为了与上述实定性程度相符的肯定(affirmation)的对象时,它们就释放出一种攻击和选择的力量,这种力量通过废黜优美灵魂的同一性,击碎它的[3]善良意志来破坏它。成问题者(problématique)和微分者规定了斗争与破坏,与它们相比,否定之物的斗争与破坏不过是些表面现象,而优美灵魂的每一个誓愿都只是沉溺在表面现象中的欺骗。这属于拟像,这不是成为一种模仿(copie),而是通过这样颠倒原型相(modèles)来颠倒所有的模仿:一切思想都变成了一种攻击。

一方面,一本哲学书应当是一种独特的推理小说,另一方面应当是一种科幻小说。所谓推理小说,我们想说的是:概念应当为了解决局部性状况而介入进来,并且还要有它们的活动范围。概念随问题的变化而变化。它们有着各种表现自我的势力范围。我们

---

① 【译按】"优美灵魂"的最为著名的例子出现在歌德的《威廉·迈斯特的学习时代》(*Wilhelm Meisters Lehrjahre*)的第六部"一个美丽的灵魂的自述(Bekenntnisse einer schönen Seele)"(参歌德,《维廉·麦斯特的学习时代》,冯至、姚可昆译,北京:人民文学出版社,1988,页333)。关于黑格尔对"优美灵魂"的批判,参《精神现象学》,先刚译,北京:人民出版社,2013,页164—167。在伊波利特(Jean Hyppolite)看来,这种批判的主旨就是拒绝"忽视世界之中的客观自然和具体行动的主观唯心主义",见氏著《黑格尔〈精神现象学〉的起源和结构》(*Genèse et structure de la* Phénoménologie de l'esprit *de Hegel*, Paris, Aubier-Montaigne, 1946),页498。

会看到，它们在这些范围内通过某种"残酷"的途径而发挥作用，而且还和"戏剧"有关。它们之间应该具有一种一致性，但这种一致性不应来自于它们。它们应当是从别处获得了自身的一致性。

这就是经验论的秘密。经验论绝不是对概念的反动，也不是对实际经验的简单诉求。它所从事的反而是人们见所未见、闻所未闻的最为疯狂的概念创造活动。经验论是概念的神秘主义和数理主义。但确切说来，它是把概念当作相遇（rencontre）的对象、当作此地—此时（ici-maintenant），或者毋宁说是当作"埃瑞璜（Erewhon）"[1]来对待的。时时常新、以别样的方式得到分配的"此时"和"此地"从埃瑞璜那里无穷无尽地产生了出来。只有经验论者才能说：概念就是事物本身，但这些事物是处于自由和狂野状态的事物，是超越了"人类学谓词（prédicats anthropologiques）"[2]的事物。我从一个运动的视域出发，从始终去中心化的中心、始终被置换的边缘出发，我制作、重制、拆解着我的概念——这些概念在我的出发点那里重复和分化着。克服时间—超时间、历史—永恒、特殊—普遍这些非此即彼的取舍正是现代哲学所要完成的任务。在尼采（Nietzsche）之后，我们发现了比时间和永恒都更为深刻的不合时宜（intempestif）：哲学既非历史的哲学，亦非永恒的哲学，而是不合时宜的哲学——它始终是而且只是不合时宜的，亦即"反对时代、并由此作用于时代、并但愿有益于一个未来时代"[3]。在巴特勒之后，我们发现了埃瑞璜，它既意味着原初的"无处（nulle

---

[1] 【译按】《埃瑞璜》（*Erewhon*，1872）是英国作家巴特勒（Samuel Butler, 1835—1902）的代表作。"Erewhon"是英文"nowhere"的倒写，这部长篇讽刺小说通过一个游客在埃瑞璜的所见所闻，记述了这个乌托邦国家的生活，以此抨击和讽刺维多利亚时代的英国社会。

[2] 【译按】Maurice Merleau-Ponty,《知觉现象学》（*Phénoménologie de la perception*, Paris, Gallimard, 1945），页369。

[3] 【译按】尼采,〈历史学对于生活的利与弊〉,载《不合时宜的沉思》,李秋零译,上海：华东师范大学出版社,2007,页136—137。

part)"，又意味着置换的、伪装的、变状的、始终被重新创造的"此地—此时"。既非经验的特殊性，亦非抽象的普遍[4]之物：为了一个消解了的自我的Cogito[拉：**我思**]。我们相信这样一个世界，在其中，个体化是无人称的，奇异性(singularités)是前个体的(préindividuelles)；这是"**人们**(ON)"①的荣耀。这就是科幻小说的视角，其必然派生自埃瑞瑄。因此，本书应当彰显的是一种不再归属于我们的一致性的到来——既非人类的一致性，亦非上帝或世界的一致性。就此而言，本书也应当成为一本启示之书（时间系列中的第三种时间）。②

从另一种意义上说，科幻小说的不足之处便显露出来了。如何以别样的方式书写那些人们并不知晓，或是不完全知晓的东西呢？人们正是在这里想像着自己有话要说。人们只书写其知识的前沿点，这一极端的点分割了我们的知识和无知，并使知识过渡到无知、使无知过渡到知识。只有通过这种方式，人们才下定决心去书写。弥合无知便是将书写推到明天，或者不如说是使书写成为不可能。在这里可能有一种书写与静默之间的关系，它比书写与死亡之间所维持的关系更具威胁性。因此，我们非常清楚：很遗憾，我们是以一种非科学的方式来谈论科学的。

一个时代迫近了，人们几乎不可能再像长久以来所做的那样

---

① 【译按】"on"是法语中的泛指代词，德勒兹在本书中频繁使用该词，原因就在于它比其他人称代词更少"人称性"，参《德勒兹论福柯》，杨凯麟译，南京：江苏教育出版社，2006，页8,9："同一陈述也可以占有许多主体位置或位子……然而，所有这些位置都不是衍生陈述的原初我之诸形象；相反，这些位置由陈述本身所衍生，因此是一种'非人称'、'它(IL)'或'人们(ON)'的模式，是一种根据陈述语族所特化的'它说(Il parle)'或'人们说(On parle)'。"

② 【译按】德勒兹在这里可能是在暗示英国作家劳伦斯(D. H. Lawrence, 1885—1930)的《启示录》(Apocalypse, 1931)。德勒兹的妻子法尼(Fanny Deleuze)是《启示录》一书的法译者，而德勒兹则为法尼的译本撰写了序言〈尼采与圣保罗，劳伦斯与拔摩岛的约翰〉，载《批评与临床》，刘云虹、曹丹云译，南京：南京大学出版社，页70—107。

来书写一本哲学书了:"啊! 老掉牙的风格……"①尼采已经开创了对哲学的新型表达方式的探索,而且今天我们应当在与其他一些艺术形式(例如戏剧或电影)的变革的关联中将这一探索继续下去。在这个层面上,我们就可以提出关于哲学史的使用问题了。在我们看来,哲学史所扮演的角色与拼贴艺术(collage)在绘画中所扮演的角色极为相似。哲学史乃是哲学自身的再生(L'histoire de la philosophie, c'est la reproduction de la philosophie même)。哲学史述评应当作为一种真正的复身(double)发挥作用,而且它要包含专属于复身的最大限度的变状(我们可以想像一个在哲学的层面上留着大胡子的黑格尔(Hegel),一个在哲学的层面上剃光了胡子的马克思(Marx),就像被添上了小胡子的蒙娜丽莎那样)。我们应当将一部现实的、过往的哲学著作当作一部想像的、虚构的著作来讲述。人们知道博尔赫斯(Borges)就擅长于为各种想像的著作撰写评论。不过,当他将一部像《堂吉诃德》那样现实的著作,看作是一部由想像的作家梅纳尔(Pierre Ménard)再造的[5]想像中的著作时(对梅纳尔来说,这部想像的著作是真实的),他就前行得更远了。因此,最为精确的重复、最为严格的重复是以最大程度的差异作为自身的相关项的("塞万提斯与梅纳尔的文本完全相同,然而后者的丰富性几乎让前者望尘莫及")。② 哲学史述评应当再现文本的减速、凝固与静止:不只是与这些述评产生关联的文本,而且还有它们处身于其中的文本。因此,它们拥有一种双重的存在,而且它们还将过去的文本与当下的文本之间相互的、纯粹的重复当成自身的双重典范。正因为如此,我们有时会为了接近这种双重的存在,把历史性的评注整合到我们的文本自身之中。

---

① 【译按】参尼采,《善恶的彼岸》,魏育青等译,上海:华东师范大学出版社,2016,箴言277,页266:"糟糕透了! 又是老掉牙的那一套!"

② 【译按】引自博尔赫斯的短篇小说《〈吉诃德〉的作者皮埃尔·梅纳尔》,参《博尔赫斯全集·小说卷》,王永年、陈泉译,杭州:浙江文艺出版社,1999,页95。

导论：重复与差异

重复与一般性：从行为着眼的第一种区别

[7]重复不是一般性。重复应当以多种方式与一般性区分开来。任何有可能将二者混为一谈的表述都是不恰当的：比如我们说两样东西就像两滴水那样类似；或者当我们将"只存在关于一般之物的科学"①与"只存在关于重复之物的科学"等同起来时。在重复与类似性（即使是极端的类似性）之间存在着本性上的差异。

一般性表现出两大秩序：类似性的质的秩序（ordre）和等价性的量的秩序。循环与等号是它们的象征。但是无论如何，一般性还是表明了这样一种观点：一个项可以与另一个项交换或替换另一个项。特殊之物的交换或替换界定了我们的与一般性相符的行为。有一种感受认为，我们能够用任何一个在语词关系上与一般观念类似的个别观念来替代一般观念。所以，只要将这种感受加诸于一般观念之上，经验论者将一般观念解释成个别观念就没有

---

① 【译按】亚里士多德，《形而上学》，苗力田译，载《亚里士多德全集》，第七卷，北京：中国人民大学出版社，2016，1087a11—12，页319。

错误。① 与之相反,我们清楚地看到:重复只有对不能被替代的东西来说才是一种必然的、有根有据的行为。作为行为与观点,重复所涉及的是一种不可交换、不可替换的奇异性(singularité)。倒影、回声、复身、灵魂并不属于类似性或等价性的领域;真正的双胞胎之间不可能存在替换,交换其灵魂亦不可能。如果交换是一般性的标准,那么偷窃与馈赠就是重复的标准。因此它们二者之间有一种经济上的差异。

重复即行动。但这种行动关乎某种没有相似物或等价物的独特之物或奇异之物。而且,这种作为外部行为的重复本身也许呼应着一种更为[8]隐密的振动,一种在将其激活的奇异者之中的、内部的、更为深邃的重复。节日有一个明显的悖论之处,那就是要重复一种"不可重演的事情"。不是在第一次之外再加上第二次、第三次,而是要使第一次升至 N 次方(nième puissance)。就这种方幂比率(rapport de la puissance)②而言,重复通过内化自身而颠转自身。诚如贝玑(Péguy)所言,并不是联盟节纪念了或代表了对巴士底狱的攻克,而是攻克巴士底狱预先庆祝与重复了所有的联盟节;或者说,莫奈(Monet)笔下的第一幅睡莲重复了其他所有的睡莲。③ 因此,人们将作为特殊者之一般性的一般性与作为奇异者之普遍性的重复对立起来。人们将艺术作品当作无概念的奇异性来重复,所以一首诗应当用心来记住,这并非是个巧合。头脑

---

① 【译按】参休谟,《人性论》(关文运译,郑之骧校,北京:商务印书馆,1996):"当我们发现我们常见的各个对象之间有一种相似关系时,我们就把同一名称应用于这些对象的全体,不论我们在它们的数量和质量的程度上看到什么差异,也不论其他什么样的差异可能在它们中间出现"(页32—33)。"某些观念在它们的本性方面是个别的,而在它们的表象方面却是一般的。一个个别观念附在一个一般名词上以后,就成为一般的了,这就是说,附在这样的一个名词上,这个名词由于一种习惯的联系,对其他许多的个别观念都有一种关系,并且很容易把那些观念唤回到想像中来"(页35)。

② 【译按】黑格尔也阐发过方幂比率,参《逻辑学(上卷)》,杨一之译,北京:商务印书馆,1982,页349—351。

③ 参 Charles Péguy,《克利欧》(Clio, 1917, N.R.F., 33e éd.),页45、页114。

是交换的器官。而心,则是那重复的、爱的器官(诚然,重复同样关涉着头脑,但这恰恰因为它对头脑来说是惊恐或悖论)。塞尔维安(Pius Servien)正确地区分了两种语言:一种是由等号支配的科学语言,其中每一个项都可以被另一个项替代;另一种则是抒情诗的语言,其中每一个词只能被重复,不能被替代。① 人们总是将重复"表象"为极端的类似性或完全的等价性。但是,从一个事物逐步过渡到另一个事物并不能消除这两个事物之间的本性差异。

一般性的两种类型:类似性与相等性

另一方面,一般性属于法则的秩序。但法则只是规定了服从于法则的、主体间的类似性,以及这些主体与法则所指的诸项间的等价性。法则远非为重复奠定了基础,毋宁说法则表明了重复对于法则的纯粹主体——即那些特殊之物——来说是如何不可能的。它迫使这些特殊之物发生变化。作为差异的形式与变化的不变形式,法则强迫它的主体只能以自身变化为代价来表现它。毫无疑问,在法则所指的诸项中,有多少不变者就有多少变动者;而在自然中,有多少持久与持续就有多少流动与变化。但持续并不能促生重复。某一法则的常量对具有更高一般性的法则来说就是变量,就好像最为坚硬的峭壁在经历了百万年的地质演化后变成了[9]柔软的、流动的物质。而且在每一个层面上,正是相对于自然中那些巨大的恒常对象,法则的主体认识到自己无力去重复,并且发现这种无力已经内含在对象之中,反映在了恒常的对象之中。正是在这些对象中,法则的主体宣读了它的判决。法则将流水的变化与河流的恒常重新统一了起来。富尔(Faure)在谈到华托

---

① Pius Servien,《美学原理》(*Principes d'esthétique*, Boivin, 1935),页3—5;《科学与诗歌》(*Science et poésie*, Flammarion, 1947),页44—47。

(Watteau)时说:"他将那些稍纵即逝的事物放置到了空地与树林这些我们视线所及的最为持久的事物之中。"①这是 18 世纪的方法。《新爱洛伊丝》(*La Nouvelle Héloïse*)中的沃尔玛(Wolmar)已经系统地表达了这一方法:重复的不可能性,以及作为一般条件的变化——自然法则似乎以此来约束一切特殊造物——是相对于固定项而被把握的(当然,根据另外一些一般性更高的法则,这些固定项与另外一些持久之物相比同样是可变项)。这便是树丛的意义、洞穴的意义、"神圣"对象的意义。圣普乐(Saint-Preux)认识到自己无法重复,这不仅是由于他和朱莉(Julie)的变化,更是由于自然那宏大的恒常性——这种恒常性获得了一种象征的价值,并且仍将他从真正的重复那里排除了出去。②如果重复是可能的,与其说它属于法则,不如说属于奇迹。重复反对法则:反对法则的相似形式与等价内容。如果可以找到重复,甚至是在自然中找到重复,这凭的是一种表现出了对法则的反抗的力量,一种在法则之下运作的,也许还高于法则的力量。如果重复实存着,它便同时表现着一种反对一般之物的奇异性、一种反对特殊之物的普遍性、一

---

① 【译按】Élie Faure,《艺术史》(*Histoire de l'art*, *Œuvres complètes*, Paris, J.-J. Pauvert, 1964),卷 II,页 104。

② 【译按】参 Gilles Deleuze,〈卢梭:卡夫卡、塞利娜和庞热的先驱〉(Jean-Jacques Rousseau. Précurseur de Kafka, de Céline et de Ponge, in *L'île déserte et autres textes. Textes et entretiens* 1953—1974, Paris, Les éditions de Minuit):"将我们那最为猛烈的激情、最为猛烈的欲念激发起来的正是在当前的状况中对过去的追寻或重复。人们始终是在过去相爱,并且,激情首先是专属于记忆的疾病。为了治愈圣普乐并使他重返道德正轨,德·沃尔玛先生使用了一种他用来消除过去的诱惑的方法。他强迫朱莉和圣普乐在那片见证着他们的初恋的小树林中拥抱:'朱莉,不要对这个隐蔽的地方感到害怕,我们刚才在那里把它隐藏的秘密全都说出来了'(《新爱洛伊丝》[*La Nouvelle Héloïse*, in *Œuvres complètes*, vol. II, Paris, Gallimard, coll. «Bibliothèque de la Pléiade», 1961],第四部分,信件 XII,页 496)。'他现在爱恋的不是朱莉·德·沃尔玛,而是朱莉·德丹治;如果他恨我的话,并不是因为我占有了他现在所爱的人,而是因为我诱拐了他过去的情人。……他爱的是过去的她;真正的谜底就在于此:消除了他的记忆,他就不再有爱恋之情了'(《新爱洛伊丝》,前揭,第四部分,信件 XIV,页 509)"(页 77)。

种反对普通之物的特异之物、一种反对变异的瞬时性、一种反对恒常性的永恒性。从方方面面看来，重复皆是僭越。它置疑法则，它揭露了法则的唯名性特征或一般性特征，而这是为了一种更为深刻、更具艺术性的实在。

从法则着眼的第二种区别

尽管如此，从科学实验的观点看来，我们似乎很难否定一切重复与法则之间的关联。但我们应当问一问，实验是在哪些条件下保证了重复。各种自然现象产生于开放的环境，在类似性的宏大循环中，任何推论都是可能的：正是在这种意义上，任何事物都反作用于其他事物，任何事物又都与其他事物类似（杂多与其自身的类似）。但实验却要构成相对封闭的环境，我们在其中根据少量被挑选出来的因素（至少是两种，例如对物体在真空中的运动［10］一般来说，其因素就是空间与时间）来界定某一现象。这样一来，就没必要质疑数学在物理学上的应用：物理学直接就是数学的，被采用的因素或封闭的环境亦构成了几何学的坐标系。在这些条件下，现象看上去必然等同于被挑选出来的诸因素间的特定的量的关系。因此，实验中所涉及的，就是用一种一般性秩序替换另一种一般性秩序：用一个相等性秩序替换一个类似性秩序。人们为了发现相等性而消解了类似性，因为前者能够使人们在各种特殊的实验条件下辨识出某一现象。这里，重复只在从一种一般性秩序向另一种一般性秩序的过渡中出现，它趁着这种过渡的机会显露出来。就好像重复在两种一般性之间、之下出现了片刻。但即便如此，人们仍有可能把在本性上有差异的东西当成在程度上有差异的东西。因为一般性所表现和假定的只是一种假言重复："如果相同的条件被给定，那么……"这一表述意味着，在那些相似的整体中，人们永远能够采用和挑选那些表现了现象的相等性存在(être-égal)的同一性因素。但这样一来,人们就既无法说明是什么设定了重复,也无法说明重复中有什么定言之物(catégorique)或在原则上有价值的东西(在原则上有价值的东西便是作为唯一一次[une seule fois]之乘方的"N"次,而且它毋须经过两次、三次……)。就其本质而言,重复指一种本性上不同于一般性的奇异的乘方,甚至当它为了出现而去利用那从一种一般性秩序到另一种一般性秩序的人为过渡时亦是如此。

重复、自然法则与道德法则

"斯多亚派"犯下的错误就是期待自然法则的重复。智者应当转而笃信美德①;"找到一种使重复成为可能的法则"的梦想转到了道德法则一边。在与**义务**之重新肯定合而为一的日常生活中,总是有任务要重新开始,总是有忠诚要继续保持。毕希纳(Büchner)借丹东(Danton)之口说道:

> 真是厌烦透了,总是要先穿衬衫,再往上面穿裤子,夜里上床,早晨再从床上爬出来,先迈一只脚再迈第二只;什么时候这一切才能换换样子,简直一点儿希望也没有。真是惨啊,在我们之前,亿万人就在做这些事,在我们之后,亿万人还得做同样的事,此外我们的身体偏偏要分成左右两半,两边都得各做一遍,结果又加了一倍麻烦——真是让人伤心极了。②

但是,如果道德法则没有使反复(réitération)神圣化[11],特别是没有使反复成为可能,没有给予我们一种将我们排除在自然法则之外

---

① 【译按】参康德,《实践理性批判》,邓晓芒译,北京:人民出版社,2003,页174—175。

② 【译按】毕希纳,《丹东之死》,傅惟慈译,北京:人民文学出版社,1981,页42。

的立法权力的话,它的作用何在? 在这里,道德论者有时会以如下方式解释**善**与**恶**这两个范畴:每当我们试图依照自然,作为自然存在而重复时(重复快感、重复过去、重复激情),我们就已经抛身于一种已然受到诅咒的、除绝望或倦怠之外别无其他结果的、着魔般的尝试之中①。与此相反,**善**则给予了我们重复的可能性,给予了我们重复之成功与重复之精神性的可能性,这是因为**善**所依靠的法则不再是自然法则,而是义务法则。而且我们只能在作为德性存在、在作为立法者的情况下充当该法则的主体。而且,如果不是一种规定了"从原则上说能够再生的东西,亦即那能够在道德法则的形式下被无矛盾地重复的东西"的思想考验,康德(Kant)所说的最高考验又会是什么呢? 义务人(l'homme du devoir)已然发明了一种重复的"考验",他已然规定了从原则上看能够被重复的东西。因此,他认为自己已经同时战胜了着魔的东西和枯燥乏味的东西。作为丹东之哀叹的回声,作为对这些忧虑的回应,就连在康德那令人惊奇的自制吊袜带中,就连在这个他的传记作者们极为细致地描写了的重复装置中,②一如在他每天散步的固定性中,不都存在着道德主义吗(这是就如下意义而言的:忽略盥洗和缺乏训练构成了这些行为的组成部分,而这些行为的准则并不能被无矛盾地思考为普遍的法

---

① 【译按】参克尔凯郭尔,《恐惧的概念》第四章第 2 节〈对于"那善的"的恐惧(那魔性的)〉,载《克尔凯郭尔文集·第 6 卷》,京不特译,北京:中国社会科学出版社,2013,页 334 以下。

② 【译按】参 Thomas de Quincey,《康德的最后岁月》(*The Last Days of Immanuel Kant*, in *Collected Writings*, Edinburgh: Adam and Charles Black, 1890, vol. 4):"因为害怕阻塞血液循环,所以他[康德]从不穿吊袜带;但由于没有它们他的长统袜很难固定住,他就为自己制造了一个相当精密的替代物,下面我将对它做一描述。在一个比表袋略小的小袋子里——它与表袋处于大腿上几乎相同的位置——放着一个与表壳外形相似但体积稍小的小盒子;这个盒子上插着一只带有转轮的发条,转轮上缠绕着一条有弹性的细绳,这是为了调节一个分离的机械装置的力。在这条细绳的两端分别系着一个挂钩,这两个挂钩穿过袋子上的小孔下降到大腿的两侧,然后挂在固定于袜子两侧的圆环上。"(页 340—341)

则,因而也就不能成为一种原则上的重复对象)?

不过,良知的模糊之处就在这里:它只有通过将道德法则设定为一种外在于自然法则,高于自然法则,与自然法则漠不相关的法则,才能使自身得到思考,但它又只有通过在自身中恢复自然法则的形象与范型,才能使道德法则的应用得到思考。因此,道德法则远没有给我们带来真正的重复,我们仍然被搁置在一般性之中。这一次,一般性不再是自然的一般性,而是作为第二自然的习惯的一般性。诉诸于不道德的、恶劣的习惯的存在是徒劳无益的;只有习惯的形式或柏格森(Bergson)所说的养成习惯的习惯(义务的整体)①在本质上才是道德的,才具有善的形式。不过,在习惯的这种整体或一般性之中,我们再次发现了一般性的两大秩序:一是类似性的秩序,在习惯尚未养成的前提下,它体现在了种种行动元素(élément)②相对于一个假定的范型而言的可变的一致性当中;[12]另一个是等价性的秩序,一旦习惯已经养成,它就体现在种种行动元素在不同情境下的相等性当中。因此,习惯从来没有形成过真正的重复:时而是行动在改变、在不断完善,意图保持着恒常状态;时而是行动在不同的意图和背景中保持着相等状态。如果重复在这里是可能的,它仍然只能在完善的一般性和整合的一般性这两种一般性之间或之下出现。为了显露出一种截然不同的力量,它哪怕以颠覆这两种一般性为代价。

如果重复是可能的,那它就要像反对自然法则那样反对道德法

---

① 【译按】参 Henri Bergson,《道德与宗教的两个来源》(*Les deux sources de la morale et de la religion*, introduction, notes, chronologie et bibliographie par B. Karsenti, Paris, Flammarion, 2012):"这些可以被称为'道德'的习惯中的每一个都将是偶然的,但它们的总体(我说的是养成这些习惯的习惯。作为社会的基础,这种习惯约束着社会的存在)……会有一种堪比本能力量的力量。而这正是我们所说的'义务的整体'"(页104)。

② 【译按】须要注意的是,法文单词"élément"除"元素"之外还有"环境"、"存在基础"的含义。为求统一,本译本在绝大多数情况下都将该词译为"元素",但读者须要意识到该词还具有其他含义。

则。人们知道两种颠覆道德法则的方法。一种方法是重新上升到原则。在这种情况下,人们怀疑法则的秩序是次要的、衍生的、借来的、"一般的";法则中原则的派生特征被揭露出来,它转变了原初的力或窃取了原初的力量。另一种方法则是下降到后果,人们过分仔细地遵从法则,这同样可以颠覆法则;正因为拥护法则,一个假装顺从的灵魂才得以绕开法则,并偷尝那些被法则所禁止的快感。人们可以在所有的归谬法证明中看到这一点,可以在"按章工作(grèves du zèle)",以及一些通过服从来嘲讽的受虐狂行为中看到这一点。第一种颠覆法则的方式是反讽,它在这里显现为一种原则的技艺,一种重新上升至原则和颠覆原则的技艺。第二种颠覆法则的方式是幽默,它是一种后果与下降、悬置与下落的技艺。① 是否应当认为:重复一旦不再受制于法则的束缚,便会在这悬置,在这重新上升中出现,仿佛实存在自身中更新自我,"重复"自我呢? 重复属于幽默和反讽;它从本性上说是僭越,是例外。它所彰显的始终是一种奇异性,这种奇异性反对服从于法则的特殊之物,它也是一种普遍之物,这种普遍之物反对制造法则的一般性。

※

克尔凯郭尔、尼采、贝玑的重复哲学纲要

一股共通的力量贯穿着克尔凯郭尔(Kierkegaard)和尼采②(为

---

① 【译按】参 Gilles Deleuze,《扎赫尔-马佐赫介绍:冷酷与残忍》(*Présentation de Sacher-Masoch. Le froid et le cruel*, Paris, Les éditions de Minuit, 2007),页 71—79。

② 【译按】德勒兹的这一论断无疑呼应着他的老师瓦尔(Jean Wahl)的下述论断:"我们知道会有另一位(对克尔凯郭尔一无所知的)思想家看出克尔凯郭尔所描述的那种被他长期欲求的运动(因为上帝创造了世界,所以我们要向世界说'是')的不可能性,这位思想家会说:因为上帝死了,所以我们要向世界说'是'……但是,尼采与克尔凯郭尔的不同之处并没有遮蔽他们的相似之处,而且,这种相似之处或许触及了他们那也许是同一的本质"(Introduction à *Crainte et tremblement*, Paris, Montaigne, 1946, p. XXIV)。

了形成牧师、敌基督与天主教徒的三部曲,贝玑也应当加入进来。他们三者中的每一个都以自己的方式使重复不仅成为了语言与思想的本己强力,成为了一种悲怆和一种高级病理学,而且还成为了未来哲学的基本范畴。[13]他们三者中的每一个都有一种与自身相对应的**圣约**[Testament]、**戏剧**[Théâtre]和戏剧构想,以及一个在这出戏剧中担当重复之主人公的杰出人物:约伯—亚伯拉罕、狄奥尼索斯—查拉图斯特拉、圣女贞德—克利奥)。他们三者间的差别重要、显而易见,又众所周知。但什么也不能消抹掉围绕着重复思想发生的这一奇特相遇(rencontre):他们将重复与所有一般性形式对立了起来。而且,他们并不是以隐喻的方式使用"重复"一词。相反,他们紧扣字眼地来使用它,并使它融入到他们的风格当中。人们能够且应当首先用标号列出那些表明了他们三者重合之处的主要命题:

1. 使重复自身成为某种崭新之物;将它与一种考验、一种遴选、一种遴选性考验结合在一起;将它设定为意志与自由的至上对象。克尔凯郭尔明确指出:不是要从重复那里抽取出(tirer)、倾析出(soutirer)某种崭新之物。因为唯有静观(contemplation),唯有从外部静观的心灵才会"倾析"。重要的事情反而是行动,是使重复本身成为一种革新,也就是成为自由和自由的任务。而在尼采看来,重要的是通过使重复成为意欲的对象,而将意志从一切束缚它的桎梏中解放出来。重复无疑已然是造成束缚的东西;但是如果人们因重复而殒命,重复同样会拯救与治愈他们,且重复首先克服的就是另一种重复。因此,在重复中同时有毁灭与拯救的神秘游戏,有死亡与生命的戏剧游戏,疾病与健康的实定游戏(参:患病的查拉图斯特拉与痊愈的查拉图斯特拉,导致查拉图斯特拉患病和痊愈的是同一种强力,亦即永恒回归[éternel retour]中的重复之强力①)。

---

① 【译按】参尼采《查拉图斯特拉如是说》(孙周兴译,北京:商务印书馆,2010)第三部的〈痊愈者〉。

2. 这样一来,重复便要与**自然界**(Nature)的法则相对立。克尔凯郭尔直言,他所谈论的根本不是自然界中的重复,不是周期循环或四季轮回,不是交换与相等。而且,如果说重复关涉着意志那最为内在的部分,这是因为一切都依循自然法则、围绕着意志而发生变化。根据自然法则,重复是不可能的。所以,无论是伊壁鸠鲁派还是斯多亚派,任何通过使自身与立法的原则相同来从自然法则那里获得重复的努力,都没有脱离审美的—感性的重复,而这正是克尔凯郭尔所批评的。有人会说,在尼采那里情况并不是[14]这样明了。尽管如此,尼采仍然做出了明确的宣告。如果他在**自然**(Physis)之中发现了重复,这是由于他在**自然**之中发现了某种高于法则之统治的东西:一种通过所有变化意欲自身的意志,一种反对法则的强力,一种反对地表法则的地球内部。尼采用"他自己的"假说来反对循环假说。他将永恒回归中的重复构想为**存在**,但这种存在对立于一切合乎法则的形式,对立于相似性存在或相等性存在。而且,作为最彻底地批判了法则概念的思想家,尼采怎么可能重新引入作为自然法则的永恒回归呢?如果尼采满足于表述这种自然界的平淡无奇之处,这种**古人**所熟知的自然界的一般性,作为**希腊**思想行家的他怎么会有充分的理由重视他自己这种奇特又崭新的思想呢?查拉图斯特拉曾经在两个场合纠正永恒回归的错误阐释:一次是怒斥他的魔鬼("你这重力的精灵……你不要弄得太轻松了!"①);一次是温和地反对他的动物("啊,你们这些爱开玩笑的家伙和手摇风琴啊……你们也愿意马上从中弄出一支琴曲吗?"②)手摇风琴曲即作为循环或环流、作为相似性存在和相等性存在的永恒回归,简而言之,就是作为自然界的动物确定性和自然界本身的感性法则的永

---

① 【译按】尼采,《查拉图斯特拉如是说》,前揭,页248。
② 【译按】尼采,《查拉图斯特拉如是说》,前揭,页355。

恒回归。

3. 用重复来反对道德法则，并使它成为伦理学的悬置，成为超善恶的思想。重复显现为孤立者、奇异者的逻各斯，显现为"私人思想家"的逻各斯。在克尔凯郭尔与尼采那里发展出了私人思想家、彗星—思想家①、重复之承担者同公众教授、律法博士的对立。后者的派生言论总是通过中介（médiation）进行，并且这种言论在概念的一般性中获得了其道德化资源（参：克尔凯郭尔反黑格尔、尼采反康德与黑格尔、贝玑反索邦）。约伯是无限的抗辩，亚伯拉罕则是无限的顺从（résignation）②，但这无限的抗辩与无限的顺从完全是一回事。约伯以反讽的方式对法则提出了置疑，他拒斥一切派生的解释，而且为了达至那作为原则和普遍者的最为奇异者，他还废黜了一般者。亚伯拉罕以幽默的方式服从法则，但他恰恰在这种服从中重新发现了他独生子的奇异性，而法则责令他以之献燔祭。正如克尔凯郭尔所理解的那样，重复是作为心理意图的抗辩与顺从共同的超验相关项[15]（而且，我们在贝玑的圣女贞德和热尔韦斯夫人（Gervaise）的二分中也重新发现了这两个方面）。在尼采那熠熠生辉的无神论中，法则之恨与 amor fati [拉：命运之爱]、好斗与赞同是查拉图斯特拉的双重面孔，他既继承了《圣经》又转而反对《圣经》。此外，我们发现查拉图斯特拉还在以某种特定的方式与康德竞争，与道德法则中的重复之考验竞争。永恒回归宣称：无论你意欲什么，你都要以意欲它的永恒回归的方式来意欲它。这里存在着一种在康德自己的领地上颠转了康德的"形式主义"，存在着一种前进得更远的考验，因为这种考验不是将重复与一种假定

---

① 【译按】丹麦讽刺周刊《海盗报》1846 年 1 月 9 日第 277 号上一篇名为《新行星》的文章将克尔凯郭尔称为"彗星"。

② 【译按】参克尔凯郭尔，《畏惧与颤栗》，载《克尔凯郭尔文集·第 6 卷》，前揭，页 27 以下。

的道德法则关联在一起,而是似乎使重复本身成为了超越道德法则的唯一形式。但事实上,情况还要更加复杂。永恒回归中的重复之形式是直接之物的原始形式,是合并于一处的普遍之物和奇异之物的原始形式,它废黜了一切一般法则,消解了各种中介,摧毁了那些服从于法则的特殊之物。既有法则的"彼岸",又有法则的"此岸",这二者作为查拉图斯特拉的黑色反讽和黑色幽默统一在了永恒回归之中。

4. 不但要用重复来反对习惯的一般性,而且还要用它来反对记忆的特殊性。这也许是因为只有习惯才能从一种从外部被静观的重复那里"抽取出"某种新的东西。在习惯中,只有当我们自身内部有一个静观的**小我**(petit Moi)时,我们才可以做出行动。正是这个小我从特殊实例的伪重复当中提取出了新的东西,即一般之物。而记忆或许重新发现了溶于一般性之中的特殊之物。这些心理运动并不重要;在尼采和克尔凯郭尔那里,它们在重复面前消失了,因为重复恰恰被设定为对习惯和记忆的双重谴责。重复所以才成为了未来的思想:它既与古代的回忆(réminiscence)范畴对立,又与现代的习性(habitus)范畴对立。正是在重复之中并通过重复,**遗忘**变成了一种实定性的强力,无意识变成了一种实定性的高级无意识(例如,作为力量的遗忘构成了永恒回归之实际经验的不可或缺的组成部分)。一切都要被归结为乘方[强力]。当克尔凯郭尔将重复说成是意识的二次方时,这里的"二"并不是指第二次,而是指述说着唯一一次的无限,是述说着瞬间的永恒,是述说着意识的无意识,是 N 次方。而当尼采将永恒回归解释为[16]强力意志的直接表现时,强力意志绝不是指"意欲强力"。恰恰相反,它指的是:无论意欲什么,人们都要将自己意欲的东西提升至 N 次方,也就是引出被意欲的东西之高级形式,而这全靠永恒回归中的思想之遴选活动,全靠永恒回归自身中的重复之奇异性。一切存在者的高级形式——这便是永恒回归与超人的直接同一性。①

真实运动、戏剧与表象

我们并不认为在尼采的酒神狄奥尼索斯与克尔凯郭尔的**上帝**之间有任何类似性。恰恰相反,我们认为或者相信二者之间有不可逾越的差异。不过,更为要紧的问题是:尽管他们通过不同的方式来构想这个目标,二者在重复这一主题上的巧合,在这一基本目标上的巧合是从何而来的呢?克尔凯郭尔与尼采属于那些给哲学带来了崭新表达方式的哲学家。人们乐于谈论他们对哲学的超越。然而,在他们的全部著作中,运动才是真正的问题。他们之所以批评黑格尔,就是因为后者所理解的运动仍然是虚假的运动,是抽象的逻辑运动,亦即"中介"。他们想要让形而上学运动起来、活动起来。他们想要使它进入现实状态,进入直接的行动状态。②

---

① 在之前的比较中,我们所援引的都是尼采和克尔凯郭尔最为著名的作品。在克尔凯郭尔的著作中,最为重要的是:《重复》(*La répétition*, trad. et éd. Tisseau);《日记》(*Journal*[作为附录收在《重复》的法译本中], IV, B117)中的一些段落;《概念恐惧》(*Concept d'angoisse*, trad. Ferlov et Gateau, N. R. F.),页26—28(【译按】中译参基尔克郭尔,《概念恐惧·致死的病症》,京不特译,上海:上海三联书店,2003,页24—25)。关于对记忆的批判,参《哲学片断》(*Miettes philosophiques*)与《人生之路的诸阶段》(*Etapes sur le chemin de la vie*)。——至于尼采,最重要的是:《查拉图斯特拉》(尤参第二卷中的"救赎"[【译按】中译参尼采,《查拉图斯特拉如是说》,前揭,页219以下];以及第三卷中的两个重要章节"幻觉与谜团"和"痊愈者",前者是关于患病的查拉图斯特拉,以及他与他的魔鬼的讨论,后者是关于痊愈的查拉图斯特拉,以及他与他的动物们的讨论);还有尼采在1881年、1882年所做的笔记(尼采正是在这些笔记中将"他自己的"假说与循环假说对立起来,并且批判了类似性、相等性、平衡、同一性这些概念。参《强力意志》[*Volonté de puissance*, trad. Bianquis, N. R. F.],卷I,页295—301)。——最后,关于贝玑的主要著作,我们主要参考了《圣女贞德》(*Jeanne d'Arc*)和《克利欧》(*Clio*)。

② 【译按】关于真实运动和虚假运动的对立,德勒兹本人曾经在《柏格森主义》一书中写道:"柏格森指责辩证法是一种虚假的运动,即一种抽象的概念运动,这种运动仅仅依靠含糊不清而从一种对立面走向另一种对立面";"在许多极其不同的著作中,把黑格尔的辩证法说成是一种虚假的运动、抽象的运动,是对真实运动的不理解,这是克尔凯郭尔、费尔巴哈、马克思、尼采的常见主题"(德勒兹,《康德与柏格森解读》,张宇凌、关群德译,北京:社会科学文献出版社,2002,页132)。

因此,对他们来说,单纯提出一种新的运动表象是不够的,因为表象本身已然是中介。重要的反而是在作品之中产生一种能够撼动心灵,并使心灵摆脱一切表象的运动;重要的是使运动本身成为一个不受干预的作品;重要的是用直接的符号替换间接的表象;是发明出种种直接触及心灵的振动、旋转、回旋、牵引、舞蹈或跳跃。这是一种戏剧家或导演的理念,它超前于自身的时代。[17]就此而言,克尔凯郭尔和尼采开启了某种全新的东西。他们既不再以黑格尔式的方式反思戏剧,①也不再创作哲学戏剧,而是在哲学之中发明出一种另人难以置信的戏剧等价物,并通过这种方式同时为这种未来的戏剧和一种新哲学奠定了基础。至少从戏剧的观点看,可能会有人说:这种未来的戏剧完全没有被实现;无论是"临近1840年的哥本哈根"和"以牧师为职业",还是"拜洛伊特(Bayreuth)"以及"与瓦格纳(Wagner)决裂",这些都不是实现它的有利条件。尽管如此,有一件事情是确定无疑的:当克尔凯郭尔谈论古代戏剧和现代戏剧时,环境已然发生了改变,我们不再处于反思的元素之中。② 人们发现了一个体验着面具问题的思想家,他感受着作为面具之特性的内在空虚,他试图填补、填充这一空虚,即使是利用"绝对不同",也就是将有限与无限的所有差异都置于空虚之中,并且创造出一种幽默戏剧与信仰戏剧的理念。当克尔凯郭尔解释说信仰骑士与"打扮停当,星期天下午前往弗雷斯堡的市民"相像得简直会让人搞错时,③我们应当将这一哲学提示当作一条"说明怎样扮演信仰骑士"的导演评论。并且当他评论约伯或亚伯拉罕时,当他想像着"阿格尼特和男人鱼"(Agnès et le Triton)这个故事的种种

---

① 【译按】关于黑格尔对古希腊悲剧和喜剧的反思,参《精神现象学》,前揭,页451—460。
② 【译按】克尔凯郭尔,《畏惧与颤栗》,前揭,页85—86。
③ 【译按】克尔凯郭尔,《畏惧与颤栗》,前揭,页30。

变体时,①他用创作电影剧本的方式来重述它们。甚至在亚伯拉罕和约伯那里都回响着莫扎特(Mozart)的音乐;而且,关键是要随着这音乐的曲调"跳起来"。"我只看着那些运动",②这样一句话出自导演之口,他提出了最高的戏剧问题———一种直抵灵魂的运动、归属于灵魂的运动的问题。③

对于尼采来说就更是如此。《悲剧的诞生》不是对古代戏剧的反思,而是一种未来戏剧的实践基础,它开辟了一条道路,尼采仍然相信沿着这条道路推进瓦格纳的事业是可能的。而且,他与瓦格纳的决裂既不是理论问题,也不是音乐问题,而是涉及到[18]台词、情节、音效、音乐、照明、歌曲、舞蹈,以及舞台布景分别在尼采梦想的戏剧中所发挥的作用。《查拉图斯特拉》接续了尼采关于恩培多克勒的两次戏剧化尝试。④ 而且,如果说比才(Bizet)优于瓦格纳,这既是以戏剧为着眼点,又是相对于《查拉图斯特拉》的舞蹈而言。尼采批评瓦格纳的原因就在于后者颠倒且歪

---

① 【译按】克尔凯郭尔,《畏惧与颤栗》,前揭,页94—99。
② 【译按】克尔凯郭尔,《畏惧与颤栗》,前揭,页29。
③ 参 Kierkegaard,《畏惧与颤栗》(*Crainte et tremblement*, trad. Tisseau, Aubier),页52—76(【译按】中译参克尔凯郭尔,《恐惧与颤栗》,前揭,页14—17)。关于这种作为"重复"(并非中介)的,而且与黑格尔的抽象的、逻辑的虚假运动相对立的真实运动的本性,参《日记》(作为附录收于《重复》的法译本之中)中的一些评论。——人们也可以在贝玑那里发现一种对"逻辑运动"的深刻批判。贝玑将这种运动揭露为一种保存性的、积累性的、资本化的伪一运动:参《克利欧》(*Clio*, N.R.F.),页45以下。这接近了克尔凯郭尔式批判。
④ 【译按】尼采关于"恩培多克勒的两次戏剧化尝试"一次是在19世纪60年代:"也许是受荷尔德林的悲剧《恩培多克勒之死》的激发,热爱荷尔德林诗歌的尼采曾在20岁的时候计划写一出以恩培多克勒为主角的戏剧"(Erich Heller,《尼采之重要性十论》[*The Importance of Nietzsche*: *Ten Essays*, Chicago: The University of Chicago Press, 1988],页3—4);另一次是在19世纪70年代:"尼采为《恩培多克勒》所撰写的手稿可以回溯到《悲剧的诞生》之前的时期(1870年到1871年),而这些手稿的撰写一直持续到19世纪70年代中期。……在1882、1883年间,早期的恩培多克勒这个戏剧人物被融入到了……查拉图斯特拉之中"(David B. Allison,《阅读新尼采》[*Reading the New Nietzsche*, Lanham: Rowman & Littlefield Publishers, Inc., 2001],页158)。

曲了"运动":在瓦格纳式的水上戏剧中,我们所做的不是行进与跳舞,而是涉水而行,游水漂浮。《查拉图斯特拉》完全以哲学的方式被构想,但它又完全着眼于舞台。在《查拉图斯特拉》中,一切都被声音化、视觉化了,一切都在运动,都在行进,都在跳舞。而且我们在阅读它时,怎么会不去弄清楚高等人是怎样呼喊的?①我们在阅读前言时,怎么会不去导演那开启整个故事的杂技演员走钢丝的一幕?② 在某些时刻,这就是一出关于恐怖事物的滑稽歌剧;而且尼采谈到超人的喜剧也并非偶然。我们还记得出自年老魔术师之口的阿里阿德涅之歌:③这里叠放着两副面具——一副是年轻女性的面具,且几乎是一个**少女**[Koré]的面具,但它却被叠放在了一副令人厌恶的老人的面具上。演员应当扮演的角色是一个正在扮演着**少女**的老人。对尼采来说,这同样牵涉到在一个舞台空间中填补面具的内在空虚:要么是通过增加面具叠放的数量,要么是通过将狄奥尼索斯的普遍存在纳入这种叠放之中,要么是通过将真实运动的无限置入这种叠放之中,而这种运动正是作为永恒回归的重复中的绝对差异。当尼采称"超人与其说与帕西法尔(Parsifal)类似,倒不如说与波尔查(Borgia)类似"时,④当他提议让超人同时加入耶稣会法团和普鲁士军官团时,⑤人们仍

---

① 【译按】参尼采,《查拉图斯特拉如是说》,前揭,第四部,〈苦难的呼声〉,页384 以下。
② 【译按】参尼采,《查拉图斯特拉如是说》,前揭,〈查拉图斯特拉之序言〉,§6,页20—21。
③ 【译按】参尼采,《查拉图斯特拉如是说》,前揭,第四部,〈魔术师〉,§1,页403—408。
④ 【译按】参尼采,《瞧!这个人》,"我为什么写出了这样的好书",I:"假如我向某人低声耳语,叫他与其说在帕西法尔中,倒不如说到凯撒·波尔查那里去寻找超人,他会不相信自己的耳朵的"(见尼采,《权力意志——重估一切价值》,张念东、凌素心译,北京:商务印书馆,1998,页43)。
⑤ 【译按】参尼采,《权力意志》,断章796:"艺术品,在没有艺术家情况下出现的作品,譬如肉体、组织(普鲁士军官团、耶稣会法团)等。艺术家只是一个前阶而已。世界乃是自我生殖的艺术品"(见尼采,《权力意志——重估一切价值》,前揭,页202)。

然只有把这些文字当作它们本来所是的东西(也就是导演对如何"扮演"超人所做的评论)才能够理解它们。

戏剧是真实运动;它要从自身所动用的所有艺术当中提取出真实运动。我们被告知:这种运动、运动的本质和内在性既不是对立,也不是中介,而是重复。黑格尔被揭露为抽象概念运动的提出者,而不是**自然**运动或**精神**运动的提出者。黑格尔用特殊之物与概念一般(le concept en général)的抽象关系替换了奇异之物与普遍之物在**理念**(Idée)中的真实关系。所以,他仍然停留在"表象"之反思元素当中,停留在单纯的一般性当中。他没有将**理念**戏剧化(dramatiser),而只是表象了概念:他只带来了虚假的演剧(théâtre)、虚假的戏剧(drame)①、[19]虚假的运动。人们应当看清的是:为了将他的辩证法建立在这种不理解的基础上,黑格尔背叛、歪曲了直接之物,而且还将中介引入到运动之中,但后者只是其自身思想以及这一思想的种种一般性的运动。思辨的前后相继取代了共存,而对立则要遮蔽、掩盖重复。与此相反,当我们说运动是重复,而重复才是我们的真正戏剧时,我们所谈论的并不是因尚未把剧本记熟而正在"重复"的演员所付出的努力。我们想到的是舞台空间,是舞台空间的空虚,是它被各种符号和面具填充、规定的方式(演员正是通过它们而扮演着一个本身就扮演着其他各种角色的角色),以及重复是如何通过在自身中包含差异而以从一个特异点到另一个特异点的方式被织成的。(当马克思同样批评黑格尔主义者们那虚假的抽象运动或中介时,他被带到了一种虽然被他指出但却未被他展开的观点那里,被带到了一个从本质上说是"戏剧性"的观点那里:就历史是一出戏剧而言,重复与重复中

---

① 【译按】"戏剧(drame)"是德勒兹的一个关键概念,在后文中(特别是在第四章中)将会反复讨论。此处因为"théâtre"和"drame"同时出现,为了做出区分,故将"théâtre"译为演剧,"drame"译为戏剧。

的悲剧和喜剧形成了一种运动的条件,在这种条件下,"当事人"或"主人公"确实给历史带来了某种崭新的东西)。正如运动对立于概念和将运动与概念联系在一起的表象,重复的戏剧也对立于表象的戏剧。在重复的戏剧中,人们感受到了那些在空间之中,直接作用于心灵之上,并将心灵与自然和历史直接统一在一起的纯粹力量、动态踪迹。人们认识到了一种先于语词言说的语言,认识到了各种先于躯体而被摆出的姿势,认识到了那些在面孔出现以前就已经存在着的面具,遭遇到了那些在人出现之前就出现了的幽灵和鬼魂——这一切都是作为"恐怖的强力"的重复装置。

这样一来,我们就不难谈论克尔凯郭尔和尼采的不同之处了。不过,这个问题甚至都不应该再在亚伯拉罕的上帝或《查拉图斯特拉》的狄奥尼索斯的终极本性这样的思辨层面上被提出。毋宁说弄清楚"造成运动"、去重复、获得重复是什么意思才是真正重要的。是像克尔凯郭尔那样认为跳跃重要,还是像反感将跳舞和跳跃混为一谈的尼采那样认为跳舞重要(只有查拉图斯特拉的猴子、魔鬼、侏儒、丑角才跳跃)?① [20]克尔凯郭尔向我们提出了一种信仰的戏剧;他用精神运动、信仰运动来反对逻辑运动。他同样可以要求我们超越所有的审美—感性重复,超越反讽与幽默,但到头来他只能痛苦地认识到:他不过是向我们提出了这样一种超越的审美—感性形象、反讽形象和幽默形象。而尼采向我们提出的则是一种无信仰的戏剧,是作为**自然**运动的戏剧,这种戏剧已然算得上是残酷戏剧了。② 在尼采式戏剧中,在自然的背景处活动的幽默与反讽是不可超越的。假如人们忘记了永恒回归是一种令人眩晕的运动,忘记它被赋予了一种遴选的力量,一

---

① 参 Nietzsche,《查拉图斯特拉》,卷 III,"论新旧标牌",§4:"只有一个小丑在想:'人类也可以被跳跃而过'"(【译按】中译参尼采,《查拉图斯特拉如是说》,前揭,页332)。

② 【译按】参阿尔托,《残酷戏剧——戏剧及其重影》,桂裕芳译,北京:中国戏剧出版社,1993。

种作为创造的驱除之力量，一种作为生产的毁灭之力量，一种使**相同**一般(Même en général)无法回归的力量，它又能是什么呢？尼采的伟大观念便是将永恒回归中的重复同时奠定在上帝之死和**自我**之解体的基础上。而在信仰的戏剧中，克尔凯郭尔所梦想的是一种在复得的上帝与自我之间的全然不同的联盟。各种各样的差异相互连接了起来：运动是在心灵的范围内还是在那既不知道上帝也不知道自我的地下深处？它在哪里才能更好地保护自己不受一般性或中介的侵害？超越于自然法则之上的重复是超自然的东西吗？或者，由于自然界本身就高于它自身的统治与法则，重复会是最为自然的东西，也就是**自然界**自身的意志并且自愿作为**自然**的东西吗？当谴责"审美—感性"重复时，克尔凯郭尔难道不是将下面所有这些重复都混合起来了：一种被归属于自然界之一般法则的伪重复，一种自然界自身之中的真正的重复；一种以病理学方式发生的激情之重复，一种艺术与艺术作品之中的重复？我们目前还无法解决上面任何一个问题；但我们只须在戏剧的层面上确认一般性和重复之间存在着不可还原的差异就足够了。

※

重复与一般性：从概念着眼的第三种区别

从行为和法则的观点看，重复和一般性相互对立。我们还需要明确第三种对立，也就是以概念或表象为着眼点的对立。我们要提出一个 quid juris[拉：权利问题]①：从原则上说，概念可以是

---

① 【译按】"quid juris"是康德所使用的法律用语："法学家在谈到权限和越权时，把一桩法律诉讼中的权利问题(quid juris)和涉及事实的问题(quid facti)区别开来……"（康德，《纯粹理性批判》，邓晓芒译，北京：人民出版社，2004，A84/B116，页79）。

某一实存的特殊之物的概念,它因而拥有无限的内涵。无限内涵是外延＝1的相关项。非常重要的一点是:[21]内涵的这种无限须要被设定为实无限,而非潜无限或单纯的无定限。只有在这一条件下,作为概念环节的谓词才能被保存下来,这些谓词才能在它们所归属的主词中具有效力。无限的内涵同样使回想和认定、记忆和自身意识(甚至是在这两种能力本身并非无限时)成为可能。概念与概念对象的关系,就它在这种记忆和这种自身意识中得以成立这两个方面而言,被称为表象。人们可以从这里得出几条通俗的莱布尼茨主义原则。根据差异原则,一切规定根本上都是概念规定。或者说,一切规定都现实地构成了概念内涵的一部分。根据充足理由原则,每个特殊之物都有一个概念。依据与充足理由原则互逆的不可分辨者之同一原则,每个概念都只对应唯一一个事物。所有这些原则形成了作为概念性差异的差异之阐明或作为中介的表象之展开。

概念的内涵与"阻断"的现象

但是,概念在它的任何一个规定的层面上,在它所包含的任何一个谓词的层面上都可以被阻断。作为规定,谓词的特性是在概念中固定不变,而在事物中变为完全不同的东西("动物"变成了不同的"人"和"马";①"人"变成了不同的"皮埃尔"和"保罗")。甚至正是由于这个原因,概念的内涵才是无限的:在事物中变为不同东西的谓词乃是概念中另一谓词的对象。而每一个规定也出于同样的原因保持着一般性或界定着类似性。作为概念中的固定不变者,每一个规定从原则上说都适用于无穷多的事物。所以,由于概念是以这样的方式构成

---

① 【译按】参亚里士多德,《形而上学》,前揭,1058a5—10,页236。

的,这就导致它的内涵在其实在的使用中趋向无限,但在其逻辑的使用中总是会遭到人为的阻断。一切对概念内涵的逻辑限制都赋予了概念一种外延,其大于1,且在原则上是无限的。因此这也就是赋予了概念以一般性,这样一来,没有哪个实存着的个体能够和概念 hic et nunc［拉:此时此地］地对应(内涵与外延的反比例规则)。所以,作为概念之中的差异,差异原则不但不与类似性的领会对立,而且还向它许可了可能的最大限度的游戏。从那些谜语的视角看,"有什么样的差异?"这个问题已经总是能够被转换为"有什么样的类似性?"尤其在分类活动当中,对种的规定隐含和假定了一种对类似性的连续评估。类[22]似性当然不是部分的同一性;但这单纯是由于概念中的谓词,其在事物中变成了不同的东西。据此,它并非这个事物的一部分。

"自然阻断"的三种实例与重复:名词概念、自然概念、自由概念

我们想要指出这类人为阻断和另一类截然不同的阻断间的差异,后者应当被称为概念的自然阻断。前一种阻断诉诸于单纯逻辑,而后一种阻断则诉诸于先验逻辑或实存辩证法。事实上,我们可以假设某个在特定环节上被提取出来的概念(在该环节上,它的内涵是有限的),它被强行指定了一个时空中的位置,也就是说,它被强行赋予了一种通常是与外延 =1 相对应的实存。人们因而会说,一个属、一个种在内涵没有增加的情况下过渡到了 hic et nunc［拉:此时此地］的实存那里。在这种强加于概念之上的外延 =1 和概念的贫乏内涵与在原则上所要求的那种外延 = ∞ 之间存在着分裂。由此产生的结果会是一种"离散外延",亦即大批在概念上绝对同一,并且在实存中还具有了同一奇异性的个体(复

身或双胞胎的悖论)。① 这种离散外延的现象隐含着一种概念的自然阻断,这种阻断在本性上不同于逻辑阻断:它不是在思想中构成类似性秩序,而是在实存中形成真正的重复。在一般性和重复之间存在着巨大差异,前者所指的始终是概念的逻辑力量,而后者则证明了概念的无力或真实的界限。重复即是有限内涵的概念被迫过渡到实存当中的纯粹事实:我们知道有哪些这样的例子吗?伊壁鸠鲁学派的原子就是一个例子;原子虽然是处于空间之中的个体,但它的内涵仍然是贫乏的,而这种贫乏内涵的补偿就是离散外延——存在着无穷多的形式相同、大小相同的原子。但人们可以对伊壁鸠鲁式原子的存在表示怀疑。与此相反,人们不能对词语的存在表示怀疑,而词语从某种意义上说就是语言学的原子。词语所拥有的内涵必然是有限的,因为它从本性上说是一个单纯名词性定义的对象。为什么概念的内涵不能趋向无限?我们这里有一种理由:词语只能由有限数量的词语来界定。尽管如此,与词语密不可分的"说"和"写"却给予了词语 hic et nunc[拉:此时此地]的实存;因此,词语这个属具有了现实的存在;而且,[23]就这种情况而言,重复在"说"和"写"中形成了语言的现实强力,而外延则在这种重复之迹象的支配下在分散中、在离散中被弥补。

问题是:除离散外延或有限内涵的自然阻断外还有其他的自然阻断吗?我们假设有一个概念,它的内涵是无定限的(潜无限的)。无论它的内涵推进得多远,人们始终可以认为它将一个个完全同一的对象统摄于自身之下。在实无限中,概念从原则上说足以将自身的对象和其他所有对象区分开来。与此相反,我们现在面对的情况是:概念可以无定限地推进自己的内涵,但它总会将无定限多的对象统摄于自身之下。这里,概念仍然是不同对象的

---

① 图尼耶(Michel Tournier)在一篇即将发表的文章中指出了离散外延的表述与现象(【译按】亦即图尼耶1975年发表的《流星》[Les météores])。

相同(Même)——无定限的相同。这样一来,我们就应当认识到这些对象之间的非概念性差异。正是康德最为明确地指出了"能够进行单纯无定限的特殊化的概念"和"非概念的纯粹时空规定或对立规定"之间的相关关系(对称对象的悖论)。① 但这些规定确切说来仅仅是重复的形态:空间与时间本身是重复的媒介;实在的对立②不是最大程度的差异,而是最小限度的重复:它被约简为

---

① 概念的无限特殊化在康德那里的确存在(【译按】参康德,《纯粹理性批判》,前揭,A656/B684以下,页514以下);但是,由于这种无限只是潜无限(无定限),所以人们无法从中得出任何有利于设定不可分辨者的同一原则的论证。——而在莱布尼茨看来,无论是可能的还是实在的,实存者的概念的内涵应当是实无限的,这一点至关重要:莱布尼茨在《论自由》(*De la liberté*)中对此做出了明确的肯定("只有上帝才能够看到,当然不是在这种分析[résolution]的终点,因为这种分析的终点是不存在的……"[【译按】中译参莱布尼茨,〈论自由〉,段德智译,载《莱布尼茨早期形而上学文集》,北京:商务印书馆,2017,页407])。所以,当莱布尼茨在讨论事实真理的语境中(例如,《形而上学谈》[*Discours de métaphysique*],§8)用"潜能地(virtuellement)"来刻画谓词之内属的特征时,潜能(virtuel)不应当被理解为现实的反面,而应当被理解为"被包含"、"被内含"、"被印入",它绝没有排除现实性(【译按】德勒兹此处涉及的《形而上学谈》的原文是:"lorsque le prédicat n'est pas compris expressément dans le sujet, il faut qu'il y soit compris virtuellement, et c'est ce que les philosophes appellant *in-esse*"(G. W. Leibniz,《形而上学谈,及与阿尔诺的通信》[*Discours de métaphysique et Correspondance avec Arnauld*, introduction, texte et commentaire par G. Le Roy, Paris, Vrin, 2014],页43)。现有中译本的译文为:"当这个谓词不是明显地包含在主词之中时,它就在实际上包含在主体之中了。哲学家们所谓'现实存在',即是如此"[莱布尼茨,〈形而上学谈〉,段德智译,载《莱布尼茨早期形而上学文集》,前揭,页12]。也就是说,"virtuellement"被直接译为"在实际上"。虽然这与德勒兹的"潜能不应当被理解为现实的反面"的论断相一致,但为了突出莱布尼茨对于"virtuellement"这个概念本身的使用,我们还是建议将该术语译为"潜能地")。严格说来,莱布尼茨的确援用了"潜能"概念,但这只与一种必然真理(非相互命题)相关:参《论自由》。

② 【译按】关于实在的对立,参康德,〈将负值概念引入世俗智慧的尝试〉,载《康德著作全集·第2卷:前批判时期著作Ⅱ(1757—1777)》,李秋零主编,北京:中国人民大学出版社,2003:"实在的对立是这样一种对立:此时一个事物的两个谓词相互对立,但并不通过矛盾律。在这里,一个取消了通过另一个而被设定的那种东西;但结果却是某种东西。一个物体朝相反方向的同等努力并不相互矛盾,它们作为谓词在同一个物体中同时是可能的。它们的结果就是静止,而静止是某种东西。尽管如此,这仍然是一种真正的对立。因为通过一种倾向如果单独存在就可以设定的东西,通过另一种倾向被取消了,而两种倾向都是同一个事物的真实谓词,它们同时属于这个事物"(页173)。

二,是一种作为自身之回归与回声的重复,一种找寻到了自我界定之途径的重复。因此,重复表现为无概念的差异,它避开了无定限地继续下去的概念性差异。它表现了实存者的本己强力与它在直观中的固执——它抵制概念的任何特殊化,无论这种特殊化推进得有多远。按照康德的说法,无论你在概念中前进得多远,你总是会重复。也就是说,你总是会使概念和多个对象对应,最少是两个:一个左,[24]一个右;一个多,一个少;一个正,一个负。

如果人们认为"拥有无定限内涵的概念"是**自然**概念,上述情况就更容易理解了。作为**自然**概念,它们总是在他物当中:它们并不在**自然**之中,而是在静观**自然**或观察**自然**进而表象**自然**的心灵之中。所以,**自然**被称为异化的概念、异化的精神、自相矛盾的东西①。与此类概念相对应的是那些本身没有记忆的对象,亦即那些不能在自身中拥有或集聚自身诸环节的对象。人们追问**自然**为何重复:因为它是 partes extra partes[拉:部分之外又有部分],②是 mens momentanea[拉:瞬时的心灵]。③ 这样一来,新的东西就在进行表象活动的心灵中产生:这是因为心灵拥有记忆、心灵能够"养成习惯",因为心灵能够形成概念一般,有能力从它所静观的重复中抽取出、倾析出某种新的东西。

内涵有限的概念是名词概念(concepts nominaux);内涵虽然是无定限的,但若没有记忆,那这种概念便是**自然**概念。不过,这两种

---

① 【译按】参黑格尔,《自然哲学》,梁志学、薛华、钱广华、沈真译,北京:商务印书馆,1986:"自然是作为他在形式中的理念产生出来的"(页19)。

② 【译按】参洛克,《人类理解论》,关文运译,北京:商务印书馆,1983:"要照普通的说法说来,人们自然会说,广袤就是部分之外又有部分(partes extra partes)。不过这种说法,正如同说广袤就是广袤一样"(页140)。

③ 【译按】Leibniz,《抽象运动原理》(*Theoria motus abstracti*, 1671),见《莱布尼茨哲学著作集》(*Gottfried Wihlehm Leibniz: Die philosophischen Schriften*, hrsg. v. G. I. Gerhardt, Hildesheim: Georg Olms Verlag, 1923),第 IV 卷,页230:"每个物体都是一个瞬时的心灵,亦即一个没有记忆的心灵(Omne enim corpus est mens momentanea, seu carens recordatione)"。

情况并没有穷尽自然阻断的例子。假设有这样一个个体概念或特殊表象，它不但内涵无限而且还拥有记忆，但却没有自身意识。内涵的表象在自身中存在，回忆就在这里，并且包含着某一行为、某一情景、某一事件、某一存在的全部特殊性。但是，出于一个确定的自然理由，这里所欠缺的是意识的自为，是认定（récognition）；记忆所欠缺的是回想（remémoration），或者不如说是贯彻到底（élaboration）。意识在表象和**我**之间建立起了一种关系，这种关系要比出现在"我有一个表象"这个表达中的关系深刻得多；它使表象与**我**发生关系，而**我**是一种自由的能力，这种能力既不让自己的产物封闭住自己，又将每一个产物都思考和认定为过去，这是内感官中一个确定的变化的机会。当对知识的意识或对回忆的贯彻到底缺席时，处于自在状态的知识就只是其对象的重复：它被扮演了。也就是说，它被重复了——它不是被认识，而是被付诸行动。重复在此显现为自由概念（libre concept）、知识或回忆的无意识，显现为表象的无意识。弗洛伊德（Freud）确定了这种阻断的自然理由；压抑、抵抗使重复本身成为了一种真正的"强制"、"强迫"。因此，这便是[25]第三种阻断实例，这一次阻断涉及到了自由概念（concepts de la liberté）。而且，从某种弗洛伊德主义的视角看来，人们同样能够在这里得出重复与意识、重复与回想、重复与认定之间的反比例原则（"坟墓"或埋藏之物的悖论）：人们越是很少追忆过去，越是很少意识到自己在回忆过去，就越是不断地重复自己的过去——要想停止重复就必须回忆和使回忆贯彻到底①。认定

---

① Freud，《论回想、重复和贯彻到底》（*Remémoration, répétition et élaboration*，1914，trad. Berman，*De la technique psychanalytique*，Presses Universitaires de France）。——在对心理重复进行否定性阐释这条道路上（人们因为自欺而重复，因为没有将回忆贯彻到底而重复，因为没有意识而重复，因为没有本能而重复），没有人比阿勒基耶（Ferdinand Alquié）走得更远（他的严格性亦是无人可及的）。见氏著《永恒之欲》（*Le désir d'éternité*，1943，Presses Universitaires de France），第二至四章。

中的自身意识显现为将来的能力或未来的功能、新生事物的功能。归来的幽灵不正是那些被埋葬得过早、过深,并且没有为其举行必要的告别仪式的死者吗? 内疚所表现的不正是将回忆贯彻到底过程中的无力或失灵,而非记忆的过剩吗?

既有悲剧的重复,也有喜剧的重复。重复甚至始终要出现两次:一次出现在悲剧的命运中,另一次出现在喜剧的特征中。在戏剧表演中,主人公正是因为其与无限的本质知识相分离才会去重复。这种知识不但存在于他的内部,并且还在他的内部延续着,活动着。不过,它只能作为隐藏的东西,作为被阻断的表象而发挥作用。喜剧性重复与悲剧性重复的差别体现在以下两个方面:一方面是被压抑的知识的本性,要么是直接的自然知识,亦即常识的单纯所与,要么是可怕的隐秘知识;另一方面是戏剧中的登场人物被排除出这种知识之外的方式,亦即"他不知道他所知道的东西"的方式。一般说来,实践的问题就在于:这种未知的知识应当被表象为浸满整个舞台的东西,表象为浸润着剧本的所有元素的东西,表象为在自身中包含着自然与精神的所有强力的东西;但与此同时,主人公却不能向自己表象这种知识,他反而应当将这种知识付诸行动——他应当扮演、重复这种知识,直至被亚里士多德(Aristote)称为"认出"的那个尖锐时刻。[①] 重复与表象在这个时刻相互交织、相互对峙,但这并不意味着它们的两个层面混淆在了一起,而是一个层面被映射在另一个层面之中,并且被这另一个层面所维持。这样一来,这种知识与"在舞台上上演,被演员所表演的知识"被认定为是同一种知识。

---

① 【译按】参克尔凯郭尔,《畏惧与颤栗》,前揭,页85—94。

※
概念的同一性无法解释重复；单纯否定性的条件同样无法解释重复

[26]离散、异化、压抑是三种自然阻断的实例，它们分别对应于名词概念、自然概念、自由概念。但在所有这些实例中，人们为了说明重复而诉诸于概念中的同一形式、表象中的**相同形式**：重复所述说的诸元素虽然实在地区分开来，但却又严格地拥有相同的概念。重复因而表现为一种差异，但这是一种绝对无概念的差异，就此而言，它是无差异的差异（différence indifférente）。"实在"、"严格"、"绝对"这些词语被认为是指向自然阻断的现象，其对立于只能规定一种一般性的逻辑阻断。但有一种重大缺陷彻底损害了这种尝试。只要我们还诉诸于不同对象的概念的绝对同一性，我们所做出的就仍然只是一种否定的、不足的说明。无论是被奠基在概念的本性中还是被奠基在表象的本性中，这种不足都不会带来任何改变。在第一种实例中，重复之所以存在是因为名词概念从本性上说拥有的是有限的内涵。在第二种实例中，重复之所以存在是因为自然概念从本性上说是无记忆、异化、出离于自身之外的。在第三种实例中，重复之所以存在是因为自由概念仍然是无意识的，回忆与表象依然是被压抑的。在所有这些实例中，重复者（ce qui répète）完全是由于不"理解"、不回忆、不知道或没有意识才重复。无论是在哪种实例中，人们都认为是概念及其表象性的伴生物（记忆与自身意识、回想和认定）的不足对重复做出了说明。因此，任何一种论证，只要它是以概念中的同一性形式为基础，它就具有这样的缺陷：它带给我们的只是对重复的名词性定义和否定性解释。人们无疑可以将"与单纯的逻辑阻断相对应的形式同一性"和"出现在自然阻断之中的实在同一性（**相同**）"对立起来。但自然阻断本身需

要一种能够同时说明它和重复的超概念的实定力量。

"死亡欲力"的功能:与差异联系在一起,并且要求一条实定原则的重复(自由概念的例子)

让我们再回到精神分析的例子:人们因压抑而重复……对于这样一种用健忘来解释重复的否定模式,弗洛伊德向来颇为不满。真实情况是:压抑从一开始就代表着一种实定性强力。但[27]它是从快感原则(principe de plaisir)或现实原则(principe de réalité)那里获得了这种实定性①:仅仅是派生的、对立的实定性。弗洛伊德主义的重大转向出现在《超越快感原则》(Au-delà du principe de plaisir)之中:死亡欲力不是在与破坏性倾向或攻击性联系在一起时被发现的,而是依据一种对重复现象的直接考察而被发现的。奇怪的是,对于重复来说,死亡欲力②有着源始的实定原则的价值,它才是重复的领域和意义。它发挥了先验原则的作用,而快感原则仅仅是心理学原则。所以,它首先是静默的(不是在经验中

---

① 【译按】关于"快感原则"和"现实原则",参拉普朗虚、彭大历斯,《精神分析辞汇》,沈志中、王文基译,台北:行人出版社,2000,页357—363:"根据弗洛伊德的理论,〔快感原则是〕支配心灵运作的二原则之一;整体精神活动的目的在于避免不快感及获取快感。由于不快感与刺激量的增加有关,快感则与其减低有关,因此快感原则可被视为一经济论原则";"根据弗洛伊德的理论,〔现实原则是〕支配心灵运作的二原则之一。它与受它修正的快感原则构成一组:一旦它成功地树立为调节原则,对满足的追求将不再依循最短途径,而是迂回而行,并依据外在世界所强制的条件来延迟其结果。就经济论观点言之,现实原则和一种由自由能量变成连结能量的转换相对应;就拓扑论而言,它构成前意识—意识系统的主要特征;就动力论观点而言,精神分析试图将现实原则的作用,建立在特别为自我所用的某类欲力能量之上"。本书中出现的精神分析术语的翻译均沿用该《辞汇》中的译法。

② 【译按】关于"死亡欲力",参拉普朗虚、彭大历斯,《精神分析辞汇》,前揭,页400:"在弗洛伊德最后欲力理论的架构下,用来指称与生命欲力对立的一个根本范畴的欲力;这些欲力具有将紧张彻底减低的倾向,换言之,将生物带到无生命状态。死亡欲力首先导向内在,并倾向自我毁灭,之后将会以侵略或破坏欲力的形式导向外在。"

被给予的),而快感原则是喧闹的。因此,第一个问题便是:死亡主题看似集中了心理生命(vie psychologique)中否定性最强的东西,它自身怎样才能具有最高的实定性(先验实定性),以至于能够肯定重复?它怎样才能和一种原初的欲力联系在一起?不过,第二个问题马上和第一个问题交叉在了一起。重复是在什么形式下被死亡欲力肯定和要求的?归根到底,这涉及到了重复和诸伪装之间的关系。诸伪装处于梦或症候的运作中——凝缩、置换、戏剧化——它们要通过弱化重复,来遮盖一种(作为**相同的重复的**)原始的、裸露的重复吗?弗洛伊德早在他的前期压抑理论当中就指出了另一条道路:多拉(Dora)只有通过其他人所扮演的,以及她自己相对于这些其他人而言所扮演的其他角色(K、K 夫人、女家庭教师……)才能把她自己的角色贯彻到底,才能重复她对父亲的爱①。伪装和变体、面具或化装并不来自"上面",它们反而是重复自身的内部发生元素(éléments génétiques internes),是重复不可或缺的组成部分。这条道路本可以将无意识分析引向真正的戏剧。不过,如果说它没有做到这一点,这是因为弗洛伊德没能制止自己维持一个至少是作为倾向的原始重复的范型。当弗洛伊德将固着(fixation)归于**本我**(Ça)时,人们可以清楚地看到这一点;这样一来,伪装是在一种力的单纯对立的视角下被理解的,伪装的重复只不过是**自我**(Moi)和**本我**的各种对立的力之间的二次妥协的产物。甚至在快感原则的彼岸,由于弗洛伊德将死亡欲力解释成一种回到无生命物质状态的倾向,而这种倾向又维持着一种全然物理的或物质的重复的范型,所以裸露的重复之形式持续存在着。

[28]死亡与物质性范型毫无关系。与此相反,在死亡欲力和面具、化装之间的精神性关系中就足以理解死亡欲力了。可以确定

---

① 【译按】参弗洛伊德,《朵拉:歇斯底里案例分析的片段》,刘慧卿,北京:社会科学文献出版社,2015。

的是,重复通过构成自身来隐藏自身,且只通过隐藏自身来构成自身。它不是隐藏在面具后面,而是从一副面具到另一副面具那样形成着自身,就像从一个特异点到另一个特异点,从一个优先时刻到另一个优先时刻,和变体一道又在变体之中。面具不遮盖别的,只遮盖其他面具。不存在要被重复的初始项;而且,甚至我们对母亲那种孩童式的爱也是在重复其他男人对其他女人的爱,就像《追忆逝去的时光》的主人公和他的母亲重演了斯旺(Swann)对奥黛特(Odette)的激情。因此,没有任何被重复的东西能够从它形成于其中亦隐藏于其中的重复那里隔离或抽象出来。没有任何赤裸的重复可以从伪装那里抽象或推衍出来。伪装者和被伪装者是一回事。对精神分析来说,这个环节具有决定性的意义:弗洛伊德在某些问题上抛弃了幼儿期的真实事件(这些事件被视为伪装的终极项)假说,取而代之的是幻想(fantasme)①的强力,它浸没到了死亡欲力之中。所有一切在死亡欲力那里都已然是面具和伪装。简而言之,重复就其本质而言是象征性的,象征、拟像(simulacre)〔弗洛伊德的"幻想"和柏拉图的"幻象"〕是重复本身的秘密。差异通过伪装与象征界(l'ordre du symbole)而被包含在了重复之中。所以,各种变体并不来自外部,并不表现施加压抑的审级(instance refoulante)和被压抑的审级(instance refoulée)之间的二次妥协②,也并不应当以

---

① 【译按】关于"幻想",参拉普朗虚、彭大历斯,《精神分析辞汇》,前揭,页163:"指主体亦出现其中之想象情节;它以多少经过防御过程变形的方式形象化一个欲望——以及最终,一个无意识欲望——的实现。幻想以各种不同形式呈现:有意识幻想或白日梦、分析所发现作为显内容底层结构之无意识幻想、原初幻想。"

② 【译按】关于"审级",参拉普朗虚、彭大历斯,《精神分析词汇》,前揭,页218:"在动力论与拓扑论兼具的精神装置(appareil psychique)概念架构中,指各种不同的次结构(substructures),如:检禁审级(第一拓扑论),超我审级(第二拓扑论)。在有关精神装置构想的不同阐述中,弗洛伊德经常使用'系统'或'审级'等词来指称其部分或次结构。"此外,需要注意的是,虽然德勒兹在本书中频繁使用"审级"一词,但他在大多数情况下并非在严格的精神分析意义上使用这个术语。因此,当德勒兹在文中谈到某一"审级"时,我们可以把它理解为广义上的"部门"、"机构",甚至可以把它等同于一般意义上的"存在"、"东西"、"事物"。

对立、转向或颠转这些仍然是否定的形式作为自身被理解的出发点。各种变体毋宁说表现了诸微分机制（mécanismes différentiels），而这种机制正是重复的对象之起源和本质。在重复之中，甚至应该颠倒"赤裸"与"着装"之间的关系。以（作为**相同之重复的**）赤裸重复为例，比如一种强迫性仪式或一种精神分裂刻板症：重复之中的机械性存在以及明显重复着的行动元素充当着一种更为深邃的重复的覆盖物。这种更为深邃的重复在另一个维度中上演着——这是一个隐秘的垂直维度。在其中，死亡欲力维持着各种各样的角色和面具。就像宾斯万格（Binswanger）在谈到精神分裂时所说的那样，这是一出恐怖戏剧。在这出戏剧中，"旧事如新（jamais vu）"并不是"似曾相识（déjà vu）"的反面，它们意谓着相同的东西，而且它们还彼此经验着对方。内瓦尔（Nerval）的《希尔维》已然将我们引入了这种戏剧之中，而与内瓦尔式灵感极为接近的《格拉迪瓦》[29]则为我们描写了一个主人公，他同时体验着重复本身和始终在重复之中伪装的重复的对象。① 在对强迫观念的分析中，死亡主题的出现与这样一个环节相一致：强迫症患者支配自身戏剧中的所有人物，并将这些人重新统一在一种重复之中，而这种重复的"仪式"不过是一层外部包装。赤裸者之真理无论在哪里都是面具、化装、着装者。面具才是重复的真正主体。正是因为重复在本性上不同于表象，所以被重复的东西无法被表象，而始终应当被意谓它的东西所意谓——意谓它的东西本身就掩盖了它所意谓的东西。

  我不是因压抑而重复。我因重复而压抑，我因重复而忘却。因为我首先只有以重复的方式才能体验某些特定的事物或经验，

---

  ① 【译按】参弗洛伊德，《W·詹森的小说〈格拉迪瓦〉中的妄想和梦境》（*Der Wahn und die Träume in W. Jensens* Gradiva, 1907）。

所以我压抑。我注定要压抑那些阻止我体验特定事物或经验的东西：这种东西就是表象。表象使被经历之物与同一或类似的对象形式关联到一起而成为其中介。**爱若斯**（Éros）①与**塔纳托斯**（Thanatos）②的区别就在于：**爱若斯**应当被重复，它只能在重复中被体验，而正是（作为先验原则的）**塔纳托斯**将重复给予**爱若斯**，使**爱若斯**从属于重复。唯有这种观点才能使我们进一步去解决压抑的本源、本性、起因，以及与它相关的严密的项（termes exacts）这些晦涩难题。当弗洛伊德身处"严格意义上"针对表象（représentations）的压抑之彼岸时，他表明如下的行为是必要的：设定一种本源压抑，其首先关涉纯粹的呈现（présentations）或冲动之使自己必然被体验的方式。我们相信弗洛伊德已经最大程度地接近了一种重复的内部实定理由（raison positive interne de la répétition）。在弗洛伊德的后期思想中，这一理由成为了死亡欲力中可规定的东西，而且它应当说明严格意义上的压抑中的概念阻断，而不是被这种压抑说明。所以，由于重复—回想的反比例法则使重复成为依赖于压抑的东西，所以它从各个方面看来都是不能令人满意的。

弗洛伊德从一开始就注意到，要想停止重复，无论是（不带感情地）以抽象的方式回忆，还是形成一个概念一般，甚至是在其完整的特殊性之中表象被压抑的事件都是不够的：为了在知

---

① 【译按】关于"爱若斯"，参拉普朗虚、彭大历斯，《精神分析词汇》，前揭，页153："希腊人借以指称爱及爱神的词汇。弗洛伊德在其最后欲力理论中以该词汇指对立于死亡欲力的所有生命欲力"；关于"生命欲力"，同上，页407："在弗洛伊德最后理论中，用来与死亡欲力对立的一大类欲力。生命欲力具有持续构成更大统一体，并将之保存的倾向。亦被称作'爱若斯'的生命欲力，不仅包括严格意义下的生命欲力，亦包括自我保存欲力。"

② 【译按】关于"塔纳托斯"，参拉普朗虚、彭大历斯，《精神分析词汇》，前揭，页518："有时与爱若斯一词对称而被用来指称死亡欲力的希腊词汇（死神）；经由加诸其上的一个类近神话的意涵，该词的使用强调了欲力二元论的根本特质。"

识与抵抗之间、在表象与阻断之间建立起活的关联,我们应当到回忆曾是的地方去寻找回忆,我们应当一下子就置身于过去之中。[30]因此,人们既不会通过单纯的想起(mnésie)而痊愈,也不会因为健忘而患病。无论对于上述哪种情况来说,"意识到"这件事情都无足轻重。更具戏剧性、更为戏剧化的行动有一个名字,人们既可以通过它得到救治,也可以因为它没有被救治,这就是移情(transfert)。然而,移情仍然是属于重复的,而且它首先是属于重复的。① 如果重复使我们患病,那么它也同样是治愈我们的东西;如果重复束缚着我们、毁灭着我们,它也同样是解放了我们的东西。它在两种实例中表现着自身那"恶魔般的"强力。所有的治疗都是在重复深处的一次旅行。在移情中的确有某种与科学实验类似的东西,因为病人被假定要在一些具有优先性的人造条件下重复他的所有障碍,而他要将分析医师这个人物当作"对象"。但是,与认定事件、人物、激情相比,移情中重复的功能更多地是认证(authentifier)角色、选择面具。移情不是一种经验,而是为分析经验之整体进行奠基的原则。就其本性而言,各种角色是爱欲的,但角色之考验却要诉诸于死亡欲力这一最高原则或最为深刻的审判者。实际上,对移情的反思是发现一种"彼岸"的规定性动机。也正是在这种意义上,重复本身构成了我们的疾病和我们的健康、我们

---

① 弗洛伊德恰恰是援用移情来对自己的整体反比例法则提出质疑的。参《超越快感原则》(*Au-delà du principe de plaisir*, trad. S. Jankélévitch, Payot),页24—25(【译按】中译参《弗洛伊德后期著作选》,林尘、张唤民、陈伟奇译,陈泽川校,上海:上海译文出版社,1986,页17—18):回忆与复现、回想与重复在原则上是对立的,但在实践中,人们必须听任患者在治疗中重新体验某些被压抑的元素;"回忆内容与复现内容之间的比例是因人而异的"(【译按】《弗洛伊德后期著作集》,前揭,页18)。——最为深刻地强调了重复的治疗方面和解放方面(就像它在移情中所表现的那样)的精神分析学家是费伦兹(Ferenczi)和朗克(Otto Rank),参二人合著的《精神分析的发展目标》(*Entwicklungsziele der Psychoanalyse*, Neue Arbeiten zur ärztlichen Psychoanalyse, Vienne, 1924)。

的毁灭和我们的获救的选择性游戏。人们怎样才能将这一游戏与死亡欲力联系起来呢？无疑是在一种与米勒(Miller)相近的意义上。米勒在其关于兰波(Rimbaud)的惊人之作中有如下的评论："我明白我曾经是自由的，我明白是我曾经体验过的死亡解放了我"。① 对死亡欲力观念的理解显然应当以三种互补的悖论式要求为根据：给予重复一条实定的本原原则，还要给予它一种伪装的自主强力，最后还要给予它一种内在性意义——根据这种意义，恐怖与选择、自由的运动彻底混合在了一起。

※

两种重复：以概念之同一性和否定的条件为本的重复；以差异和理念中的过剩为本的重复(自然概念与名词概念的示例)

[31]我们的问题关涉着重复的本质。我们有必要了解重复为何拒绝被概念或表象中的同一性形式所解释——从某种意义上说，它要求一条更高的"实定"原则。这种探求的对象应当是自然概念和自由概念的整体。让我们在两种实例的边界处考察装饰图案的重复：一个图案是在一个绝对同一的概念下被复制的……不过，艺术家在现实当中并不这么做。他不是将图案的一个个范本并排摆放，而是每一次都将一个范本的某一元素与随后一个范本的另一元素组合在一起。他将不平衡、不稳定、不对称和一种开口(béance)引入了建构的动态过程之中，它们只能在整体效果中被消除。列维—斯特劳斯(Lévi-Strauss)对这一

---

① 【译按】米勒，《谋杀者的时代》，陈永国、孙萍译，北京：中国人民大学出版社，2004，页2。

实例做出了如下评论:"这些元素一个又一个地利用断层法衔接起来,只有在最后,整个图案才达致一种平衡,这平衡既肯定又显示了整个图案形成过程中的动态过程"。① 这些评论对于因果性一般(causalité en général)概念来说同样具有价值。因为在人为的或自然的因果性当中,重要的不是种种当前的对称元素,而是那些在原因中缺席的、不存在于原因之中的元素,也就是说,重要的是原因比结果具有更少对称性的可能性。除此以外,假如这种可能性没有在某一环节被真正实现的话,因果性就永远是假设性的东西或单纯的逻辑范畴。所以,因果性的逻辑关系与发送信号(signalisation)的物理过程不可分割。如果没有这个过程,因果性的逻辑关系就无法成为现实。我们把"信号(signal)"理解为富有对称性元素,含有各类龃龉的量的系统;我们把"符号(signe)"理解为在信号系统之中产生,在间隔中闪烁,在龃龉之物(disparates)②间建立起来的交流(communication)。③符号的确是一个结果,但这个结果却包含两个方面:一方面,作为符号,它表现了生产性的不对称;另一方面,它又趋向于取消这种不对称。符号绝非象征界;不过,它却通过内含一种内部的差异而为象征界做好了准备(但它仍然使它的再生条件处于一种外在的状态)。

我们不应被"缺少对称"这一否定性表达[32]欺骗:它意指

---

① Claude Lévi-Strauss,《忧郁的热带》(*Tristes tropiques*, Plon, 1955),页 197—199(【译按】中译参列维—斯特劳斯,《忧郁的热带》,王志明译,北京:生活·读书·新知三联书店,2000,页 231)。

② 【译按】"Disparate(龃龉之物)"以及与其紧密相关的"disparité(龃龉性)"、"dispars(龃龉)"、"disparation(龃龉化)"是德勒兹在《差异与重复》中使用的一组重要概念。这组概念的核心是"disparation",它来自对德勒兹哲学产生了重要影响的法国哲学家西蒙东(Gilbert Simondon,1924—1989)。关于这一概念的含义,我们将在第五章德勒兹讨论"disparation"时再做说明。

③ 【译按】参莱布尼茨,《新系统及其说明》,陈修斋译,北京:商务印书馆,2002,页 13,注释③。

着因果过程的起源和实定性。它就是实定性本身。因此,对我们而言具有本质意义的事情就是分割因果性,从而在因果性中区分出两类重复(就像我们所援引的装饰图案的例子):一类重复仅仅关涉抽象的整体效果,另一类重复则关涉着作为作用力的原因。前一类重复是静态的,后一类重复是动态的。前一类重复是作品的结果,后一类重复是动作的"进化"。前一类重复是指向一个相同概念的重复,这一概念只允许图案的普通范本间的外在差异存在;后一类重复是内在差异的重复,这种重复将内在差异包含在了自身的每一个环节当中,并且还将它从一个特异点转运到另一个特异点。如果人们认为从前一类重复到后一类重复的变化不过是概念内容或图案连接方式的变化,那么这两类重复当然可以被看作是一回事。但是,这种看法没有认识到每一类重复各自的秩序。因为在动态秩序之中,既没有表象性概念,也没有在一个先存空间中被表象的图案。有的只是**理念**和创造相应空间的纯粹动力。

关于节奏或对称的研究确定了这种二元性。人们区分出了两种对称:一种是指向整数系数或分数系数之范围的等差对称(symétrie arithmétique),一种是以无理数比例或关系为基础的等比对称(symétrie géométrique);前者是立方体或六边形类型的静态对称,后者是五边形类型的动态对称。动态对称表现在了螺旋状线或等比数列状的搏动之中,简而言之,它表现在了有生有死的"进化"之中。不过,第二类对称正处于第一类对称的中心,它既是第一类对称的中心,又是其能动的、实定的方法。人们在一个方形网格中发现了一些放射状线,它们将一个五边形或一个正五角星的中心当成了自身的非对称极。这个网格就像是一个骨架上的织物,"但这一骨架的外形,这一骨架的主要节奏却几乎始终是一个独立于这个网格的主题":这种不对称元素同时充当着一个对称整体的发生原则和反思原则。① 因此,方形网格中的静态重复指向了一种动态重复,后者是由五边形和"与五边形自然内接的一系列缩小的正五角星"共同形成的。同样地,节奏理论也要求我们直接区分出两类重复。节拍—重复是一种对[33]时间的规则划分,是同一元素的等时性回归。但是,只有在被重音规定,在被强度控制的情况下,绵延才能够存在。假如认为重音是在诸相等的间隔间被再生的,这无疑是误解了重音的功能,因为重音值、强度值所发挥的作用恰恰是在格律上相等的绵延或空间中创造不等性和不可通约性。它们创造了那些始终标志着多重节奏的特异点或优先时刻。不等(inégal)在这里仍然是最具实定性的东西。节拍(mesure)只是节奏(rythme)和节奏关系的外部包装。② 不等性的点、屈曲点、节奏事件的重演要比种种同质的普通事件的再生更为深刻;因此,我们时时处处都不要忘记将节拍—重复与节奏—重复区分开来——前者只是后者的表面现象或抽象效果。物质的、赤裸的重复(作为**相同之重复**)只有在如下意义上才会出现:有另一种重复伪装在它里面——这种重复通过把自己伪装起来才同时构成了赤裸的重复和它自己。即便在自然当中,等时的自转运动只是一种更为深刻的运动的表面现象,而公转的循环也只是抽象的东西;它们在被置入关

---

① Matila Ghyka,《黄金分割》(*Le nombre d'or*, N. R. F., 1931),卷 I,页 65(【译按】参吉卡,《生命·艺术·几何》,盛立人译,北京:高等教育出版社,2014,页 7—19)。

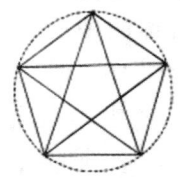

② 【译按】"有强有弱的相同时间片断,按照一定的次序循环重复,叫做'节拍'",而"'节奏',简单讲,就是用强弱组织起来的音的长短关系"(李重光,《基本乐理简明教程》,北京:人民音乐出版社,1990,页 43)。

联状态之后便表现出了各种进化的循环——可变曲率螺旋,它们的轨道具有左、右两个不对称的方面。诸造物始终在这种不能与否定之物混为一谈的开口中编织自身的重复,并同时获得了生与死的馈赠。

最后,让我们再次把目光转向名词概念。是名词概念的同一性揭示了词语的重复吗?以韵为例:它当然是语词的重复,但它所是的这种重复不仅将差异包含在了两个词语之间,而且还将这种差异纳入到一个诗意的**理念**之中,纳入到一个被它规定了的空间之中。正如人们在强韵概念中看到的那样,它的意义与其说是表示着相等的间隔,不如说是使音色的值服务于重音节奏,或是对重音节奏独立于等差节奏做出了贡献。至于同一个词语的重复,我们应当将它构想为一种"被一般化了的韵";而不是将韵构想为一种缩减了的重复。这种一般化包含两种技法:一种技法是取同一个词的两种意义,保证这两种意义之间的悖论的类似性或同一性;另一种技法是取一个只有一种意义的词,它向自身邻接的各个词施加了一种引力,向它们传递了[34]一种令人惊异的万有引力,直到一个与这个词接邻的词接替了它,并使自身成为了重复的中心。鲁塞尔(Raymond Roussel)与贝玑是文学中的伟大重复者;他们善于将语言的病理性强力提升到一个更高的艺术层次。鲁塞尔以一些双重意义词或同名异义词(homonymes)为出发点,然后用一个故事或一些事物(它们本身是一分为二的,出现两次的)来填充这些意义的间距;因此,他在自己的领域内战胜了同名异义性,并将最大程度的差异纳入到重复之中,就像是纳入到词语内部的开放空间之中。这一空间同样被鲁塞尔描述为面具与死亡的空间。在这个空间中,束缚性的重复与拯救性的重复同时被创制了出来:最先得到拯救的就是那些被束缚性的重复控制的东西。鲁塞尔创造出了一种后—语言(après-langage),在这种语言当中,一旦一切都被说出,一切便会重复,便会重新开始。① 而贝玑的技法则截然不同：被重复所替换的不再是同名异义性，而是同名同义性(synonymie)，它所关涉的是语言学家所说的相近性(contiguïté)功能，而不是相似性(similarité)功能。它形成了一种前语言(avant-langage)、一种曙光的语言。在这种语言中，人们通过所有微小的差异而逐步创造出了词语的内在空间。这一次，一切都通向了夭折与衰老的问题，但在这个问题上，一切也同样通向了一个难以置信的机会：肯定一种重复，这种重复拯救了被束缚性的重复所支配的东西。贝玑和鲁塞尔都将语言引向了其自身的界限（在鲁塞尔那里，界限是近似性或选择，是同音异义词"billard"和"pillard"之间的"示差特征［trait distinctif］"；在贝玑那里，界限则是相近性或组合，是著名的挂毯上的点）。他们全都用一种特异点的重复，一种垂直的重复（人们在这种重复中重又回溯至词语内部）取代了水平的重复，取代了那些被人们反复述说的普通词语的重复；他们全都用一种语言学与文体学的**理念**的实定的重复、过剩的重复取代了名词概念或语词表象的欠缺的重复、不足的重复。［35］当重复得到肯定时，始终在场的死亡是如何给语言带来启示的呢？

　　动作(geste)的原动力并非**相同**之再生。我们知道，即便最简单的模仿也包含着内外之别。此外，在行为的组合中，模仿只起着次要的调节性作用，它使得一些正在产生的运动可以得到修正，但

---

① 关于重复与语言、重复与面具和死亡在鲁塞尔作品中的关系，参福柯(Michel Foucault)那本精彩的《雷蒙·鲁塞尔》(*Raymond Roussel*, N. R. F., 1963)："由于重复与差异紧密地交织在了一起，并且配合得天衣无缝，所以，我们不可能说出哪一个是初始者了……"（页35—37）。"它不是一种试图开始的语言，而是已然被说出的诸词语的第二种比喻形象。它是被毁灭和死亡纠缠着的日常语言……从本性上说，它是重复的……（但不再是）被人们反复言说的事物的侧面的（重复），而是那更为根本的重复，是那跨越了非-语言的重复，而且，由于跨越了这种空虚，它已然是诗了……"（页61—63）。——亦参布托(Michel Butor)关于鲁塞尔的文章（《汇编》［*Répertoire*, I, Editions de Minuit］）。这篇文章分析了重复的束缚和拯救的双重方面。

它却没有能力发起这种运动。学习不是在表象与行动的关系中产生的(作为**相同**之再生),而是在符号与应答的关系中产生的(作为与**异己**的相遇)。符号至少以三种方式包含着异质性:首先,在承担或发送符号的对象中。这个对象必然呈现出一种层次的差异,亦即两个量或龃龉实在的秩序间的差异,符号在这两个秩序之间闪烁着;其次,在符号自身之中。因为符号在作为承担者的对象的界限之中包含着另一个"对象",并且体现了一种自然或精神(**理念**)的强力;最后,在符号所激起的应答中。应答的运动并不"类似于"符号的运动。游泳者的运动与波浪的运动并不类似;而且确切地说,我们在沙滩上模仿的游泳指导员的运动与波浪的运动毫无关系,我们只有通过在实践中将波浪的运动把握为符号才能学会如何应付它们。所以,我们很难说清楚某人是如何学习的:有一种对于符号的实践熟悉性,这是天赋的或是习得的,它使一切教育都成为了某种与爱和死亡有关的事情。如果有人对我们说"像我这样做",我们从他那里是学不到任何东西的。真正的老师会对我们说"随我一起做",他们不是向我们灌输一些须要模仿的动作,而是善于发送一些有待在异质物中展开的符号。换句话说,不存在思想—运动机能(idéo-motricité),只存在感觉—运动机能(sensori-motricité)。当游泳者的身体使自身的特异点与波浪的特异点接合在一起时,它便结成了一种重复的原则。这种重复不再归属于**相同**,而是包含着**异己者**,包含着从一个波浪一种动作到另一个波浪另一种动作的差异,并且它在以这种方式构成的重复空间中运送着这一差异。所谓学习就是去构成这种与各种符号遭遇的空间。在这个空间中,每一个特异点都在其他的特异点之中更新自身;在这个空间中,重复在伪装自身的同时形成自身。而且,借助于自身所展开的异质性,学习总是在它所创造的空间的界限处引发种种死亡意象(images de mort)。消失在了远方的符号[36]是致命的;当它最为猛烈地冲击我们时亦是如此。俄狄浦斯收到的符号一次过远,另一次过近;在这两次符号出现之间,一种可怕的犯罪之重复被织成了。查拉图斯特拉发现的"符号"时而太近,时而太远,只有到了最后,他才预感到了适当的距离。这适当的距离将永恒回归中使人患病的东西转化为一种解放的重复、一种救赎的重复。① 诸符号是真正的戏剧元素。它们表现着那些在被表象的词语、动作、人物和对象之中发挥着作用的自然和精神的强力。它们意谓着作为真实运动的重复,它与作为抽象之物的虚假运动的表象相对立。

重复中的赤裸之物与着装之物

当我们发现自己正面对着那些拥有绝对相同概念的同一元素(éléments identiques)时,我们便有权谈论重复了。但是,我们应当从这些离散的元素、被重复的对象那里区分出一个通过它们而重复着的秘密主体,也就是重复的真正主体。人们应当从代词的意义上来思考重复,应当找到重复的**自身**(Soi),发现被重复者之中的奇异性。因为不存在没有重复者的重复,没有任何被重复者不拥有重复性的灵魂。而且,我们应当区分的与其说是被重复者和重复者、对象和主体,毋宁说是两种形式的重复。无论如何,重复是无概念的差异。但在一种情况下,差异只是被设定为外在于概念的差异,被表象在相同概念下的对象间的差异,陷入时空之无差异中的差异。而在另一种情况下,差异在**理念**内部;它将自身展示为能够创造与**理念**相应的动态时空的纯粹运动(pur mouvement créateur d'un espace et d'un temps dynamiques qui correspondent à l'Idée)。前一种重复是被概念或表象的同一性所解释的**相同之重复**;后一种重复则是那既包含了差异,又将自身包含在**理念之相异**

---

① 【译按】参尼采,《查拉图斯特拉如是说》,前揭,IV,"征兆",页 520 以下。

性或"共现（apprésentation）"①之异质性中的重复。前一种重复是否定的,是概念之不足;后一种重复是肯定的,是**理念**之过剩。前一种重复是假言重复,后一种重复是定言重复。前一种重复是静态重复,后一种重复是动态重复。前一种重复在结果（或效果）之中,后一种重复在原因之中。前一种重复是外延的重复,后一种重复是内强的重复。前一种重复是普通的重复,后一种重复是特异的重复、奇异的重复。前一种重复是水平的重复,后一种重复是垂直的重复。前一种重复是被展开的重复、被外展的重复;后一种重复是被包含的重复、应当被阐释的重复。前一种重复是公转的重复,后一种重复是进化的重复。前一种重复是相等的重复、可公度的重复、对称的重复;后一种重复则是奠基于不等、不可公度或不对称之上的重复。前一种重复是物质的重复,后一种重复是精神的重复,甚至在自然与[37]大地中亦是如此。前一种重复是无生命的重复,后一种重复则掌握着我们的死亡与生命的秘密,掌握着我们的束缚与解放的秘密,掌握着着魔之物和神圣之物的秘密。前一种重复是"赤裸的"重复,后一种重复是着装的重复,这种重复是通过穿衣、戴面具和自我伪装形成的重复。前一种重复归属于准确性（exactitude）,后一种重复则以本真性（authenticité）为标准。

　　这两种重复并不相互独立。后一种重复是前一种重复的奇异主体、内心、内在性和深度,而前一种重复则只是后者的外部包装和抽象效果而已。不对称的重复将自己掩藏在了对称整体或对称效果之中;隐藏在普通点之重复下面的是特异点之重复;而且,在**相同**之重复中到处可见**异己者**的身影。这便是隐秘的,最为深邃的重复:只有它才能给出另一种重复的理由,给出概念之阻断的理

---

① 【译按】参胡塞尔,《笛卡尔式的沉思》（张廷国译,北京:中国城市出版社,2001）,第50节,"作为'共现'的陌生经验的间接意向性"（页148以下）。

由。而且,在这一领域中,就像在**拼凑的裁缝**(Sartor Resartus)那里,①赤裸的真理恰恰是面具、伪装和化装。这是无可避免的,因为重复并不是通过其他事物隐藏起来,它正是通过自我伪装而形成自身,它并不先存于它自己的伪装。而且,它通过形成自身而构成了那种它被包含于其中的赤裸重复。这一情况所带来的结果具有重要的意义。当我们发现自己正面对一种戴着面具前进的重复时,或是一种包含着移置、加快、迟缓、变体、差异,并且在极端状态下能够将我们远远地带离出发点的重复时,我们趋向于从中看出一种混合的状态,重复在这种状态下不再是纯粹重复,而只是近似重复:在我们看来,差异这个词本身就是通过隐喻或类比而被象征地使用的。我们的确已经将重复严格地界定为无概念的差异。但是,如果我们只是把重复还原为一个在概念中的**相同**形式下,陷入外在性之中的差异,而没有看到重复能够内在于**理念**,并且在自身之中就具有了那些超越了概念的符号、象征和异己性的所有来源,那我们就完全搞错了。我们在前面所援用的例子涉及到了截然不同的情况以及诸多概念,它们当中既有名词概念,也有自然概念和自由概念;当然,有人会指责我们将各种各样的物理重复、精神重复混在了一起;而且,甚至就在精神领域之中,我们也将刻板症型的赤裸重复和潜伏的、象征的重复混合在了一起。这是因为我们试图在所有的重复性结构中表明这些审级的共存,表明诸同一元素的明显重复是如何必然指向一个潜伏的主体(这个主体通过这些元素重复自身,[38]且在第一种元素的中心处形成了"另一种"重复)。因此,关于这另一种重复,我们认为它绝不是近似的或隐喻的。相反,它是一切重复的精神。它甚至是处在构成性的暗含

---

① 【译按】参见卡莱尔(Thomas Carlyle)的《拼凑的裁缝:托尔夫斯德吕克先生的生平和观点》(Sartor Resartus: The Life and Opinions of Herr Teufelsdröckh, 1833/34)中的服装创意。

状态或密码状态的一切重复的秘密。正是它构成了"无概念的差异"与"非中介的差异"的本质,任何重复都包含着它。它是重复的初始意义、客观意义和精神性意义。而物质性意义显现为这另一种重复的结果,它被这另一种重复当作外壳分泌了出来。

首先,我们区分了一般性与重复。随后,我们又区分了两种形式的重复。这两种区别相互连接;第一种区别只有在第二种区别中才会展开它的结论。因为如果我们满足于通过清除重复的内在性来抽象地设定重复,我们就仍然无法理解一个概念为什么以及如何被自然地阻断,也仍然无法让一个不与一般性相混淆的重复出现。与此相对的是,当我们发现了严格意义上的重复之内部时,我们就拥有了这样一种手段:这种手段不但让我们理解了作为覆盖物的外在性的重复,而且还恢复了一般性(此外,按照克尔凯郭尔的誓愿,这实现了奇异者与一般者的和解)。因为内在重复透过一个覆盖它的赤裸重复而被投射,就此而言,它所包含的每一个差异都显现为一个对立于重复的因素,这些因素会根据"一般"法则缓和重复或使重复发生变异。但奇异性的游戏始终在诸法则的一般运作之下进行着。在自然中,诸循环的一般性是一种穿透了它们的干扰的奇异性的面具;而且,在道德生活中的习惯的一般性之下,我们重新发现了奇异的学习活动。法则的领域应当得到理解,但这种理解的出发点却始终是那高于它们自身法则的**自然**和**精神**,这两者在大地和内心深处编织出其自身的重复,而在那大地和内心深处还远没有什么法则存在。重复的内部始终受一个差异秩序的影响;正是就某物和一个与它不同类型的重复关联在了一起而言,重复本身显现为一种外在的、赤裸的重复,而事物本身则显现为服从于一般性之范畴的东西。正是差异与重复的不符(inadéquation)创立了一般之物的秩序。塔尔德(Gabriel Tarde)正是在这种意义上提出类似性本身只是一种错误的重复:真正的重复是直接和[39]一个与自身程度相当的差异对应的重复。而且,没有任何人能够像塔尔德那样,通过在自然与精神中发现那隐秘的努力来创制一种新的辩证法。这种努力要在差异与重复之间创立一种越来越完美的相符(adéquation)。①

概念性的差异与无概念的差异

只要我们将差异设定为一种概念差异,一种内在地具有概念性的差异,并且将重复设定为被表象在相同概念下的诸对象间的外在差异,它们二者的关系问题似乎就能够用事实来解决。重复存在吗? 回答是还是否? 或者说,任何差异归根到底都是内在的(intrinsèque)和概念性的吗? 黑格尔曾嘲笑莱布尼茨邀请宫廷贵妇在花园散步时进行形而上学试验,为的是证明没有两片树叶具有相同的概念。② 让我们将宫廷贵妇换成科学侦探:没有两粒完

---

① 在《模仿法则》(*Lois de l'imitation*, Alcan, 1890)中,塔尔德表明了类似性(例如不同类型的种之间的类似性)是如何指向物理环境的同一性,也就是一个重复性过程,这个过程影响着被考察的形式的下级元素(éléments inférieurs)。——我们会更为确切地看到,塔尔德的全部哲学都是以差异与重复这两个范畴为基础:在一种越来越"强大和精巧"、"越来越考虑到不同程度的自由"的运动中,差异同时是重复的起源和目标。无论是在哪个领域,塔尔德从始至终都在用这种微分的、分化性的重复来取代对立。"重复是种风格法(procédé de style)。与反题相比,它具有一种不同的能量,而且不那么让人疲倦。对于更新某一主题来说,重复也更为合适"(《普遍的对立》[*L'opposition universelle*, Alcan, 1897],页119),对于塔尔德的这一论述,鲁塞尔和贝玑或许将其据为己有。塔尔德在重复中看到了一种全然法国式的思想;当然,克尔凯郭尔也从中看到了一种丹麦式的思想。他们想要表达的是:重复为一种与黑格尔式辩证法截然不同的辩证法奠定了基础。

② 【译按】关于这一"轶事",莱布尼茨本人的叙述是:"我记得一位聪明睿智的伟大王后有一天在她的花园里散步时说,她不相信有两片树叶是完全一样的。和她一起在散步的一位精明绅士相信他很容易就能找到两片;但他虽然找了很久,终于凭他亲眼所见,深信永远能看到其中是有区别的"(莱布尼茨,《人类理智新论》,陈修斋译,北京:商务印书馆,1982,页235)。

对此,黑格尔在《小逻辑》中评论到:"莱布尼茨当初在宫廷里提出他的差异律时,宫廷卫士和宫女们在御园里纷纷来回走动,竭力寻找两片完全没有差别的(转下页注)

全一样的灰尘,没有两只具有相同奇点的手,没有两台具有相同打字方式的打字机,没有两把以相同方式射出子弹的左轮手枪……但是,为什么当我们从事实中寻找 principium individuationis[拉:个体化原则]的标准时,我们就会预感到问题没有被很好地提出呢?这是因为差异可以既是内部的(interne)而又不是概念性的(对称对象之悖论的意义正在于此)。界定某一动态空间,应当从一个与该空间联系在一起的观察者的视角出发,而不是以某一外部位置为着眼点。有这样一些内在差异,它们在表现某一对象前先使**理念**戏剧化。虽然外在于[40]作为对象表象的概念,但重复在此却是内在于**理念**的。所以,当人们考虑那些出现在康德与莱布尼茨学说中的动态因素时,他们二者间的对立看上去就缓和了许多。如果康德在直观形式中辨识出了不能被还原为概念秩序的外在差异,这些差异仍然是"内部"差异——尽管它们不能被知性确定为"内在"差异,并且只有在与整个空间的外部关系中才是可被表象的。① 依照一些新康德主义者的解释,这就意味着存在某种渐进的空间之内部动态建构(construction dynamique interne de

---

(接上页注)树叶,想当场出示这些树叶,推翻这位哲学家的思维规律。毫无疑问,这是对付形而上学的一个方便法门,它在今天还受人欢迎;然而,就莱布尼茨的差异律而论,则必须指出,差别不应单纯视为外在的和漠不相关的差异性,而应视为差别本身,因此事物在其自身就是有差别的"(黑格尔,《哲学全书·第一部分·逻辑学》,梁志学译,北京:人民出版社,2002,页 225—226)。

① 关于这种既非内在的亦非概念性的内部差异,参 Kant,《导论》(Prolégomènes),§13(参 innere Verschiedenheit[德:内在差异]与 innerlich Verschiedenheit[德:内部差异]间的对立)。

【译按】中译参康德,《任何一种能够作为科学出现的未来形而上学导论》,庞景仁译,北京:商务印书馆,1982,页 46—47:"仅凭我们的理智是想不出什么内在的差别(innere Unterschiede)来的,然而感觉却告诉我们,差别是内在的(sind die Unterschiede innerlich),因为,不管它们彼此多么相等、相似,左手却不能为右手的界线所包含(它们是不能相合的),而这一只手的手套也不能戴在那一只手上";须要注意的是,"内部差异"(innerlich Unterschiede/différence interne)与"内在差异"(innere Unterschiede/différence intrinsèque)的差异没有在中译本中表现出来。

l'espace），其应当先于作为外在性形式的整体之"表象"。在我们看来，这一内部发生的元素与其说是图型（schème），不如说是内强量（quantité intensive）；它与其说与知性概念联系在了一起，不如说与**理念**联系在了一起。从更为深刻的层面上说，如果外在差异的空间秩序与内在差异的概念秩序最终像图型所表现的那样达到了和谐，这要归功于内强的微分元素（élément différentiel intensif）：作为时刻中的连续之综合，它在 continua repetitio［拉：连续的重复］的形式下首先以内在的方式创造出与**理念**相符的空间。但在莱布尼茨那里，外在差异与内在的概念性差异的亲合性已然诉诸于一种 continua repetitio［拉：连续的重复］的内部过程。这一内部过程的基础是内强的微分元素，后者在点之中进行着连续的综合，为的是从内部创造出空间。

但是，差异的概念（理念）不能被还原为一种概念性的差异，重复的实定性本质不能被还原为一种无概念的差异

有一些重复并不仅仅是外在的差异；有一些内部的差异，它们既不是内在的也不是概念性的。这样一来，我们就能够更好地定位先前种种模棱含混之处的来源。当我们将重复规定为无概念的差异时，我们就会断定重复之中的差异只具有单纯外在的特征；我们因而认为：任何内部的"新的东西"都足以使我们远离重复之谜，而且它只能与通过类比而被言说的近似重复相调和。但事实并非如此。因为我们还不知道什么是重复的本质，不知道"无概念的差异"这一表述到底有何意指，不知道它所能够蕴含的内部性具有什么样的本性。与此相反的是，当我们将差异规定为概念性的差异时，我们相信［41］这样就足以完成对差异概念本身的规定了。但即便如此，我们仍旧得不到任何差异的观念或贴切的差

异概念。由亚里士多德发端,经由莱布尼茨,直至黑格尔的差异哲学也许因为满足于将差异纳入到概念一般之中而错误地将差异之概念与单纯的概念性差异混为一谈。实际上,只要差异被纳入到概念一般之中,人们就无法拥有任何差异的奇异**理念**,从而只能停留在已然由表象所中介的差异之元素那里。因此,我们须要直面两个问题:什么是差异的概念——它不能被还原为单纯的概念性差异,它需要一个本己的**理念**,一个**理念**之中的奇异性?另一方面,什么是重复的本质——它既不能被还原为一种无概念的差异,又不能与种种被表象在相同概念下的对象的表面特征混为一谈,它本身就表现了作为**理念**之强力的奇异性?差异与重复这两个基本概念的相遇不再能够从一开始就被设定出来,而是应当借助于两条线的相互影响,相互交叉而显现出来:一条线关涉重复的本质,另一条线关涉差异的观念。

第一章　自在之差异

差异与晦暗的基底

[43]无差异(indifférence)有两个方面：一个方面是未分化的深渊、黑色的虚无、无规定的动物，一切都在其中消解了；另一个方面是白色的虚无，是恢复平静的表面，上面漂浮着种种互不联系的规定，就像是一些散乱的肢体：没有颈项的脸、失掉肩膀的胳膊、缺少前额的眼睛[1]。无规定者是全然无差异的，漂浮的规定彼此之间亦是无差异的。差异就居于这两个极端中间吗？或者说，它难道不是在场(présence)与明确性唯一的极端，唯一的环节？差异就是这样一种人们能够在其中谈论**规定**(LA détermination)的状态。两个事物"之间"的差异只是经验的差异，而相应的诸规定(*les* déterminations)也只是外在的规定。不是去想象与另一事物相互区分的事物，而是让我们来想象某种

---

[1] 【译按】参恩培多克勒，〈论自然〉，残篇57，载基尔克、拉文、斯科菲尔德，《前苏格拉底哲学家——原文精选的批评史》，聂敏里译，上海：华东师范大学出版社，2014，页475："在这里，许多没有颈项的脸萌生，赤裸的失掉了肩膀的胳膊游荡，还有漂泊的缺少前额的眼睛。"

第一章 自在之差异

凸显出来的事物——虽然如此，它与之相区分的那个事物并没有和它区分开来。例如闪电虽然在漆黑的天空中凸显出来，但这漆黑的天空并没有和它分离，它就好像是与那并不与它相区分的东西区分开来。人们说，基底(fond)①即便上升到表面也仍然是基底。在这场针对着一个难以捉摸的对手的斗争中，双方都有残酷的甚至是残忍的东西。并且在斗争中，被区分出来之物对立于某种不能与它区分开来的东西，且后者还始终贴合着它分离的东西。差异即这种作为单方面区别(distinction unilatérale)的规定之状态。因此，必须指出：就像"制造差异(faire la différence/分清差异)"这一表述所表达的那样，差异应当被制造出来。这种差异或规定也是一种残酷。柏拉图主义者曾经说过，是非一(non-Un)与一(Un)区分开来，而不是一与非一区分开来，因为一并不躲避那躲避它的东西②；而在另一极上，是形式与质料或基底区分开来，而不是质料或基底与形式区分开来，因为区别本身就是一种形式。实际上，当所有的形式都被映射在这一重新上升的基底中时，它们便尽皆消散了。基底本身已然不再是停留于底部的纯粹[44]无规定者，诸形式亦不再是种种共存的或互补的规定。重新上升的基底不再停留在底

---

① 【译按】"基底(fond)"是德勒兹在《差异与重复》中反复探讨的一个概念。我们会在第三章看到，"基底"概念即谢林(F.-W. Schelling)的"Grund"，而德勒兹对谢林著作的了解主要依赖扬凯列维奇(Samuel Jankélévitch)翻译的《谢林文集》(Essais, Paris, Aubier, 1946)。扬凯列维奇在《谢林文集》的译者序言中对"基底"概念做出了如下解释："'基底'是谢林哲学的一个专有术语……它表现的是过去在当前中的持存，表现的是生成过程的支撑物。过去从未被完全取消。它不是存在的超绝因(cause éminente)，而只是它的充足理由，因为存在是基底的规定理由(raison déterminante)"（页40）。

② 【译按】参 Proclus,《神学原理》(The Elements of Theology, trans. E. R. Dodds, Oxford: Clarendon, 1963)，命题5（"任何多都在一之后"）："一的统一性不是派生的统一性，如果它绝没有分有多样性，那么，无论从哪个方面看，多都是在一之后，是多分有了一，而不是一分有了多……任何多都是从一自身那里产生出来"（页5、7）。

部,它获得了一种独立的实存;被映射在这一基底中的形式不再是一种形式,而是一条直接作用于灵魂之上的抽象线。当基底上升至表面时,人类的面容消解在了一面镜子中——在这面镜子中,无规定者和诸规定在唯一"制造"差异的规定中浑然一体。从制造怪物的角度看来,堆积种种混杂的规定或是对动物做出多元规定全都显得非常贫乏。更有价值的是使基底上升,使形式消解。戈雅(Goya)采用的是蚀刻法和蚀镂法,他所凭借的是前者的灰色单色画技术(grisaille)和后者的严格性。而雷东(Odilon Redon)则是借助明暗法(clair-obscure)和抽象线。通过放弃突出(modelé),也就是形式的造型象征,抽象线便获得了自身的全部力量。而且,由于它将自身与那没有和它区分开来的基底区分开来,它就更加粗暴地参与到基底之中。[①] 在这里,一副副的面容被消解在了这面镜子中。此外,"只有理性的沉睡才会产生魔鬼"[②]并非确定无疑。思想的无眠与失眠同样会产生怪物,因为思想是这样一个环节,规定在其中由于与无规定者维持着单向的、明确的关系而成为一个规定。思想"制造"着差异,但差异却是头怪物。差异显现为受诅咒之物,差异被视为错误或罪行,是注定要被流放的**恶**之形态,人们不应该对此感到诧异。使基底上升,使形式消散是独一无二的罪行。人们可以回想一下阿尔托的观点:残酷仅仅是规定,它既是一个明确点,被规定者与无规定者在该点上维持着一种本质性的关系,又是一条通过明暗法得到的精确的抽象线。

---

① 参 Odilon Redon,《自我交谈》(*A soi-même*, Journal, Floury, éd.),页 63:"在我的作品中是找不到任何造型部分的,我的意思是,本身就可以被客观地知觉的,可以在光与影的法则的指引下通过突出的惯常手段被制造的东西在我的作品中是不存在的……我的全部艺术都限定在明暗法的源泉那里,而且,我的艺术也有赖于抽象线的效果——它是直接作用于心灵的具有深刻来源的力量"。

② 【译按】这里暗示的是戈雅的铜版画《理性沉睡,万魔丛生》(*El sueño de la razón produce monstruos*)。

应该表象差异吗？表象的四个方面（四重根）

这样一来，使差异摆脱它那受诅咒的状态似乎就是差异哲学的计划了。差异可以不变成一个和谐的有机体吗？差异可以不在某一形式，亦即一种有机表象的一贯性元素中将规定与其他诸规定关联起来吗？作为"理由"的表象之元素拥有四个主要方面：未规定（indéterminé）概念之形式中的同一性，[45] 终极的可规定（déterminables）概念之间的关系中的类比，内在于概念的诸规定（déterminations）之关系中的对立，概念自身的被规定（déterminé）对象中的类似性。这些形式可以说是中介的四颗头颅或四重纽带。人们要使差异服从于同一性与对立、类比与类似性的四重根（quadruple racine），就此而言，差异可以说是"被中介的"。由于具有了"差异是邪恶的"这样的第一印象，人们打算通过表象差异来"拯救"差异，打算通过将差异与概念一般的诸要求关联在一起来表象差异。

圆满的时刻、差异、大与小

那么，这就牵涉到确定一个圆满的时刻（heureux moment）：希腊的圆满时刻。差异与概念在这一时刻达成了和解。差异应该离开自己的洞穴，应该不再当一个怪物；或者它至少只应作为一个始终回避着圆满的时刻，作为只构成了一种糟糕的遭遇、一种糟糕场合的怪物继续存在。因此，"制造差异"这一表达在这里应当变换意义。现在它意指一种遴选性考验，其应当规定哪些差异能够以及如何能够被纳入概念一般之中。这样一种考验，这样一种遴选似乎被**大**和**小**切实地实现了。因为**大**和**小**首先述说的是差异，而并不是自然地述说着一（Un）。因此人们会问:差异为了重回到概念的界限之中,既不迷失在"以内",又不逃避到"以外",它能够以及应当一直行进到哪里?有多大?有多小?很显然,我们很难判断以如下方式提出问题是否稳妥:差异本身真的是邪恶的吗?应不应当用这些道德化的字眼儿来提出问题呢?为了同时成为可以存在的东西和可以被思考的东西,差异就非要被"中介"吗?遴选应当包括这种考验吗?考验必须按照这种方式,根据这种目标来被构想吗?不过,如果想要回答上述问题,我们就必须更为确切地规定圆满的时刻被假定具有的本性。

※

概念性的差异:最大的差异与最好的差异

亚里士多德说:有一种差异,它同时是最大的和最完满的、μεγίστη[希:最大的]和τέλειος[希:完满的]差异。① "差异一般"不同于多样性(diversité)或他异性(altérité);当两个项相异(autres)时,它们是有差异的(différent)。但由于这不是就它们自身而言,而是就某物而言,所以当两个项在另一物上相同时,它们亦是有差异的:在种(espèce)上有差异的东西在属(genre)上相同,②在号数上有差异的东西在种上相同,就连在属上有差异的东西都"依据[46]类比的存在(être selon l'analogie)"相同。那么在这些条件下,什么是最大的差异呢?最大的差异始终是对立

---

① 【译按】参亚里士多德,《形而上学》,前揭,1055a3 以下,页 228:"既然有差异的东西相互间差异有大有小,并且存在着某种最大的差异"。

② 【译按】参亚里士多德,《形而上学》,前揭,1057b35 以下,页 236:"在种上相异是在某一方面与某物相异,这一方面对双方应该是相同的,例如在种上相异的动物,两者都是动物。所以,在种上相异的东西必然在属上相同。我所说的属,是那种使两种东西具有同一称谓的词项,并且不在偶性上具有差别,不论是作为质料还是别的什么"。

(opposition)。但在所有的对立形式中,哪一个才是最完满的、最完全的、最"合适"的?① 诸相关(relatifs)互相述说;矛盾(contradiction)虽然已经述说着一个主体,但却是为了使主体无法作为实体存在,并且它只是对那种关乎主体的"开始或停止存在的变化"做出了定性;缺失(privation)所表现的仍然是实存主体的一种特定的无力。唯有相反(contrariété)表现了主体通过在实体上(通过质料或属)保持相同而容纳诸对立之物的力量。尽管如此,相反是在什么条件下将自身的完满传递给差异?只要我们仍然考察"在质料上被领会的具体存在",影响这一存在的诸相反就只是一些物体性变化,我们从它们那里获得的就仅仅是外在的(extra quidditatem[拉:外本质的])差异的偶然经验性概念。有些偶性能够与主体分离,譬如"白"和"黑"之于"人";有些偶性不能与主体分离,譬如"雄"和"雌"之于"动物":②按照实例的不同,差异可以被说成是 communis[拉:共通的]或 propria[拉:特有的],但是就它源出于质料而言,它始终是偶性差异。因此,唯有本质中的相反或形式中的相反才给予了我们一种自身就是本质性差异(differentia essentialis aut propriissima[拉:本质的或固有的差异])的差异的概念。这样一来,诸相反之物便是一些变化,其影响了一个从属的方面被领会的主体。就其本质而言,属实际上具有如下特性,即被诸如"有足的"和"有翅的"之类的作为相反之物而相互协调的差异划分。③ 简而言之,完满的、最大的差异就是属之中的相反,而属之中的相反即种差(différence spécifique)。无论是高于种差还是低于种差,差异都趋向于变为

---

① 【译按】参亚里士多德,《形而上学》,前揭,1055b1 以下,页 229。
② 【译按】参亚里士多德,《形而上学》,前揭,1058a30 以下,页 237:"雌性动物和雄性动物在种上并不相异,尽管这种差异是动物自身的差异,而不是像白性和黑性那样,雌性和雄性依存于作为动物的动物。"
③ 【译按】参亚里士多德,《形而上学》,前揭,1058a36 以下,页 237—238。

单纯的他异性,而且它几乎避开了概念的同一性:属差(différence générique)太大,它处于那些没有进入到相反关系中去的不可组合者之间;个体差异(différence individuelle)又太小,其处于那些本身不具有相反的不可分割者之间。①

亚里士多德的差异逻辑学,以及差异的概念与概念性的差异的混淆

与此相反,种差似乎满足了一个和谐概念或一个有机表象的全部要求。它是纯粹的,因为它是形式的;它是内在的,因为它作用于本质之中。它是质[47]的;而且,就属意指着本质而言,差异甚至是一种非常特殊的质,亦即一种"依据本质"的质,一种本质自身的质。它是综合的,因为特殊化②是一种组成(composition)。而且差异被现实地增添到了那只是潜在地包含着它的属之上。种差是被中介之物,它本身就是中介,就是中项。它是生产性的,因为属不是被划分为差异,而是被那些在

---

① Aristote,《形而上学》(Métaphysique),X,4、8 和 9。关于共通的、特有的、本质的这三种差异,参 Porphyre,《亚里士多德〈范畴篇〉导论》(Isagoge),8—9(【译按】中译参波菲利,《〈范畴篇〉导论》,王路译,载《中世纪哲学》,赵敦华、傅乐安主编,吴天岳审校,北京:商务印书馆,2013,页 602—606)。亦参托马斯派的各种教科书:例如,格雷特(Joseph Gredt)的《亚里士多德—托马斯哲学原本》(Elementa philosophiae aristotelico-thomisticae,Fribourg)中的"论差异"(de differentia)一章,卷 I,页 122—125。

② 【译按】参康德,《〈判断力批判〉第一导言》,§5:"如果我们从普遍概念开始,以便通过完备的划分而下降到特殊,那么这种做法就称为在一个给予的概念之下使杂多的东西特殊化(Spezifikation),这时就是从最高的类进到较低的类(属或种),又从种进入到亚种。更准确的表达则是:我们不是(如同通常的语言那样)说我们必须使从属于一个普遍的东西之下的特殊的东西特殊化,而是宁可说,我们通过把杂多东西引进到普遍概念下来而使普遍概念特殊化了"(邓晓芒,《冥河的摆渡者——康德的〈判断力批判〉》,武汉:武汉大学出版社,2007,页 145)。

第一章 自在之差异

属之中生产出相应的种的差异所划分。所以,种差始终是形式因:"最短"是直线的种差,"收缩"是黑色的种差,"分散"是白色的种差。① 所以,出于同样的理由,它还是一类极为特殊的谓词,因为它不但自身归属于种,而且还同时将属归于种,并且构成了它自身所归属的那个种。这样一个综合的,构成性的,更多地作为归属者[attributeur](而非被归属者[attribué])、作为真正的生产规则的谓词所具有的最后一个性质便是:它能够带走被它施行了归属活动的东西。实际上,本质之质足够特殊了,它完全可以使属成为某种相异之物,而不仅仅是某种具有另一性质的东西。② 因此,属的本性便是在保持自身相同的同时,在划分它的诸差异中变得不同。差异使属和所有居间的差异随着它被运送(transporte)。作为差异之运送,diaphora[差异]之 diaphora[运送],③特殊化使差异与差异在划分的各个相继层面上连接在了一起,直到最后一个差异,亦即 species infima[拉:最低的种]的差异那里,它在选定的方向上凝缩了本质及其连续的质的整体,将这一整体聚集在一个直观的概念之中,并将这一整体与须要界定的项融合在了一起。这样一来,它自身就变成了不可分的独一之物(ἄτομον[希:原子]、ἀδιάφορον[希:漠不相关之物]、εἶδος[希:艾多斯])。特殊化因而保证了概念内涵中的一致性和连续性。

让我们回到"最大的差异"这一表述。种差只有在完全相对的意义上才是最大的差异,这一点已经显而易见。从绝对的

---

① 【译按】参亚里士多德,《形而上学》,前揭,1057b 7 以下,页 235。

② Porphyre,《导论》(*Isagoge*),8,20:"'理性的'这个种差若是加到动物上,则形成另一本质。但是,'运动的'这个差异则使事物在性质上不同于静止的"(【译按】中译参波菲利,《〈范畴篇〉导论》,前揭,页 603)。

③ 【译按】"diaphora",源出于希腊词"διαφόρω"。该词同时含有"将物体从一个地方运送到另一个地方"和"差异、区别"的涵义。

意义上说,矛盾大于相反,而且属差尤其大于种差。亚里士多德将差异与多样性或他异性区分开来的方式已然将我们推上了这条道路:只有相对于一个概念的假定的同一性(identité supposée d'un concept)[48]而言,种差才称得上是最大的差异。不仅如此,正是相对于属概念中的同一性形式而言,差异才会一直达到对立,并被推至相反。因此,种差绝没有表现一个适合所有的奇异性与所有的差异转向的普遍概念(亦即**理念**)。它所意指的是一个特殊的环节,差异在这一环节中仅仅与概念一般达成了和解。在亚里士多德那里,diaphora[差异]之 diaphora[运送]也只不过是虚假的运送:人们永远也不会看到差异改变本性,永远也不会发现一个"使最为普遍者与最为奇异者在其各自的直接性中发生关系"的分化差异者(différenciant de la différence)。种差只是意指着一个完全相对的极大,一个适合于希腊人的视觉调节点——这一调节点尤其适合希腊人折中的眼睛,其已经失去了对狄奥尼索斯式运送和变形的感受力。对全部差异哲学都具有毁灭性的混淆的原则便是:人们将"确定一个恰切的差异概念"和"将差异纳入到概念一般之中"混为一谈——人们将"规定差异概念"和"将差异纳入到一个未规定概念的同一性之中"混为一谈。这便是隐藏在圆满的时刻中的戏法(所有其他的东西可能都是由此产生的:差异对对立、类比、类似的从属,也就是对中介的方方面面的从属)。差异因而只能是概念之内涵中的一个谓词。亚里士多德一直不断地提醒种差的这种谓述本性;但是,他被迫赋予它种种奇特的能力,比如它既要将某一属性赋予某物,又要作为属性被赋予某物;或它既要使属发生改变,又要变更属的质。所以,种差去满足一个恰切概念的种种要求(纯粹性、内在性、生产性、运送……)的所有方式都是虚幻的,甚至还是矛盾的,是从那根本上的混淆出发的。

种差与属差

因此，相对于那些关涉着诸属本身的更大差异而言，种差是小差异。甚至在生物学分类中，相对于那些宏大的属来说，它已变得非常小了：毋庸置疑，它并非质料的差异（différence matérielle），但它仍然是一个通过较多和较少的规则运作的质料"之中"的差异。这是因为种差只有在一个未规定概念（属）的同一性的条件下才是极大的、完满的。如果种差被拿来和作为最终可规定概念（范畴）的属之间的差异进行比较的话，它反而是微不足道的。因为诸属不[49]再服从于如下条件，即：它们本身拥有着一个同一性概念或共通的属。我们要牢记**存在**自身不是一个属的原因：这是因为诸差异存在着，亚里士多德如是说（因此，属应当能够被归属于它的诸差异自身：就好像动物有时会被用来述说人，有时则述说着"理性"这个[种]差[种差"理性"构成了动物的另一个种]……）。① 因此，这是一个从种差之本性那里借取而来的论据，其使人们能够得出这样的结论，即属差的本性不同于种差的本性。就好像存在着两个虽然在本性上不同却又掺和在一起的"**逻各斯**"：一个是**种**的逻各

---

① Aristote,《形而上学》(*Métaphysique*), III, 3, 998b, 20—27（【译按】中译参亚里士多德,《形而上学》,前揭,页73）;《论题篇》(*Topiques*), VI, 6, 144a, 35—40（【译按】中译参《亚里士多德全集》,第一卷,苗力田主编,北京：中国人民大学出版社,1996,页486）。

【译按】德勒兹的这段表述比较含混，他想表达的意思无非是：由于种差"存在"，所以存在不是一个属，因为按照亚里士多德的观点，属是不能作为谓词去谓述它的种差的（用德勒兹在文中的说法就是"属不能被归属于它的诸差异自身"）。如果存在是一个属，而它又能作为谓词去谓述它的种差（因为"诸差异存在着"），这就好比是对于"动物"这个属而言，它既能作为谓词谓述"人"这个种，又能作为谓词谓述"理性的"这个种差，但这是荒谬的（即"'理性的'是动物"这个命题是不成立的）。所以，属不能谓述种差，能够谓述种差的就不是属；"存在"能够作为谓词谓述一切差异，所以存在不是一个属。

斯,是被我们思维与言说着的东西的逻各斯,其建立在一个被视为属的概念一般的同一性条件或单义性条件的基础上;另一个是**属**的逻各斯,是通过我们被思维与言说的东西的逻各斯(le logos de ce qui se pense et de se dit à travers nous),它从同一性条件或单义性条件那里解放出来,并同时在**存在**之多义性与最一般概念的多样性中活动。当我们言说单义之物时,难道不是多义之物在我们之中被言说着吗?而且,我们难道不应当在此认识到一种在其他(非亚里士多德式)环境中不断地形成的,思想之中的龟裂吗?但对于差异哲学来说,这不已经是一个新的机会了吗?一旦摆脱了那个将它维持在一个完全相对的极大之中的条件,它难道不是逼近了一个绝对的概念了吗?

四大方面,或表象对它们的从属:概念的同一性、判断的类比、谓词的对立、被知觉者的类似性

然而,这一切在亚里士多德那里都不存在。事实上,属差或范畴差异仍然是亚里士多德意义上的差异,并且它没有陷入单纯的多样性或他异性之中。因此,一个同一的或共通的概念仍旧存在着,尽管是以一种非常特殊的方式存在。这一**存在**概念并不像属相对于自身的种那样是集合的(collectif),而仅仅是分配的(distributif)和等级的(hiérarchique):它自身没有内容,它所具有的不过是一种与"人们使它去谓述的那些在形式上含有差异的诸项"成比例的内容。这些项(范畴)无须与存在具有一种平等的关系;只要每一个项与存在的关系内在于这个项就足够了。存在概念的两个特征——从分配的方面看来,它只具有一种共通意义(sens commun);从等级的方面看来,它具有一种第一意义(sens premier)——清楚地表明了它相对于诸范畴而言,并未发挥属对于自身那些单义的种所发挥的作用。但是,它们亦表明了存在之多义性

是全然特殊的:[50]关键在于一种类比。① 然而,如果人们追问那个有能力使概念和人们用概念来断定的那些项或主词成比例的审级是什么,这个问题的答案显然是判断。因为判断恰恰有且只有两种本质的功能:一种是它以概念之划分来保证的分配,一种是它以主词之考量来保证的等级化。与前者对应的是判断中那种被称为通感[常识](sens commun)的能力,与后者对应的是判断中那种被称为良知(bon sens)(或第一意义)的能力。它们共同构成了公正的考量,作为判断之价值的"公正"。从这种意义上说,一切范畴哲学都是将判断当成了范型——正如人们在康德甚至是黑格尔那里看到的那样。但是,伴随着其通感[常识]和第一感[第一意义],判断之类比使概念的统一性持续存在,要么是在一种隐含的和含混的形式下,要么是在一种潜在的形式下。类比自身是判

---

① 众所周知,亚里士多德本人并未在讨论存在时谈到类比。他将诸范畴规定为 πρὸς ἕν[希:向一的]和ἐφεξῆς[希:陆续的](它们是除纯粹多义性之外的两个存在着没有共通属的"差异"[«différence» sans genre commun]的实例)。——Πρὸς ἕν[希:向一的]是相对于一个独一项被述说的。这个独一项乃是共通意义;但这个共通意义并不是一个属。因为它所形成的只是一个(隐含的、含混的)分配的统一,而不是一个像属那样的明确的、清楚的集合的统一。因此,当经院哲学将πρὸς ἕν[希:向一的]译为"比例类比"(analogie de proportionnalité)时,它是有其根据的(【译按】德勒兹的这种说法是错误的,经院哲学家将πρὸς ἕν译为"analogia proportionis"或"analogia attributionis"["关系类比"],而不是"analogia proportionalitatis"[比例类比])。实际上,这种类比不应在严格的数学意义上来理解,并且,它也没有假定任何比的相等性。它是由一种比[关系]的内在性来界定的,这与前面的看法截然不同:每一个范畴与存在的关系都是内在于这个范畴的,范畴就其自身而言,根据其固有的本性才拥有统一性和存在。当亚里士多德将诸范畴同一于διαιρέσεις[希:可分的]时,他清醒地认识到了这种分配的特征。而且,除一些晚近的阐释以外,的确存在着一种与存在被分配到诸"存在者"那里的方式相应的存在之划分。——但在πρὸς ἕν[希:向一的]中,独一项并不只是作为共通意义的存在,它已然是作为第一意义的实体(substance)了。由此产生了朝向内含着一种等级的ἐφεξῆς[希:陆续的]之观念的渐变。经院哲学在此所谈论的是"关系类比"(analogie de proportion);存在不再是一个在形式上与种种不同的项关联在一起的分配的概念,而是一个在形式上突出地与一个关键项关联在一起、并在较低的程度上与其他项关联在一起的系列的概念(concept sériel)。存在首先现实地是比例类比;但它难道没有"潜在地"呈现出一种关系类比吗?

断中的同一性的类比物（L'analogie est elle-même l'analogue de l'identité dans le jugement）。类比是判断的本质，但判断的类比是概念统一性的类比。因此，我们既不能期待属的或范畴的差异，也不能期待种差交给我们一个恰切的差异概念。当种差满足于将差异纳入未规定概念一般之同一性中时，（分配的与等级的）属差则满足于将差异纳入最为一般的可规定概念的准同一性之中，亦即纳入判断自身的类比之[51]中。亚里士多德的全部差异哲学都停留在这对互补性的双重纳入活动之中，其建立在同一公设的基础上，并勾勒出了圆满时刻的这些恣意的界限。

差异与有机表象

在表象中，属差和种差结成了一种共谋关系。这完全不意味着它们具有相同的本性：属只可以由种差从外部来规定。而且，"属相对于种而言的同一性"与"存在相对于属而言不可能形成同样的同一性"形成了对比。但更确切地说，正是种差的本性（"它们存在着"这一事实）奠定了这一不可能性的基础，它阻止属差与存在就像与一个共通的属那样关联在一起（如果存在是一个属，它的种种差异就可以被当作种差来看待，但人们就不能说它们"存在着"，因为属并没有把自身归属于诸差异）。从这种意义上说，"种在一个共通的属之中的单义性"指向了"存在在不同的属之中的多义性"：前者映射着后者。人们可以在种种分类的理想要求中清楚地看到这一点：那些大的单元——γένη μέγιστα[希：最大的属]，最终被称为"门"（embranchements）的东西——根据那些类比关系得到规定，而这种关系假定了一种由判断在抽象表象中施行的特征遴选（choix de caractères）；同时，那些小的单元、小的属或种，则在诸类似性的直接知觉中被规定，这种直接知觉假定了具体表象中的感性直观的连续性。甚至当新进化论（néoévolutionnisme)将早熟的胚胎学的宏大分化与微小的晚熟分化、成熟分化、同种内分化或种的分化区分开来时,它都重新发现了与**大**和**小**的范畴相联系的这两个方面。不过,虽然这两个方面可能会随着大的属或种被当作自然概念而产生冲突,但它们全都构成了有机表象的界限以及分类所必需的先决条件:诸相似性之知觉中方法的连续性(continuité méthodique)与类比判断中系统的分配都是不可或缺的。但无论是从哪一种观点看来,差异全都只是作为一个反思概念(concept réflexif)①出现。实际上,差异使邻近的相似的种过渡到一个将其归摄了的属的同一性那里,因此差异允许在一个感觉的连续系列之流中提取出或是切割出诸属的同一性。在另一极上,它使各自地同一的诸属过渡到[52]了种种类比关系那里,这些类比关系在理智物之中彼此互相维持着。作为反思概念,差异表现了自身对表象所有要求的完全服从,而表象恰恰通过它而成为了"有机的表象"。实际上,作为中介者和被中介者的差异在反思概念中理所当然地从服从于概念之同一性、谓词之对立、判断之类比、知觉之类似性。人们在这里重新发现了表象那必然的四重特征。问题在于去知道,在所有这些反思方面下,差异是否没有同时失去自身的概念与实在性。实际上,只是就差异自身意指着种种灾难而言——要么是类似性系列中的连续性之断裂,要么是类比结构之间的无法跨越的断层——差异才不再作为反思概念,才重新发现了一个真正实在的概念。它之所以不再作为反思概念存在,就是为了变为灾难性的概念。而且它无疑要将两者同时包容。但是,作为灾难的差异难道不是见证了这样一个不可还

---

① 【译按】参康德,《纯粹理性批判》,前揭,A260/B316,页235:"反省(reflexio)并不与诸对象本身发生关系以直接获得它们的概念,而是这种内心状态,在其中我们首先准备去发现我们由以达到这些概念的那些主观条件……";A261/B317,页236:"一种内心状态里的诸概念能够在其中互相从属的那种关系就是相同性和差异性、一致与冲突、内部和外部的关系,最后是可规定的和规定(质料和形式)的关系……"

原的反叛的基底,其继续在有机表象的平衡之下活动吗?

单义性与差异

向来只有一个存在论命题:**存在**是单义性的(univoque)。向来只存在着一种存在论,亦即给予了存在一种声音的邓·司各脱(Duns Scot)的存在论。我们对司各脱做出如此评价,就在于他善于使单义性存在达到最高的精细程度,哪怕是以抽象为代价。但从巴门尼德(Parménide)到海德格尔,一种回声单独地形成了单义性存在的所有展示,而在这种回声之中,被不断重复的总是同一种声音。这唯一的声音引发了存在的喧嚣。我们无须费什么周折就能够明白,如果说存在是绝对共通的,它并不因此就是属;只要用命题的范型来取代判断的范型就足够了。从被看作是复合存在物(entité complexe)的命题中,人们区分出了:意义,或命题的被表现者;被意指者(在命题之中表现自身的东西);表现者或意指者,它们是号数的样式(modes numériques),亦即一些微分因素(facteurs),它们构成了具有意义与指称的元素(éléments)的特征。人们设想,即使在严格地意指相同的事物时,各种名称或命题也不具有相同的意义(长庚星—启明星、①以色列—雅各、②plan—blanc)。诸意义间的区别确实是一种实在的区别(distinctio realis[拉:实在的区别],但这一区别[53]却完全不包括什么号数的东西,也不包括什么存在论的东西:它是一种形式的、质的或征候学的区别。

---

① 【译按】参弗雷格,〈论涵义和意谓〉,见《弗雷格哲学论著选辑》,王路译,王炳文校,北京:商务印书馆,2006,页96。

② 【译按】参《圣经·创世记》三十二章27、28节:"那人说,你名叫什么? 他说,我名叫雅各。那人说,你的名不要再叫雅各,要叫以色列。因为你与神与人较力,都得了胜。"亦参斯宾诺莎致德·福里的信:"我可以用以色拉尔名字来称呼爱尔兹瓦特三世,同样,我也可以用雅各伯来称呼他,他之所以有这个名字,是因为他抓住了他兄弟的脚跟了"(《斯宾诺莎书信集》,洪汉鼎译,北京:商务印书馆,1996,页41)。

"范畴是否被直接地当作这些意义的相似物来对待",或者"它们是否就是从意义当中派生出来"的问题应该暂且被放到一边。重要的是,人们可以构想许多在形式上相区别的意义,但这些意义要与存在关联起来,就像是与在存在论上是一的(ontologiquement un)唯一被意指者发生关系。这样一种观点确实不足以阻止我们将意义视为类比物,将这一存在的统一体视为类比。我们还应当做如下补充:作为被表现的东西,存在这个共通的被意指者本身在唯一的、相同的意义上述说着所有在号数上相区分的意指者或表现者。因此,在存在论命题中,不只是被意指者——对于在质的方面相互区分的诸意义来说——在存在论层次上是相同者,就连意义——对于那些在号数上相互区分的意指者或表现者来说——在存在论层次上也是相同者:这便是存在论命题中的循环(表现整体)。

实际上,单义性的要点并不是"**存在**在唯一的、相同的意义上被述说",而是存在在唯一的、相同的意义上述说着它的全部个体化差异(différence individuantes)或内在样态(modalités intrinsèques)。**存在**对于这些样态来说是相同的,但这些样态本身却不是相同的。它对于所有样态来说都是"相等的",但诸样态却并不相等。它在唯一的、相同的意义上述说着所有样态,但诸样态并不具有相同的意义。"与诸个体化差异关联在一起"属于单义性存在的本质,但诸差异并不拥有相同的本质,而且它们也没有改变存在的本质——就像白色与不同的强度关联在了一起,但它从本质上说仍然是相同的白色。并不像巴门尼德诗篇所认为的那样,存在着两条"道路"(voies),①存在的只是与自身所有那些最具多样性、最具变异性、最具差别性的样式关联在一起的唯一的**存在**的"声

---

① 【译按】亦即巴门尼德残篇《论自然》中所描述的"真理之路"与"意见之路",参基尔克、拉文、斯科菲尔德,《前苏格拉底哲学家——原文精选的批评史》,前揭,页376—378。

音"(voix)。**存在**在唯一的、相同的意义上述说着它所述说的一切，但被它述说的东西却包含着差异；它述说着差异本身。

两 类 分 配

在单义性存在中无疑还有一种等级与分配，它们关涉着个体化因素及其意义。但分配，甚至是等级却拥有着两种截然不同的、无法调解的词义；就"逻各斯(logos)"与"礼法(nomos)"本身指向了分配问题而言，情况亦是如此。我们应当首先区分出一种分配，它内含着对被分配者的分割(une distribution qui implique un partage du distribué)：关[54]键在于分派被分配者本身。正是在这里，判断之中的诸条类比规则是无所不能的。因此，作为判断之质的通感[常识]或良知被描绘为分派原则(principes de répartition)，它们自称是分配得最公平的东西①。这样一类分配是通过固定的、成比例的规定进行的，后者可以被视为表象之中的"所有地(propriété)"或有限领地(territoires limités)。在这种作为区分诸部分("一方面，另一方面")的能力的判断的组织中，土地问题可能具有一种无与伦比的重要性。甚至在诸神那里，每一位神明都拥有自己的领域、自己的范畴、自己的属性，并且所有的神明都要将与命运相符的界限与份额分配给凡人。② 与此截然不同的另一种

---

① 【译按】这里暗指笛卡尔《谈谈方法》(*Discours de la méthode*)第一部分的起始句。
② 【译按】"孔什(Marcel Conche)在他的《巴门尼德：诗篇·残篇》([*Parménide: Le poème. Fragments*, Paris, PUF, «Épiméthée», 1966]页166)中恰好提醒道：在巴门尼德所处的时代，'Μοῖϱα'是命运之名。他表明了'Μοῖϱα的重压'、部分(Part)是如何不同于'Ἀνάγκη的重压'、必然(Nécessité)——前者表现的是'部分的理念'，后者表现的是'联系的理念'。存在整体便是分割(Partage)，但这种分割——正如海德格尔从自己对荷尔德林诗歌的沉思出发所确立的那样——是四重分割(Quadruple partage)"，见 Jean-François Mattéi,《海德格尔与荷尔德林：四重整体》(*Heidegger et Hölderlin. Le Quadriparti*, Paris, PUF, 2001),页67, 脚注①。

第一章 自在之差异

分配应当被称作游牧分配,一种既无所有地,亦无围墙,也无限度的游牧礼法。① 在这里存在的不再是一个被分配者的分割,而是一种分派,其对象是在一个无界限(至少是没有确定界限)的开放空间中被分配的东西。② 没有任何东西属于任何人,归属于任何人,所有人都以尽可能遍及更多空间的方式被布置在各处。甚至当牵涉到生命之严肃性时,人们所谈论的仍然是一种与定居空间对立(就像是与常驻的礼法对立)的游戏空间、游戏规则。"填充一个空间"、"在空间中被分割"截然不同于"分割空间"。这是一种流浪的分配,甚至是一种"谵妄"的分配,根据这种分配,诸事物布满了一个未分割的单义性**存在**的全部广延。不是存在根据表象的诸要求被分割,而是所有事物被分派在单义性存在的单纯在场(**———大全**)之中。这样一种分配与其说是神圣的,不如说是着魔的;因为恶魔的特殊性正是在诸神活动场地的间隙中行事,例如跳过屏障或围墙,搅乱所有地。俄狄浦斯的歌队呼喊着:"哪一个恶魔跳得比最远的跳跃还要远?"③ 在这里,跳跃表现了被种种游牧

---

① 【译按】参康德,《纯粹理性批判》,前揭,AIX:"怀疑论者类似于游牧民族,他们憎恶一切地面的牢固建筑,便时时来拆散市民的联盟"(页2);亦参尼采,《人性的,太人性的:一本献给自由精神的书(下卷)》(李晶浩、高天忻译,上海:华东师范大学出版社,2008)第一篇"杂乱无章的观点和箴言",第211条:"我们……完全可以严肃地(不带任何高傲或高尚的反抗地)自称'自由迁徙的精神',因为我们感到向往自由是我们精神的最强大的驱动力,与受束缚、扎了根的理智相反,我们几乎认为自己的理想就是一种精神的游牧主义"(页515)。

② 参 E. Laroche,《古希腊语中的词根"nem"的历史》(*Histoire de la racine nem - en grec ancien*, Klincksieck, 1949)。——拉罗什(E. Laroche)表明 νόμος-νέμω [希:礼法的分具]中的分配观念并不是处在一种与分割观念(τέμνω [希:切分]、δαίω [希:划分]、διαιρέω [希:分割])的简单关联中。Νέμω [希:分具]的放牧意义只是在很晚的时候才含有了一种土地之分割的意思。围墙与牧场所有地在荷马时代的社会中是没有被想到过的:重要的不是将土地分配给牲畜,而是对牲畜进行分配,将它们分派、分散在树林或山坡之类的无界限空间(espace illimité)中。Νόμος [希:礼法]首先意指着一种没有明确界限的占有地(例如城邦周围的区域)。"游牧民"的主题亦是由此而来的。

③ 【译按】索福克勒斯,《俄狄浦斯王》,见《罗念生全集》第二卷,上海:上海人民出版社,2007,页381。

分配引入表象之定居结构[55]中的躁动。而且,上面所说的这些话也应当适用于等级。有一种等级是根据诸存在的界限,根据诸存在相对于一条原则而言的接近程度或远离程度来衡量它们的。不过,还有一种等级是以强力为着眼点来考察诸事物与诸存在的:重要的不是在绝对的层面上被考察的强力程度,而只是要搞清一个"存在"能否在需要时"跳跃",也就是说,它能否超越种种界限,一直到达自身能力的极限,而无论任何程度。人们说"一直到达极限"仍然界定了一条界限。但在这里,界限,πέρας[希:有限]指的不再是将某一事物维持在一条法则之下的东西,也不是终结事物或分割事物的东西,而是事物自我展现以及展现其所有强力的出发点;狂妄(hybris)①不再单纯地是一种应受谴责的行为,而且一旦不与自己的所能分割开来,最小的东西也会变得与最大的东西相等。这一包含的度量(mesure enveloppante)对于所有事物,对于实体、质、量,等等都是相同的,因为它形成了唯一的最大,所有程度的被展开的多样性在这里触碰到了包含着它的相等性。与第一种度量相比而言,这种存在论度量更接近诸事物的过度(démesure);②与第一种等级相比而言,这种存在论等级更接近诸存在的狂妄与无等级〔无政府〕。它是所有恶魔的怪物。当然,"一切都是相等的〔人人平等〕"这句话可以被保留下来,但它必须作为欢愉的言辞述说那在相等的单义性**存在**中的不相等的东西:相等的存在在不借助任何居间者和中介的情况下呈现给了所有的事物,虽然诸事物被不相等地保持在了相等的存在之中。然而,一切都存在于一种绝对的接近性之中。在这里,狂妄支撑着它们,且

---

① 【译按】正如德勒兹在上文中写到的那样,古希腊的"命运"思想是与"部分(part)"、"份额(lot)"的观念联系在一起的。人类所获得的命运(幸福、财富,等等)总是由神明按照等级分配而来的,如果人类想要得到比自己应得的那份命运更多的东西,这便是僭越、狂妄。

② 【译按】这里所说的"过度"与"狂妄"的涵义相似。

无论是大是小,较差还是较好,都没有任何东西会或多或少地分有存在,也没有任何东西以类比的方式获得存在。因此,存在之单义性亦意谓着存在之相等性。单义性**存在**同时是游牧的分配和戴皇冠的无政府状态(anarchie couronnée)。①

调和单义性与类比的不可能性

尽管如此,人们难道不可以构想一种类比与单义性之间的和解吗?因为如果存在之为存在本身是单义性的,一旦人们将它和它的内在样式或个体化因素(我们在上文中所说的表现者或意指者)关联在一起,它不就是"类比的"了吗?如果它本身是相等的,在被维持在它内部的诸样态那里,它不就是不等的了吗?如果它意指着一个共通的存在物(entité commune),这难道不是为了那些"在实在层面上"没有任何共通之处的实存者吗?如果它拥有一种单义性的形而上学状态,它难道没有一种类比的物理学状态吗?而且,如果类比承认了一个同一的准概念,单义性难道没有承认一个类比的准判断吗?[56]这难道不是为了使存在与这些特殊的实存者发生关系吗?② 然而,这些问题却有歪曲两个论题的危险,它们趋向于使这两个论题靠拢。因为,如前所见,类比的要点建立在属差和种差间的某种共谋关系之上(虽然两种差异有着本性上的不同):存在不能被设定为共通的属,除非摧毁它被这样设定的理由,亦即摧毁种差存在的可能性……因此,从类比的观点看来,

---

① 【译按】德勒兹在这里暗示的是阿尔托的文章〈埃拉伽巴路斯,或戴皇冠的无政府主义者〉(Héliogabale ou L'anarchiste couronné[1934]), in : *Œuvres complétes*, Paris, 1982, t. 2)。

② 吉尔松(Etienne Gilson)在《邓·司各脱》(*Jean Duns Scot*, Vrin, 1952)中提出了所有这些问题,页 87—88,114,236—237,629。他不但强调了类比与判断的关系,而且还特别强调了类比与实存判断的关系(页 101)。

人们不必因为如下情况而感到惊讶:一切都在属和种的中间区域内,在中介与一般性——即概念一般的同一性与最为一般的概念的类比——中发生。由此,类比便不可避免地陷入一种无法解决的困难之中:它应当在本质的层面上将存在与特殊的实存者关联在一起,但同时它又不能说出是什么构成了它们的个体性。因为,类比只把与一般之物(形式与质料)一致的东西持留在了特殊之物中,它在既成个体的某一具体元素中寻找个体化原则。与此相反,当我们说单义性存在本质地、直接地与诸个体化因素发生关系时,我们肯定没有将个体化因素理解为一些在经验中被构成的个体,而是将它们理解为个体之中的先验原则,与个体化过程共时的、无政府的、游牧的、可塑的原则;将它们理解为既有能力消解、摧毁诸个体,又能将它们暂时构成的东西:存在的内在样态,其从一个"个体"过渡到另一个"个体",并在形式与质料下往复和交流。行个体化者(individuant)并非简单的个体。在这些条件下,宣称"个体化在本性上与特殊化不同"是不够的。甚至像邓·司各脱那样下论断也是不够的:他不满足于分析一个既成个体的各种元素,而是要上升至作为"形式的终极现实性(ultime actualité de la forme)"的个体化的构想。我们不应仅仅表明个体化差异是如何从本性上不同于种差。我们首先并且尤其应当表明,个体化如何在原则上先于形式和质料、种和部分,以及既成个体的所有其他元素。直接与差异发生关系的存在的单义性要求我们表明,[57]个体化差异(différence individuante)如何在存在中先于属差、种差,甚至个体差异(différence individuelles)——在先的个体化场域如何在存在中作为条件制约了形式的特殊化、部分的规定,以及它们的个体变异。如果说个体化的发生既不能靠形式也不能靠质料,既不是在质的层面上也不是在外延的层面上,这是因为它已然被形式、质料和广延的部分假定为前提了(不只是因为个体化具有不同的本性)。

因此,一方面是属差和种差在存在之类比中相对于个体差异被一般地中介的方式,另一方面是单义性存在在单义性中直接述说个体化差异或普遍者独立于一切中介述说最为奇异者的方式,这两方面是截然不同的。如果类比当真因为诸(种的)差异"存在"而否定存在是一个共通的属,那么就诸(个体化)差异"不存在"且不须要存在而言,单义性存在反而是全然共通的。毋庸置疑,我们会看到,个体化差异是在一种极为特殊的意义上不存在:如果它们不存在,这是因为在单义性存在中,它们倚赖于一个无否定的非存在(non-être sans négation)。但在单义性中,显然不是诸差异存在且应当存在。就存在述说差异而言,它本身就是**差异**。而且,不是我们在一个不是单义性的**存在**中作为单义性的东西存在;而是我们,是我们的个体性在**存在**之中,对单义性的**存在**来说,仍然是多义性的。

单义性的诸环节:司各脱、斯宾诺莎、尼采

哲学史为存在之单义性的雕琢确定了三个主要环节。第一个环节是由邓·司各脱代表的。在《牛津评注》(*Opus Oxoniense*)这部最伟大的纯粹存在论著作中,存在被思为单义性存在。单义性存在被思为与无限之物和有限之物、奇异之物和普遍之物、造物主和造物无差异的中立之物、neuter[拉:中立之物]。因为司各脱具有在普遍之物与奇异之物的交织处识别存在的眼力,所以他无愧于"精细博士"的称号。为了使判断中的种种类比力量中立化,他向前搜索,并且首先在一个抽象概念中将存在中立化。所以,他仅仅思维了单义性存在。而且人们看到了那个他根据基督教的要求而竭力逃避的敌人:泛神论。如果共通的存在不是中立的,他必然要陷入泛神论之中。尽管如此,他仍然有能力界定将这一无差异的中立存在与差异关联在一起的两类区别。实际上,形式的区别

(distinction formelle)[58]完全是一种实在的区别,因为它奠基于存在或事物之中;但它并不必然是一种号数的区别,因为它是在种种本质或意义之间,在那些能够使主体的统一性继续存在、作为属性而被归于主体的"形式因"之间建立起来的。这样一来,不仅(与上帝和造物相关的)存在之单义性在诸"属性"的单义性中延续着,而且在其无限性的条件下,上帝能够在拥有这些在形式上相互区分的属性的同时不失去自身的统一性。另一类区别是样式的区别(distinction modale),它在存在或诸属性之间建立起来,或者在存在与诸属性能够造就的内强变异(variations intensives)之间建立起来。这些变异(例如白色的诸程度)就是个体化样态,它们的无限和有限恰恰构成了奇异的强度(intensités singulières)。因此,从其自身的中立性的观点看来,单义性存在不仅内含了那些本身就具有单义性的质的形式或不同属性,而且还使自身以及形式或属性与那些内强因素或个体化程度关联在了一起,这些内强因素或个体化程度在改变了存在之样式的同时不变更其作为存在的本质。如果区别一般真的将存在与差异关联在了一起,那么在形式的和样式的这两类区别下,单义性存在在自身内并通过自身与差异关联在了一起。

斯宾诺莎(Spinoza)在第二个环节上极大地推进了对存在之单义性的雕琢。他没有将单义性存在思为中立的或无差异的,而是把它当作了纯粹肯定的对象。单义性存在被视为独一的、普遍的、无限的实体:它被设定为 Deus sive Natura[拉:神或自然]。①斯宾诺莎反对笛卡尔(Descartes)的抗争与邓·司各脱反对托马

---

① 【译按】参斯宾诺莎,《伦理学》(贺麟译,北京:商务印书馆,1997):"我已经指出自然的运动并不依照目的,因为那个永恒无限的本质即我们所称为神或自然,它的动作都是基于它所赖以存在的必然性"(页167);"人的力量,就其可以通过他的现实本质得到说明而言,就是神或自然的无限力量的一部分。这就是说,就是神或自然的本质的一部分"(页173)。

斯·阿奎那(Thomas)的抗争不无关联。为了反对笛卡尔那通体渗透着类比的实体理论，为了反对笛卡尔那将存在论的、形式的、号数的(实体、质与量)严密地混合在了一起的区别概念，斯宾诺莎为实体、属性和样式安排了一种奇妙的分派。从《伦理学》(Éthique)的起始篇章开始，他就强调实在的区别绝不是号数的区别，而仅仅是形式的区别，亦即质的或本质的区别(独一实体的本质属性)；相反，号数的区别永不是实在的区别，而仅仅是样式的区别(独一实体及其属性的内在样式)。诸属性作为种种在质的方面不同的意义而实在地运作，它们与实体关联在了一起，就像是与唯一的、相同的被意指者关联在了一起；而这一[59]实体本身，相对于那些表现了实体，并作为个体化因素或强度的内在程度而存在于实体之中的样式而言，是作为一个在存在论上是一的意义行动的。从中产生了一种作为强力之程度的样式之规定，以及一种样式的唯一"责任"——其要在界限本身中展示其所有强力或存在。因此，虽然实体与自身的样式不具有相同的本质，但属性对于它们来说却是绝对共通的；虽然样式和实体不具有相同的意义，或者说它们并非以相同的方式拥有存在(in se[拉：在自身内]与 in alio[拉：在他物内])①，但存在自身却是在唯一的、相同的意义上述说它们。实体根据属性之本质而被所有的属性平等地意指，根据样式之强力程度而被所有的样式平等地表现。就此而言，任何等级、任何卓绝都被否定了。正是经由斯宾诺莎，单义性存在才不再被中立化，而且变成了一个真正的肯定性的、表现性的命题(véritable proposition expressive affirmative)。

---

① 【译按】参斯宾诺莎，《伦理学》，前揭，第一部分，界说(三)："实体，我理解为在自身内(in se est)并通过自身而被认识的东西"(页3)和界说(五)："样式，我理解为实体的分殊，亦即在他物内(in alio est)通过他物而被认知的东西"(同上)。

被界定为存在之单义性的永恒回归中的重复

尽管如此,在实体与样式之间依然存在着一种无差异:斯宾诺莎式实体似乎是独立于样式的,而样式虽然将实体当作异己的东西,却倚赖于实体。实体本身应当述说且只能述说那些样式。若要满足这样一种条件,只有以一种更为一般的绝对颠转为代价。根据这种颠转,存在要述说生成,同一性要述说不同,一要述说多,等等。同一性并不是第一位的,它虽然是原则,但却是被当作次要的原则,被当作生成出来的原则;同一性围绕着**不同**旋转,这便是哥白尼式革命的本性,它使差异向自身的恰切概念敞开,而不是将差异维持在一个已然被设定为同一之物的概念一般的统治下。而这正是尼采的永恒回归想要表达的。永恒回归不能意味着**同一**之回归,因为它假定了一个与此截然相反的强力意志的世界,一切在先的同一性都在这个世界中消解了、消散了。回归即存在,但只是生成之存在。不是永恒回归使"相同者"回归,而是回归构成了生成者唯一的相同。回归即生成自身的生成—同一(devenir-identique)。因此,回归是唯一的同一性,但这同一性只是次要的强力、差异之同一性,是述说不同之物、以不同之物为中心的同一之物。这样一种由差异造就的同一性被规定为"重复"。而且,[60]永恒回归之中的重复旨在从不同之物出发思维相同之物。但这种思想根本不再是一种理论表象:它要根据差异的生产能力,亦即差异回归或承受永恒回归之考验的能力来践行针对它们的遴选。永恒回归的遴选特征清楚地出现在了尼采的思想之中:回归者既不是**一切**,亦不是**相同**或在先的同一性一般,也不是作为整体之部分或相同者之元素的小或大。只有极端的形式,亦即"那些无论大小,在界限中展示自身,并一直达到自身能力的极限处,相互转化、相互过

第一章　自在之差异

渡的形式"才能回归。只有极端的东西、过度的东西、过渡为异己者并变为相同者的东西才能回归。所以，永恒回归只述说那变形的戏剧性世界，只述说那**强力意志**之面具，以及这一**意志**的纯粹强度，它们是不再听凭自己被持留在以某一具体个体、某一具体**自我**的人为界限内部的可动因素。永恒回归、复归表现了所有变形的共通存在，表现了所有极端之物的尺度和共通存在，表现了所有作为被实现之物的强力程度（tous les degrés de puissance en tant que réalisés）的尺度和共通存在。它是所有不等之物的相等—存在，是有能力使它的不等性得到充分实现的相等—存在。所有变为相等者的极端之物在一个规定了它们的回归的相等的、共通的**存在**中交流着。所以，超人是由所有"存在"之物的高级形式界定的。我们应当对尼采所说的高贵（noble）做一猜测：他借用了能量物理学家的语言，他将那有能力转变自身的能量称为高贵的能量。当尼采说"狂妄是任何赫拉克利特主义者的真正问题"，或"等级是自由精神的问题"时，他想要传达的是同一件事情：每一个存在者都是在狂妄中发现了那使自身回归的存在。而且，为了保证差异的遴选，这种戴皇冠的无政府状态、这种被颠覆的等级是通过使同一之物从属于不同之物发端的。① 在所有这些方面下，永恒回归是存在之单义性，是这一单义性的充分实现。在永恒回归中，单义性存在并不只是被思维、

---

① 参 Nietzsche："狂妄这个危险的字眼是每个赫拉克利特主义者的试金石"（《希腊悲剧时代的哲学》[La philosophie à l'époque de la tragédie grecque, in *La naissance de la philosophie*, trad. Bianquis, N. R. F.]，页66[【译按】中译参尼采，《希腊悲剧时代的哲学》，李超杰译，北京：商务印书馆，2006，页44。中译本将"hybris"译为"亵渎"，亦可，但考虑到本书第45页脚注②所陈述的理由，译者仍以"狂妄"来翻译"hybris"]）。而关于等级问题这个"我们自由精神的问题"，《人性的，太人性的》（*Humain trop humain*），前言6—7（【译按】尼采，《人性的，太人性的：一本献给自由精神的书（上卷）》，魏育青译，上海：华东师范大学出版社，2008，页9—11）。——作为"所有存在之物的高级形式"的超人：《瞧这个人》（查拉图斯特拉如是说，§6）（*Ecce Homo*[*Ainsi partait Zarathoustra*][【译按】中译参尼采，《权力意志》，前揭，页80]）。

被肯定,它被充分地实现了。存在[61]是以唯一的、相同的意义被述说的,但这种意义是作为它所述说之物的回归或重复的永恒回归的意义。永恒回归之中的轮转同时是以差异为出发点的重复之生产和以重复为出发点的差异之遴选。

※
差异与狂放表象(无限大与无限小)

在我们看来,小与**大**的考验已经歪曲了遴选,因为它为了迎合概念一般之同一性的要求而抛弃了恰切的差异概念。这种考验只是固定了一些界限。在这些界限之间,〔概念的〕规定通过使自身被纳入到同一性概念或类比性概念(最小与最大)之中而成为差异〔种差〕。所以,旨在"制造差异"的遴选在我们看来已经具有了另一种意义:让各种极端形式(formes extrêmes)在单义性**存在**的单纯在场中出现与展示,而非根据有机表象的要求来衡量与分派诸中等形式(formes moyennes)。尽管如此,就**小**与**大**被应用于差异而言,我们是否可以说它们的所有潜在价值已经被穷尽?它们难道不是作为极端形式自身所特有的一种非此即彼的取舍被我们重新发现?因为极端似乎是由小或大之中的无限来界定的。从这种意义上说,无限甚至意味着小与大的同一,两个极端的同一。当表象在自身中发现无限时,它便不再是有机的(organique)表象,而是显现为狂放的(orgique)表象:它在自身中发现了喧闹,在表面的平静或被组织者的界限下发现了躁动与激情。它重新发现了怪物。那么,重要的便不再是"规定〔种差〕在概念一般中的进出"的圆满的时刻,不再是相对的最小与最大,不再是 punctum proximum[拉:近点]与 punctum remotum[拉:远点]。相反,为了让概念主动承负起所有的环节,必要的反而是一只近视眼、一只远视眼:现在,概念即**大全**

(Tout),要么是概念使自身的恩惠降临到所有的部分,要么是部分的分裂与不幸为了获得宽恕而在概念中被反思。因此,在规定的全部变形中,概念跟从着规定,并将规定从一端推到另一端,而且还通过使规定向一个根据(fondement)敞开而将它表象为纯粹的差异。相对于这一根据而言,"人们面对的是相对的极小还是相对的极大,是大还是小,是起始还是终结"的问题已经不再重要,因为它们二者在根据[62]中重合在了一起。根据是唯一的"大全"环节,它同时也是差异的消逝与生产、消失与显现的环节。

作为理由的根据

人们在这种意义上注意到,黑格尔与莱布尼茨都十分重视消逝的无限运动,亦即差异既在其中消逝又在其中产生的那个环节。界限[极限]概念本身的含义发生了彻底的改变:它指的不再是有限表象的边界,而是一种基质,其中有限规定在狂放的表象中不停地消逝与诞生,不停地被包裹与展示。界限[极限]所意指的不再是形式的限制,而是朝向根据的聚合(convergence);不再是诸形式的区别,而是被赋予根据者与根据的相关关系(corrélation);不再是强力的中止,而是强力在其中被实现与赋予根据的环境(élément)。实际上,微分学与辩证法一样,关注的都是"幂[强力](puissance)"与"极限的幂[界限之强力]"的问题。如果人们把有限表象的边界当作分属于**小**和**大**的两个抽象数学规定来看待,人们就会注意到:莱布尼茨(和黑格尔一样),对"被规定者是小还是大,是最大还是最小"的问题漠不关心;对于无限所做的考察通过使被规定者从属于一个建筑术元素(élément architectonique)而使它独立于上述问题(这个建筑术元素在所有实例中都发现了最为完满的东西或最有根据的东西)。① 正是在这种意义上,我们应当说,狂放的表象制造了差异,因为它通过引入这种将差异与根据(要么是由**善**所实现的作为选择原则与游戏原则的根据,要么是由作为痛苦与劳作发挥作用的否定性所实现的根据)关联在一起的无限而选择了差异。而且,对于有限表象的边界,也就是对**小**与**大**本身所作的考察——假如人们是以属和种给予它们的特征或具体内容为依据来对待它们的话,那么在这里,"将[63]无限引入表象之中"这一行为在一个中间项中同时保留了那避开了属的真正普遍性和那避开了种的本真奇异性,从而使被规定者不再倚赖于作为可规定者的属和作为规定的种。简而言之,狂放的表象将根据当成了原则,将无限当成了元素——这与那将形式保留为原则,将有限保留为元素的有机表象截然相反。正是无限使规定可被思考、可被选择:因此,差异不是作为规定的有机表象,而是显现为它的狂放表象。

狂放的表象不是激活了关于事物的判断,而是使事物本身成为了表达与命题:无限的分析命题或综合命题。不过,当小与大、极大与极小这两点在无限中变为无差异之物或同一之物时,当差异在根据中完全不依赖于它们时,在狂放表象中为何会存在一种非此即彼的取舍呢?这是因为无限并非有限规定消逝的场所(这等于是在无限中投进了虚假的界限概念)。狂放表象只能通过如下方式在自身中发现无限:使有限规定继续存在,述说这一有限规定本身的

---

① 关于对小或大的漠不关心,参 Leibniz,《类比的尝试》(*Tentamen anagogicum*),见《莱布尼茨哲学著作集》,前揭,第 VIII 卷。——人们注意到,对于莱布尼茨和黑格尔来说,无限的表象并不听任自己被还原为一种数学结构:在微分学和连续性之中存在着一种非数学的或超数学的建筑术元素。不过,黑格尔似乎在微分学中准确地发现了一种作为"比[关系]"的无限存在的真正的无限;他之所以对微分学提出批评,是因为后者仅仅在作为虚假的无限存在的"级数"的数学形式下来表达这种真正的无限。参 Hegel,《逻辑学》(*Logique*, trad. S. Jankélévitch, Aubier),卷 I,页 264 以下(【译按】中译参黑格尔,《逻辑学》[上卷],杨一之译,北京:商务印书馆,2004,页 260 以下)。——我们都知道,微分学的现代阐释完全是以有限表象为根据来对微分学做出说明;我们将在第四章中对这一观点进行分析。

无限,将有限规定表象为正在消逝之物和即将消逝之物(而非已然消逝之物和已然消失之物),因此亦将它表象为正在无限中产生的事物。在这种表象中,有限与无限有着相同的"躁动",这种躁动使它们能够互相表象。但是,当无限在表象的条件下述说有限时,它拥有两种述说方式:或者是作为无限小,或者是作为无限大。这两种方式,这两种"差异"绝不是对称的。由此,被重新引入狂放表象之中的二元性不再处于两个可被确定的有限环节的互补性形式或反思形式之下(正如我们在种差和属差的实例那里看到的那样),而是处于两个不可确定的无限过程间的非此即彼的取舍的形式之下——处于莱布尼茨与黑格尔之间的非此即彼的取舍形式之下。如果小与大确实在无限中达成了同一,那么就无限述说着有限而言,无限小与无限大又一次分离开来,并且是更为严格地分离开来。莱布尼茨和黑格尔都以各自的方式避开了**大**与**小**的非此即彼的取舍,但他们二人又都陷入了无限[64]小与无限大的非此即彼的取舍。所以,狂放表象自身向一种二元性敞开,这种二元性将它的躁动二重化,而且甚至是它的真正理由,并将它划分为两个类型。

黑格尔的差异逻辑学与差异存在论:矛盾

在黑格尔看来,"矛盾"造成的问题似乎非常之少。它所发挥的是完全不同的功能:矛盾不但分解了自身,而且还同时通过使差异与根据发生关系而分解了差异。差异是唯一的问题。黑格尔之所以批评他的先行者们,是因为他们没能达致差异绝对的极大(亦即矛盾、矛盾的[作为无限大的]无限),而仅仅止步于一种完全相对的极大。他们没有冲向尽头的勇气:

> 差异一般已经是自在的矛盾……只有被推到矛盾的尖端,才是活泼生动的,才会在矛盾中获得否定性,而否定性则

> 是自己运动和生命力的内在脉搏……假如诸实在性之间的差异被推得足够远,那么,差异就将从多样性变为对立,并从而变为矛盾,一切实在的总体也总之将变为绝对的自身矛盾。①

同亚里士多德一样,黑格尔用极端的对立或相反的对立来规定差异。但是,只要没有达到无限,对立就仍然是抽象的,而每当无限被人们设定在有限的对立之外时,无限也仍然是抽象的:这里,引入无限招致了对立面的同一,或者使得**异己者**(Autre)的对立面成为了**自身**(Soi)的对立面。相反的确只是在无限中表现了无限的内在性运动;就每一个规定都包含了异己规定而言,每一个规定都独立于异己规定,就像独立于一个与外部的关系一样,所以运动使无差异继续存在。每一个对立面仍然应当排除它的异己者,从而排除自身,并变为被它排除的那个异己者。这便是那构成了无限之真正脉动,作为外在性运动或实在的对象化运动的矛盾。因此,对立面的简单同一,作为实定之物与否定之物的同一,在矛盾中就被超越了。因为实定与否定并不是以同样的方式成为相同;现在,当实定被否定时,否定便是实定的生成,当否定否定自身或排除自身时,它便是实定的复归。无疑,被规[65]定为实定与否定的诸对立面中的每一个都已经是矛盾了,"但实定仅仅自在地是这种矛盾,否定则正相反,是被设定的矛盾"。② 正是在被设定的矛盾中,差异发现了自身的恰切概念,而且它还被规定为否定性,并变成了纯粹的、内在的、本质的、质的、综合的、生产性的差异,它不允许任何无差异继续存

---

① Hegel,《逻辑学》(*Logique*),卷 II,页 55、70、71(【译按】中译参黑格尔,《逻辑学》[下卷],杨一之译,北京:商务印书馆,2004,页 55、69)。亦参《哲学全书》(*Encyclopédie*),§116—122(【译按】中译参黑格尔,《哲学全书·第一部分·逻辑学》,前揭,页 223—237)。——关于这种从差异到对立、从差异到矛盾的过渡,参 Jean Hyppolite,《逻辑与实存》(*Logique et existence*, Presses Universitaires de France, 1953),页 146—157。

② 【译按】参黑格尔,《逻辑学》[下卷],前揭,页 57。

在。承受并激起矛盾,这是(在确实的实在之物与稍纵即逝的偶然现象之间)"制造"差异的遴选性考验。由此,差异被推到了尽头,也就是被推到了既是它的回归或再生,又是它的毁灭的根据那里。

这一黑格尔式的无限虽然述说着有限的对立或有限的规定,但它仍然是神学的无限大,是 Ens quo nihil majus[拉:无与伦比的伟大存在者]……人们甚至应当认为:这种将某一事物与所有它不是的事物区分开来的实在矛盾的本性首先是由康德揭示的,他在"完全规定(détermination complète)"的名义下使它依赖于一种作为 Ens summum[拉:最高存在者]的实在全体的设定。① 因此,完全没有必要等待一个对这神学的无限大,对这无限大的崇高所进行的数学分析。

莱布尼茨的差异逻辑学和差异存在论:
非本质矛盾(连续性与不可分辨者)

在莱布尼茨那里,情况就不尽相同了。为了立足于造物之谦逊,为了避免将上帝与其造物混为一谈,莱布尼茨只能将无限在无限小的形式下引入有限之中。就此而言,人们对是否要做出如下结论感到犹豫不决:莱布尼茨"不如"黑格尔走得远。莱布尼茨同样超越了有机表象并朝向狂放表象进发,尽管他为实现这一目标而选择了不同的途径。假如黑格尔在宁静的表象中发现了无限大的狂热与躁动,莱布尼茨则在有限的明晰观念中发现了那同样由狂热、眩晕、消逝,甚至是死亡所造就的无限小的躁动。② 因此,黑格尔与

---

① 【译按】康德在《纯粹理性批判》"先验的理想"一节中对"完全规定"进行了详细的论述:"每一物按其可能性来说都还要从属于这条完全规定性(durchgängigen Bestimmung)的原理,按此原理,在诸物的一切可能的谓词中,就这些谓词被拿来与它们的反面(Gegenteilen)相比较而言,必然有一个谓词是应归于这物的……"(参康德,《纯粹理性批判》,前揭,页458及以下)。

② 【译按】参莱布尼茨,《单子论》,前揭,第14节、21节,页483、485。

莱布尼茨之间的差异似乎取决于他们超越有机性的两种方式。当然,就像一与多、相等与不等、同一与差异是不可分割的那样,本质之物与非本质之物也是不可分割的。但是,黑格尔是从作为属的本质之物出发;并且无限就是那一方面在属之中造成分裂,一方面在种之中消除分裂的东西。因此,属即它自身和种,整体即它自身和部分。这样一来,它就在本质中包含了异己者,亦即本质性地包含了异己者。① 与此相反,就那些关涉着各种现象的东西而言,莱布尼茨[66]是从其中的非本质之物——运动、不等、不同——出发。现在,根据无限小的观点,是非本质之物被设定为种和属,并且它要以自身的这种身份终结于"对立的准种(quasi-espèce opposée)"之中:这就意味着它不是在本质上,而只是在性质中、在实例(cas)中包含了异己者。将"无限小是一种本质的语言(langage des essences)还是一种简单的虚构"这种非此即彼的取舍强加在无限小分析上是错误的。因为"实例"下的归类或性质的语言(langage des propriétés)有其自身的本源性。这一维持了本质之区别(根据这种区别,每一本质相对于另一本质而言都扮演着非本质的角色)的无限小方法与矛盾截然不同;而且我们还应当给它取一个特殊的名字:"非本质矛盾(vice-diction)"②。在无限大中,就相等在本质上拥有着不等而言,它和不等是相反对的(contredit),就相等通过否

---

① 关于无限、属和种,参《精神现象学》(*Phénoménologie*, trad. Hyppolite, Aubier),卷 I,页 135—138,149—151,243—247(【译按】中译参黑格尔,《精神现象学》,前揭,页 102—105、114—115、182—185)。

② 【译按】虽然很多德勒兹哲学研究者都声称"非本质矛盾"的概念来自莱布尼茨,但就译者所见的德勒兹哲学研究文献而言,只有托斯卡诺(Alberto Toscano)宣称这个概念出自莱布尼茨的《神正论》(参 *The Theatre of Production*: *Philosophy and Individuation between Kant and Deleuze*, London: Palgrave Macmillan, 2006, p. 170)。但也有一些研究者认为,是德勒兹"认为""非本质矛盾"概念出自莱布尼茨的学说,但严格说来,这一概念的名称是由德勒兹本人提出的(参 J. Michel Salanskis, Leibniz, l'analyse non standard et le problème de la quantité infinie, in *L'actualité de Leibniz*: *les deux labyrinthes*, Dominique Berlioz, Frédéric Nerf éd. , Stuttgart: Franz Steiner Verlag, 1999, p. 584)。

第一章 自在之差异

定不等而否定自身而言,它和自身是相反对的。但在无限小中,就不等在实例中包含着它在本质中所排除的东西而言,它与相等、自身都是非本质地反对的(vice-dit)。非本质在实例中包含着本质之物,而本质之物则在本质中包含着非本质之物。

人们是否应该以"非本质矛盾只涉及性质"为借口,而断言它不如矛盾前进得更远呢?实际上,"无限小的差异(différence infiniment petite)"这一表述清楚地指出,差异相对于直观而言消逝了;但是,一旦差异找到了自身的概念,直观便会因微分比[差异关系]之故消逝。人们说 dx 相对于 x 而言是无(rien),dy 相对于 y 而言是无,但 $\dfrac{dy}{dx}$ 却是一个内在的量的比[关系],它表达了一种与自身的具体数值分离开来的函数的普遍(universal)。但是即便比[关系]不具有数值的规定,它仍然具有与诸形式相应的变异程度和各种方程。这些程度本身就是普遍的各种关系[比]。而且,就此而言,微分比[差异关系]是在一种表示了可变系数的相互依存的相互规定(détermination réciproque)过程中被领会的。① 不过,相互规定仍然只是表现了一种真正的理由律的第一个方面;第二个方面是完全规定(détermination complète)。因为每一个被领会[67]为函数之普遍的程度或比[关系]都规定了相应曲线的特异点的实存与分派。这里,我们须要格外注意,不要将"完全(complet)"与"完满(entier)"混为一谈。② 这是因为——例如对于一

---

① 参莱布尼茨在1694年撰写的《微分学的新应用》(Nova calculi differentialis aplicatio...)。——关于相互规定的原则(譬如迈蒙[Salomon Maïmon]从莱布尼茨那里"抽取"出来的相互规定原则),参 M. Guéroult,《迈蒙的先验哲学》(La philosophie transcendantale de Salomon Maïmon, Alcan édit.),页75以下(但无论是迈蒙还是莱布尼茨,他们都没有将比[关系]的相互规定和对象的完全规定区分开来)。

② 【译按】"完全"与"完满"的区别最早是由笛卡尔作出的,他在〈对神学圣师阿尔诺先生所做的对第四组反驳的答辩〉中写道:"当我们必须完全地领会一个东西时,我并没有想说我们的领会应该是全部的、完满的,我不过是想说我们应该足够认识这个东西以便知道它是完全的"(参笛卡尔,《第一哲学沉思集》,庞景仁译,北京:商务印书馆,1986,页224—225)。

个曲线方程来说——微分比[差异关系]只指向由曲线的本性所规定的直线；它虽然已经是对象的完全规定，但它只表现了完满对象的一部分，亦即被视为"导函数"的那个部分（另一个部分，亦即由原函数所表现的部分，只有通过那不满足于作为微分之反面的积分才能被发现；同样，正是积分界定了先前被规定的特异点的本性）。因此，一个对象能够被完全地规定——ens omni modo deter-minatum[拉：以一切方式被规定的存在者]——却又不因此拥有那构成其现实实存的完整性（intégrité）。然而，在相互规定与完全规定这两方面下，界限似乎已经和强力本身重合了。极限[界限]是由聚合界定的。一个函数的种种数值在微分比[差异关系]中发现了自身的极限[界限]；微分比[差异关系]在变异的程度中发现了自身的极限[界限]；并且在每一程度上，特异点都是那些在彼此之中分析地相互延续的系列的极限[界限]。不仅微分比[差异关系]是纯粹潜势性元素，而且极限[界限]是连续的强力，一如连续性是诸极限[界限]自身的强力。差异因而在一否定之物中发现了自身的概念，但这一否定之物是纯粹限制之否定，是 nihil respectivum[拉：相对的无]（dx 相对于 x 而言是无）。在所有这些观点中，特异与普通的区别或奇异与规则的区别在连续中形成了专属于非本质之物的两个范畴。它们激活了所有限制与性质的语言，它们构成了如其所是的现象的结构；我们在这种意义上看到：为对经验做出描述，哲学应当对特异点与普通点的区别有何期待。但是这两种点已然在非本质之物中准备与规定了本质自身的构成。这里，非本质之物所意指的并非不重要的东西，而是那最终造就了本质的最为深邃的东西，即质地（étoffe）或普遍连续统。

实际上，莱布尼茨本人从不认为连续性法则与不可分辨原则之间有什么矛盾。前者所决定的是性质、分殊或完全的实例，[68]后者所规定的是被理解为完满的个体性概念的本质。人们知道这些完满概念（单子）中的每一个都表现了整个世界；但它恰恰是在一特定的微分比［差异关系］下，围绕着一些与这一微分比［差异关系］对应的特异点来表现整个世界。① 就此而言，微分比［差异关系］与特异点已然在连续中指明了那些被个体性本质所实现的可能的包含中心（centres d'enveloppement）、内含中心（centres d'implication）或内旋中心（centres d'involutions）。只须表明下面这一点就足够了：从原则上说，分殊与性质的连续以某种方式先于这些个体性本质的构成（这等于是说，特异点本身是前个体的奇异性；而且这完全不与如下观点相冲突，即个体化先于现实的特殊化，尽管微分的［差异的］连续体又是先于它的）。在莱布尼茨的哲学中，这一条件通过如下方式得到了满足：作为所有单子的共同被表现者的世界先存于它的表现。尽管如此，它的确不实存于表现它的东西之外，不实存于单子之外。然而，这些表现指向了被表现者，后者就是它们的构成要件。正是在这种意义上，诸谓词在每一主体［主词］中的固有性（正如莱布尼茨在他写给阿尔诺［Arnauld］的信中不断提醒的那样）假定了被这些主体［主词］所表现的世界的共可能性（compossibilité）：上帝并没有创造犯罪的亚当，而是首先创造了亚当在其中犯下了原罪的那个世界。无疑，是连续性界定了每一世界的共可能性；并且，如果现实世界是最好的世界，这正是因为它在最大限度的实例中，在最大限度的比［关系］与特异点中，呈现出了最大限度的连续性。这就意味着，对于每个世界来说，一个围绕着一个特异点聚合的系列有能力沿着所有的方向，在围绕着其他

---

① Leibniz，《致阿尔诺的信函》(Lettre à Arnauld, Janet 2ᵉ éd., t. I, p. 593)："我已经说过，灵魂以某种特殊的意义并且依照其他物体所具有的与它的关系表现整个宇宙；因此，既然它以最为直接的方式表现属于其自身身体各个部分的种种事物，则依据对其而言至关紧要的关系的法则，它便应当去特别显著地表现自己身体中所发生的任何不同寻常的变化"（【译按】〈莱布尼茨致阿尔诺·1687 年 10 月 9 日〉，段德智、桑靖宇译，载《莱布尼茨早期形而上学文集》，前揭，页 230—231）。亦参〈1687 年 4 月 30 日的信函〉中的"关系的等级"（页 573［【译按】参〈莱布尼茨致阿尔诺·1687 年 4 月 30 日〉，段德智、桑靖宇译，载《莱布尼茨早期形而上学文集》，前揭，页 193—194］）。

特异点聚合的其他系列中延续。与此相反,诸世界的非共可能性(incompossibilité)是在使既得的系列离散的诸点之邻域被界定的。人们明白了非共可能性概念为什么绝不可以被归并为矛盾甚至不内含任何真实对立:它只内含着分离;并且,共可能性[69]只是将非本质矛盾过程的本源性转化成了分析的延续。因此,在一个共可能世界的连续统中,微分比[差异关系]与特异点规定了表现性中心(centres expressifs)(个体性本质或实体)。在这些中心那里,整个世界每一次都是根据一个特定的观点被包含的。反过来,这些中心通过恢复世界,通过在被表现的连续统中发挥单纯的特异点与"实例"的作用而被展开。连续性法则在这里显现为一条性质或世界之实例的法则,显现为一条不但被应用于被表现的世界之上,而且还被应用于在世界之中的单子之上的展开法则。不可分辨原则是本质的原则,是一个包含的原则,它应用于诸表现之上,也就是应用于诸单子和单子中的世界之上。两种语言不断地互相转译。这两种语言共同将差异(同时作为无限小差异和有限差异的差异)与作为遴选(亦即选择最好的世界)根据的充足理由关联在了一起——从这种意义上说,"诸世界中最好的一个"内含着一种比较(comparaison),但却并不是一种比较之物(comparatif);既然每个世界都是无限的,它便是一个在无限小的考验中将差异提升至绝对的"极大的顶点"(superlatif)。有限差异在单子中被规定为被明晰地表现的世界区域,无限小差异则被规定为约束了这一明晰性的含混背景。通过这两种方式,狂放表象中介了规定,它通过为规定指定一个"理由"而使它成为了一个差异概念。

狂放表象或差异之无限如何没能
逃脱先前那四个方面?

因此,有限表象是一个包含着质料的形式的表象,但这种质料是被种种对立面赋予形式的第二质料(matière seconde)。如前所见,有限表象通过如下方式表象了差异:中介差异,使差异服从作为属的同一性,并在属自身的类比中、在规定的逻辑对立中、在质料性内容的类似性中保证这一服从。但在无限表象这里,情况便有所不同了,因为它包含了**大全**,亦即包含了作为第一质料(matière première)的基底,包含了作为主体、作为**自我**或绝对形式的本质。无限表象将本质与基底以及本质与基底间的差异同时与一个根据或一个充足理由关联在一起。中介本身变为了根据。但有时,基底是普遍者之性质的无限连续性,它被包含在有限的特殊**自我**[70]之中,后者被视为本质。有时,特殊者只是那些在无限的普遍基底中展开的性质或形态,但它们指向了本质,指向了一个纯粹**自我**,或者毋宁说是一个被包含在这一基底中的"**自身**(Soi)"的真正规定。在这两种实例中,无限表象是一种双重话语的对象:性质的话语与本质的话语——前者是莱布尼茨的物理点、形而上学点或观点(points de vue)①的话语,后者是黑格尔的形态、环节或范畴的话语。人们不能说莱布尼茨不如黑格尔走得远,这是因为,在基底拥有一种更大的主导权的意义上,人们在莱布尼茨那里甚至发现了更令人瞩目的深度、狂欢或精神的迷狂。但在这两种实例中,无限表象似乎并不足以使差异的思想独立于单纯的本质类比或单纯的性质类似。这是因为,最终无限表象并没能摆脱作为表象之前提的同一性原则的束缚。所以,它在莱布尼茨那里服从于诸系列之聚合条件,在黑格尔那里服从于诸圆圈之单一定中心条件。无限表象乞灵于一种根据。但是,即便这根据不是同一自身,它也仍然是一种尤为严肃

---

① 【译按】参莱布尼茨,《单子论》,§57:"同一座城市从不同侧面看总是呈现出异样,犹如从多个视角所做的描绘;同样,由于单一实体无限众多,似乎便存在着同样多的不同世界,这些世界也无非是唯一宇宙之从不同视角进行的观察,各因每一个别单子观点的不同而异。"(载《神义论》,前揭,页492);亦参《形而上学谈》,§第14节(载《莱布尼茨早期形而上学文集》,前揭,页26—28)。

地看待同一性原则的、赋予它一种无限价值的、使它与一切同外延并由此使它支配实存本身的方式(manière)。(作为世界与自我的同一性的)同一性无论是"在无限小的情况下被构想为分析的同一性",还是"在无限大的情况下被构想为综合的同一性"都无关紧要。充足理由和根据在前者那里是与同一性非本质地相反的东西,在后者那里是与同一性正相反对的东西。但无论是哪种情况,充足理由、根据只是通过无限而使同一之物实存于它的同一性自身之中。并且在这里,在莱布尼茨处显而易见的东西在黑格尔这里也仍然存在着。黑格尔式矛盾并没有否定同一性或不矛盾,恰恰相反,它旨在将不矛盾的两个**不**(les deux Non de la *non*-contradiction)纳入实存者之中(在这种条件和基础上,同一性足以思维实存者本身):"事物否定它所不是的东西"或"事物将自身与所有它不是的东西区分开来"这些表述服务于同一性的逻辑怪物(事物所不是的**一切**)。人们说,差异即否定性,一旦人们将差异推到终点,它就达到或者应当达到矛盾。只有在差异已然被置于途中,或是沿着一条被同一性牵引的线绳前进的情况下,上述情况才是真实的。[71]只有在同一性将差异推到了终点的情况下,上述情况才是真实的。尽管差异是基底,但它只是为了彰显同一之物的基底。黑格尔的圆圈不是永恒回归,而只是同一之物通过否定性而进行的无限循环。黑格尔的大胆是对古老原则最后的、也是最强的敬意。在莱布尼茨与黑格尔之间,差异那被假定的否定性无论是被思为非本质矛盾的限制还是被思为矛盾的对立都无足轻重。同样,无限的同一性自身无论是被设定为分析的同一性还是被思为综合的同一性亦无足轻重。无论如何,差异仍然从属于同一性,差异被还原为否定之物,被囚禁在类似之物与类比之中。所以,在无限表象中,迷狂只是一种预成的(préformé)虚假迷狂,它丝毫不搅扰同一之物的平静或安宁。因此,无限表象与有限表象的不足是相同的,亦即将形成差异的恰切概念与将差异纳入到概念一般的同一性之中混为一谈(虽然无限表象将同一性视为纯粹的无限原则而不是视为属；虽然它将概念一般的权利扩展到了各个角落而不是固定了概念一般的权利界限）。

※

差异、肯定与否定

差异有自己的判决性实验（expérience cruciale）：①每当我们发现自己正面对着限制或处在限制之中时，每当我们发现自己正面对着对立或处在对立之中时，我们都应当问一问：这样一种状况假定了什么？它假定了一种差异的麇集，一种自由的、狂野的、未被驯服的差异多元论，一种穿过了简单化的限制或对立的微分的、源始的时空。为了使诸力之对立或诸形式之限制显现出来，首先应当有一种更为深邃的实在元素，它被界定和规定为无定形的、潜势的繁复体。诸对象从一个交叠的视角、交流的距离、离散和龃龉、异质的潜势和强度的精细环境中被粗略地裁剪出来；而且首要的问题不是消除同一之中的强度，而是将种种龃龉之物分配在繁复体之中。种种限制对应于第一维度的一种强力——在一个只具有一个维度和一个方向的空间中，就好像在莱布尼茨所举的那个由河流所承载的船只的例子那里一样，可能存在着撞击，[72]但这些撞击必然具有限制与均等化的价值，而不具有中立化与对立的价值。② 至于对立，它本身表现了第二个维度的强力，就像是诸事物在一个平面空间中的铺陈，一个被还原为单一平面的极化（polarisation）；并且综合本身只是在一个虚假的深度中产生，亦即在

---

① 【译按】"判决性实验"、"expérience cruciale"出自培根《新工具》（许宝骙译，北京：商务印书馆，1984）第二卷、第36节"路标的事例、instantia crucis"。事实上，"判决性实验（experimentum crucis）"真正显现一个重要术语还要归因于牛顿，参柯瓦雷，《牛顿研究》，张卜天译，北京：北京大学出版社，2003，页41。

② 【译按】参莱布尼茨，《神义论》，前揭，§30，页126—127。

虚构的第三个维度中产生,这个维度被添加到其他维度之上且满足于将平面一分为二。那无论如何都在逃离我们的东西,是原初的、内强的深度,它是整个空间和差异之初始肯定的基质。在这种深度之中,那些随后只是显现为线性的限制和平面的对立的东西,在自由差异的状态下存在、翻腾。对子、极性在各处都假定着束与网;有机的对立在各处都假定着朝向所有方向的放射。通过立体眼镜看到的种种影像只能形成一种平面的和水平的对立;它们所倚赖的完全是另一些东西:可动的、共存的诸平面的层叠,原初深度中的"龃龉活动"。差异之深度在各处都是第一位的;而且,作为其他两个维度的包含者的深度本身亦将自身当作第三维度来包含。如果人们没有将它置于起始处的话,重新发现作为第三维度的深度则毫无用处。空间与时间只是在表面上呈显了对立(与限制),但在自身真正的深度中,它们假定了种种更为庞大的、被肯定的与被分配的差异,其不听任自己被还原为那种否定之物的枯燥乏味。这就像是在卡罗尔(Lewis Carroll)的镜子中那样:表面上,一切都是相反的和颠倒的,但在厚度上,一切都是"不同的"。我们发现,所有的空间皆是如此——几何空间、物理空间、生物精神空间、社会空间和语言空间(关于这一方面,特鲁贝茨柯依原理[principe de Troubetzkoï]所宣称的"差异观念假定了对立观念……"看起来非常不确切)。有一种虚假的斗争深度,在斗争下面的是差异之游戏的空间。否定是差异的影像,但在梦想着一场徒劳的斗争的辩证法家眼中,这个影像却是被压扁的、被颠倒的——就如同小孔所成的蜡烛倒像那样?

就此而言,当莱布尼茨将特异点与一个繁复体的微分元素[差异元素]分配在基底中时,当他在世界之创造中发现了一种游戏时,他走得要比黑格尔更远,也就是说,他比黑格尔更深刻:所以,人们才会说第一维度,也就是限制的维度虽然有这样那样的缺点,但却仍然最接近原初深度。莱布尼茨唯一的错误就是[73]将差异与限制之否定联系在了一起。因为他维持了古老原则的统治,因为他把诸系列同聚合条件联系起来,而没有看到发散本身是肯定的对象,没有看到种种非共可能性同属于一个世界并作为最大的犯罪与最大的美德,被那永恒回归的唯一世界所肯定。

不是差异假定了对立,而是对立假定了差异;对立并没有消解差异,并没有将差异一直引导到一个根据那里,而是背叛、歪曲了差异。我们不只要说差异自身"尚未"成为矛盾,而且还要说,差异不听任自己被还原为矛盾或被引向矛盾,因为矛盾不够深刻,且不如它深刻。那么差异在什么条件下才会被引导、被投射到一个平面空间之中?就是当人们强迫它进入到一个在先的同一性之中时,就是当人们将它置于一个同一之物的斜面上时。这个斜面必然将差异带到同一性希望它所在的那个地方,而且使它反思"同一性希望它处于什么地方",也就是在否定中。[1] 人们已经注意到在**现象学**的开端所发生的事情,注意到了黑格尔辩证法的歪曲:"此地"和"此时"被设定为空洞的同一性和抽象的普遍者,它们试图使差异随其而去。[2] 但差异却根本没有被它们带走,而是仍然留在了自身的专属空间的深度中,留在了一直在产生奇异性的微分的[差异的]实在性的此地——此时之中。人们常说,思想者们或

---

[1] 阿尔都塞(Louis Althusser)揭示了黑格尔哲学中同一性——亦即一种内部原则的简单性——的无所不能:"黑格尔的矛盾之所以能够是简单的,只是因为构成任何历史时期本质的内部原则是简单的。既然某个特定历史社会……的总体,即其千变万化的现象,在原则上可被归结为一个简单的内部原则,那么,矛盾由此而有权取得的这种简单性也就能够在历史社会中得到反映"。因此,他批评黑格尔式圆圈只有一个中心(所有的形态都在这一中心处被反思和保存)。阿尔都塞用一条在他看来可以在马克思的思想中找到的复多矛盾原则或复因规定矛盾原则来反因黑格尔:"在各有关领域中活动的'不同矛盾'……虽然"汇合"成为一个真实的统一体,但并不作为一个简单矛盾的内在统一体中的简单现象而'消失'"。——参《保卫马克思》(Pour Marx, Maspéro, 1965),页100—103(【译按】中译参阿尔都塞,《保卫马克思》,顾良译,北京:商务印书馆,2006,页88—91)。

[2] 【译按】参黑格尔,《精神现象学》,前揭,页63—70。

许会阐明运动是不可能的,但这并没有阻止运动的产生。① 与这种情况相反,黑格尔制造了运动,而且他所制造的甚至是无限的运动。[74]但是,由于他用来制造这种运动的工具是词语和表象,所以这是一种虚假运动,没有任何东西随它而去。每当存在着中介或表象时,情况都是如此。代表[表象者](représentant)说道:"人人都承认……",但总是有一个对此拒不承认的未被代表的独异者[未被表象的奇异性](singularité non représentée),因为独异者或奇异性恰恰不是"人人"或普遍者。"人人"都承认普遍者,因为"人人"本身就是普遍者。但是奇异者却不承认普遍者。作为普遍者的牺牲品,奇异者是深邃的感性意识。讲话的不幸并非讲话本身,而是代他人讲话,或代表[表象]某种事物。② 感性意识(亦即某物、差异或τὰἄλλα[希:他异者])坚持着。人们始终能够中介,能够站到反题一方并组成综合,但正题并不随波逐流,它仍然在自身的直接性中继续存在着,在那在其自身中造成了真正运动的差异中继续存在着。差异是正题的真正内容,它是正题的执着。否定之物、否定性甚至没有把捉到差异的现象,而只是得到了差异的幻影或副现象,而且整个现象学都成了一门副现象学(épiphénoménologie)。

否定的幻相

　　差异哲学所拒斥的便是:omnis determinatio est negatio[拉:一

---

① 【译按】德勒兹在这里谈到的是古希腊埃利亚的芝诺(Zénon d'Élée)由运动的无限可分推论出运动的不可能,参亚里士多德,《物理学》,238b,见《亚里士多德全集》,第二卷,苗力田主编,北京:中国人民大学出版社,1993,页180以下。

② 【译按】关于这一点,德勒兹在1986年9月的一次访谈中讲到:"现代哲学弃绝一切代人讲话的企图,这是很正常的。每当听到'无人能够否认','大家都会承认……'云云,我们便知道接下来的将是一个谎言,或者是一个口号"(德勒兹,《哲学与权力的谈判——德勒兹访谈录》,刘汉全译,北京:商务印书馆,2000,页101—102)。

切规定都是否定]……①人们要拒斥无限表象的一般的非此即彼的取舍:要么是无规定的、无差异的、未分化的,要么是一个已然被规定为否定,内含并包含着否定之物的差异(基于相同的理由,人们亦拒斥了特殊的非此即彼的取舍:限制的否定或对立的否定)。差异就其本质而言是肯定的对象,是肯定自身。肯定自身就其本质而言是差异。但在这里,差异哲学难道不是有显现为一种新的优美灵魂形态的危险吗?实际上,正是优美灵魂在任何地方都看到了差异,它诉诸于可敬的、可调解的、可联合的差异。在这里,历史仍然在血腥的矛盾中演进着。优美灵魂的所作所为就像是一个被抛到战场上的治安法官,他从种种不可调和的斗争中看出了单纯的"不和",又或许是误解。尽管如此,为了将纯粹差异的趣味寄寓于优美灵魂,为了将真实差异的命运与否定之物和矛盾的命运结合起来,只是使自己变得冷酷起来,只是乞灵于肯定与否定、生命与死亡、创造与毁灭那众所周知的互补性——仿佛它们足以为一种否定性的辩证法奠定基础——是不够的。因为[75]这样一些互补性仍然没有让我们明白任何一个项与另一个项的关系(被规定的肯定是作为一种已然是否定的、已然在进行否定的差异的结果而产生,还是否定之物作为一种已然是微分的[差异的]肯定的结果而产生?)。我们在极为一般的层面上说,有两种诉诸于"必要的破坏"的方式:一种是诗人的方式,他以创造性强力之名进行言说。为了肯定那处在永恒回归的恒久革命状态下的**差异**,他会颠覆一切秩序和表象;另一种是政治家的方式。为了保留

---

① 【译按】参黑格尔,《哲学全书·第一部分·逻辑学》,前揭,页180:"一切规定性的基础都是否定(就像斯宾诺莎所说的,Omnis determinatio est negatio[一切规定都是否定])"。但黑格尔对斯宾诺莎的引用与斯宾诺莎的原文并不相符,参斯宾诺莎1674年6月2日写给耶勒斯的信:"既然形状无非只是限定,而限定就是否定(et determinatio negatio est),所以,正如我们所说的,形状除了是否定外,不能是别的"(见《斯宾诺莎书信集》,前揭,页206,亦参第207页注④)。

和延续一个已然在历史中确立起来的秩序,或者是为了建立一个已然在世界中激起了他的代表形式[表象形式]的历史秩序,他首先要考虑否定"不同(diffère)"者。诗人和政治家可能会在一个极为动荡不安的时代达成一致,但他们永远不会相同(même)。尼采最不可能被视为一个优美灵魂。尽管他的灵魂非常优美,但却不是在优美灵魂的意义上;没有人比他更残酷,没有人比他更具有破坏的兴趣。但他恰恰在自己的所有著作中不停地将两种肯定—否定关系的构想对立起来。

  在一种情况下,否定是动力和强力。肯定作为否定的结果而产生——我们将它说成是一种替代物(ersatz)。并且,用两个否定来制造一个肯定的幽灵或一个肯定的替代物也许太多了。但是,如果肯定没有将被否定之物存贮起来,它又如何作为否定的结果而产生呢?况且,尼采已经指出了这个概念所包含的那种令人惊讶的保守主义。肯定是被生产出来的,但这却是为了向所有否定的东西和进行否定的东西说"是(oui)",为了向所有能够被否定的东西说"是"。查拉图斯特拉的驴子就是这样说"是"的,①但对它来说,肯定就意味着承负、承担、担负。它承负了一切:有他人要求它承负的重担(神圣价值),有它自己要求承担的重负(人类价值),还有它在没有任何东西需要承担时那疲惫的肌肉的重量(价值缺席)。② 这辩证法家似的驴或牛有着可怕的责任癖好和道德

---

 ① 【译按】参尼采,《查拉图斯特拉如是说》,前揭,IV,"觉醒",§2,页500—501。
 ② 尼采始终在揭露将"肯定"等同于"承付"这种看法的虚幻不实(参《善恶的彼岸》[Par-delà le bien et le mal],§213:"'思考',对一件事'认真对待'和'慎重考虑'——这两者对他们来说才是珠联璧合的,他们就是这样'体验'的"[【译按】中译参尼采,《善恶的彼岸》,前揭,页171])。这是因为,承负暗含着一种虚假的能动性、一种只是担负着虚无主义之产物的虚假的肯定。尼采因而将康德与黑格尔界定为积聚与存留了大量既定价值判断的"哲学工匠"——即使对他们来说重要的是战胜过去;从这种意义上说,他们仍然是否定之物的奴隶(§211[【译按】中译参尼采,《善恶的彼岸》,前揭,页167])。

余味,仿佛[76]为了能够说"是"就必须经受分裂与碎裂的不幸。仿佛差异就是恶,就是否定之物,它只有通过赎罪,亦即通过同时负担起被否定者的重量和否定自身的重量,才能生产出肯定。古老的诅咒始终在同一性原则的高处回荡着:唯一被拯救的不是单纯的被表象者,而是无限表象(概念),后者为了最终将差异交还给同一之物而存贮了所有否定之物。在 Aufheben [德:扬弃]的所有意义中,最为重要的就是"抬起"。虽然辩证法的圆圈的确存在,但这个无限的圆圈无论在哪里都只有唯一的中心。这个唯一的中心在自身中保留了其他所有的圆圈和其他所有的瞬时性圆心(centres momentanés)。在一个巨大的**记忆**中,辩证法的重演或重复只是表现了一切的存贮,一切形态与一切环节的存贮。无限表象即进行存贮的记忆。重复在无限表象那里只是一个保存者,只是记忆自身的强力。虽然辩证的循环遴选的确存在,但从这种遴选中得利的始终是那些被存贮在无限表象中的东西,亦即那些作为承负者和被承负者的东西。这种选择在相反的方向上发挥着功能,并且毫不留情地消除了那使圆圈弯曲或是打碎了回忆之透明性的东西。承负者和被承负者在无限表象中不断地进入,为了再一次"进"而出,就像是洞穴中的阴影——也正是通过这种方式,它们试图使自身获得真正的辩证强力。

差异之消除与永恒回归

但根据另一种〔肯定—否定关系的〕构想,肯定是第一位的:它肯定了差异,肯定了距离。差异是轻巧之物、轻盈之物、肯定之物。肯定不是承负,而与承负截然相反,它是摆脱负担、减轻负担。不再是否定之物生产出一个作为替代物的肯定之幽灵,而是肯定将**不**(Non)当作结果生产出来:"不"本身就是一个影子,但这毋宁是从结果的意义上说的,人们可以说它是一个 Nachfolge［德：跟随者］。① 否定之物是副现象。否定是一个极为强大、极为不同的肯定的结果。为了产生出作为 Nachfolge［德：跟随者］的否定的影子，必须具备两种肯定；而且似乎有两个环节，它们是作为午夜和正午的差异。正是在这两个时刻，影子消失不见了。② 尼采正是在这种意义上将驴子的**是**与**不**和狄奥尼索斯—查拉图斯特拉的**是**与**不**对立起来——将"从**不**之中抽取出肯定之幽灵的奴隶的观点"与"从**是**之中抽取出一个否定的和毁灭的结果的'主人'的观点"对立起来——将旧价值之保守者的观点［77］与新价值之创造者的观点对立起来。③ 那些被尼采称为主人的必然是强力之人（hommes de puissance），但他们并不是权力之人（hommes du pouvoir），因为权力以通行价值作为判断之权限；只靠获得权力不足以使奴隶摆脱奴隶的身份，即便当世界进程的法则或世上的法则是由奴隶所引领时，情况依然如此。既定价值与创造之间的区

---

① 【译按】参尼采，《查拉图斯特拉如是说》，IV，"影子"，前揭，页442："'我的影子呼唤我？我的影子算什么呢！让它紧跟着我好了！我——要跑着离开它。'查拉图斯特拉对自己的内心如是说，并且跑开。可在他身后的家伙紧跟不舍（folgte ihm nach）"。

② 【译按】关于"正午"，参《查拉图斯特拉如是说》，IV，"正午"，前揭，页448："炎热的正午在田野睡眠。别唱！安静！世界是完美的！"；关于"午夜"，参《查拉图斯特拉如是说》，IV，"夜游者之歌"，§10，前揭，页515："我的世界现正完美，午夜也是正午"。亦参《偶像的黄昏》（卫茂平译，上海：华东师范大学出版社，2007）"'真实的世界'如何最终成了寓言：一个谬误的历史"一章："中午：阴影最短的时刻；最长久的谬误的终结；人类的顶峰：查拉图斯特拉开始"（页64）。

③ 《善恶的彼岸》（*Par-delà le bien et le mal*），§211（【译按】参尼采，《善恶的彼岸》，前揭，页167—168）。关于与奴隶的"不"（作为原则而存在）相对立的主人的"不"（作为结果而存在），参《道德的谱系》（*Généalogie de la morale*），I，§10（【译按】参尼采，《道德的谱系》，梁锡江译，上海：华东师范大学出版社，2015，页79："一切高尚的道德均来自于一种胜利般的自我肯定，而奴隶道德从一开始就对'外在'、'他者'、'非我'加以否认：这种否定就是奴隶道德的创造性行动。……而高贵的价值方式正好与此相反：它的行动和成长都是自发的，它寻求肯定其对立面，仅仅是为了用更加感激与更加赞赏的方式来对自我加以肯定，——它的否定概念……与它本身肯定性的基本概念相比较而言，只是后来形成的、苍白的对照图像，它那肯定性的基本概念里完完全全充满了生命和激情"）。

别不应当再在历史相对主义的意义上被理解——仿佛既定价值在其所处的时代曾经是新颖的,而新价值则应当在它所处的时代被确立为既定价值。与此相反,在表象的保守秩序与一种创造性的无序、一种绝妙的混沌之间存在着本性上的差异,后者向来只能与历史的某一环节达成一致,但永远不能和历史的环节混为一谈。在折衷形式和极端形式(新价值)之间存在着最为深刻的本性差异:人们既非通过将折衷形式提升到无限来达到极端,亦非通过利用它们在有限中的对立来肯定它们在无限中的同一。在无限表象中,伪肯定并不能使我们脱离种种折衷形式。而且尼采批评了所有建立在对立或斗争的基础上的遴选方法,它们为了对折衷者有利而"运转(tourner)",为了"大多数"的利益而行动①。只有永恒回归才能进行真正的遴选,因为它不但消除了种种折衷形式,而且还指出了"一切存在者的高级形式"。极端并非对立面的同一,它应当是不同之物的单义性;高级形式并非无限形式,它应当是永恒回归自身那经历着种种变形、种种转变的永恒的无定形。永恒回归"制造"了差异,因为它创造了高级形式。永恒回归把否定当作Nachfolge[德:跟随者]来利用。而且它还为否定之否定发明了一种全新的表述:所有能够被否定的东西都要被否定,而且应当被否定。永恒回归的特性不是在记忆之中,而是在浪费之中,在变为能动者的遗忘之中。一切否定的东西与一切进行否定的东西、一切承负着否定的东西的折衷肯定、一切来自于"不"的苍白无力的是、一切承受不了永恒回归之考验的东西,所有这一切都应当被否定。如果永恒回归是一个转轮,我们仍然应当赋予它一种[78]暴力的离心运动,这种运动驱逐了一切"能够"被否定或无法承受考

---

① 【译按】参尼采,《查拉图斯特拉如是说》,前揭,IV,"论更高的人们",§3:"你们这些更高的人呀,为我超越那些小道德、小聪明,那些沙粒一样的细小周全、蚂蚁一样的辛劳勤勉、可怜的舒适自安以及'大多数人的幸福'吧"(页465)。

验的东西。对于那些不"信仰"永恒回归的人,尼采只是宣布了一种轻微的惩罚:他们所领会的、所拥有的只是稍纵即逝的生命!他们感到自己所拥有的、自己所具有的只是他们所是的东西——副现象;这便是他们的**绝对知识**。所以,在永恒回归的可动中心处,作为充分肯定的结果产生的否定在耗尽了所有否定之物的同时也耗尽了自身。因为如果永恒回归是一个圆圈,那么处于圆心处的就是**差异**,相同只是环绕在差异周围——永恒回归的圆圈在每一时刻都是离心的,它持续不断地弯曲着,并且只围绕着不等之物旋转。

否定虽然是差异,但它只是颠倒的差异,只是从底部向上看到的差异。与此相反,从高处向低处看去的话,差异即肯定。但这一命题具有多重意义:差异是肯定的对象;肯定本身是复多的;肯定是创造,但它自身亦应当是被创造的东西,它要作为肯定差异的东西,要作为自在之差异而存在。扮演着原动力角色的不是否定之物,而是实定的微分元素[差异元素],它们同时规定了肯定之发生和被肯定的差异之发生。每当我们将肯定留在未规定之物中时,每当我们将规定置于否定之物中时,肯定之发生便从我们身边溜走了。否定是作为肯定的结果产生:这就意味着否定是在肯定之后,或是在肯定旁边出现,它只是作为更为深邃的发生元素(élément génétique)的影子出现,作为那种制造了肯定与肯定中的差异的强力或"意志"的影子出现。否定之物的承负者们不知道自己在做什么:它们把影子当作现实,它们给养了幽灵,它们割裂了结论与前提,它们将现象和本质的价值(valeur du phénomène et de l'essence)给予了副现象。

表象让"差异的被肯定的世界"溜走了。表象所拥有的只是单一的中心,独一的、在远处逐渐消失的视角,以及由此而来的虚假深度;它中介了一切,但却既没有移动也没有运动。运动本身内含着诸中心的多元性、诸视角的叠合、诸观点的混合,以及从本质上扭曲了表象的诸环节的共存:一幅绘画或一座雕塑已然是这样的"扭曲者"了,它们强制我们制造运动,也就是将一种与地面平齐的视角〔肤浅的观点〕和一种居高临下的视角〔深刻的观点〕组合起来,或是随着人们的前进而在空间中上升与[79]下降。为了得到这样一种"效果"而增加表象就够了吗?无限表象恰恰包含着无穷多的表象,它要么保证了所有观点在一个相同对象或是相同世界上的聚合,要么使所有环节成为了一个相同**自我**的属性。不过,它也因而保留了一个集聚并表象了其他所有的中心的单一中心,就像一个一劳永逸地整理、组织了所有的项和它们的关系的系列统一性(unité de série)。这是因为,无限表象无法与一条使它成为可能的法则分割开来:作为同一性形式的概念之形式,它时而构成了被表象者的自在(A 是 A),时而构成了表象者的自为(**自我＝自我**)。再现〔表象〕(représentation)一词的前缀"再(RE)"就意谓着这种使诸差异从属于自身的同一之物的概念性形式。因此,人们并不是通过增加表象和观点来达到被界定为"下表象之物(sub-représentatif)"的直接之物。与此相反,每一个构成性的表象都应当被扭曲,应当偏离或者摆脱自身的〔单一〕中心。每一个观点自身都应当是一个事物,或者事物应当归属于观点。因此,事物绝不应当是同一的东西,它应当在差异处分裂,被观看的对象与观看的主体的同一性正是在这差异中消失。差异应当变为元素与终极统一性,因此它应当指向其他那些永不与它同一,始终与它相异的差异。一个已然作为差异存在的系列的每一个项都应当与其他的项结成一种可变关系,并由此构成其他那些无中心、无聚合的系列。我们应当在系列自身中肯定发散与去中心化。每一个事物,每一个存在都应当看着自己的同一性被差异吞没。每一个事物,每一个存在都只是诸差异之间的一个差异(différence entre des différences)。我们应当表明差异是差异化存在。我们知道现代艺术趋向于实现这些条件:它在这种意义上成为了一种由变形和置换构成的真正戏剧———一出毫无固定之物的戏剧,一个没有线索的迷宫(阿里阿德涅已经上吊自尽)。艺术作品离开了表象[再现]的领域,为的是生成"经验[实验]",生成先验的经验论(empirisme transcendantal)或感性物的科学。

人们将(作为感性物之科学的)感性论①建立在感性物之中那些可被表象的东西之上,这是一件奇怪的事情。当然,与此相反的做法也好不到哪里,它从表象中提取出纯粹的感性物,并试图将其规定为那种在表象被去掉之后仍然存在着的东西(例如,一个矛盾的流、一支知觉的梦幻曲②)。事实上,[80]当我们直接在感性物中领会那只能被感觉的东西,领会那感性物之存在本身(être même du sensible)———差异、潜势者之差异、作为质的杂多之理由的强度差异———时,经验论就成为了先验的经验论,感性论就成为了绝然无疑的学科。正是在差异之中,现象闪烁着,并被当作符号来解释;也正是在差异之中,运动被当作"效果"生产出来。诸差异的强度世界正是一种高级经验论(empirisme supérieur)③的对象。也正是在这个世界中,质发现了自身的理由,感性物发现了自身的存在。这种高级经验论、先验经验论传授给了我们一种奇特的"理由"———差异之复多与混沌(游牧的分配、戴皇冠的无政府状态)。诸差异始终是相互类似的、类比的、对立的或同一的:差异站在所有事物的背后,但在差异背后却没有任何东西。对每一个差异来说,它们都要穿过其他所有的差异,通过其他所有的差异而"意欲"自身或重获自身。所以,永恒回归既不是第二个涌现的,也不是后来出现的,而是已然呈现在了一切变形之中,在它与"凭借它得以回归的东

---

① 【译按】参康德,《纯粹理性批判》,前揭,A21/B35 以下,页 26—27。
② 【译按】参康德,《纯粹理性批判》,前揭,A156/B195,页 150。
③ 【译按】德勒兹这里所说的"高级经验论"的观念来自谢林的"Empirism in höherer Bedeutung",参 Franck Fischbach,《论哲学开端:关于黑格尔与谢林的研究》(*Du commencement en philosophie : étude sur Hegel et Schelling*, Paris, Vrin, 1999),页 338—341。

西"之间具有一种共时性。永恒回归与一个相互内含的诸差异的世界关联在了一起,与一个被并合的、没有同一性的、本质上是混沌的世界关联在了一起。乔伊斯(Joyce)将 vicus of recirculation [英:回环的维柯路]①呈现为使一个混沌宇宙(chaosmos)得以转动的存在。而且尼采已经说过,混沌与永恒回归并非截然不同,它们反而是同一个肯定。世界并不像在表象中那样既不是有限的,也不是无限的:②它是完成的和无界限的(il est achevé et illimité)。永恒回归是完成者自身的无界限性,是述说着差异的单义性存在。在永恒回归中,混沌—漂泊(chao-errance)对立于表象的一致性;它同时排除了进行表象的主体和被表象的对象的一致性。重复(répétition)对立于再现(représentation)。前缀的意义已然改变,因为在后者那里,差异只是相对于同一之物被述说;而在前者那里,单义性存在是相对于不同之物被述说。重复是所有差异的无定形的存在,是将一切事物都提升到极端"形式"——事物的表象正是在这一形式中消解的——的基底的无定形强力。对立于表象之同一性的龃龉(dis-pars)是重复的终极元素。永恒回归的圆圈、差异与重复的圆圈(它解散了同一之物与矛盾之物的圆圈)亦是一个弯曲的圆圈,它只以那些不同之物来述说相同。诗人布拉德(Blood)表达了对作为真正的感性论的先验经验论的信仰告白:

> 从本质上说,自然是偶然的、过剩的、神秘的……事[81]物是奇特的……宇宙是狂野的……相同者之回归只是为了带

---

① 【译按】参乔伊斯的小说《芬尼根的守灵夜》(*Finnegans Wake*)的第一句话:"riverrun, past Eve and Adam's, from swerve of shore to bend of bay, brings us by a commodius *vicus of recirculation* back to Howth Castle and Environs(河水奔流,流过亚当和夏娃之家,从起伏的海岸,到凹进的港湾,又沿着宽阔回环的维柯路,将我们带回到霍斯堡和郊外[中译参乔伊斯,《芬尼根的守灵夜·第一卷》,戴从容译,上海:上海人民出版社,2012,页2])。"

② 【译按】参康德,《纯粹理性批判》,前揭,A426/B453 以下,页 361 以下。

来不同者。雕刻师的机床缓慢旋转,它仅有一丁点的加快。但是,差异却被分派在了那永不充分的曲线整体之上。①

在分别由前康德主义和后康德主义代表的两个环节之间,人们有时会确定一种重大的哲学变化。前者由限制的否定界定,后者由对立的否定界定;前者由分析的同一性界定,后者由综合的同一性界定;前者以无限实体为着眼点,后者以有限**自我**为着眼点。在莱布尼茨式宏大分析中,有限**自我**已然进入到无限的发展当中;而在黑格尔式宏大综合中,无限则重新进入到有限**自我**的活动当中。尽管如此,这些变化的重要性仍然值得怀疑。对于差异哲学来说,既然差异被还原为否定之物,既然差异被迫从属于同一之物,否定之物无论是被构想为限制的否定之物还是被构想为对立的否定之物都无关紧要,同一性无论是被构想为分析的同一性还是被构想为综合的同一性亦无关紧要。事实上,神圣实体的独特性与同一性是为一且同一的**自我**(Moi un et identique)的唯一保障,而且只要人们还保留着**自我**,上帝就同样被保留着。综合的有限**自我**和分析的神圣实体完全是一回事。所以,**人—神**置换非常令人失望,并且它没能让我们前进一步。尼采似乎是第一个注意到下述事实的哲学家:上帝之死只有在**自我**解体的同时才能切实发生。由此显露出来的事

---

① 转引自瓦尔(Jean Whal),《英美多元论哲学》(*Les philosophies pluralistes d'Angleterre et d'Amérique*, Paris：Alcan, 1920),页37。瓦尔的全部著作都是对差异、对经验论表现差异那诗意的、自由的、狂野的本性的种种可能性、对差异之于单纯否定之物的不可还原性、对非黑格尔式的肯定与否定的关系的深入思考[【译按】引文选自美国诗人、哲学家布拉德(Benjamin Paul Blood, 1822—1919)1874年的著作《麻醉的启示》[*The Anaesthetic Revelation*]。瓦尔本人是从收录在詹姆士[William James]专论布拉德的小册子中的论文"一位多元论神秘主义者"[A Pluralistic Mystic]那里转引了这些文字。詹姆士的这篇文章最初发表在1910年7月的《希伯特季刊》[*Hibbert Journal*]上,后又收录在詹姆士的《记忆与研究》[*Memories and Studies*, London：Longmans Green, 1911,页394—409]和《著作集》[*The Works of William James*, Cambridge, MA：Harvard University Press, 1987]第15卷中)。

实便是,存在述说着各种差异,它们既不在实体之中,也不在主体之中,它们就是那许许多多的地下的〔隐蔽的〕肯定。如果永恒回归是至高的思想,亦即最为强烈的思想,这是因为它的极端一致性在至高点上排除了思维主体的一致性,排除了被思维的世界和作为〔同一性之〕保障的上帝的一致性。① [82]我们应当关注的不是在康德之前和康德之后发生了什么(它们本来是一回事),而是康德主义本身的一个确定环节,一个康德本人甚至都没能推进的辉煌而又短暂的环节(后康德主义对这一环节的继承就更少了)。但荷尔德林(Hölderlin)或许是个例外,我们在他的"定言转向"(détournement catégorique)的体验和思想中似乎重又看到了那个转瞬即逝的环节。因为当康德对理性神学提出质疑时,他同时将一种不平衡、一种裂缝或龟裂,一种原则上不可克服的原则性异化

---

① 在两篇革新了尼采哲学阐释的文章中,克罗索夫斯基(Pierre Klossowski)指明了这一要点:"'上帝死了'并不意味着神不再是说明实存的缘由,它要表达的是:负有责任的自我的同一性的绝对保证在尼采意识的地平线上消失了,而尼采意识的地平线本身又与这一消失合二为一……(对于意识来说)唯一能做的事情就是宣布:它的同一性本身只是一个被恣意维持为必然之物的偶然情况,即使这意味着它自视为这种命运的普遍之轮,意味着它要在可能的情况下包含所有的情况、包含偶然的必然整体。因此,继续存在的只有存在,和那只应用于偶然之上,从不应用于存在自身之上的动词'存在'"(〈尼采、多神论与戏仿〉[Nietzsche, le polythéisme et la parodie, dans *Un si funeste désir*, N.R.F., 1963],页220—221)。——"这是否意味着,思维主体将丧失它自己的特性,因为一致的思想本身将排除那种特性?……我在这一循环运动中起什么作用,该运动与那个不一致的我相关联,或与这一思想如此一致,以致恰在我思考它时它排除了我?……但强度如何能达到自我的现实性,尽管它被这种高级状态所提升?通过释放将它指示为我的流动,以便那再一次被意志的重新发出其现在的回声……Circulus vitiosus deus[拉:神圣的恶性循环]不过是一个在这里展现出神圣面目的符号的名字"(〈**相同之永恒回归的实际性生存体验中的忘却与记忆**〉[Oubli et anamnèse dans l'expérience vécue de l'éternel retour du Même, dans *Nietzsche, Cahiers de Royaumont*, Editions de Minuit, 1966],页233—235【译按】中译参克劳维谢,〈尼采的永恒轮回体验〉,邵强进译,载《尼采在西方——解读尼采》,刘小枫、倪为国选编,上海:上海三联书店,2002,页351—353;克罗索夫斯基,〈尼采体验的永恒回归〉,孙长智译,载《尼采的幽灵:西方后现代语境中的尼采》,汪民安、陈永国主编,北京:社会科学文献出版社,2001,页25—27〕)。

(aliénation de droit)引入了**我思**的纯粹**自我**之中:主体表象自身自发性的唯一方式便是将这种自发性表象为一个**异己者**的自发性,从而也乞灵于一种排除了主体自身的一致性,排除了世界与上帝的一致性的神秘的一致性。一个解体的自我的 Cogito[拉:**我思**]:"**我思**(Je pense)"的**自我**在自身的本质中包含着一种直观的接受性(réceptivité d'intuition),①相对于这种接受性而言,**我**已然是一个异己者了(déjà, JE suis un autre)。综合的同一性,随后是实践理性的道德,它们都重新恢复了自我、世界与上帝的完整性,并为各种后康德综合做好了准备,但这一切都无足轻重。在一个极为短暂的时刻里,我们进入到了这种原则性精神分裂(schizophrénie de droit)之中,它彰显着思想之最高强力,并使**存在**直接向差异敞开,且全然无视概念的一切中介和一切和解。

※

柏拉图的差异逻辑学与差异存在论

现代哲学的任务已然被确定为:颠转柏拉图主义(renversement du platonisme)。② 这一颠转保留了大量的柏拉图主义特征。这不

---

① 【译按】参康德,《纯粹理性批判》,前揭,B75、93(页52、63)。
② 【译按】在一篇名为〈拟像与古代哲学〉(Simulacre et philosophie antique)的文章中,德勒兹更为明确地宣称:"'颠转柏拉图主义'意味着什么? 尼采这样确定了自己的哲学任务,或者,更为一般地说,确定了未来哲学的任务"(Gilles Deleuze,《意义的逻辑》[*Logique du sens*, Paris, Les éditions de minuit, 1969],页292)。德勒兹的这一论断显然受到了海德格尔的尼采诠释的影响。海德格尔在其名为"作为艺术的强力意志"的讲座中指出:"在为他的第一部著作做准备工作时(1870—1871年)写的一则简短评论中,尼采曾说:'我的哲学是一种倒转了的柏拉图主义(ungedrehter Platonismus):距真实存在者越远,它就越纯、越美、越好。以显象中的生命为目标'。这是这位思想家对他整个后期哲学基本立场的一个令人惊奇的预见,因为他在最后的创作岁月里的努力,无非就是这种对柏拉图主义的倒转"(海德格尔,《尼采》,北京:商务印书馆,2002,页169;亦参页220—232)。

仅不可避免,而且合乎愿望。柏拉图主义确实已经表达了差异对**一**、[83]**类比**、**类似**甚至**否定**的强力的服从。这就好比一只正在被驯化的动物,它在面对极度危机时做出的种种行动要比它在自由状态下的举动更加清楚地表现出那种即将失去的天性:赫拉克利特式的世界在柏拉图主义中低声嗥叫着。在柏拉图这里,结局尚不清楚;中介还没有找到它的现成运动。**理念**尚不是一个使世界从属于表象诸要求的对象概念,而是一种只有以事物之中的不"可被表象者"为根据才得以在世界中示现出来的原始在场(présence brute)。**理念**亦尚未选择使差异与概念一般之同一性发生关系;它并未放弃寻找一个纯粹概念,一个如其所是的差异的恰切概念。迷宫或混沌已经被摆脱,但是没有线索,更没有来自线索的帮助。尽管亚里士多德已经明确地批评了柏拉图,但他看到了柏拉图主义中的那个不可替代的东西:差异辩证法(dialectique de la différence)拥有一种自己特有的方法——划分(division)。划分方法不依靠中介、中项或理性来运作,而是直接运作起来,它需要的不是概念一般的要求,而是**理念**的灵感启发。相对于概念那种假定的同一性来说,划分的确是一种任意无常、缺乏条理、从一个奇异性直接跳到另一个奇异性的手段。但从**理念**的观点看来,这不正是它的力量所在吗?划分绝不是诸多辩证方法中的一个,它也不应当被其他辩证方法"补足"或"替换",它在出现的瞬间不仅替代了其他方法,而且还为了一种真正的差异哲学而聚集了所有的辩证强力。同时,它还估量了柏拉图主义与颠转柏拉图主义的可能性。

划分法的种种形态:追求者、根据—考验、发问—问题、(非)存在与否定的地位

我们的错误便是尝试从亚里士多德的要求出发来理解柏拉图式划分。在亚里士多德看来,重要的是将一个属划分为对立的种;

然而,这种方法不但本身就缺少"理由",而且它还缺少断定某物是属于这个种还是另一个种的"理由"。例如,人们将技艺划分为制作术(art de production)和占有术(art d'acquisition);但钓鱼为什么要算作占有术?① 这里所缺少的即是中介,也就是一个能够充当中项的概念的同一性。但是,如果柏拉图式划分根本不打算规定一个属的诸种,那么上述反对就不成立了。或者不如说,它的确打算规定一个属的诸种,不过这种打算也只是表面地,甚至是反讽地,[84]其目的是将划分的真正秘密更好地隐藏在这副面具背后。② 划分不是"特殊化",它并非"一般化"的反面。重要的绝不是特殊化方法,而是遴选方法(méthode de sélection)。重要的不是将一个被规定的属划分为确定的种,而是将一个含混的种划分为纯粹的派系(lignées pures),或者是从某种并非纯粹派系的材料出发,遴选出一支纯粹的派系。就像生物学家将"约尔丹种(jordanons)"与"林奈种(linnéons)"对立起来那样,人们可以谈论与"亚里士多德种(aristotélons)"对立的"柏拉图种(platonons)"。因为,亚里士多德的种即使是不可分的种或最低的种,它也仍然是一个庞大的种。而柏拉图式划分则是在另一个完全不同的领域中运作的,亦即微小的种或派系的领域。它的出发点是属还是种并没有什么区别;但是,这个属或这个庞大的种却被设定为一种未分化的逻辑质料、一种无差异的物质、一种混合物、一种无定的繁复性,

---

① 【译按】参柏拉图,《智者》,詹文杰译,北京:商务印书馆,2011,219a 以下,页 6 以下。

② 关于亚里士多德对柏拉图式划分的批评,参《前分析篇》(*Premiers analytiques*),I,31;《后分析篇》(*Seconds analytiques*),II,5 和 13(正是在《后分析篇》中,亚里士多德为划分在种的规定中留下了一席之地——即使是以一条连续性原则来弥补他认为自己在柏拉图的观点中发现的种种不足)。——但是,至于种的规定究竟在多大程度上只是柏拉图式划分的一个反讽的外表而非目的,我们可以在《政治家》(266b—d)之类的对话中清楚地看到(【译按】中译参柏拉图,《政治家》,洪涛译,上海:上海人民出版社,2006,页 20—21)。

第一章 自在之差异

其表现了那为了使作为纯粹派系的**理念**得见天日而应当被消除的东西。提炼黄金便是一种划分的范型。①差异并不是属的两个规定之间的种差，它完全处在一边，处在被遴选的派系之中：不再是同一属的诸相反之物，而是在形成了一个庞大的种的混合物之中，纯粹的东西和不纯粹的东西、好的东西和坏的东西、本真的东西和非本真的东西。纯粹差异、差异的纯粹概念并不是概念一般或属和种之中的被中介的差异。划分方法的意义和目的即竞争者(rivaux)之遴选、追求者(prétendants)之考验——不是〔亚里士多德的〕$ἀντίφασις$〔希：反驳〕，而是〔柏拉图的〕$ἀμφισβήτησις$〔希：论战〕②(人们在柏拉图的两个主要示例那里看到了这一点；在《政治家》中，政治家被定义为"人之牧者"。但随后，各行各业的人相继登场了，商人、农夫、食品加工制造者、教练员、医生都在说："我才是真正的人之牧者！"③；在《斐德若》中，关键问题是界定好的迷狂和真的爱人，而许多追求者都争先恐后地说着："我才是爱

---

① 【译按】参柏拉图，《政治家》，前揭，303d—e，页92—93："**异邦人**：在我看来，我们所经历的与那些净化金子者的经历颇类似。——**苏格拉底**：怎么说？——**异邦人**：工匠首先要分离出泥土、石子及许多其他东西。接着，留下的是与金子结合在一起的东西，它们与金子属于同类，闪着荣光，它们只能用火才能被分离，这就是铜与银(有时还有些同样坚硬的东西)，通过加热冶炼的方法，这些东西被艰难地分离开来，让我们看到了所谓无杂质的金子自身。——**苏格拉底**：的确，据说是以这种方法进行的。"

② 【译按】参柏拉图，《智者》，前揭，225a—c，页18。

③ 【译按】参柏拉图，《政治家》，前揭，267e—268d，页23—25："**异邦人**：是否会有人，凭藉着另一种不同的技艺，与其他牧者一起，要求且装作是牧群的共同看护者？——**苏格拉底**：你的意思是什么呢？——**异邦人**：譬如，商人、农夫、食品加工制造者，此外，还有教练员、医生之类，所有这些人会联合起来，共同对抗我们称之为政治家的人之牧者；在他们的言语中，坚持是他们关照着人的养育，他们不仅关照作为群的人的养育，而且还关照统治者自身的养育，这你能明白吗？——**苏格拉底**：他们说得不对吗？……**异邦人**：不管如何，我们认为国王是唯一的牧者与人这一牧群的看护人，而且要把他从成千上百的竞争者中区分出来……我们去掉那些围绕在他身边、向他要求与他共同放牧的人，一旦我们把他从那些人中区分出来，不就可以看到他的纯粹、独一无二的形象了吗？"

者,我才是爱!"①)这里不存在任何与种有关的问题——除非是以反讽的方式。这也与亚里士多德的忧虑毫无共通之处:重要的不是同一化,而是确证(authentifier)。[85]支配着柏拉图对科学或技艺的分类,贯穿全部柏拉图哲学的唯一问题始终是衡量竞争者、遴选追求者,是在一个伪属或一个庞大的种的内部区分事物和事物的拟像。关键在于制造差异:因此,这一活动是在直接之物的深度中进行的,它运用了直接之物的辩证法,且既无线索亦无〔阿里阿德涅式〕细线。因为根据古代的或是神话与史诗的习俗,虚假的追求者们必须死。

我们的问题还不是要以柏拉图所说的那种方式弄清楚"遴选的差异是否确实存在于真正的追求者与虚假的追求者之间"。我们的问题是:柏拉图是如何借助划分的方法来制造差异的?读者会在这里大吃一惊;因为柏拉图引入了一个"神话"。人们因此说道:在划分舍弃了它特殊化的面具并发现了自己的真正目的以后,它并没有选择实现这一目的,而是用一个神话的单纯"儿戏"替换了它。② 实际上,一旦人们碰到了追求者的问题,《政治家》就会援引一个在古代统治着世界和人类的神的形象:从严格的意义上说,只有这个神配得上人类的王—牧者的称号。但确切说来,与这个神相比,并非所有追求者都具有同等价值:有一种对人群的"照管"特别指向了政治家,因为他最接近古代的神圣的牧者。③ 追求者们发现自己在某种程度上是根据一种选拔性分有(participation

---

① 【译按】参柏拉图,《斐德若》,237b—238c,244c,249e,253c—256e。
② 【译按】参柏拉图,《政治家》,前揭,268d 以下,页 25 以下:"异邦人:那就让我们重新开始我们的进程吧,从另一条道路,一个迥然不同的开端出发。——苏格拉底:那是什么呢?——异邦人:这条道路,兼具近乎儿戏的东西,因为我们会运用一个重大神话中的主要内容,然后,就像前面那样,一个部分一个部分不断地排除,最后抵达我们所求索的顶峰。应该这样做吗?——苏格拉底:是的,当然应该。——异邦人:好。那么,请像孩子那样,注意听我讲神话……"
③ 【译按】参柏拉图,《政治家》,前揭,276d,页 40。

第一章 自在之差异

élective)的次序被衡量的;并且在政治家的竞争者中,人们可以(根据这一由神话提供的存在论尺度)区分出父母、仆人、助手,最后是江湖骗子、伪造物。①《斐德若》中的步骤也一样:当遇到甄别种种"迷狂"的问题时,柏拉图突然援引了一个神话。② 他描述了灵魂在肉身化之前的运动,描述了它们从它们曾经能够静观的**理念**那里带走的回忆。规定了不同类型的现实迷狂的价值与次序的正是这种神话的静观,正是这种静观的本性或程度,正是这种对于再度回想来说不可或缺的机会:我们能够规定哪一个是假爱人,[86]哪一个是真爱人;③我们甚至能够在爱人、诗人、祭司、占卜师、哲学家当中,规定哪一个被遴选出来去分有回忆和静观,哪一个是真正的追求者、真正的分有者,以及其他人归属于哪一范畴④(人们会反驳说,讨论划分的第三个伟大文本《智者》没有援用任何神话;这是因为柏拉图在这篇对话中对这种方法做了悖论式的使用,做了反使用[contre-utilisation]。其目的是要分离出典型的虚假的追求者,分离出那个虽没有任何权利但却追求一切的虚假的追求者:"智者")。

但是,神话的引入似乎证实了亚里士多德的所有反驳:缺少中介的划分不具有任何使人信服的力量,它应当被神话取代,神话通过想象的形式为它提供了一个中介的等价物。尽管如此,我们在这里仍然背叛了这种极为神秘的方法的意义。因为如果神话与辩证法当真是柏拉图主义一般中两股截然不同的力量,从辩证法在划分中发现了自身的真正方法那一刻开始,这种不同便失去了价

---

① 正是从这种角度看来,神话才应当被另一种范型——亦即允许通过类比来区分父母、仆人、助手、伪造物的范型——补充完整。炼金的过程同样也包含了多种遴选:去掉杂质、去掉与金子具有"亲缘性"的其他金属。
② 【译按】参柏拉图,《斐德若》,244a 以下。
③ 【译按】参柏拉图,《斐德若》,253a 以下。
④ 【译按】参柏拉图,《斐德若》,248d 以下。

值。正是划分克服了二元性,并将神话整合到辩证法之中,使神话成为辩证法自身的一个元素。神话的结构在柏拉图那里明白地显现了出来:它是一个圆圈,其具有两种动态功能:旋转和回归、分配或分派——命运的分派归属于旋转之轮,一如灵魂转生归属于永恒回归。① 至于柏拉图肯定不是永恒回归的主角的理由,我们在这里并不打算探讨。在《斐德若》、《政治家》以及其他一些对话中,神话仍然确立了一种部分的循环的范型。在这一范型中,一个能够制造差异,亦即能够衡量角色或追求的根据出现了。这一根据在《斐德若》中是在**理念**的形式下被规定的,这些**理念**被那些在天穹之上穿行的灵魂静观着;②而在《政治家》中,它是在神圣的牧者的形式下被规定的,神圣的牧者本身就主宰着宇宙的循环运动。作为圆圈的中心或动力,根据被建立在了作为考验或遴选的原则的神话之中,其通过确定选择性遴选的各种程度而将自身的全部意义给予了划分方法。因此,按照那最为古老的传统,循环神话是一个基础(fondation)的故事—重复(récit-répétition)。按照划分的要求,神话是有能力制造差异的根据;反过来,按照神话的要求,划分乃是应当被赋予根据者之中的差异状态。划分是[87]辩证法与神话体系的统一,是作为基础的神话和作为 λόγος τομεύς [希:划分的逻各斯]的逻各斯的统一体。

根据的这种作用在柏拉图的分有观念那里无比清晰地显现了出来(毋庸置疑,是分有将划分似乎缺少的中介提供给了划分,同时也正是它将差异与一关联在了一起;但却是以一种极为特殊的方式……)。分有的意思就是得到一个部分,且是"之后"得到(avoir après)一个部分,第二个得到一个部分。第一个具有的是根据自身。正如柏拉图所说,只有**正义**才是正义的;至于那些被称作

---

① 【译按】参柏拉图,《理想国》,前揭,617d—620e,页422—425。
② 【译按】参柏拉图,《斐德若》,247d。

正义者的人,他们作为第二个、第三个、第四个,甚或是作为拟像得到了"正义的"这种质。"只有正义才是正义的"并不是一个简单的分析命题。它指称的是作为"第一个具有(qui possède en premier)的根据"的**理念**。并且,根据的特性便是引起分有,便是第二个给出(donner en second)。所以,在不同程度上或多或少地分有着的分有者必然是追求者。正是追求者在呼唤根据,正是追求应当被赋予根据(或是被揭露为无根据者)。追求不是其他诸现象中的一个,而是所有现象的本性。根据是一种考验,它促使追求者们或多或少地分有被追求的对象;正是在这种意义上,根据衡量并制造着差异。因此,人们应当区分:(1)作为根据的**正义**;(2)正义的质,它是赋予根据者(ce qui fonde)拥有的被追求对象;(3)正义者们,即不同程度地分有了被追求对象的追求者。所以,当新柏拉图主义者们界说自己那神圣的三段式时,他们让我们见识了一种对柏拉图主义的极为透彻的理解:**不可被分有者**(Imparticipable)、**所分有者**(Participé)、**行分有者**(Participants)。虽然赋予根据的原则是不可被分有者,但它却给出了有待被分有的事物,而且它还将有待被分有的事物给予了行分有者,给予了第二个具有者(possesseur en second),亦即那能够通过根据之考验的追求者。人们时常摆出父亲、女儿和追求者的组合。因为三段式是沿着分有系列被再造的,因为追求者要按照一定次序分有,要在那些表现了现实差异(différence en acte)的诸程度上分有,所以新柏拉图主义者们已经看到了根本问题:划分的目标不是横向的种的区别,而是纵向的系列性辩证法,是诸系列或诸派系的辩证法的确立——这种辩证法表明了一种作为选拔性分有(宙斯 I、宙斯 II,等等)的遴选性根据的各种活动。这样看来,矛盾根本不是去意指根据自身的考验,它反而是在分有的界限处表现着那无根据的追求状态。[88]如果真正的追求者(第一个被赋予根据者、有根有据者、本真者)有着身份各异的敌人,例如他的双亲、他的助手、他的仆人,他们以不同的名义分有了他的追求,那么他同样有着自己那被考验揭露了的拟像、伪造物:在柏拉图看来,这拟像便是"智者"、小丑、半人马或萨提尔,①它们虽然追求一切,但却从未被赋予过根据;它们不但与一切矛盾,而且还自相矛盾……

但是,根据之考验究竟都包含了什么呢? 神话告诉我们:根据之考验所包含的始终是一个有待完成的任务、一个有待解开的谜团。人们向神谕发问(questionne),但神谕给出的回答本身却是一个问题(problème)。辩证法即反讽,而反讽是问题和发问的技艺。反讽旨在将诸事物和诸存在当作一个个被隐藏的发问之回答,当作一个个有待解决的问题之实例来看待。我们可以回想一下:柏拉图将辩证法界定为通过"问题"推进的方法。通过种种问题,人们被一直提升到赋予根据活动的纯粹原则那里,这个原则考量问题自身并分配相应的解决。《美诺》则完全是在与一个几何学问题的关联中来解说回忆的,这个几何学问题应当在被解决之前就已经得到领会,而且它应当根据回忆领会它的方式来得到它应得的解决。② 我们现在要操心的问题并不是确立问题和发问这两个审级的区别,我们要考虑的毋宁是它们的复合体如何在柏拉图的辩证法中发挥着根本性作用——从重要性上说,这种作用不亚于否定之物后来(例如在黑格尔式辩证法那里)所发挥的作用。但是在柏拉图那里,发挥着这种作用的恰恰不是否定之物,以至于我们应当自问:《智者》的著名论点——暂且不论这一论点的某些含混之处——难道不应当以如下方式来理解吗:"非存在"这一表达中的"非"表现了某种不同于否定之物的东西。③ 关于这一点,传统理论的错误便是将下面这种可疑的非此即彼的取舍强加给我

---

① 【译按】参柏拉图,《政治家》,前揭,303d,页92。
② 【译按】参柏拉图,《美诺》,81b 以下。
③ 【译按】参柏拉图,《智者》,前揭,257b,页79:"当我们说'非存在'时,似乎并不是在说'存在'的相反者,而仅仅在说异于'存在'的东西。"

们:当我们试图消除否定之物时,只要我们表明存在是充分的、实定的实在性,并且不容许有任何的非存在,我们就可以表示满意了;相反,当我们试图赋予否定以根据时,只要我们成功地在存在之中或是在与存在的关联中设定某一任意的非存在(这一非存在在我们看来必然是否定之物的存在或否定的根据),我们就可以心满意足了。这非此即彼的取舍因此便是:要么没有非存在,且否定是虚幻的、无根据的;要么有非存在,其将[89]否定之物置于存在之中,并赋予了否定以根据。尽管如此,我们或许有理由说有"非存在",同时也说"否定之物是虚幻的"。

问题或发问并非主观规定或私人规定,后者通常被认为标志着认识之中的不足环节。成问题的结构不但构成了对象的一部分,而且还允许人们将对象把握为符号,正如发问的或成问题的审级构成了认识的一部分,且能够通过学习活动在认识中把握它们的实定性、特殊性。从更为深刻的层面上说,正是**存在**(亦即柏拉图所说的**理念**)与这种问题或发问的本质"对应"。就好像存在着一种"敞开"、一种"张开"、一种使存在与发问相互联系起来的存在论的"襞"(«pli» ontologique)。在这种关联中,存在即**差异**本身。存在亦是非存在,但非存在并非否定之物的存在,它是成问题的存在,是问题与发问的存在。**差异**并非否定之物,非存在反倒是**差异**:不是ἐναντίον[希:相反],而是ἕτερον[希:相异]。① 所以,非存在应当被写成"(非)存在([non]-être)",甚至是"? —存在(?-être)"。就此而言,不定式"esse[拉:存在]"指的不是命题本身,而更多地是命题被认定要去回应的那个疑问。这个(非)存在是**微分元素[差异元素]**。在这一元素中,肯定作为复多的肯定发现了自身的发生原则。至于否定,它只是这一更高原则的影子,只是在被生产的肯定旁边的差异的影子。当我们将(非)存在与否定

---

① 【译按】同上。

之物混为一谈时,矛盾被带到存在之中就是不可避免的了;但矛盾仍然是假象或副现象,是被问题投射的幻相,是一个仍然保持开放的发问的影子,是与这一发问(在被给予一个回答之前)对应的存在的影子。就此而言,矛盾在柏拉图那里难道不是仅仅刻画着那些所谓的疑难(aporétiques)对话的特征吗?① 在矛盾的彼岸伫立着差异——在非存在的彼岸伫立着(非)存在,在否定的彼岸伫立着问题与发问。

对海德格尔的差异哲学的评注。——在《存在与时间》(*L'Être et le temps*)与《形而上学是什么?》(*Qu'est-ce que la métaphysique?*)之后,那些主要误解——其已经被海德格尔揭露为对其哲学的曲解——很可能就是针对着这一点:海德格尔的**不**(NE-PAS)不是指向存在中的否定之物,而是指向作为差异的存在;不是指向否定,而是指向发问。当萨特(Sartre)在《存在与虚无》(*L'Être et le néant*)的开篇分析拷问(interrogation)时,他将其当作了一种[90]否定之物与否定性之发现的预备性工作(【译按】参萨特,《存在与虚无》,陈宣良等译,杜小真校,北京:生活·读书·新知三联书店,2007,页28—31)。这可以说是与海德格尔的方法截然相反。但实际上,这里谈不到有什么误解,因为萨特并没有打算评注海德格尔的哲学。不过,从《知觉现象学》(*Phénoménologie de la perception*)开始,在谈到"褶子"或"襞"(对立于萨特的"洞孔"和"非存在的小湖泊"[【译按】参萨特,《存在与虚无》,前揭,页49、47])时,在遗著《可见的与不可见的》(*Le visible et l'invisible*)中重又回到一种差异与发问的存在论时,梅洛-庞蒂(Merleau-Ponty)无疑更为切实地受到了海德格尔的启发。

在我们看来,海德格尔的论点可以被总结为以下几条:(1)

---

① 【译按】参柏拉图,《美诺》,84b 以下。

第一章 自在之差异

"不"所表达的不是否定之物,而是存在与存在者之间的差异。参《论根据的本质》(*Vom Wesen des Grundes*)第三版(1949)前言(【译按】中译参海德格尔,《路标》,孙周兴译,北京:商务印书馆,2001,页142):"存在论差异是存在者与存在之间的不"(以及《形而上学是什么?》[*Was ist Metaphysik*?]第四版[1943]后记:"是否那个绝不是无论何种存在者的东西,揭露自身为与一切存在者相区别的东西,即我们所谓的存在?"[第25页][【译按】中译参海德格尔,《路标》,前揭,页356])。(2)这一差异并不像一般所说的那样存在于二者"之间"。它是襞、Zwiefalt[德:二重性]。在"澄明"与"遮蔽"的二重运动中,它对存在以及存在构成存在者的方式具有构成性作用。存在是差异名符其实的行分化者。存在论差异这一表述正由此而产生。参《形而上学之克服》(*Dépassement de la métaphysique*, trad. franç., in *Essais et conférences*),页89以下(【译按】中译参海德格尔,《演讲与论文集》,孙周兴译,北京:生活·读书·新知三联书店,2005,页76以下);(3)存在论差异与发问对应。它是发问之存在,其通过标划出那些在与存在者的关联中被规定的场域而发展为问题。参《论根据的本质》的法译本,载《形而上学是什么?》(*Qu'est-ce que la métaphysique*?),页57—58(【译按】中译参海德格尔,《路标》,前揭,页155—156);(4)如此这般理解的差异便不是表象的对象了。作为形而上学的元素,表象使差异隶属于同一性,它只能把差异带到tertium[拉:神秘]那里去,那里是两个被认为是有差异的项(存在与存在者)之间的对比中心。海德格尔认识到这种形而上学之表象的观点在《论根据的本质》中依然存在(参法译本第59页,其中,第三者在"此在的超越"中被发现[【译按】中译参海德格尔,《路标》,前揭,页156])。但形而上学既没有能力思考自在之差异,也没有能力思考与统一者具有同等重要性的分离者(行分化者)。差异中既不存在综合,也不存在中介或和解,存在的只是分化中的执着。超越了形而上学的"转向(tournant)"便是:"存在本身惟在存在与存在者的差异特别地自行发生之际,才能够在其真理性方面澄明这种在存在中保存下来的差异"(《形而上学之克服》,第 89 页[【译按】中译参海德格尔,《演讲与论文集》,前揭,页 77])。关于这一点,参见阿勒曼(Beda Allemann)的《荷尔德林与海德格尔》(*Hölderlin et Heidegger*, trad. franç., Presses Universitaires de France),页 157—162、168—172;以及博弗雷(Jean Beaufret)为《巴门尼德诗篇》(*Poème de Parménide*, Presses Universitaires de France)撰写的导论(页 45—55、69—72);(5)所以,差异并不听凭自己被当作同一或相等的附庸,它应当在相同之中被思考,并且应当被思考为相同。参《同一与差异》(*Identität und Differenz*, Günther Neske, 1957) 和《……人诗意地栖居……》(*L'homme habite en poète*, trad. franç., in *Essais et conférences*),页 231:"相同绝不等于相等,也不等于[91]纯粹同一性的空洞一体。相等总是转向无差异,致使一切都在其中达到一致。相反,相同则是从差异的聚集(rassemblement)而来,是有差异的东西的共属一体。惟当我们思考差异之际,我们才能说相同……相同祛除每一种始终仅仅想把有差异的东西调和为相等的热情:使其永远相等,不存在别的事情。相同把差异聚集为一种原始统一性。相反,相等则使之消散于千篇一律的单调统一体中"(【译按】中译参海德格尔,《演讲与论文集》,前揭,页 202)。

在我们看来,这种差异与发问、存在论差异与发问之存在的"对应"具有根本的重要性。尽管如此,我们还是要思考:是不是海德格尔自己就助长了各种误解,比如他的"无"的观念,比如他不是给非存在的(非)加上括号,而是给存在"打叉"(【译按】参海德格尔,〈面向存在问题〉,见氏著《路标》,前揭,页 483)。此外,为了思考原初的差异,为了使这一差异摆脱种种中介,难道把相同和同一对立起来就万事大吉了吗?如果某些评论者果真能在胡塞尔(Husserl)那里重新发现托马斯主义的回声,海德格尔则站在了邓·司各脱一边,而且他还为存在之单义性增添了新的光彩。但是,他是否完成了如下这种转化呢:单义性存在只应当述说差异,并且在这种意义上,它应当围绕存在者旋转?他对存在者的构想是否使后者当真摆脱了任何对于表象之同一性的从属呢?根据他对尼采式永恒回归的批判,实际情况似乎并不是这样。

※

在差异问题中至关重要的是:拟像、拟像之抵抗

因此,柏拉图式辩证法的四重形态便是:差异之遴选、神话圆圈的创设、基础的建立、发问—问题之复合体的设定。然而,贯穿这四重形态的差异已然与**相同**或**一**关联在了一起。并且,相同(même)无疑不应当与概念一般的同一性混为一谈;它所刻画的毋宁是作为事物"本身(même)"的**理念**的特征。但是,就它发挥着一个真正的根据的作用而言,除了使同一之物实存于被赋予根据者之中,或是利用差异来使同一之物实存以外,人们不清楚它还会起什么样的作用。实际上,只有满足了如下两个条件,相同之物与同一之物的区别才会有结果:(1)使**相同**经历一场使它与不同之物发生关系的转变;(2)使在不同之物之中相互区分的诸事物和诸存在以相应的方式经历它们自身同一性的根本性摧毁。只有在这种情况下,差异自身才能被思考,才能以非表象、非中介的方式被思考。与此相反,整个柏拉图主义都是由一种在"事物自身"和诸拟像之间造成的区分的观念支配的。它并没有思考[92]自在之差异,它已然将自在之差异与一个根据关联在一起,它已然使自在之差异从属于相同之物,而且它还在神话的形式下引入了中介。颠转柏拉图主义意味着否认原初之物对于复制品的优先地位,意味着拒斥原型相对于影像的优先地位,意味

着赞美拟像与映像的主宰。在我们先前援引过的几篇文章中,克罗索夫斯基已经明确地指出了这一点:就其严格意义而言,永恒回归意味着每一事物都只能通过回归来实存,它是不允许原初之物或起源继续存在的无穷多复制品的复制品(copie d'une infinité de copies)。所以,永恒回归被称作是"戏仿的(parodique)":它将那在它的作用下得以存在(与回归)的东西定性为拟像性存在者(étant simulacre)。① 当永恒回归作为(无形式的)**存在**之强力时,拟像是"存在者"的真正特征或真正形式。当诸事物的同一性崩溃时,存在便从中脱身,随后达致单义性,并开始围绕着不同之物旋转。存在者或回归者不具有任何在先的、既成的同一性:事物被还原为分割它的差异,还原为被内含在这一差异之中的所有差异,通过这些差异,事物消失了。就此而言,拟像就是象征本身,亦即那内化了自身的重复的诸条件的符号。拟像已经从那被它剥夺了原型相地位的事物中把握到了一种具有构成作用的龃龉性(disparité)。如前所见,如果永恒回归的功能就是在折衷形式和高级形式之间确立一种本性的差异,那么在永恒回归的种种折衷的或适中的设定[les positions moyennes ou modérées de l'éternel retour](要么是部分的循环,要么是 in specie[拉:以其实际形式]近似的全局回归)和它的严格的或定言的设定[sa position stricte ou catégorique]之间,同样存在着本性上的差异。因为自身的全部强力都得到了肯定的永恒回归不允许创建任何基础—根据:一切根据,只要它们是将差异置于源始之物与派生之

---

① 关于拟像观念(在克罗索夫斯基那里,它是在与永恒回归的关联中出现的),除前引克罗索夫斯基的文献外,亦参 Michel Foucault,〈阿克特翁的散文〉(La prose d'Actéon, *Nouvelle Revue française*, mars 1964[中译参福柯,〈阿克特翁的散文〉,尉光吉译,载《声名狼藉者的生活:福柯文选I》,汪民安编,北京:北京大学出版社,2016,页107—132]),和 Maurice Blanchot,〈诸神的笑声〉(Le rire des dieux, *Nouvelle Revue française*, juillet, 1965)。

第一章　自在之差异

物之间,置于事物与拟像之间的审级,全都被永恒回归摧毁和吞没了。它使我们参与到一种普遍的脱根据化(effondement)之中。① 所谓"脱根据化",应当被理解为未被中介的基底的自由,应当被理解为对其他所有基底下的基底(un fond dernière tout autre fond)的发现,应当被理解为无底(sans-fond)与未被赋予根据者(non-fondé)之间的关系,应当被理解为对无形式之物与构成了永恒回归的高级形式的直接反思。每个事物、动物或存在都被置入拟像状态;这样一来,永恒回归的思考者——这个不听任自己被拉到洞穴之外,而且还发现了另一个更深的,始终可以[93]藏身的洞穴的思考者②——可以理所当然地说自己盈溢着一切存在者的高级形式,正如诗人可以理所当然地说自己"盈溢着人性,盈溢着兽性本身"。③ 这些话语在重重叠叠的洞穴中回响着。一开始,这种残酷在我们的眼中不啻为那些应被流放的怪物制造者,只有表象性的中介才能使它平静下来。不过现在,它在我们看来是**理念**、亦即颠转的柏拉图主义中的差异的纯粹概念的形成者:它是最无辜的存在,是那无辜的状态及其回声。

　　柏拉图已然将辩证法的最高目标指定为制造差异。不过,差异并非在事物与拟像或原型相与复制品之间。事物即拟像本身,拟像是高级的形式。而对于任何事物来说,达致自身的拟像,达致

---

① 【译按】"脱根据化"系"fondement(根据)"与"effondrement(崩溃)"的合成词。

② 【译按】参 Gilles Deleuze,《意义的逻辑》,前揭,页 303—304:"拟像远不是一种新的根据,它吞没了所有的根据,它确保了一种普遍的崩溃,不过,它是作为实定的、快乐的事件、作为脱根据化存在的:'每一个洞穴之后都有另一个更深的洞穴敞开着,所有的地面以下都存在着一个更加巨大、奇妙、丰富的地下世界,在所有的基底或基础下面都存在着一个更深的至深之所'(Nietzsche,《善恶的彼岸》,箴言289)"。

③ 【译按】参兰波 1871 年 5 月 15 日致德梅尼(Paul Demeny)的信,见《兰波著作全集》(*Rimbaud. Oeuvres complètes*, Gallimard, La Pléiade, 1972),页 255;亦参《德勒兹论福柯》,前揭,页 144:"而超人,根据兰波的名言,是盈溢着兽性本身的人,……是盈溢着岩石本身或无机物的人。"

自身在永恒回归之一致性中的符号状态都是件难事。柏拉图将永恒回归与混沌对立起来,仿佛混沌在获得某种来自外部的秩序或法则——例如德穆革(Démiurge)那想要使叛逆的质料变得顺从的行动①——之前就是一种矛盾的状态。柏拉图使智者寄寓于矛盾,寄寓于那假定的混沌状态,也就是寄寓于最低的强力或最低程度的分有。但事实上,N次方[强力]并未经历二次方、三次方、四次方,它为了构成最高的乘方[强力]而直接表现出来:它表现了混沌本身。而且,诚如尼采所言,混沌与永恒回归并非截然不同。智者不是矛盾的存在(或非存在),他在将所有事物都引向拟像状态的同时使它们呈现出这种状态。柏拉图难道不应该把反讽一直推进到这里——一直推进到这一戏仿吗?柏拉图本人难道不应当是颠转了柏拉图主义或至少表明了这样一种颠转之方向的第一人吗?我们可以回忆一下《智者》那伟大的结尾:差异被移置了,划分转而反对自身,反向发挥着作用。并且由于它深化了拟像(梦幻、影子、映像、图画),它还证明了将拟像与原初之物或原型相区分开来是不可能的。异邦人给智者下了一个不再能与苏格拉底(Socrate)区分开来的定义:使用简短论证(发问与问题)的反讽的模仿者。② 那么,差异的每个环节都应当找到自身的真正形态,找到遴选、重复、脱根据化,以及发问—问题的复合体。

我们将表象与具有另一种本性的形成(formation)对立起来。表象的基本概念即被界定为可能经验之条件的范畴。[94]但对于实在来说,这些范畴过于一般,过于宽大。由于这范畴的渔网过于宽松,就连个头最大的鱼都穿过网眼溜走了。这样一来,感性论分裂成两个不可还原的领域就没有什么值得惊讶的了:一个是仅

---

① 【译按】参柏拉图,《蒂迈欧》,谢文郁译,上海:上海人民出版社,2005,30a,页21。

② 【译按】参柏拉图,《智者》,前揭,268a—b,页99—100。

仅保留了实在与可能经验的相符性的感性物理论的领域,一个是聚集了被反思的实在之实在性的审美理论的领域。当我们对那些不大于被约束的东西(conditionné),以及从本性上不同于诸范畴的实在经验之条件(conditions)做出规定时,一切都改变了:感性论的两种意义结合在了一起,以至于在艺术作品显现为实验的同时,感性物之存在显露在了艺术作品之中。人们之所以批评表象,就是因为它在被观看的事物和观看着的主体的双重方面下,仍然停留在同一性形式当中。同一性既被保存在了每一个构成性的表象之中,又被保存在了无限表象的整体之中。无限表象的确增加了观点的数量,而且还将它们组织为系列;但这些系列却仍然服从于那个针对着相同的对象、相同的世界的聚合条件。无限表象的确增加了形态和环节的数量,而且还将它们组织为一个个自行运动的圆圈;但这些圆圈却仍然只拥有一个中心,即归属于意识之巨大圆圈的中心。与此相反,当现代艺术作品展开了自身的持久系列和循环结构时,它为哲学抛弃表象指明了道路。为了造就透视主义(perspectivisme),只是增加视角的数量是不够的。每一个视角或观点都应当对应着一个自主的、具有充分意义的作品:重要的是诸系列的发散、诸圆圈的去中心化、"怪物"。因此,诸圆圈和诸系列的整体就是一片无定形的、脱根据的混沌。除了这个整体自身的重复外,除它在这种发散之物和偏离中心之物的发展中的再生外,不存在其他任何"法则"。我们知道,这些条件已经在诸如马拉美(Mallarmé)的《书》(Livre)或乔伊斯的《芬尼根的守灵夜》之类的作品中实现了:这些作品在本性上是成问题的。[①] 在这里,

---

[①] 艾柯(Umberto Eco)在《开放的作品》(L'œuvre ouverte, trad. Roux, Le Seuil, 1965)中清楚表明:"古典"艺术作品是在多重视角下被观看的,而且它可以接受多重解释,不过,对于每一种观点或解释来说,还没有一件包含在伟大作品的混沌之中的自立的作品与其对应。而"现代"艺术作品则是以中心或聚合的缺席为特征的(参第一章,I和IV[【译按】中译参艾柯,《开放的作品》,刘儒庭译,北京:中信出版社,2015])。

[95]被阅读之物的同一性真正消散在了那些由众多的隐秘词语（mots ésotériques）所界定的发散系列中，一如阅读主体的同一性消散在了那些可能的多重阅读的偏中心圆圈中。尽管如此，并没有任何东西消失掉，每一个系列的实存都完全依赖其他系列的回归。一切都变成了拟像。因为我们所理解的拟像并不是一种简单的模仿，它毋宁说是一种行动〔现实状态〕，通过这种拟像的行动，一个处于优先地位的范型或设定的观念发现自己遭到质疑，遭到颠覆。拟像是这样一个审级，它既包含了差异自身，又包含了它于其上发挥作用的（至少是）两个分散系列。一切类似性都被废黜了，人们由此不再能够指出一个原初之物和一个复制品的实存。我们就应当沿着这一方向寻找条件——不再是可能经验的条件，而是实在经验的条件（选择、重复，等等）。正是在这里，我们发现了一个下表象领域的被实际经验的实在性。如果表象当真将同一性当成了元素，将一个相似之物当成了测量单位，那么出现在拟像之中的纯粹在场则将"龃龉"当成了测量单位。也就是说，始终把一个差异之差异当作直接的元素。

第二章　自为之重复

重复：某种东西被改变了

[96]重复丝毫没有改变重复的对象，但它却在静观它的心灵中造成了一些改变：休谟(Hume)的这一著名论点把我们带到了一个问题的核心。既然重复从原则上说内含着各个呈现的全然独立，那它又如何在被重复的实例或元素中造成些许改变呢？重复中的间断性规则或瞬时性规则被表达为：某物只在另一物已经消失后出现。这便呈现出了 mens momentanea [拉：瞬时的心灵]的物质状态。但是，既然重复的产生之日便是其消散之时，那我们又怎么能说"第二个"、"第三个"、"这是同一个"呢？重复没有自在(en-soi)。不过，它却在静观它的心灵中造成了些许改变。这正是变状(modification)的本质。休谟所举的例子是"AB、AB、AB、A……"这种类型的实例重复(répétition de cas)。各个实例、各个客观系列 AB 都是互相独立的。重复(但确切说来我们还不能谈论重复)没有给对象或事物状态 AB 带来任何改变。不过，在静观的心灵中却产生了一种变化(changement)：这便是差异——心灵之中的某种崭新之物。当 A 出现时，我现在就预期着 B 的出现。这就是重复之自为

(pour-soi)吗？这就是那必然要参与到其构成之中的源始主体性吗？重复之悖论不正是：只能凭靠它引入静观的心灵中的差异或变化，凭靠心灵从它那里倾析出的差异，人们才能谈论它吗？

第一时间综合：活生生的当前

如何理解这种变化的本质呢？休谟解释说，相互独立的同一实例或相似实例被奠基在了想象力之中。这里，想象力被定义为一种缩合力（pouvoir de contraction）：它就好比一块感光板，它将某物在另一物出现时保留了下来。它缩合了种种同质的实例、元素、震荡与[97]时刻，并在一种具备一定"重量"的内部的质的印象（impression qualitative interne）中为它们奠基。当 A 出现时，在一种与所有被缩合的 AB 的质的印象相应的力量的伴随下，我们预期着 B 的出现。但这既不是记忆，也不是知性活动：缩合并非反思。确切地说，它形成了一种时间综合（synthèse du temps）。诸时刻的前后相继不会形成时间，也不会使时间消散；它不过是标志着时间那总是失败的诞生瞬间。时间只能在以诸时刻之重复为依托的源始综合中被构成。这种综合使相互独立、前后相继的诸时刻彼此缩合到了一起。由此，它构成了被实际经验的当前（présent vécu），构成了活生生的当前（présent vivant）。而且，时间正是在这一当前中展布开来。过去与未来归属于当前：就先前的诸当前被持留在缩合中而言，过去是归属于当前的；由于等待是同一缩合中的预测，未来是归属于当前的。过去与未来指的不是那些与一个被假定为当前的时刻截然不同的时刻，而是缩合了诸时刻的当前自身的维度。为了从过去走向未来，当前无须出离于自身之外。因此，活生生的当前从它在时间中构成的过去走向了它在时间中构成的未来。也就是说，它亦是从特殊走向了一般，从它在缩合中包含的诸特殊之物走向了它在其等待的场域中展开的一般之物

第二章 自为之重复

(在心灵中被生产出来的差异即一般性自身,因为它形成了一条鲜活的未来规则)。无论从哪一方面看,这一综合都应当被命名为被动综合(synthèse passive)。① 它虽然具有构成作用,但却并不因此就是能动的。它并不是由心灵创造的,它只是在静观着的心灵中发生,它先于一切记忆与反思。时间是主观的,但它是一个被动主体的主体性。就其本质而言,被动综合(或者说缩合)是不对称的:它在当前中从过去走向了未来,因而也就是从特殊走向了一般。由此,它为时间之矢确定了方向。

在考察对象中的重复时,我们仍然处在那些使重复的观念成为可能的条件之下。但在考察主体中的变化时,我们便超越了这些条件而直面着差异之一般形式。重复的观念性构成亦内含着一种在两个界限之间进行的回溯运动。它在这两个界限之间被织成。当休谟表明,被缩合或奠基在想象力之中的诸实例在记忆或知性中仍处于分离状态时,他便深刻地分析了这种回溯运动。但这并不意味着我们又回到了那种[98]只在某一实例消失后才造成另一实例的物质状态。而是说,记忆以想象力的质的印象为出发点,将诸特殊实例重新构成为一个个分离之物,并将它们存贮在了专属于它的"时间之空间"(espace de temps)中。这样一来,过去不再是持留(rétention)的直接的过去,而是表象[再现]的反思的过去,是被反思与再造的特殊性。相应地,未来亦不再是预测的直接未来,而是要成为前摄的反思的未来,成为知性的反思的一般性(知性使想象力的等待和那些被观察、被回想的相互区别的相

---

① 【译按】"被动综合"的概念来自胡塞尔(Edmund Husserl)。关于德勒兹对这一概念的批判性应用,参 Francisco José Martinez,〈德勒兹著作中的胡塞尔主义回声〉(Échos husserliens dans l'œuvre de G. Deleuze, in : *Gilles Deleuze*, Paris, Vrin, 1998),页 105—118;亦参 Philip Turetzky,《时间》(*Time*, London & New York: Routledge, 1998),页 212 和 Alain Beaulieu,〈胡塞尔〉(Edmund Husserl, in *Deleuze's Philosophical Lineage*, Graham Jones & Jon Roffe eds. , Edinburgh University Press, 2009),页 274—276。

似实例的数目成正比)。这就是说,记忆与知性的能动综合叠加于想象力的被动综合之上,并以后者为依托。重复之构成已经包含了三个审级:(1)任由重复不被思考或是在重复形成的同时使其消散的自在(en-soi);(2)被动综合之自为(pour soi);(3)能动综合之中的"为我们"(pour-nous)的被反思表象,其建立在被动综合之自为的基础上。联想论具有一种不可替代的精妙之处。难怪柏格森在碰到类似的问题时重又发现了休谟的分析:一架钟敲打了4下……从逻辑上说,每一次敲打、每一次摇动、每一次兴奋都是独立自存的,它们是mens momentanea[拉:瞬时的心灵]。但是,在活生生的当前中,在作为绵延的被动综合中,我们将它们缩合进了一个内部的质的印象中,这个印象无关任何回忆、任何清楚的计算。随后,我们又将它们重构在了一个增辅空间(espace auxiliaire)中、一个派生的时间中。我们在这样的空间、时间中再造它们、反思它们,将它们看作一个个可被量化的外部印象。①

柏格森的例子无疑不同于休谟的例子。前者表示一个封闭的重复,后者表示一个开放的重复。此外,前者表示一个"A、A、A、A"类型(嘀、嘀、嘀、嘀)的元素重复(répétition d'éléments),后者表示一个"AB、AB、AB、A……"类型(嘀哒、嘀哒、嘀哒、嘀……)的实例重复。这些形式的首要区别在于:在第二种重复中,[99]差异并不仅仅出现在诸元素的缩合一般中,而且还存在于每一特殊实例之中,

---

① 柏格森的文本出现在《直接与料》(Données immédiates)第二章中(éd. Du Centenaire,页82—85[【译按】中译参柏格森,《时间与自由意志》,吴士栋译,页83—86.])。在那里,柏格森区分了"心灵之中的融合或缩合"与"空间之中的展布"这两个方面。作为绵延之本质和为了构成被知觉的质而作用于元素的物质性振动的东西的缩合在《物质与记忆》(Matière et mémoire)中得到了更为准确的分析。

休谟的文本出现在《人性论》(Traité de la nature humaine)中,尤其是第三章,第16节(trad. Leroy, Aubier,卷I,页249—251[【译按】德勒兹原注有误,休谟的文本应出现在《人性论》第三章,第14节,参前引中译本,页178以下])。休谟着力区分了诸实例在想像中的结合或融合——这种结合的发生是对立于记忆或知性的——和这些实例在记忆和知性中的区别。

存在于两个被对立关系规定、合并的元素之间。在这里,对立的功能就是在原则上限制元素的重复,将其封闭在最为简单的组合中,将其还原为最少的两个元素("哒"是一个被颠倒的"嘀")。因此,差异似乎舍弃了它的第一种一般性形态,而且还被分配在了重复着的特殊之物中,但这为的是激发崭新的鲜活的一般性。虽然重复被封闭了在"实例"之中,被还原为两个元素,但它却向一种作为诸实例自身的重复的新的无限敞开了。因此,认为"任何实例的重复从本性上说都是开放的"或"任何元素的重复从本性上说都是封闭的"都是错误的。实例的重复只有在经过了诸元素间二元对立的封闭之后才会开放;反过来,诸元素的重复只有指向那些实例的结构才算得上是封闭的,它自身(作为一个整体)在这些结构中充当两个对立元素中的一个:不只是"4"相对于"4 次打点"来说是一种一般性,而且,"4 点钟"还进入到了与先前的半小时或随后的半小时的"对决状态(en duel)"中。而且,在知觉世界的视野下,它甚至进入到了与早晨 4 点钟和下午 4 点钟的"对决状态"中。在被动综合中,两种重复形式总会指向对方:实例的重复假定了元素的重复,而元素的重复必然在实例的重复中被超越(被动综合将"滴—滴"感觉为"嘀—哒"的自然倾向正由此产生)。

习性、被动综合、缩合、静观

所以,比两种形式的区别更重要的仍然是诸层次的区别。在这些层次中,两种形式相互影响、相互组合。休谟与柏格森的例子都还使我们停留在感性综合与知觉综合的层面上。被感觉到的质与基本的兴奋的缩合混淆在一起;但被知觉到的对象自身就包含着一种实例的缩合(由于这种缩合,一个质应当在另一个质之中被辨识出来)和一种结构(在这种结构中,对象形式与至少作为意象部分的质联合在了一起)。但是,在具有构成作用的被动性秩序中,知觉综合要归诸于有机综合(synthèses organique),正如诸感官之感性要归诸于一种我们所是的原初感性(une sensibilité primaire que nous *sommes*)。我们是由被缩合的水、土、光、气组成的——不只是在认知它们或表象它们之前,而且还是在感觉到它们之前。无论是就重复性、知觉性的元素而言,还是就其自身的脏器而言,任何有机体都是缩合、持留与等待的总体。在[100]这种原初生命的感性层面上,被实际体验的当前已经在时间中构成了过去与未来。这一未来作为等待的有机形式出现在需要之中;持留之过去则出现在了细胞遗传之中。此外,这些有机综合与建立在它们之上的知觉综合相互组合,并且在精神—有机的记忆与智识的能动综合(本能与学习)中重新展开自身。因此,我们不应当仅仅区分那些与被动综合有关的重复形式,而且还要区分诸被动综合的层次、这些层次之间的组合,以及这些层次与诸能动综合的组合。所有这一切形成了一个丰富的符号领域,这一领域每一次都包含着异质之物,而且还激活了行为。因为每一缩合、每一被动综合都构成了一个在各种能动综合中被解释或展示的符号。动物"感觉到"水所凭靠的那些符号与它那干渴的机体所缺乏的元素并不类似。在每一实例中,感觉、知觉、需要、遗传、学习、本能、理智、记忆具有了重复之特征的方式都凭借这些东西而被测量:诸重复形式的组合、作为这些组合被创制的场所的层次、这些层次的"被置于关系之中",以及能动综合与被动综合的相互影响。

　　这个已经被我们扩展到整个有机物世界的领域、具有关键性意义的东西是什么呢? 休谟明确地说到:关键就在于习惯的问题。但是,在柏格森的钟声与休谟的因果系列那里,为什么我们感觉自己实际上已经非常接近习惯的奥秘,但又对那被人们"习惯性地"称作习惯的东西毫无认识呢? 造成这种状况的理由也许应当到心理学的幻象那里去寻找。心理学将能动性当成了拜物。它对内省的极端畏惧使它只观察移动的东西。它提出的问题是:人们是如何通过行动养成种种习惯的？但是，只要人们没有提出"习惯的养成到底是通过行动……还是与此相反，通过静观？"这个在先的问题，所有关于 learning[英：学习]的研究都有被歪曲的危险。心理学将"自我不能静观自身"当成是既得的知识。但这并不是问题所在，真正的问题是弄清"自我本身是否是一种静观"或"它在自身中是否是一种静观"，以及"人们能否以静观之外的方式学习并形成行为与自身"。

[101]习惯从重复中倾析（soutire）出了某种崭新之物：（首先被设定为一般性的）差异。就其本质而言，习惯是缩合（contraction）。语言已经见证了这一点——当它谈到"养成（contracter）"一种习惯，并且只有伴随着一个能够构成一种习性的补语时，才使用动词"养成/缩合"。人们反对说：当心脏收缩时，它并不具有（或者不是）一种习惯（和它在舒张时一样）。但这是因为我们混淆了两种截然不同的缩合：缩合可以指两个能动元素中的一个，可以指一个"嘀—哒……"类型的系列中两个相反时间中的一个，另一个元素则是膨胀或舒张。但缩合也可以指前后相继的"嘀—哒"在静观性灵魂中的融合。这便是被动综合，它构成了我们的生活习惯，亦即我们的期待：期待"那"会继续，期待两个元素中的一个会在另一个发生后到来，从而保证了我们的实例的永续。因此，当我们说"习惯即缩合"时，我们所谈论的不是那种为了形成一个重复元素而与另一个瞬时作用〔舒张〕组合在一起的瞬时作用〔缩合〕，而是在静观的心灵中重复的融合。应当将一个灵魂赋予心脏、肌肉、神经、细胞，但这个灵魂必须是一个静观的灵魂，它的全部作用就是缩合习惯。这里根本不存在什么原始的假设或神秘的假说：习惯反而在这里彰显了自身充分的一般性，这种一般性并不只是关涉着我们（在心理学的层面上）所具有的那些感觉—运动习惯，它首先关涉着我们所是的那些原初习惯，那些在有机体的层面上组成了我们的无数的被动综合。我们由于缩合才是习惯，但我们是通过静观来缩

合——这两个过程是同步的。我们是静观,是想象,是一般性,是要求,是满足。因为要求的现象仍然只是缩合的静观。通过这种静观,我们既肯定了我们对于"我们所缩合的东西"的权利和等待,又肯定了我们通过静观而获得的自我满足。我们并不静观我们自身,但是我们只能通过静观来实存。也就是说,我们只能通过静观我们所来自的那些东西而实存。"快感本身是不是一种缩合、一种紧张?"或是"快感是否始终与一个放松的过程联系在一起?",这些并不是很好的问题;人们在刺激的放松与缩合的能动之继起中发现了快感的元素。但是,追问"为什么快感不单单是我们的精神生命中的一个元素[102]或一个实例,而且还是一条在所有的实例中绝对地支配着我们的精神生命的原则?"就完全是另一种回事了。快感是一条原则,是一个满足性静观的激动(l'émoi d'une contemplation remplissante),其在自身中缩合着舒张与缩合的实例。有一种被动综合的至福;而且,我们虽然静观着我们自身之外的事物,但却通过静观而感到快感(自我满足)。就此而言,我们全都是纳西瑟斯(Narcisse)。虽然就我们从被静观的对象中抽取出快感而言,我们都是纳西瑟斯,但就我们在静观而言,我们始终是阿克特翁(Actéon)。静观即倾析。为了用一个自身的形象来满足自己,人们始终应当首先静观异己之物,静观湖水、狄安娜、树丛。①

巴特勒无人可及地表明,除习惯的连续性之外不存在任何其他的连续性;除了那无数的组合性习惯的连续性之外,我们不拥有任何其他的连续性。这无数的组合性习惯在我们内部形成了许许多多的迷信的、静观的自我,形成了许许多多的要求和满足:

---

① 【译按】德勒兹在这里提及的是猎人阿克特翁因偶然看到女神狄安娜沐浴,而被狄安娜变成一只牡鹿(而他所变成的这只鹿又被他所养的猎犬撕成碎块)的故事。克罗索夫斯基曾以这个故事为原型创作了一篇哲学散文—论文《狄安娜的沐浴》(Le bain de Diane, Paris, Jean-Jacques Pauvert, 1956),而福柯又为《狄安娜的沐浴》撰写了评论《阿克特翁的散文》。

第二章 自为之重复

因为田里的麦子将自身的成长建立在了那关涉着它的实存的迷信的基础上,并将土壤与湿气转化为小麦。它能够做到这些,全在于它有一种傲慢的自信,认为自己可以轻松做到这一切,而如果没有这种对自身的信念或信仰,它没有能力做成任何事情。①

只有经验论者能够成功地担当起这样的表述。有一种土壤与湿气的缩合,人们把它称为小麦。而且这种缩合是一种静观和这一静观的自我满足。田里的百合花以自身的实存歌唱着天国、女神与诸神的荣光,歌唱着它通过缩合而静观到的那些元素的荣光。哪一个有机体不是由重复的元素与重复的实例、被静观和缩合的水、氮、碳、氯化物、碳酸盐构成?不是将组成它的所有习惯交织在了一起?诸有机体在《九章集》(Ennéade)第三章的崇高话语的召唤下苏醒了:一切都是静观!有人会说,"一切都是静观,甚至连岩石和树丛、动物和人类、阿克特翁和牡鹿、纳西瑟斯和水仙花、我们的行动和需要都是静观"是一个"反讽"。但是,反讽本身已经是静观了,而且它只是静观……普罗提诺(Plotin)说道:假如人们要确定自身的形象并享有这一形象,人们就必须为了静观这个事物,而转向那人们由之产生的源泉②。

---

① Samuel Butler,《生命与习惯》(*La vie et l'habitude*, trad. Valery Larbaud, N. R. F.),页86—87。

② 【译按】参普罗提诺,《九章集》,石敏敏译,北京:中国社会科学出版社,2009,III. 8,页349—350:"如果有人问自然为何要创造,如果自然有兴趣听这样的问题并回答提问者,那么它会说,'你不应发问,而应静静地领会,就像我终日沉默,没有说话的习惯,你也要学会这样。那么领会什么呢?你得领会,那生成的事物就是我在沉默中看到的,是自然生成的一个静观对象;我因为源自这种静观,所以具有静观的本性。我的静观活动创造出它静观的对象,正如几何学家在静观中画出各种图形。但是我不绘制,在我静观的时候,限定物体的各种线条自然形成,似乎它们是从我的静观中流溢出来一样。我的一切就是我母亲的一切,也是生育我的存在者的一切,因为它们都源自静观,并非它们的哪个行为导致我出生,它们是更大的理性原则,在它们的自我静观之中,我生成了。"

习惯的问题

[103]增加使习惯独立于重复的理由并不是难事:无论是正在进行的行动还是已然完成的行动,行动从不是重复。我们已经看到,行动是如何倾向于把特殊之物当作变项、把一般性当作元素。但是,即使一般性当真与重复截然不同,它仍然取决于重复,即它被建构于其上的隐蔽的基础。在一般性秩序和与一般性秩序对应的变项场域中,行动只能由重复的元素的缩合构建起来。不过,这一缩合并不是在自身中发生,而是在一个静观的自我,在一个将施动者二重化的自我中发生。并且为了将诸行动整合到一个更为复杂的行动之中,诸原初行动本身应当在一个"实例"中发挥着重复元素的作用,但这始终是相对于一个隐蔽在被组成的行动之主体下的静观的灵魂(âme contemplative sous-jacente au sujet de l'action composée)而言。在行动的自我下面存在着一个个静观的微小自我(petits moi qui contemplent),这些微小自我使行动和能动主体成为可能。我们之所以能说"自我"只是因为在我们之中有无数静观的见证者;述说自我的始终是一个第三者。而且我们甚至应当将这些静观的灵魂置入迷宫里的老鼠之中,置入老鼠的每块肌肉之中。然而,由于静观不会在行动的任何瞬间出现,由于它始终缩在后面,由于它什么也不"做"(虽然,某物且是某种全新之物[quelque chose, et quelque chose de tout à fait nouveau]通过它产生了),人们很容易把它忘掉,很容易在不对重复做任何参照的情况下阐释刺激和反应的完整过程,因为这种参照只会在反应和刺激与诸静观性灵魂的关系中出现。

从重复中倾析出某种崭新的事物,从重复中倾析出差异,这正是想象力或是具有多重细分状态的静观的心灵的作用。而且就其本质而言,重复是想象的重复。因为从构成的观点看来,只有想象

第二章 自为之重复

力在这里形成了 vis repetitiva[拉：重复的力量]的"环节"，它使它所缩合的东西成为重复的元素或实例。想象的重复并非虚假的重复，它要填补真正的重复的空缺；真正的重复是想象力的重复。在"自身不断消解的重复"与"为了我们而在表象之空间中被展开和存贮的重复"之间，存在着那作为重复之自为、作为想象物的差异。差异寓居于重复之中。一方面，在长度的维度上，差异使我们从一个重复秩序过渡到另一个重复秩序：通过被动综合的中介，从自身不断消解的瞬时性重复[104]过渡到被能动地表象了的重复。另一方面，在深度的维度上，差异使我们在各种被动综合中从一个重复秩序过渡到另一个重复秩序，并从一种一般性过渡到另一种一般性。小鸡在对谷粒的知觉综合（synthèse perceptive du grain）中靠头部的运动来啄食，而在此之前，这种运动首先在一种有机综合（synthèse organique）中伴随着心脏的搏动。并且同样源始的是，在被动综合的系列中，由"嘀"的缩合所形成的一般性——又作为诸特殊性——被重新分配在了更为复杂的"嘀—哒"的重复中，而这些"嘀—哒"本身亦是被缩合的。无论如何，物质的与赤裸的重复、所谓的相同者的重复就是一个外部包装，它就像是差异和更为复杂的内部重复的内核的外部包装，而且还是要被消解的外部包装。差异处于两种重复之间。反过来说，这是不是也意味着重复亦处于两种差异之间，使我们从一个差异秩序过渡到另一个差异秩序？塔尔德因而确定了如下辩证式发展：差异作为从一种一般差异状态向奇异差异状态的过渡，作为外在差异向内部差异的过渡——简而言之，作为差异之行分化者（différenciant de la différence）的重复。①

---

① 塔尔德的哲学属于最后的伟大的**自然哲学**之一，它是莱布尼茨的继承者。它在两个平面上展开。在一个平面上，它动用了三个支配着所有现象的基本范畴：重复、对立、适应（adaptation）（参《社会法则》[Les lois sociales, Alcan, 1898]）。但是，对立只是这样一种形态：为了限制重复并使重复向一个新的秩序或一种新的无限（转下页注）

[105]时间之综合在时间中构成了当前。这并不是说当前是时间的一个维度。只有当前存在。综合将时间构成为活生生的当前,将过去与未来构成为这一当前的维度。尽管如此,这种综合是内在于时间的(intratemporelle),这意味着这一当前是流逝的。无疑,人们可以构想一个恒久的当前,一个与时间同外延的当前;只须让静观针对无限相继的时刻就足够了。但是,这样一个当前的存在没有任何物理上的可能:静观中的缩合总是根据元素或实例

(接上页注)敞开,差异在该形态下被分配在了重复之中;例如,当生命将它的诸部分两两对立时,它放弃了无定的增长或增殖,为的是形成限定的整体,但这样一来,它就赢获了另一种无限或具有另一本性的重复,亦即繁殖的重复(《普遍对立》[*L'opposition universelle*, Alcan, 1897])。适应本身是这样一种形态:诸重复流在其下相互交叉并被整合在一种高级重复之中。因此,差异是在两种重复之间出现的,并且,每种重复都假定了一种与自身程度相当的差异(模仿作为一种发明的重复,再造作为一种变异的重复,放射作为一种错乱的重复,求和作为一种微分的重复……,参《模仿法则》[*Les lois de l'imitation*, Alcan, 1890])。

但是,在另一个更为深邃的平面上,不如说重复是为了"差异"而存在的。因为,无论对立还是适应,它们都没有表现出差异的自由形态:也就是"既不与任何东西对立,也不服务于任何目的"的差异,作为"诸事物的最终目的"的差异(《普遍对立》,页445)。从这种观点看来,重复是在两种差异之间出现的,并且,它使我们从一个差异系列过渡到了另一个差异系列:从外部差异过渡到了内部差异,从元素性差异过渡到了超越性差异,从无限小的差异过渡到了人称性差异、单子论的差异。因此,重复不是差异由以增加或减少的过程,而是它由以"不断变化"和"将自身当作目的"的过程(参〈单子论与社会学〉和〈普遍变异〉[Monadologie et sociologie, et La variation universelle, in *Essais et mélanges sociologiques*, éd. Maloine, 1895])。

将塔尔德的社会学还原为一种心理主义甚或是一种交互心理学是完全错误的。塔尔德指责涂尔干(Durkheim)的地方正在于后者将应当被解释的东西当成了既定的东西——"无数人的近似性"。他用小人物的小想法、模仿流之间的小发明和相互影响替换了"要么是无人称的所与,要么是大人物的**理念**"这一非此即彼的取舍。塔尔德所创立的是微观社会学。这种社会学并不必然建立在两个个体之间,它已经被奠基在同一个个体之中(例如,作为"社会性无限小的对立"的踌躇,或作为"社会性无限小的适应"的发明——参《社会法则》)。正是通过这种以专题著作方式进行的方法,作者表明了重复是如何得出微小变异的总体并对它们进行整合的,而这一活动的目的始终是得出"以不同的方式不同"(《社会逻辑》[*La logique sociale*, Alcan, 1893])。所以,塔尔德哲学的整体呈现为一种差异与重复的辩证法,其将一种微观社会学的可能性奠定在了一整套宇宙论的基础上。

第二章 自为之重复

对某一重复秩序进行定性。它必然形成某一特定绵延的当前,一个被耗尽的当前,一个随着被考察的种、个体、有机体和机体部分的变化而变化的流逝的当前。两个前后相继的当前能够与第三个当前共时,这第三个当前由于缩合了更多数量的时刻而具有了更高程度的延展。一个有机体根据自身静观的灵魂之缩合的自然"射程"〔所及的范围〕而掌握着一个或者多个当前的绵延。这就是说,疲劳现实地归属于静观。人们常说无所事事的人最疲劳;疲劳表明了一个环节:在其中,灵魂不能再缩合它所静观的东西,静观与缩合分开了。我们是由数量相当的疲劳和静观组成的。因此,从行动与它所规定的能动综合的视角看来,需求作为一种现象只能被理解为一种"欠缺",而从作为条件约束它的被动综合的视角看来,它反而被理解为一种极端的"餍足"、一种"疲劳"。确切地说,需求表明了可变的当前的界限。当前在需求的两次涌现之间扩展,并且与一个静观所绵延的时间浑然一体。需求的重复,以及所有倚赖需求的东西的重复,表现了时间之综合所特有的时间,表现了这一综合的内时间性特征。从本质上说,重复被[106]纳入了需求之中,因为需求是建立在如下审级的基础上:它本质性地关涉着重复,形成了重复之自为,形成了某一特定绵延之自为。我们的节奏、我们的抑制、我们的反应时间、无数的交错、组成我们的当前和疲劳,所有这一切的定义都以我们的静观为出发点。规则便是"人们不能比自身独有的当前或者毋宁说诸当前行进得更快"。符号始终是当前的符号,它们已然被我们界定为习性,界定为种种彼此相互作用的缩合。斯多亚主义的一个伟大之处便是表明:从被动综合的观点(根据这个观点,过去与未来都只是当前自身的维度)看来,任何符号都是一个当前的符号(伤疤是一个符号,但它不是过去的伤口的符号,而是"曾经有过一个伤口这一当前事实"的符号:它是伤口之静观,它将所有那些把我和它分割开来的时刻都缩合到了一个活生生的当前之中)。或者毋宁说,自然与人为间的区别的真正意义就在于此。当前的诸符号、建立在被动综合之基础上的诸符号是自然的符号,它们在它们所意谓的东西中指向当前。与此相反,有些符号指向了作为不同于当前的维度的过去或未来(或许当前本身还要依赖它们),它们就是人为的符号。这种人为的符号内含着能动综合,亦即从自发的想象力向如下能动能力的过渡:被反思的表象、记忆、理智。

因此,如果我们只是根据那些已经将需求与能动性关联起来的否定性结构来理解需求,这种理解必然极不完满。如果人们不去规定能动性[行动]得以在其上发生的静观性土壤,那么乞灵于正在形成的能动性[行动]是无济于事的。在这片土壤上,人们有能力在否定者(作为欠缺的需求)之中看到一种更高审级的影子。需求在表现回答的非存在或缺席之前,首先表现了发问的开口(béance d'une question)。去静观即去发问。发问的特性难道不是"倾析"出一个回答吗?正是发问同时呈现了与需求相应的固执或执拗、疲倦或疲劳。"存在着什么差异……?"这是静观的灵魂对重复发问,而这个问题的回答也要从重复那里倾析出来。静观即发问,并且在它们之中形成、要满足它们的诸缩合是各种各样的有限肯定(affirmations finies)。这些有限肯定被造就的方式与诸当前在时间的被动综合中从恒久的当前出发被造就的方式是一样的。各种否定的构想(conceptions du [107] négatif)之所以产生,是因为我们仓促地结合能动综合来理解需求。但能动综合事实上不过是在〔被动综合的〕基底上被制造出来的。此外,如果将这些能动综合重新放置到这一被它们假定为前提的基底之上,我们会看到:能动性毋宁说意味着与发问相关的成问题场域的构成。所有的行为领域,人为符号与自然符号的交错,本能与学习、记忆与理智的介入都表明了静观之发问是如何展开为能动的问题场域。与第一时间综合对应的是出现在活生生的当前中的第一个发问—问题的复合体[complexe question-problème](生命的急迫)。这一活

第二章　自为之重复

生生的当前,以及伴随着它的所有有机的、精神的生命都建立在习惯的基础上。我们应当追随孔狄亚克(Condillac),将习惯视为其他所有精神现象由以派生出来的基础。但这是因为其他所有的现象要么建立在静观之上,要么本身就是静观:甚至需求、发问、"反讽"也是如此。

因此,这些缩合、这些前摄、这些推测、这些满足、这些疲劳、这些可变的当前、这些组成我们的无数习惯形成了被动综合的基本领域。被动**自我**并不能仅仅用接受性来界定,亦即用感受到感觉的能力来界定,而要由缩合的静观来界定,这种静观在构成有机体的感觉之前首先构成了有机体自身。这一自我亦不具有任何的简单性特征:甚至一边将自我相对化、多样化,一边每次都给它保留一种渐弱的形式都是不够的。自我是幼生的主体(sujets larvaires)。虽然被动综合的世界在有待被规定的诸条件中构成了自我的系统,但这是一个消散的自我的系统。一旦一种转瞬即逝的静观在某处被建立起来,一旦一台有能力在片刻之内从重复那里倾析出一种差异的机器在某处开动着,自我便存在了。自我不拥有变状,它本身就是变状,"变状"这个词恰恰意指着被倾析的差异。最后,人们只是他们所拥有的东西,存在正是凭靠一种"拥有"才在这里形成。或者说,被动自我正是凭靠一种"拥有"才存在。一切缩合都是推测、前摄,亦即表示出一种对于被它缩合的东西的等待或权利。并且一旦它的对象离开了它,它便会消散。贝克特(Samuel Beckett)在他的所有小说中都有对财产清册的描写,而这些财产清册正是由幼生的主体们带着疲劳与激情专心制定出来的:[108]莫洛依(Molloy)的小石块的系列、莫尔菲(Murphy)的饼干的系列、马洛纳(Malone)的财产的系列——重要的始终是从元素的重复或实例的组织化那里倾析出微小的差异与贫乏的一般性。"新小说(nouveau roman)"最为深刻的意向之一,便是重返被动综合的领域(其在能动综合下构成了我们),重返变状、向性和微小性质的领域。而且,在其所有的构成性疲劳中,在其所有平凡的自我满足中,在其种种可笑的自负中,在其不幸与贫乏中,被消解的自我仍然歌唱着上帝的荣光。也就是说,它仍然歌唱着被它静观、缩合、占有的东西的荣光。

※

第二时间综合:纯粹过去

尽管第一时间综合是源始的,但它仍然内在于时间。它将时间构成为当前,但这当前却是流逝的。虽然时间并不出离于当前之外,但当前却在一刻不停地跳跃式前进(诸当前彼此部分地重叠着)。当前的悖论是:它虽然构成了时间,但却要在这被构成的时间中流逝。我们不应否定这一悖论的必然结果:应当存在着另一时间,第一时间综合得以在其中进行。第一时间综合必然要指向第二种综合。通过坚持缩合的有限性,我们虽然表明了结果,但却根本没有表明当前为什么会流逝,也没有表明是什么阻止了当前与时间的同外延性。第一综合、习惯的综合的确是时间的基础(fondation);但是,我们必须区分基础和根据(fondement)。基础关涉着土壤,它要表明某物如何建立在土壤之上,如何占领与拥有土壤;而根据毋宁说是来自于天上,它从顶点一直到达基础,并根据不动产证书来估量土地及其所有者。习惯是时间的基础,是被流逝的当前占据的流土。流逝正是当前之前摄(prétention)。但那使当前流动,使当前和习惯相互适应的东西应当被规定为时间的根据。而这时间的根据正是记忆。如前所见,作为派生性能动综合的记忆是建立在习惯的基础上:实际上,一切都建立在基础之上。但构成记忆之物却并不是基础给予的。在它将自身建立在习惯之上时,记忆应当被另一种与习惯截然不同的被动综合赋予根据。习惯的被动综合本身寄寓于这一更为深刻的被动综合,也就是记忆的被动综合：**哈比图斯**（Habitus）与**摩涅莫绪涅**（Mnémosyne），①[109]或天空与大地的联盟。**习惯**是时间之源始综合，其构成了流逝的当前之生命；**记忆**是时间之根本综合，其构成了过去之存在（être du passé）（那使当前流逝的东西）。

记忆、纯粹过去与诸当前的表象

我们首先说，过去好像被卡在了两个当前中间：一个是它已是（a été）的当前，一个是它对其而言是过去的当前。过去并不是先前的当前（ancien présent）自身，而是人们在其中注视先前的当前的场所。特殊性亦被维持在了被注视者之中，亦即被维持在了"已是"者之中，而过去本身——"曾是"（était）——在本性上是一般的。过去一般是人们在其中特殊地注视着每一先前的当前并将其视为特殊者的场所。按照胡塞尔的术语，我们应当将持留（rétention）与再造（reproduction）区分开来。② 但是，我们在上文中所说的习惯之持留正是被缩合在某一绵延的当下的当前（actuel présent）中的前后相继的时刻的状态。这些时刻形成了特殊性，亦即一个直接的过去，其自然地属于当下的当前；至于那当前自身，则通过等待而向未来敞开，它构成了一般。与此相反，从记忆之再造的观点看来，正是过去（作为诸当前的中介）变为了一般，而（当下或先前）的当前则变为特殊。过去一般是人们注视每一个存贮在它内部的先前的当前的场所，就此而言，先前的当前"被表象"在了当下的当前之中。事实上，规定这种表象或再造的界限的是

---

① 【译按】如前所见，精神分析对"Érôs（爱欲）"和"Thanatos（死欲）"做了人格化的使用，所以只对其做音译。同样，德勒兹在此对"Habitus（习性）"和"Mnémosyne（记忆）"也做了人格化的使用，所以同样只对它们进行音译。

② 【译按】参胡塞尔，《内时间意识现象学》，倪梁康译，北京：商务印书馆，2014，第二章，第12、15节。

那些以"联想"之名而为人所知的类似性与接近性的可变关系;因为先前的当前为了被表象而与当下的当前类似。并且它被分解为既具有截然不同的绵延又具有部分同时性的当前(se dissocie en présents partiellement simultanés de durées très différentes)。这样一来,这些当前便是相互接近的,而且它们最终是与当下的当前接近的。联想论的伟大之处就在于将一整套人为符号理论建立在了这些联想关系之上。

然而,如果先前的当前要被表象在当下的当前中,当下的当前本身也必须被再现于这一表象之中。表象的一个基本特点便是:不但要表象某物,而且要表象其自身的表象性(représentativité)。因此,不是先前的当前与当下的当前被当作时间线上两个前后相继的时刻,而是当下的当前必然包含着一个额外维度(dimension de plus),这个维度可以再—现(re-présente)先前的当前,并在其中表象自身。当下的当前不应被看作某一回忆的未来对象,而应当被视为在映射[反思]自身的同时[110]形成了对先前的当前的回忆的东西。因此,能动综合具有两个虽不对称却又相关的方面:再造与反思、回想与认知、记忆与知性。人们始终注意到,反思内含着某种再造所不具有的额外之物;但是这种额外之物不过就是那个补充性维度,在其中,任何当前在被映射[反思]为当下的当前的同时,也表象了先前的当前。"任何意识状态都需要一个额外的维度,而它内含着其回忆的那个意识状态则不具有这个维度。"①因此,人们可以在先前的当前之再造与当下的当前之映射[反思]这双重方面下,将记忆的能动综合称为表象的原则。这种记忆的能动综合将自身建立在了习惯之被动综合之上,因为后者一般地构成了一切可能当前。但是,这两种综合是截然不同的:不对称性现在就停留在诸维度的恒常增加之中,停留在它们的无限

---

① Michel Souriau,《时间》(*Le Temps*, Alcan, 1937),页55。

增殖之中。习惯之被动综合在当前的条件下将时间构成为诸时刻的缩合,而记忆之能动综合则将时间构成为诸当前自身的镶合(emboîtement)。最关键的问题在于:这是在什么条件下实现的?正是通过作为过去一般,作为先天过去的过去之纯粹元素,先前的当前才是可再造的,当下的当前才能被映射[反思]。过去不仅远非由当前或表象派生而来,而且还被表象假定为前提。正是在这种意义上,记忆的能动综合徒劳地把自己建立在习惯的(经验性)被动综合之上,反过来,它只能被另一种专属于记忆自身的(先验性)被动综合赋予根据。习惯的被动综合在时间中构成了活生生的当前,并使过去与未来成为了这一当前的两个不对称元素,记忆的被动综合在时间中构成了纯粹过去,并使先前的当前与当下的当前(因而也就是再造中的当前与映射[反思]中的未来)成为了这一过去本身的两个不对称元素。不过,纯粹过去、先天过去、过去一般或过去本身意味着什么?如果说《物质与记忆》是一部伟大的著作,这或许是因为柏格森已经深入到了这一纯粹过去之先验综合的领域之中,并且点明了其中所有的构成性悖论。

过去的四重悖论

从"过去已是的当前"和"现在对其而[111]言是过去的当前"这两个卡住过去的当前之一出发来重组过去,这样的企图是徒劳的。实际上,我们既无法相信过去是在其已经是当前之后才被构成,也无法相信它是因为有一个新生的当前出现才被构成。假如过去为了使自身被构成为过去而等待着一个新生的当前,那么先前的当前就永远不会流逝,新生的当前也永远不会到来。假如一个当前并非"在它是当前的'同时'也是过去",它就永远不会流逝;假如一个过去不在它已是当前的"同时"而被首先构成的话,它就永远不会被构成。这就是第一条悖论:过去与它已是的当前的共时性(contemporanéité)悖论。它给予了我们当前流逝的理由。这是因为过去与作为当前的自身是共时的,因为任何一个当前都要流逝,为了新的当前而流逝。由此便引出了第二个悖论:共存(coexistence)悖论。因为如果每一个过去与它已是的当前共时,那么全部过去则与新生的当前共存。根据这种新生的当前,过去成了现在的过去。过去既不在这第二个当前"之中",也不在第一个当前"之后"。由此产生了柏格森的著名观点:每一当下的当前都只是处于最高缩合状态的整个过去(le passé tout entier dans son état le plus contracté)。过去必然在使某一当前流逝的同时使另一当前到来,但它本身却既不流逝也不到来。因此,它远非时间的一维,而是时间整体之综合,当前与未来只是它的维度。人们不能说:"它曾在"(il était)。它不再实存,它并不实存,但它持存着(insiste),它并存着,它存在着(il est)。它与先前的当前持存着,它与当下的当前或新的当前并存着。它是作为流逝之最终根据的时间之自在(Il est l'en-soi du temps comme fondement dernier du passage)。就此而言,它形成了一切时间的纯粹的、一般的、先天的元素。实际上,当我们说过去与它已是的当前共时时,我们所说的就必然是一个从来不曾是当前的过去,因为它不是"之后"才形成的。过去与其作为当前的自身共时的方式就是已然在那儿(se poser déjà-là),它不但被流逝的当前假定为前提,而且还使当前流逝。它与新生的当前共存的方式便是自在地存在,在自身中存贮,被那只有通过缩合过去才能到来的新生的当前假定为前提。① 因

---

① 【译按】就此而言,德勒兹在《尼采与哲学》(周颖、刘玉宇译,北京:社会科学文献出版社,2001)中对永恒回归的阐释是以他对柏格森纯粹过去理论的阐释为基础的。只是,德勒兹在阐释"作为宇宙学说和物理学说"的永恒回归时不但构想了过去与当前的共存,而且还构想了未来与当前的共存。就此而言,在德勒兹所理解的永恒回归中,我们看到的是作为不动的综合的先验时间结构(structure synthétique transcendantale du temps)的"(永远是过去的)过去—(永远是当前的)当前—(永远是未来的)未来"(当然,这种时间构想显然也受到了康德"先验感性论"中的"时空概念(转下页注)

此,先存(préexistence)悖论补足了另外两个悖论:每一过去都与它已是的当前同时存在,整个过去与"过去对其而言是过去"的当前共存,而过去一般之纯粹元素先存于流逝的当前。① 因此,存在着一种[112]发挥着根据作用的时间之实体性元素,即从不曾是当前的**过去**。它本身并未被表象。被表象的始终是先前的当前或当下的当前。但是时间正是通过纯粹过去才得以在表象中如此展开。先验的被动综合从共时性、共存性与先存性这三重视角指向纯粹过去。与此相反,能动综合是当前的表象,它还同时包含了"先前的过去之再造"与"新的当前之映射[反思]"这两个方面。能动综合以被动综合为根据;而且如果新生的当前始终具有一个补充性的维度,这是因为它在纯粹过去一般的元素〔环境〕之中被映射[反思],而先前的当前则仅仅被当作通过(à travers)这一元素[环境]的特殊者来看待。

习惯与记忆中的重复

如果对习惯的被动综合与记忆的被动综合加以比较,我们便会看到,从前者到后者,重复与缩合之分配发生了多大的变化。无论如何,当前无疑都是缩合的结果,但这缩合却与种种截然不同的

(接上页注)的形而上学阐明"的影响),参页 71—72:"往昔如何能在时间中形成?此刻如何能消逝?流逝的时间倘若不同时是既已过去的,又是即将来临的和此刻的,它将永远不会消逝。倘若此刻不自动流逝,而等待着另一个此刻的莅临以便令自己成为过去,那么通常意义上的过去永远无法在时间的隧道中形成,而且这一独特的此刻也不会消逝。我们不能等待,一个时刻为了流逝(为了其他时刻而流逝),必须同时是现在和过去,现在和将来。此刻必须同时与过去和将来共存。每一时刻与自身作为现在、过去和将来的综合性关系奠定了它与其他时刻的关系基础。永恒回归因此回答了时间流逝的问题。"

① 这三条悖论构成了《物质与记忆》(*Matière et mémoire*)第三章的主题(在这三重方面下,柏格森将虽不具有心理性实存[existence psychologique]但却存在着[est]的纯粹过去或纯粹回忆与表象——亦即回忆—影像的心理性实在——对立起来)。

维度关联在一起。在习惯的被动综合中,当前是前后相继且彼此独立的自在的时刻或元素的最高缩合状态(état)。在记忆的被动综合中,当前意指一个自身作为共存全体的完整过去的最高缩合程度(degré)。实际上,根据第二悖论的种种必然性,让我们假定过去不能被存贮在"过去对其而言是过去"的当前之中,而是应当存贮在过去自身之中,因为当下的当前只是与其共存的过去的最大程度的缩合。这一过去整体首先应当在种种不同的舒张程度和缩合程度下,与其自身共存。只有当过去在无穷多不同的舒张程度和缩合程度上,在无穷多的层面上首先与自身共存时,当前才能是与其共存的过去的最高缩合程度(这便是柏格森著名的圆锥隐喻,或过去之第四悖论的意义所在)。① 让我们考察[113]一下所谓的生命中的重复,或者更确切地说,精神生命(vie spirituelle)中的重复。一个又一个的当前前后相继,它们彼此间有着部分的重叠。尽管如此,我们却有这样一种印象:无论前后相继的当前之间存在的不一致或对立有多么不可调和,每一当前都是在一个不同的层面上上演着"相同的生命"。这便是人们所说的命运(destin)。命运从来不是由那些依照某一被表象的时间顺序不断继起的当前之间的决定论关系(rapports de déterminisme)逐渐组成的。它所内含的是处于前后相继的当前间的不可定位的关系、远距离

---

① Bergson,《物质与记忆》(Matière et mémoire):"因此,相同的心理学生命要在记忆的前后相继的诸层次中无定限地重复,并且,心灵的相同活动可以在不同的高度上演……"(éd. du Centenaire,页250);"我们的心理学生命中留有无数次重复的余地,对此,我们可以用一个有着多重断面(A′B′、A″B″)的圆锥——这一圆锥的断面数量与重复的次数相同——来比喻……"(页302)。——人们注意到重复在这里涉及的是心理学生命,但重复自身却不是心理学的:实际上,心理学只能随回忆—影像开始,而圆锥的诸断面或诸层次是在纯粹过去中呈现出来的。因此,这就牵涉到一种心理学生命的元心理学重复。另一方面,当柏格森谈到"前后相继的诸层次"时,前后相继应当以一种全然比喻的方式来理解,按照柏格森本人的说法,就好比是我们的目光扫过一幅画时的那种"前后相继";因为,所有自身即具有实在性的层次都是彼此共存的。

作用、迭复的系统、共鸣与回声、客观的偶然性、信号与符号,以及各种超越了空间位置与时间继起的角色。对于这些前后相继且表现着命运的当前,人们说它们始终在不同的层面上上演着同一件事物、同一个故事:这里或多或少地舒张,那里或多或少地缩合。所以,命运虽然与决定论不可调和,但却能与自由取得一致:所谓自由即是对层面的选择。"当下的当前"的前后相继只是某种更为深刻的东西的表现,这便是每一当前重演整个生命的方式。但是这个重演是在一个不同于早先的当前的层面或程度上展开的;而且,在一个"不曾是当前的过去"的基础上,所有的层面或程度都共存着,并且还向着我们的选择活动敞开。我们将组成我们的诸当前之间的继起性关系和同时性(simultanéité)关系,以及它们那以因果性、接近性、类似性,甚至对立为依据的联合(association)称为经验的特征(caractère empirique)。而本体的特征(caractère nouménal)则是纯粹过去的诸层面之间的潜能的共存(coexistence virtuelle),每一个当前只能现实化或表象这些层面中的一个。简而言之,从能动综合的观点出发,我们所经验到的不同当前之前后相继亦是被动综合中过去的那些始终在增大的层面的共存。每一个当前都缩合了整体的一个层面,但这个层面已然是舒张或缩合的层面了。也就是说:当前之符号是一种向界限的过渡,是一种最大限度的缩合,这种最大限度的缩合要承认任一层面的选择,而这个层面本身在无数其他的可能层面中间已经被缩合或是舒张了。而且,我们对一个生命所述说的,可以用来述说多个生命。每一个生命都是一个流逝的当前,每一个生命都可以在另一个层面上重演另一个生命:就好像哲学家与猪①、罪犯与圣徒都在一个巨大圆

---

① 【译按】参穆勒,《功利主义》,徐大建译,上海:上海人民出版社,2007,页10:"做一个不满足的人胜于做一只满足的猪,做不满足的苏格拉底胜于做一个满足的傻瓜。"

锥的不同层面上上演着同一个过去。这便是人们所说的轮回（métempsychose）。每一个都选择着[114]自己的音高和音调，也许还有歌词，但旋律却是相同的，并且在所有的歌词下，在所有可能的音调和音高下，存在着相同的"沙拉拉"。

物质性重复与精神性重复

在物质性重复与精神性重复之间存在着巨大的差异。前一种重复是彼此独立、前后相继的时刻或元素的重复；后一种重复是**整体**在共存的多重层面上的重复（就像莱布尼茨所说的那样："时时处处都一样，只是在圆满性程度上有所差别"）。① 这两种重复与"差异"的关系截然不同。就元素或时刻被缩合在活生生的当前中而言，差异是从物质性重复中倾析出来的。而就**整体**在其诸层次间包含着差异而言，差异被包括在了精神性重复之中。前一种重复是赤裸的重复，后一种重复是着装的重复；前一种重复是部分的重复，后一种重复是整体的重复；前一种重复是继起的重复，后一种重复是共存的重复；前一种重复是现实的重复，后一种重复是潜能的重复；前一种重复是水平的重复，后一种重复是垂直的重复。当前始终是被缩合的差异：就前一种重复而言，它所缩合的是诸多无差异的时刻；就后一种重复而言，通过到达界线处，它所缩合的是整体的一个本身就处于舒张或缩合状态的微分层面[差异层面]。因此，诸当前自身的差异处于两种重复之间：一种是人们从中倾析出差异的元素性时刻（instants élémentaires）的重复，另一种是在整体之诸层面中包含了差异的重复。而且，按照柏格森的假设，赤裸的重复应当被构想为着装的重复的外部包装：也就是说，作为诸共存层面

---

① Leibniz,《人类理智新论》(*Nouveaux essais sur l'entendement humain*), 第一卷，第 1 章（【译按】参莱布尼茨,《人类理智新论》，前揭，页 32）。

的最为舒张状态的诸时刻的前后相继的重复,作为梦或是作为心灵的最为松弛的过去的物质。严格说来,这两种重复中没有一种是可以被表象的。因为物质性重复在形成的同时就消逝了,它只能被能动综合所表象,其将物质性重复的诸元素投射在一个计算与存贮的空间之中;但同时,这种变成了表象对象的重复又要从属于被存贮、被增添的元素之同一性或实例之相似性。精神性重复是在过去之存在自身中被造就的,而表象却只能触及和关涉能动综合中的当前。这样一来,表象使任何重复都从属于映射[反思]中"现实的当前"的同一性与再造中"先前的当前"的类似性。

被动综合显然是下表象的。但对我们来说,关键在于弄清我们是否有能力[115]深入到记忆的被动综合当中。我们能否以某种方式来实际体验过去之存在自身,就像我们实际体验习惯的被动综合那样?尽管整个过去都存贮在自身之中,但如何为了我们将它挽回呢?如何能够在不将它还原为它已是的"先前的当前"或"它现在对其而言是过去"的"当下的当前"这一条件下,深入这一自在呢?如何为我们挽回过去?普鲁斯特大概就是在这一点上接过了柏格森的工作。然而,对这个问题的回答似乎在很久以前就已经被给出了:回忆(réminiscence)。实际上,回忆指的是一种被动综合或不由自主的记忆,它从本性上不同于任何自主记忆的能动综合。贡布雷(Combray)既不显现为曾是的东西,也不能显现为曾是的东西,它在一种从未被实际体验过的光辉壮丽中显现。作为纯粹过去,借助于两种当前的相互渗透,它最终表现出了双重不可还原性:它既不能被还原为它已是的当前,也不能被还原为它曾是的当下的当前。就遗忘可以被经验性地克服而言,先前的当前任凭自己在超越遗忘的能动综合中被表象。但是贡布雷正是在**遗忘**之中,作为不可追忆之物,在一个"从不曾是当前"的过去的形式下涌现出来:贡布雷的自在(en-soi de Combray)。如果存在着过去之自在,回忆便是它的本体(noumène)或是投注它的思想。

回忆并不只是使我们从当下的当前指向先前的当前,不只是将我们的新近之爱寄寓于我们的幼儿之爱,将我们的情人寄寓于我们的母亲。在这里,流逝着的诸当前的关系仍然没有说明那为了在表象下涌现而利用它们,求助于它们的纯粹过去:从来未曾被经验的、超越了情人与母亲、与前者共存与后者共时的**圣母玛利亚**。当前实存着,而只有过去持存着。而且它还提供了作为当前的流逝场所和诸当前的互渗场所的元素[环境]。两个当前的共振只是形成了一个持存的发问,它在作为一个问题域的表象中展开,并伴随着探寻、回应、解决的严格命令。但是回答却总是来自别处:任何回忆都是爱欲的(érotique),无论是对一座城镇的回忆还是对一个女人的回忆。始终是**爱若斯**(Érôs),是本体使我们深入到了这一自在之纯粹过去中,使我们深入到了这一处女的重复中,深入到了**摩涅莫绪涅**之中。它是**摩涅莫绪涅**的伴侣和未婚夫。它从何处获得了这种力量?对纯粹过去的探究为何是爱欲的呢?**爱若斯**为何同时掌握着发问及其回答的秘密,掌握着一种在我们的一切实存之中的持存的秘密?除非我们还没有掌握定论,除非还存在着第三种时间综合……

※

笛卡尔式我思与康德式我思・未规定者、规定、可规定者

[116]就时间这方面而言,亦即从时间理论的观点看来,没有什么比康德式 cogito[拉:我思]与笛卡尔式 cogito[拉:我思]间的差异更富教益的了。笛卡尔式 cogito[拉:我思]似乎是通过两个逻辑值发挥作用:规定与未被规定的实存。规定(我思)内含着一种未规定的实存(我在,因为"为了思考必须要存在")——且恰好将其规定为一个思维存在(être pensant)的实存:我思故我在,我是

第二章　自为之重复

思维之物。① 整个康德式批判都可以归于对笛卡尔的如下反驳：规定无法直接针对未规定者。"我思"这一规定显然内含着某种未规定之物("我在")，但是仍然没有任何东西可以告诉我们这种未规定者如何能够被我思规定。"在单纯思维伴随着对我自己的意识时，我就是这个存在者本身，但关于这个存在者本身，确实还没有任何东西凭这种意识就被提供给我们去思维"。② 因此，康德添加了第三个逻辑值：可规定者，或者毋宁说是这样一种形式，未规定者在其下才被(规定所)规定。这第三个逻辑值足以使逻辑学成为先验逻辑。它构成了对**差异**的发现：差异不再是两种规定间的经验性差异，而是**规定**(LA détermination)与它所规定之物间的先验**差异**——不再是施行分割的外部差异，而是使存在与思想得以先天地相互关联的内部**差异**。康德的回答众所周知：未规定的实存可在其下被我思规定的那个形式就是时间形式……③ 这一回答造成了极端的后果：我的未被规定的实存只有在时间中才能被规定为一个现象的实存，一个现象主体，亦即一个显现在时间中的被动性主体或接受性主体的实存。因此，我在**我思**中意识到的自发性不能被理解为一个实体性、自发性的存在的属性，而只能被理解为一个感受着其自身的思想、自身的理智的被动自我的刺激(affection)。它正是由此才说"**我**"的，**我**在自我之中并作用于自我，但这种作用并非通过自我发生作用。④ 一个无穷无尽的漫长故事就此开始了：我是一个异己者(JE est un autre)，⑤或是内感官

---

① 【译按】参笛卡尔，《第一哲学沉思集》，前揭，页27。
② Kant,《纯粹理性批判》(*Critique de la raison pure*, trad. Barni, Gibert éd., I)，"关于从理性心理学到宇宙论之过渡的总注释"，页335 (【译按】中译参康德，《纯粹理性批判》，前揭，B429，页307)。
③ 同上，分析论(Analytique)，第25节注释(【译按】中译参康德，《纯粹理性批判》，前揭，页105，脚注①)。
④ 【译按】参康德，《纯粹理性批判》，前揭，B153—159，页101—106。
⑤ 【译按】参兰波1871年5月15日致德梅尼的信，见《兰波著作全集》，前揭，页250。

之悖论。① 思想之能动性[117]被应用在了一个接受性的存在上，一个被动的主体上。因此，这存在或主体只是表象了这一能动性，而非施行了这一能动性；它只是感受到了这一能动性的效果，而非拥有这一能动性的创制权，而且它将这一能动性体验为自身中的一个**异己者**。我们应当给"**我思**"和"**我在**"添加上自我，也就是被动的设定（被康德称为直观的接受性的东西）；应当给规定和未规定者添加上可规定者的形式，也就是时间。不过，"添加"仍旧是个糟糕的词语，因为重要的是制造差异，并将它内化到存在与思想之中。从一个末端到另一个末端，**我**如同被一道裂痕所贯穿：它被时间的纯粹空形式割裂。在这种形式下，它是出现在时间之中的被动自我的相关物。时间意味着**我**之中的裂缝或龟裂，自我之中的被动性；被动自我与分裂的**我**的相关关系构成了先验之发现或哥白尼式革命的元素。

分裂的我、被动自我与空时间形式

笛卡尔只能通过不断地将 Cogito[拉：**我思**]还原为时刻，不断地驱逐时间，并将它交托给上帝的连续创造（création continuée）活动才能得出他的结论。② 更为一般地说，除上帝自身的统一性外，

---

① 【译按】参康德，《纯粹理性批判》，前揭，B152，页 101—102："这里正是澄清在对内感官的形式的说明那里必定会引起每个人注意的那个悖论（Paradoxe），这就是：内感官甚至把我们自己，也只是像我们对自己显现的那样、而不是如我们自己自在地所是的那样向意识呈现出来，是由于我们只是如同我们在内部被刺激那样直观自己，这看起来像是矛盾的，因为我们对待我们自己必须采取被动的态度。"

② 【译按】参笛卡尔，《第一哲学沉思集》，前揭，页 53："虽然我可以假定我过去也许一直是像我现在这样存在，但是我不会因此而避免这个推理的效力，也不能不认识到上帝是我的存在的作者这件事是必要的。因为我的全部生存时间可以分为无数部分，而每一部分都绝对不取决于其余部分，这样，从不久以前我存在过这件事上并不能得出我现在一定存在这一结论来，假如不是在这个时候有什么原因重新（姑且这样说）产生我，创造我，也就是说保存我的话。事实上，这对于凡是要仔细考（转下页注）

第二章 自为之重复

我被假定具有的同一性没有任何其他的保障。所以,只要**我**还保留着一种恰恰以上帝为依托的同一性,那么,用"**我**"的视角替代"上帝"的视角就远不像人们所说的那样意义重大。只要**我**还拥有实体性、简单性、同一性这些表现着**我**与神圣者的类似性的东西,上帝就仍然活着。相反,上帝之死不会让**我**的同一性继续存在,而是要创造一种内化到了**我**之中的本质性的不似(dissemblance),创造一种取代了上帝的标志或标记的"去标记(démarque)"。这便是康德在《纯粹理性批判》中的深刻洞见(这一洞见至少出现过一次):理性神学与理性心理学的同时消失,上帝的思辨之死引发了**我**的分裂的方式。如果先验哲学最伟大的创新在于将时间形式引入到思想之中,这一纯粹的空形式本身则意味着已死亡的上帝、分裂的**我**与被动自我不可分离。康德的确没能推进这一创见:上帝与**我**经历了一次实践的复活(résurrection pratique)。即便在思辨领域中,这个龟裂也马上被一种崭新的同一性形式弥合了,即能动的综合同一性。而被动的自我则单纯是由接受性界定的,它因而不具有任何综合能力。与此相反,如前所见,作为感觉到刺激的能力的接受性[118]只是一个结果,而且从更深的层面上说,被动自我是由一种本身具有被动性的综合(静观—缩合)所构成。接受印象或感觉的可能性正来源于此。康德式分派是无法得到维持的,它本质上是一种拯救表象世界的最高努力。按照康德式区分,综合被构想为能动综合,并诉诸于**我**之中的新的同一性形式,而被动性则被构想为无综合的单纯的接受性。正是在一种对被动自我的不同评估中,康

(接上页注)虑时间的性质的人都是非常清楚、非常明显的,即一个实体,为了在它延续的一切时刻里被保存下来,需要同一的能力和同一的行动,这种行动是为了重新产生它和创造它所必要的,如果它还没有存在的话。因此,自然的光明使我们看得很清楚,保存和创造只是从我们的思想方法来看才是不同的,而从事实上来看并没有什么不同。"

德式创新才能够被延续,而且时间形式也可以同时维持死亡的上帝与龟裂的**我**。就此而言,我们有理由说:康德主义的出路不是在费希特(Fichte)或黑格尔那里,而是在荷尔德林那里。后者发现了纯粹时间之空虚,并在这种空虚中同时发现了神圣者的连续转向、**我**的持久龟裂,以及对**自我**具有构成性作用的被动性。[①]荷尔德林在这一时间形式中看到了悲剧的本质或俄狄浦斯的历险,它是具有种种互补形态的死亡欲力。这样的话,康德哲学可不可能是俄狄浦斯的后裔呢?

记忆的不足之处:第三时间综合

尽管如此,像这样将时间引入思想之中果真是康德的独特贡献吗?柏拉图式回忆似乎已经完成了这项任务。同回忆一样,天赋性也是一个神话,但它是一个瞬时性神话,所以它适合于笛卡尔。当柏拉图明确将回忆与天赋性对立起来时,他想说的是,后者只是代表了抽象的知识形象,而真实的学习运动则在灵魂中内含了"之前"与"之后"的区分,也就是为了遗忘我们曾经知道的东西而引入了第一时间(temps premier),因为我们有时会在第二时间(temps second)中重新发现那已被我们遗忘的东西。[②] 但关键的

[①] 关于纯粹时间形式,亦即它引入**我**之中的裂痕或"休止"(césure),参Hölderlin,《评俄狄浦斯》(*Remarques sur Œdipe*)和《评安提戈涅》(*Remarque sur Antigone*)(10/18),以及博弗雷那着力强调了康德对荷尔德林的影响的评论《荷尔德林与索福克勒斯》(*Hölderlin et Sophocle*),尤参页16—26(【译按】关于德勒兹对荷尔德林思想的发挥的评论,参 Ronald Bogue,〈背叛上帝〉[The Betrayal of God, in *Deleuze and Religion*, Mary Bryden ed., London & New York: Routledge, 2001],页15—25)。

(关于从根本上与被理解为死亡欲力的时间形式相关的**我**之"龟裂"的主题,读者可以参考三部伟大的文学作品——尽管它们之间存在着巨大的差异:左拉[Zola]的《衣冠禽兽》[*La bête humaine*]、菲兹杰拉德[F. S. Fitzgerald]的《崩溃》[*La fêlure*]、劳瑞[M. Lowry]的《在火山下》[*Au-dessous du volcan*])。

[②] 关于回忆与天赋性的明确对立,参《斐多》(*Phédon*),76a—d。

第二章 自为之重复

问题是：回忆是在什么形式下引入时间的？甚至对灵魂来说，重要的都是一种周期性或循环性的物理时间、**自然**时间（temps de la Physis），这种时间从属于在它之中流逝的事件［119］或由它度量的运动，从属于那为其标出格律的变化。这种时间无疑是在一个自在中找到了自身的根据，亦即在**理念**之纯粹过去中找到了自身的根据。**理念**之纯粹过去根据诸当前与理想之物（idéal）的类似性的增减而将它们的顺序组织为一个圆圈，并使那能够保存其自身或重新发现自在之国度的灵魂脱离这个圆圈。**理念**仍旧是根据，前后相继的当前正是从它出发才被组织在时间的圆圈中。因此，对其做出界定的纯粹过去必然仍要被人们用当前的字眼来表达，亦即被表达为一个神话的先前的当前。这已然是第二时间综合的所有含混之处，或**摩涅莫绪涅**的全部模糊之处。因此，从其纯粹过去的高处看来，**摩涅莫绪涅**超越并支配着表象的世界：它即根据、自在、本体、理念。但它仍然和由它奠基的表象相关。它提高了种种表象原则，亦即被它当作无法追忆的原型相〔理念〕的特征的同一性和被它当作当前的影像〔模仿〕的特征的类似性：**相同**与**相似**。它不能被还原为当前，并且高于表象；尽管如此，它却只能使诸当前的表象成为循环的或无限的（甚至在莱布尼茨或黑格尔那里，仍然是**摩涅莫绪涅**为表象在无限中的展示［déploiement］奠定了基础）。根据的不足之处正是：它总是相对于被它赋予根据的东西，它总是从被它赋予根据的东西那里借取种种特征，而且正是通过这些特征来证明自己。它甚至就是在这种意义上制造了循环：它将运动引入灵魂之中，而不是将时间引入思想之中。正如根据以某种方式"被弯曲"并应当将我们引向一个彼岸，第二时间综合要朝向第三时间综合前进。这第三综合揭露了作为表象之相关物的自在的幻相。过去之自在与回忆中的重复应当是一种"效果"，就像是一种视觉效果，或毋宁是记忆自身的爱欲效果（effet érotique）。

时间的形式、顺序、总体与系列

空时间形式或第三综合意味着什么？北国的王子说"时间脱节了"。① 北国的哲学家会不会说的是同样的事情？而且，既然他是俄狄浦斯式的，他会不会也是哈姆雷特式的？"节"，cardo[拉：节]，正是它保证了时间对它所度量的周期性运动所通过的那些基点的从属（无论是对于灵魂来说还是对于世界来说，时间都是运动的数目②）。与此相反，脱节的时间意谓着疯狂的时间，意谓着这种时间脱离了神赋予它的曲线，它从那种[120]过于简单的循环形态中解放了出来，它摆脱了构成其内容的诸事件，颠转了自身与运动的关系。简而言之，这种时间作为纯粹的空形式被发现。不是某物在时间中展开（跟随着圆圈那过于简单的形象），而是时间展开自身（也就是说，它从外表看来不再是一个圆圈）。时间不再是基点的，而是顺序的，它变为了纯粹时间顺序（pur ordre du temps）。荷尔德林说时间不再"押韵"了，因为它被不均等地分配在了一个"休止"的两边，正是根据这一休止，起始与终点不再相合。我们可以根据休止而将时间顺序界定为这种对不等之物的纯形式分配。人们因而区分出了一个或长或短的过去，一个成反比例的未来。但在这里，未来与过去都不是时间的经验规定或动态规定：它们是从先天顺序中产生的形式特征和静态特征，就像是一种静态时间综合。这种综合必然是静态的，因为时间不再从属于运动；时间是最彻底的变化的形式，但这变化的形式却是不变的。正是被时间一劳永逸地整理了的休止、之前和之后构成了**我**的龟

---

① 【译按】亦即《哈姆雷特》第一幕第五场临近尾声的那句"The time is out of joint"，朱生豪将其译作"这是一个颠倒混乱的时代"，参《莎士比亚全集（五）》，北京：人民文学出版社，1994，页311。

② 【译按】参亚里士多德，《物理学》，219b 以下。

第二章 自为之重复

裂(休止正是龟裂的诞生时刻)。①

由于放弃了自身的经验性内容(contenu),由于颠覆了自身的根据,时间并不只是由一种空的形式顺序(ordre)界定的,它还由一种总体(ensemble)和一种系列(série)界定。② 首先,与时间总体的观念相应的是:某一休止应当在一种行动的意象(image d'une action)③中被规定,应当在一种独特的、宏大的、与时间整体(temps tout entier)相符的事件的意象中被规定。这一意象本身是在一种分裂为两个不等部分的形式下实存的;尽管如此,它却因此集聚了时间的总体。根据它所归摄与集聚的不等部分,它应当被称为象征(symbole),但它是将它们作为不等之物集聚的。这样一种与时间总体相符的象征以多种方式被表现出来:使时间脱节,让太阳爆炸,抛身于火山之中,杀死上帝或父亲。就这一象征的意象

---

① 【译按】与之前的"我是一个异己者"(我被时间的纯粹空形式割裂)一道,"时间脱节了"(时间不再从属于[外在自然或内在灵魂的]运动,而是运动从属于作为其不动条件的时间)构成了德勒兹反复强调的康德时间学说的重要贡献。关于德勒兹对这一问题的总结性思考,参〈论能概括康德哲学的四种诗意表达〉,载《批评与临床》,前揭,页52—69,尤参页52—61。

② 【译按】参康德,《纯粹理性批判》,前揭,A145/B184,页143:"每一个范畴的图型都包含和表现着仅仅一种时间的规定,如量的图型,这就是在对一个对象的相继领会中时间本身的产生(综合),质的图型,这就是感觉(知觉)与时间表象的综合,或时间的充实性,关系的图型,这就是诸知觉在一切时间中(即根据一条时间规定的规则)的相互关联性,最后,模态及其诸范畴的图型,这就是时间本身,作为对一个对象是否及怎样属于时间而加以规定的相关物。因此,图型无非是按照规则的先验时间规定而已,这些规则是按照范畴的秩序而与一切可能对象上的时间系列(Zeitreihe)、时间内容(Zeitinhalt)、时间顺序(Zeitordnung)及最后,时间总体(Zeitinbegriff)发生关系的。"此外,德勒兹在1982年11月23日的课程中重提了这一话题:"《纯粹理性批判》中的另一个[我将提及的]篇幅不大的文本是"纯粹知性概念的图型法"。我对这个文本很感兴趣,而且我后面会对它进行评论,因为康德在其中以一种极为新颖、无比新颖的方式区分了看待时间的四个视角。而且,我们会看到,这四个视角与强度问题密切相关。康德区分的四个时间视角是:时间系列、时间内容、时间顺序和时间总体。"当然,德勒兹对这四个视角的解释也是"极为新颖、无比新颖的"。

③ 【译按】参尼采,《苏鲁支语录》,徐梵澄,北京:商务印书馆,1997,页32:"思想是一事,行为是一事,行为的意象(das Bild der Tat)又是一事"。

集聚了休止、之前与之后而言,它构成了时间总体。但就它在不等之物中进行分配而言,它使一个时间系列成为了可能。实际上,当行动在其意象中被设定为"我所不堪胜任的"时,总会存在着一种时间。这便是先天地界定了过去或当前的东西:事件本身被完成与否,行动已然被做出与否都不重要;过去、当前与未来并没有将这种经验性标准当作自身的分配依据。[121]俄狄浦斯已然做出行动,哈姆雷特尚未做出行动;但无论怎样,他们都在过去体验着象征的第一个部分。只要他们感到行动的意象对他们来说不堪胜任,他们自己就体验着过去、被抛回到过去之中。因此,指向休止的第二种时间即是变形的当前,是与行动变得—相等(devenir-égal),是自我的一分为二,是理想自我在行动意象中的投射(它的标志便是哈姆雷特的海上旅行或俄狄浦斯的询问结果:主人公变得"有能力"做出行动了)。至于那发现了将来的第三种时间——它意味着事件、行动具有着一种排除了自我之一致性的秘密的一致性,它们转而反击那变得与它们相等的自我,并将自我摔成无数的碎片,仿佛新世界的孕育者已然被它产下的复多之物的炸裂(éclat de ce qu'il fait naître au multiple)卷走、驱散:正是不等者自身被等同于自我。因此,根据时间顺序被分割的**我**和根据时间系列被划分的**自我**不但相互对应,而且还在没有名字、没有家庭、没有身份、没有**我**和自我的人那里,在持有一个秘密的"庶民"那里,也就是在超人——他那分散的肢体围绕着崇高的意象旋转着——那里找到了共同的终结。①

---

① 【译按】在德勒兹1985年6月18日的课上,有学生提出了有关《差异与重复》中的第三综合的问题:"您是否可以谈一下您所说的第三时间综合,因为您在谈到这种综合的时候提到了[这次课上讨论的]时间顺序和时间系列?我尤其感兴趣的是时间总体、与时间整体一致的行动。"德勒兹的回答是:"和所有人一样,我的思想也在发展。从你谈到的那本书〔《差异与重复》〕出版以来,我的思想始终在发展。我现在能够给出的回答是:'我不堪胜任的行动'就是虚构活动(acte de fabulation),因为虚构活动对于人民(peuple)具有构成性作用。我在谈到第三世界的电影时试图提醒(转下页注)

第三综合中的重复：它的不足条件、
它的变形施动者、它的无条件特征

相对于这一象征性意象而言，一切都是时间系列中的重复。过去本身是不足的重复，它为另一种由当前中的变形所构成的重复做好了准备。虽然历史学家往往要在当前与过去之间寻找一些经验性的一致，但是无论其得出了多么丰富的成果，这张历史性一致的大网只有通过近似或类比才能形成重复。事实上，过去本身就是重复，当前亦是如此。它们以两种不同的方式相互重复。历史中不存在各种各样的重复事实。重复乃是历史条件（condition historique），某种崭新的东西能够在这种条件下切实地产生出来。路德与使徒保罗（Paul）、法国大革命与罗马共和等一系列历史人物、事件间的类似性并不是通过历史学家的反思显现出来的。在革命者们具有了实施行动的能力之前，他们首先要下决心活出"复活的罗马人"的样子来。这时，他们已经通过以一种原本的过去的方式进行重复的方式（par répéter sur le mode d'un passé propre）开始行动了。因此，他们必然要将自身同一于过去历史中的人物。重复在成为反思的概念以前首先是行动的条件。我们可以制造出某种崭新的东西，但条件是重复两次。一次是以那构成了过去的方式重复，另一次是在变形的当前中重复。而这被造成的东西——绝对[122]的新——本身只会是重复，是第三种重复。这一次是过剩重复，是作为永恒回归的将来的重复。因为虽然我们可以对永恒回归进行解说，仿佛它影响了时间的所有系列或总体，

（接上页注）人们注意的就是虚构活动。作为对人民具有构成性作用的活动，虚构活动是穷人的职能，是受苦者的职能。"关于德勒兹在这里谈到的虚构与时间顺序，参 Gilles Deleuze，《电影 2：时间影像》(Cinéma 2. L'image-temps, Paris, Minuit, 1985)，页 195—202。

影响了过去、当前与未来,但这种解说仍然只是导引性的,它所具有的价值仅仅是成问题的和不确定的,它所发挥的功能只是提出永恒回归的问题。就其隐秘的真理性而言,永恒回归只关涉且只能关涉系列中的第三种时间。它正是在此被规定的。所以,它严格说来是未来的信念,是对未来的信念。永恒回归只影响新的东西,也就是说,它只影响那在不足的条件下,通过变形的中介而被生产出来的东西。但是它既不会让条件回归,也不会让施动者回归;它反而要动用自身全部的离心力驱除它们、抛弃它们。它构成了产物的自主性,作品的独立性。它是过剩的重复,它不会听凭任何"不足"或"变得—相等"的东西继续存在。它自身就是新生之物,就是所有的创新。它自身就是系列的第三种时间,亦即本原的未来。正如克罗索夫斯基所说的那样,它便是那种只有通过排除我自身的一致性、我自身的同一性,排除自我、世界与上帝的同一性才能存在的秘密的一致性。它只会让庶民和无名者回归。它在其圆圈中引发了神的死亡和自我的消解。它不会使太阳回归,因为它假定了太阳的炸裂;它只关涉星云,它与星云浑然一体,它只因星云而运动。所以,只要我们将永恒回归解释成一种影响着时间总体的东西,我们就仍然把事情想得太简单了,就像查拉图斯特拉对恶魔所说的那样;我们把永恒回归弄成了一支手摇风琴曲,就像他曾经对他的动物们所说的那样。也就是说,我们仍然停留在那个将流逝的当前当作内容、将回忆的过去当作形态的过于简单的圆圈当中。但恰恰是时间顺序,作为纯粹空形式的时间解开了这个过于简单的圆圈。然而,它解开这个圆圈的目的是为了引起一个更为复杂、更为隐秘、更为弯转,像星云一般的永远偏离圆心的偏心圆,这一归属于差异的偏心圆只在系列的第三种时间中形成。时间顺序打碎了**相同**之圆圈并使时间以系列形式存在,这一切都是为了在系列的终结处重新形成**相异**的圆圈。这里,顺序的"一劳永逸[只此一次](une fois pour toutes)"只是为了隐秘的最终圆圈的"所有的'次'［每一次］"。这里，时间形式只是为了永恒回归中的无定形之物的启示。极端的形式性只是为了一种过剩的无定形者［123］（荷尔德林的 Unförmliche［德：无约束］）。根据就是这样被超越的，它现在所朝向的是一个无底（sans-fond），一个自行旋转且只让将来（à-venir）回归的普遍的脱根据化（effondement）。

以永恒回归中的重复为着眼点的 悲剧与喜剧、历史、信仰

对三种重复的评注。——马克思的历史重复理论，特别是《雾月十八日》（*Dix-huit Brumaire*）中的那些著名论述，是围绕着下面这条似乎没有被历史学家们充分理解的原则展开的：历史中的重复既非简单的类比，亦非历史学家的反思概念，它首先是历史行动本身的条件。罗森堡（Harold Rosenberg）已经在一些非常精彩的篇章中阐明了这一点：历史的当事者［演员］、施动者只有在使自身同一于过往人物的条件下才能进行创造；从这种意义上说，历史就是一出戏剧。"他们的行动自发地成为了对先前角色的重复……正是革命的危机，正是为了创造出某种全新的东西而付出的努力迫使历史将自身隐藏在了神话之中……"（《"新"的传统》［*La tradition du nouveau*, trad. Anne Marchand, Éditions de Minuit］，第 XII 章"复活的罗马人"［Les Romains ressuscités］，页 154—155）。

按照马克思的看法，当重复没有达到目标时，它就是喜剧性的。也就是说，它没有引起变形和新的东西的产生，而是形成了一种退化，而这正是真正重复的反面。喜剧性的化装替换了悲剧性的变形。但对马克思来说，这种喜剧性的、滑稽怪诞的重复似乎必然是在进化性的或创造性的重复之后到来（"一切伟大的世界历

史事变和人物,可以说都出现两次……第一次是作为悲剧出现,第二次是作为笑剧出现"[【译按】马克思,〈路易·波拿巴的雾月十八日〉,见《马克思恩格斯全集》,第八卷,北京:人民出版社,1959,页121])。——然而,这一时间顺序并没有被绝对地奠基。喜剧性的重复按照过去本身的方式而不足地重复。只要"行动对主人公来说是不堪胜任的",他就必然要面对这种重复:波洛涅斯(Polonius)的被杀是不足的、喜剧性的,(【译按】参《哈姆雷特》第三幕、第4场,见《莎士比亚全集(五)》,前揭,页365);俄狄浦斯的询问亦是如此。随后到来的是悲剧性的重复,这正是变形的环节。的确,这两个环节并不具有独立性,而且它们只是为了第三种超越了喜剧性和悲剧性的重复而存在:在某种新东西的生产之中的、排除了主人公本人的正剧的重复(répétition dramatique)。但是,当先前的两个元素获得了一种抽象的独立性,或是成为了类型时,喜剧类型便要接续悲剧类型,就好像是被提升至绝对的变形的失败假定了一种先前的、既成的变形。

人们注意到,三种重复时间的结构既是哈姆雷特的,又是俄狄浦斯的。关于俄狄浦斯,荷尔德林已经以无与伦比的严格性对其进行了说明:之前、休止和之后。他指出:之前和之后的相对维度是随着休止的位置变化而变化的(所以,安提戈涅的早死对立于俄狄浦斯那漫长的漂泊)。但是,具有本质性意义的是悲剧性结构的持存。在这一点上,罗森堡以一种与荷尔德林的图示完全一致的方式阐释了哈姆雷特:[124]现在,是哈姆雷特的航海旅行构成了休止:参第 XI 章,页136—151。哈姆雷特与俄狄浦斯的类似性不仅是在题材上,而且还体现在戏剧形式上。

正剧只拥有一种重新统一了三种重复的形式。尼采的《查拉图斯特拉》显然是一出正剧(drame),亦即一出戏剧(théâtre)。之前以不足的或过去的方式占据了全书的绝大部分:这一行动是我所不堪胜任的(参"苍白的罪犯"的观念[【译按】参尼采,《查拉图斯特拉如是说》,前揭,I,"论苍白的罪犯",页74—77],或上帝之死的全部喜剧故事[【译按】参尼采,《查拉图斯特拉如是说》,前揭,IV,"逊位",页420—425],或查拉图斯特拉在面对永恒回归的启示时的所有恐慌[【译按】参尼采,《查拉图斯特拉如是说》,前揭,III,"论面貌和谜",页262—268]——"你的果实业已成熟,然而,要收获你的果实,你却还不成熟啊"[【译按】尼采,《查拉图斯特拉如是说》,前揭,II,"最寂静的时刻",页252])。之后到来的是休止或变形的环节,"预兆"(【译按】参尼采,《查拉图斯特拉如是说》,前揭,IV,"征兆",页518—522),此时查拉图斯特拉已经变得有能力行动了。欠缺的是第三个环节,永恒回归的启示与肯定的环节。这个环节内含着查拉图斯特拉的死亡。我们知道尼采没有来得及完成他计划的这个部分。所以,我们始终认为尼采的永恒回归学说是尚未明言的,它是作为一部未来著作的主题而被保留下来的:尼采只阐明了过去的条件和当前的变形,他尚未阐发那个应当显现为"将来"的无条件者。

人们在大多数的循环构想中重新发现或已经发现了三重时间的主题:例如佛罗利斯的约阿希姆(Joachim de Flore)的三部圣约;或者维柯(Vico)的三个时代,诸神的时代、英雄的时代、人的时代(【译按】关于约阿希姆与维柯的历史哲学观念,参洛维特,《世界历史与救赎历史:历史哲学的神学前提》,李秋零、田薇译,北京:生活·读书·新知三联书店,2005,页173—188,页135—162)。第一个必然是不足的,而且是自我封闭的;第二个是开放的,而且见证了英雄的变形;但是,最具本质性的、最为神秘的东西还是存在于第三个之中,他扮演着相对于其他两个而言的"被意谓者(signifié)"的角色(约阿希姆因此写道:"对于一个被意谓者来说有两个意谓性的(significatrices)事物"——《永恒的福音》[*L'Évangile éternel*, trad. Ægester, Rieder édit.],页42)。同时受约阿希姆和维柯影响的巴朗舍(Pierre Ballanche)竭尽全力要将第三个时代规定为庶民的时代,规定为奥德修斯或"无人"(【译按】参荷马,《荷马史诗·奥德赛》,王焕生译,北京:人民文学出版社,1997,页164)、"无名者"的时代,规定为"寻找着伟大牺牲者那分散的肢体"的弑君者或现代俄狄浦斯的时代(参巴朗舍那部不可思议的《论社会的轮回》[*Essais de palingénésie sociale*, 1827])。

从这种观点看来,我们应当区分出若干种无法调和的可能重复:(1)一种是周期内部的重复。它取决于前两个时代相互重复的方式,或者不如说,取决于前两个时代重复同一样"东西",亦即将来的行动或事件的方式。约阿希姆尤其持这种观点,他还制作了一个《旧约》与《新约》之间的一致性的一览表;但这一论点还没有能够超越反思的种种简单类比;(2)一种是循环的重复。依循这一重复,人们假定在第三个时代的终点与解体的端点处,一切都会从第一个时代重新开始:诸类比因而是建立在两种周期循环之间的(维柯);(3)但是,关键在于:有没有一种专属于第三个时代的重复?有没有一种称得上是永恒回归的重复?因为前两个时代所重复的是某种只在第三个时代中显身的东西;但在第三个时代中,这个"东西"[125]是自在地重复的。两个"意谓"已然是重复性的东西了,但被意谓者本身是纯粹的重复。这种被构想为第三种状态之中的永恒回归的重复恰恰能够在纠正周期内部的假设的同时反驳循环假设。实际上,一方面,前两个环节中的重复所表现的不再是反思的种种类比,而是一些行动的条件,永恒回归正是在这些条件下被切实地生产出来;另一方面,这前两个环节并不回归,它们反而被第三个环节中的永恒回归的再造消除了。从这两种观点来看,尼采用"他的"构想来反对任何的循环构想是有其深刻的理由的(参《克略纳版著作集·1881—1885年作品与手稿》[*Schriften und Entwürfe aus den Jahren* 1881-1885, in Werke, Bd. 12, Leipzig 1901],§106)。

这样一来,在最后这种时间综合中,当前与过去本身都只是将来的维度:过去作为条件,当前作为施动者。第一综合,亦即习惯的综合,在过去和未来所倚靠的一个被动基础中构成了作为活生生的当前的时间。从一个使当前流逝并使另一当前发生的根据的观点看来,第二综合,亦即记忆的综合,构成了作为纯粹过去的时间。但在第三综合中,当前只是一个注定要被抹去的当事者、作者、施动者;过去则只是一个以不足的方式发挥作用的条件。这里,时间的综合构成了一个将来,这个将来同时肯定了产物的无条件特征(相对于它的条件而言)和作品的独立性(相对于它的作者或当事者而言)。在三种综合中,当前、过去、将来都表现为**重复**,但却是以截然不同的方式重复。当前是重复者,过去是重复自身,未来是被重复者。然而,重复整体的秘密却存在于作为二重被意谓者的被重复者之中。至高的重复是将来之重复,它使另外两种重复从属于自己,并废黜了它们的自主性。因为第一综合只关涉时间的内容和基础;第二综合只关涉时间的根据;而超越了它们的第三综合则保证了时间的顺序、总体、系列和最终目的。一种重复哲学要经过所有的"阶段",它注定要去重复"重复自身"。但通过了这些阶段的重复哲学却保证了它自己的计划:使重复成为将来的范畴——利用习惯的重复和记忆的重复,但却是把它们当作阶段来利用,并且要把它们留在途中——它所发起的抗争一方面要反对**哈比图斯**,另一方面要反对**摩涅莫绪涅**——拒绝一种勉强听凭别人从自身之中"倾析"出差异的重复[126](**哈比图斯**)的内容——拒绝一种重复的形式,其包含着差异,但却仍是为了使它从属于**相同与相似**(**摩涅莫绪涅**)——拒绝种种过于简单的循环,既拒绝一个习惯的当前所经受的循环(惯常的循环),又拒绝一个组织了纯粹过去的循环(可追忆的或不可追忆的循环)——既将记忆之根据改变为单纯的不足条件,又将习惯的基础改变为"习性"的破产,改变为施动者的变形——以作品或产物的名义驱逐施动者和条件——使重复(既不是人们从中"倾析"出一个差异的重复,也不是包含着作为变异者的差异的重复)成为"绝对不同"的思想与生产——使重复本身成为自在之差异。

这一计划中的大部分要点都激活了一种新教的与天主教的探究:克尔凯郭尔与贝玑。没有人可以像这两位作者那样善于将其"自己的"重复与习惯和记忆的重复对立起来。没有人可以比他们更为彻底地揭露一种当前的或过去的重复的不足之处,揭露诸循环的简单性、诸回忆的圈套,揭露那些人们试图从重复中"倾析"出来的状态,或相反去揭露那些作为单纯的变异者而被包含在重复之中的差异的状态。没有人再会像他们那样倚赖作为将来范畴的重复。没有人会比他们更为确定地拒斥**摩涅莫绪涅**的古代根据以及伴随着这一根据的柏拉图式回忆。根据只是一个不足条件,因为它失落在了罪恶之中,而且它应当在耶稣基督那里被恢复。**哈比图斯**的当前基础同样遭到了拒斥;它没有避开现代世界中的当事者或施动者的变形,它会在这个世界中失去自身的一贯性、生命和习惯。①

虽然克尔凯郭尔和贝玑是最伟大的重复者,但他们并没有做好付出必要代价的准备。他们把这种作为将来范畴的至高重复交付给了信仰。不过,信仰虽然拥有足够的力量来消解[127]习惯和回忆、习惯的自我和回忆的神、时间的基础和根据,但它却诱使我们在一种共通的复活中一劳永逸地重新发现上帝与自我。克尔

---

① 关于克尔凯郭尔式重复与惯常的循环和回忆的循环相对立的方式,参埃里亚德(Mircea Eliade)对亚伯拉罕之牺牲的评论,《永恒回归的神话》(*Le mythe de l'éternel retour*, N. R. F., 1949),页161以下。埃氏从中得出了历史范畴与信仰范畴的创新性。

克尔凯郭尔讨论不同于人们从中"倾析"出差异的那种重复的真正重复的极为重要的文本出现在《恐惧的概念》(*Le concept de l'angoisse*, trad. Ferlov et Gateau, N. R. F.),页28。克尔凯郭尔的条件、无条件者和绝对不同的理论构成了《哲学片断》(*Miettes philosophiques*)的主题(【译按】参克利马科斯(克尔凯郭尔),《论怀疑者·哲学片段》,翁绍君、陆兴华译,北京:生活·读书·新知三联书店,1996,页162—165)。

凯郭尔与贝玑完成了康德，通过将超越上帝的思辨之死与弥合自我创伤的任务托付给信仰，他们实现了康德主义。从亚伯拉罕到圣女贞德，他们的问题是：一个复得的自我与一个复原的神之间的婚约，因为人们并没有真正脱离条件与施动者。此外：人们更新了习惯，唤醒了记忆。但却存在着一种信仰的冒险，根据这种冒险，人们总是其自身信仰的小丑或自身理想的喜剧演员。这是因为信仰拥有一个专属于它并制约着它的 Cogito［拉：**我思**］，一个作为内在之光的神圣的情感。正是在这一极为特殊的 cogito［拉：我思］中，信仰反思自身。也正是在这一反思中，它经验到：它的条件只有在作为"再度被给予的东西"时才能被给予它。它不仅与这一条件分离，而且还在这一条件中被一分为二。所以，信仰者并不只是被剥夺了条件的悲剧性罪人，由于它在条件之中被映射、被一分为二，所以它还是喜剧演员和小丑，是自身的拟像。两个信仰者必然相视而笑。无论是给予者还是亏欠者，神恩都要将其驱除。克尔凯郭尔明确地说过：他与其说是信仰的骑士，不如说是信仰的诗人。简单地说，他是一个"幽默的人"。① 这不是他的错误，而是信仰概念的错误；而且，果戈理（Gogol）那可怕的冒险也许更具典范性。信仰为什么不是其自身的习惯和回忆？并且被它当作对象的重复———一种悖论性地、一劳永逸地进行的重复——为什么不是喜剧性的？另一种重复，亦即尼采式重复、永恒回归的重复，在一劳永逸地进行的重复下嘹叫着。它是死去的上帝和消散的自我之间的别样的、更关切死亡的婚约。这二者形成了真正的不足条件、真正的施动者之变形，它们二者一同消逝在了产物的无条件特征中。永恒回归不是一种信仰，而是信仰的真理：它隔离了复身或拟

---

① 【译按】克尔凯郭尔所说的"幽默的人"即是一个"对关于基督教徒的一切都了如指掌"的异教徒。参 Søren Kierkegaard,《哲学片断的最后附言》(*Post-scriptum aux Miettes philosophiques*, trad. Paul Petit, Paris : Gallimard, 2002)，页 181；亦参页 372—373。

像,它为了使喜剧成为超人的元素而解放了喜剧。正因为这样,仍旧如克罗索夫斯基所言,它不是一种学说,而是任何学说的拟像(最高的反讽),不是一种信念,而是任何信念的戏仿(最高的幽默):它永远是将来的信念和学说(croyance et doctrine à venir)。我们总是被诱使着以信念、信仰(人们依然试图以信仰来激活无神论者)为着眼点来评判无神论者,简单说来,就是[128]以神恩为着眼点,这是为了不让我们被相反的行动引诱:以寓居于信仰者内部的暴力的无神论者,永远在神恩中被给予("每一次"都是如此)的敌基督者来评判信徒。

※

重复与无意识:"超越快感原则"

生物精神生命(vie biopsychique)内含着一个个体化场域(champ d'individuation),强度差异在其中以兴奋的形式被分配到各处(çà et là)。人们将差异之消解这一既是量的又是质的过程称为快感。差异的运动分派和内强场域中的局部消解这样一个整体与弗洛伊德所说的**本我**(Ça),或至少是**本我**的初始层对应。"Ça"这个词所意指的不仅仅是一个令人生畏的未知代词,而且还是一个移动的场所副词,一个刺激及其消解的"各处"。而弗洛伊德的问题正由此开始:关键是要了解快感如何不再是一个过程而是变为一条原则,如何不再是一个局部的过程而是获得了在**本我**中组织生物精神生命的经验性原则的价值。显而易见,快感带来快感(le plaisir fait plaisir),但它根本不是由于这个原因取得了一种人们由以在"原则上"追寻快感的系统价值。超越快感原则的真正含义是:这一原则的例外根本不是对快感原则的超越,而是规定了那些快感在其下现实地转变为原则的条件。弗洛伊德的回答是:作为自由差异的兴奋应当以某种方式被"投注(investie)"、"钳合(liée)"、"束缚",通过这种方式,它的消解就系统地成为了可能。正是差异之钳合或投注使得快感所具有的原则价值——而非快感本身———一般地成为可能:人们因而从一种分散的消解状态(état)过渡到了一种整体化地位(statut),其构成了**本我**的第二层或组织化之发端。

第一综合与钳合:哈比图斯

然而,这一钳合是一种真正的再生综合(synthèse de reproduction),也就是一个**哈比图斯**。通过使得分散而弥漫的光线刺激在其躯体的某一优先表面再生,一只动物形成了一只眼睛。眼睛钳合了光,它自身就是被钳合的光。这个例子足以表明综合有多么复杂。因为确实存在着一种将有待钳合的差异当作对象的再生活动;但在更深的层面上存在着一种重复的受动(passion),一个崭新的差异从中产生出来(成型的眼睛或观看的自我)。作为差异的兴奋[129]已经是一种基本重复的缩合。就兴奋本身成为了重复的元素而言,缩合的综合被提升到了第二种强力[二次方]的层次,它恰好由钳合或投注所表现。投注、钳合或整合是被动综合,是第二阶段的静观—缩合。冲动正是种种被钳合的兴奋。在每一钳合的层面上都有一个自我在**本我**中形成;但这却是一个被动的、部分的、幼生的、静观的和缩合的自我。**本我**之中布满了局部自我,其构成了专属于**本我**的时间,构成了活生生的当前时间,在这当前的时间中进行着与诸钳合对应的整体化活动。如果人们考虑到自恋并不是对自身的静观,而是在静观另一物时填充自己的形象,那么"这些自我直接就是自恋的自我"就不难得到解释:眼睛、观看的自我,通过静观它所钳合的兴奋而被一个它自己的形象填充。它从它所静观的东西以及它通过静观缩合与投注的东西那里生产自身或"倾析自身"。所以,来自于钳合的满足完全就是一种自我本身的"幻觉的满足",虽然幻觉在这里完全不与钳合的有效性相抵牾。在所有这些意义上,钳合表现了一种纯粹的被动综合,表现了将一种满足一般(satisfaction en général)的原则价值赋予快感的**哈比图斯**;**本我**之组织化即习惯之组织化。

因此,只要人们使习惯从属于快感,习惯的问题就只是被糟糕地提出。人们时而认为习惯中的重复可以由再生一种既得的快感的欲望所解释;时而认为它能够关涉种种本身令人不快的紧张,但这是为了掌控它们,目的是获得一种快感。这两种假设明显已经假定了快感原则:既得快感的观念和有待获得的快感的观念只能在快感原则下发挥作用,并且它们分别形成了这一原则的过去的应用与未来的应用。但是,习惯作为钳合的被动综合,反而先于快感原则并使快感原则成为可能。而且,快感观念也是从中产生的,正如过去与将来是从活生生的当前的综合中产生出来。钳合以创立快感原则为目的;它不能将某种预设了这一原则的事物当作对象。当且仅当快感获得了一条原则的威严时,快感观念才在回忆或[130]筹划中作为被快感原则归摄的观念发挥作用。因此,快感为了呈现出满足一般的样子而超出了它自身的瞬时性(而且,以成功或胜利之类的"客观"概念来取代被评判为过于主观的快感审级,这一企图所表现的仍然是这种由原则所赋予的扩张〔满足一般〕,其条件是:快感观念在这一次仅仅进入到实验者的头脑中)。从经验的层面上说,我们可以将重复经验为从属于某一既得快感或有待获得的快感的东西。但在条件秩序中,情况却恰恰相反。钳合的综合不能由控制某一兴奋的意向或努力来解释——尽管它具有这种效果。① 再一次,我们应当避免将再生之能动性

---

① 拉加舍(Daniel Lagache)对将心理学的习惯概念应用于无意识和无意识中的重复的可能性进行了研究(不过,重复似乎只是从控制紧张的单一视角被考察的):参〈移情问题〉(Le problème du transfert, *Revue française de psychanalyse*, janvier 1952),页84—97。

与它所覆盖的重复之受动性混为一谈。兴奋之重复的真正目的是将被动综合提升至一种强力,快感原则及其过去和未来的应用都从这种强力中产生。因此,习惯中的重复或钳合的被动综合是对原则的"超越"。

这第一种超越已经构成了一种**先验感性论**(Esthetique transcendantale)。如果这种感性论在我们看来要比康德的感性论更为深刻,这是由于下述原因:由于是用单纯的接受性来界定被动自我,康德只是将感觉与被规定为空间与时间的感觉表象之先天形式关联了起来,所以感觉已然是现成的所与。由此,他不但以阻止空间逐步组成的方式统一了被动自我并剥夺了这一被动自我的任何综合能力(综合被留给了能动性),而且还将**感性论**分割为两个部分:由空间形式所保证的感觉之客观元素和化身为快感和痛苦的主观元素。① 与此相反,先前种种分析的目标反而是要表明:界定接受性的应当是诸局部自我的形成、静观或缩合的被动综合——它们同时对觉知到感觉的可能性、再生感觉的强力和由快感所取得的原则价值做出了说明。

第二综合:潜能对象与过去

但以被动综合为出发点,出现了通向两个截然不同的方向的双重发展。一[131]方面,一种能动综合被建立在了被动综合的基础之上:它旨在使被钳合的兴奋与一个被设定为现实物和我们的行动目标的对象发生关系(倚赖于再生之被动综合的认知综合)。对能动综合做出界定的正是处在一种所谓的"对象性"(objectale)关系中的现实考验(épreuve de réalité)。并且,**自我**恰恰是根据现实原则才趋向于"自我激活",趋向于能动地自我统一,并

---

① 【译按】参康德,《纯粹理性批判》,前揭,B67,页47。

聚合所有组成性的、静观的微小被动自我,且与本我拓扑论地（topiquement）区分开来。① 诸被动自我已然是整合（intégrations）了,但就像数学家们所说的那样,这些整合只是局部性整合[局部积分]（intégrations seulement locales）;而能动自我则试图进行全局性整合。将现实设定（position de réalité）视为外部世界造成的效果,甚或被动综合所遭遇的失败的后果,这是完全不准确的。与此相反,现实考验调动、推动、激发了自我的全部能动性:它不再处于一种否定判断的形式之下,而是处于一种超越了钳合并充当着纽带（lien）之支柱的"实体性"形式之下。将现实原则视为一种与快感原则对立并限制快感原则、强迫其做出种种放弃的原则同样是不准确的。虽然现实原则超越了快感原则,但它们却是同步的。因为对直接快感的放弃已然包含在了快感自身所进入到的那个原则的角色之中,亦即包含在了与某一过去和未来相关联的快感观念所得到的那个角色之中。不带义务地变为原则是不可能的。现实与它在我们这里激起的放弃只是在填充快感原则所获得的边缘或外延,而现实原则只是对一种奠基于先前种种被动综合之上的能动综合做出规定。

但是,现实对象、被设定为现实或纽带之支柱的对象并非构成了自我的唯一对象,一如它们并未穷尽所有的"对象性关系"。我们区分了两个同时性的维度:这样一来,被动综合在朝向一种能动综合前进的同时,必然要在另一个方向上继续深化。在这一方向上,它仍然是被动的、静观的综合,而这全都是为了通过利用被钳

---

① 【译按】参《弗洛伊德后期著作选》,前揭,页167;亦参拉普朗虚、彭大历斯,《精神分析辞汇》,前揭,页519:"假设精神装置分化为若干系统之理论或观点,这些系统均有不同的特征或功能,并依据某种顺序彼此关联地配置,这使它们可被喻为以空间方式具象再现的精神场所。弗洛伊德的两种拓扑论经常被提及:在第一拓扑论中,主要是无意识、前意识及意识的区别,第二拓扑论则区分三个审级:**本我**、自我与超我。"

合的兴奋而得到另一个事物——尽管是以一种不同于现实原则的方式。此外,如果被动综合不与能动综合同时存在,如果被动综合自身没有同时展开,如果被动综合没有找到一种既不与能动综合对称的,又与能动性互补的全新表达,它显然永远无法成为能动综合的基础。一个[132]刚开始走路的儿童并不满足于在被动综合中钳合种种兴奋,甚至在这些兴奋被假定为是内生的并产生于它们自身的运动时,情况亦是如此。人们从不以内生的方式行走。一方面,儿童超越了被钳合的兴奋而朝向一个对象的设定或意向性,例如一位作为努力目标的,作为要"在现实中"与之重聚的项的母亲。儿童相对于她来衡量自己的失败与成功。但在另一方面且与此同时,儿童同时为自己构成了另一个对象,一个全然异类的对象,这一对象或潜能的焦点[虚焦点]要调节和补偿他在现实活动中的进展和失败:他把几根手指塞进了嘴里,用另一只手臂环抱着这一焦点,并从这位潜能的母亲的角度对总体情况进行评价。"儿童的目光转向现实的母亲","潜能的对象是表面活动的项(例如吮吸)"有可能使观察者做出错误的判断。吮吸活动的目的只是为了在被动综合之深化中给出一个可供静观的潜能的对象;相反,现实的母亲只是在作为行动的目标和在能动综合中评价行动的标准才被静观。"儿童的自我中心主义"①并不是一种严肃的说法。不识字的儿童开始模仿着摆弄书本,这从来不是一种自欺:他总是倒着拿书,仿佛是要把书(其活动的现实项)拿给别人看一样,同时他将倒置的书把握为其受动的、深度静观的潜能焦点[虚焦点]。许多杂然不同的现象如左撇子、倒写、某些形式的结巴、某些刻板症,都能够以儿童世界中的这种焦点二元性为出发点得

---

① 【译按】参 Jean Piaget,〈演讲:关于儿童的自我中心主义的几点评论〉(Quelques remarques sur l'égocentrisme de l'enfant : conférence, in *Compte rendu du Congrès international de l'enfance*, Paris-1931, éd. sous la dir. du Comité d'organisation du Congrès. Paris : F. Nathan, pp. 279—287)。

到解释。但重要的是,这两个焦点中没有一个是自我。人们正是基于同样的误解而将儿童的行为阐述为一种所谓的"自我中心主义"的表现,将儿童的自恋阐释为对其他事物的静观的排除。实际上,儿童是从钳合的被动综合与被钳合的兴奋出发而在双重系列的基础上被构建。但这两个系列都是对象性系列:作为能动综合之相关物的现实对象之系列,作为被动综合之深化的相关物的潜能对象之系列。现在,被动自我正是由于静观潜能的焦点[虚焦点]而被一自恋形象填充。尽管两个系列互不类似,但它们却要同时实存。所以,马尔蒂尼(Henri Maldiney)在分析儿童的行走的例子时,有理由说儿童的世界[133]既不是圆圈的,也不是自我中心的,而是椭圆的。该椭圆拥有两个虽在本性上不同,但又都是客观的或对象性的(tous deux objectifs ou objectaux)焦点。① 也许根据这两个焦点的不相似性,从一个焦点到另一个焦点形成了一种交叉、一种扭曲、一种螺旋、一种"8"的形状。而且,除"8"的交叉处,除两个相互交叉的不对称的圆圈——现实对象的圆圈和潜能对象或潜能焦点[虚焦点]的圆圈——的连接点以外,依据拓扑论区别于**本我**的自我又能在哪里? 又能是什么?

人们应当给这两个相关的系列之二元性添加上自保欲力(pulsions de conservation)②与性欲力(pulsions sexuelles)③的区分。

---

① 参 Henri Maldiney,《自我》(*Le Moi*, cours résumé, Bulletin Faculté de Lyon, 1967)。

② 【译按】关于"自保欲力",参拉朗虚、彭大历斯,《精神分析辞汇》,前揭,页397:"弗洛伊德使用的词汇,指称和个体生命保存而言必要的身体机能相联系之所有需求。饥饿为其原型。在其第一欲力理论的构架下,弗洛伊德将自保欲力对立于性欲力。"

③ 【译按】关于"性欲力",参拉朗虚、彭大历斯,《精神分析辞汇》,前揭,页413:"内在推力,精神分析认为其作用的范围比一般所谓的性活动更为广泛。区别欲力与本能的某些特征完美无缺地自呈于此:其对象并非生物性地事先决定,其满足形态(目的)可变,并且更特别地连结于特定身体区位(动情带)的运作上,不过也可能会伴随着其所依附的极其多样的活动。性刺激的身体源头的多样性,因为性(转下页注)

第二章 自为之重复

因为前一种欲力与(1)现实原则之构成、(2)能动综合和能动的全局自我之基础、(3)与被领会为令人满足的或可怕的东西的现实对象的关系不可分割。后一种欲力则与潜能焦点[虚焦点]之构成,或被动综合和与之相应的被动自我之深化不可分割:在性成熟之前,种种行动始终是观察、静观,但被静观、被观察的始终是一个潜能之物。这两个系列必须同时存在意味着它们不仅是互补的,而且还要根据它们的不相似或本性差异相互依存、相互维持。人们同时注意到:诸潜能之物是从现实之物的系列中提取出来的,而且它们还被归并在了现实之物的系列之中。这种提取首先内含着一种隔离或悬置,为了从中提取出一个姿态、一个方面、一个部分,这种隔离或悬置使现实凝固。但这种隔离是质的;它并不只是要摆脱现实对象的一个部分;被摆脱的部分通过作为潜能对象发挥作用而获得了一种新的本性。潜能的对象是一个部分的对象(objet *partiel*)①,这不单单是因为它缺少一个仍然处在现实之中的部分,而且还因为它在自身之中并为了自身而裂开、分成了两个潜能的部分。其中一个部分总是另一个部分所缺少的。简而言之,潜能并不服从于影响了诸现实对象的全局特征。无论就其起源而言还是就其特性而言,潜能都是碎片、断片、残骸。它自身缺少同一性。好妈妈和坏妈妈,或是依循父亲之二元性的不苟言笑的爸爸和随和开朗的爸爸并非两个部分对象,而是在复身中失掉了自身

(接上页注)欲力并非一开始便是统一的,而是性欲力首先破裂化成部分欲力,其满足是局部性的(器官快感)。精神分析指出,人类的性欲力紧密地连结于将之特殊化的表象或幻想的作用之上。唯有在复杂且随机偶发演化结束之后,性欲力方能在生殖性之上之下组织起来,并如此重新找回本能的表面固著性与目的性。就经济论的观点而言,弗洛伊德假设一种独特的能量存在于性欲力变迁中:力比多。就动力论的观点而言,弗洛伊德将性欲力视为必然出现于精神冲突中的一极:它是无意识抑制的特选对象。"

① 【译按】关于"部分对象",参拉普朗虚、彭大历斯,《精神分析辞汇》,前揭,页317:"部分欲力所针对的对象类型,这并不意味着一整个人会被视为爱恋对象。主要是真实或幻想的身体部分(乳房、粪便、阴茎),及其象征对等物。甚至一个人可认同,或被认同为,一个部分对象。"

同一性的同一个部分对象。当能动综合超越了被动综合[134]，朝向可被整体化的同一性对象的全局性整合与设定前进时，不断深化的被动综合则朝向那些仍然无法全体化的部分对象的静观前进。这些部分对象或潜能对象具有多重身份，它们既可以是克莱因(Melaine Klein)的好对象和坏对象，也可以是"过渡"对象①或拜物对象，而且特别是拉康(Lacan)的对象 a(objet a)。弗洛伊德已经确定无疑地表明了成熟之前的性是如何包含了诸多从自保冲动的运用那里提取出来的部分冲动；这种提取假定了作为"潜能焦点[虚焦点]"或"始终被一分为二的性的两极"而发挥功能的部分对象自身的构成。

相反，这些潜能对象[虚焦点]被并入了现实对象之中。从这种意义上说，它们能够与主体身体的诸部分或另一个人的身体的诸部分，甚或玩具、拜物之类的非常特别的对象相应。体内化(incorporation)②绝不是认同(identification)③，它甚至不是内摄(introjection)④，因为它超越了主体的种种界限。它不但不与隔离(iso-

---

① 【译按】关于"过渡对象"，参拉普朗虚、彭大历斯，《精神分析辞汇》，前揭，页318："温尼可(D. W. Winnicott)所提出的词，它指对婴儿及幼儿而言具有亲和价值的实物(如所吸吮的毯子的一角、或毛巾)，特别是在入睡时。根据此论者的说法，依赖此类对象是一种正常现象，使儿童得以由对母亲最初的口唇关系转移到'真正的对象关系'。"

② 【译按】关于"体内化"，参拉普朗虚、彭大历斯，《精神分析辞汇》，前揭，页216："主体借此以某种约略幻想的模式，让对象渗透并保存于其体内的过程。体内化构成了具有口唇阶段特征的某种欲力目标与对象关系模式。由于与口腔活动和食物消化有某种优先关系，体内化亦可在其他动情带及其他功能相关的情况下被体验。它构成内摄与认同之身体原型。"

③ 【译按】关于"认同"，参拉普朗虚、彭大历斯，《精神分析辞汇》，前揭，页202："指一种心理过程，主体借此拟同他者的一个面向、特质、属性，并以他者为模范，将自我作全部或部分改变。经由一系列的认同，人格得以构成与分化。"

④ 【译按】关于"内摄"，参拉普朗虚、彭大历斯，《精神分析辞汇》，前揭，页225—226："精神分析研究所揭示的一种过程：指主体以幻想性的方式，将对象及其属性由'外部'导入'内部'。内摄与构成其身体原型的体内化类似，然而内摄并不必然和身体界限有关。"

lation)①相对立,而且还与其互补。潜能对象无论被体内化入什么样的现实之中,它都不会被这一现实所整合:确切地说,它被栽种,或是被钉入现实之中。而且,它不但没有在现实对象中发现那可以填充它的一半,反而还在该对象中表现了另一个仍旧缺乏的潜能的一半。当克莱因表明了母亲的身体是如何包含了潜能对象时,我们既不应当认为它整合或包括了这些潜能对象,也不应当认为它拥有了它们,毋宁说这些潜能对象是被种在了母亲的身体上,它们就像是几棵来自另一个世界的树,就像是果戈理笔下的鼻子②或丢卡利翁(Deucalion)的石头。③ 体内化仍然是一种条件。在这种条件下,自保冲动与和自保冲动相应的能动综合以及它们自身的来源将性压在现实对象的系列上(rabattre la sexualité sur la série des objets réels),并从外部将它整合到由现实原则支配的领域之中。

潜能对象从本质上说是过去。柏格森在《物质与记忆》中提出了一个拥有两个焦点的世界图型。这两个焦点一个是现实的〔实焦点〕,一个是潜能的〔虚焦点〕,前一个焦点源出于"知觉—影像"的系列,后一个焦点源出于"回忆—影像"的系列,它们被组织在了一个无尽的圆周之中。潜能的对象并非先前的当前;因为当

---

① 【译按】关于"隔离",参拉普朗虚、彭大历斯,《精神分析辞汇》,前揭,页233:"在强迫〔观念〕型神经症上特别典型的一种防御机制。此种机制在于隔离某个思维或行为,以便打断它们与其他思维或与主体存在之其他部分的连结。隔离有许多程序,包括如思维过程、惯用语、仪式行为中的停顿,以及广泛而言所有可在思维或行动的时间系列上建立中断之方法。"

② 【译按】参果戈理,《鼻子》,北京:人民文学出版社,1954。

③ 【译按】丢卡利翁是普罗米修斯的儿子。主神宙斯由于无法忍受人类的残忍、粗暴和愚蠢,决定降下暴雨,用洪水灭绝人类。由于丢卡利翁得到了普罗米修斯的警告,他预先造好了一个大木箱。当洪水来临后,丢卡利翁和妻子皮拉一起钻入木箱,才得以躲过灾难。他们俩随洪水漂流到帕那萨斯山后上岸,这时宙斯让他许愿一件事,丢卡利翁说想要再创造人类。宙斯命令他们拿起地上的石头向后扔过自己的头顶,于是丢卡利翁扔的石头落地后变成了男人,皮拉扔的石头变成了女人。

前的质以及流逝的样态现在以排他的方式影响着能动综合所构成的现实系列。而我们先前界定的纯粹过去共时于它自身的当前，先存于流逝的当前并使一切当前流逝，它对潜能对象进行了定性。[135]潜能对象是纯粹过去的一块碎片。正是从我对潜能焦点［虚焦点］的静观的高度，我参与到了我那流逝的当前之中并在其中固持。也正是从这种高度，我参与到了潜能焦点［虚焦点］被体内化于其中的现实对象的前后相继之中，并在其中固持。人们在这些焦点的本性中找到了这种情况的理由。潜能对象虽然是从当前的现实对象中提取出来的，但它却从本性上不同于现实对象；相对于它被从中提取出来的那个现实对象而言，它不只是缺少某种东西，而且始终是其自身的一半，它在自身中缺少某种东西，它将另一半设定为含有差异的、缺席的东西。然而，我们会看到，这种缺席是否定的对立面：作为自身永远的一半，只有在自身不存在于它应当存在的地方，它才存在于它所存在的地方。只有当人们在它不存在的地方寻找它时，它才存在于人们找到它的地方。它既不被拥有它的人们所占有，又被不拥有它的人们所占有。它始终是一个"曾是"。从这种意义上说，拉康那些将潜能对象与爱伦坡（Edgar Poe）的被窃的信进行比较的篇章在我们看来具有示范性。拉康表明：以现实原则为根据的现实对象服从的是"要么在、要么不在某个地方的法则（loi d'être ou de ne pas être quelque part）"，而与此相反，潜能对象则把"既在又不在自身所处、所往的地方"当作自己的性质（pour propriété d'être et de ne pas être là où il est, où qu'il aille）：

> 藏起来的东西其实只是不在其位置上的东西，这就像图书馆里的一册书迷失之后搜索卡片上所说的那样，那本迷失的书说不定就藏身在旁边的架子上或盒子里，一眼就能看到。这是因为，只有那能够改变自己位置的东西，即象征，我们才

能真正说它不在自己的位置上。因为如果是现实的东西,不管我们怎样的摆布它,它总是在的,它是被钉住在自己的脚跟上的,也不知道谁可以将它搬走。①

流逝着并与自身一起被带走的当前与纯粹过去(其普遍的可动性或普遍的遍在性[ubiquité]使当前流逝,并且它永远与自身不同)的对立无比明晰地呈现了出来。潜能对象从来不是相对于一个新生的当前而言的过去;它也不再是相对于一个它已是的当前而言的过去。它是在一个凝固不动的当前(un présent figé)中,与它所是的当前共时的过去;一方面,它缺少一个部分,另一方面,这个部分正是它同时所是的;而且它在处于自己的位置上时就已经被移置。所以,潜能对象只能是其自身的断片:它只能作为失落之物被找到——它只能作为复得之物存在。[136]这里,遗失与遗忘不是应当被超越的规定,而是意指着那在遗忘内部作为失落之物而被重新找到的东西的客观本性。潜能对象与作为当前的自身共时,它即是自身的过去,它先存于一切在现实系列中流逝的当前,它属于纯粹过去。它不但是纯粹的断片,而且是自身的断片;然而正如精神体验②所表明的那样,正是纯粹断片的体内化造成了质的改变,并使当前在现实对象的系列中流逝。

---

① Jacques Lacan,〈关于被窃的信的研讨会〉(Le séminaire sur la lettre volée, Ecrits, Editions du Seuil),页25(【译按】中译见《拉康选集》,褚孝泉译,上海:上海三联书店,2001,页17)。这无疑是拉康最为深刻地发展了他的重复概念的文章——拉康的某些信徒着力坚持这一"非同一"的主题,以及从中得出的差异与重复的关系:参 J.-A. Miller,〈缝合〉(La suture);J.-C. Milner,〈能指之点〉(Le point du signifiant);S. Leclaire,〈在精神分析中发挥作用的诸要素〉(Les éléments en jeu dans une psychanalyse),见《分析手册》(Cahiers pour l'analyse, n°s 1, 3 et 5, 1966)。

② 【译按】原文为"expérience physique(物理实验)",疑为"expérience psychique"之误。德勒兹在法文版第161页再次用到了"精神体验"这一术语。

爱若斯与摩涅莫绪涅

爱若斯与**摩涅莫绪涅**的纽带正在于此。**爱若斯**使诸潜能对象摆脱了纯粹过去,而且还让我们去实际体验它们。在所有的潜能对象或部分对象中,拉康发现了作为象征器官的"阳具(phallus)"①。如果说他可以将这一外延给予阳具概念(归摄所有的潜能对象),这是因为这个概念确实包含了先前的种种特征:表现了自身的缺席,表现了作为过去的自身,相对于自身而言本质上是被移置的,只能作为失落之物被找到,作为在复身中失去了同一性的始终断片式的实存——因为它只能在母亲一方被寻找和发现,并且它将"改变位置"当成了自己的悖反性质:正如阉割的主题所表明的那样,它虽然不能被有"阴茎(pénis)"的人拥有,但却可以被没有阴茎的人拥有。象征性的阳具既意味着纯粹过去的爱欲样式,又意味着性的无法追忆物。象征即那始终被移置的断片,它只对一个从不曾是当前的过去来说才有价值:对象 = X②。但如下观念意味着什么呢:潜能对象最终总要指向一个本身即具有象征性的元素?

---

① 【译按】关于"阳具",参拉普朗虚、彭大历斯,《精神分析辞汇》,前揭,页335:"古希腊拉丁时期,雄性器官之具象性表象。在精神分析中,该词的使用强调阴茎在主体内与主体间之辩证所担当的象征功能,阴茎一词则较保留用于指称就解剖学事实而言的器官。"

② 【译按】"对象 = X"的概念是由康德在《纯粹理性批判》第一版先验演绎的第三综合——概念中认知的综合——中提出的:"我们将可以对我们有关一个一般对象的概念作出更为准确的规定了。一切表象作为表象都有自己的对象,并且本身又都能是另外一些表象的对象。现象是能够被直接给予我们的唯一的对象,而凡是在现象中直接与对象相关的就叫作直观。但现在,这些现象不是自在之物本身,而只是一些自身又有自己的对象的表象,而这一对象则不再能够被我们所直观,因而可以被称之为非经验性的、即先验的对象,等于 X(transzendentale Gegenstand = X)……"(康德,《纯粹理性批判》,前揭,A108—109,页121)。不过,和上文提及的"图型论"中的四种时间视角一样,虽然德勒兹从康德那里借用了这个概念,但他却赋予了这个概念全新的意义。

重复、移置与伪装：差异

毫无疑问，正是全部重复的精神分析游戏，亦即爱的游戏，引起了争论。问题在于知道，人们是否能够以如下方式构想重复：重复的实现方式即是在现实系列中，从一个当前到另一个当前，从一个当下的当前到一个先前的当前。在这种情况下，先前的当前被视为一个复杂点(point complexe)。这个复杂点就像是一个最终项或原初项，它不但停留在自己的位置上，而且还释放着一种吸引力：正是它提供了有待被重复的事物(chose)，正是它作为条件制约着整个重复过程。不过，从这种意义上说，它是独立于重复的。固著(fixation)、退转(régression)①，以及创伤(trauma)②、原初场景(scène originelle)③这些概念表现了这一初始元素。这样一来，重复过程从原则上说就等同于一种作为相同者之重复的物质的、原始的、赤裸的重复范型：这里，"自动性(automatisme)"观念表现了被固著的欲力，或毋宁说表现了以[137]固著或退转为条件的重复。并且，如果这一物质性范型事实上被各种各样的伪装、被无数

---

① 【译按】关于"退转"，参拉普朗虚、彭大历斯，《精神分析辞汇》，前揭，页430—431："在具有形成或发展方向的精神过程中，退转被用来指称由一个业已抵达的点反向回归到一个位于之前的点上。由拓扑论的意义来理解，对弗洛伊德来说，退转沿着一系列精神系统运作；在正常状态下，刺激于其间依既定方向行进。就其时间的意义而言，退转假设一种发生系列的存在，并表示主体回归至其业已经过的发展阶段中(力比多阶段、对象关系、认同等)。就形式的意义而言，退转指称过渡到——就复杂性、结构化与分化的观点而言——较低层次的表达与行为模式中。"

② 【译按】关于"创伤"，参拉普朗虚、彭大历斯，《精神分析辞汇》，前揭，页535："主体生命中的事件，其定义在于其剧烈性、主体无法予以适当回应、以及它在精神组织中引起动荡与持久的致病效应。以经济论词汇而言，创伤的特征在于，相对于主体的忍受度以及其在精神上控制与加工刺激的能力而言，过量刺激的汇流。"

③ 【译按】关于"原初场景"，参拉普朗虚、彭大历斯，《精神分析辞汇》，前揭，页463："儿童观察所见或根据某些迹象所假设、幻想之双亲性交场景。它通常被儿童诠释为父亲的暴力行为。"

的化装或移置(正是这化装或移置将新生的当前与先前的当前区分开来)搅乱和覆盖,那么,虽然其必然被赋予根据,但这仅仅是以一种次要的方式实现的:在大多数情况下,变形(déformation)①既不属于固著,也不属于重复本身,而是被添加到了它们上面,与它们重叠,且必然要给它们"穿上衣服";但是,变形来自于外部,解释它的是压抑,后果表现了重复者与被重复者(在重复之中)的冲突。固著、重复自动性与压抑这三个截然不同的概念表现了如下三者间的分配:(1)相对于重复而言的、假定的最末项或最初项;(2)一个假定的赤裸重复,这是相对于覆盖它的各种伪装而言的;(3)必然通过冲突的力量加诸于赤裸重复之上的各种伪装。甚至就连弗洛伊德所构想的作为向无生命物质的回归的死亡欲力,亦是与最终项的设定、物质的和赤裸的重复的范型,以及生命与死亡之间的冲突性二元论联系在一起。"先前的当前不是在其客观现实性中活动,而是在作为它已经被经验或想象的场所的形式中发挥作用"这一点无关紧要。因为想象力在这里介入只是为了集聚作为被实际经验的现实的现实系列中两个当前之间的共振,并保证它们之间的伪装。想象力集聚了先前的当前的条条踪迹,它将先前的当前当成了新生的当前的范型。关于强制重复的传统精神分析理论从本质上说仍然是实在论的、唯物论的、主观的或个体的。说它是实在论的,是因为一切都在诸当前之间"流逝[发生]"。说它是唯物论的,是因为自动性原始重复的范型仍然是隐蔽的。说它是个体的、主观的、唯我论的或单子论的,是因为先前的当前(亦即被重复、被伪装的元素)与新生的当前(亦即着装的重复的现实项)都只是被视为主体的表象,它们有的是无意识的,有的是有意识的;有的是潜伏的,有的是直显的;有的是行压

---

① 【译按】关于"变形",参拉普朗虚、彭大历斯,《精神分析辞汇》,前揭,页119:"梦工之整体效应:隐思维被转变成一难以辨识的显产物。"

第二章 自为之重复

抑的,有的是所压抑的。所以,从其实在论的、唯物论的、主观的观点看来,全部重复理论都从属于单纯的表象的种种要求。在先前的当前中,人们使重复服从于同一性原则;在当下的当前中,人们使重复服从于类似性规则。我们并不认为弗洛伊德对系统发育(phylogenèse)的发现或是荣格(Jung)对原型(archétypes)的发现弥补了上述概念的不足。即使人们将想象物的诸权利完全[138]与各种现实的事实对立起来,这仍然牵涉到一种被视为最终之物或原初之物的精神"现实";即使人们将心灵与物质对立起来,这仍然牵涉到一个赤裸的、被揭露的、稳置于最后的同一性之上、以其派生的类比为支撑的赤裸的心灵;即使人们将一种集体的或宇宙的无意识与个体的无意识对立起来,前者也只有凭借自身那种在唯我论的主体那里激起表象的力量才能发挥作用,即便这个主体是一个文化的主体或世界的主体。

人们时常强调思考重复过程的困难。如果人们考察两个当前、两个场景或两个事件(幼儿的和成人的)那被时间分割开来的现实,先前的当前如何能够远距离地作用于当下的当前并充当当下的当前的范型(先前的当前应当从后起的当前那里回溯地获得自身的有效性)?并且如果人们援用那些对于填充时间之间隔来说必不可少的想象活动,这些活动如何能够不吸收两个当前的全部现实性,如何只能让重复作为一个唯我论的主体幻相继续存在?但是,如果两个当前果真是前后相继的,并且在现实系列中隔着一段可变的距离,它们不如说是形成了两个与具有另一本性的潜能对象相关的共存的现实系列。潜能对象不断在这两个系列中循环、移置(即使人物、主体实现了每一系列的位置、项和关系,他们从时间上说仍然彼此不同)。构成重复的方式并非从一个当前到另一个当前,而是在这些当前根据潜能对象(对象 = X)形成的两个共存的系列之间。这是因为潜能对象一直在循环,始终相对于自身而言在移置,因为它在它于其中出现的两个现实系列或是在两个当前之间,规定了项的转变和想象关系的变状。因此,潜能对象的移置并不是众多伪装中的一个,而是现实地产生出"作为伪装的重复"的重复的那条原则。重复只能由那些影响着现实系列的项和关系的伪装来构成,并在这些伪装之中被构成;不过,事情之所以这样是因为它依赖着潜能对象,就像是依赖着一个将移置当作自身首要特性的内在审级。这样一来,我们便不能认为伪装可以由压抑来解释。这是因为,根据其规定性原则的特有移置(déplacement caractéristique de son principe déterminant),重复必然是被伪装的,而压抑则作为一个以诸当前的表象为依托的结果被生产出来。当弗洛伊德[139]探寻着一个比压抑审级更为深刻的审级时,他已经清楚地意识到了这一点,即使这一更为深刻的审级仍然是以相同的方式被构想的,亦即被构想为一种"原初的"压抑。人们并不是因压抑而重复,而是因重复而压抑。同样地,我们还可以说,人们不是因压抑而伪装,而是因伪装而压抑,并且人们是根据一个重复的规定性焦点来进行伪装。正如伪装相对于重复来说并不是第二位的那样,重复相对于一个被假定为最终之物或源始之物的固定项来说也不是第二位的。因为如果先前的当前和当下的当前根据在它们之中并相对于自身移置的潜能对象形成了两个共存的系列,这两个系列中没有一个可以被指定为原初的或派生的。它们使多样的项和主体在一个复杂的交互主体性中发挥着作用。在其中,每一个主体在其系列中的作用和功能全靠它所占据的那个相对于潜能对象的无时间性位置。① 至于这个对象本身,

---

① 拉康在两篇极为重要的文章中点明了诸系列的实存:一篇是前面已经引用了的《被窃的信》(第一系列:"国王—王后—大臣",第二系列:"警察—大臣—迪潘");一篇是评论"鼠人"的《神经官能症患者的个体神话》(*Le mythe individuel du névrosé*, C. D. U.)(双亲的系列和子女对待双亲的系列在不同的状况下调动了债务、朋友、贫穷的女人和富有的女人)。每个系列中的元素和关系都是根据它们那相对于始终在移置的潜能对象的位置被规定的:第一个例子中的信,第二个例子中的债务。——"不仅仅是一个主体,而是卷入主体间性中的多个主体排进了队伍……能指的移置决定(转下页注)

第二章 自为之重复

它不再可能被当作一个最终的或原初的项来看待：因为这会强加给它一个固定的位置和一个与它的本性完全冲突的同一性。如果它可以"同一于"阳具，按照拉康的表达，这只是就后者始终不在自己的位置上，始终缺少自身的同一性、缺少自身的表象而言的。简而言之，并不存在最终项，我们的爱并不取决于母亲；母亲只是在对我们的当前具有构成性作用的系列中，占据了某个与潜能对象相关联的位置。而这个位置在构成了另一个主体性的当前的系列中又会被另一个人物占据，我们始终要考虑到这一对象 = X 的移置。这有些像《追忆似水年华》的主人公，他对自己母亲的爱已然重复了斯旺对奥黛特的爱。[140]双亲不是某一主体的最终项，而是交互主体性的中项，是不同主体从一个系列到另一个系列的交流形式与伪装形式——这些形式是由潜能对象的运送所规定。因此，面具下面仍有面具，即便是隐藏最深的东西，它自身也仍然是一个藏身处，直至无穷。"揭掉某物或某人的面具"，这只是一个幻相。作为重复之象征器官的阳具既是一副面具又是一个被隐藏者。这是因为面具拥有两种意义。"不过请给我吧——给你什么？给你什么？说出来啊！——再给我一副面具吧"。① 面具首先意谓着伪装，它在想象的层面上影响着两个在原则上共存的现实系列的项和关系；但从更深的层面上说，它意谓着移置。移置——既在潜能对象自身的系列中，亦在那些它不断在其中循环的现实系列中——从本质上影响着象征的潜能对象（所以，移置使戴面具者的双眼与面具的嘴对应，或是只让戴面具者的脸被看

(接上页注)了主体的行动，主体的命运，主体的拒绝，主体的盲目，主体的成功和主体的结局，而不管他们的才赋，他们的社会成就，他们的性格和性别……"（《写作集》[Écrits]，页30[【译按】中译见《拉康选集》，前揭，页22]）。因此，一个既不能被还原为个体无意识，也不能被还原为集体无意识的交互主体的无意识便被界定了。而且，相对于这种交互主体的无意识而言，人们不再能够将一个系列确定为原初的，将另一个系列确定为派生的（虽然拉康继续使用着这些词语，但这似乎只是为了用语的方便）。

① 【译按】尼采，《善恶的彼岸》，前揭，箴言278，页267。

成是一具无头的躯体,哪怕一颗头颅又出现在了这个躯体上)。

无意识之本性的种种结果:
系列的无意识、微分无意识与发问的无意识

因此,从本质上说,重复是象征性的、精神性的、交互主体性的或单子性的。由此产生的最后一个结论涉及到了无意识的本性。种种无意识现象并不听凭自己在过分简单的对立形式或冲突形式下被理解。在弗洛伊德那里,有利于冲突性范型的首要性的并不只是压抑理论,还包括冲动理论中的二元论。然而,诸冲突只是一些更为精妙的微分机制[差异机制](移置与伪装)的结果。而且,如果各种力自然地进入到了对立关系当中,这是以那些表现了一种更为深刻的审级的微分元素[差异元素]为出发点的。在我们看来,在其限定与对立的双重方面下,否定一般相对于问题(problème)和发问(question)的审级来说是第二位的:这既是说否定仅仅在意识中表现了"根本上是无意识的发问和问题"的影子,又是说它的表面力量是从这些问题与发问的自然设定[提出]中的那种不可避免的"虚假"部分那里借取而来的。"无意识在意欲,而且它只能意欲"乃是实情。但同时,欲望在潜能对象中发现了它与需求的差异的原则,它既不显现为一种否定的强力,也不显现为某一对立的元素;确切说来,它是一种发问与提问的追寻力量,[141]它在一个不同于需要和满足之场域的场域中展开。发问与问题并非思辨活动,即那些完全暂时性的,并且标志着某一经验主体的一时无知的东西。它们是种种投注于无意识的特殊客观性之中的活生生的行动,它们必定会从影响着回答与解决的临时性、部分性状态那里幸存下来。问题"对应着"那些构成了现实系列的项与关系的相互伪装。作为问题之源泉的发问则对应着诸系列据以展开的潜能对象的移置。作为潜能对象的阳具正是因为与

其自身的移置空间是一回事,所以才一直被谜语和猜谜确定在它所不在的位置上。甚至连俄狄浦斯的冲突也首先取决于斯芬克斯的发问。诞生与死亡、性别差异在成为对立的简单项之前首先是问题的复合论题(thèmes complexes)(在由阴茎的拥有和褫夺所规定的性别对立之前,首先存在着阳具的"发问",其在每一系列中规定着具有性征的人物的微分位置[差异位置])。在任何发问和问题中,在它们相对于应答而言的超越性中,在它们穿过解决(solution)的固持性中,在它们维持自身固有的开口的方式中,很可能存在着某种疯狂的东西。①

[142] 不过,就像在陀思妥耶夫斯基(Dostoïevski)或舍斯托夫

---

① 勒克莱尔(Serge Leclaire)根据作为无意识之基本范畴的发问概念概述了一种神经症和精神病的理论。他在这种意义上区分了歇斯底里患者的发问样式("我是男人还是女人?")和强迫神经症患者的发问样式("我是死了还是活着?");他还以这一发问审级为着眼点区分了神经症和精神病各自的位置。——参〈强迫神经症患者的生命中的死亡〉(La mort dans la vie de l'obsédé, La psychanalyse, n°2, 1956);〈精神病之精神治疗的原则的研究〉(A la recherche des principes d'une psychothérapie des psychoses, Evolution psychiatrique, II, 1958)。在我们看来,这些关于患者所经验的发问的形式和内容的研究十分重要,它们迫使我们重审否定和冲突在无意识一般中的作用。这里,它们仍然是将拉康的提示当成了源泉:关于歇斯底里与强迫神经症中的发问类型,参《写作集》(Ecrits),页303—304;关于欲望、它与需要的差异、它与"要求"和"发问"的关联,页627—630,690—693。

荣格理论的重点之一难道不是已经出现在了这里:无意识中的"审问"力量、作为"问题"与"任务"的无意识的无意识概念? 荣格从中引出的结论是:一种比作为结果产生的对立更为深邃的分化过程的发现(参《自我与无意识》[Le moi et l'inconscient])。弗洛伊德的确激烈地批评了这种观点:在《狼人》(L'homme aux loups),§V中,他坚持认为儿童并不审问、只是欲求,并且,他所碰到的不是任务,而是由对立所支配的不安——在《多拉》(Dora),§II中,他表明梦的核心只能是一种投入到了一个相应的冲突中去的欲望。然而,荣格与弗洛伊德之间的讨论并没有被恰当地定位,因为这牵涉到弄清楚无意识是否能进行意欲之外的活动。事实上,真正应当提出的难道不是这样一个问题:欲望是否只是一种对立的力量? 它难道不是一种完全建立在发问之强力的基础上的力量? 甚至连弗洛伊德所援用的多拉的梦都只能在一个问题(以及父亲—母亲、K先生—K夫人这两个系列)的视角下被阐释,而这个问题本身则展开了一个歇斯底里形式的发问(以及扮演着对象=X的角色的珠宝盒)。

(Chestov)那里,只须带着充分的坚持来提出问题就足够了,因为发问是要使所有回答缄口,而非激起它们。发问正是在这里发现了自身原本的存在论意义:发问的(非)存在不能被还原为否定之物的非存在。不存在原初的、最终的回答或解决,存在的只是借助于所有面具下面的面具和所有位置背后的移置的发问—问题。"认为生命与死亡的问题或爱情、性别差异的问题须要得到解决,甚至须要以科学的方式被提出",这很幼稚——虽然这些提出和解决必然要发生,必然要在某一时刻介入到它们的展开过程之流中。问题涉及的是永恒的伪装,发问涉及的是永恒的移置。神经病患者或精神病患者也许以自己的痛苦为代价,探索着这一终极的原初基底,前者追问如何使问题移置,后者追问于何处发问。对于一个不停在移置的发问或一个不停在伪装的问题来说,他们的痛苦、他们的受苦恰恰是它们的唯一回答。不是他们的所言所思,而是他们的生命作为范例超越了他们的所言所思。他们见证了这种超越性,见证了关于真与假的最为奇特的游戏。这一游戏不再是在回答与解决的层面上被建立起来,而是在问题自身中、在发问自身中,亦即在假成为了真的探索方式、成为了它的本质性伪装或基本移置的固有空间中被建立起来的:这里,伪(pseudos)成为了真的激情[痛苦]。发问的强力始终来自于回答之外的地方,而且它享有一个不听任自己被消解的自由基底。发问与问题的持存性、超越性,以及存在论层面上的维持不是在充足理由的合目的性形式(为了什么目的?为什么?)下被解释的,它们是在差异与重复的离散形式下被解释的:存在着什么样的差异?和"稍稍重复一下"。[143]这里没有差异,但这并不是因为它寄寓于回答中的相同,而是因为它只存在于发问之中,存在于保证了差异的运送和伪装的发问之重复中。因此,问题与发问属于无意识,而无意识从本性上说是微分的[差异的]和反复的,是系列的、提问的和发问的。是对立的还是微分的[差异的],是处于冲突之中的宏大力量的无意识还是成系列的微小元素的无意识,是对立的宏大表象的无意识还是微分的[差异的]微知觉①的无意识,当人们追问无意识归根到底是什么时,人们似乎复活了莱布尼茨主义传统与康德主义传统之间那种古老的迟疑和争论。但是,如果弗洛伊德完全是站在一种黑格尔式的后康德主义一边,亦即一种对立的无意识一边,他为什么会对莱布尼茨主义者费希纳(Fechner)以及他的那种"症候学主义者(symptomatologiste)"的微分的[差异的]精细表示出极高的敬意呢?事实上,关键之处根本不在于弄清无意识所内含的究竟是逻辑限制的非存在还是实在对立的非存在。因为这两种非存在无论如何都只是否定之物的形态。无意识既不是限制亦不是对立,既不是[类似性的]渐弱的无意识,也不是矛盾的无意识,它所关涉的是从本性上不同于解决—解答的问题与发问:它们是同时拒斥着否定性非存在的两种形式——这两种形式所驾驭的只是意识的命题——的成问题者的(非)存在。对于"无意识不知道'不'"这一名言,我们应当直接从字面上来理解。部分对象是微知觉的元素。无意识是微分的[差异的],它归属于微知觉。这样一来,它从本性上就不同于意识,它关涉着那些永远不能被还

---

① 【译按】关于"微知觉(petites perceptions)",参莱布尼茨,《人类理智新论》,前揭,页9:"为了更好地判断我们不能在大群之中辨别出来的这种微知觉,我惯常用我们在海岸上听到的波浪或海啸的声音来作例子。我们要象平常那样听到这声音,就必须听到构成整个声音的各个部分,换句话说,就是要听到每一个波浪的声音,虽然每一个小的声音只有在和别的声音一起合成整个混乱的声音时,也就是说,只有在这个怒吼中,才能为我们听到,如果发出这声音的波浪只有单独一个,是听不到的。因为我们必须对这个波浪的运动有一点点感受,无论这些声音多么小,也必须对其中的每一个声音有点知觉;否则我们就不会对成千上万波浪的声音有所知觉,因为成千成万个零合在一起也不会构成任何东西";亦参《以理性为基础,自然和神恩的原则》第13条:"每个灵魂认识无限,认识一切,但它是混乱地进行的,正如我走在海岸上,听到海发出大的喧闹声,我听到来自每个波涛的独特的音响,它们构成整个音响,但我无法辨别它们彼此的不同。我们的混乱的知觉是整个宇宙对我们造成的许多印象的结果,这对每个单子也是一样。唯独上帝才具有一切清晰的知识,因为他是一切的源泉"(《莱布尼茨读本》,陈乐民编著,南京:江苏教育出版社,2005,页57)。

原为宏大对立,永远不能被还原为意识从无意识那里集聚来的整体效果(我们发现莱布尼茨的理论已经指出了这条道路)的问题与发问。

因此,我们就看到了对快感原则的第二种超越,即无意识自身中的第二时间综合。第一种被动综合,亦即**哈比图斯**的综合,它以活生生的当前的重新开始的方式(sur le mode recommencé d'un présent vivant)将重复呈现为纽带。它在两种互补的意义上保证了快感原则的基础,因为它同时催生了快感的一般价值(快感是精神生命在**本我**中必须始终服从的审级),以及幻觉性的特殊满足(这种满足要用自身的自恋形象填充每一个被动自我)。第二综合是**爱若斯—**[144]**摩涅莫绪涅**的综合,它将重复设定为移置和伪装,并发挥着快感原则根据的功能:实际上,关键在于了解这一原则如何应用在它所支配的东西上,在什么样的使用条件下,要以什么样的限制和深化为代价。对这些发问的回答在两个方向上被给出:一个是一般现实性法则的方向,沿着这个方向,第一种被动综合朝着一种能动的综合和一个能动的自我前进;与此相反,沿着另一个方向,第二综合集聚了特殊的自恋性满足并使它与潜能对象的静观发生关系,而第一种被动综合就在第二综合中得到深化。快感原则在这里收获了新的条件——无论是在被生产出来的现实(réalité produite)方面,还是在被构成的性(sexualité constituée)方面。仅仅被界定为"被钳合的兴奋"的冲动现在在一种已分化的形式下显现:依循现实的能动线,它显现为自保欲力;在这一新的被动深度中,它显现为性冲动。如果说第一种被动综合构成了一种"感性论",我们就有理由将第二种被动综合界定为一种"分析论"的等价物。如果说第一种被动综合归属于当前,那么第二种被动综合就属于过去。如果说第一种被动综合对重复的利用是为了从中倾析出差异,那么第二种被动综合则将差异包含在了重复之中;因为差异的两种形态——运送和化装,在象征的层面上影响着潜能对象的移置,在想象的层面上影响着潜能对象被体内化于其中的现实对象的伪装——已经变为重复自身的元素。所以,就弗洛伊德做出了如下行动而言,他在从爱若斯着眼对差异与重复进行分配时感觉到了困难:(1)维持着这两种因素[形态]的对立;(2)根据被取消的差异的物质性范型来理解重复;(3)将爱若斯界定为各种新差异的引入或生产。① 但事实上,**爱若斯**的重复力量直接衍生自差异的强力,这是**爱若斯**从**摩涅莫绪涅**那里借来的,它影响着那些作为纯粹过去的大量断片的潜能对象。对爱欲的重复(répétition érotique)所扮演的角色以及爱欲的重复与差异的组合做出解释的不是记忆缺失,而是过度记忆——正如雅内(Janet)已经在某些方面预见到的那样。[145]刻画着一个始终在移置与伪装的对象的特征的"旧事如新(jamais-vu)"在作为一般纯粹过去(始终在移置与伪装的对象正是从纯粹过去那里提取出来的)的特征的"似曾相识(déjà-vu)"中延续着。依据成问题者的客观本性,人们并不知道自己是在什么时间、什么地点看到(vu)的;而且最终,只有陌生之物是熟悉的,只有差异是重复的。

朝向第三综合或第三种"超越":自恋的自我、死亡欲力与空时间形式

爱若斯与**摩涅莫绪涅**的综合的确仍有模棱两可之处。因为现实系列(或在现实中流逝的诸当前的系列)与潜能系列(或在本性上不同于任何当前的过去的系列)在与**哈比图斯**之第一被动综合

---

① 就**爱若斯**内含着两个细胞体的统一,并由此引入了全新的生命差异而言,"我们无法将重复倾向的特征(正是重复倾向最早使我们想到去探究死亡欲力的存在问题)归之于性欲力"(Freud,〈超越快感原则〉[Au-delà du principe de plaisir, trad. Jankélévitch, in *Essais de psychanalyse*, Payot éd.],页70[【译按】中译参《弗洛伊德后期著作选》,前揭,页61])。

的关联中形成了两条分散的循环线、两个圆圈甚或同一圆圈的两条弧。但是,就那被当作潜能系列的内在界限与第二被动综合的原则的对象=X而言,现在形成了共存的系列、圆圈甚或同一圆圈的弧的是现实之前后相继的当前。下述情况不可避免:两个参照物混淆起来,纯粹过去由此重新陷入某一先前的当前(尽管这是一个神话的先前的当前)的状态中,它重新构成了那个曾被它揭露的幻相,它复活了这种源始物与派生物、起源中的同一性与派生物中的类似性的幻相。此外,正是**爱若斯**将自身实际体验为一个循环或一个循环的元素,而该循环的另一个对立元素则只能是位于记忆之基底处的**塔纳托斯**。**爱若斯**与**塔纳托斯**分别作为爱与恨、构建与毁灭、吸引与排斥组合到了一起。根据的模棱两可之处始终都是相同的:要么是将自身表象在了它强加给被它赋予了根据的东西的圆圈之中,要么是以元素的身份重新进入到了它在原则上规定了的表象之圆圈中。

潜能对象的特征从本质上说就是被遗失,现实对象的特征从本质上说就是被化装,这两种特征是自恋的强烈动机。但是,当力比多转身朝向自我或向自我回流时,当被动自我彻底变为自恋自我时,这是通过如下方式实现的:使两条线之间的差异内在化,将自身感受为那种在一条线上不断地移置,在另一条线上不断地伪装的东西。与自恋的自我不可分割的不光是一种构成性的伤口,还包括那些伪装和移置,后者贯穿了自我并构成了自我的变状。作为面具后的面具、化装下的化装,自我无法与自己的小丑区分开来,他拖着一条绿色的腿和一条红色的腿蹒跚前行着。① 尽管如此,人们不能[146]夸大在这个层面上产生的再组织化的重要性(它与第二综合的先前阶段对立)。因为,能动性应当在被动自我

---

① 【译按】参尼采,《查拉图斯特拉如是说》,前揭,页483:"似镰刀的新月在紫红色晚霞中带着绿意嫉妒地前行……"(卷Ⅳ,"忧郁之歌",§3)

变为自恋自我的同时被思维,而且它只能作为自恋自我被动地感觉到的变状、变更被思维。自恋自我从而指向了一个作为"**异己者**"而在它身上产生作用的**我**的形式。这个虽然能动但又分裂的**我**仅仅是超我的基础,它是自恋的、被动的、负伤的自我的相关物,它们共同形成了一个复合整体,这个整体被利科(Paul Ricœur)恰当地命名为"破产的我思(cogito avorté)"①。存在的仍然只是破产的 cogito[拉:我思]和幼生的主体。如前所见,**我**之龟裂只是作为脱离了全部内容的纯粹空形式的时间。这是因为自恋自我虽然出现在时间之中,但它根本没有构成时间性的内容;自恋的力比多、力比多向自我的回流已经抽象掉了所有的内容。自恋的自我毋宁是与空时间形式对应而又不填充这一形式的现象,是这一形式一般的空间性现象(以不同形式呈现在神经症式阉割[castration névrotique]和精神病式分割[morcellement psychotique]之中的正是这种空间现象)。**我**之中的时间形式规定了一个顺序、一个总体和一个系列。之前、之中与之后的静态形式顺序在时间中表现了自恋自我的划分或其静观的诸条件。时间的总体被集聚在了伟大行动的意象之中,这样一来,这一行动意象同时被超我呈现、禁止和预言了:行动 = X。时间系列意指着被划分的自恋自我与时间总体或行动之意象的对峙。自恋自我第一次以之前的或不足的方式,以**本我**的方式重复(这一行动是我不能胜任的);第二次以专属于理想自我的无限的变得—相等的方式(sur le mode d'un devenir-égal infini)重复;第三次以一种实现了超我之预言的之后的方式重复(本我与自我、条件与施动者全都毁灭了)! 因为实践法则本身指的完全是这一空时间形式。

---

① 参 Paul Ricœur,《论阐释》(*De l'interprétation*, Editions du Seuil, 1965),页 413—414(【译按】中译参利科,《弗洛伊德与哲学:论解释》,汪堂家、李之喆、姚满林译,杭州:浙江大学出版社,2017,页 297)。

死亡欲力、对立与物质性的重复

当自恋自我取代了潜能对象和现实对象时,当它自身承负起了前者的移置与后者的伪装时,它并不是用一种时间内容替换了另一种时间内容。与此相反,我们已经进入到了第三综合之中。人们说时间已经抛弃了一切可能的记忆[147]内容,并由此打断了**爱若斯**卷走它的那个圆圈。它被展开了、被恢复了,它已经获得了迷宫的终极形态——一条直线的迷宫,正如博尔赫斯所说的那样,它是"无形的,永不停顿的"。① 脱节的时间——伴随着它那形式的、静态的、严格的顺序,它那压倒性的总体,它那不可逆的系列——正是死亡欲力。死亡欲力并未与**爱若斯**进入到一个循环之中,它根本不是**爱若斯**的补充者或敌对者,它也不以任何方式与**爱若斯**对称,它所表现的完全是另一种综合。**爱若斯**与**摩涅莫绪涅**的相关关系被"作为无记忆的伟大遗忘者的自恋自我"与"无爱的、去性化了的死亡欲力"之间的相关关系替换了。自恋自我所拥有的只是已死的躯体,它在失去了对象的同时失去了躯体。它正是通过死亡欲力才被映射在理想自我当中,并在超我之中预感到了自身的目的,就像是在分裂的**我**的两块碎片之中。当弗洛伊德做出如下论断时,他深刻地揭示的正是自恋自我与死亡欲力的这种关系:力比多必须被去性化(se désexualiser),必须在形成了一种本质上有能力服务于**塔纳托斯**的可移置的(déplaçable)中性能量时才可以回流到自我。② 但是,弗洛伊德为什么会认为死亡欲力先于这种去性化了的能量,并且在原则上独立于这种能量? 原

---

① 【译按】参《博尔赫斯全集·小说卷》,前揭,页165:"'下次我再杀你时,'夏拉赫说,'我给你安排那种迷宫,那种只有一条线的、无形的、永不停顿的迷宫'"。

② Freud,《自我与本我》(*Le Moi et le Ça*, «Essais de psychanalyse», tr. Jankélévitch, éd. Payot),页212—214(【译按】中译参《弗洛伊德后期著作选》,前揭,页194—196)。

因无疑有两个,一个原因指向了那激发了全部冲动理论的二元论与冲突性范型的持存,另一个原因指向了那支配着重复理论的物质范型。所以,弗洛伊德有时强调**爱若斯**与**塔纳托斯**间存在着本性差异,根据这种差异,**塔纳托斯**本身应当在与**爱若斯**的对立中被定性;有时坚持一种节奏的或振幅的差异,仿佛**塔纳托斯**与无生命的物质状态重聚在了一起,并由此被等同于这种原始的、赤裸的重复(而来自于**爱若斯**的生命差异[différences vitales]只是被假定要来覆盖或阻碍它)的强力。但无论如何,一旦被规定为生命体向无生命状态的质的和量的回归,死亡所拥有的就只是一个科学的、客观的外在定义。令人惊讶的是,弗洛伊德对死亡的其他所有维度,对死亡在无意识中的任何原型(prototype)或呈现(présentation)均采取拒斥态度,虽然他在诞生与阉割那里认可了这类原型的存在。① 然而,将死亡还原为[148]物质的客观规定体现了这样一种先入之见:重复应当超越一种次要的或对立的差异的移置和伪装,并在一个未分化的物质性范型中发现自身的终极原则。但事实上,无意识的结构并不是冲突的、对立的或矛盾的,它是提出问题和成就问题的。重复不再是一种原始和赤裸的强力,这种强力超越于那些作为后来的多重变异体而对它产生次要影响的伪装(déguisements qui viendraient l'affecter secondairement comme autant de variantes);它反而是在作为构成性元素的伪装和移置(重复并不先于这些元素存在)中被编织而成。死亡并不在一种生命体要向其"回归"的无生命的无差异物质的客观范型中出现;它作为具有一种原型的(pourvue d'un prototype)、主观的、已分化的经验而呈现在生命体之中。它所对应的不是一种物质状

---

① Freud,《抑制、症状和焦虑》(*Inhibition, symptôme, angoisse*, trad. Tort, 2ᵉ éd., Presses Universitaires de France, 1968),页53以下。由于弗洛伊德批评朗克提出了一种过于客观的诞生观念,事情就变得更加奇怪了。

态，而是一种弃绝了任何质料的形式——空时间形式（并且，对于填充时间的质料来说，"使重复从属于一种死亡的物质的外在同一性"与"使重复从属于一个不灭的灵魂的内在同一性"完全是一回事）。这是因为死亡既不能被还原为否定，也不能被还原为对立的否定之物或限制的否定之物。它既不是物质对有死的生命的限制，也不是不死的生命与物质的对立——上述两种情况都给予了死亡一种原型。死亡毋宁说是成问题者的最后形式，是问题与发问的圆圈，是它们超越于任何应答之上的持久性的标志，是"**何地与何时？**"，其意指所有肯定都在其中维持的（非）存在。

死亡欲力与永恒回归中的重复

布朗肖准确地指出死亡具有两个方面：一个是人称性的方面，这个方面关涉着**我**或自我，并且我能够在一种抗争中直面它，或是在一种界限内与它重聚。无论如何，我都在一个使一切流逝的当前中和它照面。而另一个却很怪异，是无人称的方面，它与"自我"毫无关系，它既非当前亦非过去，它始终是将来的，始终是一个持存的发问中的永不停息的多样的冒险源泉：

> 死亡这事实包括着一种根本性的颠倒，由于这种颠倒，过去曾是我的权力的极端形式的那个死亡，现在不仅仅成为那种剥夺我的东西，把我抛弃在我的起始，甚至结束的权力之外，而且成为那种同我无关系，对我无任何权力的东西，成为那种失去一切可能性的东西，即不定物的非实在性。这种颠倒，我无法去想象，我甚至不可能把它设想为是最终的，这种颠倒并不是超出了它便无归途的那种不可逆转的过道，因为它是那种不会完成的东西，即永无止境，永不停歇……[149]它是当前的深渊，是我与之无关系的无当前的时间，即那种我

无法向着它飞驰而去的东西,因为(在它之中),我不死,我被剥夺了死的权利;(在它之中),人们在死,人们不停地不断地在死……不是终端,而是不可终结之物,不是真的死亡,而是某种死亡,而是如卡夫卡所说的那样,"对它的致命错误的冷笑"。①

面对这两个方面,人们可以清楚地发现:即便是自杀都无法使它们相符与相适。然而,第一个方面意谓着这种人的人称性消逝,意谓着**我**或自我所表现的这种差异的取消。这是一种仅仅为了死亡的差异,它的消逝能够客观地表现在一种向无生命物质的回归中,就像在一种熵之中被计算。如果将种种表面现象抛在一边,我们会发现这种死亡始终来自外部(甚至是在它构成了最具人身性的可能性时)和过去的(甚至是在它作为直接的当前存在时)。第二个方面,另一副面孔或另一个方面则意指自由差异的状态:自由差异不再服从于**我**或自我给予它们的那个形式,它们在排除了我自身的一致性以及任意一个同一性的一致性的形态中展开。始终有一个比"我死(je meurs)"更为深邃的"人们在死(on meurt)",而且只存在以各种各样的方式不断死去的诸神;仿佛有许多个世界涌现出来,在这些世界中,个体性不再困陷于**我**与自我的人称性形式之中,奇异者也不再困陷于个体的诸界限之中——简而言之,在这些世界中,不服从的复多之物不再从第一个方面中被"认知"。然而,弗洛伊德的全部概念都指向了第一个方面;但这样一来,这些概念就错过了死亡欲力以及相应的经验或原型。

因此,我们没有理由将死亡欲力与**爱若斯**区分开来,无论是凭

---

① Maurice Blanchot,《文学空间》(*L'espace littéraire*, N.R.F., 1955),页107,页160—161(【译按】中译参布朗肖,《文学空间》,顾嘉琛译,北京:商务印书馆,2003,页96,页155—156)。

靠两种力量之间的本性差异，还是通过两种运动之间的节奏差异或振幅差异。在这两种实例中，差异已然是所与之物，而**塔纳托斯**也是独立的。在我们看来，**塔纳托斯**反而与**爱若斯**的去性化，与弗洛伊德所说的那种可移置的中性能量的形成合二为一。这种能量不是为**塔纳托斯**服务，而是构成了**塔纳托斯**：在同一个重新统一了**爱若斯**与**塔纳托斯**或是使二者轮换交替的"综合"中，**爱若斯**与**塔纳托斯**之间并不存在分析的差异，也就是不存在已然被给予的差异。[150]这并不意味着差异还不够大；相反，作为综合的差异是最大的，而这恰恰是因为**塔纳托斯**意谓着一种与**爱若斯**截然不同的时间综合。前者从后者那里提取出来，在后者的残骸上构建起来，从而也更具排他性。就在**爱若斯**向自我回流的同时——自我本身负担起了种种刻画着对象之特征的伪装和移置，为的是使它们成为自身的有死的变状（affection mortelle）——力比多失去了全部的记忆内容，**时间**失去了自身的循环形态，为的是形成严苛冷酷的直线形式——而且，与这一纯粹形式同一的，与这一自恋的力比多的被去性化的能量同一的死亡欲力出现了。自恋自我和死亡欲力的互补性界定了第三综合，一如**爱若斯**和**摩涅莫绪涅**界定了第二综合。并且，当弗洛伊德说，也许应当给被去性的能量——作为变为自恋者的力比多相关物——添加上思维的一般过程时，我们应当明白的是：与陈旧的二难推理相反，关键的问题不再是弄清思想是天赋的还是习得的。思想既不是天赋的，也不是习得的，它是生殖的（génitale），也就是说，它是被去性了的，它是从那使我们向空时间敞开的回流中提取出来的。"我是一个天生的生殖者（génital inné）"，阿尔托如是说。为了指明这种思想发生在一个始终是分裂的**我**之中，他同样想将自己称为"被去性化的习得者（acquis désexualisé）"。要紧的事情不是习得思想或将思想当作天赋来运用，而是在思想自身中造就思维活动。这也许受到了一种暴力的影响，它使力比多向自恋自我回流，并在同一种运动中将**塔纳**

托斯从**爱若斯**那里抽取出来,而且还为了引出纯粹形式而抽掉了时间的全部内容。这里存在着一种与第三综合相应的死亡经验。

弗洛伊德认为无意识完全不知道三种东西:**不**、**死亡**和**时间**。然而,问题全出在无意识中的时间、死亡和不上。这只是意谓着它们在不被表象的情况下发生作用吗? 不只是如此;无意识不知道不(non),因为它靠问题与发问而得以维持,而不是靠仅仅影响着意识及其诸表象的否定之物的非存在(non-être)。它不知道死亡,因为任何死亡表象都只关涉着那个不准确的方面,而无意识所把握的是另一面,所发现的是另一副面孔。它不知道时间,因为它从来不从属于一个在表象中流逝的当前的经验性内容,而是施行着一种原初时间的被动综合。作为无意识的构成性元素,它们应当回归到三重综合那里。它们对应着[151]重复的诸形态,正如它们在一位伟大小说家的作品中显现出来的那样:绳子,始终被更换的细短绳;始终在移置的墙上的污点;始终被擦拭的橡皮。① 绳子—重复、污点—重复、橡皮—重复:它们是对快感原则的三重超越。第一综合表现了作为时间基础的活生生的当前,这一基础使快感具有了经验原则一般的价值,而**本我**中精神生命的内容正服从于这条原则。第二综合通过纯粹过去表现了时间的根据,这一根据作为条件制约着快感原则在自我之内容上的应用。而第三综合则意指着无底,而根据使我们突然陷入到这一无底之中:**塔纳托斯**正是在第三综合中显现为超越了**哈比图斯**的基础和**爱若斯**的根据的无底。它和快感原则之间亦存在着一类不协调的关系。这类关系常常被表现在一种与痛苦联系在一起的快感的种种不可理解的悖论中(但事实上,具有重要性的完全是另一样东西:第三综合中的去性化[désexualisation],它抑制了作为先在的指导思想的快

---

① 【译按】这里暗示的是罗伯—格里耶(Alain Robbe-Grillet)的三部小说:《窥视者》(*Le Voyeur*)、《嫉妒》(*La Jalousie*)和《橡皮》(*Les Gommes*)。

感原则的应用,为的是随后施行一种复性化[resexualisation]。在这一复性化之中,快感所投注的只是一种纯粹的、冰冷的、淡漠的、冷淡的思想,就像人们在虐待狂或受虐狂的实例中看到的那样)。第三综合以一种特定的方式重新统一了时间的所有维度(过去、当前、将来),并使它们现在在纯粹形式中活动。它亦通过另一种方式引发了它们的再组织化,因为根据时间的总体,过去被掷回到了作为不足条件的**本我**一边,而当前则被理想自我中的施动者之变形所界定。最终的综合还以一种不同的方式关涉着未来,因为它在超我中宣布了**本我**和自我的毁灭,宣布了过去和当前、条件和施动者的毁灭。正是在这极端尖点之处,时间直线重又形成了一个圆圈,一个无比弯曲的圆圈,死亡欲力在自己的"另一副"面孔中彰显出一种无条件的真理——恰恰是作为这另一副面孔的永恒回归不会让一切回归,而是相反,为了仅仅肯定过剩、不等、不可规定、连续不断,以及作为极端形式性之产物的无定形,它影响着一个摆脱了条件之不足与施动者之相等的世界。时间的故事便这样结束了:时间的使命在于破解自身那种圆心稳固的物理圆圈或自然圆圈,从而形成一条直线,[152]一条由其自身的长度所导致的,重又形成了一个永远偏移中心的圆圈的直线。

  永恒回归是肯定的强力,但它肯定的是复多之物的一切、不同之物的一切、偶然之物的一切,而不是使它们服从于**一**、**相同**和必然性的东西,也不是**一**、**相同**和**必然**。关于**一**,人们〔柏拉图主义者〕说它已经一劳永逸地征服了复多之物。而且这难道不是死亡的面孔吗?但一劳永逸地使所有一劳永逸地行事的东西死去,不就是另一副面孔吗?如果在永恒回归与死亡之间存在着本质性的关系,这是因为它"只此一次地[一劳永逸地]"预示着、内含着所有为一之物(ce qui est un)的死亡。如果在永恒回归与将来之间存在着本质性的关系,这是因为将来是繁复之物的展示和外展,是不同之物或意外之物本身的"所有次[每一次]"的展示和外展。

第二章 自为之重复

永恒回归之中的重复排除了两个规定：一个是使异己者从属于自身的概念的**相同**或同一性，另一个是使被重复之物与**相同**发生关系并保证了前者对后者的从属的条件之否定。永恒回归中的重复同时排除了以概念为目标的"变得—相等"或"变得—相似"，和这样一种"变得"的不足条件。它反而关涉着那些过剩系统，这个系统在一个始终与被提出的问题和被做出的决断同外延的肯定之整体中，使不同之物彼此间发生关系，使繁复之物彼此间发生关系，使意外之物彼此间发生关系。有种说法认为人们不懂怎么玩游戏[赌博]：这是因为，甚至当人们让自己面对着偶然或繁复性时，他们依然认为对它们的肯定注定要对它们做出限制，对它们的决断注定要避免它们的结果，它们的再造注定要在一种赢的假设（hypothèse de gain）下使相同回归。这无疑是那人们既会赌输又会赌赢的糟糕游戏[赌博]，因为人们在这种游戏[赌博]中并没有肯定 所有 偶然：使偶然断片化的规则的前定特征（caractère préétabli）将那不知道什么断片会出现的游戏者[赌博者]中的不足条件当作自身的相关物。与此相反，将来的系统应当被称作神圣的游戏[赌博]，因为这种游戏[赌博]不再有预先存在的规则，因为这种游戏[赌博]已然指向了它自己的规则，因为儿童—游戏者只能赢①——每一次都肯定了所有偶然。肯定不再是约束性的或限制性的，而是与被提出的问题和产生问题的决断同外延：这样一种游戏引起了必然会赢的骰掷之重复，因为它在其自身的回归的系统中不断地囊括所有的组合与所有的可能规则。对于这种由死亡欲力所引领的差异与重复的游戏，[153]博尔赫斯在其所有奇特异常的作品中进行了无与伦比的描述：

---

① 【译按】参赫拉克利特残篇第五十二："时间是一个玩骰子的儿童，儿童掌握着王权"（见北京大学哲学系编译：《西方哲学原著选读》，上卷，北京：商务印书馆，1986，页23）。海德格尔在其关于"永恒回归"的尼采讲座中对这一残篇进行了扼要的解释，参海德格尔，《尼采》，前揭，页325—326。

既然彩票是偶然性的强化,在宇宙中引起定期的混乱,那么让偶然性参与抽签的全过程,而不限于某一阶段,岂非更好?既然偶然性能决定某人的死亡,而死亡的条件——秘密或公开,期限是一个小时或一个世纪——又不由偶然性决定,岂非荒谬可笑?……事实上抽签的次数是无限大的。任何决定都不是最终的,从决定中还可以衍化出别的决定。无知的人以为无限的抽签需要无限的时间;其实不然,只要时间无限地细分就行……在所有的虚构小说中,每逢一个人面临几个不同的选择时,总是选择一种可能,排除其他;在彭冣的错综复杂的小说中,主人公却选择了所有的可能性。这一来,就产生了许多不同的后世,许多不同的时间,衍生不已,枝叶纷披。小说的矛盾就由此而起。比如说,方君有个秘密;一个陌生人找上门来;方君决心杀掉他。很自然,有几个可能的结局:方君可能杀死不速之客,可能被他杀死,两人可能都安然无恙,也可能都死,等等。在彭冣的作品里,各种结局都有;每一种结局是另一些分岔的起点。①

※

类似性与差异

什么是这些被永恒回归影响的系统?让我们来考察这两个命题:"只有类似之物才包含差异"和"只有差异相类似"。② 前一种

---

① Jorge Luis Borges,《虚构集》(*Fictions*, trad. Verdevoye et Ibarra, N. R. F., 1951),页89—90,129—130(【译按】中译参《博尔赫斯全集·小说卷》,前揭,页107—108,130)。

② Claude Lévi-Strauss,《今日之图腾崇拜》(*Le totémisme aujourd'hui*, Presses Universitaires de France, 1962),页111:"相互类似的不是类似性,而是诸差异"。——列维·斯特劳斯表明了该原则是如何在至少两个系列(每个系列的项都是与众不同的)的构成中展开的(例如,对于图腾崇拜来说就是不同动物种类的系列和微分的[差异的]社会地位的系列):类似性存在于"这两个差异系统之间"。

表述将类似设定为差异的条件;毫无疑问,它要求着"两个类似但不同的事物"拥有同一个同一性概念的可能性;它还在每一事物与这一概念的关系中内含着一种类比;而且最后,它还导致差异被还原为由这三个环节所规定的对立。[154]与此相反,根据后一种表述,类似性、同一性、类比、对立都只能被视为一种原初差异或一种差异之原初体系的结果和产物。根据这后一种表述,差异应当直接使不同的项彼此关联起来。根据海德格尔的存在论洞见(intuition ontologique),差异自身应当是勾连与联系,它应当不借助任何同一、相似、类比、对立的中介而使不同之物相互关联起来。应当有一种差异之分化、一种作为行分化者的自在(en-soi)、一种 Sich-unterscheidende[德:与自身差异者],通过它们,不同之物不是于在先的类似性、同一性、类比、对立的条件之下被表象,而是同时被重新聚合。至于类似性、同一性、类比和对立,它们不再是条件,而只是原初差异及其分化的结果,是整体效果或表面效果,这些效果刻画了扭曲的表象世界之特征,表现了差异之自在通过引起覆盖它的东西而隐匿自身的方式。我们应当追问:这两种表述是否只是两种无甚区别的讲话方式?它们是否被应用于全然不同的系统?在被应用于相同系统的情况下(最终的情况即是被应用于世界系统[système du monde]),它们是否意味着两种不可调和且价值不等的解释(其中的一种解释便有能力改变一切)?

系统是什么?

"差异之自在自我隐匿"与"差异落入表象的范畴之中"完全是在相同条件下实现的。那么是在其他什么样的条件下,差异将这一"自在"展开为"行分化者",差异在一切可能表象之外重新聚合不同之物?在我们看来,第一个特征就是成系列的组织化

(organisation en séries)。一个系统应当在两个或者多个系列的基础(base)上被构成。其中,每一个系列都由组成它的诸项间的差异所界定。如果我们假定诸系列在任意某种力的作用下进入了交流状态,这一交流显然将一些差异与另一些差异关联在了一起,或者在系统中构成了差异之差异:这些二阶差异扮演着"行分化者"的角色,也就是说,它们使一阶差异相互关联了起来。这种事态在某些物理概念中得到了充分表达:异质系列间的耦合(couplage);从中派生出了一种系统之中的内共振(résonance interne)①;从中又派生出了一种[155]强制运动(mouvement forcé)。该运动的幅度超出了基础系列的范围。人们可以规定这些元素的本性,这些元素同时对它们在某一系列(它们构成了该系列的一部分)中的差异和它们由一个系列到另一个系列的差异之差异有效:它们是强度,而强度的特性便是被一种指向其他差异的差异构成(在 E—E′中,E 指向 e-e′,而 e 又指向 ε-ε′……)。被考查的诸系统的内强本性不应使我们预先对它们定性:无论被考察的

---

① 【译按】参 Gilbert Simondon,《个体化:以形式和信息的概念为根据》(*L'individuation à la lumière des notions de forme et d'information*, Grenoble, Jérôme Millon, 2013),页 33:"内共振是不同实在秩序间最原初的交流样式。""内共振"是西蒙东自然哲学的一个重要概念,而这一自然哲学体系本身对德勒兹的思想产生了深刻影响。关于这种影响,参 Pierre Montebello,《德勒兹:思想的激情》(*Deleuze. La passion de la pensée*, Paris, Vrin, 2008),页 145—156:"《差异与重复》强调了[西蒙东思想的]五个核心论点:体系之成问题者或**理念**、潜能的实在性、发明和现实化、时空条件、初级意识在体系中的产生。同样,探究一种新的'先验构想'的《意义的逻辑》也明确承认它受惠于西蒙东,因为它同样是通过上面五个方面来界定无人称的、前主体的'先验场域(le champ transcendantal)':'势能、系列间的内共振、拓扑论表面、意义的组织化、成问题者的地位'";亦参 Anne Sauvagnargues,《德勒兹的先验经验论》(*Deleuze. L'empirisme transcendantal*, Paris, P. U. F, 2009),页 239—265;关于德勒兹对西蒙东思想的曲解(mésinterprétation),参 Jean-Hugues Barthélémy,《西蒙东》(*Simondon*, Paris, Les Belles Lettres, 2014),页 186—192。对于西蒙东自然哲学的中文介绍,参让-于格·巴泰勒米,"西蒙东在 20 世纪法国自然哲学中的地位",安靖译,载《法兰西思想评论·2015(秋)》,高宣扬主编,北京:人民出版社,2016,页 25—53。

系统是力学的、物理学的、生物学的，还是精神的、社会的、审美的、哲学的，等等。每一类系统无疑都有其特殊的条件，但这些条件与先前的诸特征一致，并且要在每一实例中给予它们一个适当的结构：例如，词语在某些审美系统中就是名符其实的强度，从哲学体系［系统］的观点看来，诸概念亦是强度。根据弗洛伊德1895年撰写的那篇著名的《一个科学心理学的计划》(Esquisse)，人们注意到生物精神生命是在这样一个内强场域的形式下呈现出来的。这样一个场域中分配着可被规定为兴奋的差异或可被规定为辟路(frayages)①的差异之差异。但是，**精神**(Psyché)之综合本身尤其体现了诸系统一般的三重维度(trois dimensions des systèmes en général)。因为精神的钳合(**哈比图斯**)施行了兴奋系列的耦合；**爱若斯**意指着从兴奋系列的耦合中产生的特殊的内共振状态；而死亡欲力则与强制运动浑然不分，精神幅度在这种运动中超出了共振的诸系列（由此产生了死亡欲力与共振的**爱若斯**之间的幅度差异）。

在诸异质系列之间建立起来的交流在系统中引发了各种各样的结果。某种东西在边缘与边缘之间"通过"了；各种事件与现象如同闪电或霹雳一般炸裂着、闪烁着。时空动力填充了系统，这种动力同时表现着被耦合的系列的共振，还有超出了这些系列的幅度的强制运动。系统中充斥着许许多多的主体，它们同时是幼生的主体与被动的自我。它们是被动自我，因为它们与种种耦合和共振的静观浑然不分；它们是幼生主体，因为它们是种种时空动力的支撑者或受动者。实际上，必然参与到了强制运动之中的纯粹时空动力只有在可忍受的极限处才能被感觉到，而且还必

---

① 【译按】关于"辟路"，参拉普朗虚、彭大历斯，《精神分析辞汇》，前揭，页185："弗洛伊德在提出精神装置运作之神经学模型时(1895年)使用的词汇。刺激在神经元之间流通必须克服一定的抗阻，当刺激的通过导致此阻力持续减弱则称之为辟路。刺激的流通会倾向选择已开辟而非未开辟的路线。"

须是在特定条件下。没有这些条件，它会引起任何具有独立性和能动性的被完好构成的主体的死亡。胚胎学的真理便是：有一些只有胚胎才能承受的系统性生命运动、[156]滑动和扭曲，而成体则会被它们撕裂。有些运动，人们只能是它们的受动者，而且这受动者还只能是幼体。进化并不是在自由的环境中发生的，并且只有逆转者（involué）才会进化。恶梦也许就是这样一种精神动力：清醒的人，甚或做梦的人都无法承受它，能够承受它的只有没有做梦的熟睡者。从这种意义上说，"构成了哲学体系[系统]之固有动力的思想能够与一个完整的、被完好地构成了的实体性的主体关联到一起（例如在笛卡尔式 cogito [拉：我思] 那里）" 并不是确定无疑的：思想毋宁属于这些只有在一个幼生主体的诸条件下才能被承受的可怕的运动。系统之所以只包含这样的主体，是因为只有它们才能成为表现强制运动的诸动力的受动者，并因此带来强制运动。甚至连哲学家都是他自己的体系[系统]的幼生主体。因此，对系统做出界定的不光是确定其边缘的异质系列以及构成了其诸维度的耦合、共振与强制运动，而且还有充满它的主体和填充它的动力，以及将这些动力作为自身发展的出发点的各种质和广延。

阴暗预兆与"行分化者"

但是，一个棘手的难题仍旧存在：在这些内强系统中，使不同之物彼此关联起来的是否就是差异？差异之差异是在不通过任何中介的情况下使差异与自身关联起来的吗？当谈到异质性系列的交流、耦合和共振时，我们难道不是以系列之间的最小程度的类似性与施行了交流的施动者之中的同一性为条件吗？系列之间"过多"的差异难道不会使一切行动都变得不可能吗？人们不是必须要重新找到一个优先点，差异在那里只让自己根据不同事物的类

第二章 自为之重复

似性和一个第三者的同一性被思维吗？正是在这里，我们应当最大程度地关注差异、类似性、同一性各自发挥的作用。首先，什么是这一施动者，这一保证了交流的力呢？雷电在不同的强度之间炸裂，但先于它的是一股不可见、不可感的阴暗的前电流［阴暗预兆］(précurseur sombre)①，它就像是被凹刻之物一样先行规定了雷电的反转道路。同样，任何系统都包含着专属于自己的阴暗预兆，其保证了边缘系列之交流。根据诸系统的多样性，我们会看到一些非常不同的规定发挥了这个作用。但无论如何，重要的[157]都是要了解预兆是如何发挥这种作用的。可以肯定的是，存在着一种预兆的同一性与在它的作用下处于交流状态的诸系列的类似性。但这一"存在着"仍然是全然未被规定的。阴暗预兆必然将一种虚构的同一性幻相投射到自己身上，将一种回溯的类似性幻相投射到它所聚集的诸系列上。在此，同一性与类似性是阴暗预兆的条件，还是与之相反，是它的运作结果？同一性与类似性只是不可避免的幻相，亦即反思概念，其说明了我们那种从表象范畴出发来思维差异的积习。这是因为不可见的预兆——它本身以及它的运作——悄然离去。而且同时，它还离开了作为差异之真正本性的自在。对于两个既有的异质性系列或差异系列来说，预兆作为这些差异的行分化者而行动。因此，它通过自身的强力而使它们进入到直接关系之中：它是差异之自在或"有差别的差异者(différement différent)"，亦即二阶差异(différence en second degré)，伴随着自身的差异，这种差异通过自身将不同之物与不同之物关联起来。它被它在系统之中诱发的种种现象覆盖与遍历，所以它开辟出来的道路是不可见的，并且只有在反面才能被看到。所以，除了它所"不在"的位置外，它没有其他的位置，除自身所缺

---

① 【译按】法文"précurseur somber"意指闪电之前的微弱的电流释放，如果在非物理学的意义上使用的话，该词在此处亦可被译为"阴暗预兆"。

乏的同一性外,它没有别的同一性:它正是对象 = X——那个"不在自己位置上的"、缺少自身同一性的对象。因此,无论是反思抽象地赋予它的逻辑的同一性,还是反思赋予它所聚集的系列的物理的类似性,都只是表现了它对系统整体进行运作的统计结果(effet statistique),亦即它必然在自身结果的遮蔽下逃避的方式。因为它自身持续地移置,在系列中持续地伪装。所以,我们无法认为一个第三者的同一性和诸部分的类似性是差异之存在与差异之思想的可能条件,它们只是差异之表象的条件,其歪曲了差异之存在与差异之思想,就像视觉效果模糊了如其所是的条件的真实地位那样。

我们将阴暗的预兆,这种使异质的或龃龉的诸系列关联起来的差异自身(différence en soi),这种二阶差异称为龃龉(dispars)。在每一实例中,它的移置空间和它的伪装过程都规定了[158]一个与相互关联的诸差异相关的量。众所周知,发挥作用的差异之差异在某些实例中(在某些系统中)"太大",在另外一些系统中又"太小"。不过,在第二个实例中,人们若是看到了一个在先的类似性要求的纯粹表达,其只能通过将自身扩展到世界的范围而在第一个实例中减弱下来,这可就错了。例如,人们强调这样一种必然性:诸龃龉系列应当基本相似,各种频率应当是近似的(ω 近似于 ω_0),简而言之,差异应当是微小的。① 不过,如果人们预设了那使不同之物产生交流的施动者的同一性,那么甚至是在世界范围内,也没有任何差异不是"微小的"。我

---

① 塞尔莫(Léon Selme)表明,在一个系统中(因而也就是在热机中)被实现的诸差异越小,诸差异之取消的幻相就越大:《卡诺原理反对克劳修斯式经验表述》(*Principe de Carnot contre formule empirique de Clausius*, Givors, 1917)。——关于龃龉系列以及它们的内共振在诸系统之构成中的重要性,读者可参考 Gilbert Simondon,《个体及其物理学—生物学发生》(*L'individu et sa genèse physico-biologique*, Presses Universitaires de France, 1964),页 20(但是,西蒙东却将诸系列间的类似性要求,或那些被调动起来的差异的微小性要求当作条件来维持;参页 254—257)。

们已经看到,由于"小"与"大"是根据相同与相似的标准来判断差异,所以把它们用在差异身上极为不妥。如果人们将差异与它的行分化者关联在了一起,如果人们防止自己赋予行分化者一个它并不具有且不能具有的同一性,差异——根据它的种种分割的可能性,亦即根据行分化者的移置与伪装——可以被说成是"小的"或"大的"。但人们切不可认为,"小的"差异证实了一个严格的类似性条件,也不能认为一个"大的"差异为了持存而证实了一种只是减弱了的类似性。无论如何,类似性都只是一个结果,只是一个功能的产物,一个外在的后果——一个当施动者擅取了它所缺乏的同一性时就会涌现出来的幻相。因此,差异是小还是大无关紧要,且它与一个更大的类似性相比最后总是小的。对于自在而言,重要的在于:无论大还是小,差异总是内部差异。有些系统是大的外部类似性与小的内部差异。这一情况的反面亦成立:小的外部类似性和大的内部差异。但相反的情况则是不可能的;类似性始终都是外部类似性,而差异无论大小都形成了系统的内核。

文 学 系 统

让我们来看一些取自不同文学系统的例子[159]。在鲁塞尔的作品中,我们面对着种种语词系列(séries verbales):预兆的角色由一个同名异义词或一个准同名异义词(*billard—pillard*)所扮演,但是由于两个系列中的一个在需要时仍然隐藏着,所以这个阴暗的预兆就更加不可见、不可感了。为了引入一种类似性与外部同一性的效果,两个系列间的差异被一些奇怪的故事所填充。然而,预兆绝非通过同一性发挥作用,即便是名词的(nominale)或同名异义的同一性;关于这一点,人们可以在准同名异义词那里清楚地看到,其只在自身和两个词语的微分特征

[差异特征]（b和p）混淆起来的情况下才会发挥功能。同名异义词于此不是显现为一个能指的称谓同一性，而是各个不同所指的行分化者，所指之类似性效果与能指中的同一性效果不过是它的次要产物而已。同样不够充分的还有下面这种说法：系统被奠基于某一特定的否定性规定之上，这就是说，词语相对于事物而言是不足的，它因而不得不意指多个事物。正是同一种幻相一方面使我们将在先的假定类似性与假定同一性作为我们思考差异的出发点，另一方面使得差异显现为否定之物。实际上，语言创造出它在其下扮演着阴暗预兆的角色的那种形式，所凭靠的不是自身词汇的贫乏，而是它的过剩，是它那最具实定性的句法强力与语义强力。在这种形式下，言说着不同事物的语言在"那些在它的作用下进入到共振状态的系列"中，通过将诸差异直接关联起来而分化了它们。所以，我们已经看到，词语之重复不能以否定的方式来解释，以及它不能被呈现为一种赤裸的、无差异的重复。乔伊斯的作品所要求的显然是一些截然不同的手段。但是关键之处始终在于最大程度地聚集各种龃龉系列（极端的状况便是聚集所有对宇宙具有构成性作用的发散系列），而使之实现的方式则是调动那些语言之阴暗预兆（在这里即是隐秘词和缩合词），这种阴暗预兆没有将任何在先的同一性当作自身的基础，且尤其无法在原则上"被同一化"，它反而将最大程度的类似性与同一性当作差异自身之分化过程的结果引入到系统整体之中（亦参《芬尼根的守灵夜》的"宇宙文字［lettre cosmique］"）。在共振系列之间、在阴暗预兆的作用下发生的是精神顿悟（épiphanie）。宇宙之延展只与那冲散、超出了诸系列的范围的强制运动的幅度合二为一，最终，死亡欲力、史蒂芬（Stephen）的"不"［160］不再是否定之物的非存在，而是持久不灭的发问的（非）存在，与该发问相应却又不对它做出回答的是布鲁姆夫人（Mme Bloom）的**宇宙之是**（Oui cosmique），因为只有

第二章　自为之重复

这个"是"能够充分占有并填充它。①

"精神体验能否像一种语言那样被构成",甚或"物理世界能否被当作一本书来看待",这些疑问取决于各种阴暗预兆的本性。语言的预兆或隐秘词语自身不具有同一性,即便是名词的同一性,它的种种意谓也不具有类似性,哪怕是无限减弱了的类似性;它并不只是一个复合词或词语的简单集合,而是一个二阶词语(mot sur les mots);它就是初阶词语的"行分化者"和它们的意谓的"造就不似者"。它的价值就在于试图言说它所言说之物的意义,而非言说该物本身。然而,在表象中被运用的语言之法则排除了这种可能性;一个词语的意义只能被另一个将前者当作对象的词语言说。由此产生了这种悖反处境:语言之预兆属于一种元语言,它只能化身为一个从[161]初阶词语之表象系列

---

① **对普鲁斯特式体验的评注**。——普鲁斯特式体验所具有的结构显然不同于乔伊斯的精神顿悟。但是,关键之处仍旧是两个系列,亦即一个先前的当前的系列(实际经验的贡布雷)和一个当下的当前的系列。只要我们还停留在经验的初始维度,这两个系列之间无疑存在着一种类似性(玛德莲小甜饼、早餐),甚至同一性(作为质的味道不仅在两个瞬间中是类似的,而且还是自身同一的)。尽管如此,秘密却不在这里。味道之所以具有力量只是因为它包含着那不再能够通过同一性得到界定的某物 = X:它包含着如其自在所是的贡布雷,此一贡布雷乃是纯粹过去的断片,它既不能被还原为它已是的当前(知觉),又不能被还原为人们能够在其中重见、重构它的当下的当前(自主的记忆)。然而,此一自在之贡布雷是由其自身的本质性差异、由普鲁斯特所说的那种不实存于"地球表面"而只实存于奇异的深度之中的"质的差异"界定的。质的同一性与诸系列之类似性正是由于它被展开而造成的。因此,同一性与类似性在这里仍然只是某一行分化者造成的结果。如果这两个系列彼此之间是前后相继的,那么,就作为使它们之间产生共振的对象 = X 的贡布雷而言,它们乃是共存的。此外,诸系列的共振有时会向一种同时超出了两个系列的死亡欲力敞开:皮靴与对祖母的回忆便是如此。**爱若斯**是由共振构成的,但它会朝向那由强制运动之幅度构成的死亡欲力前进(正是死亡欲力超越了不由自主的记忆的爱欲体验而在艺术作品中找到了它那熠熠生辉的结局)。"一点点处于纯粹状态的时间(un peu de temps à l'état pur)"([**译按**] Marcel Proust,《复得的时间》[*Le temps retrouvé*, Paris, Livre de Poche, 1954],页227)。这一普鲁斯特式表述首先意指着纯粹过去、过去的自在之存在,亦即时间的爱欲综合,但从更为深刻的层面上说,它还意指着时间的纯粹空形式,意指着以时间中的回归的永恒性为结果的死亡欲力的终极综合。

的观点看来毫无意义的词语。这个词语正是 refrain[英：迭句]。这个隐秘词的双重状态在言说着自身意义的同时将自身与意义都表象为无意义，它还很好地表现了意义与伪装在系列中的持续移置。因此隐秘词是专属于语言的对象＝X，而对象＝X 亦赋予了精神体验以语言体验的结构——条件是要考虑到语言意义那不可见、不可闻的持续移置。从某种意义上说，所有的事物都在言说，所有的事物都具有一种意义——只要话语同时是静默无声者，或者不如说意义在话语中沉默无声。贡布洛维奇（Gombrowicz）在《宇宙》（*Cosmos*）这部极为精彩的小说中表明了两个异质差异系列（自缢的系列和口的系列）如何通过不同的符号进入到交流状态之中，一直到创立起一个阴暗预兆（谋杀猫）。这个阴暗预兆在此作为两个系列的差异的行分化者发挥作用，它就像是意义——虽然化身为一个荒谬的表象，但只有以它为出发点，诸动力才会开始，诸事件才会在宇宙系统中被生产出来；而这些动力和事件则会在那超出了诸系列范围的死亡欲力中找到自身的最终结局。① 由此，一本书得以作为宇宙存在、宇宙得以作为一本书存在的那些条件便被引出。而且人们在博尔赫斯或贡布洛维奇那里重新发现的乔伊斯式终极同一性——混沌＝宇宙（chaos = cosmos）——通过各种截然不同的技巧得到了发展。

每个系列都形成了一个故事：不是从不同的着眼点看待同一个故事——就像莱布尼茨所说的从不同的视角观察同一座城市那样，而是那些完全不同的故事全都同时展开。诸基础系列是发散的。这里所说的发散不是相对地发散，不是为了找到一个聚合

---

① Witold Gombrowicz,《宇宙》(*Cosmos*, Denoël, 1966)。——《宇宙》一书的序言概述了一种龃龉的系列、这些系列的共振以及混沌的理论。亦参《费尔迪杜凯》(*Ferdydurke*, Julliard, 1958) 中的重复主题，页 76—80。

第二章 自为之重复

点而折回就足够了,而是聚合点、聚合的视野存在于混沌之中,且始终在这混沌中被移置,诸基础系列在这种意义上绝对地发散。在发散作为肯定对象的同时,这混沌本身是最具实定性的东西。它与那保持着所有被并合的(compliquées)系列、肯定、并合了所有同时性系列的伟大作品浑然一体(如果乔伊斯对布鲁诺[Bruno]这位complicatio[拉:并合]的理论家颇有兴趣,这完全不会使人感到意外)。并合—外展—内含(complication-explication-implication)的三位一体说明了[162]系统的整体,①亦即包含一切的混沌,不断进出混沌的发散系列,以及将发散系列相互关联起来的行分化者。每一个系列都在被外展或展开,但是在它与其他那些内含着它与它所内含的、包含着它与它所包含的系列的差异中,是在那并合了一切的混沌中。系统的整体、如其所是的发散系列的统一体与一个"问题"的客观性相对应;乔伊斯用来激活其著作的发问—问题的方法,以及卡罗尔将缩合词与成问题者的地位联系起来的方式正由此产生。

---

① 【译按】关于"并合"、"内含"、"外展"这三个关键概念的含义,德勒兹在《斯宾诺莎与表现问题》(*Spinoza et le problème de l'expression*, Paris, Editions de Minuit, 1968)一书中做出了明确的界定:"外展(expliquer)即是展开(développer)。包含(envelopper)即是内含(impliquer)。虽然如此,这两个词项却又并非正相反对:它们指的只是表现的两个方面。一方面,表现是一种外展,亦即将被表现者展开,将一呈现在多之中(首先是实体在其诸属性中的呈现,然后是属性在其诸样式中的呈现)。但另一方面,复多的表现包含着一。一仍然被包含在表现它的东西之中、被刻印在展开它的东西之中,并且还内在于所有呈现它的东西:从这种意义上说,表现是一种包含。……按照一般的规则,表现包含、内含着它所表现的东西,同时,它又外展并展开了它。内含与外展、包含与展开这些词项是泛神论这个既漫长又倍受诅咒的哲学传统的后裔。确切说来,由于这些概念并不是相互对立的,所以,它们全都指向了一条综合原理:complicatio[拉:并合]。在新柏拉图主义那里,并合往往同时指多在一中的在场和一在多之中的在场。神即'并合的'自然;而且,这一自然外展、内含着神,包含、展开着神。神'并合'一切事物,而一切事物又都外展、包含着神。这一连串概念构成了表现",而"表现"概念乃是"克服笛卡尔主义的种种困难,重建一种自然哲学"的关键所在(页12、13)。

幻想或拟像,以及与差异相关联的
同一之物的三种形态

根本性的一点就在于所有发散系列的同时性、共时性与共存。从在表象中流逝着的诸当前的观点看来,诸系列无疑是前后相继,一个"在前"一个"在后"的。正是从这一观点看来,后一个系列被说成是与前一个系列类似。但是,相对于包含着它们的混沌而言,相对于遍历它们的对象 = X 而言,相对于使它们产生交流的预兆而言,相对于超出了它们的范围的强制运动而言,情况就截然不同了:行分化者始终都使它们共存。这一前后相继的诸当前的悖论,或是虽然在现实中前后相继,但相对于纯粹过去或潜能对象而言却象征地共存着的诸系列的悖论,我们已经碰到过多次。当弗洛伊德表明幻想(phantasme)至少是由两个基础系列(一个是幼儿的与前生殖期的系列,一个是生殖期与后青春期的系列)构成时,从一个遭到质疑的主体的唯我论的无意识(inconscient solipsiste)的观点看来,这些系列显然是在时间中前后相继的。人们因而自问:如何说明"延迟(retard)"现象,亦即被假定为原初场景的童年场景只有在经过一段时间以后才会在一个与它类似的,并被称为"派生"场景的成人场景中发现自身的效果。[①] 至关重要的还是两个系列间的共振问题。不过,只要人们没有考虑如下这个审级,共振的问题便没有被恰当地提出:与这个审级相关联的两个系列共存于一种交互主体的无意识中。实际上,儿童之系列与成人之系列并非被分派在了同一主体之中。与其说儿童事件形成了两个现

[①] 关于这个问题,参 Jean Laplanche、J. -B. Pontalis,〈源始的幻想、诸起源的幻想、幻想的起源〉(Fantasme originaire, fantasme des origines, origine du fantasme, *Les Temps modernes*, avril 1964)。

实系列中的一个,毋宁说它形成了一个使两个基础系列(一个
[163]是我们在儿童时代所认识的那些成人的系列,一个是与其
他成人、其他儿童一道的我们所是的成人的系列)产生交流的阴
暗预兆。所以,对于《追寻逝去的时光》的主人公来说:他对母亲
的儿童之爱是两个成人系列间交流的施动者,一个是斯旺与奥黛
特的系列,一个是成年以后的主人公与阿尔贝蒂娜的系列。两个
系列拥有同一个秘密:女囚的永恒移置、永恒伪装。其指明了诸系
列共存于交互主体的无意识中的那个维度。"儿童事件只能延迟
产生效果是怎么一回事"的问题无关紧要,因为儿童事件本身就
是这延迟,而这延迟本身则是那使之前与之后共存的纯粹时间形
式。当弗洛伊德发现幻想可能是终极实在,并且内含着某种超出
了诸系列的范围的事物时,人们应当从中得出的结论与其说是
"儿童场景是非实在的或想象的",毋宁说是"时间之中的前后相
继的经验条件在幻想中让位于两个系列的共存,亦即我们'曾是'
的成人的系列和我们'已是'的成人的系列的共存"(参费伦兹所
说的"儿童与攻击者的同一化")。幻想是作为阴暗预兆的儿童之
呈显(manifestation)。而且幻想之中的源始之物不是一个处在与
其他系列的关联之中的系列,而是诸系列之差异。这一差异将一
个差异系列与另一个差异系列关联起来,并抽去了它们在时间之
中的经验性继起。

　　如果不可能再在无意识系统中建立一种诸系列间的继起顺
序,如果所有系列都共存着,那么将某一系列视为源始系列,将另
一系列视为派生系列,将一个视为原型相,将另一个视为复制品就
不再可能了。诸系列既被把握为处于时间中的继起条件之外的共
存者,同时又被把握为不同者,其处于一切条件之外:根据这种条
件,某一系列享有原型相的同一性,另一系列享有复制品的类似
性。当两个发散的故事同时展开时,不可能使其中一个故事优先
于另一个故事;说"一切都具有同等价值"是没错,但"一切都具有

同等价值"述说的是差异,这一表述只述说两个故事之间的差异。无论两个系列、两个故事之间的内部差异有多么小,一个都不会复制另一个,另一个也不会充当前一个的原型相,类似性与同一性反而只是差异,亦即系统中唯一的源始之物运作的结果。因此,说系统排除了源始之物与派生之物的指定[164]——一如说系统排除了"第一次"和"第二次"的指定——是有道理的,因为差异是唯一的起源,而且它在独立于任何类似性的情况下使那些在它的作用下相互关联在一起的不同者共存。① 从这个方面看来,永恒回归无疑自行显现为这一系统的无底之"法"。永恒回归不是使相同者与相似者回归,而是使自身从一个纯粹差异的世界中派生出来。每一个系列都会回归,它不但是在其他那些内含它的系列中回归,而且还自为地回归,因为它必定在被其他系列内含的同时将自身完全恢复为其他系列的内含者。永恒回归的唯一意义即可指定的起源的缺席,亦即将起源指定为差异,其为了使不同者(或诸不同者)如其所是地回归而使它们相互关联在一起。就此而言,永恒回归完全是一种源始的、纯粹的、综合的、自在的差异(亦即尼采所说的强力意志)的结果。如果差异是自在的,那么永恒回归中的重复就是差异的自为。不过,尽管如此,如何否定永恒回归与相

---

① 德里达(Jacques Derrida)在一篇专门研究弗洛伊德式幻想的文章中写道:"因此正是那个延迟才是源始的。如果不是这样的话,延异恐怕就只是意识给予自身的那种临时期限,是当下向自身的一种呈现……说这种延异是源始的就意味着同时抹去关于某种起源在场的那个神话。此乃为什么必须在划杠之下理解'源始',否则的话,延异恐怕就会来自某种圆满无缺的起源。而非起源才是源始的"(《书写与差异》[*L'écriture et la différence*, Editions du Seuil, 1967],页302—303[【译按】中译参德里达,《书写与差异》,张宁译,北京:生活·读书·新知三联书店,2001,页368—369])。——亦参 Maurice Blanchot,《诸神的笑声》(*Le rire des dieux*, N. R. F., juillet 1965):"影像不应再是一个相对于所谓的初始对象而言的次要之物,它应当重获一种与原初之物相当的首要性,随后,起源将失去自身那些初始强力的优先性……原初之物不再存在,存在的乃是永恒的闪光,在此,起源之缺席分散在了迂回与回归的碎片中"。

同的不可分割性呢？永恒回归本身难道不是**相同**之永恒回归吗？但是，我们应当对"相同、同一、相似"的多种——至少是三种——意谓多一份敏感。

第一种意谓：**相同**意指着一个永恒回归的假定主体。它因而意指着作为原则的一（Un）的同一性。但确切地说，最严重、最漫长的谬误正在于此。尼采明确说道：如果回归的是一，那它从一开始就不应当出离于自身之外；如果它应当使多（multiple）在它的规定下与它类似，那它从一开始就不应当在相似者的退降中失去自身的同一性。重复既不是一的恒久性，也不是多的类似性。永恒回归的主体不是相同，而是不同，不是相似，而是不似，不是一，而是多，不是必然，[165]而是偶然。永恒回归中的重复内含着所有妨碍其发挥功能的形式的毁灭，也就是化身于**相同**、**一**、**同一**与**同样**的先行条件中的表象范畴的毁灭。第二种意谓：相同与相似只是那些服从于永恒回归的系统的运作的结果。因此，同一性必然被投射，或不如说是回射（retrojetée）在源始的差异之上，类似性被内化在发散的诸系列之中。对于这种同一性、类似性，我们应当说它们是"被模拟的（simulées）"：它们在那通过差异而使诸不同之物关联在一起的系统（所以，这样一个系统本身就是拟像）中被生产出来。相同、相似只是由永恒回归产生出来的虚构。这一次，存在于此的不再是谬误，而是幻相：这个不可避免的幻相是谬误的来源，但它却能与谬误相分离。第三种意谓：相同与相似并不使自身与永恒回归本身区分开来。它们并不先存于永恒回归：不是相同或相似回归，而是永恒回归是回归者唯一的相同与相似。它们不再为了反作用于原因而听任自己被从永恒回归那里抽离出来。相同述说着那作为不同者存在并保持着这种状态的东西。永恒回归是不同之相同、多之一、不似之类似。作为先前的幻相的来源，永恒回归只是为了因此一幻相而欢愉，只是为了陶醉于此一幻相之中——就像是倒映在自身的光学效果之中——才产生它、保存它，而且永恒回归永不会陷入与该幻相相连的谬误之中。

※

柏拉图主义的真正动机存在于拟像的问题中

这些龃龉的与共振的系列、阴暗预兆以及强迫运动的微分系统［差异系统］叫做拟像或幻像。永恒回归只关涉着拟像、幻像且只让它们回归。而且，我们似乎在这里重又找到了柏拉图主义与反柏拉图主义、柏拉图主义与颠转柏拉图主义的最为本质的一点，找到了它们的试金石。因为我们在前面一章中已经表明，柏拉图的思想仿佛是以一种特殊的区别，亦即原初之物与影像的区别、原型相与复制品的区别为中心。一般认为，原型相享有一种更高的源始同一性（只有**理念**才是它之所是，只有**勇敢**才是勇敢的，只有**虔敬**才是虔敬的），［166］而复制品则要根据一种派生的内在类似性来被判断。正是在这种意义上，差异只是在同一性与类似性之后到来的第三者，而且差异只有通过它们才能被思维。差异只能在两种近似性的比较游戏中被思维，亦即一个同一的原初之物的范型的近似性（similitude exemplaire）与一个和原初之物或多或少类似的复制品的模仿的近似性（similitude imitative）：这便是追求者的考验与考量。但在更为深刻的层面上，真正的柏拉图式区别不但发生了移置，而且还改变了本性：它不再是原初之物与影像之间的区别，而是两种影像之间的区别。它不再存在于原型相与复制品之间，而是存在于两种影像（偶像［idoles］）之间，其中复制品（祭祀像［icônes］）只是第一种影像，另一种是由拟像（幻像［phantasmes］）构成的影像。原型相—复制品之分只是为了赋予复制品—拟像之分以根据并对后者加以应用；因为复制品只能以原型相之同一性的名义，并出于与理念性原型相的内在类似性而得到辩护、拯救与选择。原型相这一基本概念之所以参与进来不是为了对立于整个影像世界，而是为了选择好的影像，为了选择那些与它具有内部类似性的祭祀像，除去坏的影像、拟像。全部柏拉图主义被建构起来的基础就是驱逐以下事物的意志：被同一于智者的幻像和拟像、这个魔鬼、这个混入者和模拟者，这个始终躲在伪装下移置的虚假的追求者。因此在我们看来，柏拉图在这里做出了一种具有重大意义的哲学决断：使差异从属于被假定为起始者的**相同**与**相似**的强力，宣称差异就其自身而言不能被思维，并且要将差异和拟像投入无底的海洋。但确切说来，因为柏拉图还没有种种由表象构成的范畴（后者随着亚里士多德哲学出现），他的这一决断应当建立在**理念**论的基础上。所以，在最为纯粹的状态下出现的——在它能够被展布为表象之逻辑以前——是一种道德世界观(vision morale du monde)①。拟像首先是出于种种道德原因才应当被驱除，且这样一来，差异亦应当被附属于相同与相似。但出于这个理由，因为柏拉图采取了决断，因为这里所取得的胜利与在表象的既得世界中所取得的那种胜利并不相同——柏拉图式宇宙的各个角落都潜伏着低声嗥叫的敌人，差异拒不接受那束缚自己的枷锁，赫拉克利特(Héraclite)与智者们制造了地狱的喧嚣。怪异的复身步步紧随着苏格拉底，它甚至[167]一直纠缠到了柏拉图的文体、风格那里，并且嵌入到了这一文体、风格的重复与变异之中。②

---

① 【译按】关于"道德世界观"，参黑格尔，《精神现象学》，前揭，页370以下。
② 柏拉图的推理被风格的重演与文体的重复加强了。这些重复证实了一种精细，证实了一种努力，其试图"重新树立"一个论点，捍卫这个论点，因而反对一个想要"混入"的接近却不相似的论点。被柏拉图式论点之重复驱除、消除的乃是种种前苏格拉底式论点之回归：这样一来，弑父就被完成了很多次，并且，只有在柏拉图模仿那些被他揭露了的东西时才会发生。——参舒尔(P.-M. Schuhl)的〈评斐多中的重复手法〉(Remarques sur la technique de la répétition dans le *Phédon*, in *Etudes platoniciennes*, Presses Universitaires de France, 1960)，页118—125(舒尔所说的"理念的连祷文")。

拟像与永恒回归中的重复

因为拟像或幻像并不只是一个复制品的复制品、一个无限减弱的类似性、一个被贬降的祭祀像。深受柏拉图派教父影响的基督教教理书使我们熟悉了无类似性的影像的观念；人类是与上帝类似的影像，但由于原罪，我们已经失去了那种相似性而空有一个影像……拟像正是一个毫无类似性的着魔的影像；或者毋宁说，与祭祀像相反，它将类似性置于外部，并靠差异来维持自己的生命。如果它造成了一种类似性的外在结果，这也只是幻相而非内部原则；它本身是在一种龃龉之上构建起来的，它已然内化了诸构建性系列的不似，内化了它的各种观点的发散，因此它表明了许多事物，同时讲述了许多故事。这是拟像的第一个特征。但是这难道不是说，如果拟像本身与一个原型相关联在了一起，该原型相便不再享有理念性**相同**的同一性？这难道不是说它反而是**他异**的原型相，是另一种原型相，也就是产出了被内化的不似性的自在之差异的原型相？柏拉图那些最异乎寻常的篇章彰显了在柏拉图主义核心处的反柏拉图主义。其中一些篇章认为，不同、不似、不等——简而言之就是生成——完全可以是原型相，它们不必只是影响着复制品的缺陷，就好像是复制品次等特征的代价或是其类似性的对立面。但是，它们所是的原型相是伪者（pseudos）的可怕的原型相，在它们这里展开的是虚假的强力（la puissance du faux）。①

---

① 关于"另一种"原型相，其在柏拉图主义中构成了一种狡猾的神或骗人的上帝（【译按】参笛卡尔，《第一哲学沉思集》，前揭，页20："我要假定有某一个妖怪，而不是一个真正的上帝，这个妖怪的狡诈和欺骗手段不亚于他本领的强大，他用尽了他的机智来骗我"）的等价物，参《泰阿泰德》，176e（【译按】中译参柏拉图，《泰阿泰德》，前揭，页75），尤参《蒂迈欧》，28b以下（【译按】中译参柏拉图，《蒂迈欧篇》，前揭，页20）。

关于幻像，以及祭祀像与幻像的区别，至关重要的文本出现在《智者》的235e—236d，264c—268d（【译按】中译参柏拉图，《智者》，前揭，页36—38，92—100）（转下页注）

虽然这一假设很快就被排斥、诅咒、禁止，但它终究还是涌现过，哪怕它只是一道夜空中的闪电，其表现了拟像那持久的活动、证实了拟像的地下作业和拟像之世界的可能性［168］。这难道不是说，作为第三个特征，拟像中有某种东西在同时否认复制品和原型相的概念吗？原型相坠入差异之中，与此同时，种种复制品陷入了那些被它们内化了的系列的不似性之中，人们永远也不能说出哪一个是复制品，哪一个是原型相。《智者》的结局便是拟像之胜利的可能性。这是因为，虽然苏格拉底将自身与智者区分开来，但智者不仅没有将自身与苏格拉底区分开来，而且还质疑这样一种区别的正当性。祭祀像之黄昏。它所意指的难道不是这一点吗：原型相之同一性与复制品之类似性都是谬误，相同与相似都是诞生自拟像之运作的幻相？拟像通过反复经过永恒回归那些偏离中心的中心而作用于自身。这不再是为了将宇宙与混沌对立起来的柏拉图式努力，仿佛**圆圈**就是有能力将自身的类似性强加在反叛的质料上的超越性**理念**的印记。这反而是混沌与宇宙的内在同一性，是永恒回归中的存在，是一个异常弯曲的圆圈。柏拉图试图通过将永恒回归弄成**理念**的一个结果，也就是使它复制一个原型相来驯服它。但是在那退降的类似性的无限运动中，在那从复制品到复制品的无限运动中，我们到达了这样一个位置：在这里，一切都改变了本性，复制品自我颠转为拟像，类似性与精神的模仿最终让位于重复。

（接上页注）（亦参《理想国》，X，601d 以下［【译按】中译参柏拉图，《理想国》，前揭，页 398 以下］）。

第三章　思想的形象

哲学的前提问题

[169]哲学中的开端(commencement)问题往往被看作是非常棘手的,这不无道理。因为开始就意味着排除一切前提。不过,当人们在科学中遇到了能够被严密的公理排除掉的客观前提时,哲学的前提却有多客观就有多主观。所谓客观前提即是,必须被一个既有概念明确地(explicitement)当作条件的概念。例如在第二《沉思》中,笛卡尔就不愿将人定义为"理性动物",因为这样一个定义明确地假定了"理性的"与"动物"的概念是众所周知的:因此,他试图通过将Cogito[拉:**我思**]当作人的定义来消除一切客观前提,这些前提加重了属加种差法的负担①。然而,他显然没有避开另一种前提,即主观的或隐含的(implicites)前提,也就是说,这种前提不存在于概念中,而是包裹在感受内:每个人不借助概念就

---

① 【译按】参笛卡尔,《第一哲学沉思集》,前揭,页24:"可是一个人是什么? 我是说一个有理性的动物吗? 当然不;因为在这以后,我必须追问什么是动物,什么是有理性的,这样一来我们就要从仅仅一个问题上不知不觉地陷入无穷无尽的别的一些更困难、更麻烦的问题上去了。"

知道"我"、"思"、"在"意味着什么。因此,**我思**之纯粹自我是一个开端现象完全是因为它已然将其所有的前提都指向了经验自我。尽管黑格尔已经在这个问题上指责了笛卡尔,但事实上,他本人似乎并没有换用别样的方法:纯粹存在之所以是开端完全是由于它将其所有的前提都指向了经验的、感性的、具体的存在。这种态度旨在拒斥种种客观前提,但却以允许同样多的主观前提为条件(况且,它们可能只是不同形式下的同一种东西),它依然乞灵于海德格尔所持有的一种先于存在论的**存在**领会。① 人们从中可以得出这样一个结论:哲学并没有真正的开端,或者更确切地说,真正的哲学开端——亦即**差异**——[170]本身已然是**重复**。但这种表述以及哲学之为圆圈的召唤招致了如此多的可能阐释,以至于我们实在不能表现得过于谨慎。② 因为如果重要的是在终结处重新发现那已然存在于起始处的东西,如果问题在于从明确之物或概念中辨识、过滤出那不借助概念,单以一种隐含的方式就被知晓了的东西——无论抽取的手段有多么复杂,无论各个作者所使用的方法有多么不同——那么,人们就有理由说:所有这些都太过简单了,这个圆圈弯曲得还远远不够。更确切地说,圆圈的形象表明哲学不仅没有能力真正地开始,也没有能力真实地重复。

还是让我们来思索一下主观的或隐含的前提是什么吧:它具

---

① 【译按】参海德格尔,《存在与时间》,陈嘉映、王庆节译,北京:三联书店,1999,页17—18:"如果任务是阐释存在的意义,那么此在不仅是首须问及的存在者;更进一步,此在还是在其存在中向来已经对这个问题之所问有所交涉的存在者。所以,追问存在问题无它,只不过是对此在本身所包含的存在倾向刨根问底,对先于存在论的存在领会刨根问底罢了。"

② 【译按】关于"圆圈比喻"以及黑格尔对哲学之开端问题的简评,参《哲学全书·第一部分·逻辑学》(梁志学译,北京:人民出版社,2002)第17节:"谈到哲学必须确定的开端(Anfang),看来它一般也像其他科学那样,是从一个主观的前提(subjektiven Voraussetzung)开始的,即从一个特殊的对象开始的;……哲学……是一个返回自身的圆圈(Kreis),这圆圈决没有其他科学意义上的开端,因而哲学的开端仅仅与决意作哲学思维的主题有关,而不是与这门科学本身有关"(页50)。

有"人人都知道……"这样一种形式。人人都以一种先于哲学的方式(mode préphilosophique)先于概念地知道……人人都知道"思"与"在"意味着什么……这样一来,当哲学家说出"我思故我在"时,他就能够隐含地假定他的前提是众所周知的:"思"与"在"是什么意思……而且没人能否定怀疑即思,思即存在……人人都知道,没人能否定,这便是表象的形式与表象者[代表]的话语。当哲学将自身的开端固定在隐含的或主观的前提之上时,它就可以佯装清白了,因为它没有为自己留下任何东西,除非是真正本质性的东西,亦即这种话语的形式。于是,它造成了"白痴"与学究的对立,厄多克斯(Eudoxe)与埃比斯德蒙(Épistémon)的对立,善良意志与过剩智力的对立,只具有自然思维的特殊(particulier)之人与被时代的空泛之论(généralités)败坏了的人的对立。① 哲学站在了作为无前提之人的白痴一边。但厄多克斯的前提实际上并不比埃比斯德蒙少,只不过他的前提具有另一种形式:隐含的或主观的,"私人的"而非"公众的"形式。在自然思维的形式下,哲学得以做出开始的样子,而且是无前提地开始。

突然,响起了一声声孤独的、激动的呐喊。由于否定了"人人都知道……",它们怎么可能不孤独?由于否定了那些所谓的没人能否定的东西,它们怎么可能不激动?这种抗议并不以贵族式偏见为名而提出:重要的并不是说"很少有人思考"、"很少有人知道思考意味着什么"。而是相反,有[171]这样一个人——假如只有一个的话——他不仅无法知道人人都知道的东西,还谦逊地否定了那被认为是人人都可以明白的东西;这个人不但不允许自己被代表[表象],而且也不愿再代表[表象]任何东西;他并不是一个具有善良意志与自然思维的特殊者(particulier),而是一个满怀

---

① 参 Descartes,《凭借自然之光探寻真理》(*Recherche de la vérité par la lumière naturelle*, éd. Alquié, Garnier),卷Ⅱ。

第三章 思想的形象

邪恶意志的奇异者（singulier），他既不具有自然思维又无法凭借概念思考。只有他才是无前提的。只有他能够真切地开始，真切地重复。在他看来，主观前提与客观前提同样都是偏见，厄多克斯与埃比斯德蒙就是同一个人，一个应当被怀疑的骗子。即便是作个白痴，我们也要作个俄罗斯式的白痴：这个俄罗斯式的白痴是一个地下室人，无论是在自然思维的主观前提那里，还是在时代文化的客观前提那里，他都找到不到自己的影子——他没有用来画圆的圆规。他既不是瞬息的又不是永恒的，而是不合时宜的。舍斯托夫，以及他善于提出的那些问题——他善于表现的那种恶意志，他置入思想中的那种无力思考（impuissance à penser）是他在这些苛刻的问题中展开的双重维度——既关涉着最根本的开端又关涉着最固执的重复。①

第一公设：Cogitatio natura universalis
［拉：普遍的自然思维］原则

很多人都津津有味地说着：人人都知道"这个"（ceci），人人都承认这个，没人能够否定这个。（只要没有哪个讨厌的谈判对手站出来顶嘴，说他不愿就这样被代表了，而且拒不承认那些以他的名义讲话的人，代表们就轻而易举地获得了胜利。）哲学家办事的确是最大公无私的：他们只是将"'思'、'在'和'我'意味着什么

---

① 【译按】参舍斯托夫，《旷野呼告：克尔凯郭尔与存在哲学》，方珊、李勤译，北京：华夏出版社，1999，页18："陀思妥耶夫斯基——不比康德和黑格尔差——意识到那些普遍和必然的判断，他的理性向人召唤的强制性真理的意义和使命。但是，与康德和黑格尔相反，他不仅不为这些'二二得四'和'石墙'而自安自慰，而且相反，正如克尔凯郭尔一样，为理性启示的自明性使陀思妥耶夫斯基极其恐惧不安。是什么把人交给必然性的支配之下？活人的命运怎么会依赖上石墙和二二得四？而石墙和二二得四与人毫不相干，它们与任何人和任何物都毫不相干呢！《纯粹理性批判》没有提出这种问题，也没有听到这样的问题——假如向《纯粹理性批判》询问这些问题的话"。

设定成了被普遍承认的东西,这就是说,不是某一"这个",而是一般表象或一般认知之形式。尽管这一形式也拥有质料,但这种质料是纯粹的质料,是一种元素。这种元素只包含如下内容:作为一种能力的自然运用(exercice naturel d'une faculté)的思想之设定,一种既具有求真的禀赋又与真具有亲和性的自然思维之前提,以及在这双重方面下的思想者之善良意志与思想之正直本性的前提。这是因为人人都自然而然地思考着,人人都被视为能够隐含地知道思考意味着什么。因此,最为一般的表象形式处于作为正直本性与善意志(厄多克斯与正统观念)的常识的元素之中。哲学的隐含前提处于作为 cogitatio natura universalis[拉:普遍的自然思维]的常识(sens commun)之中,而哲学也正是将常识当成了自身的出发点。[172]从"求知是所有人的本性"①开始,一直到"良知(bon sens)是人间分配得最均匀的东西",②哲学家们各式各样的宣言对于证实前提的存在来说毫无用处。因为前提的价值更多地体现在了其自身的持存中,哲学家恰好将其留在了阴影中,而不是在那些由它所引起的明确的命题中。哲学中的公设不是一些哲学家们要求人们认同的命题,而是始终是隐含的,要按照前哲学的方式来理解的一些命题论题(thèmes de propositions)。就此而言,哲学的概念性思维是把一种从纯粹常识元素那里借取而来的前哲学的、自然的**思想形象**(Image de la pensée)当成了隐含的前提。根据这种形象,思想与真具有亲和性,它既在形式上拥有真,又在质料上意欲真。并且,每个人都是依据这种形象才被认为能够知道思考意味着什么。所以,只要思想仍然服从于这种已然预先断定了一切,预先断定了对象与主体、存在与存在者的分配的形象,那么哲学是以对象为开端还是以主体为开端,以存在为开端还是以存

---

① 【译按】亚里士多德,《形而上学》,前揭,980a22,页1。
② 【译按】笛卡尔,《谈谈方法》,王太庆译,北京:商务印书馆,2001,页3。

在者为开端都无关紧要。

我们可以将这种思想形象称为独断的或正统的形象、道德的形象。确定无疑的是,它拥有种种变异体:因此,"唯理论者"与"经验论者"设立思想形象的方式截然不同。不仅如此,我们将会看到,哲学家们意识到了很多有待改进的地方,并且如果不给这种隐含的形象添加上许多来自概念之明确反思的、抵抗着它并以颠覆它为目的特征的话,他们就不会接受它。可是,即使哲学家明确指出了真理毕竟不是"一种人人皆可唾手而得的东西",思想的形象依旧在隐含之物中岿然不动。所以,我们关心的不是随不同哲学而变化的这样或那样的思想形象,而是构成了哲学整体之主观前提的那个唯一的形象一般。当尼采质疑那些最一般的哲学前提时,他断言它们在本质上都是道德的,因为只有**道德**才能说服我们相信思想具有一种善良本性,思想者具有一种善良意志,而且只有**善**才能为思与**真**之间的那种假定的亲和性奠定基础。实际上,除**道德**之外还会有什么?除了这将思给予了真,又将这真给予了思的**善**之外还会有什么?……一旦一种没有任何前提的哲学的诸条件更为清晰地显现出来,我们就会发现:它不是依赖于思想的道德形象,而是将[173]对**形象**及其隐含的种种"公设"的彻底批判当作出发点。它发现了自身的差异或真正开端,但不是在与前哲学的**形象**的和解那里,而是在揭露这一**形象**的非哲学性并因而对其做出反抗的一丝不苟的斗争那里。① 由此,它在一种无**形象**的思

---

① 在开端问题上走得最远的是费尔巴哈(Feuerbach)。无论是就哲学一般而言还是具体到黑格尔哲学那里,他都揭露了那隐含于其中的前提。他进而表明,哲学的出发点应当是它与非哲学的"差异",而不是它与一种前哲学的形象的协调(但他认为,当人们从经验的、感性的与具体的存在起始时,这一真正开端的条件就得到了充分的实现)。——参《黑格尔哲学批判文集》(*Contribution à la critique de la philosophie de Hegel*, trad. Althusser, *Manifestes philosophiques*, Presses Universitaires de France),尤其第33页(【译按】中译参费尔巴哈,《黑格尔哲学批判》,王太庆、万颐庵译,北京:三联书店,1958,页20—21)。

想中发现了自身那本真的重复,这甚至是以最严重的破坏、最大程度的去道德化,以及一种只与悖论结盟并断绝了与表象之形式和常识元素的一切关系的哲学之固执为代价。仿佛思想只有当自身从**形象**和**形象**的公设那里解放出来时才有能力开始思考,而且它始终在重新开始。如果人们不首先清算那些将这种具有歪曲能力的形象投射到思想之上的公设,纵使对真理学说进行多少修改也无济于事。

※

第二公设:常识的理想

"思即一种能力的自然运用"、"这种能力具有善本性和善意志",这两点不能从事实上(en fait)来理解。"人人"都知道:人们事实上很少思考。笛卡尔的名言"良知(思想的能力)是人间分配得最均匀的东西"只是建立在一个古老的玩笑的基础上,因为它旨在唤起这样一种状况:人们在必要时会抱怨自己记性不佳、想象贫乏,或听觉糟糕,但要是从才智与思想的观点看来,人人都是平等的。然而,如果笛卡尔终究是一位哲学家,这是因为:他通过利用这个玩笑而树立起了思想在原则上(en droit)应当所是的那个形象:无论在事实之中表现原则或是在事实之外复得原则有多么困难,善本性以及与真的亲和性从原则上说是归思想所有的。因此,自然良知或自然常识就被认作为纯粹思想的规定。常识和良知不仅可以预先断定自身的普遍性,还可以在原则上被[174]假设为是普遍的、可交流的。为了利用、为了重新发现,亦即为了应用天赋极佳的心灵,应当具备一种明确的方法。因此,从事实上说,思考无疑是困难的。但是,在事实上最为困难的事情在原则上却依然再简单不过。因此,方法从思之本性的观点看来是简单的(说是这一简单概念[notion de facile]毒害了整个笛卡尔主义并非夸张)。当哲学在一种试图在原则上凸显其价值的思想之**形象**中发现自身的前提时,我们便不能再满足于用一些相反的经验事例来反驳它,而是应当将讨论提升到原则的层面上,并且要搞清楚这种形象是否背叛了作为纯粹思想的思想自身的本质。由于这种形象从原则上说是有价值的,它便预设了某种经验与先验的分派;而且,应当被判断的正是这一分派,亦即这一内含在形象之中的先验范型(modèle transcendantal)。

第三公设:认知的范型

实际上,这一范型确实存在,它便是认知(récognition)的范型。界定认知的是所有能力的协调的运用(exercice concordant),这种运用针对着一个被假定为相同者的对象:能够被看到、摸到、想象、构想的全都是同一个对象……或者,就像笛卡尔在谈到蜡块时所说的那样,"这就是我看见的,我摸到的,我想象的那块蜡,就是我一开始认识的那块蜡"①。每一种能力无疑都有其特殊与料:可感觉之物、可记忆之物、可想象之物、可理知之物……而且它们也都有其特殊的风格与作用于与料的特殊行动。不过,在一种能力认为一个对象和另一种能力的对象相同一时,这个对象才能被认知,或者更确切地说,是在所有能力一起将它们的与料和它们自身与一种对象的同一性形式关联在一起时。因此,认知需要一条对"人人"都适用的诸能力之协作的主观原则,亦即一种作为 concordia facultatum[拉:诸能力的和谐]的通感[常识],与此同时,对哲学家来说,对象的同一性(identité)形式需要一种根据,它处于一个其他所有能力皆应是其样式的思维主体的

---

① 【译按】笛卡尔,《第一哲学沉思集》,前揭,页30—31。

统一性(unité)之中。作为开端之 Cogito[拉:**我思**]的意义便是:它表现了全部能力在主体之中的统一,从而表现了全部能力与一个映射了主观同一性的对象形式关联在一起的可能性,它给予了常识之前提一个哲学概念,它即哲学化了的常识。在康德和笛卡尔那里,正是**我思**中**自我**的同一性为所有能力的协调,为它们在一个被假定为相同的对象之形式上达成的一致奠定了基础。人们会反驳说,我们[175]面对的从来不是形式的对象或任意的普遍对象,而始终是一个又一个基于诸能力的确定所与(apport déterminé)的结构清晰、内容清楚的具体对象。然而,常识和良知这两个互补审级间的明确差异正应当在此介入。因为如果常识是以纯粹**自我**和与之相应的任意对象形式为着眼点的同一性规范,那么良知便是以经验自我和拥有特定质的具体对象为着眼点的分割之规范(所以,它认为自己得到了普遍的分割)。当常识提供了**相同**之形式时,正是良知在每一实例中规定了诸能力之所与。而且,如果任意对象只能作为被赋予质的对象而实存,那么反过来,任何赋予质的活动只有在假定了任意对象的前提下才能进行。我们将在后文中看到,常识和良知是如何以一种完全必要的方式在思想之形象中相互补充:它们二者分别构成了意见(doxa)的两半。眼下只须指出诸公设自身的仓促:一种在本性上是正直的,并且知道思考意味着什么的思想之形象;由此"在原则上"产生的纯粹常识元素;由此产生的认知的范型,或者已然是表象之形式。思想在本性上被假定为是正直的,因为与主体关联在一起的它并不是一种能力,而是其他所有那些只是作为其样式(modes)的能力的统一性,并且它还将这些能力引向了认知范型中的相同之形式。认知之范型必然包含在思想之形象中。如果考察柏拉图的《泰阿泰德》、笛卡尔的《沉思集》以及《纯粹理性批判》,人们不难发现:居于支配地位并"引导着"何谓思考的哲学分析的始终是认知之范型。

第三章 思想的形象

思想与意见

对于哲学来说,这样一种引导并不适宜。因为本性上正直的思想、原则上自然的常识、作为先验范型的认知,这假定的三重层面只能构成一种正统的理想(idéal d'orthodoxie)。这样一来,哲学便不再有任何方法去实现自身的计划——与意见决裂。毫无疑问,哲学拒绝任何特殊意见;毫无疑问,它不采纳任何来自良知或常识的特殊命题。毫无疑问,它不特殊地承认任何东西。但是,它却从意见那里保留了本质性的东西,亦即形式;从常识那里保留了本质性的东西,亦即元素(élément);从认知那里保留了本质性的东西,亦即范型(奠基在[176]思维主体之中,并被运用于任意对象之上的诸能力之协调)。思想之形象只是一个形态而已,人们在其下通过将意见抬升至理性的层面而将意见普遍化。但是,当人们只抽象掉意见的经验内容,却完全保留了与其相应并隐含地持留了内容之本质的诸能力之运用时,人们就仍然被意见所束缚。人们徒劳地发现了一种超时间性的形式,甚至发现了一种时间下的、地下的初始质料,或 Urdoxa[德:原信念]①,但是人们并没有前进一步,人们仍然被束缚在同一个洞穴中,仍然承受着各种时代观念——通过哲学的方式来表示它们,人们只是用"重新发现"它们而自我欺骗。除可被认知者和已被认知者外,认知之形式所承认的绝无其他事物,除种种一致性外,这一形式所引发的永无其他事物。并且如果哲学寄寓于常识,就像寄寓于它的隐含前提一样,如果常识不停地向哲学表明它有能力以自己的方式创造一种哲学,那哲学对于常识来说又有何用处?对哲学来说,具有毁灭性的双

---

① 【译按】参胡塞尔,《纯粹现象学通论:纯粹现象学和现象学哲学的观念》,李幼蒸译,北京:中国人民大学出版社,2004,§104,页183。

重危险便是：一方面，显而易见，认知活动存在着，并且还占据了我们的大部分日常生活："这是一张桌子"，"这是一个苹果"，"这是一块蜡"，"你好！泰阿泰德"。但是，谁会相信思想的命运取决于此？谁会认为我们在认知时是在思考？人们像柏格森那样徒劳地区分出了两类认知：一类是面对着青草的母牛的认知，一类是召唤自己的记忆的人类的认知，但这两类认知都不能被当作展示着思想之意谓的范型。在我们看来，要对思想之**形象**做出评判必须依据原则层面上的意图，而非事实层面上的反驳。但恰当地说，这种思想之形象应当被批判的地方，就是它将自身的原则奠定在了特定的事实，尤其是毫不重要的事实上面，奠定在了日常生活之平淡无奇、奠定在了**认知**上面，就好像思想不应在一些更为奇特或更具危险性的冒险中发现自己的样式。以康德为例：在所有的哲学家中，是康德发现了非凡的先验领域。他像一位伟大的探索者；他所探索的不是另一个世界，而是这个世界的山脉与隧道。可他都做了些什么？在第一版《纯粹理性批判》中，他详细地描述了三种对诸思维能力各自的所与进行考量的综合，它们全部在第三种综合，亦即认知之综合中达到顶峰。认知之综合表现在了任意对象之形式中，而对象形式又是所有能力都与之关联在一起的**我思**的相关项。① 这样一来，康德显然是[177]从一种心理学意识的经验活动那里移印（décalque）出先验结构的：领会的先验综合直接从一种经验的领会中被归纳出来，等等。正是为了将这一显而易见的手段隐藏起来，康德才在第二版中将这段文字删除。尽管隐藏得更深，但移印的方法及其所有的"心理主义"仍然存在着。

　　第二，只有当认知作为一种思辨范型存在时，它才无关紧要。但是，在它为之服务的目的（而且我们也要被它引向这个目的）那里，情况便发生了变化。被认知者[被承认者]不仅是一个对象，

---

① 【译按】参康德，《纯粹理性批判》，前揭，A103 以下（页 117 以下）。

而且还是关于这个对象的种种价值(诸价值甚至本质性地介入到由良知所施行的分配之中)。如果认知[承认]在"既定价值"中发现了自身的实践目的,所有作为 Cogitatio natura[拉:**自然思维**]的思想之形象则在这一范型下表现了一种令人不安的顺从。就像尼采所说的那样,**真理**"是一个懒懒散散、贪图安逸的家伙,他一而再、再而三地向所有现存势力保证,谁也不用因为他而耗费功夫,他不过是纯科学……"。① 一种不会损害任何人——既不会损害思想者,也不会损害其他人——的思想是什么呢?认知的符号庆祝着一桩桩畸形的婚约,思想在这里"重新发现"了**国家**、"**教会**",重新发现了所有那些通行价值,而在一个被永恒地祝福的任意永恒对象的纯粹形式下,认知巧妙地引入了这些通行价值。当尼采区分了新价值之创造与既定价值之承认时,这一区分当然不应当以一种历史相对性的方式来理解,就好像既定价值在其所处的时代曾经是崭新的,而新价值仅仅需要一些时间来变为既定价值。事实上,重要的是一种形式的与本性的差异,崭新之物具有开始与重新开始的强力,它始终是崭新的,一如既定之物从一开始就已然是既定的——即使需要一些经验性时间来承认它。在崭新之物中被既定化的东西恰恰不是崭新的东西。因为崭新之物的特性——亦即差异——在思想之中激起了种种绝不归属于认知的力量,它们既不属于今天亦不属于明天,它们完全是另一种范型的强力,它们处于一片永远无法被认知,永远不能去认知的 terra incognita[拉:未知领域]之中。崭新之物源出于思想中的哪些力量?源出于哪一种中枢的恶本性和恶意志?源出于哪一种中枢的崩溃(ef-fondrement),[178]其剥去了思想的"天赋性",并且每一次都将它

---

① Nietzsche,《不合时宜的沉思》(*Considérations intempestives*),《教育者叔本华》(*Schopenhauer éducateur*),§3(【译按】中译参尼采,〈作为教育家的叔本华〉,黄燎宇译,载《悲剧的诞生》,桂林:漓江出版社,2000,页225)。

当作某种虽然鲜少存在,且被强制着、强迫着开始的东西?与此相比,那些以认知为目的的自发斗争是多么可笑。这种斗争既存身于常识之中,又围绕着既定价值打转,为的就是将通行价值(荣誉、财富、权力)归于自己或是使自己被赋予通行价值。这是一场怪异的斗争,它进行的目的是为了缴获由 Cogitatio natura universalis[拉:**普遍的自然思维**]所构成的战利品,为了缴获认知与纯粹表象的战利品。尼采嘲笑"这些东西对于强力意志来说至关重要"的想法。不仅是黑格尔,就连康德都被他称为"哲学工匠"①,因为他们的哲学仍然被这种认知之范型烙上了不可磨灭的印记。

康德式批判的模糊之处

虽然如此,为了颠覆思想之**形象**,康德似乎全副武装。他用幻相概念替换了错误概念:内部的、内在于理性的幻相,而不是来自于外部且仅仅是一种身体因果性(causalité du corps)之结果的错误。② 他用那被时间之线深深割裂了的自我替换了实体性的自我;③并且正是在这同一种运动中,上帝与自我经历了一种思辨的死亡。尽管如此,康德宁可损坏三大批判的概念装置,也不愿抛弃种种隐含的前提。思想应当继续拥有一种正直的本性,哲学应当在通感[常识]本身或"共通的通俗理性"所规定的范围和方向中活动。所以,批判至多是将公民权给予了那从其自然法的观点被考察的思想:康德的事业增加了通感的数量,他造就了与理性思维的天然关切(intérêts naturels)数量相当的通感[常识]。这是因为虽然通感[常识]一般始终内含着诸能力在一种相同之形式或一

---

① 【译按】参尼采,《善恶的彼岸》,魏育青等译,上海:华东师范大学出版社,2016,箴言 211,页 168。
② 【译按】参康德,《纯粹理性批判》,前揭,B353 以下,页 260。
③ 【译按】参康德,《纯粹理性批判》,前揭,B422 以下,页 302。

种认知之范型之上的协作,但是,根据不同的实例,诸能力当中总会有一种能动的能力要负责提供出这种形式或范型,而其他能力则使各自的所与从属于这种形式或范型。所以,想象力、理性、知性不但在认知中协作着,而且还形成了一种"逻辑的通感[常识]";①但在这里,立法的能力是知性,并且它提供了一种思辨范型,另外两种能力被要求根据这一思辨范型协作。与此相反,对于认知的实践范型来说,在道德的通感[常识]中立法的是理性。还存在着第三种范型,其中诸能力在专门的审美通感[常识]中达成了一种自由的和谐。如果所有能力当真在[179]认知一般中协作着,它们的方式会随有待被认知之物的变化而变化,即:认识对象、道德价值、审美效果……。因此,康德并没有颠覆通感[常识]的形式,而只是增加了它的数量(相同的结论不也适用于现象学吗?现象学难道不是发现了第四种通感[常识]吗?这一次,通感[常识]奠定在了作为被动综合的感性的基础上,并且为了构成一种 Urdoxa[德:原信念],它仍然要被束缚在意见的形式中②)

① 【译按】参康德,《判断力批判》,前揭,页137,脚注①。

② 参 Maurice Merleau-Ponty,《知觉现象学》(*Phénoménologie de la perception*, N. R. F.),页276以下、页366以下。——关于康德的通感[常识]理论,尤参《判断力批判》(*Critique du jugement*),§18—22 和§40(【译按】中译参康德,《判断力批判》,前揭,页73—77 和页135—138)。以及《纯粹理性批判》中的原则声明:"最高的哲学在人类本性的根本目的方面,除了人类本性已赋予通感[常识](Sens commun)的那种指导作用以外,也不能带来更多东西"(【译按】康德,《纯粹理性批判》,前揭,A831/B859,页628);"纯粹理性的诸理念就其自己本身而言决不再有可能是辩证的了,相反,唯有对它们的单纯误用才必然使得某种欺骗我们的幻相从它们中产生出来;因为它们是由我们理性的本性向我们提出的任务,而我们思辨的一切权利和要求的这个至上法庭本身不可能包含本源的欺骗和幻觉"(【译按】康德,《纯粹理性批判》,前揭,A669/B697,页523)。

【译按】在德勒兹所引用的《纯粹理性批判》的片段的德文原文中,"通感[常识]"(Gemeinsinn)一词并没有出现,也就是说,是《纯粹理性批判》的法译者将"最普遍的知性"(gemeinsten Verstande)译为了"通感[常识]"。不过,将"最普通的知性"等同于"常识"也并不是没有根据的做法:康德在《判断力批判》的第20节中写道:"鉴赏判断必定具有一条主观原则,这条原则只通过情感而不通过概念,却可能普遍有效地规定什么是令人喜欢的、什么是令人讨厌的。但一条这样的原则将只能被看作通感(转下页注)

人们认识到,康德式批判究竟在多大程度上是值得尊敬的:由于道德、反思、信仰被认为与理性的天然关切相符,所以它们本身从未遭受过质疑。遭到质疑的仅仅是诸能力之运用的正当性,而判断正当与否的根据即是某一具体的关切。无论是何种情况,认知的可变形式都要在一种诸能力之协调一致中确定良好的运用(bon usage),而诸能力之协调一致本身是由支配性能力在某一通感[常识]下规定的。所以,不当运用(幻相)只能得到如下解释:思想在自然状态下将自身的种种关切混在了一起,而且还让它们的领域彼此部分地重叠。这并不会妨碍思想切实地具有一种善良本性,一种从**批判哲学**那里获得了民事承认(sanction civile)的良好的自然法;此外,种种领域、关切、限制与性质全都神圣不可侵犯,它们全都建立在一种不可剥夺的权利的基础上。**"批判哲学"**中什么都有,无论是治安法庭,还是登记室、地籍簿——但唯独没有一种颠覆思想之形象的新的政治力量。甚至就连死去的上帝和分裂的**我**都只是一个必将消逝的糟糕的环节、思辨的环节;它们比以往更为完整、更为确实地复活了,它们的自信心更强了,但却是在另一种关切中,亦即在实践的或道德的关切中。

第四公设:表象之元素

这便是表象一般的世界。我们在前文中说过,表象通过一些特定的元素得到界定:概念中的同一性、概念之规定中的对立、判断中的类比、对象[180]中的类似性。任意概念之同一性构成了认知中的相同之形式。概念之规定内含着诸可能谓词与其相

(接上页注)(Gemeinsinn),它是人们有时也称之为通感(sensus communis)的普通知性(gemeinen Verstande)有本质不同的"(康德,《判断力批判》,前揭,页74)。

反者在一个倒退与前进的双重系列之中的比较——这一系列一方面由回想所贯通,另一方面由想象力所贯通(记忆—想象之再生),后者给自己定下了重新发现、重新创造的目标。① 类比所针对的要么是最高的可规定概念,要么是诸被规定概念与其各自对象间的关系,而且它还需要那种处于判断之中的分派的强力。至于概念之对象,无论是在自身之中还是在与其他对象的关联之中,它都会指向类似性,就像指向一种处于知觉之中的连续性之先决条件(requisit)。因此,每一个元素都分别触发了一种能力。不过,元素亦可在一常识内部以跨越不同能力的方式被确立(例如,某一知觉和某一回想之间的类似性)。**我思**是表象的最一般原则,亦即这些元素与所有这些能力的统一性的源泉:"我构想"、"我判断"、"我想象与回想"、"我知觉"即 Cogito[拉:**我思**]的四重分支。而差异恰恰就被钉在了这四重分支的十字架上。在这四重桎梏之下,只有同一之物、相似之物、类比之物和对立之物可以被思考为不同者;差异始终在与被构想的同一性、被判断的类比、被想象的对立、被知觉的近似的关联中变为表象的对象。② 差异同时在上述四种形态下被给予了一种作为 principium comparationis[拉:比较的原则]的充足理由。所以,无力思考自在之差异即是表象世界的特征。同时,表象世界亦无力思考自为之重复,因为重复(répétition)在其中只有通过认知(récognition)、

---

① 【译按】康德在《纯粹理性批判》"先验的理想"(A571/B599—A583/B611)一节中详细地论述了概念之规定的活动:"每一物按其可能性来说都还要从属于这条完全规定性(durchgängigen Bestimmung)的原理,按此原理,在诸物的一切可能的谓词中,就这些谓词被拿来与它们的反面(Gegenteilen)相比较而言,必然有一个谓词是应归于这物的……"(参康德,《纯粹理性批判》,前揭,页 458 及以下)。

② 关于差异在"古典"表象世界中对被构想的同一性和被知觉的类似性的双重从属,参 Michel Foucault,《词与物》(Les mots et les choses, N. R. F., 1966),页 66 以下、页 82 以下(【译按】中译参福柯,《词与物》,莫伟民译,上海:上海三联书店,2002,页 69 以下、页 91 以下)。

分派(répartition)、再生(reproduction)、类似性(ressemblance)才能被把握——它们使前缀"RE"在单纯的表象之一般性中异化了。因此,认知之公设是走向一条更为一般的表象之公设的第一步。

微分[差异性]能力理论

"感觉中的东西有些不需要求助于思想,因为知觉就能胜任判断了。但是还有一些是需要求助于思想的,[181]因为知觉对它们不能做出可靠的判断。——你显然是指的远处的东西或画中的东西。——你完全没有领会我的意思……"①——因此,这段话区分了两种事物:一种是那些不搅扰思想的事物,一种是(柏拉图在后文中谈到的)那些强迫(forcent)人们去思考的事物。第一种事物是认知的对象。思想及其所有的能力都能够在它们那里得到充分利用;尽管思想在它们那里忙得不亦乐乎,但这种繁忙、利用都与思想毫不相关。思想在它们那里只是被其自身的形象填满,思想在这里重新认识了自己和事物:"这是一根手指","这是一张桌子","你好!泰阿泰德"。因此这就产生了苏格拉底的对话者的问题:莫非人们在无法认知,感到认知困难时才真正在思考吗?这个对话者似乎已经是个笛卡尔主义者了。但可疑之物显然没有让我们摆脱认知的视角。它带来的只是一种局部的怀疑论(scepticisme local),或者是一种一般化了的方法——只要思想已经具有了去认知那个从根本上将确信与怀疑区分开来的东西的意志。这样的事情既发生在可疑之物那里,又发生在确定之物那里:它们预设

---

① Platon,《理想国》(*République*),VII,523b 以下(【译按】中译参柏拉图,《理想国》,前揭,页284—285)。

了思想者的善良意志和被构想为认知之理想的思想的善良本性,预设了这种与"真"的所谓的亲合性,这种同时对思想的形象和哲学的概念预先做出了规定的 φιλία[希:爱]。而且,即便是怀疑之物,它们仍然和确定之物一样无法强制思想发生。"三角形三个内角之和必然等于两个直角之和"假定了思想,假定了思考的意志,假定了思考三角形的意志,甚至还有思考三角形的诸内角的意志:笛卡尔指出,如果人们思考上述命题,他们不能否定这种相等,但当人们在思考,甚至是在思考三角形时,他们却可以不思考这种相等。① 所有这种类型的真理全都是假言真理,因为它们没有能力让思维行动从思想中诞生,因为它们假定了所有那些有问题的东西。事实上,概念向来都只是指可能性。它们缺少一只利爪,一支绝对必然性的利爪,亦即一种施加在思想之上的原初暴力,一种奇特性、一种敌意——只有这种东西才能使思想摆脱掉自身那种本性上的昏沉或永恒的可能性:思想越是不由自主地在思想中被强制激起,它就越是绝对必然地要通过非法侵入而从世界中的偶然之物那里诞生。在思想中处于首要地位的正是非法侵入、暴力、敌人,而且其中没有任何一个假定了"爱智(philosophie)",[182]一切都是从一种"厌智(misosophie)"开始。不能指望思想来确立它所思之物的相对必然性,而是相反,要靠着与强迫思想发生之物的遭遇的偶然性来树立和建立一种思维活动(acte)、一种思想的激情(passion)的绝对必然性。一种真正的批判的条件和一种真正的创造的条件是相同的:预设了自身的思想之形象的毁灭,思维活动在思想自身中的发生。

---

① 【译按】参笛卡尔,《第一哲学沉思集》,"第五个沉思",前揭,页74—75:"我并不是非得想象一个什么三角形不可;不过,每当我要考虑仅仅由三个角组成一个直线形时,我就非把凡是用来使三角之和不大于二直角这个结论的东西都加给它不可,即使也许当时我没有特别考虑这一点。"

诸能力的不协和运用：暴力与每一能力的极限

世界上有某种强制人们去思考的东西，它们不是认知的对象，而是遭遇（rencontre）的对象。遭遇的对象可能是苏格拉底，也可能是神庙或精灵。它可以在不同的情调（tonalités affectives）下被把握：赞叹、爱、恨、悲痛。但无论是在何种情调下，它的首要特征都是"只能被感觉（ne peut être que senti）"。正是在这种意义上，它反对认知。因为认知中的感性物根本不是那只能被感觉的东西，而是与一个能够被记起、被想象、被构想的对象中的诸感官（sens）直接发生关系的东西。感性物所指的并不是一个本身只能被感觉的东西，因为它可以被其他能力当作对象。因此它预设了诸感官的运用，以及通感［常识］中其他能力的运用。与此相反，被遭遇的对象使感性真正在感官中诞生了。它不是 $αἰσθητόν$［希：感性对象］，而是 $αἰσθητέον$［希：感性存在］。它不是质，而是符号。它不是感性存在者（être sensible），而是感性物之存在（être du sensible）。它不是与料，而是与料得以被给出的条件。况且，它从一定程度上是不可感的东西（insensible）——而这恰恰是以认知的或经验性运用为着眼点。从经验性运用的观点看来，感性只能把握那些可以同时被其他能力把握的东西。它只有在通感［常识］中才会和对象发生关系，而且这个对象应当同时被其他能力领会。当那只能被感觉的（同时也是不可感觉的）东西在场时，感性发现自己正直面其固有的界限——符号——而且还被提升至一种超越性运用——N 次方。这里不再存在通感［常识］，因为后者要将感性的特殊所与限制在一种联合劳作的诸条件以内；感性因而参与到了一种不和谐的游戏之中，它的诸器官变为了形而上学器官（ses organes deviennent métaphysiques）。

第二个特征：那只能被感觉的东西（sentiendum［拉：感性存

在]或感性物之存在)使灵魂动荡翻腾、"迷惑不解",也就是说它要强迫灵魂提出一个问题。仿佛遭遇的对象,即符号,才是持有问题者,就仿佛[183]是它造成了问题。① 根据柏拉图的其他一些文本,② 是否应当将问题或发问等同于一种**先验记忆**(Mémoire transcendantale)的奇异对象,其在此一领域内通过把握那只能被记起的东西而使学习(apprentissage)成为可能? 答案是肯定的。柏拉图式回忆想要把握住过去之存在,这是千真万确的。过去之存在既是无法追忆的,又是须要被回忆的(mémorandum),它同时亦受一种本质性的忘却的冲击。根据超越性运用的法则,只能被想起的东西亦应当是(在经验性运用中)无法被想起的东西。本质性的遗忘与经验性的遗忘有着天壤之别。经验性遗忘针对的是那些能够而且应当通过其他方式被把握的东西:我所记起的东西就应当是我看到的、听到的、想象的或者思考的东西。从经验性的意义上说,被遗忘者是人们在第二次寻找它时,通过记忆无法再一次把握的东西(它太遥远了,遗忘将我和回忆分开了,或者它已经将回忆抹去了)。而先验记忆则从一开始就把握住了那只能被记起的东西:不是某一偶然的过去,而是如其所是的过去之存在或一切时间之过去(l'être du passé comme tel et passé de tout temps)。通过这种方式,被遗忘者亲身向那在本质的层面上领会了它的记忆呈现了出来。它在针对记忆的同时必然针对记忆之中的遗忘。在这里,已然记下的东西亦是不可追忆的、无法追忆的。遗忘不再是把我们和一种本身就是偶然的回忆分割开来的偶然的无力,而是作为记忆的 N 次方存在于回忆之中,并且关乎记忆的

---

① 同上,524ab(【译按】中译参柏拉图,《理想国》,前揭,页 285—286)。——在《应用唯理论》(Le rationalisme appliqué, Presses Universitaires de France, 1949, pp. 51—56)中,巴什拉尔(Gaston Bachelard)使问题或问题的承负者—对象对立于笛卡尔式怀疑,并且揭露了哲学中的认知范型。

② 【译按】参《美诺》,81c 以下;《斐多》,73a 以下。

界限或只能被想起的东西。感性的情况亦是如此：对于我们那些处在经验性运用之中的感官来说，与过于微小、过于遥远的偶然的不可感之物相对立的，是一种本质性的不可感之物，其从超越性运用的观点看来与只能被感觉的东西浑然一体。因此，这样一来，在遭遇中被强制着去感觉 sentiendum［拉：感性存在］的感性本身又强制记忆去回忆需要被回忆的东西，去回忆那只能被想起的东西。最后，遭遇的对象的第三个特征便是：先验记忆本身强制思想去把握那只能被思考的东西——cogitandum［拉：思维存在］、νοητέον［拉：思辨之物］、**本质**：它不是可智思物，因为可智思物仍然只是一种样式，人们在其下思考那亦可被思想之外的其他能力把握的东西，而是作为思想之最终强力［184］（亦是不可思维之物）的可智思物的存在。从 sentiendum［拉：感性存在］到 cogitandum［拉：思维存在］，强制去思维之物（ce qui force à penser）的暴力展开了。所有能力都挣脱了自己的铰链。这些铰链不是别的，就是那使所有的能力旋转、聚合的通感［常识］之形式。为了达到自身的 N 次方，为了达到超越性运用中的悖论元素，每一种能力都在其自身秩序中打碎了那将它维持在意见之经验元素之中的通感［常识］形式。所有能力聚合于一处，并为对一个对象进行认知的共同努力做出自己的贡献——这种情形已不复存在。所有能力都参与到了一种发散的努力之中，每一种能力都在那根本性地关涉着它自身的东西那里直面着自己的"特性"。在这诸能力的不协和中，每一种能力都在力量链和导火索处直面着自身的极限，它从其他能力那里获得的（或是它传递给其他能力的）只是一种暴力，这种暴力使它直面自身的固有元素、龃龉物或不可比拟物。

柏拉图主义的模糊之处

不过，还是让我们看看柏拉图是如何在每一实例中规定界限

第三章　思想的形象

的本性吧。那个在本质的层面上被遭遇的东西,那个应当与所有认知区分开来的东西,在《理想国》中被界定为一种"同时引起相反感觉"的对象。① 而手指向来只是手指,而且它始终是激起认知的手指,"硬"在是"硬"的同时必然也是"软"的,因为它与一种将相反之物置于它内部的生成或关系是分不开的("小"与"大"、"一"与"多"同样如此)。因此,正是相反之物的共存,正是多与少在一种无穷的质的生成中的共存,构成了强制思考之物的符号或出发点。相反地,认知则通过将质与某物关联在一起而测定、限制了质,它因而中止了质的生成——疯狂。不过,由于柏拉图用这种对立形式或质的相反形式来界定这第一个审级〔感性的审级〕,他难道不是已经将感性物之存在与一个单纯的感性物、一个纯粹的质的存在者(αἰσθητόν〔希:感性对象〕)混为一谈了吗？当人们开始考察第二个审级,亦即回忆的审级时,这种怀疑进一步强化了。因为回忆只是在表面上打碎了认知之范型。更确切地说,它满足于使认知图式复杂化:当认知针对着一个可知觉的或被知觉的对象时,回忆则针对着另一个对象——人们假定这另一个对象与第一个对象联系在一起,或者更确切地说,前者被包含在后者之中。而且,回忆的对象要使自己在独立于一种清楚的知觉的情况下被认知。被包含于符号之中的这"另一个对象"应当同时是未见之物(jamais-vu)和已知之物(déjà-reconnu),它是一种令人不安的[185]怪异之物。这样一来,下面这样的诗意描述无疑很迷人:它已经被看到了,不过是在另一个生命中被看到,是在一个神话的当前之中被看到:你就是类似者……但这样一来一切都遭到了背叛:首先便是遭遇之本性——遭遇不是向认知搬出了一种特别困难的考验或一层极难打开的外部包装,而是对立于一切可能的认知。其次是先验记忆与那只能被想起的东西的本性;因为这第二个审

---

① 【译按】参柏拉图,《理想国》,前揭,523b 以下、524d 以下,页 285、287。

级只是在回忆中的类似性形式下被构想,以至于相同的反驳出现了;回忆将过去之存在与一个过去的存在者混为一谈,而且由于没能指定一个经验的瞬间(过去在这一瞬间中是当前),它乞灵于一个原初的当前或神话的当前。回忆概念的伟大之处便是将时间、将时间之绵延引入思想自身之中(所以,它从根本上不同于笛卡尔的"天赋性"概念):由此,它建立了一种专属于思想的昏暗性。这种昏暗性表现了一种恶本性、一种恶意志,它们应当受到来自外部的震撼,受到符号的震撼。但是,如前所述,时间在这里不是作为纯粹时间形式或本质,而只是作为一种自然循环被引入的,思想仍然被假定为拥有一种善良的本性、一种明亮的光辉,它们仅仅是在自然循环之变形的影响下变得黯淡、误入歧途了。回忆仍然是认知之范型的一个避难所;和康德一样,柏拉图也是将经验性运用的形态移印到了先验记忆之运用的原型之上(人们可以在《斐多》的叙述中清楚地看到这一点)。

至于第三个审级,亦即纯粹思想或那只能被思维的东西的审级,柏拉图将其规定为分离的相反之物(contraire séparé):①只是大的**大**,只是小的**小**,只是重的**重**,或只是一的**一**——而这正是我们在回忆的压力下被迫去思考的东西。因此,在柏拉图看来,对本质做出界定的正是真正的**同一性**形式(被理解为 $a\dot{v}\tau\dot{o}\ \varkappa a\vartheta'\ a\dot{v}\tau\dot{o}$ [希:依据自身]的**相同**)。② 一切都终结于下面这条伟大的原则:不管怎样,在"思"与"真"之间首先有一种亲合性、一种血统,或者更为确切的表述也许是"'思'有着一种对'真'的爱好"。简而言之,思想拥有一种最终建立在**善**中的类比形式(forme d'analogie dans le Bien)的基础上的善良本性和善良愿望。因此,《理想国》

---

① 【译按】参柏拉图,《理想国》,前揭,524c 以下,页 286:"理性'看'大和小,不得不采取和感觉相反的方法,把它们分离开来看,而不是合在一起看。"
② 【译按】参柏拉图,《巴曼尼得斯篇》,陈康译注,北京:商务印书馆,1999,133c,页 83。

的作者柏拉图同时也是树立起思想的独断形象、道德化形象的第一人。因此,《理想国》的文本遭到了"中和",从而只能作为一种"修改(repentir)"发挥作用。虽然柏拉图发现了[186]诸能力的高级运用或超越性运用,但他却使这种运用从属于感性物之中的对立形式、回忆之中的近似性形式、本质之中的同一性形式,以及**善**之中的类比形式;这样一来,他就为表象世界做好了准备,他不但对表象世界的各种元素进行了初次分配,而且还用一种独断的思想形象,亦即那预设并背叛了思想的形象,掩盖了思想的运用。

思考:它在思想之中的发生

一种能力的先验形式与它那高级的或超越的分离运用浑然一体。超越绝不意味着能力要针对世界之外的种种对象,与此相反,它意味着能力要在世界之中把握那专门关涉它并使它诞生在这世上的东西。如果超越性运用不该从经验性运用那里移印而来,这恰恰是因为它领会了那种从通感[常识]的观点看来不可把握的东西——以那在诸能力之协作的形式下归属于每一种能力的东西为根据,通感[常识]对所有能力的经验性运用做出考量。所以,先验本身需要一种高级经验论,唯有这种经验论有能力探索先验的领域和诸区域。因为与康德所持的信念相反,先验之物不能从那些在通感[常识]之规定下出现的普通的经验性形式那里归纳出来。作为哲学体系不可或缺的组成部分,能力学说在今天丧失了威信,原因就是人们对这种原本地是先验的经验论(empirisme proprement transcendantal)一无所知,人们徒劳地想以一种先验之物对经验之物的移印来取代它。应当将每种能力都提升至自身那不协调的端点。在这端点上,能力就像是三重暴力的猎物:强制它运作的东西的暴力,它被迫去把握的东西的暴力,以及那只有它才能够把握的东西的暴力——尽管后者(从经验性运用的观点看来)亦是不可把握的东西。这是最终强力的三重界限。由此,每一种能力都发现了专属于自身的激情,亦即它的根本差异和永恒重复,它的差异与重复的元素,以及它的作用的瞬时性产生和它的对象的永恒性反复,它那通过"已然重复"而诞生的方式。例如,我们会问:是什么强制感性去感觉? 什么是那只能被感觉的(同时又是无法感觉的)东西? 而且,我们不仅要向记忆和思想提出这个问题,还要向想象力提出这个问题:是否有一种作为想象力的界限、作为不可想象之物的 imaginandum[拉:想象存在]、φανταστέον[希:想象存在]呢? 向语言[187]提出"是否有一种同时作为沉默的 loquendum[拉:言说存在]?"的问题。向其他那些在一种完整的学说中重新找到了自己的位置的能力提出问题:以怪物为超越性对象的生命力,以无政府主义为超越性对象的社会性——而且,我们甚至要向那些尚未被猜到的、有待发现的能力提出。① 因为人们不能提前谈论任何事情,不能对研究有先入为主的判断:某些人所共知、人所熟知的能力也许看上去既没有固定的界限,也没有动形容词,因为它们只有在通感[常识]的形式下才能被强迫,才能被运用;相反地,可能会出现一些曾经被那种通感[常识]形式压抑的新的能力。对于一种学说一般而言,这种相对于研究结果而言的不确定性,这种处于每一能

---

① 想象力的实例:只有在这一实例中,康德考察了一种摆脱了通感[常识]形式的能力,并且为该能力发现了一种正当的、名符其实的"超越"的运用。实际上,《纯粹理性批判》中所讨论的产生图型的想象力仍然处在逻辑通感[常识]的支配下;而审美判断中的反思的想象力则仍然处在审美通感[常识]的支配下。但是,根据康德的观点,想象力在崇高当中则被强制着、强迫着面对自身的固有极限、φανταστέον[希:想象存在]、最大限,而这极限本身亦是自然中的不可想象之物、未定型之物或变形之物(《判断力批判》,§26)。并且,想象力将自身的强制性传递给了思想,这样一来,思想被迫去思考那作为自然与思考能力之根据的超感性之物:在此,思想与想象力进入到了一种本质性的不协和之中,进入到了一种作为条件约束了一类新的协和的相互性暴力(violence réciproque)之中(§27)。因此,认知之范型或通感[常识]形式在崇高中暴露了自身的不足,一种全然不同的思想观念藉此契机现身(§29)。

力之特殊实例的研究中的复杂性,并不是什么值得遗憾的事情;先验的经验论反而是不从经验之物的形态那里移印先验之物的唯一手段。

我们这里的任务并非建立这样一种能力学说。我们只是力图规定这一学说的诸要求的本性。但在这一问题上,柏拉图主义的诸规定不能令人满意。因为我们力图做出的规定不是一些已然被中介、已然与表象发生关系的形态,而是差异自身的自由和狂野状态,其有能力将诸能力提升至它们各自的极限。这不是感性物中的质的对立,而是一个本身就是差异的元素,其同时创造了感性物中的质和感性中的超越性应用:这种元素就是作为纯粹差异本身的强度(intensité)。强度对于经验感性来说是不可感的,因为后者只能把握已然被强度创造的质覆盖或中介了的强度。然而,[188]从那在遭遇中直接领会了强度的先验感性的观点看来,强度却是只能被感觉的东西。并且,当感性将自身的限制转移到想象力那里时,当想象力被提升至自身的超越性运用时,是幻想(fantasme),是幻想中的龃龉性构成了只能被想象的(但在经验的层面上又是不可想象的)φανταστέον[希:想象存在]。并且,当记忆的环节来临时,构成一种先验记忆的不可追忆者的不是回忆中的近似性,而是纯粹时间形式中的不似者。而且,通过这种时间形式,正是一个分裂的**我**最后被强制去思考"只能被思考之物"——后者不是**相同**,而是那在本性上始终是**相异**的超越的"随机点"。在这个随机点上,所有的本质都被当作思想的微分包含起来,而且它只有在同时意指着经验性运用中的不可思考之物或无力思考时,才能意指思维的最高强力。我们可以回顾一下海德格尔的那些深刻的篇章,他向我们表明:只要思想还停留在自身的善良本性、善良意志的预设上,只要思想还处在通感[常识]、ratio[拉:理性]、cogitatio natura universalis[拉:普遍的自然思维]的形式下,它就什么也没有思考——困陷于意见之中的思想只能被凝固在一种抽象的可能性之中……:"就人具有去思的可能性而言,人能够思。然而,仅仅是这种可能性还不能保证我们能够思";思想只有在"激发思的东西"、有待去思的东西在场时才会被强迫去思考,才会被强制着思考——并且,有待去思的东西亦是不可思考的东西或非被思者,亦即"我们尚未(依循着纯粹时间形式去)思"这一恒久的事实。① 在通往有待去思的东西的道路上,一切都从感性出发,这一点确定无疑。从内强之物到思想,思想始终是通过强度才降临到我们头上。作为起源的感性的优先地位在以下事实中凸显出来:强制感觉的东西和只能被感觉的东西在遭遇中完全是同一样东西,而这两个审级在其他的实例中则并不相同。实际上,内强之物、强度[189]中的差异既是遭遇的对象,又是感性在遭遇的作用下要达到的目标。遭遇到的对象并非诸神,因为即使是隐藏着的诸神也只是种种认知形式。遭遇到的对象是恶魔,是跳跃、间隔、强烈之物或突然(instant)②的强力,它们只会用不同者来填补差异;它们是符号的承负者。并且最为重要的是:从感性到想象

---

① Heidegger,《什么召唤思?》(*Qu'appelle-t-on penser ?*, trad. Becker et Granel, Presses Universitaires de France),页21(【译按】中译参海德格尔,〈什么召唤思?〉,李小兵、刘小枫译,见《海德格尔选集》,上海:上海三联书店,1996,页1205—1206)。——海德格尔的确保留了一种"欲"或"φιλία[希:爱]"的主题,一种思想与有待去思的东西的类比——或者更确切地说,思想与有待去思的东西的相同性——的主题。这是因为他保留了相同的首要地位,即使它被认为聚集和包含了如其所是的差异。而取代了暴力的隐喻的赠礼(don)的隐喻正由此产生。综观这一切,海德格尔并没有否弃我们在前文中所说的那种主观的前提。正如人们在《存在与时间》([*L'être et le temps*, trad. Bœhm et Waehlens, N. R. F.]页21)中看到的那样,一种对存在的先于存在论的、隐含的领会是现实存在的——尽管海德格尔明确指出,明确的存在概念不应派生自这种领会。

② 【译按】参柏拉图,《巴曼尼得斯篇》,前揭,156D—E,页275:"那么有这样一个奇异事物,当任何转变时,它即在这个里?—怎样一个?—突然(ἐξαίφνης)。因为'突然'仿佛指示这样一个,像任何的向动和静止之中的一个转变时所从出发的。因为它不从仍然静止的静止转变,也不从仍然运动的运动转变。但是突然,这个奇异的性质,处于动静之间,不在时间以内,凡运动的向静止或静止的向运动转变皆进入它里,再由它出。"

力,从想象力到记忆,从记忆到思想——当一种分离的能力向另一种能力传递那使它被提升至自身的固有极限的暴力时——每一次都是由一种差异的自由形态(une libre figure de la différence)唤醒了能力,并将这种能力唤醒为这一差异的不同者。因而也就是强度中的差异、幻想中的龃龉性、时间形式中的不似性、思想中的微分。对立、类似性、同一性、类比只不过是上述差异的直接呈现(présentations)所制造的效果或结果而已,它们并不是使差异臣服,并使其成为某种被表象之物的条件。φιλία[希:爱],其证实着欲、爱、善良本性或善良意志,通过这些东西,诸能力不但已然拥有了对象或是将对象当作朝向的目标(暴力将它们抬升至这一对象附近),而且还呈现出一种与该对象的类比或是诸能力之间的一种相同性。包括思想在内的每一种能力都只能进行那不由自主的冒险活动;出于意志的运用仍然陷溺于经验物之中。**逻各斯**碎裂为一个又一个难以理解的符号,每一个符号都讲着一种能力的超越性语言。即便是与强制感觉者发生遭遇的感性这个出发点都没有假定任何的亲和或宿命。反而是遭遇的意外性或偶然性保证了那在它的强制下去思考的思想者的必然性。并不是处于相似者与**相同**之间,或是将对立面统一起来的那种友爱使感性与sentiendum[拉:感性存在]发生关系。只须让阴暗的预兆使不同者进行交流,并使它与差异产生交流就足够了:阴暗的预兆可不是一个朋友。施列伯(Schreber)法官通过恢复柏拉图之三重环节那原初的、交流性的暴力,以自己的方式重演了它们:神经与神经的合并、被观察的灵魂与灵魂的死亡、被强制的思想或强制思考。①

交流,即便是一种暴力的交流,其原则本身似乎维持了一种通感[常识]的形式。但事实并非如此。诸能力之连锁(enchaînement)确

---

① 【译按】参弗洛伊德,《史瑞伯——妄想症案例的精神分析》,王声昌,北京:社会科学文献出版社,2016。

实存在,在这连锁之中亦的确存在着一种顺序。但无论是顺序还是连锁,[190]它们都没有暗示一种"被假定为相同者的对象形式"或"**我思之本性中的主体统一性**"下的协作。这是一种遍历了消散的自我的碎片、分裂的**我**的边缘的强迫的、断裂的链条。确切说来,诸能力的超越性运用是一种悖反的(paradoxal)运用,它与诸能力在通感[常识]的规则下的运作截然对立。诸能力之协和只能作为一种不协和的协和(accord discordant)产生,①因为每一种能力传递给另一种能力的都只是一种暴力,这种暴力使能力直面自身的差异、直面自身与其他所有能力的离散。② 康德是举出这种不协和的协和的例子的第一人,他所举的例子就是在崇高中运作的思想与想象力的关系。因此,有某种东西被从一种能力传递到了另一种能力,但这种东西在被传递的过程中发生了变形,而且它并没有形成一种通感[常识]。在我们看来,还有一些虽然遍历了所有能力,但却不专门属于任何一种能力的**理念**。实际上,我们会看到,"**理念**"这个名称也许是可以保留的,但它并不是用在纯粹的cogitanda[拉:思维存在]上,而不如说是用来称呼那些从感性行进到思想,又从思想行进到感性的审级。这些审级能够在每一实例中,依循专属于它们的顺序,创造出每一种能力的极限——对象或超越对象。**理念**即问题,但问题仅仅给出了这样一些条件:在这些条件下,诸能力通向了自身的高级运用。就此而言,**理念**远没有将良知或常识[通感]当成自身的媒介,它们指向的是悖识(para-sens),其规定了分离的诸能力的唯一交流。它们也没有被自然之

---

① 【译按】参尼采,《快乐的科学》,黄明嘉译,上海:华东师范大学出版社,2007,箴言2,页76。

② 阿克塞洛(Kostas Axelos)对"不协和的协和"这一概念做出了完好的规定。他不但将这一概念用于世界,而且还在这种意义上用一个特殊符号("或/与[ou/et]")来意指存在论差异:参《朝向行星式思想》(*Vers la pensée planétaire*, Éditions de Minuit, 1964)。

第三章　思想的形象

光照亮；它们毋宁说在闪动微光，就像那些跃动着、变形着的微分的[差异性]微光一样。自然之光的观念本身与**理念**被假定具有的特定价值（"明白与清楚[claire et distinct]"）和特定起源（"天赋性"）密不可分。天赋性仅仅表现了以基督教神学，或更一般地说，以创造的种种要求为着眼点的思想的善良本性（所以，柏拉图要将回忆与天赋性对立起来，并批评了天赋性对下述事实一无所知：时间形式依照纯粹思想在灵魂中发挥作用，或者，**之前**与**之后**间的形式区别必然能够在强迫思考者那里赋予遗忘以根据）。而"明白与清楚"本身[191]则与作为一切正统——即使是理性的正统——的工具的认知范型密不可分。明白与清楚是认知的逻辑，一如天赋性是通感[常识]的神学；它们二者全都已然将**理念**倒进了表象当中。在能力学说中恢复**理念**导致了明白与清楚的炸裂，或是引发了一种狄奥尼索斯式价值的发现——根据这种发现，清楚的**理念**必然是模糊的（l'Idée est nécessairement obscure en tant qu'elle est distincte），而且它的清楚程度越高，它的模糊程度也就越高。清楚—模糊（distinct-obscur）成为了哲学的真正调性，成为了不协和的**理念**的交响乐。

没有什么比李维埃（Jacques Rivière）和阿尔托的通信更具示范性。李维埃维持着一种具有原则上的（de droit）本性和意志的自主的思维机能的形象。从事实的层面上说（de fait），我们想要思考是非常困难的：缺少方法、技巧或执行能力，甚至缺乏健康。不过，这些困难还是有利的：不只是因为它们阻止了思想的本性消耗我们自身的本性，不只是因为它们使思想和各种障碍发生关系——所有这些障碍都是"事实"，如果没有这些事实，思想就完全不可能给自己确定方向。这是有利的，因为我们超越这些困难的努力本身允许我们维持一种纯粹思想中的自我之理想，这是一种"比我们自身更高的同一性程度"，它经历了所有那些不断在事实上影响我们的变异、差异和不等性而岿然不动。读者会惊讶地发现，李维埃越是相信自己接近了阿尔托、理解了阿尔托，他就越是远离了阿尔托——他所说的与阿尔托所想的完全是两回事。这么深的误解也算是罕见了。因为阿尔托谈论的并不只是他本人的"病例（cas）"，在这些青年时代的书信中，他已经预感到，自己的病例使得他要直面一种一般的思考过程，这种思考过程不再躲在那使人安心的独断形象背后，反而意味着彻底摧毁该形象。此外，他认为自己感受到的种种困难不应被理解为事实，而应当被理解为一些原则性的困难，其关涉并影响着思考之意谓的本质。阿尔托说过，(他所关心的)问题既不是给自己的思想确定方向，也不是完善自己的思想成果的表达，亦不是获得执行能力与方法，或使自己的诗作更加完美，而是能够干脆地思考某物。对他来说，这才是唯一能够构想的"事业"；它假定了一种思考冲动或思考强制力，其经过了各种各样的分叉，从神经出发并与灵魂产生交流，其目的是达致[192]思想。这样一来，思想被迫思考的东西亦是思想自身的中枢的崩溃、断裂、本性上的"无能力"，而这种无能力同时又是最大的强力——亦即作为未表明的力量的 cogitanda[拉：思维存在]，它们是形形色色的思想偷盗或思想的非法侵入。在所有这一切的基础上，阿尔托追求着一种令人战栗的无形象思想的启示，他要夺取一种不听任自己被表象的崭新原则。他明白困难本身及其伴随的问题与发问不是一种事实状态，而是一种原则上的思想结构。思想之中存在着无头者，一如记忆中存在着失忆者，语言中存在着失语者，感性中存在着无辨觉能力者。他明白思考不是天赋的，而是应当在思想之中生发出来。他明白，问题不是要在方法的层面上指引或应用一种在本性和原则上都先存着的思想，而是要使那些尚未存在的东西诞生(不存在任何其他事业，其余的一切都是随意的，只具有修饰作用)。思考即创造，其他任何创造都不存在。但创造首先意味着在思想之中造就"思考"。所以，阿尔托在思想之中将生殖性（génitalité）与天赋性和回忆对立起来，从而设定了一种先验经验论的原则：

> 我是一个天生的生殖者……有一些傻瓜自认为是存在，是天赋性的存在。而我却是那种为了存在就必须猛击其天赋性的人。那种凭靠天赋性的人应当作为存在而存在，也就是说，始终要猛击这种否定性的狗窝，哦，不可能性的母狗……在语法下面有这样一种思想，当人们把它当作一种天赋的事实时，它就是一种极难征服的屈辱，它就是一个极难侵犯的处女。因为思想是一个鲜少存在的妇人。①

※

第五公设：错误之"否定"

重要的不是用另一种形象——例如借自精神分裂症的形象——来反对思想的独断形象，而是使人们意识到，精神分裂症不仅仅是一种属人的事实，而且还是一种思想的可能性，它只会在对形象的废除中显露出真面目。因为值得注意的是，独断的形象一方面只是把错误（erreur）认定为思想的不幸之事（mésaventure），另一方面把一切都还原为[193]错误的形态。这就是我们要清点的第五条公设：错误是思想唯一的"否定之物"。这条公设无疑取决于其他公设，一如其他的公设也取决于它：除了"犯错误"之外，亦即除了把虚假之物当成真实之物（把依据本性的虚假之物当成了遵从意志的真实之物）之外，又有什么会降临到那假定了思想者的善良意志与思想的善良本性的 Cogitatio

---

① Antonin Artaud,〈与李维埃的通信〉，见《著作全集》(*Œuvres complètes*, N. R. F.)，第一卷，页 9—11。——关于二人的通信，参布朗肖在《到来之书》(*Le livre à venir*, N. R. F.)中的评论。

natura universalis［拉：**普遍的自然思维**］头上？而且，从诸能力之协作的观点来看，既然有能力犯错误的不是一种能力而至少是两种能力：一种能力的一个对象与另一种能力的另一个对象产生了混淆，那么错误本身难道不是证实了一种通感［常识］的形式？且如果错误不是一种错误的认知，它能是什么？如果错误不是来自于表象之元素的错误分派，不是来自于对立、类比、类似性、同一性的错误评估，它又能来自何处？错误只是一种理性的正统意见的反面，它仍然见证了它所背离的东西，见证了犯错之人的正直，见证了他的善良本性和善良意志。因此，就本身不具有形式的错误将"真"的形式给予了"假"而言，它向"真理"表示了敬意。正是在这种意义上，在《泰阿泰德》(Théétète)中，在一种显然与《理想国》的灵感截然不同的灵感的激发下，柏拉图同时树立了认知或通感［常识］的正面范型和错误的反面范型。不光是思想借取了一种"正统的意见"的理想，不光是通感［常识］在对立、近似、类比与同一的范畴中发现了自己的对象；就连错误都在自身中内含着这种通感［常识］对于感觉的超越性，内含着这种灵魂对于那些在它的作用下在**相同**之形式中相互协作（συλλογισμός［希：三段论］）的能力的超越性。因为即使我不能将我感知的或构想的两种东西混为一谈，我却始终可以将一个我所感知的东西和一个我所构想或回忆的东西混为一谈，就像我让我的感觉的当下对象在我的记忆的另一个对象的心忆痕迹(engramme)上滑动一样——例如在泰阿泰德路过时说"你好！泰奥多尔"。因此，处于悲惨状态中的错误仍然证实了 Cogitatio natura［拉：**自然思维**］的超越性。人们认为错误就是良知在完好无损、刚正不阿的通感［常识］形式下的一种失误。这样一来，它既确证了独断形象先前的几条公设，又作为它们的派生物，为它们提供了一种归谬法证明。

［194］不过，这一证明是在与诸公设本身相同的环境中做出

第三章 思想的形象　　259

的,它确实没有任何效果。至于《泰阿泰德》与《理想国》的文本的调和,这件事情似乎并不像初看上去那样困难。《泰阿泰德》是一篇疑难的(aporétique)对话并非偶然;而阻塞它的那个疑难(aporie)恰恰就是差异(diaphora)的疑难(思想越是要为差异要求一种对于"意见"的超越,意见越是要为自己要求一种差异的内在性)。①《泰阿泰德》是最早的、最重要的通感[常识]理论、认知理论、表象理论,以及作为相关物的错误的理论。但是,差异之疑难却表明这种理论从一开始就失败了,因而必须在一个截然不同的方向上探寻思想学说:是《理想国》第七卷所指出的方向吗?……尽管有这种保留,但《泰阿泰德》的范型继续隐蔽地发挥着作用,而表象的种种持存元素则仍然损害着《理想国》的新观点。

　　错误即在 Cogitatio natura universalis[拉:**普遍的自然思维**]的假设中自然展开的"否定之物"。尽管独断的形象绝非不知道思想除错误之外还有其他的不幸之事,还有更加难以克服的耻辱、更加难以说明的否定之物。它并非不知道疯狂、愚蠢、恶毒——这不能被还原为相同东西的恐怖的三位一体——不能再被还原为错误。但是,在独断形象看来,这一切都不过是事实。愚蠢、恶毒、疯狂被视为外部因果性造成的事实,它们调动了种种能够从外部将思想的正直引入歧途的外在力量——这种现象产生的原因就在于我们并非单纯的思考者。但是,这些〔外在〕力量在思想之中的唯一效果却被看成是错误。因为在人们眼中,错误原则上集聚了外部的事实因果性的所有效果。因此,对于"将愚蠢、恶毒、疯狂还原为错误这唯一的形态",我们应当从原则上来理解。这一平淡无奇的概念〔错误〕的混杂特征正由此而来。如果纯粹思想没有因外部而误入歧途,它就不会归属于纯粹思想;但是,如果外部并

---

① 【译按】参柏拉图,《泰阿泰德》,前揭,208d 以下,页 144 以下。

不处于纯粹思想内部的话,它也不会是这外部的结果。所以,对我们来说,援引一些事实来反对独断思想在原则上的形象是不够的。正如我们在讨论认知时所做的那样,我们应当在原则的层面上继续我们的讨论,我们要追问独断形象所施行的经验与先验的分配的正当性。[195]因为在我们看来,毋宁说存在着错误的事实。不过,它们都是些什么样的事实呢?谁会在泰阿泰德路过时说"你好!泰奥多尔"呢?谁会在三点半时说"现在三点钟"呢?谁会说"7 + 5 = 13"呢?①〔只有〕近视眼、心不在焉的人、小学生。这些都是错误的切实有效的例子,但它们却像大多数的"事实"那样,指向了一些全然人为或是幼稚的状况,它们给予思想的是一种怪诞的形象,因为它们将思想和一些非常简单的疑问关联在了一起,而对于这些疑问,人们能够并且应当用一些独立的命题来回答。② 只有当思想为了成为某种电台上的竞猜游戏而不再具有思辨性时,错误才能获得意义。因此,一切都应当被颠倒过来:错误才是一个被恣意地扩大了适用范围,并被恣意地投射到了先验领域之中的事实;至于思想真正的先验结构以及包裹着它们的"否定之物",也许应该到别的地方去寻找,应当到不同于错误的其他形态那里去寻找。

愚蠢的问题

从某种意义上说,哲学家们对这种必然性一直有敏感的意

---

① 【译按】参柏拉图,《泰阿泰德》,前揭,195e—196a,页114—115。
② 参Hegel,《精神现象学》(*Phénoménologie de l'esprit*, trad. Hyppolite, Aubier),卷一,页35:"知识和哲学研究里的思维方式的独断论无非是这样一个看法,即以为真相可以归结为一个命题,而命题又是一个固定的结果。诚然,诸如'凯撒是什么时候诞生的?'以及'一个竞技场的长度为多少尺?'之类问题应该得到一个利索的答案……但是,这些所谓的真理就其本性而言是与哲学真理有差异的"(【译按】中译参黑格尔,《精神现象学》,前揭,页25)。

第三章 思想的形象

识。他们中有很多人都感到有必要用一些具有另一种本性的规定来丰富错误概念（让我们来看几个范例：由卢克莱修［Lucrèce］、斯宾诺莎，以及 18 世纪的哲学家——尤其是丰特奈尔［Fontenelle］——所阐发的迷信概念。某种"迷信"的"荒谬性"显然不能被还原为它的错误内核。同样地，柏拉图的无知或遗忘不同于错误，正如回忆不同于天赋性那样。斯多亚派的愚蠢［stultitia］概念同时是疯狂和愚蠢。康德的内在于理性的内部幻相观念从根本上不同于错误的外在机制。黑格尔主义者的异化假定了一种对真—假关系的深入改动。叔本华［Schopenhauer］的恶俗概念和蠢行概念内含着一种意志—理智关系的完全颠转）。不过，阻止这些更为丰富的规定得到展开的仍然是独断形象的维持，以及伴随它的通感［常识］、认知和表象的诸公设的维持。这些起纠正作用的概念因而只能显现为一些"修改"，[196]其对〔思想的〕形象进行了片刻的复杂化或搅扰，但却没有颠覆它的隐含原则。

愚蠢（bêtise）不是动物性（animalité）。动物有那些防止它们"愚蠢"（bête）的特殊形式作保障。人们常常在人类的面孔与动物的头部之间——亦即在人的个体性差异（différences individuelles）与动物的种差（différences spécifiques）之间——确立种种形式的对应。但这样一来，人们就无法说明愚蠢这种专属于人类的兽性（bestialité）了。当讽刺诗人经受着各种程度的凌辱时，他不再停留于动物的形式，而是经历着一种更为严重的倒退——从食肉者向食草者的倒退，最终倒退进了垃圾堆里，倒退到了一个消化的、豆类的普遍基底上。比外部的进攻行为或吞食活动更为深刻的是内部的消化过程，是蠕动的愚蠢。因此，暴君不只长着牛的脑袋，而且还长着梨子的脑袋、甘蓝的脑袋或土豆的脑袋。任何人也无法超越或跳出那个他从中渔利的东西：暴君使愚蠢体制化，但他本人却是其暴虐体制的第一个奴仆与第一个驯服者，向奴隶们发号施令的家伙往往就是个奴隶。而且在这里,错误概念如何说明这种将世界进程二重化了的愚蠢和残酷、怪诞和恐怖的统一体呢？卑劣、残暴、无耻、愚蠢不是单纯的肉体强力或性格与社会的事实,而是思想本身的结构。先验景观(paysage du transcendantal)里应当有暴君、奴隶与傻瓜的位置——位置和这些位置的占据者并不类似,先验也从来不是从那些因为它才成为可能的经验形态那里移印而来的。正是对 Cogitatio[拉：思维]之公设的信任始终妨碍我们将愚蠢变为一个先验问题：愚蠢不再只是一种被打发到心理学或趣闻轶事——甚至更为恶劣的论战与辱骂——以及"蠢话录"(sottisiers)这种殊为可憎的伪文学样式那里的经验规定。但这是谁的过错？这种过错难道不是哲学首先犯下的？因为哲学听任自己被错误概念说服,哪怕错误概念本身只是从一些事实那里借取而来,而且是些微不足道的、恣意选择的事实。最糟糕的文学造就了蠢话录；而最优秀的文学则被愚蠢这一问题纠缠着——它将宇宙的、百科全书的、认识论的所有这些维度都给予了愚蠢的问题,从而将其一直引领到哲学的大门口[197](福楼拜[Flaubert]、波德莱尔[Baudelaire]、布洛瓦[Bloy])。哲学应当以自身特有的方法,并带着必要的谦逊重拾这个问题,它要认识到愚蠢从来不是他人的愚蠢,它是一个真确的先验问题的对象：愚蠢(而非错误)是如何可能的？

它是根据思想与个体化的联系(lien)成为可能的。这种联系要比出现在**我思**中的那种联系更为深刻；它在一个已然构成了思维主体之感性的强度场域中结成。因为**我**或**自我**也许只是种的征象(indices d'espèce)：作为种与部分的人类。无疑,种在人之中很可能进入到了隐含状态；因此作为形式的**我**能够充当认知与表象的普遍原则,而明显的种的形式则只被它所认知,特殊化也只是一种表象元素的规则。因此**我**并不是一个种。不过,这不如说是因为我隐含地包含了那些被属和种明确地展开了的东西,亦

第三章 思想的形象

即形式的被表象了的生成(devenir représenté de la forme)。厄多克斯与埃比斯德蒙有着共同的命运。与此相反,个体化与特殊化毫无关系,即便后者是延伸着的特殊化。个体化不仅从本性上不同于特殊化,而且我们还看到,它先于特殊化并使特殊化成为可能。它所包含的是那些流动的内强因素的场域,这些场域不再借用**我**或**自我**的形式。在所有形式下行动的个体化与一种在它的作用下产生并被它带走的纯粹基底不可分割。描述这一基底,以及由这一基底同时激起的恐惧和诱惑,具有一定难度。撼动基底是最危险的工作,但在一种迟钝的意志的种种昏沉环节中,它亦是最具诱惑力的工作。因为这一基底虽然伴随着个体上升到了表面,但却并不具有某种形态或形式。它就在这里,注视着我们,但却没有眼睛。个体可以与基底区分开来,但基底却不能与个体区分开来——它继续支持着那个与它分离的东西。尽管它是未规定的东西,但却仍然环抱着规定,就像大地之于鞋子。然而,从某种意义上说,动物们却凭借自身的明确形式提防着这一基底。对于**我**和**自我**来说,情况便不是这样了。**我**和**自我**被那些对它们施加着影响的个体化场域侵蚀着,它们对于基底的上升毫无抵抗能力,这种上升将一面变了形的或是造成了变形的镜子递给了它们,在这面镜子中,所有那些现在被思考的形式尽皆消散了。愚蠢既不是基底也不是个体,而是一种关系,个体化在这种关系中使基底上升而又不能给予基底以形式(它穿过[198]**我**上升,深入到了思想之可能性中的至深处,并构成了所有认知的非被认知者[non-reconnu])。所有的规定都变得残酷而恶毒,所有的规定都只能被一种静观它们、发明它们的思想所把握,它们与自身的生命形式分离了、分开了——它们正在那阴暗的基底上漂浮着。在这被动的基底上,一切都变成了暴力;在这消化的基底上,一切都变为攻击。愚蠢与恶毒在这里狂舞。这或许就是笼罩在最美丽面庞上的忧郁的起源:对一种专属于人类面孔的丑陋的预感,对一种愚蠢的上升、一种恶之中的扭曲、一种疯狂中的反省的预感。因为从自然哲学的观点看来,个体被映射在这一自由的基底上,疯狂正是在此出现。因此,愚蠢随后被映射在愚蠢之中,残酷随后被映射在残酷之中,而且它已经无法忍受自己。"一种毫无价值的能力因而在他们的心灵中成长起来——亦即看到愚蠢并且无法忍受愚蠢的能力……"①但是,当这种毫无价值的能力将哲学激活为精神哲学时,也就是说,当它将所有的能力都引向那使一种对个体、基底、思想的剧烈的调和成为可能的超越性运用时,它就变成了最为尊贵的能力。种种内强的个体化因

---

① Flaubert,《布瓦尔与佩居榭》(*Bouvard et Pécuchet*)——关于恶(愚蠢与残暴)、恶那(与个体化有着本质关系的)作为**变为独立者的基底**(Ford devenu autonome)存在的源泉,以及随后发生的整个历史,谢林对此有过精采绝伦的描写,参《对人类自由的本质的哲学研究》(*Recherches philosophiques sur la nature de la liberté humaine*, cf. *Essais*, trad. S. Jankélévitch, éd. Aubier),页265—267:"神让基底独立地发挥作用……"(【译按】中译参谢林,《论人类自由的本质及相关对象》,先刚译,北京:北京大学出版社,2019,页59。)

【译按】福楼拜撰写《布瓦尔与佩居榭》的目的是要"澄清和分析我们现代科学文化的混乱",这部小说讲述了"两个关注自己教养的庸人、驯顺而又懂事的抄写员的故事。在他们幸运地获得的庄园里,他们漫游了收藏知识的整个迷宫,从园艺、化学和医学到历史学、考古学、政治学、教育学和哲学,最后又开始做抄写员工作,从徒劳无益地研究了的书籍中编纂摘要。这部著作的结论是,我们的整个科学教养都是没有根基的。存续数世纪之久的各种学说,在寥寥几行话中得到了说明和阐释,并由于同其他学说的对立而被废除。一页又一页,一行又一行,到处都是新知识,但马上就又出现了另一种知识,把前一种打翻在地,自己又被第三种知识所推翻。在这部著作结尾的纲要中,佩居榭为欧洲人类的未来勾画了一幅幽暗的景象,而布瓦尔则勾勒了一幅美好的景象。在前者看来,在一种普遍的堕落中变得卑劣了的人类的终结已经临近,有各种各样的可能性:一、极端主义撕断与过去的任何联系,从中产生出一种非人道的专制主义;二、如果有神论的绝对主义取得胜利,那么,自法国大革命以来深入人心的自由主义将没落,随之而来的将是一种彻底的变革;三、如果自1789年以来推动着世界的各种动荡继续下去,那么,它们的波动将把我们卷走,无论是理想,还是宗教、道德,都将不复存在。'美国就将占领世界'。另一种可能性则是,欧洲将通过亚洲而被更新;借助潜水艇和气球,将发展出一种预想不到的交通技术,将产生出各种新的科学,它们使人类能够把宇宙的各种力量用来为文明服务,并且在地球被消耗殆尽时迁往别的星球。恶将会和人类的贫困一起消失,哲学将成为宗教"(卡尔·洛维特,《世界历史与救赎历史:历史哲学的神学前提》,前揭,页111—112)。

素——以构成一种超越的感性的最高元素的方式、以构成 sentiendum[拉:感性存在]的方式——都把自己看作对象;而且,经过一种又一种的能力,基底发现自己被带到了思想之中。它始终是非所思者(non-pensé)和非行思者(non-pensant),但这一非所思者却变成了必要的经验性形式。最终,分裂的**我**(布瓦尔与佩居榭)在这种形式下思考着 cogitandum[拉:思维存在],亦即只能被思考的超越性元素("我们尚不会思这一事实"或**愚蠢是什么?**)。

第六公设:指称的优先性

在"作业"(除了那些必须把一个命题变成另一个命题或得出一个固定结果的练习)里碰到错误或某种差错是件稀罕事,教师们对此已心知肚明。然而,那些既充满威胁又是我们所有人都会碰到的无意义言论(non-sens)、既索然无味又无足轻重的点评、被当作[199]特异想法的陈词滥调、常"点"与奇点的混淆、被糟糕地提出或被歪曲了本意的问题却更为糟糕,且频繁发生。当数学家们论战时,与其说一方是在指责另一方的结果或运算出了错误,不如说他们是在指责对方提出了一条无关紧要的定理、一个毫无意义的问题。哲学家应当从中概括出自己的结论。哲学已经认识到了意义的元素,它对我们来说也变得非常熟悉。但这似乎还不够充分。人们将意义定义为真之条件(condition du vrai);但是,由于人们假定条件保留了一种大于被条件约束者的外延,所以意义在为真理奠基的同时也使错误成为了可能。一个假命题仍然是一个有意义的命题。至于无意义,它既不能为真又不能为假。人们在命题之中区分了两个维度:其一为表现(expression),命题根据它来陈述、表达某种理念之物(quelque chose d'idéel);其二为指称(désignation),命题根据它来指示、意指那些与被陈述者或被表达者相符的对象。前者是意义的维度,后者是真假的维度。但这样一来,意义在为命题之真奠基的同时必然保持着与被奠基者的漠不相关状态。真与假只关乎指称(正如罗素[Russell]所言,"真与假的问题所关涉的不是项和陈述表达的东西,而是它们指示的东西")。这样一来,人们便面对着一种奇怪的状况:意义的领域虽然被发现,但它仅仅指向了一种心理学的洞察力或逻辑学的形式主义。在必要时,人们给真与假这对经典真值加上了无意义或荒谬这一新值。但是,人们假定真与假仍然像先前那样存在着,也就是说,它们独立于人们指定给它们的条件或添加给它们的新值。对此,人们要么说得过多,要么说得不够;说得过多,因为对根据的探寻形成了一种"批判"的本质性内容,其应当在我们这里激发起新的思维方式;说得不够,因为只要根据仍然大于被赋予根据的东西,这一批判就仍然只是被用来为传统的思维方式辩护。人们假定真与假不受条件影响——条件在为两者中的一个奠基的同时必然使另一个成为可能。通过使真与假取决于命题中的指称关系,人们得到了第六个公设,命题自身的公设或[200]指称的公设,这条公设集聚了先前的五条公设并与它们连接在了一起(指称关系只是认知的逻辑形式)。

意义与命题

事实上,条件应当是实在经验的条件,而不是可能经验的条件。它所形成的不是外在的制约(conditionnement extrinsèque),而是内在的发生(genèse intrinsèque)。无论从哪个方面看,真理所关涉的都是生产(production),而不是符合。它所关涉的是生殖性,而不是天赋性或回忆。我们无法相信被赋予根据者和它过去是一个样子,和它在未曾被赋予根据时、在尚未通过根据之考验时是一个样子。如果说充足理由、根据是"弯曲的",这是因为它将被它赋予根据的东西和一个真正的无底(sans-fond)关联在了一起。准确地说就是:人们不再认得它了。赋予根据就是使被赋予根据者变形。真与假所关涉的并非单纯的指称,意义也不满足于在使指称成为可能的同时仍然保持着自身与指称的漠不相关状态。应当在意义自身之中建立命题与它所意指的对象间的关系;理念性意义的任务即朝向被意指的对象前进。如果在一个真命题的实例中,被实现的指称没有被视为那些构成了意义的发生性系列或理念性联系的界限,指称就永远不会被赋予根据。如果意义朝向对象前进,对象便不能在实在性中被设定为外在于意义的东西,它应当被设定为意义之过程的界限。而且,命题与它所意指的东西的关系——就这一关系得到实现而言——同时在意义的统一体和实现它的对象中被构成了。被意指者既对于自身而言具有价值又仍然外在于意义的实例只有一个:这就是从自身的语境中被恣意地抽离出来,并且被当作事例的特殊命题(propositions singulières)。①但在这里,我们怎么能相信种种学校教学的、幼稚的、人为的事例能够为思想的形象进行辩护呢?每当一个命题被重新置入到鲜活的思想语境中时,它显然是根据自身的意义而拥有了它所应得的真理性,它显然是根据自身所内含的无意义而拥有了那归属于它的虚假性。至于真,我们总是根据我们所言说的内容的意义而得到我们应得的那份。意义是真的发生或生产,真理不过是意义的经验性结果而已。在独断形象的所有公设中,我们都[201]发现了同一种混淆,它旨在将一种经验之物的简单形态提升到先验的层次,而为此付出的代价便是使真正的先验结构坠入经验性之中。

意义是命题的所表达者(exprimé),但所表达者是什么?它既不能被归结为被意指的对象,又不能被归结为做出表达者的实际状态。我们应当以如下方式区分意义(sens)与意谓(significa-

---

① 罗素赋予特殊命题以优先地位的态度正是因此产生的:见他与卡尔纳普(Carnap)的论战,参《意谓与真理》(*Signification et vérité*, trad. Devaux, Flammarion),页360—367(【译按】中译参罗素,《意义与真理的探究》,贾可春译,北京:商务印书馆,2009,页370—374)。

tion）：意谓只是指向概念和概念在一个表象场域中与种种被制约的对象关联在一起的方式；而意义却像是在种种下表象的规定中展开的**理念**。说意义不是什么要比说意义是什么简单得多，人们并不对此感到惊讶。实际上，我们永远不能在表达出一个命题的同时也表达出它的意义，我们永远不能说出我们所言说的内容的意义。这样看来，意义是真正的 loquendum［拉：言说存在］，它不能在经验性运用中被言说，而只能在超越性运用中被言说。然而，遍历所有能力的**理念**并不能被还原为意义，因为**理念**本身亦是无意义。而且，调合以下两个方面毫无困难：一方面，**理念**是由种种本身并没有意义的结构性元素构成；另一方面，**理念**构成了所有由它产生的东西的意义（结构与发生）。只有一类词语既述说着自身又述说着自身的意义，这就是无意义的词语，"abraxas"、"snark"或"blituri"。① 如果意义对于诸能力的经验性运用来说就是无意义，那么反过来，那些在经验性运用中频繁出现的无意义对于认真的观察者来说就是意义的秘密，而这一观察者的所有能力都指向一种超越性界限。正如许多作家已经以各种各样的方式认识到的那样（福楼拜或卡罗尔），无意义之机制（mécanisme）是意义的至高目的，同样地，愚蠢之机制是思想的至高目的。如果说我们当真不言说我们所言说的内容的意义，那么我们至少能够把意义——亦即某一命题的所表达者——当成另一个我们无法言说其意义的命题的所意指者（désigné），直至无限。因此，通过将每一个意识命题都称为"名称"，意识命题发现自己被卷入了一种无规定的名称性倒退之中，每一个名称都指向了另一个意指着先前名称的意义的名称。但在这里，经验性意识的无力乃是语言的"N 次"幂，而且它的超越性重复即是言说词语（parler des mots）本身或言及

---

① 【译按】参塞克斯都·恩披里克，《反对理论家》，孙仲等译，北京：中国社会科学出版社，2017，页112。

词语(parler sur les mots)的力量。无论如何,思想在命题之公设中被[202]独断形象背叛了。根据命题之公设,哲学在 Cogito[拉:**我思**]这个意识的初始命题那里发现了一个开端。但 Cogito[拉:**我思**]也许就是个没有意义的名称,它所拥有的对象除作为反复之力量的无规定倒退外别无其他(我思我思我思……)。任何一个意识命题都内含着纯思想的无意识,这种无意识构成了一个无限倒退得以在其中发生的意义之圆域(sphère du sens)。

意义的种种悖论

意义的第一个悖论因而就是增殖(prolifération)悖论,根据这一悖论,某一"名称"的所表达者〔意义〕是另外一个二重化(redoubler)这一名称的名称的所意指者。当然,人们无疑可以避开这一悖论,但这却导致他们陷入了另外一个悖论:我们将命题悬置起来,使它固定不动。正是在悬置命题的这段时间里,我们从这一命题中提取出一个只保留了它的理念性内容、保留了它的内在既与物的复身。对于语言具有根本意义的悖论性重复就不在于二重化,而在于去二重化,不在于放下,而在于悬置。在我们看来,命题的这一复身与命题本身、命题的表述者以及命题所针对的对象都有区别。它之所以与主体和对象不同,是因为它并不存在于表达它的命题之外。它之所以与命题本身不同,是因为它通过把对象当作它的逻辑述词、它的"可陈述者"或"可表达者"而与对象关联在一起。它就是命题的复合论题(thème complexe),因而也就是意识的初始项。为了将它同时与对象(例如上帝、天空)和命题(上帝存在[Dieu est],天是蓝的[le ciel est bleu])区分开来,人们选用不定式或分词式来陈述它:"上帝—存在(Dieu-être)"或"上帝—是(Dieu-étant)","天—是蓝的(l'étant-bleu du ciel)"。这一复合体(complexe)是一个理念性的事件(événement idéel)。它虽然是一个客观的存在物(entité objective),但人们却不能说它自在地实存着:它持存着、它持续存在着;它所拥有的是准存在、额外的存在;它是实在的对象、可能的对象,甚至不可能的对象所共有的最低限度的存在。但这样一来,我们就落入了第二种困难的巢穴之中。这是因为既然肯定与否定都只是命题样式,如何避免相互矛盾的命题具有相同的意义?尽管自相矛盾的不可能对象没有"意谓"(方的圆),但如何避免它具有意义?还有,如何调和对象的转瞬即逝与其意义的持久永恒?最后,如何才能摆脱"一个命题应当是真命题,因为它所能表达的东西是真的,但只有当命题本身为真时它所能表达的东西才是真的"这种镜面游戏?所有这些难题[203]都具有一个共同起源:通过从命题中提取出一个复身,人们召唤出了一个单纯的幽灵。被这样界定的意义只是一团在词与物的界限处"玩耍"的雾气。意义是逻辑学最强有力的努力所产生的一个结果,不过,它却是作为无效力之物、作为被剥夺了发生之力量的无形的无效者(stérile incorporel)出现的。① 卡罗尔以无人可及的方式利用了上述所有悖论:中性化的一分为二的悖论在"没有猫的笑(sourire sans chat)"那里找到了自身的形态,② 增殖化的二重化悖

---

① 参埃利(Hubert Elie)的菁华之作《可赋意的复合体》(Le complexe significabile, Vrin, 1936)。埃氏在书中表明了这一意义理论——该理论于 14 世纪在奥卡姆学派(里米尼的格里高利[Grégoire de Rimini]、奥特古的尼古拉[Nicolas d'Autrecourt])那里得到了发展,后来又被迈农(Meinong)重新发现——的重要性和它所内含的种种悖论。——以这种方式被领会的意义之无效性甚至还出现在了胡塞尔那里:"表达的层次——这正是其独特性所在——除了它将表达赋予一切其他意向性之外,不是生产性的。或者如人们也可以说的:它的生产性、它的意向对象的活动,都穷尽于表达行为中和随其出现的概念形式中"(《现象学的指导思想》[Idées directrices pour une phénoménologie, trad. Ricœur, N. R. F.],页 421[【译按】中译参胡塞尔,《纯粹现象学通论:纯粹现象学和现象学哲学的观念(I)》,前揭,页 220])。

② 【译按】参 Lewis Carroll,《爱丽丝漫游奇境记·镜之国的秘密》(Alice's Adventures in Wonderland & Through the Looking-Glass, New York: Airmont Publishing Company, Inc., 1965),页 67—68。

论在"那位始终要给歌曲的名字起一个新名字的骑士"那里找到了自身的形态①——并且,在这两个极端之间,存在着所有那些形成了爱丽斯之奇境漫游的派生悖论。

意义与问题

人们用疑问形式——而非不定形式或分词形式——来表达意义("上帝存在吗?"而不是上帝—存在或上帝之存在[l'étant de Dieu])是否就赢获了某种东西呢?初看上去,收获微乎其微。但是,收获微乎其微的原因是由于疑问(interrogation)往往是按照那些能够被给出的、或然的或可能的回答仿制出来的。因此,疑问本身就是一个被假定为先行存在着的命题的中立化复身,这个命题能够充当或者应该充当它的回答。演说家绞尽脑汁,为的是建构那些他希望引起的回答,亦即那些他试图让我们相信的命题。而且,即使我们不知道回答是什么,只有在将回答假定为是既有的,并且在原则上先存于另一意识之中时,我们才能提出疑问。所以,疑问根据其词源总是在某一群体范围内发生:疑问不仅隐含常识,而且还隐含良知,隐含着与经验意识相关的知识与所与的分配。这种分配是以这些经验意识的处境、观点、功能与权限为根据。通过这种方式,某一意识就被认为知晓了其他意识所不知道的东西("现在几点了?"——你们这些戴着手表或是靠近钟表的人来回答。"凯撒生于何时?"——你们这些了解罗马史的人来回答)。尽管有这样那样的不足之处,疑问式表述仍有其优长之处:在它促使我们将相应命题视为一个回答的同时,它为我们开辟了[204]一条新的道路。一个被构想为回答的命题始终是一个特殊的解决实例。这个解决实例本身是被抽象地考察的,它已经和那种将它

---

① 【译按】参 Lewis Carroll,《爱丽丝漫游奇境记·镜之国的秘密》,前揭,页228。

和其他各种实例与一个作为问题的问题(problème en tant que problème)关联在一起的高级综合分离了。因此,疑问本身就表现了一个问题在经验之中,因意识之故,根据它那些被领会为杂多的解决实例被分割、被变卖、被背叛的方式。尽管疑问带给我们的是一个不充分的观念,但它还是激起了我们对它所分割之物〔问题〕的预感。

意义存在于问题自身之中。意义在复合论题中被构成,而复合论题是问题与发问的整体。相对于问题与发问而言,命题充当着回答的元素与解决的实例。尽管如此,这个定义还是要求人们摆脱思想的独断形象所特有的一种幻象:问题与发问应当从那些充当着或者能够充当回答的相应命题那里移印而来。我们知道这一幻相的施动者就是疑问,正是它在一个群体的框架内分割了问题与发问,并根据共通的经验意识的诸命题——亦即根据一个单纯意见的种种似真性(vraisemblances)——重构了问题与发问。这样一来,问题演算或组合这一伟大的逻辑学梦想就被损害了。人们已经相信问题、发问只不过是某一相应命题的中立化而已。这样一来,人们必然会认为论题或意义只是一个无效力的复身,其原型就是它所归摄的那些命题的类型,甚或一个所有命题都被假定具有的共通元素(指示性论点)。由于没有看到意义或问题是超命题的,是在本性上不同于任何命题的,人们错失了本质性的东西——思维活动的发生、诸能力的运用。辩证法是问题的技艺,是问题组合、问题演算本身。然而,当辩证法满足于按照命题移印问题时,它便失去了自身所固有的力量。而且,使辩证法被否定之物彻底支配的漫长变质的历史也由此开始了。亚里士多德写道:

> 例如,如果人们说:"'两脚行走的动物'是人的定义,不是吗?"或者"动物是人的属,不是吗?",人们就得到了一个命题;如果人们将它反过来说:"两脚行走的动物是不是人的定

义？"，这便是一个问题。其他观念同样是这样。既然任何一个命题只要简单地变换一下句子结构就能形成一个问题，那么问题与命题[205]在数量上相等便是完全自然的结果了。

（一直到当代逻辑学家那里，人们重又发现了这条幻相之路。问题演算被解释成超数学的存在；这的确属实，因为它本质上是逻辑的，亦即辩证的；但它却是根据一种单纯的命题演算推演而来的，它始终将命题当作复制或移印的原型）。①

第七公设：解决之样态

人们要让我们同时相信"问题是现成给定的"和"问题消失在回答或解决之中"；在这双重方面下，问题只能是幽灵。人们要让我们相信思维活动，以及相对于这一活动而言的"真"与"假"只是随着探寻解决的活动开始的，而且它只关涉解决。这种信念很可能具有与独断形象的其他公设相同的起源：始终是一些从自身语境中抽离出来的、被恣意地树立为范型的幼稚的例子。这种信念是一

---

① 参 Aristote，《论题篇》（*Topiques*），I,4,101b,30—35（【译按】中译参《亚里士多德全集》，第一卷，苗力田主编，北京：中国人民大学出版社，1990，页356）。——相同的幻象在现代逻辑学中继续存在：问题演算——就像俄国数学家柯尔莫哥洛夫（Kolmogoroff）所界定的那样——仍然是按照命题演算仿制而来的，它与命题演算具有"同构性"（参 Paulette Destouches-Février，《问题演算与命题演算的关系》[*Rapports entre le calcul des problèmes et le calcul des propositions*, Comptes rendus des séances de l'Académie des Sciences, avril 1945]）。我们在下文中会看到，一种"无否定的数学"的事业[例如格里斯（G. F. C. Griss）的工作]只有按照这种虚假的问题范畴构想才会发现自身的界限。

与此相反，莱布尼茨预感到了存在于问题或论题与命题之间的那种虽是可变的、但却是深刻的差距："我们甚至可以说，有些论题是介乎观念和命题之间的。这就是有些只问是或否的问题；这些是最接近于命题的。但也有一些是问如何以及有关情况之类的，这些要变成命题就有更多要补充的"（《人类理智新论》，第四卷，第1章，§2[【译按】中译参莱布尼茨，《人类理智研究》，前揭，页405]）。

种孩子气的偏见,根据这一偏见,老师给出了一个问题,而我们的任务就是要解决这个问题,而结果的对错则要交给一个强有力的权威去评判。而且,这种信念还是一种社会性的先入之见。很明显,这种先入之见非要把我们当小孩子来看待,它诱使我们去解决一些来自别处的问题,而且还要安慰我们说"如果我们能够回答这个问题,我们就胜利了":问题就是障碍,而回答者则是赫拉克勒斯(Hercule)。这是一种怪诞的文化形象,人们可以在各种考试、政府命令、报刊杂志上的测验(这些测验诱使每个人都根据自己的兴趣选择答案,但条件是这种兴趣必须和所有人的兴趣一致)那里发现它。"做你自己"被理解为"这个自我应当是其他人的自我"。仿佛只要我们 [206] 不掌握问题本身,不参与到问题制定之中,不握有对问题的权利,不管理问题就不再是奴隶了。为了预先判定哪一个应当是思想中的至高之物,亦即思维活动的发生和真与假的意义,思想的独断形象的命运始终取决于那些心理层面上的幼稚例子和社会层面上的反动例子(认知的实例、错误的实例、简单命题的实例、回答或解决的实例)。因此,这便是添加在其他公设之上的第七公设:回答与解决的公设。根据这一公设,"真"与"假"只是随着解决开始,而且它们只对回答进行定性。尽管如此,当一个假问题在科学实验中被"给定"时,这桩幸运的丑事在此就是为了提醒人们:问题并不是现成的,它们应当在那些专属于它们的象征场域中被构成与投注;并且,教师用书必然需要一位难免会犯错误的教师来撰写。各种教育学尝试让学生们——甚至是年龄非常小的学生——主动参与到问题的制定、问题的构成、问题作为问题的提出之中。此外,人人都从某种意义上"承认"问题是最重要的。但是,只是在事实的层面上承认它们还不够,仿佛问题只是一种暂时的和偶然的运动,它注定要在知识之形成中消失,而且它的重要性完全取决于认知主体所服从的那些否定的经验性条件;与此相反,这一发现应当被提升到先验的层面上,而且问题不应被视为"与料"(data[英:与料])——它应当被视为具有自足性的理念的"客体性(objectités)",其在自身的象征性场域中内含着种种构成性、投注性活动。"真"与"假"首先关涉问题,而非解决。某一解决始终要按照它所回答的那个问题来获得自身应得的真理性;而问题则始终要按照其自身的真理性或虚假性,也就是自身的意义,来获得自身应得的解决。"真正伟大的问题从来就只有在它被解决时才被提出"①或"人类只提出自己能够解决的问题"②之类的著名表述所要传达的内容便是:无论是实践问题还是思辨问题,它们都根本不是先存的解决的影子。真实情况恰恰相反,因为解决必然产生于种种完整的条件——人们正是在这些条件下对问题之为问题做出规定——和人们为了提出问题而掌握的那些手段和项。[207]问题或意义同时是源始真理的场所和派生真理的发生。无意义、伪意义、悖谬这些概念应当与问题自身关联在一起(有些假问题源自不确定性,另一些假问题则由复因决定;最后,愚蠢就是假问题的能力[faculté des faux problèmes],它表现了一种构成、领会和规定问题本身的无能力[inaptitude])。哲学家和科学家梦想将真与假的考验带入到问题之中;这便是作为组合或高级演算的辩证法的目标。但在这里,只要先验的结论不是从中明确得出的,只要思想的独断形象仍然在原则上继续存在着,这种梦想就仍然只是发挥着"修改"功能。

真理学说中的解决之幻相

实际上,(旨在按照命题来移印问题的)自然幻相在一种哲学

---

① 【译按】亨利·柏格森,《思想与运动》,邓刚、李成季译,上海:上海人民出版社,2015,页50。

② 【译按】这句话引自马克思的《〈政治经济学批判〉序言》,它在现有中译本中译为:"人类始终只提出自己能够解决的任务(Aufgaben)"(《马克思恩格斯全集·第十三卷》,前揭,页9)。

幻相中延续着。虽然人们认识到了批判的必要性,并竭尽全力将真与假的考验一直带入问题之中,但却坚持认为,问题的真理性单纯取决于它得到解决的可能性。这一次,幻相的新形态、它的技术性特征来自以下事实:人们将命题的可能性形式当成了问题的形式所模仿的范型。这种情况在亚里士多德那里就已经出现——亚里士多德赋予了辩证法真正的任务、它唯一切实的任务:问题与发问的技艺。当**分析论**给予了我们解决一个既有问题或回答一个发问的方法时,**辩证法**应当表明人们如何正当地提出问题。**分析论**研究使三段论能够必然得出结论的程序,而**辩证法**则发明了三段论的主题(亚里士多德恰好把它们称作"问题")、造就了关涉着某一对象的三段论的元素("命题")。① 为了评判一个问题,亚里士多德要求我们去考虑"那些被一切人或多数人或贤哲们所公认的意见",②目的是要将这些意见与种种一般的观点(可谓述者)联系起来,并由此形成场所[论题](lieux),其使得在讨论中确立它们或反驳它们成为可能。因此,共通场所[陈词滥调]是通感[常识]本身的考验;任何问题,只要它的对应命题包含着一种涉及到偶性、属、特性或定义的逻辑缺陷,它就应当被视为假问题。如果辩证法的价值在亚里士多德那里似乎被贬低了(亦即被还原为意见的单纯似真性),这并不是因为他[208]没有很好地领会辩证法的根本任务,而是因为他糟糕地构想了这一任务的完成方式。由于为自然幻相所苦,他按照通感[常识]的命题来移印问题;由于为哲学幻相所苦,他使问题的真理性取决于共通场所[陈词滥调],亦即获得一种解决的逻辑可能性(意指种种可能的解决实例的命题)。

---

① 【译按】参亚里士多德,《论题篇》,载《亚里士多德全集》,第一卷,前揭,101b15以下,页356。

② 【译按】参《亚里士多德全集》,第一卷,前揭,页353。

第三章 思想的形象

在哲学史的演进中,可能性的形式至多只是变换了形态而已。因此,尽管数学方法的信徒们声称要反对辩证法,但他们还是保留了辩证法的菁华,亦即一种问题组合或问题演算的理想。但他们并没有倚赖可能之逻辑形式,而是引出了另一种可能性形式,确切地说就是数学的——要么是几何的,要么是代数的——可能性形式。所以,问题依旧是由相应的命题移印而来,它们依旧要根据自身得到解决的可能性来得到评估。更确切地说,从几何的、综合的视角看来,问题是由一类被人们称为定理(théorèmes)的特殊命题推演而来的。希腊几何学的一般趋势便是:一方面为了定理而限制问题,另一方面使问题从属于定理本身。这是因为定理似乎表现并展开了单纯本质的诸属性,而问题则仅仅关涉事件与分殊,其表现了一种退降,表现着一种本质在想象中的投射。但这样一来,发生的视角被迫下降到一个较低的等级上:人们不是去说明一个事物存在以及为何存在,而是要论证它不能不存在(所以,否定推理、间接推理、归谬法推理在欧几里德[Euclide]那里频繁出现,它们维持了同一性原则对几何学的支配,并阻止后者成为一种"充足理由的几何学")。从代数的、分析的视角看来,情况也没有发生根本上的变化。现在,问题是由代数方程移印而来的,它们得到评估的根据即是对方程的系数进行一组运算而得出根的可能性。但是,正如我们在几何学中把问题想象成已经解决了那样,我们在代数中是把未知数当作已知数来进行运算:一种差事由此被继续履行,即将问题还原为可以充当它们的解决方案的命题。人们可以在笛卡尔那里清楚地看到这一点。笛卡尔式方法(对明白与清楚[209]的探求)不是一种专属于构成问题与领悟发问的发明方法,而是一种以解决假定既有的问题为主旨的方法。那些与问题和发问相关的规则无疑只发挥着次要的、从属性的作用。尽管笛卡尔要与亚里士多德式辩证法做斗争,但他与亚里士多德在一个关键点上是相同的:问题与发问的演算仍然是从那些被假定为先在者的"简单命题"的演算(calcul des «propositions simples» supposées préalables)那里推导出来,而这仍然是独断形象的公设。①

虽然各种各样的变异仍然继续着,但它们始终局限在同一视角下。经验论者所做的无非就是发明了新的可能性形式:获得一个解决的盖然性或物理可能性。康德又如何呢?康德比其他任何人都希望将真与假的考验带到问题之中;他甚至就以这种方式来界定**批判**。他那深刻的、作为行问题化者(problématisante)和成问题者(problématique)的**理念**的理论使他有能力重新发现辩证法的真正源泉,甚至有能力将问题引入到**实践理性**的几何学式阐明之中。不过,由于康德式批判依然受独断形象或通感[常识]的支配,所以康德仍旧根据"问题得到解答的可能性"来定义问题之真理性:这一次,发挥关键作用的是一种先验可能性形式,其与一种在每一实例中都被某一通感[常识]的具体组织(问题与这一组织对应)所规定的诸能力之正当运用相符。我们始终会重新发现幻相的两个方面:一方面是自然幻相,它以被人们

---

① 笛卡尔区分了与"简单命题"相关的准则和与"发问"相关的准则(《原则》,XII)。确切说来,后者是从原则 XIII 开始的,而且,它们是从前者那里推理得出的。笛卡尔本人就强调了自己的方法与亚里士多德式辩证论的类似之处:"我们效法辩证论者的只是:正如他们为了教人以三段论式的形式,先要假定已知各项或已知题材,我们也事先要求人们对发问已经透彻领悟"(XIII[【译按】中译参笛卡尔,《探求真理的指导原则》,管震湖译,北京:商务印书馆,1991,页 80])。——同样地,"发问"在马勒伯朗士(Malebranche)那里也仅仅发挥着从属性作用:参《探求真理》(*Recherche de la vérité*),VI,2,第 7 章。在斯宾诺莎那里,没有任何"问题"出现在几何学方法的使用中。

但在《几何学》(*Géométrie*)中,笛卡尔却从问题之构建——而不仅仅是问题之解决——的角度强调了分析过程的重要性(在一些极为精彩的篇章中,孔德[Auguste Comte]不仅强调了这一点,而且还说明了"奇点"(singularités)之分派是如何规定"问题之条件"的:参《解析几何学浅论》[*Traité élémentaire de géométrie analytique*, 1843])。就此而言,我们可以说几何学家笛卡尔要比哲学家笛卡尔走得更远。

假定为先存者的命题、逻辑意见、几何定理、代数[210]方程、物理假说、先验判断为原型,然后从它们那里移印问题;另一方面是哲学幻相,它旨在根据问题的"可解决性",也就是根据它们的解决之可能性的可变的外在形式来评估问题。那么,"根据自身不过是一个单纯的外在制约"便是不可避免的了。这是一种奇怪的原地踏步和恶性循环,在它们的制约下,即便哲学家想把真理性从解决提升到问题那里,但由于自身仍被独断形象所束缚,他也只能使问题的真理性取决于它们的解决的可能性。这里所缺少的是问题的内部特征,是首先决定了问题的真理性和虚假性,并对问题的内在发生力量进行衡量的内在的命令性元素(élément impératif intérieur):它就是辩证法或组合的对象——"微分(différentiel)"。问题是考验和遴选。具有根本意义的是:在问题内部形成了一种真理的发生、一种思想之中的真的生产。问题就是思想之中的微分元素[差异元素],就是真之中的发生元素。因此,我们可以用一种切实的发生的观点来取代单纯的制约的观点。真与假并没有停留在被制约者相对于它的条件而言的漠不相关之中,条件也没有停留在相对于在它的作用下成为了可能的东西而言的漠不相关之中。"一种由问题所执行的真与假的生产"和"遵循意义的尺度",这是认真对待"真问题与假问题"这一表述的唯一方式。为了达到这一目标,只须停止按照可能命题来复制问题,一如停止用获得一种解决的可能性来界定问题的真理性。"可解决性"反而应当取决于一种内部特征:它应当被各种问题条件所规定。同时,种种实在的解决应当在问题之中被问题造就。如果没有这一颠转,众所周知的哥白尼式革命就毫无意义。只要人们仍然止步于欧氏几何,哥白尼式革命同样不会发生:我们应当一直达到一种充足理由的几何学,一种趋向于从连续出发来造就间断或是通过问题的条件来为解决奠基的黎曼式微分几何。

问题范畴的存在论重要性与认识论重要性

不但意义是理念性的,而且问题就是**理念**本身。在问题与命题之间始终存在着本性的差异、本性的差距。一个命题就其自身而言是特殊的,并且它表现了一个被规定了的回答(réponse)。一组命题可以按照以下方式来分配:诸命题所表现的回答形成了[211]一个一般解决(solution générale)的种种实例(一个代数方程的值就是如此)。但更确切地说,无论是一般命题还是特殊命题,它们只会在那激发了它们的隐蔽的问题之中发现自身的意义。只有**理念**是普遍的,只有问题是普遍的。并不是解决将自身的一般性给予了问题,而是问题将自身的普遍性给予了解决。简单实例只是发挥着分析性元素的作用,借助它们完全不足以解决问题。还应当规定这样一些条件:通过它们,问题获得了最大限度的内涵和外延。而且,这些条件有能力将专属于自身的理念的连续性(continuité idéelle)传递给解决实例。甚至对于一个只拥有唯一解决实例的问题来说,意指着这一解决实例的命题也只能在一个复合体之中发现自身的意义,这种复合体能够包含种种想象的状况(situations imaginaires),并整合了一种连续性的理想(idéal de continuité)。所谓"解决"始终是在一种作为**理念**发挥功能的连续性的背景上造就间断性。一旦我们"遗忘"了问题,我们所面对的就只是抽象的一般解决。而且,既没有任何东西再能支撑这种一般性,也没有任何东西再能阻止这一解决被分散在那些形成了解决实例的特殊命题之中。一旦与问题相分离,命题就重又陷入到那些只具有意指性价值的特殊命题的状态之中。所以,意识竭尽全力想重构问题,但这种重构的根据无非是特殊命题的中立化复身(疑问、怀疑、似真性、假设)和一般命题的空洞形式(方程、定理、理论……）。① "将问题看作假言系列"并"使问题从属于定言系列"的双重混淆从此开始。普遍之物的本性已经失落；特异之物的本性亦随之失落。因为问题或**理念**既是具体的奇异性，又是真正的普遍性。与那些构成了问题之普遍（universel du problème）的比［关系］对应的，是特异点和奇异点的分派，后者构成了问题之条件的规定。普罗克洛（Proclus）在维持着定理对于问题的优先地位的同时，将问题严密地界定［212］为关涉着事件与分殊的秩序（ordre des événements et des affections）的存在。① 并且，莱布尼茨已经明言了将问题与命题分离开来的是什么：各种各样的事件，"如何以及有关情况"②，命题正是在这里发现其自身的意义。不过，这些事件是理念性事件。与那些被它们在解决的秩序中规定的实在的事件相比，它们更为深刻，而且它们具有的是截然不同的本性。在喧闹的宏大事件下存在着静默的微小事件，一如在自然之光下存在着**理念**的点点微光。奇异性超越于特殊命题之外，而普遍者则超越于一般命题之外。成问题的**理念**不是简单本质，而是复杂之物，是比［关系］以及相应奇异性的繁复体（Les Idées problématiques ne sont pas des essences simples, mais des complexes, des multiplicités de rapports et de singularités correspondantes）。从思想的观点看来，普通之物与奇异之物的成问题的区别，以及那些出

---

① 现代认识论的最为本源的特征之一便是对"问题"的这种双重不可还原性的确认（就此而言，对"成问题的（problématique）"这个形容词的名词式使用在我们看来乃是一个不可或缺的新词）。——参布利冈（Georges Bouligand）及其对"问题—元素"和"全局综合—元素"的区分（尤参《数学—逻辑学的绝对的衰落》[*Le déclin des absolus mathématico-logiques*, éd. d'Enseignement supérieur, 1949]；康吉扬（Georges Canguilhem）及其对问题和理论的区分（尤参《正常与病态》[*Le normal et le pathologique*, Presses Universitaires de France, 1966][【译按】中译参康吉莱姆，《正常与病态》，李春译，西安：西北大学出版社，2015]）。

① Proclus，《欧几里德〈几何原本〉第一卷注》（*Les commentaires sur le premier livre des Eléments d'Euclide*, trad. Ver Eecke, Desclée de Brouwer），页65以下。

② 【译按】莱布尼茨，《人类理智新论》，前揭，页405。

自问题之条件中的糟糕分派的无意义,很可能要比如下事物更为重要:真与假的假言二元性或定言二元性,以及那些"错误",其仅仅出自它们在诸解决实例中的混淆。

虽然问题不会存在于它的解决之外,但它并没有消失,而是在这些遮盖了它的解决中固持着、持存着。问题在它被解决的同时也得到了规定,但它的规定并不能与解决混为一谈,这两个元素之间存在着本性上的差异。而且规定乃是相伴的解决的发生(所以,奇异性的分派完全归属于问题之条件,而它们的特殊化则已然指向了在这些条件的基础上被构建出来的解决)。相对于自身的解决而言,问题既是超越的又是内在的。说问题是超越的,因为它包含着一个发生元素间的理念性联系或微分比[差异关系]的系统。说问题是内在的,因为这些联系或比[关系]化身在了实在关联(relations)之中,后者不与它们类似,并且是由解决场域所界定。在洛特芒(Lautman)所撰写的那些令人称奇的著作中,他以无人可及的方式表明:问题首先是柏拉图式**理念**,是与"实存者的种种偶然状况"相关的**辩证**概念之间的理念性联系;不过,它们同样将自身现实化在了那些实在关联之中,这种实在关联对那在诸如数学的或物理学的场域中被寻求的解决具有构成作用。根据洛特芒的看法,正是从这种意义上说,[213]科学实践始终具有一种辩证法的特征,这种辩证法超越了科学实践。也就是说,科学实践具有一种元数学的、超命题的强力特征——尽管这一辩证法只将自身的种种联系化身在那些现实科学理论的命题之中。① 问题始

---

① Albert Lautman,《论数学中的结构概念和实存概念》(*Essai sur les notions de structure et d'existence en mathématiques*, Hermann, 1938),卷Ⅰ,页13;卷Ⅱ,页149("我们所构想的唯一先天元素是在问题之迫切性的经验中被给予的,这种经验先于解决的发现……")。——关于**理念**—问题的超越性与内在性的双重方面,参《数学之辩证结构新探》(*Nouvelles recherches sur la structure dialectique des mathématiques*, Hermann, 1939),页14—15。

第三章 思想的形象 283

终是辩证问题。所以,当辩证法"忘记了"它与作为**理念**的问题的紧密关系时,当它满足于按照命题移印问题时,它就失去了自身的真正强力,落入了否定之物的统治地带,并且必然用对立命题、相反命题或矛盾命题的单纯对抗来替换成问题者的理念的客体性。这一漫长的歪曲变质随着辩证法一同开始,它的极端形式出现在黑格尔主义那里。但是,如果在原则上辩证的东西当真是问题,如果在原则上科学的东西当真是问题的解决,那么我们就应当以更为完整的方式区分:(1)作为超越性审级的问题;(2)象征场域,进行着内在性运动的问题之条件在该场域中得到表现;(3)科学的可解决性场域,这是问题的化身场所,先前的象征主义也正是根据这一场域而得到界定。只有一种关乎问题与相应的理念性综合(synthèse idéelle)的一般理论才能确定这些元素间的关系。

※

"学习"意味着什么?

问题及其象征与符号相关。正是符号在"制造问题",并在一个象征场域中得到展开。因此,诸能力的悖论式运用——并且首先是与符号相关的感性的悖论式运用——取决于那些遍历了所有能力并且激活了它们的**理念**。相反地,**理念**也指向了每种能力的悖论式运用,并且将意义提供给了语言。"探索**理念**"与"使每一种能力都提升至自身的超越性运用"表达的是同样的内容。它们是一种学习(apprendre),一种本质性的修习(apprentissage)的两个方面。一方面因为学习者是构成种种实践问题或思辨问题并投注于其中的人。学习这个名称适合[214]于人们在直面问题(**理念**)之客体性时所采取的那些主观活动,而知识则仅仅意指着概念之一般性或对诸解决之规则的平稳占有。有一个著名的心理学实验是这样的:把一只猴子摆上舞台,人们试图让这只猴子在那些涂有某一特定颜色的箱子里找到食物,这种特定颜色的箱子处在多种颜色的箱子中间;这样便迎来了一段悖论式时期——在这一时期内,"错误"的次数虽然在逐渐减少,但猴子尚未获得一种适用于所有实例的解决的"知识"或"真理"。接下来,圆满的时刻来临了,猴子—哲学家使自身向真理敞开,并且自己就制造了真实之物,但这只是就它开始深入到一个问题的彩色厚度(épaisseur colorée d'un problème)之中而言。人们在这里看到了诸回答的间断性是如何在一种理念性的学习的连续性背景上被造就的,看到了真与假是如何根据人们对问题的理解而被分配的,看到了最后的真理——当它被获得时——是如何出现的,如何显现为那被完整地理解与规定了的问题的界限,显现为那些构成了意义的发生性系列的产物,或一种并不只是在猴子的头脑中产生的发生的结果。所谓学习即深入到那些构成了**理念**的比[关系]的普遍之中,深入到那些与比[关系]对应的奇异性之中。正如莱布尼茨所表明的那样,例如大海的**理念**就是一个诸特殊者之间的微分比[差异关系]或联系的系统,一个与这些比[关系]的变异程度对应的奇异性的系统——整个系统化身在了波浪的实在运动之中。学习游泳就是使我们身体的特异点与客观**理念**的奇异点结合在一起,为的是形成一个问题场域。这种结合为我们规定了一个意识阈,我们的实在行动在这一意识阈的层面上要与我们对对象的实在关系的知觉保持一致,从而提供了一个问题的解决。但确切说来,成问题的**理念**同时是自然的最后元素和微知觉的阈下对象。① 因此,"学习"始终要经历无意识,始终要在无意识中产生——它因而在自然与精神之间建立了一种深刻的共谋关系。

---

① 【译按】参莱布尼茨,〈单子论〉,第21节,载《神义论》,前揭,页484—485。

第八公设：知识之结果

　　另一方面，学习者使每种能力都提升到了自身的超越性运用。在感性中，他力图使这种把握着只能被感觉的东西的第二强力[二次方]诞生。这便是诸感官的教育(éducation des sens)。而且，虽然暴力被从一种能力传递到另一种能力，但它始终是在每种能力的不可比拟性中包含着**他异者**。思想从哪些感性的符号出发，通过哪些记忆的珍宝，[215]在何种**理念**的奇异性所规定的扭曲下被激起？我们永远无法预知某人如何学习——人们是由于什么样的爱才熟练掌握了拉丁文？人们是由于什么样的遭遇才成为哲学家？人们是靠哪些辞书学会了思考？诸能力的界限在那承负并传递着差异的东西的断裂形式下相互嵌套着。没有用来发现宝藏的方法，更没有学习的方法，有的只是一种暴烈的训育，一种遍历了整个个体的教养(culture)或教化(paideïa)（一位白化病患者——在他那里，感觉行动在感性中诞生了；一位失语症患者——在他那里，言语在语言中诞生了；一个无头畸胎——在它那里，思维活动在思想中诞生了）。方法是知识的手段，它调节所有能力的协作；它亦是一种通感[常识]的呈显或一种预设了思想者的善良意志和"经过深思熟虑的决定"的 Cogitatio natura[拉：**自然思维**]的实现。但是，教养是学习的运动、不由自主之物的冒险；正如尼采所说的那样，它以全部的暴力和必要的残酷压制着感性、记忆，随后是思想，而这样做的目的恰恰是为了"培养一个思想者的民族"，"带给精神一种训练"。①

　　当然，人们时常认识到学习的重要性与尊严。但它往往被看

---

① 【译按】参尼采，《道德的谱系》，梁锡江译，上海：华东师范大学出版社，2015，II. 3，页110。

作一种向**知识**之经验条件的致敬:人们在学习这一预备性运动的高贵中发现了那应当在结果中消失的东西。而且,即使人们强调着学习的特殊性,强调着内含在修习之中的时间,这也只是为了平息一种心理意识的顾虑。这种心理意识肯定不会与知识争夺"表象所有先验之物"的天赋权利。学习只是非知识与知识之间的中介,是由一个到另一个的鲜活的过渡。人们徒劳地说"学习归根到底是一个无限的任务":这个无限的任务仍然被抛置在了外在状况与习得的观点一边,它被置于作为天赋性、先天元素甚或范导性**理念**的知识的那种假定的简单本质之外。而且最终,学习毋宁说重又落回到迷宫中的老鼠那里,而走出洞穴的哲学家则仅仅带走了结果——知识——为的是从中得出一条条先验原理。甚至在黑格尔那里,人们在**现象学**中看到的那种奇妙的学习,无论是在结果上还是在原则上,都仍然从属于作为绝对知识的"知识的理想"。柏拉图在这个问题上仍然是个例外。这是因为学习在柏拉图那里真正成为了既不能被还原为知识也不能被还原为非知识的灵魂的先验运动。[216]思想的先验条件应当从"学习"而非知识那里提取出来。所以,柏拉图在回忆的形式而非天赋性的形式下规定了条件。因此,一种时间被引入了思想之中——不是作为服从于种种现实条件的思考者(对他来说,思考是要占用时间的)的经验性时间,而是作为纯粹思想或原则条件的时间(时间占用了思想)。而且,回忆正是在学习的独特内容中,亦即在种种发问和问题中,在种种独立于自身的解决的问题之急迫中,在**理念**之中,发现了自身的固有对象、发现了自身的需要回忆的东西。为什么大量关涉着"何谓思考"的基本原则被回忆所损害?这是因为,如前所见,虽然柏拉图式时间将自身的差异引入思想,将自身的异质性引入学习,但这仍然只是为了使它们服从于类似性和同一性的神话形式,从而也是为了使它们服从于知识本身的形象。因此,柏拉图的整个学习理论都只发挥着修改功能。但它不仅会被正在诞生的独断形象压碎,而且还激起了一个它仍然没有能力探索的无底。新的美诺(nouveau Ménon)说道:知识只不过是一种经验的形态,是陷入并重新陷入经验之中的简单结果,而学习则是统一了差异与差异、不似与不似,但又不对它们进行中介的真正的先验结构,并将作为纯粹空时间形式一般——而非神话的过去或神话的先前的当前——的时间引入了思想之中。我们总是不断发现有必要颠转经验之物和先验之物的那些被假定的关系或分派。而且,我们应当将知识之公设视为独断形象的第八公设,它将其他七条公设概括、集拢到了一个假定的简单结果之中。

对作为一种差异与重复的哲学的障碍的诸公设的回顾

我们已经清点了八条公设,每条公设都具有两种形态:(1)原则的公设,或 Cogitatio natura universalis[拉:**普遍的自然思维**]的公设(思想者的善良意志和思想的善良本性);(2)理想的公设,或通感[常识]的公设(作为 concordia facultatum[拉:能力之和谐]的通感[常识]和作为分派保证了这种和谐的良知);(3)范型的公设,或认知的公设(诱使所有能力都运用在一个被假定为相同者的对象上的认知,以及当一种能力将自身的一个[217]对象与另一种能力的另一个对象混为一谈时,从中产生的分派中的错误的可能性);(4)元素的公设,或表象的公设(当差异从属于**相同**与**相似**、**类比**与**对立**的互补维度时);(5)否定之物的公设,或错误的公设(根据这一公设,错误同时表现了所有能够发生在思想中的糟糕的东西——但只是作为种种外部机制的结果);(6)逻辑功能的公设,或命题的公设(指称被当作真理的场所,意义只是命题的中立化复身、命题的无限定二重化);(7)样态的公设,或解决的公设(从质料的层面上说,问题是按照命题移印而来,或者从形式的层面上说,问题是由它们被解决的可能性所界定);(8)目的或结果的公设,知识的公设(学习对知识的从属,教养对方法的从属)。如果每条公设都具有两种形态,这是因为它一方面是自然的,一方面是哲学的;一方面存在于事例的恣意之中,一方面存在于本质的预设之中。诸公设毋须被明言:它们在静默中更为有效地发挥着作用,它们在本质之预设、事例之选择中发挥着作用;它们共同形成了思想的独断形象。这些公设通过思想的形象压碎了思想。思想的形象是表象中的**相同**与**相似**的形象,它完全背叛了思想的意义,异化了差异与重复这两种强力,也就是异化了哲学的开端与再开端。诞生于思想之中的思想,那既不在天赋性中被给予又不在回忆中被假定、产生于思想之生殖性的思维活动,是无形象的思想(pensée sans image)。但这样的一种思想是什么?它在世界之中的进程(processus)又是什么?

第四章　差异的理念综合

作为成问题审级的理念

[218]康德不断提醒人们:**理念**本质上是"成问题的"(problématiques)。反过来说,问题就是**理念**本身。他无疑表明了**理念**会使我们陷入假问题之中。但这并非**理念**最为深刻的特征:如果理性(raison)在康德看来尤其(en particulier)会提出假问题,从而在自身中就带有幻相(illusion),这是因为它首先是一种提出问题一般(en général)的能力。就其自然状态而言,这样一种能力还无法在它提出的问题中区分何者为真、何者为假,何者有根、何者无据。而批判活动的目标恰恰是教给它区分的方法:"**批判**并不与杂乱无边的理性对象打交道,而只与理性本身,只与从理性自身产生出来的问题打交道。"①人们被告知,假问题与对**理念**的不当使用有关。由此得出的结论便是,并非所有问题都是假问题:**理**

---

① 康德在《纯粹理性批判》(*Critique de la raison pure*, tr. Barni, Gibert éd., I)第二版序中写道:"纯粹思辨理性本身具有的特点是,它能够且应当根据它为自己选择思维对象的各种不同方式来衡量自己的能力、甚至完备地列举出它为自己提出任何问题的各种方式"(【译按】中译参康德,《纯粹理性批判》,前揭,BXXIII,页18)。

念——依照它们那种得到了恰当理解的批判本性——具有一种完全正当的"范导性"的使用,①它们正是依据这种使用来构成真问题或提出有根有据的问题。所以,范导性意味着成问题性。**理念**本身是成问题的,是行问题化的(problématisantes)——尽管在一些文本中存在着术语的混同,康德还是在竭尽全力地表明"成问题的"不同于"假言的"、"虚构的"、"一般的"、"抽象的"。那么,作为**理念**之能力(faculté des Idées)的康德式理性是在什么意义上提出问题或构成问题? 这是因为只有它有能力使与一组对象相关的全部知性活动[219]都集中于一处。② 知性本身仍然陷溺在各种零碎的活动中,它依旧被那些针对着某一具体对象的部分的、经验性的疑问或研究所束缚。因此,它永远无法触及一个有能力给予全部知性活动以系统统一性的"问题"概念。只有知性能得到各种各样的结果或回答,但这些结果或回答从未构成过问题的"解决"。因为一切解决都假定了一个问题,亦即一个指引和归摄了(subsumant)各种研究或追问的统一的系统场域的构成。这样一来,各个回答本身就形成了种种解决实例(cas de solution)。康德有时会把**理念**说成是"没有解答的问题"。③ 他并不是想说**理念**必然属于假问题,所以不可解决,而是说真正的问题就是**理念**,而且后者不可能被"它们的"解决消除,因为它们是任何解决得以实存的不可或缺的条件。**理念**的正当使用必须与知性概念发生关系;反过来说,只有当知性概念与成问题的**理念**发生关系时——它们要么沿着那一条条朝向经验之外的理想的焦点(foyer idéal)聚

---

① 【译按】参康德,《纯粹理性批判》,前揭,B538,页417:"纯粹理性的这一(范导性)规则……不能告诉我们什么是客体,而是告诉我们,为了达到客体的完备概念,必须进行经验性的回溯"(B538)。

② 同上,"先验理念"(*Des Idées transcendantales*),I,页306(【译按】中译参康德,《纯粹理性批判》,前揭,A321/B378,页275)。

③ 【译按】参康德,《纯粹理性批判》,前揭,A482/B510,页398:"理念是一个不允许有任何解答的问题"。

第四章　差异的理念综合

合的线被组织,要么在那包括了所有知性概念的更高的视野(horizon supérieur)的背景下被反思——它们才能为自身那充分的经验性使用(最大限度的使用)找到根据。[①] 这些焦点、视野就是那些同时具备了内在本性与超越本性的**理念**,亦即如其所是的问题。

问题具有一种客观价值,而**理念**在某种意义上也有其对象。[②] "成问题的"所指的并不只是一种特别重要的主观活动,而且还是这些活动所投入的客观性的一个维度。[③] 一个经验之外的对象只有在一种成问题的形式下才能被表象;这并不表示**理念**没有实在的对象,而是意味着问题之为问题就是**理念**的真正对象。康德提醒说,**理念**的对象既非虚构、假设,亦非理性的存在(être de raison):它是一个既不能被给予又不能被认识,而应当在无法被直接规定的情况下被表象的对象。康德喜欢说,作为问题的**理念**具有一种既客观[220]又未被规定的价值。未规定既不是我们认识之中的一种单纯的不足,亦不是对象中的一种缺陷;它是一种客观的、全然实定的,在视野或焦点的名号下已然在知觉中发挥着作用的结构。实际上,未规定的对象、**理念**中的对象有助于我们表象其他那些被它赋予了最大程度的系统统一性的对象(经验对象)。

---

① 这两个意象出现在辩证论附录(*Appendice à la dialectique*)中,II,页 151 和页 160(【译按】中译参康德,《纯粹理性批判》,前揭,A644/B672,页 507 和 A658/B686,页 516)。

② 【译按】参康德,《纯粹理性批判》,前揭,B705,页 529:"我仍然可以相对于感官世界、虽然不是就其本身而言,对这样一个不可理解的存在者、即一个单纯理念的对象加以假定。"

③ 【译按】除康德的理念学说外,德勒兹的"成问题者"概念的另一个主要思想来源是西蒙东的个体化理论。西蒙东在他的个体化理论中使用了"成问题者"概念,而他的"原创性就在于给这个传统上用来指思维主体的活动结果的概念赋予了客观实在性。实际上,在西蒙东那里,一切实在都有其成问题者,因为潜势者尚未被现实化而且要求被现实化。成问题者是一种构型(configuration),以其为出发点,某物可以'提出问题'并激起一种生成,这种生成被理解为问题的解决。例如,精神个体化的'成问题者'只能通过导向心理—社会个体化的过渡才能得到充分解决"(Jean-Hugues Barthélémy,《西蒙东》,前揭,页 220—221)。

从现象之质料的观点看来，假如**理念**的对象没有给予诸现象一种类似的统一性，**理念**就无法使知性的各种形式活动系统化。但这样一来，未规定只是**理念**的第一个客观环节。因为另一方面，**理念**的对象直接化为了可规定者：各种经验对象被**理念**赋予了统一性，作为交换，它们为**理念**提出了一种规定，这种规定可以与它们彼此间维持的关系"类比"，而**理念**正是通过与这些经验对象的类比才成为可规定者。最后，**理念**的对象本身抱有无限的完全规定（determination complète infinie）的理想，因为它确保了一种知性概念的特殊化。由于支配了一个无限的连续性场域，知性概念凭借特殊化而包含了越来越多的差异。

未规定者、可规定者与规定：差异

因此，**理念**呈现出了三个环节：它在对象上是未规定的，它相对于经验对象而言是可规定的，它相对于知性概念而言持有着无限规定的理想。**理念**在此明显重演了 Cogito[拉：**我思**]的三个方面：作为未规定实存的我在、作为该实存在其下可被规定的形式的时间、作为规定的我思。**理念**正是 Cogito[拉：**我思**]之思想、思想之微分。而且，Cogito[拉：**我思**]指向的是一个被贯穿它的时间由首至尾割裂了的分裂的**我**，就此而言，应当说**理念**是在这龟裂中麇集着，它们在这龟裂的边缘处不断地出现，不停地进出，并以无穷无尽的方式被组合。问题亦不在于填充不可填充之物。但是，正如差异立即重新统一并勾连了它所区分的东西那样，龟裂保留了它所割裂的东西，**理念**亦包含了它们的分裂环节。**理念**的任务是内化这龟裂及它的居住者，它的蠢动者。**理念**中绝不存在同一化与混同，但存在未规定者、可规定者与规定这三者的一种内部的成问题的客观统一性（unité objective problématique interne）。而这可能就是在康德那里没有得到充分展现的东西：根据康德的看法，这分时,连续仍然是由感性直观或几何直观的特征所界定的。只有当人们为连续性规定了一个理念性原因(cause idéelle)时,连续才真正属于**理念**。连同其原因一并被理解的连续性形成了纯粹可量化性(quantitabilité)元素。可量化性不能与直观的定量(quantum)和作为知性概念的变量(quantitas)混为一谈。而表现它的符号也是全然未规定的:严格地说,dx 对 x 来说是无,dy 对 y 来说是无。最关键的问题就在于这些零[无]的含义。作为直观对象的定量始终拥有特殊值(valeurs particulières);即便它们被统一在了一种分数关系(rapport fractionnaire)中,每个定量仍然保留了独立于这种关系的值。作为知性概念的变量具有一种一般值(valeur générale),就变数可以容纳无限多的特殊值而言,"一般性"在这里指的是可能的特殊值的无限性。但是,始终应当存在一个特殊值,它负责表现其他特殊值并代表后者:圆的代数方程 $x^2 + y^2 - R^2 = 0$ 便属于这种情况。但对于意味着"圆周的或对应函数的普遍"的 $ydy + xdx = 0$ 来说,情况便不再是这样。为了"普遍与普遍的出现",dx 与 dy 的零表现了定量与变量、一般值与特殊值的消灭。波尔达—德穆兰的阐释的有力结论便是:在 $\left(\dfrac{dy}{dx}\right)$ 或 $\dfrac{0}{0}$ 中被取消的并不是微分[223]量,而只是单个物(individuel)与函数中的单个比[关系](波尔达所理解的"单个物"同时是特殊值与一般值)。人们已经从一个种类过渡到了另一个种类,就像是过渡到了镜子的另一边;函数已经失去了自身的变化部分或变异性质,它所表现的只是不变者与抽取出不变者的运算。"在函数中被取消的是变化者,而且通过这种取消,我们可以放眼不变者之外"。[①] 简而言之,极限(limite)不应当被构想为函数的极限,而应当被构想为真

[①] Jean Bordas-Demoulin,《笛卡尔主义或科学的真正革新》(*Le Cartésianisme ou la véritable rénovation des sciences*, Paris, 1843),卷II,页133 以下和页453 以下。——虽然勒努维耶(Charles Renouvier)对波尔达的论题抱有敌意,但他却对其作出了全面、深刻的分析,参:《哲学批判》(*La critique philosophique*, 6ᵉ année, 1877)。

正的分割（coupure）、一个存在于函数自身中的变化者与不变者的界限（limite）。因此，牛顿（Newton）的错误在于将微分等同于零，莱布尼茨的错误在于将微分等同于单个物或可变性（variabilité）。这样一来，波尔达已然接近了微分学的现代阐释：极限不再将连续变数（variable continue）和无限逼近（approximation infinie）的观念假设为前提。与此相反，正是极限的概念为连续性奠定了一个静态的、纯粹理念性的新定义。并且，为了自身能够得到界定，极限的概念内含的只是数——或更确切地说——数中的普遍。而确定这一包含着（戴德金 [Dedekind] 意义上的）"分割"的数的普遍的本性是现代数学的任务：从这种意义上说，正是分割构成了数的逼近属（genre prochain）、连续性的理念性原因或纯粹可量化性元素。

可质化性与相互规定原则

尽管 dx、dy 相对于 x、y 来说是全然未规定的，但它们彼此之间却完全可以相互规定。所以，可规定性原则对应着未规定者。普遍并非虚无，因为按照波尔达的表述，存在着"普遍之比[关系]"。无论是在特殊值中还是在一般值中，dx 与 dy 都是全然未分化的（indifférenciés），但它们却在普遍之中被普遍完全地微分了（différentiés）。$\left(\dfrac{dy}{dx}\right)$ 这一比[关系]既不是在直观中的特殊定量之间被确立起来的分式，也不是变量或代数量之间的一种一般比。严格说来，每个项只能在它与另一项相关联时实存；它不再需要甚至不再可能表示一个自变数。因此，相互规定原则（principe de détermination réciproque）现在要对应于比[关系]的可规定性。正是在一种[224]相互综合中，**理念**设定并展开了它的综合功能[函数]。因此，最关键的问题就在于微分比[差异关系]在什么形式下才是可规定的？首先是在质的形式（forme qualitative）下，微分比[差异关系]表现了一种在本性上不同于原函数的函数。当原

第四章 差异的理念综合

函数表现曲线的时候，$\frac{dy}{dx} = -\left(\frac{x}{y}\right)$则表现了由曲线的切线与 x 轴所形成的角的三角切线；人们一直强调这种差异或这种包含在微分之中的"函数变化[功能转换]"的重要性。同样地，分割指的是那些在本性上不同于有理数系列诸项的无理数。但这只是第一个方面；因为表现着另一个质的微分比[差异关系]仍然和那些与这个质（例如切线）对应的个别值或量的变化联系在一起。因此，它本身是可微分的，并且仅仅表现了**理念**引发一个**理念之理念**的强力。因此，与某个质相关联的普遍不应当同它与另一个质相关联时依然拥有的单个值混为一谈。在其普遍函数[功能]中，它不单表现了这另一个质，而且表现了纯粹可质化性元素。正是在这种意义上，**理念**将微分比[差异关系]当成了对象：它从而对变异做出了整合[积分]，但完全不是作为一个被假定为恒常之物的比[关系]的可变规定（"可变性[variabilité]"），而是作为比[关系]自身的变异程度（"变异性[variété]"），与其对应的就有曲线的正负级数。如果**理念**消除了可变性，这是为了那种应当被人们称为流行（variété）或繁复体的东西。作为具体的普遍，**理念**对立于知性概念，而且它所拥有的内涵比它那宏大的外延更为巨大。对**理念**之普遍综合（**理念之理念**，等等）做出界定的正是比[关系]的各个程度的相互依赖，以及在终极情况下，各种比[关系]之间的相互依赖。

通过超越康德之概念与直观的二元性，迈蒙对《纯粹理性批判》做出了根本性的修正。概念与直观的二元性使我们诉诸于可建构性的外在标准，并使我们止步于可规定者（作为纯粹所予的康德式空间）与规定（作为被思者的概念）的外在关系。二者借助于图型而相互适应这一事实依旧使一种单纯外在的和谐的悖论进一步深入到[225]能力学说之中：将先验的审级还原为单纯的制约，放弃任何发生性的要求正是由此而来。因此，差异在康德那里仍然是外在的，因而是不纯粹的、经验性的，是中止于构建之外在性的,是存在于可规定的直观与规定性的概念"之间"的。迈蒙的过人之处便是表明制约的观点对于先验哲学来说为何是不充分的:差异的两个项应当被同等地思考——这就是说,可规定性本身应当朝着相互规定原则不断迈进。知性概念虽然清楚地认识到了相互规定(例如,在因果性或相互作用之中),但它们的这种认识仅仅是纯然形式的和反思的。作为实在对象之生产的源泉,各种微分比[差异关系]的相互综合是浸淫于可质化性之被思环境(élément pensé de la qualitabilité)中的**理念**的质料。由此产生了一种三重发生:作为认识的实在对象的差异被生产出来的质的发生;作为差异之认识条件的空间与时间的发生;作为认识自身之差异或区别之条件的概念的发生。物理学判断因而倾向于确保自身相对于数学判断的优先地位,而且广延的发生与充满它的各种对象的发生密不可分。**理念**显现为各种理念性联系(liaisons idéales)——亦即可被相互地规定的发生元素间的微分比[差异关系]——的系统。Cogito[拉:**我思**]恢复了一种微分的[差异的]无意识(inconscient différentiel)或纯粹思想的无意识之全部强力,这种无意识不但内化了存在于可规定的**自我**与规定性的**我**之间的差异,而且还将某种未思之物置入了思想自身之中。如果没有这种未思之物,思想的运用将始终是不可能的、空洞的。

迈蒙写道:

> 例如,当我说"红色与绿色有差异"时,作为纯粹知性概念的差异不应被视为各种可感的质的关系(不然的话,康德的 quid juris[拉:权利问题]仍旧是悬而未决的)。它要么像康德的理论所说的那样,被视为可感的质的空间(空间是先天形式)关系,要么像我的理论所说的那样,被视为可感的质的微分(这些微分是**理念**)比[差异关系]……某一对象产生的特殊规则,或者它的微分样式,使该对象成为了一个特殊对

象，而不同对象间的各种关系则来自于它们的[226]微分比[差异关系]。①

为了更好地理解迈蒙阐述的这种非此即彼的取舍，我们先看一个著名的例子：直线是最短的距离。"最短的"可以从两方面来解释：要么从条件约束的观点出发，将其解释为按照概念对空间进行规定的想像力之图型（被界定为可与自身的所有部分重合的直线）——在这种情况下，差异仍然是外在差异，它通过一种建立在概念与直观"之间"的建构规则而被具体化。要么从发生的观点出发，将"最短的"定义为**理念**，它超越了概念与直观的二元性，内化了直线与曲线的差异，并在一种相互规定的形式下、在积分之极

---

① Salomon Maïmon,《论先验哲学》(*Versuch über die Transzendentalphilosophie*, Vos ed., Berlin, 1790)，页33。——参 Martial Guéroult 的重要著作《迈蒙的先验哲学》(*La philosophie transcendantale de Salomon Maïmon*, Alcan, 1929, 关于"可规定性"与"相互规定"的，页53及以下，页76及以下）。

【译按】德勒兹在《襞：莱布尼茨与巴洛克》(*Le pli. Leibniz et le baroque*, Paris, Ed. Minuit, 1988)中亦讨论了迈蒙的微分哲学："所有的意识都是阈限。人们无疑应当说明阈限在某一具体情况下为何会呈现出这样或那样的具体形态。不过，如果人们把诸阈限视作一个个意识最小量的话，微知觉无论在什么情况下都会比可能的最小量更小。就此而言，微知觉就是无限小。在每一个类那里，被选择的都是那些进入到各种微分比[差异关系]之中的微知觉，它们因而制造了那在被考察的意识的阈限处出现的质（例如绿色）。因此，微知觉并不是意识知觉的各个部分，而是它们的先决条件或发生元素，是"意识的微分"。作为第一位回归莱布尼茨的后康德主义者，迈蒙指明了这样一种知觉的精神自动作用的全部结果，若在这一点上将他与费希特进行比较的话，他显然走得更远：不是知觉假定了一个能够刺激我们的对象和那些我们在其下可以被刺激的条件，而是诸微分的相互规定 $\frac{dy}{dx}$ 引起了作为知觉的对象的完全规定和作为条件的时空的可规定性。迈蒙重建了一种主体性内部发生方法，从而超越了康德式约束方法：存在于红色和绿色之间的不仅有一种外部经验性差异，更有一种内部差异概念，这样一来，'某一对象产生的特殊规则，或者它的微分样式，使该对象成为了一个特殊对象，而诸不同对象的各种关联则来自于它们的产生规则或微分比[差异关系]'。物理对象与数学空间这二者都指向了一种知觉的（微分的与发生的）先验心理学。时空不再是纯粹的所予，它们变成了主体中微分比[差异关系]的整体或中枢；对象本身不再是经验与料，而是变成了存在于意识知觉中的这些比[关系]的产品"（页117—118）。

小条件的规定中表现了这一差异。"最短的"不再是图型,而是**理念**;或者说,它不再是一个概念性图型,而是理想性图型。数学家韦埃尔(Houël)正是在这种意义上指出,最短的距离根本不是一个欧几里德式概念,而是阿基米德式概念,不是数学概念,而是物理学概念。最短的距离与穷竭法密不可分,并且它所发挥的作用更多地是通过直线来确定一条曲线的长,而不是对直线进行规定——"人们不自觉地运用着积分学"。①

潜势性与完全规定原则(级数形式)

最后,微分比[差异关系]呈现出了第三个元素,亦即纯粹潜势性(potentialité pure)元素。乘方(puissance)是相互规定的形式,根据它,每一个变量都被视为另一个变量的函数。而微分学同样只考察这样一些量:其中至少有一个量拥有比其他的量更高的幂。微分学的第一步无疑包含着方程的"降幂[去潜势化](dépotentialisation)"(例如,人们用 $\frac{dy}{dx} = \frac{(a-x)}{y}$ 来替换 $2ax - x^2 = y^2$。但是,类似的情况在先前两种形态中已经存在了——quantum[拉:变量]与quantitas[拉:定量]的消逝是可量化性元素出现的条件,而去质化作用(disqualification)则是可质化性元素出现的条件。按照拉格朗日(Lagrange)的阐述,这一次是降幂[去潜势化]作为条件约束了纯粹潜势性,它通过使如下情况成为可能做到了这一点:将一个变数的函数展开为[227]由 i(未规定量)的乘方以及这些乘方的系数(x 的新函数)构成的级数。通过这种方式,这一变数的展开函数可以与其他变数的函数进行比较。纯粹潜势性元素出现在了初始系数或初始导数之中,因此其他导数和级数的

---

① Jules Houël,《对初等几何基本原则的批判性论考》(*Essai critique sur les principes fondamentaux de la géométrie élémentaire*, Gauthier-Villars, 1867),页3、页75。

所有项显现为种种相同运算的重复结果；然而，最关键的问题恰恰在于规定这一独立于 i 的初始系数。正是由此，弗龙斯基介入了那同时针对着拉格朗日（泰勒级数）与卡诺（Carnot）（误差补偿）的阐述的争论。针对拉格朗日，他反驳道：所谓的辅助方程之所以不准确不是因为它们包含着 dx 和 dy，而是因为它们取消了某些与 dx 和 dy 同时消逝的增补量：也就是说，微分学的本性不但没有被卡诺的阐述解释清楚，而且还被它假定为自身的前提。依照一种在弗龙斯基看来刻画出了"先验哲学"的种种特征的、严格的算法的观点，上述判断同样适合于拉格朗日级数。在拉格朗日级数那里，间断系数只有通过那些组成它们的微分函数才能获得意义。如果知性当真提供了一种"间断求和"，这种求和仅仅是量之生成（génération）的质料；只有那属于理性之**理念**的"渐进"或连续性才构成了量之生成的形式。所以，微分虽不对应任何被生成的量，但它们却是"量之认识的发生"和"构成了量之质料的间断性的生成"或"诸级数之构成"的无条件的规则。① 正如弗龙斯基所说，微分是"一个理想性差异"，没有它的话，拉格朗日的未规定量就无法施行人们期待它完成的那种规定活动。就此而言，微分是纯粹乘方［强力］，正如微分比［差异关系］是纯粹潜势性元素。

与潜势性元素对应的是完全规定原则。人们不要把完全规定与相互规定混为一谈。相互规定涉及［228］微分比［差异关系］，以及这些比［关系］在**理念**中的程度或变异性，后者对应着各种不同形式。而完全规定则涉及比［关系］的值，亦即一个形式的构成

---

① Hoëne Wronski,《无限的哲学》(*Philosophie de l'infini*, Didot, 1814) 与《算法技巧的哲学》(*Philosophie de la technie algorithmique*, 1817)。弗龙斯基在后一本著作中对自己的理论与级数公式进行了阐明。弗龙斯基的数学著作已于 1925 年由赫尔曼出版社再版发行。——关于弗氏的哲学，参《弗龙斯基的哲学著作》(*L'œuvre philosophique de Hoëne Wronski*, éd. Vega, 1933)。该书作者瓦兰（Francis Warrain）将弗氏哲学与谢林哲学做了必要的对照。

或刻画着这一形式的特征的各个奇异点的排布,例如当比[关系]变为零、无限大,或$\frac{0}{0}$的时候。这牵涉到一种对各种对象部分的完全规定:现在,人们应当在对象中,因而在曲线中,发现那些呈现了先前被界定了的"线性"比[关系]的元素。而且,潜势性中的级数形式只有在这里才会获得全部意义;甚至将作为比[关系]的东西(ce qui est un rapport)呈现为一个总和也变得必要了。因为一个具有定数系数的级数环绕着一个奇异点,并且一次只环绕一个。级数形式的重要性与必然性就出现在它所归摄的多种级数中,出现在它们对奇异点的倚赖中,出现在我们从对象的一部分(函数在此被一个级数所表现)过渡到另一部分(函数在此被表现在了一个不同的级数中)的方式中。这两个级数,要么收敛或延续,要么发散。正如可规定性朝向相互规定前进那样,相互规定亦朝向完全规定前进:所有这三种形式在可量化性、可质化性和潜势性的三重元素中形成了充足理由的形态。**理念**是具体的普遍。在它那里,外延和内涵是相辅而行的,这不只是因为它在自身中包含着变异性或繁复性,而且还因为它在自身的每一个变异性中都包含着奇异性;它归摄了奇异点或特异点的分配。它的全部卓越性(distinction)——亦即作为**理念**之特征的清楚(distinct)——都旨在排布普通与特异,奇异之物与合规则之物,并使奇异点沿着规则点延续,直到另一奇异性的邻域。在个体之外,在特殊和一般之外,并不存在抽象的普遍:作为"前个体"之物存在的是奇异性自身。

※

无限小在微分学中的无用性

　　微分学的阐释问题无疑是以如下形式呈现出来的:无限小是真实的还是虚构的? 但从一开始,真正要紧的却是另一件事情:微分学的命运是否要与无限小联系在一起? [229]或者说,从有限表象的观点看来,微分学难道不应当获得一种严格的身份规定吗?对现代数学起界定作用的真正前沿并非微分学,而是诸如集合论(théorie des ensembles)之类的其他发现。即使集合论本身需要一条无限的公理,它还是对微分学做出了精确的有限论阐释。实际上,人们知道极限概念已经失去了它的运动学(phoronomique)特征,并且它所包含的只是一些静态的考查;可变性不再表现一种贯通了一个区间内的所有值的渐进的过渡,它现在只意谓着这一区间中的某个值的选言的假定;导数与积分不再是量的概念,而是变为了秩序的概念;微分最终只是意指着一个停留在未规定状态的量,以便人们在必要时使它变得比指定的数更小。结构主义正由此诞生,但同时,微分学也丧失了发生论或动力论的雄心。当人们谈论微分学的"形而上学"时,这恰恰涉及无限表象与有限表象的这种非此即彼的取舍。形而上学与这种非此即彼的取舍仍然严格地内在于微分学自身的方法。所以,形而上学问题一开始就以如下方式得到陈述:从方法的层面上说,微分为何可以忽略不计?它们为什么就应当消失在结果之中?显然,在此诉诸于无限小与误差的无限小特征(假如有"误差"的话)不仅毫无意义,而且还预先判定了无限表象。卡诺在其著名的《沉思录》(*Réflexions*)中对上述问题做出了严格回答,而这一回答恰恰是以有限论阐释的观点为依据:微分方程是简单的"辅助方程",其表现了与所寻求的方程相对应的问题的种种条件;但是,在它们之间产生出了一种严格的误差补偿,这种误差补偿不允许微分继续存在于结果之中,因为结果只能被建立在固定量或有限量之间。

　　但是,通过诉诸于"问题"与"问题条件"的观念,卡诺为形而上学指出了一条超出了他的理论框架的道路。莱布尼茨已经表明,微分法是一种组合的工具(instrument d'une combinatoire),也就是表现了那些人们从前无法解决,甚至无法提出的问题(超越的问题)。人们尤其想到了那些参与到了一种曲线的完全规定之中的规则点与奇异点的作用。毋庸置疑,奇异[230]点(例如鞍部点、结节点、涡状点、涡心点)之特殊化得以形成的条件就是借助于积分曲线的形式,而后者所指向的就是微分方程的解。一种涉及这些点的实存与分派的完全规定依旧存在,但它所倚靠的完全是另一个审级,也就是由这一方程本身所界定的向量场(champ de vecteurs)。相反,这两个方面的互补性并不能消除它们在本性上的差异。而且,如果点的特殊化已经表明了"问题之于解决的必然内在性"、"问题对覆盖它的解决的介入",那么它们的实存与分派则表现了问题的超越性与它在解决的组织化中所发挥的主导作用。简而言之,对一个问题的完全规定与那些为问题提供了各种条件的规定点(一个奇点引发两个条件方程)的实存、数目、分配是一回事。① 但这样一来,谈论误差或误差补偿就变得越来越困难了。条件方程既不是单纯的辅助,也不是卡诺所谓的"不完美的方程"(équations imparfaites)。它们对问题和问题的综合起着构成性作用。正是由于没有理解成问题者(problématique)的理念性客观本性,人们才将它们还原为那些甚至有益的误差,或是那些甚至是有根据的虚构,总而言之,也就是将它们还原为一个不完美的、不够确切的或错误的知识的主观环节。我们将问题及其诸条件的整体称为"成问题者"。如果微分在结果中消失了,这是就问

---

① 洛特芒明确指出:奇异点的实存与分派指向的是问题元素,而奇异点的特殊化则指向解决元素,二者之间因而存在着本性的差异:参《时间问题》(Le problème du temps, Hermann, 1946),页42。由此,他开始强调奇异点在其行问题化功能(fonction problématisante)或生成解决的功能中所扮演的角色:奇异点"1. 使那可以在一切不遭遇其他奇异性的路径上解析地延续的解的基本系统(système fondamental de solutions prolongeables analytiquement sur tout chemin ne rencontrant pas de singularités)的规定成为可能;2. ……它们的作用便是分解一个领域,以便那确保了映射的函数在该领域中是可以被界定的;3. 它们使得从微分方程的局部积分到作为这些方程的解而存在的解析函数的全部特征的过渡成为了可能"(《论数学中的结构观念与实存观念》[Essai sur les notions de structure et d'existence en mathématiques, 1936],卷Ⅱ,页138)。

题—审级在本性上不同于解决—审级而言的。微分在一种运动中消逝,解决凭借这种运动必然地覆盖问题。而且,我们应当在如下意义上理解上述论断:问题的条件是**理念**之综合的对象,这种综合绝不会通过一种分析得到表现,这种分析针对的是命题性概念,而后者又构成了各种解决实例。因此,第一种[231]非此即彼的取舍,亦即"真实的还是虚构的?"的取舍便失效了。既非真实亦非虚构的微分表现了成问题者自身的本性,表现了它的客观坚实性和主观独立性。

另一种非此即彼的取舍——无限表象还是有限表象的取舍——可能也要失效了。如前所见,表象所内含的概念要么发展了它的全部可能内涵,要么将其阻断,就此而言无限与有限完全是表象的特征。并且,差异的表象无论如何都取决于作为原则的概念之同一性。表象也可以被当作一些意识命题,它们意指着与被一般地考虑的概念(concept pris en général)相关联的解决实例。但是,具有超命题特征的成问题者之元素并未陷入表象之中。成问题者之元素既非特殊亦非一般,既非有限亦非无限,它是作为普遍者的**理念**的对象。这一微分元素[差异元素]是差异自身的游戏,它既不听凭自己被表象中介,亦不放任自己做概念之同一性的附庸。恰恰是在康德根据宇宙论的特征自认为有必要将与世界**理念**对应的内容注入到表象之中时,有限与无限的二律背反才出现。[1] 而且,在他看来,二律背反在两种情况下可以得到解决:一种情况是,他始终在表象中发现了一种既不能被还原为有限,又不能被还原为无限(后退)的元素;[2]另一种情况是他将另一种从本性上不同于表象的元素的纯粹思想(本体)附加给了上述元素。然而,这种纯粹思想

---

[1] 【译按】参康德,《纯粹理性批判》的"纯粹理性的二律背反"一章,A405/B432以下,页347以下。

[2] 【译按】参康德,《纯粹理性批判》,前揭,A512/B540以下,页419以下。

仍然是未规定的,它没有被规定为微分,就此而言,无论是表象本身还是构成了二律背反的材料与细节的意识命题都没有被真正超越。然而,现代数学同样以其他方式使我们停留在二律背反之中,因为它们给予微分学的那种严格的有限论阐释仍然假定了一条为该阐释奠定了基础的集合论中的无限公理,尽管这条公理并没有在微分学中得到说明。我们始终无法把握的正是超命题(extra-propositionnel)或下表象的元素,这种元素是由**理念**中的微分之物[差异之物]以确切的问题样式表现的对象。

应当被谈论的是微分学的辩证法,而不是微分学的形而上学。我们所理解的辩证法,绝不是某个使对立表象重合在概念之同一性中的对立表象之循环,而是与解的原本的数学元素区分开来的问题元素。根据洛特芒的总[232]论点,问题共具有三个方面:问题与解的本性差异;问题相对于解的超越性(问题从自身的规定性条件出发造成了解);问题对于要覆盖它的解的内在性,问题越被进一步地规定就越能被更好地解决。因此,对成问题的(辩证的)**理念**具有构成性作用的理想性联系,在此就化身于各种实在关系之中。数学理论构成了这些实在关系,并将其作为问题的解决提供出来。我们已经看到所有这三个方面是以何种方式出现在微分学之中;解[解决]就像是可与微分方程并存的间断性,它们根据问题之条件而从理念的连续性那里产生出来。但是,我们有必要明确一个重点问题。微分学显然是属于数学的,它完全是一种数学工具。因此,在这里很难看到柏拉图所要求的那种比数学辩证法更为优越的辩证法——至少是当问题的内在性方面没有给予我们一个恰切的解释时。问题始终是辩证的,辩证法没有别的意义,问题也没有别的意义。作为数学的(或物理学的、生物学的、精神的、社会学的……)东西存在的是解决。但是,一方面,解决之本性确实取决于那些处于辩证法之中的不同问题秩序(ordres);另一方面,问题确实根据它们那与超越性具有同样本质地位的内在性而被技术性地表现在了解决领域之中。这一解决领域是它们根据自身的辩证秩序造成的。正如直线和圆被直尺和圆规所倍增（doublés）那样，每一个辩证问题都被一个它被表现于其中的象征场域所倍增。因此，人们会说有数学的、物理学的、生物学的、心理学的、社会学的问题——尽管任何问题在本性上都是辩证的，并且只存在辩证的问题。因此，数学并不只是包含着问题的解决；它亦包含着问题之表达，这一表达与由问题通过自身的辩证秩序所界定的可解决性场域相关。所以，即使微分学在一种超越了数学的辩证法的启示中发现了自身的意义，它仍然完全属于数学。

微分的与成问题的

从技术角度讲，人们甚至不能认为微分学是[233]问题唯一的数学表达。穷竭法在许多不同的领域中都发挥着这种作用，解析几何亦是如此。而在最近，其他一些方法已经能够更好地发挥这种作用。实际上，人们可以回想一下问题理论困陷于其中的那个循环：一个问题只有在为"真"的情况下才可被解决，但我们又总是倾向于按照问题的可解决性来界定问题的真理性。我们不是将可解决性的外在标准扎根在问题（**理念**）的内在特征中，而是使内在特征依赖于单纯的外在标准。然而，如果说这样一个循环已经被打破了，这首先是由数学家阿贝尔（Abel）实现的；正是他阐发了一整套方法来说明可解决性应当来自于问题之形式。我们不应盲目地判断某一方程一般说来是否可解，而是应当规定那些渐进地确定了可解决性之场域的问题之条件，按照这种方式，我们可以说"已知条件包含解的萌芽"。这从根本上颠转了解决与问题的关系，这是一场比哥白尼式革命更为重大的革命。人们甚至可以说：阿贝尔以这种方式开创了一部全新的《纯粹理性批判》，并且完全超越了康德的外在主义（extrinsécisme）。相同的判断也可以用在伽罗瓦(Galois)的研究上:从基"体"(«corps» de base) R 出发,对该体的连续添加(R′、R″、R‴……)就使得如下情况成为可能:通过对可能置换做出渐进式限定,某一方程的根得到了越来越精确的区分。因此,存在着"局部预解式"之串级或"群"之接合,它们使解得以从问题之条件中产生出来:例如,一个方程在代数上不可解,对这一事实的发现不再出现于一项经验性研究或一种反复探索的完结之时,而是以那些构成了问题及其条件之综合的群和局部预解式为根据(只有当局部预解式是二项式方程且群的指数是素数时,某一方程在代数上才是可解的——亦即被根所解)。问题理论已经发生了全面的变革并最终得到了奠基,因为我们已经不再处于经典的师生关系之中——亦即学生只有在教师已经知晓了问题的答案,并因此做出了必要的辅助的情况下才能理解、领会这个问题。因为正如维希斯特(Georges Verriest)所评论的那样,方程群并不是在一个给定的时刻刻画我们已经知道的那些有关根的东西的特征,而是要刻画那些我们并[234]不知晓的东西的客观性的特征。① 相反地,这种非知(non-savoir)不再是一种否定性的或不充分的东西,而是一种规则,一种与对象中的一个基本维度相对应的学习。教育学的关系已经发生了彻底的变化,新的美诺出现了,而且其他很多东西都随之发生了变化,包括认识和充足理由。伽罗瓦的"渐进的可判定性"将相互规定的过程与完全规定的过程重新统一到了同一个连续运动之中(根的对,以及根

---

① 参 Georges Verriest,《伽罗瓦与代数方程理论》(*Evariste Galois et la théorie des equations algébriques*, 1961),页41,见伽罗瓦《数学著作集》(*Œuvres mathématiques*, Gauthier-Villars)。——关于问题—解的伟大宣言出现在阿贝尔《著作全集》(*Œuvres complètes*, Christiania, 1881)卷 II 的《关于方程的代数解》(*Sur la resolution algébrique des equations*)之中。——关于阿贝尔和伽罗瓦,参韦耶曼(Jules Vuillemin)《代数哲学》(*La philosophie algebre*, Presses Universitaires de France, 1962)第一卷中关于这两位数学家的菁华章节。韦耶曼分析了阿贝尔的问题理论和新的批判概念的作用,以及伽罗瓦的新的规定原则的作用:尤参页 213—221;页 229—233。

在一个对中的区别）。它不但构成了充足理由的完整形态，而且还将时间引入其中。正是由于阿贝尔和伽罗瓦的贡献，问题理论能够在数学的层面上满足它所有那些原本意义上的辩证的要求，并且还打碎了那个影响它的循环。

问题理论：辩证法与科学

因此，不是微分学，而是群论或集合论被当成现代数学的出发点。尽管如此，如果阿贝尔的方法首先涉及微分式的积分，这也并非偶然。对我们来说，更重要的不是数学史中某一具体的断裂（解析几何、微分学、群论……），而是辩证问题在该历史的每一环节被组成的方式、它的数学表达，以及可解决性场域的同时发生。从这种观点看来，在各种数学的生成变易中有一种同质性、一种连续的目的论，正是它们使微分学与其他工具之间的本性差异变成了次要的东西。微分学认识到了不同秩序的微分。不过，微分与秩序的观念完全是通过一种不同的方式才得以首先与辩证法契合。辩证的、成问题的**理念**是微分元素［差异元素］的关联系统，是发生元素的微分比［差异关系］系统。按照被考查的关系与元素的理想本性（**理念之理念**，等等）的不同，存在着种种既相互假定又各不相同的**理念秩序**。这些定义仍不含有任何［235］数学的东西。数学是伴随着最终秩序的辩证理念（les Idées dialectiques de dernier ordre）化身于其中的解决场域出现的，是伴随着与这些场域相关的问题之表达出现的。而**理念**中的其他秩序则化身于其他场域以及与其他科学对应的其他表达之中。所以，正是从辩证问题及其秩序出发，不同科学领域才得以产生。最精确意义上的微分学只是一种数学工具，它甚至在自己的领域中都不必然表现最完善的问题表达形式和与它所体现的辩证**理念**之秩序相关的解决之构成。尽管如此，它还是具有一种宏观意义。根据这种意义，它应当普遍地意指**问题**或辩证**理念**(Problème ou Idée dialectique)—问题的科学**表达**(Expression scientifique d'un problème)—解决场域之**创立**(Instauration du champ de solution)这一复合整体。更为一般地说,我们应当得出下面的结论:将数学——尤其是微分学或群论——应用到其他领域不存在任何困难。毋宁说,每个被形成的领域都有其专属的微分学,某一具体秩序的辩证**理念**化身于这个领域中。**理念**始终具有可量化性、可质化性、潜势性的元素;始终具有可规定性、相互规定和完全规定的过程;始终具有特异点和普通点的分配;始终具有形成了充足理由之综合渐进的添加体。这里不涉及任何隐喻,除非是那与**理念**具有相同实质的(consubstantielle)隐喻,亦即辩证性运送或"diaphora[希:运送]"的隐喻。**理念**的冒险(aventure des Idées)就在于此。①不是数学被应用到了其他领域,而是〔反柏拉图、反黑格尔的〕辩证法根据问题的秩序和条件为它们创立了与被考查领域直接对应的、专属于被考查领域的微分学。就此而言,与辩证法之普遍性相呼应的是一种 mathesis universalis[拉:普遍数学]。如果**理念**是思想的微分,那也就存在着一门对应着每一个**理念**的微分学,存在着一张说明何谓思想的字母表。微分学既不是功利主义者那浅薄的算计,也不是使思想从属于其他事物或目的的宏大算术运算,而是纯粹思想的代数学,是问题自身的最高反讽,亦即唯一"超善恶"的微分学。我们接下来要描述的正是**理念**的这种冒险的特征。

※

理念与繁复体

[236]**理念**即繁复体,每个**理念**都是一个繁复体、一种流行

---

① 【译按】暗指怀特海(Alfred North Whitehead,1861—1947)的著作 *Adventures of Ideas*, New York: New American, 1933。

(variété)。在"繁复体"一词的黎曼式用法中(这一用法被胡塞尔和柏格森继承了),[1]人们应当赋予这一名词形式[2]无与伦比的重要性:繁复体不应当指"多"与"一"的组合,而应当指一种专属于"多"本身的、绝不须要借助统一性来形成一个系统的组织。"一"与"多"是知性概念,它们形成了通过对立来运作的变质的辩证法

---

[1] 【译按】"繁复体"的法文原文为"multiplicité",该词是德国数学家黎曼(Bernhard Riemann)的"Mannigfaltigkeit[德:流行]"的直译。但是,法语中通用的对"流行"一词的翻译却是"variété"。关于德语词"Mannigfaltigkeit"的含义和汉译,倪梁康指出:"'流行'(Mannigfaltigkeit)在数学上泛指欧几里德三维空间的面积概念,'流行论'是关于流行的数学理论。流行和流行论在哲学中的相应概念是多样性或杂多(性)以及关于多样性或杂多(性)的学说"(胡塞尔,《逻辑研究》,第一卷,倪梁康译,上海:上海译文出版社,1994,页225,注②)。正如倪梁康注意到的那样,"Mannigfaltigkeit"更多地是指"杂多性",而不是"杂多",因为"杂多"——例如在康德那里——对应的德文词是"Mannigfaltige",而该词对应的法语词则是"divers"。因此,译者以"繁复体"来翻译"multiplicité",以"变异性"、"流行"来翻译 variété,以"多样性"来翻译"diversité",以"杂多"来翻译"divers"。

至于胡塞尔与柏格森如何"继承"了黎曼,德勒兹在《福柯》(*Foucault*, Paris:Les éditions de Minuit, 1986)中做出了说明:"黎曼形塑了适于物理学和数学的繁复体与繁复体类型概念。这一概念的哲学重要性随后便呈现于胡塞尔的《形式逻辑与先验逻辑》(*Logique formelle et Logique transcendantale*)与柏格森的《论意识的直接与料》(*Essai*)中"(中译参《德勒兹论福柯》,前揭,页15)。

另外,关于这一复杂概念的理解,布莱恩特(Levi R. Bryant)在他的菁华之作《差异与被给予性:德勒兹的先验经验论与内在性存在论》(*Difference and Givenness:Deleuze's Transcendental Empiricism and the Ontology of Immanence*, Evanston, IL:Northwestern University Press, 2008)中提醒我们说:"德勒兹从数学那里吸收了'繁复体'一词,在数学中,这个词指的是流行。流行概念指的是一种特定的结构(structure)。将'流行'这一概念命名为'繁复体'无疑会在那些不是将德勒兹式繁复体理解为结构,而是理解为多样性的读者那里引起混淆。但是,正如德勒兹不断指出的那样,繁复体不是一、不是多、也不是一与多的统一"(页267—268)。

[2] 【译按】德勒兹在为《柏格森主义》(*Le bergsonisme*, 1966)一书的英译本所撰写的后记中写道:"从《论意识的直接与料》开始,柏格森就将绵延界定为一种繁复体(multiplicité)或一类繁复体。这是一个奇怪的词语,因为它不再把'多'(multiple)当作一个形容词,而是当作一个真正的名词。因此,他将'一'与'多'的传统主题揭露为一个假问题"(Postface pour l'édition américaine:un retour à Bergson, in *Deux régimes de fous. Textes et entretiens 1975—1995*, éd. David Lapoujade, Paris, Ed. Minuit, p.314)。

那过于宽大的网眼。就连个头最大的鱼都穿过网眼溜走了。当人们为了弥补一个抽象物的不足而诉诸于它的对立物的不足时,我们难道会认为这样做就把握了具体之物吗? 长久以来,人们说着"一即多,多即一"①——人们像柏拉图的那些甚至不会看护家禽饲养棚的年轻人那样讲话。人们组合了对立面,制造了矛盾;但人们却从来没有说到过重要的东西:"多少"、"如何"、"在什么情况下"。然而,一旦本质或一般性与这种度量、这种方式、这种细致分离,本质便是空虚、一般性便是空无。人们组合了谓词却错过了**理念**,剩下的只是缺少实质内容的空洞话语、空洞组合。真正实质性的东西或实体本身是使"一"与"多"一并失效的"繁复体"。可变的繁复体是"多少"、"如何"、"每种情况"。每个事物都是一个繁复体,因为每个事物都体现了**理念**。甚至连"多"和"一"都是繁复体。"'一'是一个繁复体"这一事实(正如柏格森和胡塞尔已经表明的那样)足以将"一——多"和"多——一"这些类型的形容词命题一并驳回。无论在哪里,繁复体之差异和繁复体之中的差异都替代了那些过分简单的粗劣对立。存在的不是"一"与"多"的宏大对立,而只是繁复体之变异性,亦即差异。不过,说"一切皆是繁复体,甚至'一'、'多'亦如此"可能是个反讽。但是,反讽本身就是一个繁复体,或者不如说是繁复体的技艺,是在事物之中把握**理念**、把握它们所体现的问题的技艺,将事物把握为化身、把握为**理念**问题的解决实例的技艺。

　　一个**理念**就是一个确定的、连续的 N 维繁复体。颜色,或者毋宁说颜色的**理念**是一个三维繁复体。② 这里所说的维度应当被

---

① 【译按】参柏拉图,《巴曼尼得斯篇》,前揭,129D,页 39;亦参黑格尔,《逻辑学》,上卷,前揭,页 177—178。

② 【译按】参黎曼,〈论奠定几何学基础的假设〉,载《黎曼全集·第一卷》,李培廉译,北京:高等教育出版社,2016,页 245:"可感客体的位置和颜色很可能就是那几个少数的概念,它们的确定方式形成一多维流行[繁复体]。"关于黎曼这一(转下页注)

理解为[237]现象所依靠的种种变项或坐标;这里所说的连续性应当被理解为这些变项的变化(changements de ces variables)间的比[关系]的整体,例如坐标微分的二次形式;这里所说的确定性应当理解为由这些比[关系]相互地规定了的元素,它们会在繁复体改变了秩序和度量的情况下发生变化。我们应当在什么时候以及在什么条件下谈论繁复体?这些条件在数目上有三个,并且能够使**理念**的出现环节得到界定:(1)繁复体元素既不具有感性形式也不具有概念意义,从而也不具有可确定的功能。它们甚至不具有现实的实存,并且与潜势性或潜能性不可分割。就此而言,它们绝不内含任何在先的同一性,不内含任何对某种可以被人们称作"一"或"相同"的东西的设定;但与此相反,它们的无规定却使那从一切附庸关系中解放出来的差异的显现成为可能;(2)实际上,这些元素应当被那些不允许有任何独立存在的相互关系(rapports réciproques qui ne laissent subsister aucune indépendance)相互规定。这种关系正是不可定位的理想性联系,它们要么全局地刻画了繁复体的特征,要么通过邻域的并置来进行活动。但是,繁复体始终以内在的方式被界定,它既不须要从它在其中延续的均匀空间中产生,也不须要倚赖这个空间。时空关系无疑保留了繁复体,但却失去了繁复体的内在性;知性概念保留了内在性,但却丢掉了那被它们用**我思**或某一被思之物的同一性取代了的繁复体。与此相反,内部的繁复体只是**理念**的特征;(3)理想的繁复性联系或微分比[差异关系]应当化身于杂多的时空关系之中,同时,它

(接上页注)论断的解说,参 Jean-Claude Dumoncel,《德勒兹面对面》(*Deleuze face à face*, Editions M-Editer, 2009),页120:"位置和颜色之间存在着什么共同之处吗?将维度的概念应用于位置之上是不言自明的:为了确定物理空间中的一个点,应当有三个坐标,而且这就足够了。在平面上的话,有两个坐标就够了(经度和纬度),等等。而对颜色来说同样是如此:一个颜色是通过它的色调(光谱中的色差或位置,例如**蓝**或**黄**)、亮度(相对于**黑**的距离)和饱和度(相对于**白**的距离)得到界定的。因此,一个颜色有三个坐标或三个'维度'。"

的元素现实地化身在了不同的项与形式之中。**理念**因而被界定为结构。结构、**理念**是"复合论题",它是一种内部繁复体,亦即微分元素[差异元素]之间的不可定位的繁复性联系的系统,它化身于实在的关系与现实的项之中。就此而言,我们根本不认为调和发生与结构是一件困难的事情。根据洛特芒和韦耶曼在数学领域的研究,"结构主义"在我们看来甚至是实现发生方法的雄心壮志的唯一手段。人们只须明白,发生不是在时间中从一个现实项[238](无论这个项有多么微小)到另一个现实项,而是从潜能到潜能之现实化,亦即从结构到结构的化身、从问题条件到解决实例、从微分元素[差异元素]及其理想性联系到现实的项与各种实在关系,后者在每一环节构成了时间之现实性。无动力的发生必然在一种超历史性的环境中演进,被理解为被动综合概念的相关项的静态发生(genèse statique)本身澄清了被动综合概念。微分学的现代阐释的错误在于,它宣称自己发现了"结构",其使微分学脱离了一切运动学的与动力论的考察,并以此为借口而堵死了微分学的发生论雄心。有一些**理念**对应着数学的关系与实在,另一些**理念**则对应着物理学的事实与法则。还有一些**理念**,根据它们的秩序,对应着有机体、心理现象、语言、社会:这些无类似的对应(correspondances sans ressemblance)具有一种结构的—发生的本性。同样地,结构独立于同一性原则,而发生则对立于类似性规则。然而,**理念**随着那么多的冒险出现,以至于它已经能够满足某些结构的与发生的条件(但尚不能满足其他一些条件)。人们亦应当在种种极为不同的领域——几乎是些偶然选取的例子——中寻找这些标准的应用。

结构:它们的标准、理念类型

第一个例子:作为物理学理念的原子论。——古代的原子论并不只是将巴门尼德式存在多样化,它还将**理念**构想为原子的繁复体,而原子乃是思想的客观元素。如下事实因而具有了本质性意义:在一个被现实化在感性复合物之中的结构的内部,原子与另一个原子发生了关系。在这一方面,运动的偏移(clinamen)①绝不是原子运动中的一种方向变化;亦不是表现了一种物理的自由的无规定。它是运动方向的源始规定,是使原子彼此关联起来的运动及其方向的综合。Incerto tempore[拉:不确定的时间]指的不是无规定者,而是不可确定者、不可定位者。如果果真如伊壁鸠鲁(Épicure)在写给希罗多德(Hérodote)的信中所说的那样,原子这一思想元素"与思想运动得一样快",那么运动的偏移便是"在一段比可以想象的最短连续时间还要短的时间内"产生的相互规定。伊壁鸠鲁在这里动用了穷竭法的语汇并不奇怪:在运动的偏移中有某种与[239]运动原子之微分间的比[关系]相似的东西。这里有一种亦形成了思想之语言的原子运动的偏斜(déclinaison),有某种处于思想之中的表现了思想之界限的事物——这一界限性事物亦是思想的出发点:比思想更快、"在更短的时间内……"。——尽管如此,伊壁鸠鲁式原子依然保留了过多的独立性,因为它具有某种形态和现实性。在这里,相互规定仍然具有过多的时空关系特征。"现代原子论是否满足了结构的所有条件"这个问题应当依据那些微分方程来提出,后者根据建立在诸粒子之间的"繁复的、不可定位的联系"的类型和被明确归于这些粒子的"潜势性"的特征来规定自然法则。

---

① 【译按】"古希腊哲学用语,'运动的偏差或偏离'之意。在伊壁鸠鲁的物理学体系中,clinamen 指原子在虚空中垂直坠落时会产生的自发的偏离现象,这一偏离在时间与空间上都是不能确定的,并使得原子间可以互相产生碰撞。伊壁鸠鲁发明这一概念,是为了在一种决定论的物理理论中保持人的意志的自由性。卢克莱修在《物性论》中也用了这个词,指原子在自身重量带动的下坠过程中的一种'极小的、几乎可被称为偏离的'现象"(参德勒兹,《弗兰西斯·培根:感觉的逻辑》,董强译,桂林:广西师范大学出版社,2007,页96,脚注②)。

第二个例子:作为生物学理念的有机体。——若弗鲁瓦·圣伊莱尔(Geoffroy Saint-Hilaire)似乎第一个要求从独立于性状与机能的视角考察那些被他称为抽象物(abstraits)的元素。所以,他批评自己的前辈和同时代人(居维叶[Cuvier])仍然止步于对差异与类似性的经验性分派。这些纯粹解剖学的、原子式的元素(例如小骨)被种种相互规定的理念性关系统一了起来:它们因而构成了一种可以被视为**动物自身**(Animal en soi)的"本质"。正是这些纯粹解剖学元素间的微分比[差异关系]化身在了各种动物形态、各种器官以及器官机能之中。三重解剖学特征即:原子的、比较的、超越的。在《自然哲学的综合性概念和历史性概念》(*Notions synthétiques et historiques de philosophie naturelle*,1837)中,若弗鲁瓦能够明确地表达出自己的梦想(按照若弗鲁瓦的说法,这也是青年拿破仑[Napoléon]的梦想):成为无限小的牛顿,在"感性的与概念的差异或类似性"的粗糙活动下,发现"细节的世界"或"极短间距"的理想性接合。一个有机体就是一个实在项与实在关系的整体(维度、位置、号数),在某一具体的发展程度[进化阶段]上,它现实化了微分元素[差异元素]间的比[关系];例如,猫的舌骨有九块小骨,而人的舌骨则只有五块小骨,其余四块朝向头盖骨生长,存在于因为直立姿势而缩小了的舌骨外部。因此,有机体的发生或发展应当被构想为本质的现实化,其依据的是由环境所规定的各种速度和理由,是种种加速或停止。[240]不过,这种现实化独立于任何从一个现实项到另一个现实项的物种变化式(transformiste)过渡。

这便是若弗鲁瓦的天才之处。但在这里,一种生物学中的结构主义(根据经常被若弗鲁瓦使用的"结构"一词)的问题仍然取决于微分元素[差异元素]和它们的比[关系]的类型的终极规定。主要与骨相关的解剖学元素是否有能力发挥这种[微分]作用(仿佛肌肉的必然性并没有给它们的比[关系]强加界限;仿佛它们自身还没有一种现实的——过分现实的——实存)? 所以,结构有可能在另一个完全不同的层面上,通过其他的方法,伴随着一种对微分元素[差异元素]和理想性联系的全新规定而重生。与上述情况相对应的正是遗传学。遗传学与若弗鲁瓦的差异丝毫不小于现代原子论与伊壁鸠鲁的差异。但是,染色体是作为基因座(loci)出现的,也就是说,它们并不只是显现为空间中的场所,而是邻域比[关系]的复合物;而基因则表现了那些微分元素[差异元素],这些元素既以全局的方式刻画了有机体的种种特征,又在相互规定与完全规定的双重过程中发挥着特异点的功能;基因的双重方面便是同时控制多个特征且只在与其他基因相关联时活动;它们的整体构成了一种潜能之物或潜势之物;并且,从有机体的特殊化和机体部分的分化的双重观点看来,这一结构化身在了现实的有机体之中。这种分化活动所依据的是那些恰恰被人们称作"微分"的节奏和那些测量着现实化之运动的相对速度与相对迟缓。

第三个例子:是否存在着马克思主义意义上的社会性理念?——在马克思所说的"抽象劳动"那里,人们对已定性的劳动产品(produits qualifiés)和劳动者的定性(qualification des travailleurs)进行了抽象,但却没有对社会中的生产条件、劳动力以及劳动方式进行抽象。社会**理念**就是社会的可量化性元素、可质化性元素、潜势性元素。它表现了一个理念的繁复性联系或微分元素[差异元素]间的微分比[差异关系]的系统,亦即不是建立在具体的人之间,而是建立在劳动力的原子式承负者或所有物的代表(représentants de la propriété)之间的生产关系与所有关系。经济就是由这样一种社会繁复体——亦即这些微分比[差异关系]的变异性——构成的。正是比[关系]的变异性以及与变异性[241]对应的特异点化身在了那些刻画着一个既定社会的特征的已分化的具体劳动之中,化身在了这一社会的(司法的、政治的、意识形态的)实在关系和这些关系(譬如资本家—雇佣工人的关系)的现实项之中。因此,阿尔都塞和他的合作者们有深刻的理由表明《资本论》中存在着一种真正的结构,并同时反抗对马克思主义的种种历史主义阐释。因为这种结构绝非以推移的方式或根据时间中的继起顺序来发挥作用,它通过使自身的变异性化身于不同的社会中并对所有构成了社会之现实性的关系和项的同时性进行说明(每次只针对一种社会)来活动:所以,"经济"严格说来一直都不是既定的,它指的是一种始终被自身的现实化形式所覆盖的有待被阐释的微分的[差异的]潜能性、一个"论题"、一个始终被自身的解决实例覆盖的"成问题者"。① 简而言之,经济便是社会的辩证法,亦即向一个既定社会,向这一社会的综合场域和问题场域提出的问题的整体。虽然社会问题的解决可以是司法的、政治的、意识形态的,虽然它们也在这些解决性场域中表现自己,但从最为严格的意义上说,社会问题全都是经济问题。《〈政治经济学批判〉序言》中的名言"人类始终只提出自己能够解决的任务"既不是说问题仅仅是些表面现象,也不是说它们已经得到解决,而是意味着问题的经济性条件规定了或造就了一种方法,问题凭借这种方法在一个社会的实在关系的框架中找到了自身的解决方案。尽管如此,观察者无法从中得出丝毫的乐观主义,因为这些"解决方案"会包含愚蠢和残酷,会包含战争或"犹太人问题的解决"之恐怖。更为确切地说,解决始终是一个社会所需要、所造就的那些东西。社会根据自己能够在自身的实在关系中提出的那些问题——在社会所体现的微分比[差异关系]中,那些问题在社会之中并向社会提出——而需要、造就那些东西。

理念是共存的复合物(complexes de coexistence),所有**理念**都以特定的方式共存着。但它们却是在点上,在边缘处,在那些

---

① 参 Louis Althusser、Etienne Balibar、Roger Establet,《读〈资本论〉》(*Lire le Capital*, Maspéro, 1965),卷 II:尤参页 150 以下,页 204 以下。

第四章 差异的理念综合

从不具有自然之光之均一性的微光[242]下共存。每次与它们的区别相对应的都是阴影区域、昏黑幽暗。**理念**相互区别,但它们相互区分的方式不同于"体现它们的形式和项"彼此进行区分的方式。根据那些规定了它们的流动综合的条件,它们客观地形成和消逝。这是因为它们将被微分的最大强力(la plus grande puissance de se différen*t*ier)与被分化的无力(impuissance à se différen*c*ier)结合在了一起。**理念**是在自身中包含着亚变异性(sous-variétés)的变异性。我们要区分出变异性的三个维度:首先,在高度上,是遵循微分元素[差异元素]与微分比[差异关系]之本性的秩序的变异性(variétés ordinales):数学**理念**、数学—物理学**理念**、化学**理念**、生物学**理念**、精神**理念**、社会学**理念**、语言学**理念**……每一层面都内含着不同辩证"秩序"的微分;但某一秩序的元素总是能够在新的比[关系]下介入另一秩序的元素——要么是在更为宏大的高级秩序中被分解,要么是在低级秩序中被反思。然后,在宽度上,是与相同秩序中微分比[差异关系]的诸程度和每一程度的奇异点之分配对应的特征的变异性(variétés caractéristiques)(二次曲线的方式依"实例"的不同而给出椭圆、双曲线、抛物线、直线;以构成单位为着眼点的动物的有序变异性;或以音位学系统为着眼点的语言变异性)。最后,在深度上,是为不同秩序的微分比[差异关系]规定了一个共通公理——条件是这一公理本身要与第三秩序的一个微分比[差异关系]相一致(例如,实数的添加与置换的构成;或者在一个完全不同的领域内,格里奥列[Griaule]所描写的斗宫族人[Dogons]的"编织—言说")——的公理的变异性(variétés axiomatiques)。——**理念**、**理念**之区别与它们的变异性类型以及每个类型进入到其他类型中的方式密不可分。我们建议用"交错(perplication)"这一名称来意指**理念**这种区别性的共存状态。被把握为交错的对应物的"困惑(perplexité)"并不是一个怀疑的、犹豫的或惊讶的系数（coefficient de doute, d'hésitation ou d'étonnement），也不是**理念**自身中任何的未完成之物。与此相反，重要的是**理念**与问题的同一性，是**理念**彻底的成问题特征，亦即一种方式：凭借这种方式，问题根据**理念**之综合的各种与状况相关的要求，在自身条件的客观规定下而相互参与到对方当中。

理念根本不是本质。作为[243]**理念**的对象，问题与其说是存在于定理性本质一方，毋宁说是存在于事件、分殊、偶性一方。**理念**在那些度量着它的综合力的辅助方程、添加体中展开。因此，**理念**的领域是非本质。而且，理性主义在为自己要求本质的拥有与理解时采取了果断的方式，表现出了顽强的劲头。与此相比，**理念**对非本质之物的要求毫不逊色。理性主义意欲将**理念**的命运与抽象的、僵死的本质联系在一起；甚至，就**理念**的成问题的形式被承认而言，理性主义意欲将这种形式与本质之问（亦即"……是什么？"）联系在一起。但这种意欲却充满了对**理念**之形式的误解。为了将本质与现象对立起来，为了拒斥那些满足于举例的人，柏拉图的确利用了"……是什么？"这个本质之问。不过，他的目的仅仅是要使经验性的回答缄口，为了敞开一个作为**理念**之对象的超越性问题的未规定视野。一旦牵涉到对问题或**理念**本身的规定，一旦牵涉到使辩证法进入到运动状态中，"……是什么？"的问题便会让位于其他一些更为有效、更为强大、更为迫切的问题："多少？"、"如何？"、"在何种情况下？""……是什么？"的问题只是激活了所谓的疑难对话，也就是那些被问题形式本身抛入矛盾之中，从而身陷虚无主义的对话，这无疑是因为它们唯一的目的就是预备教育①——这种目的敞开问题一般的区域，并把将问题一般规

---

① 【译按】关于疑难的对话，参页120脚注①、页259脚注①；关于预备教育，参《理想国》536D、《斐德若》269A以下。

定为问题或**理念**的任务交给其他一些方法去完成。当苏格拉底的反讽被严肃对待时,当整个辩证法与它的预备教育混为一谈时,一些极不适当的结论便产生了;因为辩证法已经不再是问题之科学,并且最终与单纯的否定运动和矛盾运动混为一谈。哲学家们开始像饲养家禽的年轻人一样讲话。从这种观点看来,黑格尔是一个漫长传统的结果,这一传统严肃看待"……是什么?"的问题,并利用这个问题来将**理念**规定为本质,但这样一来,它便用否定之物替代了成问题之物的本性。这便是辩证法扭曲变质后的结果。而且,在这段历史中有如此多的神学偏见,因为"……是什么?"总是作为抽象谓词之组合场所的上帝。应当指出的是,为了[244]拥有**理念**而对"……是什么?"的问题抱有信心的哲学家非常少。亚里士多德尤其不对这个问题抱有信心……一旦辩证法备好了自身的材料,且不再为了预备教育的目的而被毫无结果地运用,"多少"、"如何"、"在何种情况下"——以及"哪一个?"的声音便到处回响着(我们将在下文中看到它们的作用和意义)。① 这些问题是偶性、事件、繁复体的问题,是差异的问题,它们反对本质的问题、一的问题,以及相反与矛盾的问题。无论在哪里,希琵阿斯都会获

---

① 例如,布伦瑞克(Jacques Brunschwig)就清楚地表明了"*τί τὸὄν*[希:这一个]"和"*τίς ἡ οὐσία*[希:何所是]"这两个亚里士多德式问题所意谓的根本不是"存在是什么?"和"本质是什么?",而是"作为存在而存在的那一个是什么(qu'est-ce qui est l'être)(哪一个是存在者[qui, l'étant])?"和"作为实体而存在的那一个是什么(qu'est-ce qui est substance)(或者,按照亚里士多德的更确切的说法,什么是那些作为实体而存在的事物呢[quelles sont les choses qui sont substance])?"——参〈亚里士多德的辩证法和存在论〉(Dialectique et ontologie chez Aristote, *Revue philosophique*, 1964)。

【译按】这里,德勒兹主要强调了"什么是(qu'est-ce que)"和"哪一个(qui)"的差异。关于这两个词的翻译问题,《尼采与哲学》(*Nietzche et la philosophie*)的英译者汤姆林森(Hugh Tomlinson)做出过简短的说明:"'qu'est-ce que?'和'qui?'之间的差异经常被迻译为'什么是?'和'谁?'的差异。但法文'qui'的内涵要比'谁'更为广泛,它可以意指包括人在内的各种事物。德勒兹建议将'qui?'译为'哪一个?',因为这个问题所问及的'永远不是人'"(Gilles Deleuze, *Nietzsche and Philosophy*, trans. Hugh Tomlinson, New York: Columbia University Press, 1983, p. 207)。

胜,他甚至已经在柏拉图那里获胜了,他既拒斥本质,又不满足于举例。

问题属于事件的秩序。不仅仅因为解决实例是作为实在的事件而涌现,而且还因为问题之条件本身内含着事件、断面、切除、添加。存在着两类分别在两个层面上发生的事件:一类是处在被造就的解决层面上的实在事件,另一类是处在问题之条件中的理念性或理想性的事件,它们既彼此呼应又不相类似。将这二重事件的系列描述为将我们的历史二重化了的诸神的行动,或者毋宁说是诸神的梦是正确的。理念性系列享有一种相对于实在而言的超越性与内在性的双重性质。实际上,如前所见,奇异点的实存与分派完全归属于**理念**——虽然奇异点的特殊化内在于它们邻域的曲线—解,亦即内在于**理念**化身其中的实在关系。在贝玑对事件的精彩描述中,他布置了两条线:一条是水平线,另一条是垂直线,其在深度中重拾了与水平线对应的特异点。此外,垂直线永恒地超越着、造就着这些特异点和这些特异点在水平线中的化身。在两条线的交叉处结成了"时间性的永恒"——**理念**与现实的纽带、导火索——并且,我们那关涉着诸问题本身的最强大的支配力、最强大的力量亦得到了确定:

> 突然,我们发现自己不再是相同的苦役了。什么都不存在了。而且,一个我们曾经看不到终点的问题,一个毫无出路的问题,一个阻碍着所有人的问题一下子就不见了,人们甚至暗自思忖自己谈论的是什么。但[245]这不意味着这个问题得到了普通的解决,或者是人们发现了这个问题的解决。这一问题、这一疑难、这一不可能性刚刚经过了一个可以说是物理的临界点、一个危机点。与此同时,整个世界都被一个可以说是物理的危机点穿过。事件的临界点是存在的,一如温度的临界点、溶解点、凝固点、沸点、凝缩点、凝结点、结晶点是存

在的。同样,在事件中存在着这些过溶状态,它们只有通过引入某一未来事件的断片才能发生沉淀,才能被结晶化,才能被规定。①

非本质矛盾的方法:奇异与规则、特异与普通

因此,适宜于遍历和描述繁复体与论题的非本质矛盾(vice-diction)的方法要比试图规定本质并保护本质之简单性的矛盾的方法更为重要。从本性的层面上说,人们认为最"重要"的东西就是本质。但问题恰恰就出在这里,因为我们首先要弄清楚"重要性"与"非重要性"是否就是这样一些概念,它们不但关涉着事件、偶性,而且在偶性内部也要比本质与偶性本身的粗糙对立"重要"许多。与思想问题联系在一起的不是本质,而是对具有重要性的东西和不具有重要性的东西的评估,是奇异之物与规则之物、特异之物与普通之物的分派——它们完全是在非本质或对一个繁复体的描述中发生的,并且还与那些构成了一个"问题"的种种条件的理想性事件相关联。这正是"拥有一个**理念**"这一表述的含义。界定思想谬误(esprit faux)、愚蠢的首先是它们对重要的东西与不重要的东西、普通的东西与奇异的东西的不断混淆。从辅助和添加出发造就实例,这是非本质矛盾的任务。正是它支配着**理念**中特异点的分派;正是它决定了一个系列由以从一个奇异点出发,经过一个又一个的规则点,并一直延续到另一个奇异点的方式;正是它规定了**理念**中既得的系列[级数]是收敛的还是发散的(因此,根据系列[级数]的收敛,有些奇异性本身是普通的,而根据系列[级数]的发散,有些奇异性是特异的)。非本质矛盾的两种方法同时介入了问题之条件的规定和解决实例的相应发生。它一方面

---

① Charles Péguy,《克利欧》,前揭,页269。

是[246]添加体的明确化(précision des corps d'adjonction),一方面是奇异性的凝聚(condensation des singularités)。实际上,一方面,我们应当在条件的渐进规定中发现添加,这些添加补足了问题的初始体,亦即处于所有维度中的繁复体之变异性,或同时使问题得到解决的未来或过去的理想性事件的断片;并且,我们应当将它们由以相互连接或相互接合的那种方式规定下来。另一方面,我们应当凝聚所有的奇异性,应当让所有的状况,所有的熔点、凝固点、凝结点赶上一个崇高的时机,亦即那使解决实例作为某种突然的、原始的、革命性的事物炸裂开来的时刻(Kairos)①。这同样是"拥有一个**理念**"这一表述的含义。每个**理念**都有两副面孔——爱与怒:爱存在于对断片的探索中,存在于添加体的渐进规定与连接中;怒存在于奇异性的凝聚中,它凭借理想性事件而对一种"革命形势"做出界定并使**理念**在现实中爆炸。正是在这种意义上,列宁(Lénine)是拥有**理念**的(有一种添加和凝聚的客观性,有一种条件之客观性,它意味着**理念**与问题都不再只是存在于我们的头脑中,而是存在于各处,存在于一个现实历史世界的生产中)。并且,在"奇异点与特异点"、"添加体"、"奇异性凝聚"这些表达中,我们不应只看到些数学的隐喻;不应只在"熔点"、"凝结点"这些表达中看到些物理学的隐喻;亦不应只在"爱与恨"的表达中看到抒情的、神秘的隐喻。它们是在**理念**的所有繁复体领域中对其作出回应的辩证**理念**的范畴或微分学(mathesis universalis[拉:普遍数学],但亦是普遍物理学、普遍心理学、普遍社会学)的延伸。正是借助处于所有**理念**中的那种革命的、爱的东西,**理念**始终是完全形成不了自然之光的爱与怒的微光。

---

① 【译按】关于"Kairos",海德格尔写道:"当即(Augenblick)乃是本源时间性的一个原现象,而现在只是派生时间的一个现象。亚里士多德已经看到了当即,也就是καιρός[希:时机、时刻、瞬间、契机],这个现象"(海德格尔,《现象学之基本问题》,前揭,页395)。

第四章 差异的理念综合

（谢林哲学中最为重要的部分便是对乘方［强力］的思考。①而在这一点上，黑格尔关于"黑色母牛"的批评毫无根据。② 在这两位哲学家中，是谢林使差异在那些比矛盾之闪电更为纯粹、更为多样、更为可怖的闪电的伴随下，从同一之夜中脱身而出，而他达成这一目标所借助的便是渐进性［progressivité］。怒与爱是**理念**的乘方［强力］，它们展开自身的出发点是 μὴ ὄν［希：非存在］——不是一个否定之物或一个非[247]存在［οὐκ ὄν［希：不存在］］，而是一个成问题的存在或非实存者，一个超越于根据之外的诸实存的隐含存在［être implicite des existences au-delà du fondement］。对于"拥有一个**理念**"来说，爱之神与怒之神并不是多余的。A、A^2、A^3 形成了降幂［去潜势化］与纯粹潜势性的游戏，这一游戏证实了在谢林哲学中存在着一种与辩证法完全对应的微分学。谢林既是莱布尼茨主义者，又是新柏拉图主义者。伟大的新柏拉图主义迷狂对《斐德若》的问题做出了回答，它根据穷竭法和乘方展开法而将一个又一个的宙斯层叠、接合在一起：宙斯、宙斯²、宙

---

① 【译按】参扬凯列维奇在其翻译的《谢林文集》的译者序言中对"乘方［强力］"（即德文"Potenz"）概念所做的说明："'Potenz'概念是谢林**绝对**理论（théorie de l'Absolu）的一块基石。在谢林看来，**自然**不仅是客体（objet），而且是主体—客体（sujet-objet）。**自然**的**理念**在**自然**中发挥作用，并且不断将**自然**从一个程度推到另一个程度。**自然**会渐进地成为它无法一下子变成的东西，由此便产生了发展（developpement）。在演化的每一个程度上，在**理念**中形成了一个不可分割的统一体的各种活动要么表现出分离状态，要么形成了各种次等的统一体。**自然**整体不仅呈现出实在的（réel）与理念的（idéal）的统一体，而且还在其每一个阶段呈现出具有特殊形式的统一体。它是这些从属于整体的特殊统一体的系列。这些特殊统一体中的每一个都表现着一个'Potenz'。'**理念**'在绝对中所是的东西就是'Potenz'在**自然**中所是的东西。Naturphilosophie［德：自然哲学］同样也是一种**理念**理论，亦即发展和'Potenz'的理论。人们只能通过各种'Potenz'来认识**理念**。'Potenzen'之于理念就像 natura naturans［拉：能生的自然］之于 natura naturata［被生的自然］"（前揭，页40）。

② 【译按】参黑格尔，《精神现象学》，前揭，页10："这样一种知识——在绝对者之内一切都是相同的——与那种作出区分并得到充实的认识，或者说与那种追求并要求得到充实的认识相对立。它宣称它的**绝对者**是一个黑夜，在其中，就像人们惯常所说的那样，所有母牛都是黑的。这样一种知识是缺乏认识的幼稚表现。"

斯[3]……划分正是在此发现了自身的全部意义——它并非在宽度上着眼于同一个属的诸种,而是在深度中着眼于衍生与强势化,着眼于一种既成的微分化[差异化]。因此,一种集聚与聚拢的**差异**[*ὁ συνόνιχος*]①的乘方[强力]在一种系列的辩证法[dialectique sérielle]中被激活了。这一差异随怒而变为泰坦式的,随爱而变为德穆革式的,而且它还可以变为阿波罗式的、阿瑞斯式的、雅典娜式的。②)

※

理念与诸能力的微分的[差异的]理论

正如结构—发生(structure-genèse)不是一组对立,结构与事件之间、结构与意义之间也不存在对立。结构包含着同样多的理念性事件和关系变异性、奇异点,这些变异性、奇异点与它们所规定的实在事件交织在了一起。根据作为结构之化身场所的现实关系与现实事项,人们所说的结构,亦即微分比[差异关系]和微分元素[差异元素]的系统,从发生的观点看来,同样是意义。真正的对立存在于别处:亦即存在于**理念**(结构—事件—意义)与表象之间。在表象中,概念是可能性。但表象之主体仍然将对象规定为真正与概念相符的本质。所以,表象从整体上说是知识的元素,

---

① 【译按】根据英译本的说明,德勒兹在这里犯了一个拼写错误:"*ὁ συνόνιχος*"本应为"*ὁ συνοχικός*",意指"创造连续性",这个术语出现在下一个注释当中引用的《第一原理的疑难与解决》版本的第234页。

② 参Damascius,《第一原理的疑难与解决》(*Dubitationes et solutionesde primis principiis*, éd. Ruelle)。作为新柏拉图主义最重要的文献之一,这部著作使用了一种系列的与潜势的差异辩证法。——关于谢林的差异理论和潜势理论,尤参《斯图加特讲座》(*Conférences de Stuttgart*, trad. S. Jankélévitch, in *Essais*, Aubier éd.)和《世界时代》(*Ages du monde*, trad. Jankélévitch, Aubier)

【译按】柏拉图在《克拉底鲁》中提及了阿波罗、阿瑞斯和雅典娜(参404b以下)。

后者通过对被思维对象的回想(recollection)与思维主体对该对象的认知(récognition)得到实现。但**理念**所突出的却是些全然不同的特征。**理念**的潜能性(virtualité)与可能性(possibilité)毫不相关。繁复体绝不会倚赖主体或[248]对象中的同一。**理念**的事件与奇异性不会允许存在任何作为"物之所是"的本质之设定。如果人们坚持要保留"本质"这个词,这当然可以,但条件是:本质恰恰就是偶性、事件、意义,它不仅是习惯上被称为本质的东西的对立面,而且还是对立面本身的对立面:繁复体既非现象亦非本质,既非多亦非一。因此,非本质矛盾的方法绝不允许人们根据表象来表达它——即使这一表象是无限表象。正如我们在莱布尼茨那里已经看到的那样,非本质矛盾方法会在表象中失去自身那种肯定发散或偏移的主要能力。事实上,**理念**不是知识的元素,而是一种无限的"学习"的元素。学习和知识有着本性上的不同,因为学习完全是在对问题的理解(compréhension)中、在对奇异性的领会(appréhension)与凝聚中、在理想体与理想性事件的组合中演进。学习游泳、学习一门外语就意味着将学习者自己的身体或语言的奇异点与另一种形态或元素的奇异点结合起来。后面这些奇异点使我们变得支离破碎,使我们进入到一个我们见所未见、闻所未闻的问题世界当中。我们正是要投身于那些要求我们的身体和语言发生转变的问题。简而言之,表象与知识完全把意指解决实例的意识命题当作范型。这些命题解决或解开了将它们当作实例生产出来的审级〔问题〕,而它们给出的这个审级的概念是极不准确的。与此相反,**理念**与"学习"表现了这一成问题的、超命题的或下表象的审级:这个审级不是意识的表象(représentation),而是无意识的直呈(présentation)。结构主义在推动它的作者们那里总是伴随着一种对新戏剧,或是新的戏剧解释(非亚里士多德式解释)的召唤,对此我们不必感到惊讶。结构主义戏剧是繁复体的戏剧,它无论从哪个方面看都对立于表象的戏剧,因为它既不会让被表象事物的同一性继续存在,也不会让作者、观众、舞台上的人物的同一性继续存在,更不用说那能够通过剧本的高潮构成一种最终的认知或知识之冥思的表象了。繁复性戏剧是始终处于开放状态的问题与发问的戏剧(théâtre de problèmes et de questions),它将观众、舞台和人物统统卷入了一场真实的运动,亦即以问题本身为最终元素的无意识整体的学习运动。

[249]我们应当如何理解**理念**这种必然的无意识特征?我们是否应当认为,**理念**是一种独一的、特殊的能力的对象,这种能力一方面在它那里发现了自身的界限或超越的元素,另一方面无法通过自身的经验性运用来把握它?这一假设已然具有的优点便是排除了**理性**或知性作为**理念**之能力的可能性。而且更为一般地说,它还排除了一切对常识具有构成性作用的能力——在常识之下得到统摄的是其他那些涉及一个被假定为相同者的对象的能力的经验性运用。例如,从常识或以经验运用为原型的能力运用的视角看来,下述情况是难以置信的:思想在自身中发现了某种它不能思考的事物,这一事物既是不可思考的又是应当被思考的,既是不可被思考之物又是只能被思考之物。根据一种经常用来反驳迈蒙的观点,被构想为思想微分的**理念**将一种极小的、不能被思考的"所予(donné)"纳入了自身之中;它们重又恢复了作为实存条件与认识条件之二元性的无限理智与有限知性的二元性,而这正是康德的**批判哲学**试图消除的东西。① 但是,这种反驳成立的前提

---

① 【译按】参康德1789年5月26日致赫茨(Markus Herz)的信,见《康德书信百封》,李秋零译,上海:上海人民出版社,2006,页136—142。德勒兹在这里主要是暗指信中的这段话:"迈蒙先生的理论是:断言知性(也就是人的知性)不仅仅是一种思维能力,就像我们的思维能力乃至一切被创造物的思维能力那样,而且原本就是一种直观能力,思维不过是这种能力的一种方式,它把直观的杂多(由于我们的局限性,这种杂多是模糊的)纳入一个清楚的意识之中。与他相反,我把一个客体的概念(这个概念不在我们直观的最清楚的意识之内)总的来说归属于作为一种特殊能力的知性。也就是说,概念是统觉的综合统一,只有通过这种统一,直观的杂多(它们每一个[转下页注]

是:正如康德将理性当作**理念**的能力那样,迈蒙将知性当成了**理念**的能力,也就是说,**理念**的能力无论如何都对常识具有构成性作用,并且它无法容忍在自身中存在这样一个内核,其预示着种种联合能力的经验性运用的破裂。只有在这些条件下,思想,或一种纯粹思想的无意识,才应当在一种作为知识之理想的无限理智中被实现;只有在这些条件下,微分——如果它们没有在这一无限理智中发现一种充分现实的实在性尺度的话——才被迫变成了单纯的虚构。但这种非此即彼的取舍仍然是错误的。可以说,无论是成问题者的特殊性还是无意识对有限思维的归属都仍然遭到了误解。如果**理念**与一种摆脱了常识的特殊能力的超越性运用发生了

[接上页注]我都能特殊地意识到)才能被纳入一个统一起来的意识中,成为一个客体的表象(这个客体的概念现在是通过那种杂多被规定的)"(页138)。而在1981年2月10日的斯宾诺莎课程中,德勒兹在谈到以斯宾诺莎哲学为代表的十七世纪无限哲学(实无限的哲学)和康德的有限性哲学(潜无限的综合的哲学)的区分时再次谈到了康德写给赫茨的这封信。他在课堂上给听众阅读这封信的如下部分:"在一个圆周线的概念中,无非包含着:从这个圆周到一个点(中点)的所有直线都是彼此相等的,这不过是判断的普遍性的一个逻辑功能。在这个判断中,一条线的概念构成了主语,它的意思只不过是任何一条线,而不是在一个平面上从一个点所能画的线的全体。若不然,任何一条线都同样有权利是一个知性**理念**,因为它把两个只有在它之中才可想象的点之间的一切线,都作为部分包含在自身之中,而这样的点的数量则同样是无限的"(页140)。在对这段文本进行评论时,德勒兹再次谈到了迈蒙,以及由他发起的后康德主义对康德哲学和十七世纪无限哲学的综合:"康德预先放弃了⋯⋯他那些试图调和他的哲学和十七世纪哲学的门徒⋯⋯康德说:'那些试图把我的批判哲学和十七世纪的无限哲学综合在一起的人完全搞错了,他们把一切都糟蹋了。'这一点很重要,因为他在这里谈到的是他的第一个后康德门徒——迈蒙。在迈蒙之后,综合康德哲学和十七世纪无限哲学的重大尝试落在了费希特、谢林、黑格尔肩上,而康德本人是诅咒这种尝试的。康德的诅咒的主旨是什么?⋯⋯当一个十七世纪的人说'有无限条直径,且所有直径都是彼此相等的'时,'所有'这个词的意思是'无限集合(ensemble infini)'⋯⋯'所有直径'='可以在一个圆中画出的所有直径的无限集合'。这个无限集合是一种实无限(infini actuel)。康德到来了,他说:完全错了,根本不是这样。'圆的所有直径'是一个无意义的命题,原因非常简单:直径不会先于我画出它们的活动存在。实际上,它们永远不会同时存在,因为我由以画出一条条直径的综合是前后相继的综合⋯⋯是一种时间综合。他想说的是:十七世纪哲学家根本不理解什么是时间综合,原因非常简单:他们都忙于讨论空间问题。只有到了十七世纪末,时间才〔作为真正的哲学问题〕被发现。"

关系,那么情况便不再是这样。

尽管如此,我们既不会认为这第一种回答是充分的,也不会相信**理念**或结构会指向一种特殊能力,因为**理念**遍历且关涉着所有能力。它同时使一种确定能力的实存与该能力的微分对象[250]或超越性运用成为了可能。以语言学繁复体为例:作为"音素"间的相互关联的潜能系统,语言学繁复体化身于不同语言的现实关系和现实项之中:这样一种繁复体使作为能力的言语(parole)和这一言语的超越对象成为了可能。作为言语之超越对象的"元语言"(métalangage)不能在某一现成语言(langue)的经验性运用中被言说,而应当且只能在与潜能性同外延的言语的诗意运用中被言说。再比如社会繁复体:它不但规定了作为能力的社会性,而且还规定了社会性的超越对象,该对象无法在繁复体化身于其中的现实社会中被亲历,而应当且只能在社会之动荡的环境中被体验(简单地说,也就是自由总是被旧秩序的残余和新秩序的初端所掩盖)。遵循同样的方式,人们还可以谈论其他**理念**或繁复体:精神繁复体——想象力与幻想;生物繁复体——生命力与"怪物";物理繁复体——感性与符号……不过,虽然**理念**依次与所有能力对应,但它们并不专门作为任何能力——甚至思想——的独一对象。尽管如此,最为根本的是:我们完全没有重新引入常识形式。如前所见,由那被每一种能力所领会的超越对象的独一性所界定诸能力之不协和仍然内含着一种协和,每一种能力都根据这种协和将自身的暴力沿着一条导火线传递给另一种能力。但这种协和是排除了常识的同一性、聚合与协作的"不协和的协和"。在我们看来,与通过自身完成勾连或重新统一的**差异**对应的正是这种协和的**不协和**。因此,思维、言说、想象、感觉等能力在某种程度上是相同的事物,但这事物所肯定的只是处在自身的超越性运用中的诸能力的发散。因此,重要的不是常识而是一种"悖识(para-sens)"(就悖论同时是良知的对立面而言)。这种悖识之所

第四章 差异的理念综合

以将**理念**当作自己的元素，恰恰是因为后者没有预设任何常识之中的同一性形式，而且还激活并描述了那从超越性观点看来的诸能力的分离的运用。所以，**理念**是微分性[差异性]微光的繁复体，就像是从一种能力晃到另一种能力的磷火或"火焰的虚痕"，它们永不具有刻画常识之特征的[251]自然之光的同质性。所以，我们可以用两种互补的方式来界定学习，而且这两种方式全都对立于知识中的表象：所谓学习，或者是深入到**理念**、**理念**之变异性与**理念**之特异点那里；或者是将一种能力提升到它那分离的超越性运用的层面上，提升到遭遇与被传递到其他能力那里的暴力的层面上。所以，无意识也具有两种互补规定，而且这两种规定必然将它从表象那里排除出去，从而使它成为了具有纯粹呈现能力的高贵存在：无意识要么是由悖识中的**理念**那超命题的、非现实的特征所界定，要么是由诸能力之悖论性运用那非经验的特征所界定。

　　理念仍然与纯粹思想保持着极为特殊的关系。无疑，思想在此应当被视为一种特殊能力，而不是被视为所有能力的同一性形式。而且，和其他能力一样，作为特殊能力的思想是由它的微分对象[差异对象]和分离运用所界定。总之，悖识，或按顺序从一种能力被传递到另一种能力的暴力，给思想确定了一个特殊的地位：注定只有在首先使感性及其 sentiendum[拉：被感觉者]运动起来的那条由一个**理念**到另一个**理念**的暴力线的末端，思想才会在强制作用下把握自身所固有的 cogitandum[拉：被思维者]。这一末端亦可以被视为**理念**的根本起源（origine radicale）。但我们应当在什么意义上理解"根本起源"？在相同的意义上**理念**应当被称为思想的"微分"或纯粹思想的"无意识"。在此，思想与一切常识形式的对立比以往任何时候都更加强烈。与**理念**关联在一起的不是作为意识之命题或根据的 Cogito[拉：我思]，而是一个被消解的 cogito[拉：我思]的分裂之**我**，亦即普遍的脱根据（effondement），后者刻画着作为处在自身超越性运用中的能力的思想的特征。**理念**不是任何一种特殊能力的对象,但它们特别地关涉着一种特殊能力,以至于人们可以说:它们(为了构成所有能力的悖识)出自这种能力。问题依然是:"出自"或"找到它的起源"在此意味着什么?**理念**从何而来?种种问题、它们的理想性元素和理想性关系从何而来?

问题与发问

迄今为止,我们一直在含混处理问题(problème)与发问(question)这两个审级间的差异。现在,规定它们的时候到了。我们应当回想一下,[252]建立在存在论复兴之基础上的发问—问题这一复合体如何是一种现代思想的成果:这是由于这一复合体不再被认为只是表现了知识之表象中的一种临时状态与主观状态,而是成为典型的**存在**之意向性(intentionnalité),或从严格的意义上说,**存在**所回应的唯一审级。但这并不意味着发问由此便被消除或超越了,因为它反而具有一种开放性。这种开放性与那应当回应发问的东西,以及那只有通过维持、反复、重复发问才能回应发问的东西具有相同的外延。这种具有存在论意义的发问概念不但赋予了哲学思想以生命,而且还激活了艺术作品。作品从一种它并未弥合的龟裂出发,并围绕着这一龟裂展开。尤其从乔伊斯开始,小说已经以"**问卷调查表**"(Questionnaire)或"**审问诉讼**"(Inquisitoire)①的方式发现了一种崭新的语言。而且,它所呈现的是一些本质上成问题的事件与人物。但很显然,这既不意味着人

---

① 【译按】德勒兹在此暗示的是冯·扎洛蒙(Ernst von Salomon)的小说《问卷调查表》(*Der Fragebogen*, Hamburg, 1951)和潘热(Robert Pinget)的小说《审问诉讼》(*L'Inquisitoire*, Paris, 1962)。

第四章 差异的理念综合

们对任何事情都毫不确定,也不意味着一种一般化了的怀疑方法的应用,也不是一种现代怀疑论的征兆,反而是对成问题者与发问的发现。而且,成问题者与发问是以"本质的"方式归属于存在、事物、事件的先验视野或先验焦点。这是对**理念**的小说式发现、戏剧式发现、音乐式发现,或哲学式发现……;并且,这同样是对一种感性、想象—记忆、语言、思想之超越性运用的发现。通过这种超越性运用,每一种能力都在其完全的不协和中与其他的能力交流着,并且它还通过将其自身的差异当作对象,亦即当作发问,而使自身朝向**存在**之差异敞开:因此,这种写作不是别的,就是"写作是什么?"的发问;这种感性不是别的,就是"感觉是什么?"的发问;这种思想不是别的,就是"思考意味着什么?"的发问。一旦**理念**的精灵缺席,从这些发问中产生的就会是新常识的极端单调和彻底无力;当**理念**出现时,并且是作为暴力之物出现时,从它们那里产生的便是悖识中最为强大的"重复"和最不可思议的创造。

我们来回顾一下这种发问之存在论的原则:(1)发问并非意指在回答被给出后便注定要消失在回答之中的知识的经验状态,发问要使所有试图消除它的经验性回答住口,这为的是"促成"那始终维持着它,重演着它的唯一回答:正如约伯固持着一种与发问本身浑然不分的直接回答(荒谬的第一[253]强力);(2)由此产生了发问的强力,这种强力同时将发问者与被问者调动起来,并对自身提出了质疑:正如俄狄浦斯无法与斯芬克斯做一了结(谜语的第二强力);(3)由此产生了那不听任自己被还原为被问者或发问者,而是将它们二者统一在其自身**差异**之勾连中的,作为发问之对应者的**存在**之启示(révélation):不是非存在(non-être)或否定者之存在,而是非存在者(non-étant)或发问之存在的 μὴ ὄν[希:非存在](就像奥德修斯和"无人"的回答那样,①作为**哲学奥德赛**之强

---

① 【译按】参荷马,《荷马史诗·奥德赛》,前揭,页164。

力的第三强力)。

然而,这种现代存在论仍有其不足之处。它虽然时常将未规定者当作发问的客观性强力来利用,但这却是为了引入一种被它带入**存在**之中的主观的含混,这就使得一种新的常识的反复唠叨或机械刻板替代了重复的力量。另一方面,它有时甚至解散了问题—发问的复合体,并通过将问题推到外部障碍一边而将发问托付给一个优美灵魂的宗教感情来照管。尽管如此,如果发问没有在行问题化场域(只有这些场域能够在一门特有的"科学"中规定它)的支配下得到发展,它又能以什么样的方式存在?优美灵魂不停地提出着那个专属于它的问题,也就是婚约的发问;但是,一旦发问发现了反作用于它的问题——发问的问题以思想的全部差异来对发问进行修改与移置——多少未婚妻都消失或是被放弃了(所以,普鲁斯特的主人公虽然问的是"我会娶阿尔贝蒂娜吗?",但他却是在有待创造的艺术作品的问题中展开发问的——这里,发问本身经历了一次根本性的变形)。我们应当追究的是:发问如何在**理念**中发展为问题?问题如何在思想中被包含为发问?而且,我们在此仍然有必要使古典思想形象与今日的存在论复兴所暗示的另一种思想形象相对峙。

因为,从柏拉图到后康德主义者,哲学将思想的运动界定为一种从假设到绝然(apodictique)的特定过渡。甚至笛卡尔那种从怀疑到确定性的活动也是这种过渡的一个变体。另一个变体即在《根本起源》(Origine radicale)中,那种从假言必然性到形而上学必然性的过渡。不过,柏拉图已经以如下方式界定了辩证法:从假设出发,将假设当作跳板——亦即"问题"——来利用,目的是[254]一直上升到一条应当同时对问题之解决与假设之真理性做出规定的高于假设的(an-hypothétique)原则;《巴门尼德》的整个结构皆源出于此,不过在这样一些条件下,人们在《巴门尼德》中已经无法像原来那样,轻巧地看到游戏、预备教育、锻炼和形式

第四章　差异的理念综合　　　　　　　　　335

练习了。当康德从完全服从于可能经验之假言形式的《纯粹理性批判》，过渡到他在诸问题的协助下于其中发现了定言原则之纯粹必然性的《实践理性批判》时，他的思想所沾染的柏拉图主义气息要比他所想象的浓重得多。当后康德主义者们试图在不改变"批判"的情况下，原地实现从假言判断到正题判断(jugement thétique)的转变时，情况更是如此。① 因此，无论起始假设与最终绝然性是多么地种类繁多，我们仍然可以根据上述模式对那从柏拉图开始，中经笛卡尔，直到费希特或黑格尔的哲学运动做出正

---

① 关于柏拉图：参《理想国》(*République*)，VI，511b："在这里假设不是被用作原理，而是仅仅被用作假设，即，被用作一定阶段的起点，以便从这个起点一直上升到一个**高于假设的世界**，上升到绝对原理，并且在达到绝对原理之后，又回过头来把握那些以绝对原理为根据提出来的东西，最后下降到结论……"(【译按】中译参柏拉图，《理性国》，前揭，页270)——普罗克洛对这段文字做出过深刻的评论，他不但将这段文字当成了《巴门尼德》的方法的表达，而且还利用它来揭露那些在他的时代就已经流行开来的形式主义阐释和怀疑论阐释：被分配在《巴门尼德》的诸假设中的一(Un)显然是不同于辩证法家——经过一个又一个的假设——所到达的那个度量着每一个假设的真理性的高于假设的一。参《〈巴门尼德〉注》(*Commentaire du Parménide*, trad. Chaignet, Leroux éd.)。(【译按】德勒兹在1984年3月27日的课程中谈到了《巴门尼德》对于新柏拉图主义的重要性："柏拉图撰写了一个崇高的文本，他将其命名为'巴门尼德'。对新柏拉图主义者来说，《巴门尼德》是一个基础文本、参考文本[texte de référence]，以至于普罗提诺的信徒们撰写的最重要的文本[至少就保存至今的文本而言]都被命名为'《巴门尼德》注'或呈现为《巴门尼德》的注释。有两部顶尖的《巴门尼德》注释流传到了我们手中：一部是普罗克洛的《〈巴门尼德〉注》，另一部是达玛修斯[Damascius]的《第一原理》。一般而言，现代的阐释者们所做的无非是在重复这两部注释的内容。"关于普罗克洛和达玛修斯的思想，参屈尔斯根[Dirk Cürsgen]的重要著作《太一论与存在论：晚期新柏拉图主义的形而上学本原学说》[*Henologie und Ontologie. Die metaphysische Prinzipienlehre des späten Neuplatonismus*, Würzburg, Königshausen &Neumann, 2007])。

关于迈蒙和费希特哲学中的从假言判断到正题判断的转变，参Martial Guéroult，《费希特知识学的演进与结构》(*L'évolution et la structure de la Doctrine de la Science chez Fichte*, Les Belles-Lettres, 1930)，卷I，页127(【译按】关于费希特对"正题判断"(thetische Urteil)的讨论，见氏著《全部知识学的基础》，王玖兴译，北京：商务印书馆，1986，页32—35)。

关于黑格尔以及类似的转变，参：《现象学》中自在与自为的关系；现象学本身与逻辑学的关系；黑格尔的"科学"观念，以及从经验命题到思辨命题的过渡。

当的总结。至少有某种共通的东西:出发点是在一个"假设"、亦即一个被不确定系数(笛卡尔式的怀疑)影响的意识命题中发现的,而终点则是在一种绝然性或一种道德的卓绝秩序的命令中发现的(柏拉图的**一—善**[l'Un-Bien]、笛卡尔式 cogito[拉:我思]中绝不行骗的上帝、莱布尼茨的最优原则、康德的定言命令、费希特的**自我**、黑格尔的"**科学**")。然而,虽然这种方法最大限度地接近了思想的真实运动,但它也最大限度地背叛了、歪曲了这一运动;这种联合的假设主义和道德主义,这种[255]科学论的假设主义和唯理论的道德主义使它们所接近的东西变得难以辨认了。

命令与游戏[赌博]

如果我们说:运动不是从假设之物到绝然之物,而是从成问题者到发问,这两种情况初看上去并没有什么差别。如果绝然之物与道德命令密不可分,而发问又与命令——尽管是另一种命令——密不可分,那么它们的差别就变得更加微不足道了。然而,这两种表述实际上有天壤之别。将问题看作假设就已经背叛了问题或**理念**,这就等于是将它们非法地还原为意识命题和知识表象:成问题者从本性上不同于假设。论题的(thématique)完全不能与正题的(thétique)混为一谈。并且,在这一差异中起作用的是一种学说一般(doctrine en général)中的全部分派、全部规定、全部用途、全部能力之运用。谈论绝然的审级和谈论发问—审级完全是两回事,因为这涉及到两种无论在哪个方面都不具有可比性的命令形式。发问是命令,或者毋宁说,发问表现了问题与那些源出于它们的命令的关系。为了表现出问题的命令本性,是否应当举警察的例子呢?"是我在提问",但事实上,通过审讯者发话的已然是被考问者那消解的自我。问题或**理念**是从那些呈现为发问的偶发状况或事件的命令那里产生出来。所以,问题与一

第四章　差异的理念综合

种决定性力量、一种 fiat[拉:意志行动]①不可分割,后者在贯穿我们的时候使我们成为了半神。数学家们不是已经自诩为诸神的种族了吗? 在〔体的〕增添与〔奇异性的〕凝聚这两种基本方法中,得到了最高程度的运用正是这种建立在要被解决的问题之本性上的决定性力量,因为一个方程始终要在与一个被数学家所增添的理想体相关联时决定自己是否可以被还原。增添一个任意量的无限强力:重要的已不再是一种以莱布尼茨的方式进行的游戏[赌博]——在这种游戏[赌博]中,前定规则的道德命令与一个应当被 ex hypothesi[拉:按假设]填充的既予空间的条件组合在了一起。重要的毋宁说是掷骰子(coup de dés),是作为开放空间的整个天空,是作为唯一规则的抛掷(lancer)。奇异点就在骰子上;发问是骰子本身;命令就是抛掷。**理念**是作为骰掷(coups)结果产生的成问题的组合。这是因为掷骰子绝没有打算取消偶然(天空—偶然)。取消[256]偶然意味着根据概率规则通过多次骰掷来打碎偶然。这样一来,在问题已然被分解为种种假设——赢和输的假设,而命令则在那规定了赢的最优选择原则中被道德化。与此相反,掷骰子一次便肯定了偶然,每一次掷骰子都肯定了所有的偶然。骰掷之重复既不再服从于一个相同假设的持存,也不再服从于一条恒常规则的同一性。虽然将偶然当作肯定的对象最困难不过,但这正是命令及其抛掷的发问的意义。**理念**正由此产生,正如奇异性产生自那每一次都凝聚了所有偶然的随机点。人们会说:通过将这个点指定为**理念**的命令性起源,我们所做的不过是乞灵于恣意之物,乞灵于儿童——神—儿

---

①　【译按】"Fiat,指上帝的创造行动,源自拉丁文《圣经·创世记》第 1 章:'神说,要有光,就有了光。'(Fiat lux, et lux facta est.)但目前 Fiat 在哲学中的主要意思源自胡塞尔,指作为创造新事物之源的意志行动"(参《德勒兹论福柯》,前揭,页 124,译注②);参胡塞尔,《纯粹现象学通论:纯粹现象学和现象学哲学的观念(I)》,前揭,页 215:"'起始'……像是某种类似于决心的东西(fiat),如意欲和行动的起始点"。

童——的游戏那单纯的恣意。但这却误解了"肯定"的意义。只有在下述情况中,偶然之中才会存在恣意之物:偶然没有被肯定或被充分肯定,它被分派在空间之中、被分派在数字当中,被那些注定要取消偶然的规则支配。既然一切组合以及产生组合的每一次骰掷从本性上说都与随机点的可动位置和可动指令一致,偶然也就得到了充分的肯定,游戏者也不再会输。那么,每次都肯定了所有偶然,一次就肯定了所有偶然,这意味着什么?这种肯定是在如下情况下发生:出自一次骰掷的龃龉之物进入了共振状态,并且它们在这种条件下形成了一个问题。因此,所有的偶然都存在于每次骰掷之中——虽然每次骰掷都是部分的;并且所有的偶然只一次便存在于骰掷之中——虽然产生的组合是一种渐进规定的对象。掷骰子进行着问题演算,进行着微分元素[差异元素]的规定或对某一结构具有构成性作用的奇异点的分配。这样一来,在命令和从它们那里产生的问题之间便形成了一种循环关系。虽然问题是从命令中诞生的,但构成问题本身的真理的却是共振——问题在其中接受着考验。由于偶然被肯定了,任何恣意之物每一次都要被清除;由于偶然被肯定了,发散本身成为了问题中的肯定的对象。如果基体没有通过并合所有可被增添表现的量(en incorporant toutes les grandeurs exprimables par l'adjoint)产生共振,那么规定了问题的添加的理想体(corps idéaux d'adjonction)就仍然被移交给了恣意之物。一般说来,一部作品始终是一个理想体、一个添加的理想体。作品是一个源出于命令的问题,它在一次骰掷中越完美、越完整,问题就被更好地渐进规定为问题。作品的作者[257]因而可以被命名为**理念**的操作者。当鲁塞尔将他的"事实方程"设定为须要解决的问题时,理念性事实或事件在语言命令的骰掷下进入了共振状态,而事实本身即是 fiat[拉:意志行动];当很多现代小说家置身于这一随机点,置身于这一命令的、考问的"盲点"时——作品正是从

第四章　差异的理念综合

这随机点或"盲点"出发,通过使自身那些发散系列产生共振而将自身展开为问题——他们既不是在运用应用数学,也不是在运用数学的或物理学的隐喻,而是建立起了一门"科学",一种处于每一领域之中的直接的、普遍的 mathesis [拉:数学];在使作品成为一种学习或实验的同时,他们使作品每一次都能成为某种整全之物(quelque chose de total)。在这里,全部偶然每一次都得到了肯定,每一次都是可以更新的,但却可能从未存在过什么恣意之物。①

这种处于问题中心处的决定性力量,这种创造、这种使我们成为了诸神之种族的抛掷却并不属于我们。诸神本身服从于**必然**(Ananké)②,亦即服从于天空—偶然。贯穿我们的命令或发问并非由**我**产生,人们甚至不须要借助**我**来理解它们。命令乃是存在命令,一切发问都是存在论发问,并且还将"存在之物(ce qui est)"分配在问题之中。存在论即掷骰子——亦即产生宇宙(cosmos)的混沌宇宙(chaosmos)。如果**存在**命令与**我**有关,那便是与分裂的**我**有关,各种命令每一次都按照时间顺序对这个**我**的龟裂进行移置与重构。因此,命令形成了纯粹思想的 cogitanda [拉:被思维者],形成了思想之微分。从超越性运用的观点看来,这一无

---

① 例如,我们可以引用索莱尔(Phillippe Sollers)的小说《戏剧》(*Drame*, Editions du Seuil, 1965)。这部小说把莱布尼茨的一个表述当成了座右铭:"例如,假设某个人在一张纸上完全偶然地点了很多点……在我看来,我们有可能找到这样一条几何线,根据特定的规则,它的概念应当是稳定的、均一的,这条线因而经过了所有的点……"这部著作的整个开篇完全是在"问题……"与"失败……"这两个表述上构建起来的。诸系列是在与叙述者身体的奇异点、"与其说是被感知到的不如说是被思考的"理想体的奇异点的关系中显现出来的。——关于作为作品之原初点的"盲点",参看索莱尔和法耶(Jean-Pierre Faye)的发言,见〈关于小说的辩论〉(*Débat sur le roman*, *Tel Quel*, n° 17, 1964)。

② 【译按】参柏拉图,《理想国》,前揭,616c—617c,页420—421:"推动所有球形天体的那个'必然'(Ἀνάγκη)之纺锤吊挂在光线的末端……此外还有三个女神,……她们是'必然'的女儿,'命运'三女神……"。亦参本书页72,脚注②。

法被思维的对象应当被思维,且只能被思维。并且,发问是这些cogitanda[拉:被思维者]的纯粹思想。因此,以发问形式存在的命令意谓着我最大的无力,但它们同样也意谓着布朗肖不断谈到的那个点,那个盲目的、无头的、失语的原初随机点,这个点意指着"思维思想之所是的不可能性",以及那[258]在作品中展开为问题的东西,而且,"无力"在这个随机点处转化为强力。命令针对着分裂之**我**,针对着思想的无意识,它们绝不取决于作为意识命题的 Cogito[拉:我思]。因为**我**具有一种无意识的权利,如果没有这种权利的话,**我**就无法思维,特别是无法思维纯粹的 cogitandum[拉:思维]。与意识那平淡无奇的命题所陈述的内容相反,思想只将一种无意识作为自身的出发点,并且它还要在超越的运用中思维这种无意识。从命令中产生的**理念**绝非思维实体的性质或属性,它们只是不停地进出于**我**的断裂之处,而这往往导致一个其自身应当被思维的异己者(autre)在自我之中进行思维活动。在思想中居于首位的是飞翔(vol)。无力当然可以安于无力,但它同样也可以被提升至最高的强力。而这正是尼采所理解的强力意志的内涵:这种将无力本身当作对象的命令性转化(如果愿意的话,你尽可以懦弱、懒惰、屈从!但条件是……)——这能够肯定所有偶然的骰子一掷、这些在灼热或冰冷的时节穿过我们的发问、这些使我们献身于它们抛出的问题的命令。因为"在心灵底部有某种不可还原的东西:一块命运的巨石,一块已然在所有问题上(在它们的尺度和它们与我们的关系中)做出的决断的巨石;同时,还是一种我们通达某些问题的权利,就像是它们用烙铁烫在我们的名字上的印记"。①

---

① Nietzsche,《穆萨里昂版全集·"重估价值"时期的研究笔记》(*Gesammelte Werke*, Musarionausgabe, Studien aus der Umwerthungszeit 1882—1888, Bd. XVI, München, 1925),页35。

理念与重复

不过,上面的回答看上去相当令人失望。我们问的是"什么是**理念**的起源?","问题从何而来?";但我们所诉诸的不是毋庸置疑的确然原则,而是掷骰子、命令以及偶然之发问;不是坚实稳固的基础,而是那带来了整体性崩溃的随机点。偶然被肯定,被命令性地肯定,以这种极为特殊的发问方式被肯定,就此而言,我们将它与恣意(arbitraire)对立起来。但就这种肯定自身而言,我们是根据共振来规定它,这种共振在那些由掷骰子产生的成问题的元素之间产生。我们是在哪个圆圈里打转,以至于我们无法通过其他方式来言说起源?我们已经区分出了四个[259]审级:(1)命令的、存在论的发问;(2)辩证问题或从辩证问题中生发出来的论题;(3)可解决性的象征场域,在这个场域中,这些问题根据自身的条件"科学地"表现自身;(4)问题通过使自身体现在实例的现实性中,而在这些场域中得到的解决。但从起源开始[从一开始],火的命令(impératifs de feu)是什么?作为世界开端(commencements de monde)的发问又是什么?这是因为任何事物皆开始于发问之中,但人们却不能说发问自身开始(on ne peut pas dire que la question elle-même commence)。发问是否和它表现的命令一样除重复之外就没有其他的起源?我们这个时代的伟大作者们(海德格尔、布朗肖)致力于使发问与重复间这种最为深刻的关系发挥作用。但这并不意味着重复一个相同的问题、一个在终结处被完好无损地发现的问题就够了,哪怕这个问题是"存在是什么(Qu'en est-il de l'être)?"。那些被纳入(表象着意识命题或常识意见的)相同假设之中,且或多或少与那(表象着赢的规定的)相同的确然原则接近的,都是些糟糕的骰掷。而糟糕的赌博者[游戏者]的重复无非就是将偶然断片化为多次骰掷。与此相反，优秀的掷骰子一次便肯定了所有偶然；而且，人们所说的发问的本质正在于此。尽管如此，骰子仍然被一次又一次地掷出，掷骰子不断重复着。但这每一次骰掷都一次性地肯定了偶然。而且，它没有把不同之物、种种不同的组合当成**相同**的结果，而是将相同者或重复视为**不同**的结果。正是在这种意义上，与发问同质同体的重复成为了**理念**之"交错"的来源。**理念**的微分法本身与那已然界定了骰掷的重复过程密不可分。演算中有反复，问题中有重复，这重复本身再生了那些作为问题之源泉的命令或发问的重复。只是，这里所涉及的并非普通的重复。所谓普通就意味着只是延续、继续，只是延伸至绵延的时间长度：赤裸的重复（它可以是间断的，但它基本上仍然是相同者之重复）。然而是**哪一个**在这样延续？是一直延续到另一奇异性邻域的奇异性。与此相反，不同奇异性的彼此重演、不同奇异性的相互凝聚——不论是在相同的问题、相同的**理念**中，还是从一个问题过渡到另一个问题，从一个**理念**过渡到另一个**理念**——则界定了比赤裸的重复更为深邃的着装的重复的超常强力。重复就是[260] 这些奇异性的抛掷，它始终处于回声与共鸣之中，这回声、共鸣使每一奇异性都成为了另一奇异性的复身，使每个星座都成为另一个星座的再分配。并且，在问题的层面上说"着装的重复无比深邃"和在作为问题之源泉的发问的层面上说"重复是作为不同者的结果产生的"，这两者是一回事。

重复、特异与普通

海德格尔清楚地表明了发问之重复如何在问题与重复的联系中展开自身：

> 我们把对某个基本问题的重复，领会为对这一基本问题

的、源初性的、至今还隐藏着的诸种可能性的揭示。通过把这些可能性梳理凸显出来,基本问题就发生了变更,这样,它才会保有它的成问题的内容。但是,保有一个问题就意味着:将问题自由地和警醒地保存在种种内在力量中,**而这种种内在力量就使得作为在其本质基础上的问题得以可能**。可能之物的重复,说的决不是去回头抓住那些"常见而流逝的东西"……在这一意义上的可能之物,恰恰正好阻碍某种真正的重复,并因此一般说来也阻碍着某种与历史的关系……(与此相反,优秀的阐释则应当断定)引导着所有重复活动的、对可能之物的领会,在何种程度上达到了,以及它是否足以胜任去领会可重复的东西。①

这种既与意识可能性或意识命题对立,又与形成了各种假设的常见而流逝的东西对立的内在于问题的可能之物是什么?不是别的,就是**理念**的潜势性,就是它那可被规定的潜能性。在这一点上,海德格尔是一个尼采主义者。永恒回归中的重复所述说的,如果不是强力意志、强力意志的世界、命令与掷骰子,以及诞生于抛掷的问题,又能是什么?永恒回归中的重复从来不是指继续、永续、延续,甚至不是某种至少可以在一个部分循环中自我延续(同一性、**我**、**自我**)的间断的回归,它反而是那前个体的奇异性的重演。为了能够被把握为重复,奇异性的重演首先假定了一切在先同一性的消解。一切起源都是奇异性,一切奇异性都是水平线上的一个开端。这条水平线是作为奇异性[奇点]自我延续场所的常点线(ligne des points ordinaires),每一个常点都是形成了赤裸重

---

① Heidegger,《康德与形而上学问题》(*Kant et le problème de la métaphysique*, trad. Waehlens et Biemel, N. R. F.),页 261(【译按】中译参海德格尔,《康德与形而上学疑难》,王庆节译,上海:上海译文出版社,2011,页 194)。

复的环节的再生品或复制品。但奇异性也是那条[261]凝聚了奇异性的垂直线(亦是偶然的肯定之线)上的再开端(recommencement),这条垂直线充当了另一重复的形成场所。如果"存在者"首先是差异与开端,那么存在本身则是重复或存在者的重新开始。重复是一种条件的"假如"["在……条件下"](«pourvu» de la condition),这种条件证实了各种存在命令。起源这一基本概念的模糊之处,以及我们先前那种失望的理由始终是:一个起源只有在一个同时否定了原初者和复制品的世界里才会被指定,一个起源只有在一个已然陷入了普遍的脱根据之中的世界里才会指定一个根据。

否定的幻相

由此产生的最后一个结论涉及否定的身份。尽管非存在存在,但否定之物或否定却不存在。存在着的非存在不是否定的存在,而是成问题的存在。这个(非)存在,这个？—存在(? -être)的符号是$\frac{0}{0}$。这里,"0"指的只是差异及其重复。尽管各种命题样态倾向于把赘词"NE"(语法学家们为了解释它而绞尽脑汁)等同于否定性的非存在,但人们还是在它那里重新发现了这一与成问题的场域的形式对应的(非)存在:赘词"NE"总是在与展开为问题的发问相关时出现在命题之中,它见证了一个超命题的语法审级。否定之物是一个幻相(Le négatif est une illusion):它只是问题的影子。如前所见,问题必然被那些与解决实例对应的可能命题覆盖。不过,它并没有被把握为问题,而只是作为假设、假设系列出现。作为意识命题,所有这些假设都被一个否定的复身所伴随:如果—存在,如果—不存在……如果天气好,如果天气不好……否定之物是一个幻相,因为否定的形式伴随着命题出现,而命题只有通过歪曲问题、隐藏问题的真正结构才能表现它们所依

第四章 差异的理念综合

靠的问题。一旦问题被表达为假设，每个假设的肯定便具有了一个否定的复身，这个复身表现了问题被自身的影子所背叛的当前状态。正如自然中不存在假设（虽然自然是通过问题活动），否定的**理念**同样不存在。所以，否定之物无论是被构想为逻辑限制还是被构想为实在对立都无关紧要。让我们来考察一些重要的否定性概念：与一相对的多、与秩序相对的无序、与存在相对的虚无。将这些否定性概念阐释为[262]退降的界限还是正题的反题是无所谓的。这一过程充其量时而被奠基于上帝的分析性实体之中，时而被奠基于**自我**的综合性形式之中。不过，上帝与自我完全是一回事。在这两个实例中，人们仍然止步于单纯概念的假设性元素，人们时而让它归摄一个同一表象的所有无限程度，时而让它归摄两个相反表象的无限对立。因此，只要对否定之物的批判仍然诉诸于一个初始概念（一、秩序、存在）的权利或是满足于将对立表达为限制，它们就永远不会起任何决定作用。如果对否定之物的批判想具有效力，它就必须揭示对立与限制的无差异，从而揭示假设性的概念元素（élément conceptuel hypothétique）——这种元素必然会保留对立或限制，甚至是在对立中保留限制或在限制中保留对立。简而言之，只有从**理念**开始，只有从微分的[差异的]、成问题的理念性元素出发，对否定之物的批判才能走上正途。正是繁复体概念同时揭露了一与多、揭露了多对一的限制以及多与一的对立。正是变异性同时揭露了秩序和无序，正是（非）存在或？—存在同时揭露了存在和非存在。无论在哪里，否定之物与假设之物的共谋关系都应当为了成问题者与差异间那种更为深刻的纽带而被解散。实际上，**理念**是由微分元素[差异元素]间的相互关系[比]构成的，微分元素[差异元素]在这些关系[比]中得到了完全规定，而这些关系[比]本身也不包含任何否定的项或否定性关联。相对于那些刻画着**理念**之特征的精致的微分机制[差异机制]来说，概念之中的对立、冲突、矛盾看上去太过粗糙；前者体现着轻盈,而后者则是沉重的称量、沉重的近似尺度。我们应当保留实定性(positivité)这一名称,目的是用它来意指繁复理念的这种状态或成问题者的这种坚实性。而且,我们时时都要注意这样一种方式:通过它,这一全然实定的(非)存在会偏向一个否定的非存在,并倾向于和它的影子混为一谈——在它的影子中,(非)存在在意识之幻相的作用下遭到了严重的歪曲。

差异、否定与对立

以今日经常被援用的语言学理念为例。由音位学所界定的语言学理念的确具有结构的全部特征:(1)从连续的声流中提取出来的、被称为音素的微分元素[差异元素]的在场;(2)相互地、完全地规定了[263]这些元素的微分比[差异关系](示差特征)的实存;(3)由这一规定中的音素所承担的奇异点(相关的特殊性)的价值;(4)以上述方式构成的语言系统的繁复性特征,它那种成问题的特征客观地表现了语言向自己提出的问题的整体,并在意义之构成中将问题解决;(5)元素与比[关系]的非现实的、潜能的无意识特征,以及它们对其现实的分音节的超越性和内在性的双重状态;(6)同时在不同语言中与同一语言的不同表意部分中,微分比[差异关系]的双重现实化,微分元素[差异元素]的双重化身(分化),每一种语言都体现了一定的比[关系]的变异性和一定的奇异点;(7)意义与结构、发生与结构的互补性(作为显现于这一现实化之中的被动发生)。——然而,虽然这些方面界定了一种充分实定的繁复体,但语言学家们往往仍然在使用否定的术语,并把音素间的微分比[差异关系]视为对立关系。人们也许会说这不过是术语习惯的问题,"对立"无非是被拿来表达一种相关关系(corrélation)而已。实际上,对立概念在音位学家那里的确是被大幅度地多元化、相对化了,因为,从不同的观点看来,每一个音素都与其他音素维持着多种不同的对立关系。例如,在特鲁别茨柯依(Troubetzkoï)的分类中,由于对立已经解体并被分配在了关系的共存变异中,所以它们不再作为对立存在,确切说来,它们是复杂的或交错的微分机制[差异机制]。黑格尔主义者在这里找不到自己的子嗣,亦即宏大矛盾的均一性。尽管如此,我们还是触碰到了本质性的问题:无论是在音位学那里还是在其他领域或**理念**那里,关键的问题始终是:人们是否满足于将对立多元化或是对矛盾进行多元规定,是否满足于将对立或矛盾分配在那些最终仍然保留了全部否定形式的不同形态中。在我们看来,多元论是更加危险、更加诱人的思想:人们必须在分散的同时颠倒。在任何领域中,人们对多种共存的对立的发现与另一种更为深刻的发现、亦即对差异的发现密不可分。这后一种发现将否定之物和对立揭露为与实定的繁复体的问题场域相关的假象。① [264]在将对立多元化的同时,人们必须离开对立的领域并进入到差异的洞穴中。这个洞穴可以使自身的纯粹实定性产生共振,并且将对立当作那只是从外部被观看的阴影孔洞(trou d'ombre seulement vu du dehors)而将其拒绝。

因此,让我们再回到语言学**理念**:当索绪尔(Saussure)发现

---

① 在提供出一种对任何领域都具有效力的复多对立之分类(classification des oppositions multiples)这个方面,塔尔德的成就无人可及:从形式的方面看,有静态对立(对称性)或动态对立;有继起的动态对立(节奏)或同时性动态对立;有线性的同时性对立(两极性)或放射状同时性对立。从质料的方面看,有系列的质的对立或系列的量的对立;有程度的量的对立或力的量的对立。参《普遍对立》(*L'opposition universelle*, Alcan, 1897)。

在我们看来,塔尔德是唯一将上述分类的结论直呈出来的思想家:对立与其说是一种自主的存在、一种最大的差异,不如说是一种相对于差异自身而言的最小的重复。由此产生了差异作为一个潜能的繁复性场域的实在性(réalité d'un champ multiple virtuel)的设定,以及所有领域的微观过程(micro-processus)的规定。各种对立不过是简略的结果或简化的、粗糙的过程。关于这一观点在语言领域的应用,以及一种微观语言学的原理,参《社会法则》(*Les lois sociales*, Alcan, 1898),页 150 以下。——在《辩证法与社会学》(*Dialectique et Sociologie*, Flammarion, 1962)一书中,作者古尔维奇(Georges Gurvitch)似乎在很多关键问题上都重新发现了一种与塔尔德的灵感相近的启发。

"语言中只有差异"时,他为何要补充说这些差异"没有积极要素"、"永远是否定的"?① 特鲁别茨柯依为何要把"对语言具有构成性作用的'差异观念''假定了对立观念'"当成神圣原则?事实表明的恰恰是上述见解的反面。无论是索绪尔的说法还是特鲁别茨柯依的说法,它们是将现实的意识与表象的观点重新引入到本应是对无意识的语言学**理念**的超越性探索的活动当中,这种活动实际上就是与语言的爆心(point zéro du langage)相关的言语之最高运用。当我们将差异解释成否定之物,解释成某种受对立范畴支配的东西时,我们已经站在了听者一边。而且,这个听者甚至并未听清,他还在多种可能的当下解释之间犹豫不定,并试图通过造成对立而在这些解释中自我"认定"。我们站在了语言的倒像一边,而不是站在讲话者或意义指定者一边。我们已经背叛了语言游戏的本性,也就是说,背叛了这种组合法的意义、这些命令或语言学掷骰子的意义。它们就像是阿尔托的呐喊,只能被在超越性运用中讲话的人领会。简而言之,在我们看来,将差异表达为对立的行为绝不只是术语或惯例的问题,它直接关涉语言与语言学**理念**的本质。一旦人们把差异解读为对立,它本身的厚度——它正是在这厚度中肯定了自身的实定性——就被剥夺了。[265]现代音位学缺少一个阻止差异在唯一的平面〔同一性〕上与影子〔对立〕嬉戏的维度。从某种意义上说,这正是语言学家纪尧姆(Gustave Guillaume)在其全部著作中反复申述的,人们直到现在才开始理解这些著作的重要性。因为对立根本不能告诉我们那些被认为是相互对立的东西的本性到底是什么。在特定的语言中具有相关价值(valeur pertinente)的音素选择与作为语法建构元素的词素密不可分。然而,语言之潜能性整体的介入正是在词素的作

---

① 【译按】参索绪尔,《普通语言学教程》,高名凯译,北京:商务印书馆,1999,页167。

用下实现的。词素是通过"微分阈"进行的渐进规定的对象,而且渐进规定本身包含着一种能够测量发生或现实化的纯粹逻辑时间。音素的形式性相互规定指向了这种渐进规定,后者表现了潜能系统对声音质料的作用。而且,只有当人们抽象地考察音素时,也就是当人们将潜能还原为单纯的可能时,它们的关系[比]才会具有空洞对立的否定性形式,因而也就无法占据阈限周围的差异性位置[微分位置]。用差异性位置[微分位置]原则来替换区分性对立原则,这正是纪尧姆著作的基本贡献。① 这一替换得以产生的原因在于形态学并不单纯是音位学的延伸,而是引入了一些真正成问题的价值,这些价值规定了音素的意谓选择(sélection significative des phonèmes)。对我们来说,正是从这一语言学观点出发,非存在才发现了其必然分离〔NE 和 PAS 的分离〕的确认。一方面,这种确认存在于被称为"不调和物"、龃龉物或示差物而非否定之物的 NE 之中,存在于应当被写作"(非)存在"或"?—存在"的成问题的 NE 之中;另一方面,它存在于一个应当被写作"非存在",并且仅仅在被造成的命题中标识着先前过程的结果的"排除性的"PAS 之中。事实上,并非赘词 NE 呈现了一个颇为难解的否定特例;恰恰相反,赘词 NE 乃是原初意义,而否定 PAS 则是从它那里产生出来的结果。不仅如此,作为 NE 的必然结果的 PAS 同时也是一个不可避免的幻相。[266]"Ne……pas"被划分为"成问题的 NE"和"否定性的 PAS",它们是两个从本性上不同的审级,而且后者只有通过背叛前者才能引出前者。

---

① 尤参 Gustave Guillaume,《巴黎研究院语言学学会讲座》(*Conférences de l'Institut de Linguistique de l'Institut de Paris*, 1939)。——人们可以在奥尔蒂格(Edmond Ortigues)的杰出作品《话语与象征》(*Le discours et le symbole*, Aubier, 1962)中看到一种对纪尧姆著作的解说和阐释。同样地,关于赘词 NE 与否定,参奥著,页 102—109;以及,奥尔蒂居所援引的达姆雷特(Jacaues Damourette)与皮雄(Edouard Pichon)的著作《论法语语法》(*Essai de grammaire de la langue française*, éd. d'Artrey, 1911—1952),卷 VI,第 4、5 章。正是达姆雷特与皮雄区分了"不调和的(discordantiel)"与"排除性的(forclusif)"。

否定之发生

否定之物是以如下方式发生的:存在之肯定是以命令性发问的形式存在的发生元素;它们在问题的实定性之中展开;意识命题则是被造就的肯定,它们意指解决实例。但是,每个命题恰恰都有一个否定性复身,这个复身表现着问题在解决领域中的影子。正是通过这种方式,问题透过表象给出的自己的扭曲形象(image déformée qu'en donne la représentation)存在着。"情况并不是这样"这一表述意味着:就一个假设没有表象那些被现实满足了的问题条件(conditions actuellement remplies d'un problème),反而是另一个命题与这些条件对应而言,这个假设就移行(passe)到了否定之物之中。因此,否定之物是成问题者投在命题整体上的阴影,每一个命题都被成问题者统摄为自己的实例。在一般情况下,只要对否定之物的批判仍然只是被赋予了命题之中的现成肯定形式,它就仍然没有效力。只有当对否定之物的批判造成了肯定的发生,且同时造成否定的假象的发生时,它才是彻底的和有根有据的。因为这牵涉到如何应对下述问题:肯定自身如何能够是复多的,或者如其所是的差异如何能够成为纯粹肯定的对象?只有当作为命题样式的肯定将超命题的发生元素(命令性发问或原初的存在论肯定)当作自身产生的出发点,然后通过问题被"做好",通过问题(成问题的**理念**或繁复体、理念的实定性)被规定时,上述情况才会成为可能。实际上,正是在这些条件下,人们应当说命题中的否定之物是站在肯定一边的,但它只是命题须要回应的问题的影子,亦即那生产了肯定的发生性审级的影子。

理念包含了微分比[差异关系]的所有变异性和奇异点的所有分配——它们在不同的秩序中共存并"相互交错"。当**理念**的

第四章 差异的理念综合

潜能性内容被现实化时,比[关系]的变异性化身在了不同的种之中,相应地,与某一变异性的价值对应的奇异点则化身在了那些刻画着具体的种的特征的不同部分之中。例如,颜色的**理念**就是[267]白光,它一方面使所有颜色的发生元素和发生关系在自身中交错,另一方面又要在不同颜色及其各自的空间中被现实化;或者,声音的**理念**,它作为白噪音存在。同样还存在着白社会、白语言(这种"白语言"在其潜能性中包含了所有的音素和关系[比],后者注定要被现实化于不同的语言和同一语言的不同特异部分之中)。因此,伴随着现实化,一种新型的区别,亦即特殊的和部分的区别,取代了流动的理念性区别。我们将**理念**的潜能内容的规定称为微分(différentiation);我们将这一潜能性在不同的种与部分中的现实化称为分化(différenciation)。种与部分正是由于始终与被微分的问题或是被微分的问题条件相关才得以现实化,亦即现实化为问题的解决实例的对应物。问题场域在媒介内部始终作为条件制约着微分,而它也化身于这一媒介当中。这样一来,我们想要表达的一切就是:否定之物既不是在微分过程中显现,也不是在分化过程中显现。**理念**不知道否定。微分过程与对纯粹实定性的描述浑然不分,而这种浑然不分的状态的实现则要通过这样一种问题样式:在这种样式那里,比[关系]与点、地点与功能、位置与微分阈都被指定了;所有的否定性都被排除了,而且这些东西还在发生性或生产性的肯定元素那里发现了自身的源泉。分化过程则与被造就的有限肯定的生产浑然不分,它所针对的是占据着地点与位置的现实项、体现了比[关系]与功能的实在关系。只有当现实的项和实在的关系从被它们现实化的潜能性和它们的现实化运动那里被切割出来时,各种否定形式才会在它们那里出现。在且仅在那时,有限的肯定自身遭到了限制,而且它们还相互对立,并承受着匮乏与缺失的痛苦。简而言之,否定之物始终是派生的和被表象的,它从不是原初的、从不是当前的;相对于否定之物和对立的过程而言,差异与分化的过程始终是第一位的。马克思的评论者们持守着马克思与黑格尔的基本差异,他们有充分的理由提醒我们:处于社会繁复体核心处的分化范畴(劳动分工)在《资本论》中取代了对立、矛盾、异化之类的黑格尔式概念——后者只不过形成了一种[268]假象的运动,而且它们只对抽象结果有价值,但抽象结果已经与它们的生产原则和真实运动分离了。① 这里,差异哲学显然有转变为优美灵魂的话语之忧:差异,只有差异,在社会场所与社会功能的**理念**中和平地共存着……不过,马克思的名字足以防范这种危险了。

一个社会的种种问题在"抽象"劳动形式下的亚结构中被规定,它们通过现实化过程或分化过程(具体劳动的分工)得到解决。但是,问题的影子在那些形成了解决的被分化实例的整体上持存着,与此同时,种种被分化的解决实例造出了一个问题本身的伪造形象。人们并不能说伪造是后来的;它伴随着现实化,它使现实化二重化。问题始终在自身被解决的同时被映射在了假问题之中。因此,从一般的层面上说,解决被一种分割不开的虚假性(fausseté)败坏了。例如,在马克思看来,拜物教就是一种从社会意识中产生的"荒谬性"或"幻相"。但它并不能被理解成一种从意识中诞生的主观幻相,而是一种客观幻相,一种先验幻相,这种幻相的来源是处在现实化过程中的各种社会意识条件。

---

① Louis Althusser、Jacques Rancière、Pierre Macherey、Etienne Balibar、Roger Establet,《读〈资本论〉》(*Lire le Capital*)(关于对立概念、矛盾概念和异化概念的本性与作用,参 Rancière,卷 I,页 141 以下,Macherey,卷 I,页 233 以下,Balibar,卷 II,页 298 以下)。——关于作为历史范畴的"问题—分化"图式,人们可以参考汤因比(Arnold Toynbee)的观点(他的确少有马克思主义之嫌):"我们可以说一个社会在它生存的过程中不断地遇到各种问题,每一个成员必须采取最好的办法自己加以解决。每一个问题的出现都是一次须要经受考验的挑战,在这样一系列的考验中,社会里的各个成员就不断地在前进中彼此产生了分化"(《历史:一篇阐释论文》[*L'Histoire, un essai d'interprétation*, trad. Julia, N. R. F.],页 10[【译按】中译参汤因比,《历史研究(上)》,曹未风等译,上海:上海人民出版社,1986,页 4])。

有一些人，其全部的已分化的社会性实存与他们借以维生的那些假问题联系在一起，另外一些人，其社会性实存完全是在假问题中维持着，这些假问题使他们承受着痛苦并要求他们满足其假冒设定。无意义的所有形态都是在假问题的客观体（corps objectif）中出现的，如：肯定的赝品、元素与关系的畸变、特异者与普通者的混淆。所以，历史同时是无意义、愚蠢的场所和意义的过程。就其本性而言，问题要避开［269］意识，因为意识总要作为虚假的意识存在。拜物教是作为常识或价值认可的社会意识的自然对象。当社会性这一功能被提升到了自身的超越性运用并打破了拜物教常识的统一性时，各种社会问题只能在一种"校正"中被把握。社会性能力的超越对象即是革命。正是在这种意义上，革命是差异的社会性强力，是社会的悖论，是社会性**理念**固有的愤怒。革命绝不是通过否定进行的。我们在确定否定之物的第一个规定时——否定之物即如其所是的问题的影子（ombre du problème en tant que tel）——必然会陷入第二个规定——否定之物是假问题的客观体，它本身即拜物。作为问题的影子，否定之物亦是典型的假问题。进行实践斗争凭靠的不是否定，而是差异及其肯定的强力。而且，正义者的战争就是最高权力的夺取，这种最高权力通过恢复问题的真理性，通过超越意识之表象和否定之形式来评估这一真理性，并最终通过通达问题所倚赖的命令而确定问题。

※

理念与潜能性

我们不断诉诸于潜能。这难道不是重又陷入一种与差异之规定相比更接近未规定的概念模糊中了吗？但这恰恰是我们在谈论潜能时想要避免的。我们已将潜能（virtuel）与实在（réel）对立起来①。现在,这一不甚精确的术语应当得到修正。潜能并不与实在对立,而只与现实(actuel)对立。潜能之为潜能具有充分的实在性。关于潜能,普鲁斯特在讲述共振状态时所说的那些话恰恰应当用在它身上:"虽是实在的,但并不是现实的;虽是理念的,但并不是抽象的";虽是象征性的,但并不是虚构的。潜能甚至应当被界定为实在对象不可或缺的组成部分——仿佛对象将自身的一部分浸在潜能之中,而且还要在这潜能的客观维度之中延续。在对微分学的阐明中,人们始终将微分与"差异的一部分"同等看待。或者——按照拉格朗日的方法——人们追问数学对象的哪个部分应当被视为导数,并且还呈现了有问题的比(les rapports en question)。潜能之实在由微分元素[差异元素]、[270]微分比[差异关系]以及与它们对应的奇异点组成。结构即潜能的实在性。对于那些形成了结构的元素和比[关系],我们既不应当给予它们一种它们并不拥有的现实性,也不应当取消它们所具有的那种实在性。如前所见,相互规定与完全规定的双重过程界定了这种实在性:潜能绝非无规定,它得到了完全的规定。当艺术作品倚仗一个它在其中延续的潜能性时,它不是诉诸于任何混乱的规定,而是诉诸于被完全规定了的结构,该结构是由它的发生性微分元素[差异元素]、"潜能化的"、"胚胎化的"元素形成的。元素、比[关系]的变异性、奇异点共存于作品或对象之中,共存于作品或对象的潜能部分之中,而且人们无须指定一个优先于其他观点的观点,一个对其他中心具有统一作用的中心。但是,人们如何能够同时言及"完全规定"和"只是对象的一部分"? 规定应当是对象的完全规定,但它却只是形成了对象的一个部分。根据笛卡尔在《致阿尔诺的信函》(*Réponses à Arnauld*)中的提示,这是因为人们

---

① 【译按】参本书第二章中有关"潜能对象(objet virtuel)/虚焦点"和"现实对象(objet réel)/实焦点"的讨论。

应当仔细地区分作为完全者(complet)的对象和作为完满者(entier)的对象。完全者只是对象的理念性部分,它在理念中与对象的其他部分(其他比[关系]、其他奇异点)共存,但它从未构成一个完满的东西。完全规定所缺少的正是专属于现实实存的规定之整体。一个对象可以是 ens[拉:存在者],或者毋宁说是(non)-ens omni modo determinatum[拉:以一切方式被规定的(非)存在者],它不必得到完满的规定或者现实地实存。

潜能之实在性: ens omni modo…
[拉:以一切方式……存在者]

因此,对象还有另外一个部分,一个被现实化所规定的部分。数学家问道:什么是被原函数表现的另一个部分? 就此而言,积分绝不是微分的反面,它毋宁说是形成了一个源始的分化过程。当微分规定了作为问题的**理念**的潜能性内容时,分化则(通过局部积分)表现了这一潜能存在的现实化和解之构成。分化是差异的第二个部分。为了意指完整的、整全的对象,有必要形成 $\frac{微分}{分化}$(différen$\frac{t}{c}$iation)这一复合概念。这里,微分之"分"(t)与分化之"分"(c)是差异自身的示差特征(trait distinctif)或音位学之比(rapport phonologique)。一切对象都是双重对象,但它的两半却并不类似:一半是虚像(image virtuelle),一半是[271]实像(image actuelle)。这两半不相等、不成对。微分自身已然拥有两个方面:一个方面对应比[关系]的变异性,一个方面对应取决于每一变异性的值的奇异点。分化自身同样拥有两个方面:一个方面关涉着将变异性现实化的各种质或种,一方面关涉着将奇异点现实化的号数或不同部分。例如,作为微分比[差异关系]的系统的基因同时化身在了种和组成种的有机体部分之中。一般说来,一切质都会指向奇异性所界定的空间,而奇异性对应于化身在这种质之中的微分比［差异关系］。例如，拉韦尔（Lavelle）和诺盖（Nogué）的研究已经清楚地表明存在着专属于质的空间，以及这些空间是通过什么样的方式在奇异性的邻域被构建起来：因此，质的差异始终被空间性差异（diaphora［差异、运送］）所支撑。此外，画家的反思教给了我们有关"每一种颜色的空间，以及这些空间在一件作品中的接合"的一切。只有当每个种的各个部分都已被分化时，种本身才被分化。分化始终同时是种和部分的分化、质和广延的分化：质化（qualification）或是特殊化，但同时还是部分化或组织化。这样一来，分化的两个部分怎样才能和先前论述的微分的两个部分结合起来（s'enchaînent）？组成对象的不相似的两半如何相互接合（s'emboîtent）？质和种以现实的样式体现了比［关系］的变异性；有机体部分则体现了相应的奇异性。但如果从两个相互补充的视角着眼的话，我们就可以更加清楚地说明这种接合。

微分与分化；对象的两半

一方面，虽然完全规定对奇异性进行了微分，但它所针对的只是它们的实存与分配。奇异点的本性只能由奇异点邻域的积分曲线的形状来说明，也就是说，它们只能根据现实的或被分化的种和空间来得到说明。另一方面，可规定性、相互规定、完全规定这些充足理由的本质方面在渐进综合中发现了自身的系统统一性。实际上，规定的相互性既不是指倒退，也不是指停滞，而是指真正的前进——在这里，诸交互项应当逐渐被获得，而比［关系］自身则应当被置于这些项之间。规定的完全性仍然内含着［272］添加体的渐进性。通过由 A 走到 B，再由 B 返回 A，我们无法像在赤裸的重复中那样重新找到一个出发点；在 A 与 B、B 与 A 之间，重复不如说是一个问题场域之整体的渐进过程或渐进描述。这就像在维

第四章　差异的理念综合

特拉克（Vitrac）的诗歌中那样，每一个不同步骤（démarche）①（**书写、做梦、遗忘、追寻**其反面、将其**幽默化**，最终**通过分析而重新发现它**）都形成了一首诗，它们将诗歌整体渐进地规定为**问题**或**繁复体**。正是在这种意义上，一切结构都根据这种渐进性而拥有了一种纯粹逻辑的、理念的或辩证的时间。但这一潜能的时间本身规定了一种分化的时间，或不如说是节奏，是多种现实化的时间。这些现实化的时间对应着结构的比［关系］和奇异性，而且还度量着从潜能到现实的过渡。在这个方面，以下四个词是同义的：现实化、分化、积分［整合］、解决。对于潜能来说，被现实化即被分化，这是由它的本性决定的。每一分化都是一种局部积分［整合］、一种局部解决。在解决之整体或全局性积分［整合］中，它与其他的积分［整合］或解决组合在了一起。因此，在生命体中，现实化过程同时呈现为：（1）各个部分的局部分化；（2）内部环境的全局性形成；（3）对一个在有机体的构成场域中提出的问题的解决。② 有机体不是别的，就是问题之解决（有机体的每一个被分化的部分同样也是如此，譬如眼睛解决了光的"问题"）。如果具有一般有效性或总体调节能力的内部环境不存在的话，有机体中的任何东西、任何器官，都无法被分化（在这里，相对于一个要被建构的有机体、亦即一个须要解决的问题的命令而言，生命中的对立与矛盾的否定性形式，亦即障碍和需求，仍然是次要的或派生的）。

---

① 【译按】此处暗示的是维特拉克的《一首诗的步骤》（*Démarches d'un poème*, 1931）。

② 关于内部环境和分化的相关关系，参 François Meyer,《进化问题》（*Problématique de l'évolution*, Presses Universitaires de France, 1954），页 112 以下。——有一些研究者最为彻底地主张将生命设定为"问题"（机械论问题、动力论问题，或原本的生物学问题），奥斯伯恩（H. F. Osborn）就是其中之一，参氏著《生命的起源与进化》（*L'origine et l'évolution de la vie*, 1917, trad. Sartiaux, Masson éd.）。例如，若要研究不同类型的眼睛则必须根据一个一般的物理—生物学问题，以及该问题的条件在各种动物类型中的变异。解决的规则便是：每一个解决都至少包含着一个优点和一个缺点。

每一半的两个方面

在所有这一切中,唯一的危险就是将潜能与可能混为一谈。因为可能与实在相对立,所以可能[273]的过程是一种"实在化(réalisation)"。与此相反,潜能并不与实在对立,它自身就具有充分的实在性。它的过程是现实化(actualisation)。如果认为这不过是语词层面的争执可就大错特错了:这牵涉到了实存本身。每当我们以可能与实在为依据来提出问题时,我们总是被迫将实存构想成一种原始的发生(surgissement brut),一种总是在我们背后进行的纯粹行动或跳跃,它们服从于全有或全无的法则(loi du tout ou rien)。如果非实存者已经是可能的,已经被集聚于概念之中,并具有了概念将其作为可能性而赋予它的所有特征,那么实存者与非实存者之间又有什么差异?① 实存与概念是相同的,但前者被置于概念之外。因此,人们将实存设定在空间与时间之中,但这里的空间与时间只是无差异的媒介,也就是说,这里并没有在一种呈现实存特征的时空中发生的实存之生产(production de l'existence)。差异只能是被概念规定的否定者:要么是可能之物的互相限制(为了被实在化),要么是可能与实在之实在性的对立。与此相反,潜能是**理念**的特征;实存正是以其实在性为出发点才被生产出来,而且它是按照一种内在于**理念**的时空被生产出来的。

潜能与可能的区别

其次,可能与潜能之所以要区分开来,是因为前者指向的是概

---

① 【译按】参康德,《纯粹理性批判》,前揭,A599/B627,页476:"现实的东西所包含的绝不会比单纯可能的东西更多。一百个现实的塔勒所包含的丝毫也不比一百个可能的塔勒更多。"

念中的同一性形式,而后者则意指着**理念**中的纯粹繁复性,这种繁复性从根本上排除了作为先在条件的同一。最后,就可能想要使自身"实在化"而言,它被构想成了实在的影像,而实在则被构想成了可能的类似物。因此,人们几乎不明白,实存通过用相似物来使相似物二重化,这究竟给概念增添了什么?这便是可能的缺陷——这一缺陷揭露了可能只是事后产生的,被回溯地制造的,它本身只是与其类似之物的影像。与此相反,潜能之现实化始终是由差异、发散或分化造成的。现实化同时切断了自身与作为过程的类似性的关系和与作为原则的同一性的关系。现实的项从不与被它们现实化的潜能性类似:质与种不与它们体现的微分比[差异关系]类似;部分不与它们体现的奇异性类似。就此而言,现实化、分化始终是真正的创造。它并不是通过限制一种先存的可能性产生出来的。以下行为是矛盾的:既谈到"潜势"——像某些生物学家所做的那样——又要用一种全局性力量的简单限制来界定分化[274],仿佛潜势与逻辑可能性是一回事。对于潜势之物或潜能之物来说,"被现实化"始终是去创造那些既与潜能的繁复体对应又不与它们类似的离散线。潜能之物具有一项须要完成的任务的实在性,具有一个须要解决的问题的实在性。正是问题引导、规定、造就了解决,但解决并不与问题之条件类似。从分化的观点看来,柏格森亦有理由说:甚至那些在离散的进化线上涌现出来的类似性(例如作为"相似的"器官的眼睛)都应当首先与生产机制中的异质性关联在一起。并且,也正是在同一种运动中,应当将差异对同一性的从属与差异对近似性的从属颠倒过来。不过,这种没有类似性的对应或创造性的分化到底是什么?那统一了《创造进化论》和《物质与记忆》的柏格森式图型发端于对一种巨大记忆的解说(亦即由"圆锥"所有断面的潜能性共存所形成的繁复体,"圆锥"的每一个断面都是其他所有断面的重复,而且它们完全是通过比[关系]的秩序和奇异点的分配才相互区分开来)。随后,这一记忆的潜能之物(virtuel mnémonique)的现实化显现为离散线的创造。每一条离散线都对应着一个潜能的断面,而且它还表现了一种解决问题的方式。而这一切得以实现的条件是:专属于被考察的断面的比[关系]的秩序和奇异性的分配化身于已分化的种和部分之中。① 存在于潜能之中的差异与重复为现实化过程或作为创造的分化过程奠定了基础,它们从而取代了可能的同一性与类似性,后者只能引起伪运动,亦即作为抽象限制的实在化的虚假运动。

微分的[差异的]无意识;清楚—模糊

既然潜能之物与可能之物、**理念**秩序与概念秩序之间的任何迟疑都会取消潜能之物的实在性,这种迟疑因而是具有毁灭性的。人们在莱布尼茨哲学中便发现了[275]这样一种摇摆不定的迹象。每当莱布尼茨谈到**理念**时,他总是将它们描述成一些由微分比[差异关系]和奇异点形成的潜能繁复体。而且,思想是在一种接近于睡眠、晕眩、失神、死亡、失忆、低语或迷醉的状态下领会它们的……② 但是,**理念**被现实化的场所却被构想为一个可能之物、一个被实在化了的可能之物。这种可能与潜能的迟疑说明,在探索充足理由的道路上,既没有人比莱布尼茨走得更远,也没有人再像他一样坚持使这一充足理由服从于同一之物的幻相。没有人比他更接近**理念**中的非本质矛盾运动(mouvement de la vice-diction),但也

---

① 柏格森既是将可能之批判推进得最远的作者,又是最为频繁地援用潜能概念的作者。从《直接与料》(*Données immédiates*)开始,绵延就被界定为一种非现实的繁复体(Editions du Centenaire,页 57)。在《物质与记忆》(*Matière et mémoire*)中,纯粹回忆的圆锥及其断面,以及每一断面上的"闪耀点"(页 310)既是完全实在的,又是单纯潜能的。并且,在《创造进化论》(*L'évolution créatrice*)中,分化、离散线之创造被构想为一种现实化,每一条现实化之线似乎都与圆锥的一个断面对应(参页 637)。

② Leibniz,《人类理智新论》(*Nouveaux essais sur l'entendement humain*),第二卷,第 1 章(【译按】中译参莱布尼茨,《人类理智新论》,前揭,页 85)。

第四章 差异的理念综合

没有人像他那样努力维持所谓的表象的权利——即使是使表象成为无限的表象。没有人比他更清楚如何使思想浸没在差异元素中，并给予思想一种微分的[差异的]无意识，使它被奇异性那弱小的微光包围。但所有这一切都是为了拯救与重组一种笛卡尔式自然之光的同质性。实际上，作为良知或常识的最高表象原则正是在笛卡尔那里出现的。我们可以将这一原则称为"明白与清楚"的原则或明白与清楚的正比例原则：一个观念（idée）的明白程度越高，它的清楚程度也就越高；明白—清楚构成了这道自然之光，其使思想在所有能力的共通运用中成为了可能。然而，面对着这条原则，我们实在不能夸大莱布尼茨在其观念逻辑中不断提到的一则评论的重要性：一个明白的观念本身就是含混的，它是作为明白之物的含混之物。① 这一评论无疑可以与笛卡尔式的逻辑和解，而且它仅仅是指：一个明白的观念之所以是含混的，是因为它的所有部分尚未达到应当的明白程度。而且这难道不是莱布尼茨本人最终所倾向的阐释吗？然而，它难道不可以有另一种更为激进的阐释吗：在明白与清楚之间有一种本性的差异（而非程度的差异），因此明白本身就是含混的，相应地，清楚本身就是模糊的？这种与明白—含混相照应的清楚—模糊是什么？让我们再次回到莱布尼茨论述大海之"低语"的著名段落；这里仍然存在两种可能的阐释。或者是：我们认为整体声音的统觉（aperception）②既是明白的，又是含混的（不清楚的），因为具有组成性作用的微知觉本身不是明白的，而是模糊的。或者[276]是：我们认为微知觉本身是清楚的和模糊的（不明白的）。之所以是清楚的，是因为它们把握了奇异性和微分比[差异关系]，之所以是模糊的，是因为它们尚未"被辨别"，尚未

---

① 【译按】参莱布尼茨，《人类理智新论》，前揭，页274："复杂观念可以是一方面非常明白非常清楚，另一方面又非常模糊和非常混乱"。

② 【译按】参莱布尼茨，《人类理智新论》，前揭，页40，脚注②。

被分化——并且,这些被凝结的奇异性规定了一个与我们的身体相关联的意识阈,它就像一个分化阈,微知觉正是以它为出发点开始被现实化的,但它们是在一种自身即是明白的和含混的统觉中被现实化的(明白,因为统觉已被辨别或已然分化;含混,因为它是明白的)。所以,问题被提出的根据不再是部分—整体(从一种逻辑可能性的观点看来),而是潜能—现实(微分比[差异关系]的现实化、奇异点的具体化)。这样一来,常识中的表象的价值分裂为悖识中的两个不可还原的价值:一个只能作为模糊之物的清楚之物(它越是模糊就越是清楚)和一个只能作为含混之物的明白—含混的东西。清楚与模糊是**理念**的特征。这正意味着理念既是实在的又是非现实的,既是已微分的又是未分化的,既是完全的又是不完满的(Idée est réelle sans être actuelle, différentiée sans être différenciée, complète sans être entière)。清楚—模糊是哲学原本意义上的迷醉与晕眩,或是狄奥尼索斯式**理念**。因此,莱布尼茨差一点儿就在海岸或水磨①旁与狄奥尼索斯相遇了。而且,为了思维狄奥尼索斯式**理念**,阿波罗或明白—含混的思想者必须存在。但二者永远不会为了重新构成一道自然之光而重新统一在一起。他们毋宁说是在哲学语言中组成了两种被译成密码的语言,而这正是为了诸能力的发散运用:风格之龃龉(le disparate du style)。

※

作为理念之现实化过程的分化

现实化是如何在事物自身中产生的? 分化为何相应地是质化和组合,特殊化和组织化? 为何要沿着两条互补的道路产生分化? 在

---

① 【译按】参莱布尼茨,《人类理智新论》,前揭,页 89:"在灵魂之中也有某种东西在进行,相当于身体中血液的循环和脏腑的一切内部运动,对这些我们确实察觉不到的,正像那些住在水磨附近的人听不到水磨发出的噪音一样"。

比现实的质和广延、现实的种和部分更为深邃的地方存在着时空动力(dynamismes spatio-temporels)。正是这种动力发挥着现实化或分化的作用。虽然时空动力在通常情况下总是被已构成的广延和质覆盖着,但人们应当在所有领域中恢复它们。胚胎学家们清楚地表明:相对于自由表面的增大、细胞膜[277]的伸长、胚胎内褶的陷入、细胞群的区域性移置这些更有意义的形态发生运动,一个受精卵分裂为各个部分的运动仅居于次要地位。一整套卵的运动学(cinématique de l'œuf)出现了,它内含着一种动力。这种动力仍然表现着某种理念性的东西。运送(transport)是狄奥尼索斯式的和神圣的,它在成为局部转移(transfert)前首先是迷狂。因此,各种类型的卵得以区分开来的依据是方向、发育轴,以及微分的[差异的]速度和节奏,后者是某一结构的现实化活动的初始因素,它们创造出了专属于被现实化之物的空间和时间。贝尔(Baër)由此得出了如下结论:一方面,分化的方向是从一般性高的东西到一般性低的东西,因为大类(grands types)或门的动力结构特征出现在种、属,甚或纲的单纯形式特征之前;另一方面,大类间的断裂或这些动力的不可还原性特别限制了进化的可能性,并将种种现实的区别强加到**理念**之间。然而,这两个方面引发了很多重要问题。首先,只有对于一个从外部进行静观的成年观察者来说,贝尔所谓的最高一般性才算得上是一般性。就一般性高的东西自身而言,它们被其个体化场域中的个体——胚胎(individu-embryon)实际经验着。此外,正如贝尔的学生维亚勒东(Vialleton)指出的那样,它们只能被实际经验,并且只能被个体—胚胎实际经验:有些"事物"只有胚胎才能制造,有些运动只有胚胎才能进行或承受(以乌龟为例,它的前肢经受了180度的相对移置,或者,它的脖子内含着数目可变的原脊椎的向前滑动)。① 胚胎的功绩和命运

---

① Louis Vialleton,《四足脊椎动物的四肢与诸带》(*Membres et ceintures des vertébrés tétrapodes*, Doin, 1924),页600以下。

便是去实际经验那不可实际经验者本身(vivre l'inviable comme tel),去实际经验那打碎任何骨骼或打破韧带的强迫运动的力度。分化的确是一个断续发生的渐进过程:在特殊化的领域中,大类的特征出现在属和种的特征之前;而在组织化的领域中,任何芽(bourgeon)在成为右爪或左爪前首先是爪芽。但是,这种运动所表示的与其说是一般性差异(différence de généralité),不如说是本性差异(différence de nature);人们与其说是在一般性最低的东西下面发现了一般性最高的东西,不如说是在那些关涉着既成的质与部分的形态学的、组织学的、解剖学的、生理学的特征下发现了纯粹的时空动力(胚胎所实际经验之物)。[278]分化与其说是从一般性较高的东西发展到一般性较低的东西,不如说是根据渐进规定并依照初始的现实化因素从潜能之物发展到现实之物。这里,"一般性"概念的不足之处便是容易引起潜能和可能的混淆——前者经由创造而被现实化,后者经由限制而被实在化。并且,先于作为质和部分的一般支撑者的胚胎,存在着作为个体性主体和时空动力承受者的胚胎,后者乃是幼生的主体。

至于另一个方面,亦即进化之可能性的方面,我们应当根据各种前—进化论论战来对其进行思考。居维叶与若弗鲁瓦·圣伊莱尔的激烈论战针对的是组合单位(unité de composition):是否有一个作为普遍动物**理念**的**动物自身**(Animal en soi)——或者说,门是否在不同的动物类型之间引入了无法跨越的鸿沟?这一讨论在折叠(pliage)中发现了自身的方法和诗意的考验:某物是否能够通过折叠而由**脊椎动物**转变为**头足纲动物**?人们是否能够通过折叠而使脊椎动物脊柱的上下两个部分合拢、使头朝向脚、使骨盆朝向颈项、使内脏消解,从而将它转变为头足纲动物?居维叶并不认为折叠具有这样一种能力。而且,当这种考验甚至要将动物还原为骨骼时,又有什么动物能够承受它?实际上,若弗鲁瓦并不是要让折叠确实地实行这种转变,他的论证更为深刻:存在着种种发育时间,它们使某种具体的动物停止在某一具体的组合程度上("如果器官 B 没有产生,如果发育停止得过早,妨碍了它的产生,器官 A 与器官 C 便处在一种异常的关系中")。① 时间性因素的引入具有根本意义,尽管若弗鲁瓦是在停止(arrêts)的形式下,亦即在这样一些渐进阶段的形式下来构想它,其在所有动物全都具备的可能之物的实在化活动中被排序。至于使进化找到一条制约它的原则,给予时间其真正的创造性现实化意义就足够了。因为,从现实化的观点看来,如果空间方向的动力规定了一种类型的分化,那么内在于这些动力的或快或慢的时间则为如下两种过渡奠定了基础(要么是通过放慢,要么是通过加速):一种是从一些类型到另一些类型的过渡,另一种是从一个被分化的类型到另一个被分化的类型的过渡。[279]根据各种加速或延迟的理由,人们用缩合或舒张的时间创造着其他空间。在幼态持续(néoténie)中,甚至连停止都承担了创造性现实化的一个方面。虽然各种不同的动力是不对称的、在空间上是无法相互还原的,而且是完全被分化的(甚至毋宁说是进行分化活动的主体),但从原则上说,时间性因素还是使它们的变化(transformation)成为了可能。正是在这种意义上,佩里耶(Perrier)在动物界的门的起源处看到了"加速重复"(急速发生)的现象,并且在大类出现的早发性(précocité)中发现了一种对进化本身的优越证明。②

动力或戏剧

整个世界就是一个卵(Le monde entier est un œuf)。种与部分

---

① Etienne Geoffroy Saint-Hilaire,《动物学哲学原理》(*Principes de philosophie zoologique*, Paris, 1830),页 70。——本书集结了若弗鲁瓦与居维叶的论战文本。

② Edmond Perrier,《动物群体与有机体的形成》(*Les colonies animales et la formation des organisms*, Masson, 1881),701 页以下。

的双重分化始终假定了时空动力。假设 24 个具有相似特征的细胞元素的分裂：还没有任何人告诉我们这种分裂是凭靠什么动力过程实现的，是 2×12、还是 (2×2) + (2×10)，还是 (2×4) + (2×8)……？如果运动与方向或空间中的运行线(tracés)没有给予柏拉图式划分一种动力过程，那么柏拉图式划分便不具有任何将两方面分别开来的规则。所以，就钓鱼而言：是网捕还是打击？是从上至下打击还是从下至上打击？① 对**理念**的现实化进行规定的是动力过程。但是，这些动力过程究竟与**理念**发生了什么样的关系？时空动力就是戏剧(drames)，它们将**理念**戏剧化。一方面，它们创造、开辟了一个空间，这个空间对应于有待被现实化的微分比[差异关系]和特异性。正如吕耶尔(Raymond Ruyer)表明的那样，当一种细胞移置发生时，这是一个"角色"根据有待被现实化的结构性"主题"提出的要求，是它规定了状况而不是状况规定了它。② 世界是一个卵，而卵本身则是一个剧场(théatre)：在这个上演着戏剧的剧场中，角色胜过了演员，空间胜过了角色，**理念**胜过了空间。此外，根据某一**理念**及其与其他**理念**的关系[比]的复杂性，戏剧化在多个层面上展开：在一个内空间(espace intérieur)的构成中，但亦在该空间散布在外部广延之中、占据广延的一个区域的方式中(la manière dont cet espace se répand dans l'étendue externe, en occupe une région)。例如，人们不能将某一颜色的内空间与[280]它占据广延（颜色在该广延中进入到了与其他颜色的关系之中）的方式混为一谈，即使这两个过程有着高度的亲和性。某

---

① 【译按】参柏拉图，《智者》，前揭，221a，页 10—11。

② Raymond Ruyer，《生命形式的发生》(*La genèse des formes vivantes*, Flammarion, 1958)，页 91 以下："将分化看作由种种相等的划分造成的状况差异(différences de situation)的结果，这并不能让我们参透分化的奥秘……"——吕耶尔深刻地分析了潜能和现实化这两个基本概念，就此而言，他丝毫不逊于柏格森。吕耶尔的全部生物哲学的基础就是潜能和现实化的概念与"主题"的观念：参《精神生物学原理》(*Eléments de psycho-biologie*, Presses Universitaires de France, 1946)，第四章。

第四章　差异的理念综合

一生物并不只是在发生学的层面上由那些规定它的内环境的动力界定,因为在生态学的层面上(écologiquement),它还要由一些外部运动界定,这些外部运动支配着它在广延中的分配。种群的运动学和卵的运动学在互不类似的条件下接合在了一起;隔离的地理过程(processus géographique d'isolation)既是种的形成者又是内部的发生性变异,并且前一个方面往往先于后一个方面。① 如果人们考虑到内空间本身就是由一些应当被局部地整合、接合的复多空间所构成;如果人们考虑到这种以多重方式产生的接合把事物或生物推到了它们的界限,使它们与外界发生了接触;如果人们考虑到这种与外界的接触、这种与其他事物和其他生物的关联本身内含着一些本性上不同于先前的整合与接合的全局性连结或整合,那么一切都变得更加复杂了。到处都有多重层面上的演出。

另一方面,动力既是空间性的又是时间性的。它们既构成了现实化或分化的时间,又开辟了现实化的空间。既被相互规定又被完全规定的结构元素之间存在着各种微分比[差异关系],后者已经开始被各种现实化空间体现。而分化的时间则体现了结构的时间或渐进规定的时间。根据这些分化的时间在**理念**的现实化中发挥的作用,它们可以被称为微分节奏[差异节奏]。最终,我们在种和部分下发现的只有这些时间,这些增长率,这些发育速度,这些放慢与急促,这些孕育周期。"只有时间对某一发问做出了应答","只有空间对某一问题进行了解决",这些并非虚妄之言。我们来举一个有关不可繁殖性和可繁殖性的例子(雌性**海胆**和雄性**环节动物**)——问题:某些双亲的染色体是并入了新的细胞核之中还是分散到了原生质当中?——发问:这些染色体到来得足够早吗?但这种区分必然是相对的;动力兼具时间性和空间性,它是时—空的(这里,细胞分裂的纺锤体的形成、染色体的一分为

---

① Lucien Cuénot,《种》(*L'espèce*, Doin, 1936),页241。

二,亦即将染色体置于纺锤体的两极的运动),这一点显而易见。〔时间与空间的〕二元性在现实化过程[281]中并不存在,它仅仅在现实化的结果中存在,存在于种和部分这些现实项之中。既然种指的是部分的质,一如部分指的是种的数目,所以这里牵涉的不是一种实在的区别,而是一种严格的互补性。当各个部分对动力的空间进行切分时,种恰恰将动力的时间集聚在了一个质(狮性、蛙性)之中。质不但始终在空间中闪烁,而且它的持续时间就是这一空间的全部时间(dure tout le temps de cet espace)。简而言之,戏剧化即是分化之分化(la dramatisation, c'est la différenciation de la différenciation),这种分化之分化兼具质和量两个维度。不过,我们之所以说"兼具",是因为分化沿着两条相互对应的道路自我分化——种和部分、特殊化和部分化。正如存在着集聚了不同之物的差异之差异,同样存在着整合和接合了已分化之物的分化之分化。就戏剧化不可分割地体现了**理念**的两大特征而言,产生上述结果是必然的。这两大特征亦即微分比[差异关系]和相应的奇异点,前者被现实化于种之中,后者被现实化于部分之中。

这些时空动力规定难道不已经是康德所说的图型(schèmes)了吗? 不过,这二者之间存在着巨大差异。图型的确是时间之规定与空间之建构的规则,但它是相对于作为逻辑可能性的概念被思考和应用的;即使在它将逻辑可能性转变为先验可能性时,这种参照仍然处于它的本性中。它在时空关系与概念的逻辑关系间建立起了一种对应关系。尽管如此,人们不知道外在于概念的它如何能够保证知性与感性的和谐,因为除非乞灵于奇迹,否则它无法保证自身与知性概念的和谐。图型论拥有巨大的力量:正是因为它,一个概念才能够根据一种类型学被划分、被特殊化。概念本身完全没有能力自我特殊化和自我划分;正是那些时空动力,在图型下作为一种隐蔽的技艺、一个施行分化者发挥着作用。没有它们的话,人们就要始终停留在亚里士多德为反对柏拉图式划分而提出的问题那里:两个一半从而何来?不过,图型无法说明这种伴随着它发挥作用的强力。当人们不再把动力设定为概念的图型,而是把它设定为**理念**的戏剧时,情况便完全不同了。因为即便动力外在于概念(如此一来它便是图型),它仍内在于**理念**(如此一来它便是戏剧或梦)。[282]种被划分为不同的系统(lignées),"林奈种"被划分为"约尔丹种",概念被划分为各种类型,但这些划分所拥有的标准与被划分者所拥有的标准并不相同,它们与被划分者并不同质。在外在于概念且内在于支配着划分的**理念**的领域中,划分被确立起来。动力因而包含着专属于它的规定时空的强力,因为它直接体现了微分比[差异关系]、奇异性和内在于**理念**的渐进性。① "最短的"并不只是"直线"概念的图型,它还是线的**理念**的梦、戏剧或戏剧化,因为它表现了直线和曲线的分化。我们区分了**理念**、概念和戏剧:戏剧的作用在于通过体现微分比[差异关系]与**理念**之奇异性来使概念特殊化。

戏剧化的普遍性

戏剧化不仅在睡梦者的头脑中发生,而且还要经受学者那批判性目光的审视。它在概念以及概念所归摄的诸表象下产生作用。当人们发现了事物之现实构成的动力空间和动力时间时,这个事物就既不能像处在概念中那样保持自身的同一性,也不能像处在表象中那样维持自身的近似性。"山丘类型(type colline)"只是一种以平行线为轨迹的漫流,"山坡类型(type côte)"则是一种坚硬地层的露头——岩石在与山丘垂直的方向上沿着这些坚

---

① 此外,康德的图型论是在两个方向上被超越的:一个方向朝向**辩证理念**,它本身就是自己的图型,并且还保证了概念的特殊化(《纯粹理性批判》,先验辩证论附录,"人类理性的自然辩证论的终极意图");另一个方向朝向**审美理念**,它使图型服务于更为复杂、更具包罗性的象征过程(《判断力批判》,§49 和§59)。

硬地层下陷;但是,最为坚硬的岩石本身,在构成了它们的现实化时间的百万年的范围内,也变成了流动的物质。它们在那些作用于它们的奇异性之上的极为微弱的压迫下流动着。任何类型学都是戏剧性的,任何动力都是一场灾难。在这一作为混沌宇宙的世界之诞生中,在这些无主体的运动的世界中,在这些无演员的角色的世界中,必然有某种残酷之物存在。当阿尔托谈到残酷戏剧时,他只用一种极端的"决定论"(déterminisme)来界定它,就时空规定体现了一个自然的或精神的**理念**而言,这种极端的决定论是时空规定(détermination)的决定论,它就像是一个"动荡不安的空间",就像是能够直接触及有机体的旋转的、造成伤害的万有引力运动,就像是没有作者、没有演员、没有主体的纯粹演出。只有以那些[283]调动、损害了整个躯体的扭曲和移置为代价,人们才能挖空空间,才能加快或放慢时间。那些穿透了我们的闪耀点,那些颠倒了我们的奇异性,到处都是乌龟的脖子和其原脊椎动物的令人眩晕的滑行。甚至连天空也承受着那些将**理念**刻入它的肉身之中、如同"演员—太阳"一般的方位基点与星座——所以,虽然存在着演员和主体,但它们是幼体,因为只有它们能够承受运行线、滑动与旋转。若到成熟之后就太晚了。并且,一切**理念**都使我们成为摧毁**我**的同一性与自我的类似性的幼体。这正是人们在谈论发育的倒退、固定或停止时所表达的东西。因为我们不是被固定在了某一状态或环节上,而是始终被如同凝视之微光(lueur d'un regard)一般的**理念**所固定,始终在某一正在发生的运动中被固定。**理念**不是别的,就是维利耶·德·利尔-阿达姆(Villiers de l'Isle-Adam)所说的固定的、残酷的**理念**。对于那归属于**理念**的东西来说,人们始终是被动者。但这并不是一种普通的被动或固定。固定者并非现成的或既成的东西。当我们仍然是,或者重又变为胚胎时,我们借助的是纯粹的重复运动,这种运动将自己与一切倒退从根本上区分开来。当我们仍然

第四章　差异的理念综合

停留在概念的表象当中时,幼体却用自己的肉身承负起了**理念**。虽然幼体对可能之物的领域一无所知,但它们却靠近了潜能之物,而且它们承载着潜能之物的最初的现实化并且将这种承载视为自己的选择。**水蛭**与**更高的人**保持着亲密的关系,①它们既是梦又是科学,既是梦的对象又是科学的对象,既是咬啮又是认识,既是口又是脑(佩里耶谈到过**脊椎动物**与**环节动物**的口与脑的冲突)。

虽然一个**理念**在多重层面上被戏剧化,但分属不同秩序的戏剧化不仅交相呼应,而且还穿过了一个又一个的层面。以岛的**理念**为例:地理的戏剧化分化了它,或是根据两个类型划分了它的概念——一个类型是原初的海洋类型,它与火山爆发、露出水面联系在一起;另一个类型是派生的大陆类型,它指向了脱节、断裂。但是,岛的梦者(rêveur de l'île)重新发现了这一双重动力,因为他既梦见自己在一次漫长的漂流后无限地远离大陆,又梦见自己在一个根本的基础上绝对地重新开始。② 人们经常指出男女的全局性行为倾向于再生其生殖器官的运动,而他们的生殖器官的运动则再生了细[284]胞元素的动力:三种不同秩序的戏剧化(精神的戏剧化、有机体的戏剧化、化学的戏剧化)相互呼应。如果"探索潜能之物直至其重复的基底"是思想的任务,那么"以这些重演或回声为着眼点把握现实化过程"则是想象力的任务。正是想象力穿过了一个又一个领域、秩序和层面,推倒了一块又一块隔板,同外延于世界,指引我们的身体,激发我们的灵魂,领会着自然与精神的统一性,它是不断从科学走向梦,又从梦走向科学的幼生意识(conscience larvaire)。

---

① 【译按】参尼采,《查拉图斯特拉如是说》,前揭,"水蛭"(页404—409)与"论更高的人"(页462—476)两章。

② 【译按】参德勒兹,〈荒岛存在的因由〉,董树宝译,载《〈荒岛〉及其他文本:文本与访谈(1953—1974)》,南京:南京大学出版社,2018,页5—7。

$\frac{微分}{分化}$的复杂概念

现实化依循空间、时间、意识三个系列进行。一切时空动力都是一种初级意识(conscience élémentaire)的出现。这种意识指明了各种方向,将运动与移动二重化,并在与物体或对象(它是这物体或对象的意识)相关的被凝聚的诸奇异性的阈限处产生。只说意识是对某物的意识还不够,①因为它还是这某物的复身。而且,每一个事物都是意识,因为每一个事物都具有一个复身,即使这个复身是远离它的、完全陌生的。重复无处不在,它既处于被现实化的事物中,又处于现实化活动之中。它首先处于**理念**之中,它遍历了比[关系]的变异性与奇异点的分配。它同时也规定了空间与时间的再生,规定了意识的恢复。但在所有这些实例中,重复都是差异与分化的强力:它要么凝聚了奇异性,要么加快或放慢了时间,要么改变了空间。重复永远不能通过概念中的同一性形式或表象中的相似之物来解释。概念之阻断无疑使一种赤裸的重复出现了,它被人们切实地表象为相同者之重复。但除**理念**之外又有哪一个可以阻断概念? 如前所见,阻断也是依循空间、时间、意识这三种形态产生的。正是**理念**的过剩解释了概念的不足。同时,正是着装的重复,亦即依赖**理念**的超常的、奇异的重复解释了普通的重复,亦即依赖概念并仅仅发挥着最后衣装作用的赤裸的重复。在**理念**及其现实化中,我们同时发现了概念之阻断的自然理由和重复的超自然理由(这种重复高于被阻断的概念所归摄的那种重复)。仍然外在于概念的东西更为深刻地指向了内在于**理念**的东西。**理念**整体在[285]$\frac{微分}{分化}$(différen$\frac{t}{c}$iation)的数学—生物学系

---

① 【译按】参胡塞尔,《纯粹现象学通论:纯粹现象学和现象学哲学的观念(I)》,前揭,页140:"我们把意向性理解作一个体验的特征,即'作为对某物的意识'"。

第四章　差异的理念综合

统中呈现出来。但在这里,数学与生物学仅仅发挥着专业范型的作用,它们的目的是要探究差异的两半(deux moitiés),亦即辩证法的一半与感性论的一半;是要探究潜能者的展示与现实化的过程。辩证**理念**在微分比[差异关系]的变异性和相应的奇异性的分配(微分)中得到了双重规定。感性的现实化在特殊化与组合(分化)中得到了双重规定。特殊化体现了比[关系],而组合则体现了奇异性。现实的质与部分、种和数目与**理念**中的可质化性元素(élément de la qualitabilité)和可量化性元素(élément de la quantitabilité)对应。但是,充足理由的第三个方面,亦即**理念**的潜势性元素,将其实现(effectue)的又是什么?答案无疑是前—量的(pré-quantitative)与前—质的(pré-qualitative)戏剧化。实际上,正是它在与**理念**之微分的对应中规定、发动、分化了现实之物的分化。但戏剧化的这种力量又是从何而来?在种和部分、质与数目之下,它难道不是最为强烈或最具个体性的行动(acte le plus intense ou le plus individuel)吗?如果戏剧化是重复理由之第三元素的发展,那么我们尚未表明是什么奠定了戏剧化的基础——既是对现实之物而言又是在**理念**之中。

第五章　感性物的不对称综合

差异与杂多

[286]差异并非杂多(divers)。杂多是所与,而差异则是使所与得以被给予的关键。正是差异使所与作为杂多被给予。差异不是现象(phénomène),而是最接近现象的本体(noumène)。因此,尽管上帝确实是通过计算来创造世界,但他的计算始终不那么准确。而且,正是这种结果中的不准确、正是这种不可还原的不等性形成了世界的条件。世界"被造"于上帝计算之时①;假如上帝的计算是准确的,世界便不会存在。世界始终可以被视为一个"余数",而世界中的实在则只能根据分数甚至不可通约数来被思考。一切现象都取决于作为其条件的不等性。一切多样性、一切变化都取决于作为其充足理由的差异。任何产生与出现的事物都与各种差异秩序相关:水位差异、温度差异、压力差异、张力差异、势能

---

① 【译按】此处指的是莱布尼茨的表述"Cum Deus calculat..., fit mundus[拉:上帝计算……之时,世界诞生之日]"(*Die philosophischen Schriften von G. W. Leibniz*, hrsg. von C. I. Gerhardt, 7 Bde., Berlin 1875—90 [Nachdruck Hildesheim 1960—61]; Bd. VII, S. 191 Anm.)。

差异、强度差异(différence d'intensité)。卡诺原理和居里原理以各自的方式对此进行了解说。① 到处都是闸门。② 一切现象都在一个信号—符号的系统(système signal-signe)中闪烁。所谓信号,我们指的是至少由两个异质系列或两个能够产生交流的龃龉秩序构成或框定的系统。现象则是符号,亦即借助各种龃龉存在的交流在信号系统中闪烁的东西。"祖母绿将长着明亮眼睛的水精(ondine)藏在自己的刻面里……":一切现象都属于"长着明亮眼睛的水精"这种类型,祖母绿使之成为可能。一切现象都是组合而成,因为不仅框定它的两个系列是异质的,而且这两个系列中的任何一个都是由异质项组合而成并且以那些[287]形成了各种亚现象(sous-phénomène)的异质系列为支撑。

差异与强度

"强度差异"这一表达是同语反复。强度是作为感性物之理由的差异形式。一切强度都是微分,都是自在的差异。一切强度都是 E—E′,其中,E 自身指向了 e—e′,而 e 又指向了 ε—ε′,等等:每一强度都已然是耦合(其中,耦合的每个元素都指向了属于另一秩序的元素的耦合),它因而揭示了量的真正的质的内容。③

---

① 关于作为"充足理由"的不对称,参 Louis Rougier,《在居里、卡诺与爱因斯坦之外》(*En marge de Curie, de Carnot et d'Einstein*, Chiron éd., 1922)。
② 【译按】德勒兹在本书中提到的法耶恰好于 1964 年发表了一部名为《闸门》(*L'Écluse*, Paris, Éd. Seuil, 1964)的小说。
③ J.-H. Rosny, ainé (Boex-Borel),《科学与多元论》(*Les sciences et le pluralisme*, Alcan, 1922),页 18:"能量学表明:一切功都派生自温差、势差、水位差,正如一切加速度都假定了速度差:一切可被计算的能量很可能都内含着 E—E′形式的因素,而 E 与 E′本身又掩藏着 e—e′形式的因素……给'已然表现着差异的强度'下一个更好的定义极为必要,而且,特别要让人们明白的是,组成强度的不能是两个异质项,而至少是两个异质项的系列"——罗西尼(Rosny)在这部有关内强量的极为精彩的著作中阐发了两个论题:①类似性假定了差异,相互类似的正是差异;②"单是差异就足(转下页注)

我们将这种差异被无限地一分为二、无限地共振的状态称为龃龉（disparité）。龃龉，亦即差异或强度（强度差异），是现象的充足理由，是显现之物的条件。与康德的时空相比，诺瓦利斯（Novalis）的电气石（tourmaline）更加接近感性物的条件①。感性物的理由、显现之物的条件并非空间与时间，而是**不等自身**（Inégal en soi），是在强度差异、在作为差异的强度之中被包含和规定的龃龉活动（disparation）。

※
差异之取消

尽管如此，我们在尝试将卡诺原理或居里原理视为一条先验原理的区域性表现时遇到了很大的困难。我们认识的只是那些已然被定位与排布在广延中的能量形式，只认识那些已然被各种能量形式定性的广延。能量学用内强的（intensif）与外延的（extensif）这两个因素的组合来界定一种能量（例如，线性能量是力和长度的组合、表面能量是表面张力和表面的组合、体积能量是压力和体积的组合、重能是重量和高度的组合、热能是温度和熵的组合……）。[288]在经验中，intensio[拉:强度]显然与将它和 extensum[拉:广延]联系在一起的 extensio[拉:外延]不可分割。而且，在这些条件下，强度本身显然从属于那些填充广延的质（作为第一性质的 qualitas[拉:物理的质]和作为第二性质的 quale[拉:

（接上页注）以使人们构想存在"。罗西尼曾是居里的朋友。他在自己的小说作品中发明了一种强度的自然主义（naturalisme en intensité），这使他的作品向史前洞穴与科幻小说中的未来空间这两个内强尺度的极端敞开。

① 【译按】参 Gaston Bachelard，《应用唯理论》，前揭，页195。另外，西蒙东在《个体化：以形式和信息的基本概念为根据》一书中也谈到了诺瓦利斯的电气石，见该书第89页。

第五章 感性物的不对称综合

感性的质〕)。简而言之,我们认识的只是那些已经在广延中展开并被质覆盖的强度。我们因而具有了一种倾向,即:将内强量视为一个基础不牢的经验概念,一种感性的质与广延、甚至物理的质与外延量的不纯粹的混合物。

假如强度就其自身而言没有在展开它的外延之中和覆盖它的质以下表现出一种相应的倾向,那么上述倾向确实就不会有什么结果。虽然强度即差异,但差异却倾向于在广延中和质以下自我否定、自我取消。质确实就是符号,它们在差异的间距中闪烁;但确切地说,这些质测量着一种均等化的时间,也就是差异在它被分配于其中的广延中自我取消所花费的时间。卡诺原理、居里原理、勒夏特里耶原理最为一般的内容便是:只有就变化倾向于否定差异而言,差异才是变化的充足理由。正是通过这样一种方式,因果律在发送信号的过程中发现了自身的严格的物理规定:强度为一系列不可逆状态规定了一个客观方向,也就是"时间之矢"。根据时间之矢,分化程度会从最高向最低转化,生产性差异会逐渐弱化,而极端状态就是彻底消失。以下事实众所周知:差异的减弱、杂多的均一、不等的均等化这些主题终于在19世纪末最后一次缔结了最为奇怪的同盟关系,也就是科学、良知与哲学的同盟关系。热力学便是锻造这种合金的熔炉。一个让所有人(其中还包括某种康德主义)满意的基础定义系统得到确立:所与,作为杂多;理性,作为朝向同一性的倾向或同一化、均等化过程;荒谬或非理性,作为杂多对这种同一化理性的抵抗。"凡是现实的东西都是合理的"①这一表达在此被赋予了全新的意义,因为无论是在自然之中还是在理性之中,多样性都倾向于弱化自身。因此,差异

---

① 【译按】黑格尔,《法哲学原理》,范扬、张企泰译,北京:商务印书馆,1982,页11。

既不能形成自然法则,也不能形成精神范畴,而只能形成杂多的起源 = X:所与,而非"价值"[289](除非是一种范导性的或平衡性的价值)①。事实上,如果我们这种怀疑内强量观念的认识论倾向没有与下面这种倾向趋于一致,那么它不会证明任何东西:强度差异本身在各种已被质填充的广延系统中自我取消。我们对强度表示怀疑无非是因为它看似走上了自杀的道路。

良知与常识

因此,科学与哲学在这里给良知带来了最后的满足。因为成问题的既不是对扩展卡诺原理漠不关心的科学,也不是从某种意义上说对卡诺原理本身漠不关心的哲学。每当科学、哲学与良知碰面时,良知必然会自诩为科学和哲学(所以,人们应当尽量避免这些碰面的发生)。因此,关键就在于揭示良知的本质。黑格尔在《费希特与谢林哲学体系的差别》(*Différence des systèmes de Fichte et Hegel*)中简明、准确地指出了良知的本质:良知乃是与绝对物的情感接合在了一起的半截真理。② 在良知中,作为理性的真理以部分的状态存在,而绝对物则是作为情

---

① 参拉朗德(André Lalande)的〈差异的价值〉(*Valeur de la différence*, *Revue philosophique*, 1955);作者在这篇文章中总结了自己的主要论点。尽管迈耶松(Emile Meyerson)对卡诺原理的作用与意义做出了截然不同的评价,但他的立场与拉朗德的立场极为相似。他接受了相同的定义系统。同样,虽然加缪(Albert Camus)在《西西弗的神话》(*Mythe de Sisyphe*)中援引了尼采、克尔凯郭尔、舍斯托夫,但他更为接近的却是迈耶松和拉朗德的传统。

② 【译按】参黑格尔,《费希特与谢林哲学体系的差别》,宋祖良、程志民译,杨一之校,北京:商务印书馆,1994,页 17 以下:"人类实际上也只有对它们真理的信任,因为绝对物在这种情感中伴随着人类,并唯一地给这些光亮点以重要性。正如人们个别地接受通常人类知性的这些真理,仅仅把它们知性地、作为一般认识加以孤立,那么,它们就歪曲表现为半截真理……"

感存在。但绝对物的情感如何与部分的真理结合在了一起？良知从本质上说是一个分配者或分派者：一方面[一部分]与另一方面[另一部分]是其平庸乏味或假装深刻的套话。它要将各种情况都考虑进来。尽管如此，有一点是显而易见的：并非所有的分配都属于良知，因为还存在着疯狂的分配或疯狂的分派。甚至良知本身就须要将疯狂假定为自身的前提，它是要作为一个后来者来修正存在于先前分配中的疯狂之物。当一种分配倾向于消除被分配之物中的差异时，它就与良知相一致。只有当人们假定各个部分的不等性会随着时间的流逝在中间地带(milieu)被取消时，分派才真正与良知相一致，或者说，它才会沿着一个"好(bon)"的"方向(sens)"前进。良知从本性上说是末世论的，它是最终的平衡与最终的均一化的预言者。它之所以是后来者是因为它假定了疯狂的分配——游牧的瞬时的分配、戴皇冠的无政府状态、差异。但作为常驻者、被动者或[290]时间之支配者的良知修正了差异，并将它引入一个应当取消差异或在部分间实现平衡的中间地带。良知本身就是一种"中间地带"。它自认为身处极端之间，它消除了极端，填充了极端的间隙。与此相反的是它并没有否定差异，而是使差异在广延的条件下和时间的顺序中自我否定。它使中项的数量不断增长。它就像柏拉图的造物神那样不停地耐心消除可分者中的不等。良知是的意识形态，后者在作为抽象产品的平等中认识自己。与行动相比，良知更多地是梦想自己能够构成自然的中间地带，构成从分化程度最高的东西走向分化程度最低的东西的行动环境：18世纪政治经济学的良知便是如此，它在商人阶层那里看到了各种极端的自然平衡，在商业的繁荣那里看到了各个部分之均等化的机械过程。因此，与行动相比，它梦想的更多是预见，并使行动从不可预见之物走向可预见之物(从差异之生产走向差异之减弱)。它既不是静观的，也不是行动的,而是预见的。简而言之,它从"未遭火袭的部分(part des choses)"走向了"遭受火灾的部分(part du feu)":从被生产的差异走向了减弱的差异。它是热力学的。它正是在这种意义上使绝对物的情感和部分的真理相结合。它既不乐观也不悲观。如果说它带有悲观的或乐观的色彩,这完全取决于那夺走一切并将所有部分均一化的"遭受火灾的部分",取决于它是被打上了不可避免的死亡或虚无的烙印(我们在死亡面前是平等的)还是拥有着存在者的幸福的充实(我们在生活中拥有平等的机遇)。良知不但不否定差异,反而还承认差异,但这无非是为了肯定,只要有足够的广延和时间,差异就会自我否定。在疯狂的差异与被取消的差异之间,在可分者中的不等和被均等化的可分者之间,在不等的分配和被分配的相等之间,良知必然会作为一条普遍分派的规则存在,因此它也就必然作为被普遍分派了的东西存在。

良知的基础是一种时间综合,确切地说,是我们在上文中规定的第一综合或习惯的综合。良知之为"良"知就在于它与时间方向的契合是以这种综合为根据。作为活生生的当前(以及这一当前的疲劳)的见证者,它从过去走向未来,从特殊走向一般。但它却是用"非或然"或"较少或然性"来界定过去。既然一切部分系统实际上都将一个对自身领域进行个体化的差异当作起源,那么,鉴于差异就在一个身处系统当中的观察者背后,[291]除了将差异把握为过去、把握为高度"非或然性的",他还能做出不同的观察么? 与此相对,在同一系统当中,时间之矢、亦即良知将未来、或然之物、差异之取消当作一回事。这一条件奠定了预见本身的基础(一个经常被注意到的事实是:如果起初不可辨别的温度要发生分化,人们并不能预测哪些温度会上升,哪些温度会下降。如果粘性在加速的话,它会使运动物体摆脱静止状态,但却是在一个不可预测的方向上)。玻尔茨曼(Boltzmann)在他的一些著名篇章中

第五章　感性物的不对称综合

评论了良知的这种科学和热力学保证。它们表明，在一个部分系统中：一方面，过去、非或然如何与差异相同一；另一方面，未来、或然如何与均一性相同一。① 这种均一化、均等化并不只是在每个部分系统中发生，它还想象自己能够在一种真正普遍的良知之中从一个系统转入另一个系统。这种真正普遍的良知将月球与地球、将绝对物的情感与部分真理的状态结合在了一起。但是（正如玻尔茨曼表明的那样），这种结合并不具有正当性，正如这种时间综合也并不充分。

我们至少可以确定良知与常识之间的关系。关于常识［通感］，从主观方面说，它是由一个作为所有能力的统一和根据的**自我**的假定的同一性所界定；从客观方面说，它是由被认为要与所有能力发生关系的任意对象的同一性所界定。但这种双重同一性仍然是静态的同一性。我们既不是普遍**自我**，也不会和普遍的任意对象照面。各种对象既被个体化场域切割又在个体化场域之中被切割，它们在这一点上与**自我**相同。因此，常识［通感］应当朝向另一个审级跃进，后者是动态的，它能够将任意对象规定为具体对象，并对处于这样一个对象总体之中的自我施行个体化。这另一个审级就是良知，它的出发点是存在于个体化起源处的差异。但确切说来，虽然良知保证了差异的分派，但它却导致差异倾向于在对象中被取消。这是因为，根据它所给出的规则，不同的对象倾向于被均等化，不同的**自我**倾向于被均一化。而良知本身则向常识［通感］的审级跃进，后者为它提供了普遍**自我**与任意对象的形式。因此，良知本身就拥有客观和主观两种定义，它们［292］与常识［通感］的两种定义相对应：普遍的分派规则、被普遍地分派的规则。良知与常识［通感］相互

---

① Ludwig Boltzmann,《气体理论讲座》(*Leçons sur la théorie des gaz*, trad. Gallotti et Bénard, Gauthier-Villars)，卷 II，页 251 以下。

指向、相互映射,它们一同构成了正统观念(orthodoxie)。在这种相互性和双重映射中,我们可以用认知过程来界定常识,用预见过程来界定良知。前者是杂多的质的综合,是与对象(人们假设它对同一主体的所有能力来说都是相同的东西)相关的质的多样性的静态综合;后者是差异的量的综合,是与系统(在这一系统中,差异同时在主观和客观两个层面上被取消)相关的量的差异的动态综合。

差异与悖论

总之,差异并非所与本身,而是使所与得以被给予的关键。思想如何能够避免自己走得太远,它如何能够避免思考与思想尖锐对立的东西?这是因为人们在同一的伴随下虽然可以调动其全部力量来思考,但却无法获得任何思想。人们难道不是在不同当中才拥有最高的思想(虽然这种最高的思想无法被思考)?这种**不同**的抗议有着丰富的意义。即使差异倾向于以必将消失的方式被分派在杂多之中并将它所创造的杂多均一化,但是作为将杂多给予感觉的给出者,它首先应当被感觉。而且,它应当被视为杂多的创造者(这并不意味着我们因此又回到了诸能力的共通运用那里,而是因为彼此分离的能力恰恰进入到了这种暴力关系当中。在这样的关系中,一种能力要将自身遭受的强迫传递给另一种能力)。良知的底色是谵妄,它因而始终是第二位的。思想应当思考差异,应当思考思想的绝对不同——后者强迫思考发生并给出思想。拉朗德在一些极为精彩的篇章中写道,实在性即差异,而实在性的法则,作为思想的原则,却是同一化:"因此,实在性与实在性的法则是相互对立的,现实状态与其生成是相互对立的。同样的事态如何能够产生?物理世界是如何由一种被其自身的法则不断削弱着的基本性质构成的?"①可以说,实在并不是那些支配它的法则的产物:农神既在一端创造,又在另一端吞噬自己创造的东西——他的立法总是反对他的创造,因为他的创造[293]反对着他的立法。这样一来,我们就被迫去感觉差异、思考差异。我们感觉到了某种有悖于自然法则的东西,我们思考着某种有悖于思想原则的东西。而且,即使差异的生产从定义上说是"不可解释的(inexplicable)",如何才能避免在思想自身当中内含着不可解释的东西?不可思考的东西怎么能不处于思想当中?谵妄怎么能不处于良知当中?人们怎么能满足于在一种部分进化的起始处弃置非或然之物,而不把它把握为过去的最高强力或记忆中的不可追忆之物?(正是在这种意义上,当前的部分综合将我们抛入了另一种时间综合,也就是不可追忆的记忆的综合之中,哪怕是把我们推得更远……)

　　哲学的表现不是良知,而是悖论。悖论是哲学的激情或被动。而且存在着各种各样的悖论,它们对立于正统观念的互补形式,亦即良知和常识[通感]。从主体方面说,悖论打破了共通的运用,并将每种能力都带到其自身的界限处,让它直面自身的不可比较性。思想直面着只有它才有能力思考的不可思考之物,记忆直面着亦是其不可追忆之物的遗忘,感性直面着与它的内强之物浑然不分的不可感觉之物……而与此同时,悖论传递给了被打断的能力一种不同于良知的关系:它沿着那条用一种能力的火花点燃另一种能力的火山线(ligne volcanique)放置它们,并从一个极限跳跃到另一个极限。从对象方面说,悖论突出了那不听任自己被统合于共通的总体之中的元素,以及那不听任自己在良知所指引的方向上被均等化或取消的差异。人们有理由说对悖论的

---

① André Lalande,《进化论的种种幻相》(*Les illusions évolutionnistes*, éd. 1930, Alcan),页347—348。以及页378:"严格说来,差异之生产这一与思想的一般法则截然对立的事情是无法解释的。"

唯一反驳就在良知和常识[通感]自身当中,但前提条件是人们已经给予了它们一切:法官的角色和当事人的角色,绝对物和部分的真理。

※
强度、质、外延:取消之幻相

差异严格说来是"不可外展的(inexplicable)",我们毋须为此感到惊讶。差异要被外展,但它恰恰倾向于在作为其外展场所的系统中自我取消。这只意味着差异从本质上说是被内含的,差异之存在即内含(l'être de la différence est l'implication)。对它来说,外展即被取消,即消除构成它的不等性。根据这种表述,[294]"外展即同一化"是一个同语反复。人们并不能因此得出结论说差异被取消了,至少不能说差异在自身中(en soi)被取消了。差异只有在被置于自身之外(hors de soi)或是被置入广延之中和填充这一广延的质之中时才会被取消。但无论是质还是广延,它们都是差异的造物。强度在外延(extensio[拉:外延])中外展、展开。正是外延使强度与广延(extensum[拉:广延])发生关系。也正是在广延那里,差异被置于自身之外,被质所覆盖。在这个系统中,虽然强度差异被取消或倾向于被取消,但却是它通过外展自身而创造了这个系统。由此产生了作为符号的质的双重方面:(1)指向构成性差异的被内含秩序;(2)倾向于在外展差异的广延秩序中取消这些差异。所以,因果性在发送信号的活动中同时发现了起源与方向,发现了一个终点,一个以某种方式否认着起源的终点。因果意义上的结果(effet)的特性即造成知觉意义上的"效应(effet)",并能被某一专名命名(西伯克效应[effet Seebeck]、开尔文效应[effet Kelvin]……),因为它是在一个通过名称被象征化的真正的差异性个体化场域中出现的。确切地说,差异之消逝和某种"效应"是分不开的,而我们正是这种"效应"的牺牲品。当作为强度的差异以被外展的方式在广延中被取消时,它就其自身而言仍然是被内含的。我们也没有必要为了将宇宙从热寂中拯救出来或是捍卫永恒回归的机会而想象一些有能力恢复差异的高度"非或然性的"外延的机制。这是因为当差异在自身之外被外展时,它并没有停止在自身中存在,它在自身中依然是被内含的。因此,不但存在着各种感性幻相,而且还存在着一种先验的物理幻相。我们认为,塞尔莫(Selme)在这一方面有其深刻的发现。① 当他将卡诺与克劳修斯对立起来时,他想要表明的是:熵增是一个幻相。而且他还指出了该幻象的一些经验性因素或偶然性因素:例如在热机中产生的温度差的相对小,例如似乎排除了"热力夯锤"的制作的巨大衰减。但尤其重要的是,他点明了一种先验的幻相形式:在所有的外延中,熵是唯一不能被直接测定的东西,它甚至不能由一种[295]独立于能量学的方式来被间接地测定。如果对于电力量或电气量来说也是如此的话,那么我们必然会产生这样一种印象:电力量和电气量在种种不可逆的变化中增加着。如下便是熵的悖论:虽然熵是一个外延因素(facteur extensif),但不同于其他任何外延因素,它还是外延(extension),是本身被内含在强度之中的"外展"——它只以被内含的方式存在,它不在内含之外存在。之所以如此,是因为它所发挥的功能就是使一种运动成为可能:被内含之物正是通过这种运动才得以外展或延展。因此,存在着这样一种先验幻相,它在本质上将**热**这种 qualitas[拉:物理的质]和**熵**这种外延联系在了一起。

深度或 *spatium*[拉:空间]

值得注意的是,广延并未说明在广延中发生的个体化。高与

---

① Léon Selme,《卡诺原理反对克劳修斯式经验表述》(*Principe de Carnot contre formule empirique de Clausius*, Givors, 1917)。

低、右与左、形状与底部,它们无疑是在广延中追踪着下降与上升、横向流动、纵向下沉的个体化因素。但是,它们的价值只是相对的,因为它们是在一个已然被展开的外延中活动。它们同样有着更"深"的本源,也就是深度(profondeur)本身:深度不是广延,而是纯粹的复杂体(implexe)①。任何深度无疑都是可能的长度或宽度,但只有当某个观察者改变了自己的位置,并将他本人眼中的长度和他人眼中的长度重新统一在一个抽象概念中时,这种可能性才会变为现实:事实上,先前的深度始终要以一个新的深度为出发点才会变为长度或外展为长度。考察一个简单的平面与考察一个三维的广延(其第三个维度是与另外两个维度[横、纵]同质的)显然是一回事。深度一旦被把握为外延量,它就成为了被生的广延(étendue engendrée)的一部分,而且它自身也不再包含那种相对于另外两个维度而言的本己的异质性。由于这个原因,我们虽然注意到深度是广延的终极维度,但我们只是把它看作一个事实,而没有理解它的理由,因为我们不再知道它的原初性。同样由于这个原因,我们虽然注意到了广延中存在着个体化因素,但我们并不知道它们的力量从何而来,因为我们不再知道它们表现了原初的深度。在第一个维度[横]中,深度被外展为左和右;在第二个维度[纵]中,深度被外展为高和低;在第三个被同质化的维度[派生的深]中,深度被外展为形状和底部。广延在出现和发展的同时必须表现出左和右、高和低、上和下,它们是其起源的[296]不对称标志。而且,这些规定的相对性仍然表现着作为其源泉的绝对物。广延全部都出自深度。作为(终极的和原初的)异质性维度,深度是广延(这其中也包括了被认为与横、纵两个维度同质的第三个

---

① 【译按】"复杂体"一词出自瓦莱里(Paul Valéry)的《固定观念》(*L'idée fixe*),参《全集》(*Œuvres*, édition établie, présentée et annotée par Jean Hytier, Paris, Gallimard, «Bibliothèque de la Pléiade», 1960),卷 II,页 234。

维度)的基质(matrice)。

特别值得注意的是,在同质的广延中出现的底(fond)是"深处"(profond)的一个投影:只有深处可以被称作 Ungrund[德:无根据]、无底①。一个脱离了中立的底部或是其他对象的底部的对象,如果它本身没有首先与其自身的深度保持着关系,那么形状与底部的法则对它来说就没有价值。形状与底部的关联(relation)只是一种外在的平面关联。这样一种平面关联假定了另一种关系(rapport),即:表面与表面所包含的深度的内在容积关系。这种深度的综合把对象的影子带给了对象,而且还使对象从影子中现身。它表现了最为遥远的过去,表现了过去和当前的共存。纯粹空间综合在此重演了先前得到规定的时间综合,人们并不为此感到惊讶:广延的外展(explication de l'étendue)以第一综合,也就是习惯或当前的综合为基础;而深度的内含(implication de la profondeur)则以第二综合,也就是记忆和过去的综合为基础。另外,还应当在深度中预感到第三综合的临近与翻腾,它宣告了普遍的"脱根据"。深度就像是由东北至西南的著名地质线,它来自事物的中心,沿着对角线方向,且排布着一座座火山,其目的是要将翻腾的感性和"满腔的热血已经沸腾"的思想(une pensée qui «tonne en son cratère»)②重新统一起来。谢林会说:深度并非从外部添加到长和宽之上——作为创造了长和宽的歧异(différend)的崇高原

---

① 【译按】关于德文概念"Ungrund"的来源,德勒兹在1981年1月13日的课程中做了说明:"[斯宾诺莎认为]神在自身中绝没有保留任何无法表达的东西。这与否定神学截然相反……从波墨(Jakob Böhme)到谢林的否定神学明白无误地告诉我们:在神之中存在着一个底部,或者,换用波墨的表达,存在着一个无底。这个无底是无法表达的……这是纯粹的反斯宾诺莎主义。"

② 【译按】"tonne en son cratère"来自于"著名的《国际歌》的第三句歌词 La Raison tonne en son cratère,若直译当为'理性在火山口内雷霆震怒',跟通行的汉译显然相去甚远"(参德勒兹、迦塔利,《什么是哲学?》,张祖建译,长沙:湖南文艺出版社,2007,页507 脚注①)。

则,它保持着隐匿的状态。

只有当深度可以独立于广延被界定时,广延才可能从深度那里产生出来。我们尝试确定广延的发生。广延是外延量,是 extensum[拉:广延]或所有 extensio[拉:外延]的参照项。与此相反,原初的深度的确是整个空间,但这个空间却是内强量:纯粹的 spatium[拉:空间]。我们知道,感觉或知觉有其存在论的面向:这一面向恰恰处于专属于它们的综合中,直面着只能被感觉或只能被知觉的东西。不过,从本质上说,深度似乎内含于对广延的知觉之中:人们对深度和距离的判断不能依靠[297]对象表面上的大小。与此相反,深度在自身中包含着距离,而距离本身则在表面上的大小中外展并在广延中展开。在这种内含状态下,深度和距离似乎还从根本上和感觉的强度联系在了一起:正是被感觉的强度的递减强力给出了对深度的知觉(或毋宁说是给予知觉以深度)。被知觉到的质假定了强度,因为它仅仅表现了"可分离的强度切片"的类似性特征。在这种"强度切片"的界限内,一个恒常的对象被构成了——这个已经被质填充了的对象通过各种可变的距离肯定了自身的同一性。① 包含着距离的强度外展于广延之中,而

---

① A)关于深度被包含或"内含"在对广延的知觉当中,参见帕利阿尔(Jacques Paliard)所撰写的那些被埋没了的极为重要的著作(帕利阿尔不但分析了内含的各种形式,而且还表明了他所说的内含的(implicite)思想与明确的(explicite)思想间的本性差异。尤参《内含的思想与视觉知觉》[Pensée implicite et perception visuelle, Presses Universitaires de France, 1946],页6:"不但存在着所包含的内含物,而且还存在着行包含的内含物",以及页46:"这种内含的知识……在我们面前同时显现为一个行包含的东西[例如深度,或对一个可见的宇宙的综合的肯定]和一个所包含的东西[例如各种使诸细节协调一致的提示,各种存在于深度自身之中的距离性关系……]")。

B)关于对深度的知觉的内强特征,以及从深度中产生的质的地位,参 Maurice Pradines,《心理学通论》(Traité de Psychologie générale, Presses Universitaires de France, 1943),第一卷,页405—431、页554—569。

C)以行动为着眼点的有关内强空间与具有内强特征的空间行动的讨论,参 Jean Piaget,《发生认识论导论》(Introduction à l'epistémologie génétique, Presses Universitaires de France, 1949),第一卷,页75以下和页210以下。

广延则将这些距离展开、外化或同质化。同时,质占据了这一广延,它要么是界定了感官媒介的 qualitas[拉:物理的质],要么是刻画着与感官相关的对象的特征的 quale[拉:感觉的质]。强度同时是无法感觉的东西和只能被感觉的东西。它怎样才能在独立于覆盖它的质和作为其分派场所的广延的情况下使其自身被感觉到? 不过,既然它给出了要被感觉的东西,界定了感性的真正界限,那么它怎么会不是"被感觉之物"? 深度同时是无法知觉的东西和只能被知觉的东西(正是在这种意义上,帕利阿尔说它同时是行制约者和所制约者,而且他还表明了在作为观念性实存的距离和作为视觉实存的距离之间有一种反比例互补关系)。从强度到深度,一种最为奇特的同盟建立了起来。这种最为奇特的同盟是**存在**与自身在差异中的同盟,它将每种能力都带到了其自身的界限处,并只让它们在[298]各自孤独的尖端(pointe de leur solitude respective)上交流。在存在中,深度与强度是**相同的**,但这相同所述说的是差异。深度是存在的强度,或强度是存在的深度。而且,extensio[拉:外延]与 extensum[拉:广延]、qualitas[拉:物理的质]与 quale[拉:感觉的质]同时从这一内强的深度中、从这一 spatium[拉:空间]中产生出来。横贯着广延的向量或矢量,以及作为潜势—向量之特例的标量是内强起源的永恒见证者:高度同样如此。它们没有在任何方向上相加,甚至在它们与前后继起的顺序之间存在着本质性的关系,这全都使我们的目光指向了在深度中发挥作用的时间之综合。

康德将所有直观都界定为外延量,也就是说,根据作为外延量的直观,部分的表象必然先于整体的表象并使整体的表象成为可能。[1]

---

[1] 【译按】参康德,《纯粹理性批判》,前揭,A162/B202—203,页 154、155:"直观的公理,其原则是:一切直观都是外延量……在一个量中,部分的表象使整体的表象成为可能(因而必然先行于整体的表象),我就把这个量称之为外延量。"

但空间与时间的呈现(se présentent)不同于空间与时间的被表象(représentés):恰恰是整体的呈现反而奠定了部分之可能性的基础——部分只是潜在的,它们只是在经验直观的确定值中被现实化了。外延的东西是经验直观。康德的错误在于:虽然他不承认空间和时间有逻辑的外延,但他还是主张它们有几何的外延,而且他把内强量留给了将广延填充到某一程度的质料①。康德在左右对称的物体那里恰恰看出了一种内部差异;但是,在他看来,这种并非概念性的内部差异只能与作为外延量的广延整体保持一种外在关系。事实上,和有关右与左、高与低、形状与底部的所有悖论一样,对称物体的悖论有其内强的来源。作为纯粹直观的空间、spatium[拉:空间]是内强量;而且,作为先验原则的强度不仅是知觉的预测,②而且还是一种四重发生的源泉。这四重发生即是:作

---

① 【译按】参康德,《纯粹理性批判》,前揭,A167—A169/B209—211、A172—A173/B214,页159—160、页163:"感觉作为现象中的某物,对它的领会决不是从诸部分进到整体表象的前后相继的综合,所以它没有任何外延量;在同一瞬间中缺了感觉将会把这一瞬间表象为空的,因而等于0。现在,凡是在经验性的直观中与感觉相应的东西,就是实在性(realitas phaenomenon[拉:现象的实在性]);而凡是与这种实在性的缺乏相符合的就是否定性=0。但现在,任何一种感觉都可能有某种减少,以至于它可以削弱因而逐渐消失。因此在现象中的实在性和否定性之间就有许多可能的中间感觉的某种连续的关联,它们的相互区别越来越小,小于给予的感觉和零之间,或者和完全的否定之间的区别。就是说:现象中实在的东西任何时候都有一个量,然而这个量并不在领会中被遇到,是因为它只是凭借一瞬间的感觉而不是通过许多感觉的相继综合而发生,因而不是从诸部分到整体地进行的;所以它虽然有一个量,但并非外延量。于是,我把那种只是被领会为单一性,并且在其中多数性只能通过向否定性=0的逼近来表象的量,称之为内强量。所以,现象中的任何实在性都有内强量,即有一个程度……程度只表示的这种量,其领会不是前后相继的,而是瞬时的……即使一定空间或时间的整个直观都是逐点实在的,即它们没有哪一部分是空的,然而,由于任何实在性都有它的程度,这程度尽管有现象的不变的外延量,却可以通过无限的等级而一直减小到(空无),所以必然有用来充满空间或时间的无限不同的程度,而在不同现象中的内强量也必须是可以更小或更大的,虽然直观的外延量是一样的。"

② 【译按】关于"知觉的预测",参康德,《纯粹理性批判》,前揭,B207—B218,页157—165。

第五章　感性物的不对称综合

为图型的 extensio［拉：外延］的发生、作为外延量的广延的发生、作为占据广延的质料的 qualitas［拉：物理的质］的发生、作为对象所指（désignation d'objet）的 quale［拉：感觉的质］的发生。柯亨（Hermann Cohen）在重新阐释康德主义时赋予内强量原则以充分的价值也是有其理由的。① 假如空间果真不能被还原为[299]概念，人们也不能因此否定它与**理念**的亲和性，亦即它在广延中对诸理想性关联（作为包含在**理念**之中的差异性关系）的现实化进行

---

① Hermann Cohen,《康德的经验理论》(*Kants Theorie der Erfahrung*, 2ᵉ éd., Dümmler, 1885)，§428 以下。——关于内强量在柯亨的康德阐释中所扮演的角色的评论，参 Jules Vuillemin,《康德的遗产与哥白尼革命》(*L'héritage kantien et la révolution copernicienne*, Presses Universitaires de France, 1954)，页 183—202【译按】德勒兹在 1981 年 11 月 24 日的课程中提到了康德给强度或内强量所下的定义："强度的定义非常简单。伟大的哲学家康德已经对它做出了界定：强度就是在瞬间中被领会的量。这种说法本身就足以将内强量与外延量区分开来了。外延量是以前后相继的方式被领会的量，人们可以说它是由多个部分组成的。至于内强量，人们会说：天气热、天气冷、有 30 度。30 度显然不是 30 个 1 度相加得到的结果。30 厘米长是 30 个 1 厘米的总和，但 30 度不是 30 个 1 度的总和。"在 1984 年 3 月 13 日的课程中，德勒兹再次提到了康德的内强量定义。但这一次，他强调指出康德的内强量理论不过是对传统内强量理论，特别是新柏拉图主义的内强的灵魂运动（mouvement intensif de l'âme）理论的重复，并由此对以柯亨为代表的新康德主义者的康德阐释提出了批评："一切内强量都是其大小只能被领会为单一性的量。有人会说：'我们知道！这就是康德给内强量下的定义！'虽然康德的确给出过这个定义，但这并不会给我造成困扰，因为我认为这是对康德的严重误解……这种误解引发了种种非常令人遗憾的阐释。这些阐释认为康德对内强量做出了'具有原创性'的界定。在德国，甚至有一整套阐释是建立在康德内强量理论的基础上，这种阐释认为只有通过内强量才能理解康德哲学的新颖之处……但实际上，康德只不过重复了最为传统的内强量定义。康德哲学毫无疑问是具有原创性的，只不过这种原创性与内强量理论无关……在康德的《纯粹理性批判》中，有一章是讨论内强量的。这个极为精彩的章节仅有四页篇幅。这对我们来说并不值得惊讶！因为这一章并没有体现康德哲学的原创之处，所以他用不着比四页更长的篇幅……我并不是在断言康德哲学缺乏原创性。但是，如果你没有发现一个作者的新颖之处所在，一个作者的创新之处所在，那么你就无可救药了，因为你把一切都歪曲了。这是许多德国新康德主义者的悲剧。他们从康德哲学中挑出了内强量，并宣称'这就是康德带来的革命'……这非常令人遗憾，海德格尔的不幸遭遇也由此产生……"）。

规定的能力（作为内强的 spatium［拉：空间］）。而且，假如可能经验的条件果真与外延有关系，那么与强度本身浑然不分的隐蔽的实在经验的条件也同样存在。

※

强度的第一个特征：自在的不等

强度有三个特征。第一个特征：内强量在自身中包含着不等（inégale）。它表现了量之中的差异，也就是在量的差异中无法取消的东西，或量自身当中不可均等的东西：因此，它是专属于量的质。它与其说是量这个属的一个种，毋宁说是呈现在一切量之中的基本环节或原初环节的形态。这就意味着外延量，另一方面，是另一个环节的形态，这个环节毋宁说表现了（一个部分数系［système numérique partiel］中的）量的目标或目的。在数的历史中，人们清楚地看到：每个系统类型都是在一种本质的不等性上构建起来的，而且相对于下级类型（type inférieur）而言，它还保持了这种不等性：所以，分数在自身中集聚了将两个数量的比等同于一个整数的不可能性，而无理数本身则表现了"为两个数量规定一个共同的整除部分，从而将它们的比等同于一个分数的不可能性"，等等。

下面这一点是真确无疑的：一个数类（type de nombre）在自身本质中保留着一种不等性，但它必须同时在它所创立的新秩序中消除或取消这种不等性：分数会通过整除部分的相等性来弥补自身那标志性的不等性；而无理数则使自身的不等性从属于纯粹几何比的相等性，或者更确切地说，在算术的层面上，从属于一个由有理数的收敛级数所标志的相等性—极值。但在这里，我们只是重新找到了外展与内含之物、广延与内强之物的二元性；因为，如果数取消了它的差异，这只能通过在它所创建的外延中对差异进行外展才可以实现。但它自身又将差异存贮在了那为它奠基的被内含序列之中。从本源上说，任何一个数——就它在自身中内含着一种确实无法取消的量的差异而言——都是内强的、向量的；但是，就数在它所创造的另一个平面上（它在这一平面中被外展）取消了这种差异而言，[300] 它又是外延之物与标量。甚至连最简单的一类数都确定了这种二元性：自然数首先是序数，也就是说，它从本源上说是内强的。基数从中产生，并且被呈现为序数的外展。人们始终反对如下观点：赋序（ordination）不可能处于数的起源处，因为它已然内含了综合活动的基数运算。不过，这是因为人们错误地理解了"基数产生自序数"这一表述。赋序绝没有假定一个相同单位的重复，每当人们到达下一个序数时，这个单位就应当被"基数化"。序数之构建并不内含着一种被假定为相同者的单位，我们会看到，它只是内含着一个不可还原的距离（distance）概念——被内含在一个内强 spatium[拉：空间]的深度之中的诸距离（有序差异）。同一的单位并未被赋序假定为前提；与此相反，它不但是归属于基数的，而且还在基数之中假定了一种外延的相等性，一种外化了的诸项的相对的等价性。因此，应当避免认为基数是从序数或是"一个有限序数系列的每一最终项"那里分析地产生出来的（先前的反驳因而具有了根据）。实际上，被包含的诸距离在 spatium[拉：空间]之中被外展或展开，并在自然数所创立的一个广延之中被均等化，就此而言，序数只有通过外延才能变为基数。可以说，数的概念从一开始就是综合的。

不等在数中发挥的作用

　　强度即量的差异中的不可取消之物，但这一量的差异在外延中被取消了。外延正是这样一个过程：内强的差异通过它被置于自身之外，亦即以被去除、被弥补、被均等化、被消除的方式在它所创造的广延中被排布。然而,不知道有多少种运算必须且应当参与到这个过程当中!《蒂迈欧》中的那些奇妙篇章呈现了可分之物与不可分之物的对峙。① 具有重要意义的是:可分之物被界定为在自身中包含着不等的东西,而不可分之物(**相同或一**)则试图强加给可分者一种使它驯服的相等性。然而,造物神开始混合两个元素。但正是由于可分者 B 避开了混合并凸显了自身的不等性或奇数性,造物神只得到了:$A + \frac{B}{2} = C$。因此,他应当再进行第二次混合:$A + \frac{B}{2} + C$,亦即 $A + \frac{B}{2} + \left(A + \frac{B}{2}\right)$。[301]但这一混合仍然在反叛,造物神应当对这一反叛予以祛除。他按照两个等比数列将第二种混合分配成不同的部分:一种是以 2 为公比,指向元素 A 的等比数列(1、2、4、8);另一种以 3 为公比,指向元素 C,且认识到了 B 的奇数性的等比数列(1、3、9、27)。这样一来,造物神现在就面对着种种有待填充的区间、距离:他用两个中项来填充,一个是(与数列 A 对应的)等差中项,另一个是(与数列 C 对应的)调和中项。② 由此衍生出各种比,以及这些比的比,它们经过所有的混合而继续着追击可分之物中的不等之物的工作。造物神还应当将这整体一分为二,使这两部分相互交叉,并让它们各自弯曲为两个圆圈。其中,外圈集聚了作为**相同之运动**的相等者,另一个圆圈(内圈)则沿对角线转向,它通过将可分之物中具有不等性的东西分派在各种次等圆圈中而保留了它。但造物神最终并没有攻克不等自身;他不过是从可分之物那里夺走了它,不过是用外部性圆圈,用 κύκλος ἔξωθεν [希:外循环] 包围了它。③ 虽然他在外延中将可分之物均等化,但在这归属于**世界灵魂**的外延下,在可分之物的至深处,不等之物仍在强度中嗥叫着。这对造物神来说无关

---

① Platon,《蒂迈欧》(*Timée*),35—37。
② 【译按】参柏拉图,《蒂迈欧》,前揭,36a 以下。
③ 【译按】参柏拉图,《蒂迈欧》,前揭,36c。

紧要;因为他用物体的广延与质填补了灵魂的所有外延。他将一切都重新覆盖了起来。但他却是在火山口起舞。为了从内强的 spatium[拉:空间]的深度那里得出静谧的、顺从的广延,为了消除那即使在自身之外被取消时仍然在自身中存在的**差异**,人们进行着数不胜数的、纷繁多样的、狂乱无比的活动。《巴门尼德》的第三假设,亦即差异的或内强的突然(instant)的假设,始终威胁着造物神的工作。①

强度的第二个特征:肯定差异

从第一个特征那里衍生出了第二个特征:强度包含着自在的不等,它已经是自在的差异,它肯定了差异。它把差异当作肯定的对象。居里曾经指出,以否定的方式来谈论不对称(譬如不对称就是对称的缺席)虽然方便但并不妥当,我们应当创造一些肯定性表达来意指无穷多的非回复运算(opérations de non-recouvrement)。而对于不等性,我们也可以下同样的判断:无理数的肯定表述正是通过不等性才被发现的(对于整数 p、q 来说,每一个 $(p-q\sqrt{2})^2$ 都会超越一个特定的值)。对级数(优函数)的收敛的肯定性证明同样也是通过不等性才被做出的。无否定的数学这一极为重要的事业的基础显然不是同一性,后者反而是靠排中律和不矛盾律来规定否定之物。[302]从公理的观点看来,无否定的数学以两个自然数的不等性($\neq$)的肯定性定义为基础,而在其他一些实例中,它则是以距离($\neq\neq$)的肯定性定义为基础(距离在一个肯定性关系的无穷序列中动用了三个项)。为了预先洞察到距离在纯粹实定性差异元素中的肯定的逻辑力量,只须考察如下两个命题间的形式差异就足够了:"如果 $a\neq b$ 是不可能的,那么

---

① 参本书页 252,脚注②。

可以得到 $a=b$"和"如果 a 与所有与 b 相隔的数 c 相隔,那么可以得到 $a=b$(si a est distant de tout nombre c qui est distant de b, on a $a=b$)"。① 但我们会看到,这样被理解的距离绝非外延量,它应当与自身的内强起源联系起来。因为强度已然是差异,它指向了经由它的自我肯定而得到了它的肯定的另一些差异的序列。一般来说,人们注意到,零频率比、实际为零的电势、绝对为零的压强都不存在;正如在对数刻度尺上,零总是处在一个越来越小的分数的无限序列的终点。不但如此,我们还应当走得更远,哪怕这会使我们陷入到一种内强量的"伦理学"当中。强度至少是在两个系列之上被建构起来的:一个是上级(supérieure)系列,一个是下级(inférieure)系列,而且每一个系列本身又都指向其他被内含的系列。强度甚至肯定了最低,它使"最低"成为了肯定的对象。为了直达最低处,为了使降落本身成为一种肯定,一种瀑布或是深深下落(chute)的强力是必需的。② 一切都是鹰的飞翔,一切都是悬垂、悬浮和下降。一切都是从高到低,而且,通过这从高到低的运

---

① 格里斯在布劳威尔直觉主义的框架内奠基并发展了一种无否定的数学的思想:《无否定的直觉主义数学之逻辑》(*Logique des mathématiques intuitionnistes sans négation*, C. R. Ac. des Sc., 8 nov. 1948);《论否定》(*Sur la négation*, Synthèse, Bussum, Amsterdam, 1948—1949)。

关于格里斯的间隔(écart)、距离或实定的差异这些概念,参 A. Heyting,《数学基础·直觉主义·证明理论》(*Les fondements mathématiques*, *Intuitionnisme*, *Théorie de la démonstration*, trad. Février, Gauthier-Villars)。——费弗里耶(Paulette Février)的《互补性概念的表现和意义》(*Manifestations et sens de la notion de complémentarité*, Dialectica, 1948)——尤参 Nicole Dequoy,《射影几何的无否定的直觉主义公理》(*Axiomatique intuitionniste sans négation de la géométrie projective*, Gauthier-Villars, 1955),作者在书中给出了许多与包含否定的证明相对立的格里斯式证明的例子。

诚如费弗里耶夫人所说,这种数学的界限在我们看来并不是来自距离或差异的概念本身,而仅仅来自格里斯加诸于这一概念上的那种问题理论:参前引书,第三章。

② 【译按】关于"下落",德勒兹在《弗兰西斯·培根:感觉的逻辑》(*Francis Bacon. Logique de la sensation*, Paris, Seuil, 2002)中亦有具体论述,参页 78—79;亦参中译本,前揭,页 95—97。

第五章 感性物的不对称综合　　*397*

动肯定最低,此即不对称综合(synthèse asymétrique)。而且,"高"和"低"无非是不同的言说方式。重要的是深度以及从本质上归属于深度的根底(bas-fond)。一切深度都是根底的"探索者":距离正来源于根底——但这距离[303]是对它使其拉开的距离的肯定(affirmation de ce qu'elle distancie),差异则是"低"的升华。

否定的幻相

否定之物是何时出现的?否定即差异的倒像,亦即由下往上看到的强度的影像。一切实际上都被颠倒了。在高处对差异的肯定到了底部就变成了对不同的否定。因此,否定之物在这里仍然只能与广延和质一同出现。如前所见,广延的第一个维度是限制的强力,而第二个维度则是对立的强力。而且,这两种否定的形态在外延的"保存"特征中被奠基(如果一个系统中的某一外延能够扩大,那么相关系统中具有相同本性的外延就必然要缩小)。质本身似乎与对立密不可分:正如柏拉图已经表明的那样,它与矛盾的对立密不可分,因为每种质都在它所隔离(isole)的诸强度中设定了"较多"和"较少"的同一性;它与相反的对立密不可分,后者处于诸质自身的两个一组的分配(distribution couplée)中。而且,在相反不足以应付的场合(例如气味),处于递增或是递减的类似性系列(série de ressemblances croissantes ou décroissantes)之中的各种限制的游戏就会发挥作用。此外,正如相等性是广延的法则(或者,不变性是外延的法则),类似性无疑是质的法则:广延和质因而便是一般性的两种形式。但更确切地说,这足以使它们成为表象的元素。如果没有广延和质,表象本身就无法完成它那最为隐秘的任务,也就是使差异和同一发生关系。因此,在我们之前为了解释否定的幻相而确定的两个理由之外,我们还可以再添加第三个理由。

差异不是否定,否定乃是颠倒的差异或差异的倒像(正如小孔成倒像的试验所揭示的那样)。始终是牛眼中的蜡烛。差异被颠倒了,这首先是出于表象的要求,因为后者要使它从属于同一性。其次,"问题"的影子催生了否定的幻相,正是它颠倒了差异。最后,会覆盖或外展强度的广延和质也颠倒了差异。强度正是在质以下、在广延以内倒立着出现,而刻画着强度特征的差异则以否定(限制或对立)的形态出现。只有在倾向于取消差异的广延以内或质以下,差异的命运才会和否定联系在一起。每当我们发现自己正面对质上的对立,或是身处作为对立分派场所的广延之中时,为了消解这些对立,我们不应当指望某种超越了它们的外延综合。[304]与此相反,内强的深度才会赋予构成性的龃龉、被包含的距离以活力,它们不但处在否定之幻相的源发处,而且还是揭露这一幻相的原则。只有深度才有解决[消解]的能力,因为只有差异才制造问题。不是差异性存在的综合将我们引向了它们在广延之中的和解(伪肯定),而是它们的差异的分化在强度中肯定了它们。各种对立始终是平面的;它们只是在一个平面上表现了一种原初深度的变质的效果。对于这一点,人们常常在立体影像那里注意到。而且,更为一般地说,一切力量场域都取决于一种潜势的能量,一切对立都取决于一种更为深刻的"龃龉化"。而且,在时间和广延中消解对立的前提条件就是:龃龉之物首先在深度中发明它们的交流秩序,并重新发现作为其包含场所的那个维度——它们开辟了那些在质化了的广延的外层世界(monde ultérieur de l'étendue qualifiée)中几乎无法被认出的内强道路。①

---

① 关于深度、立体影像以及"二律背反的解决",参 Raymond Ruyer,〈价值论的立体感与深度感〉(Le relief axiologique et le sentiment de la profondeur, in *Revue de métaphysique et de morale*, juillet 1956)。关于"龃龉化"相对于对立而言的首要地位,参西蒙东对勒万(Lewin)的"路线论空间"的批判:《个体及其物理—生物发生》,前揭,页232—234。

第五章　感性物的不对称综合

感性物之存在

　　什么是感性物之存在？根据这一问题（question）的条件，对它的回答应当意指着一个（从经验性运用的观点看来）既不能被感觉，又（从超越性运用的观点看来）只能被感觉的"某物"的悖论性实存。在《理想国》第七卷中，①柏拉图表明了这样一个存在如何将"力的较量（épreuve de force）"传递给其他能力，并使它们摆脱了自身的昏沉状态——它激起了记忆，强迫着思想。但柏拉图是以"同时引起相反感觉的东西"这种方式来规定这一存在。柏拉图想要表达的观点是：感性质或感性关系本身与相反不可分割，它们甚至与它们所归属的基体（sujet）中的矛盾不可分割，而这正是《菲勒布》（Philèbe）明确表达的思想。② 一切质都处于生成变易之中，它们必然要在变得比自己曾是的样子更"硬"（或更大）的同时，变得比自己正在变成的那个样子更"软"（比它当下所是的样子更小）。我们无法通过区分时间来摆脱这种状态，因为相对于使诸时段相互扭结的生成而言，对时间的区分后来才发生。而且，生成还同时设定了这样一种运动：[305]通过它，一个新生的当前被构成了；同样是通过它，先前的当前被构成为过去。人们似乎不可能避开一种内含着相反者之同一性（例如较多和较少在质之中的共存）的生成—疯狂或无限制的生成。但这种柏拉图式回答有着严重的缺陷：事实上，这种回答虽然是以内强量为基础，但却只能在正在展开的质当中认出内强量——因此，它将感性物之存在指定为质之中的相反。然而，引起相反感觉的东西或质之中的

---

①　【译按】参柏拉图，《理想国》，前揭，522e—526c。
②　【译按】参柏拉图，《菲勒布》，41d—42b。

相反虽然可以构成典型的感性存在物,但却无法构成感性物之存在。构成了感性物之存在的不是质之中的相反,而是强度中的差异。质的相反只是强烈之物(intense)的反映,这种反映因为将强烈之物外展于广延之中而背叛了它。构成感性真正界限的是强度,是强度中的差异。强度同样具有这一界限的特征:它是无法被感觉的东西,是不能被感觉的东西,因为它始终被异化它、"反对"它的质覆盖着,而且被分配在颠倒它、取消它的广延之中。但换一个角度来说,它又是只能被感觉的东西,是界定了感性之超越性运用的东西,因为它给出了要被感觉的东西,并由此唤起了记忆、逼迫着思想。独立于广延或先于质(广延和质都是强度被展开的场所)而把握强度,这正是感官失调(distorsion des sens)的目标。一种感官教育学(pédagogie des sens)也瞄准了这一目标,而且它成为了"先验论"不可或缺的部分。各种药效体验或是诸如眩晕之类的身体体验也接近了同样的结果:它们向我们展示了这种自在的差异、这种自在的深度、这种自在的强度(这种强度正处在一个原初环节上,此时的它既没有被赋予质,也没有在广延中展开)。所以,强度那令人痛苦的特征——无论它自身在程度上是多么样的微弱——恢复了强度的真正意义:不是知觉的预测,而是从超越性运用的观点看来的感性的真正界限。

强度的第三个特征:内含

强度的第三个特征概括了另外两个特征。根据这第三个特征,强度是一种被内含、被包含、"被胚胎化(embryonnée)"的量。这里所说的"被内含"并不是被内含在质当中,因为被内含在质当中只是强度的次要特征。它首先被内含于自身当

第五章 感性物的不对称综合

中,它既是行内含的东西(impliquante),又是所内含的东西(impliquée)。我们应当将内含构想为一种得到了完满规定的存在形式。在强度中,我们把真正的行内含者、行包含者称为差异;把真正的所内含者、所包含者称为距离。所以,强度既不像[306]外延量那样是可分的,又不像质那样是不可分的。外延量的可分性通过如下三个元素得到界定:首先是对单位(这个单位本身永远是不可分的,它只是标志着分割活动中止的那个层面)的相对规定;其次是被单位规定的各部分的相等性;最后是这些部分与被分割的整体的同质性(consubstantialité)。因此,分割可以在不改变被分割物本性的情况下进行和持续。与此相反,当人们指出某一温度不是由多个温度组成,某一速度不是由多个速度组成时,人们想要表达的是:每一温度已然是差异了,而且,差异并非由归属同一秩序的差异组成,它们内含着不同系列的异质项。正如罗西尼所表明的那样,同质量(quantité homogène)的虚构在强度中消失了。内强量是可分的,但它的被分割必然伴随着它本性的改变。因此,虽然它从某种意义上说是可分的,但这仅仅是因为没有任何部分先存于分割,没有任何部分在被分割后还保留着相同的本性。尽管如此,人们还是应当说"更小"和"更大",不过这恰恰要依据某一部分的本性是假定了某一具体的本性变化(tel changement de nature)还是被这一本性变化所假定。因此,某一运动的加速或减速在其自身中展示出了应当被说成是"更大"、"更小"的内强部分,与此同时,这些部分的本性发生了改变,而且它们还遵循着这些变化的顺序(有序差异)。正是在这种意义上,纵深的差异是由各种距离组合而成——"距离"根本不是一个外延量,它是一种具有顺序和内强特征的不对称关系。这种不对称关系是在异质项的系列间建立起来的,它每一次都表现了那必然在被分割的同时发生本性变化的东西的本性。① 因此,与外延量相反,内强量是由两个元素界定的:一个是行包含的差异——所包含的距离;一个是自在的不等,它表现了一种本性的[自然的]"剩余",后者乃是本性变化的质料(matière du changement de nature)。由此,我们应当区分出两类繁复体,亦即[307]距离和长度:前者是内含的繁复体[隐繁复体],后者是外显的繁复体[显繁复体];前者的度量随分割而变化,后者则承负着它们的度量的不可变原则。差异、距离、不等性是作为内强的 spatium[拉:空间]的深度的肯定性特征。通过外展运动,差异倾向于被取消,距离倾向于被扩展、展开为长度,可分之物倾向于被均等化(我们再一次看到了柏拉图的伟大之处:他已经发现可分之物只有在包含了不等的情况下才能够形成一种自在的本性[nature en soi])。

本性差异与程度差异

人们可能会提出这样的批评:我们把所有的本性差异都置于强度之中,并因此将所有那些通常被归属于质的东西强加给了强度。根据这种批评,我们将所有那些通常归属于外延量的东西都强加给了距离。这些批评在我们看来是站不住脚的。的确,差异由于被展开为外延而变成了单纯的程度差异,它的理由不再存在

---

① 迈农(Alexius Meinong,〈论韦伯法则的意义〉[Über die Bedeutung des Weber'schen Gesetzes], *Zeitschrift für Psychologie und Physiologie der Sinnesorgane*, XI, 1896)和罗素(Bertrand Russell,《数学原理》[*The Principles of Mathematics*],1903,第31章)已经清楚地指出了长度或外延与差异或距离的区别。前者是可以被分为相等部分的外延量;后者则是具有内强性起源的、相对可分的量,换言之,它们的"被分割"必须伴随着它们自身本性的改变。莱布尼茨是为距离理论奠定基础的第一人,他将距离与 spatium[拉:空间]关联在一起,并且还将它们与 extensio[拉:外延]的量对立了起来——参 Martial Guéroult,〈莱布尼茨哲学中的空间、点与虚空〉(Espace, point et vide chez Leibniz, *R. M. M.*, 1946)。

于其自身当中。这样一来,质的确从这种异化了的理由那里得到了好处,而且还担负起了本性差异。但是,和机械论与"质主义(qualitativisme)"的区别一样,外延和质的区别同样依赖于一套戏法:一方利用了在另一方那里已经消失的东西,但真正的差异却不属于任何一方。差异在外延中被取消,它惟有在这个过程中才会变为质的差异。就其本性而言,它既非质的差异,亦非外延的差异。我们首先要指出:与人们通常的说法相比,质具有更高的稳定性、不动性和一般性。而这些是类似性秩序。各种质互有差异,而且是在本性上互有差异,这一点毫无疑问。但它们是在一个被假定的类似性秩序中互有差异。而且,它们在类似性之中的变化恰恰取决于另一种截然不同的变化。质的差异确实没有再生或表现强度的差异。不过,即便是在最大限度的类似性或连续性下,在从一个质向另一个质的过渡中,差距现象和停滞现象、差异的震动、种种距离仍然存在,所有连言与选言的游戏仍然存在,所有的深度仍然存在,其不是形成了一种原本是质的绵延,而是形成了一种刻度尺(échelle graduée)。而且,假如强度没有拉紧、支撑、重演绵延的话,被人们用质填充的绵延除了是通向墓地的行程外又能是什么?除了差异在相应外延中消逝的必要时间或各种质均一化的必要时间外,质又能拥有什么样的时间?[308]简而言之,除非有能够在质之中构成质的差异或本性差异、在广延之中构成量的差异或程度差异的强度(即使是以看似在质和广延中被取消为代价),否则这两种差异全都无法存在。

所以,柏格森对强度的批判似乎很难令人信服。这种批判对强度的考察完全是围绕着现成的质和已被构成的广延展开的。它将差异分为两类:质之中的本性差异和广延之中的程度差异。如果从这种观点出发,强度必将仅仅显现为不纯粹的混合物;它不再是可被感觉的,亦不是可被知觉的。但这样一来,柏格森已经将所有那些归属于内强量的东西置于质之中。他想要使质摆脱那种将它与相反或矛盾联系在一起的表面运动（所以，他将绵延与生成对立起来）。但如果要实现这一目标，他只能将内强量所具有的那种深度赋予质。人们不能既反对否定之物又反对强度。使人印象深刻的是，柏格森完全没有将质的绵延界定为不可分割的东西，而是将它界定为由于被分割而改变本性的东西，或是在改变本性的同时必然被分割的东西。在柏格森看来，质的绵延就是潜能繁复体，它对立于数和广延的现实繁复体，因为后者只保留有程度差异。然而，在这种由整个柏格森主义所代表的**差异哲学**中，柏格森追问质与广延的双重发生的时刻到来了。而且，这一基本分化（质—广延）本身的理由只能在一种宏大的记忆综合中发现：这种记忆综合使所有的差异程度（作为舒张程度与缩合程度）共存，并在绵延的内部重新发现了强度的被内含秩序（这种秩序先前只是从外部、并且是以临时性的方式得到揭示的）。① 这是因为，程度差异以及机械地（mécaniquement）表象了它们的广延本身并不拥有[309]自身的理由；但是，本性差异，以及质地（qualitativement）表象了它们的绵延，也不再拥有自身的理由。机械论的首脑说"一切都是程度差异"。质的首脑回应说"到处都有本性差异"。但他们都是虚假的首脑，是无关紧要的首脑和共犯的首脑。我们要严肃对待下面这个众所周知的问题：存在于程度差异与本性差异之间的是本性差异还是程度差异？答案是两者都不是。只有在作为差异外展场所的广延中，差异才

---

① 柏格森从一开始就将绵延界定为"繁复体"或可分性，但它在被分割的同时必然会发生本性的改变：《论意识的直接与料》(*Essai sur les données immédiates de la conscience*, *Œuvres*, Editions du Centenaire)，页 57 以下，尤参《物质与记忆》(*Matière et mémoire*)，页 341—342。因此，不仅在绵延与广延之间存在着本性差异，而且绵延将自身与广延区分开来，正如本性差异要将自身与程度差异区分开来（两类"繁复体"）。尽管如此，绵延却以另一种方式与差异之本性混然一体，从而包含了所有的差异之程度。这样一来，各种内在于绵延的强度被重新引入，所有舒张与缩合的程度在绵延中共存的观念也由此产生（这是《物质与记忆》和《思想与运动》的核心论题）。

第五章 感性物的不对称综合

是程度差异；只有在要在该广延中覆盖差异的质之下，差异才是本性差异。在两者之间存在着所有的差异之程度，在两者下面存在着所有的差异之本性：内强之物。程度差异只是差异的最低程度，本性差异则是差异的最高本性。被本性差异和程度差异分割或分化了的东西，差异的诸程度或本性将其造就为**相同**，但这个相同只述说不同。而且，如前所见，柏格森最终得出了一个极端的结论：差异之本性和差异之程度的同一性，这个"相同"，也许就是**重复**（存在论重复）……

有一种和内强量相关的幻相。但幻相不是强度本身，而是导致强度差异被取消的那种运动。强度差异并非只是在表面上被取消。它确实被取消了，但是在自身之外、是在广延之内和质以下被取消。因此，我们应当区分出两种类型的内含或降落：一类是次内含（implication seconde），处于次内含状态的强度被包含在外展它们的质和广延之中；另一类是主内含（implication primaire），处于主内含状态的强度被内含于自身之中，它同时是行包含者和所包含者。一类是次降落（dégradation seconde）：强度差异在这种降落中被取消，最高与最低实现了合流；一类是主降落（dégradation primaire）的强力：其中，最高肯定了最低。而幻相恰恰意味着将内外两种审级、两种状态混为一谈。从只能在质和广延的秩序中把握强度的感性之经验运用的视角看来，这种混淆是否可以避免？只有先验研究才能发现：即使是在强度被映射于由它所创造的广延和质（它们次内含着[impliquent secondairement]强度，而这恰恰是"外展"强度的先决条件）之中时，它仍然被内含于自身之中，而且还继续包含着差异。广延、质、限制、对立的确意指着实在；[310]但差异在它们那里只能表现出幻相的形态。即使差异那被表面映出的影像变得模糊了，它本身依然继续过着地下生活。有且只有这个影像会"变得模糊"，正如差异在且仅在表面上才会被取消。

能量与永恒回归

我们要问的是：如何从卡诺原理或居里原理之类的经验原理那里提炼出一条先验原理？当我们尝试界定**能量一般**（énergie en général）时：要么，我们将广延那些外延的、质化了的因素当作考虑的对象，这样一来，我们就不得不说"有某种东西是恒常不变的"，从而也就表述了**同一**那宏大却又乏味的同语反复；要么，与此相反，我们将纯粹强度当作考查的对象，它被内含于深度领域之中，在这个领域中，既没有质被展开，也没有广延被展布；我们用埋藏在这一纯粹强度中的差异来界定能量，而"强度差异"则是带有同语反复色彩的表述，但这一次的同语反复是**不同那漂亮而又深邃的同语反复**。因此，人们应当避免混淆能量一般与静止的均一能量，因为后者取消了一切变化的可能性。唯一能够处于静止状态的是一种特殊的能量形式，也就是在广延中被质化了的经验性能量形式。在广延中，差异已经被取消了，因为它被置于自身之外并被分派于系统的元素之中。而能量一般或内强量却是 spatium[拉：空间]，亦即所有变形的剧场和自在的差异——自在的差异在其每一程度的生产中包含着它的所有程度。就此而言，能量或内强量不是科学概念，而是先验原理。根据经验原理和先验原理之分，人们把支配某一领域的原理称为经验原理。一切领域都是质化了的、广延的部分系统，它受支配的方式导致创造了它的强度差异倾向于在它的内部被取消（自然法则）。但各个领域不是相加而是分配的；广延中既不存在广延一般也不存在能量一般。与此相对，存在着没有被质化的内强空间，而且在这一空间中还存在着纯粹能量。先验原理不支配任何领域，它将须要被支配的领域给予了经验原理；它说明了领域对原理的服从。正是强度差异创造了领域并将其给予经验原理，而根据经验原理，强度差异要（在领域中）被取消。而在经验原理的作用范围之外保存自身的正是先验原理。而且,就在自然法则支配着世界表面的同时,永恒回归不停地[311]在另一个维度中嗥叫着,这另一个维度就是先验的维度或火山式的 spatium[拉:空间]的维度。

永恒回归中的重复既不是质的,也不是外延的,而是内强的

当我们说永恒回归不是**相同**、**相似**或**相等**的回归时,我们想要表达的是:永恒回归没有假定任何同一性。永恒回归述说的反而是一个没有同一性、类似性、相等性的世界。永恒回归所述说的世界,其基底本身就是差异。在这个世界中,无限地相互回响的龃龉或差异之差异是一切的基础(强度的世界)。永恒回归自身即**同一**、相似和相等。但是,它恰恰不会预设它所述说之物中有任何它自身所是的东西。它述说的是不具有同一性、类似性和相等性的东西。它是述说不同的同一,是述说纯粹龃龉的类似,是只述说不等的相等,是述说所有距离的接近。事物应当在差异中炸裂,它们的同一性应当消解,目的是为了使它们成为永恒回归的猎物,成为永恒回归中的同一性的猎物。这样一来,人们便能够测量那割裂了两种永恒回归的深渊:一种永恒回归是"现代的",甚至是未来的信仰;另一种永恒回归是古代的,或被假定为古代的信仰。有这样一种历史哲学,它将归属于我们的历史性时间和曾经归属于**古人**的循环时间对立起来。但这种历史哲学知识事实上非常可笑。有人认为在**古人**眼中时间在旋转,在**现代人**眼中时间在直线前进:这种循环时间与线性时间的对立是一种贫乏的观点。每当这样一种图示被加以检验时,它总会破产。它破产的原因有很多:首先,人们归于**古人**的那种永恒回归预设了它必然要使之回归的东西的同一性一般(identité en général de ce qu'il est censé faire revenir)。然而,这种同一的回

归要服从某些事实上与它矛盾的条件。这是因为,它要么以种种质的元素的相互间的循环变化为基础(物理学的永恒回归),要么以不朽天体的圆周运动为基础(天文学的永恒回归)。在这两种情况下,回归全都被描述成"自然法则"。就前一种情况而言,质是用来解释它的根据,就后一种情况而言,广延是用来解释它的根据。然而,无论是天文学的还是物理学的,无论是外延的还是质的,这种对永恒回归的解释已经将它所假定的同一性还原为一种极为一般的单纯类似性:因为由"相同的"质的运动或诸星辰各自的"相同"位置所规定的只是被它们支配的各种现象中的粗糙的类似性。此外,永恒回归被如此糟糕地理解,以至于它已然对立于[312]和它紧密地联系在了一起的东西了:一方面,伴随着脱离"诞生之轮(roue des naissances)"的理想,它在种种变形与转世中发现了第一个界限:质的界限;另一方面,它在无理数或天体循环的不可还原的不等性之中发现了第二个界限:量的界限。这样一来,这两个与永恒回归联系最为紧密的主题——质的变形和量的不等——则转而反对它,而且失掉了和它的一切可理解的关系。我们并不是说"**古人信仰的这种**"永恒回归是错误的或没有根据的。我们是说,古人只是在一定程度上信仰这种永恒回归。它不是永恒回归,而是部分循环和类似循环。它是一种一般性,简单地说就是一条自然法则(甚至赫拉克利特的**大年**也只是构成生命体的火的一部分为了自我转化为土并重新变成火所必需的时间)。① ——或者,如果在希腊或是

---

① 例如,关于希腊人对永恒回归所持的保留态度,参 Charles Mugler,《希腊宇宙学的两个主题:循环生成与世界的多元性》(*Deux thèmes de la cosmologie grecque, devenir cyclique et pluralité des mondes*, Klincksieck, éd., 1953)(【译按】参 T·M·罗宾森在《赫拉克利特著作残篇[希英中合刊本]》[桂林:广西师范大学出版社,2007]中的评注:"如果赫拉克利特的确相信宇宙的周期性燃烧,那么这样一个时间段可能是 10800 年,他显然称之为'大年'。但是如此具体的概念事实上可能是斯多葛派引入的,需要谨慎对待"[页 172])。

在其他地方存在着一种真正的永恒回归的知识,这必然也是一种残酷的隐秘知识。对于这种知识,我们应当到另一个维度中去寻找,到一个比天文学的或质的循环(以及它们的一般性)的维度更为神秘、更为奇异的维度中去寻找。

为什么通晓希腊思想的尼采明白永恒回归是他的发明,是不合时宜的信仰或将来的信仰?因为"他的"永恒回归绝不是相同者、相似者或相等者的回归。尼采清楚地说过:如果存在过同一性,如果对世界来说存在过一种未分化的质的状态,或者对诸星辰来说存在过一种平衡位置,那么这不是进入到某一循环中去的理由,而是不脱离上述状态的理由。所以,尼采将永恒回归与那似乎与它对立或是从外部限制了它的东西联系在了一起:全面的变形、不可还原的不等。深度、距离、根底、弯曲、洞穴、自在之不等形成了永恒回归的唯一风景。查拉图斯特拉提醒小丑以及鹰与蛇:永恒回归既不是天文学的"手摇风琴曲",也不是物理学的轮舞……它并非自然法则。永恒回归的创制之所是基底,是**原初自然**(Nature originelle)在其中处于混沌状态的无底,它超越了仅仅构成了第二自然(nature seconde)的领域和法则。尼采将"他的"假设与循环假设对立起来,将"他的"[313]深度与固定之物的圆域中的深度之缺席对立起来。永恒回归既不是质的,也不是外延的,而是内强的,它是纯粹内强的。这就是说:它述说着差异。这便是永恒回归和强力意志的基本关联。永恒回归只可述说强力意志,强力意志只可述说永恒回归。强力意志是光辉灿烂的变形世界,是相互交流的强度的世界,是差异之差异的世界,是灵息(souffles)——渗入与呼气——的世界:这是内强的意向性世界(monde d'intensives intentionalités),是拟像或"神秘仪式"的世界。①

---

① 克罗索夫斯基已经表明了永恒回归与作为"符号"发挥作用的纯粹强度的联系:参〈**相同之永恒回归**的实际体验中的遗忘与回想〉(Oubli et anamnèse dans l'expérience vécue de l'éternel retour du Même, dans *Nietzsche, Cahiers de Royaumont*, Editions de Minuit, 1967)。在《巴佛麦》(*Le Baphomet*, Mercure, 1965)这个故事中,克罗索夫斯基更为深入地描述了那构成了永恒回归之原本质料的内强性"灵息"的世界。

永恒回归即这个世界的存在（L'éternel retour est l'être de ce monde），是述说着这个世界的唯一的**相同**——它将一切先在的同一性驱赶出了这个世界。尼采的确对他那个时代的能量学抱有兴趣，但这并非哲学家的科学乡愁病。我们应当猜测他想要在内强量的科学中找到什么，而答案就是实现"使混沌成为肯定的对象"（这被他称为帕斯卡尔[Pascal]的预言）的方法。强力意志中的差异被感受为与自然法则对立的东西，这种差异是感性的至高对象，是 hohe Stimmung[德：高昂的情绪]①（人们可以回想一下，强力意志首先被解释为情感，被解释为距离感[sentiment de la distance]②）。永恒回归中的重复被视为与思想法则对立的东西，它是至高的思想，是 große Gedanke[德：伟大的思想]。差异是第一肯定，永恒回归是第二肯定，是"存在之永恒肯定"或述说第一个肯定的 N 次方。思想始终是从一个信号，亦即初始强度出发开始思考的。通过被打断的链条或弯曲的圆环，我们从诸感官的界限被猛烈地引向了思想的界限，从只能被感觉的东西被引向了只能被思考的东西。

正因为没有任何东西是均等的，正因为一切都浸没在了其自身的差异之中，浸没在了其自身的不相似性与不等性之中，甚至浸没在了与自身的不相似性与不等性之中，一切才尽皆回归。或者

---

① 【译按】尼采，《快乐的科学》，黄明嘉译，上海：华东师范大学出版社，2007，箴言288，"高昂的情绪（Hohe Stimmungen）"，页273—274。

② 【译按】亦即尼采所说的"距离的激情（das Pathos der Distanz）"。这一术语最早出现在《善恶的彼岸》(1886)第257节，随后还出现在《道德的谱系》(1887)第三章"禁欲主义理想意味着什么?"的第14节，以及《偶像的黄昏》(1888)，"一个不合时宜者的漫游"的第37节。这个概念"意味着一种'距离感'，这种距离感既是一种不同位置的存在者之间的生存论差异的不可比拟性，也是一种'相异性'的情感，还是哲学范畴的价值判断行为"（尼采，《查拉图斯特拉如是说》，前揭，页112，脚注③），"在《道德的谱系》中，这个概念对尼采的高贵意向，有着重要意义。与距离的激情相对的，是被他否定的平等的伦理。他想用受难能力代替基督教的同情，想用人的高贵的等级去衡量这种受难能力的程度"（尼采，《偶像的黄昏》，卫茂平译，上海：华东师范大学出版社，2007，页158，脚注③）。

不如说一切皆不回归。不能回归的东西即否定永恒回归的东西,也就是不能承受考验的东西。质、广延就是不能回归的东西——因为作为永恒回归之条件的差异在质和广延中被取消了。否定就是不能回归的东西——因为差异为了被取消而在否定中被颠转。同一、相似、相等就是不能回归的东西——因[314]为它们构成了各种形式的无差异。作为同一性的形式和保障的上帝、自我不能回归。任何仅在"只此一次[一劳永逸]"的法则下出现的东西都不能回归,其中就包括从属于相同的质的同一性条件、相同的广延物体的同一性条件、相同自我的同一性条件的重复(因而也就是"复活")……这果真意味着质和广延都不会回归吗?或者说,我们是不是有必要区分出两种质的状态,两种外延的状态?在一种状态下,质作为符号而在一个强度差异的距离或间隙中闪烁;在另一种状态下,质作为结果,已然反作用于它的原因并倾向于取消差异。在一种状态下,外延仍然被内含于差异的行包含秩序之中;在另一种情况下,广延在质化了的系统中外展、取消了差异。这种无法在经验中做出的区分从永恒回归思想的观点看来便成为了可能。外展的铁律是:被外展之物要被一劳永逸地外展。内强量的伦理学只有两条原则:肯定最低的东西,不要被(过度)外展。我们就应该像斥责孩子一口气说出了他知道的所有脏话的父亲那样,这不仅是因为说脏话是不好的,而且还因为他一次就说出了一切,因为他没有剩下任何可说的东西——没有给永恒回归那精妙的被内含质料留有剩余。而且,如果永恒回归——甚至是以我们的一致性为代价,并且是为了一种更高的一致性——将质重新引回到纯粹符号状态,并且只保留了那处于广延之中的与原初深度浑然不分的东西,一些更美丽的质、更明亮的色彩、更贵重的宝石或振动幅度更大的外延便出现了。因为一旦被还原为自身的创生理由(raisons séminales),一旦切断了与否定的所有关系,它们便永远被固定在实定差异的内强空间之中。这样一来,当柏拉图向那摆脱了自身的经验性运用的感性许诺了那些见所未见的神殿、星辰、诸神,那些闻所未闻的肯定时,《斐多》的最终预言便实现了。当然,这预言事实上只会在柏拉图主义自身的颠转中实现。

※

强度与微分

人们往往会否定内强量与微分的亲合性。但这种批评仅仅针对一种错误的亲合性构想。亲合性的基础不应该建立在对一个系列、一个系列的诸项以及诸连续项之间的差异[315]的考察之上,而应该是两种比[关系]的对峙之上,也就是**理念**之相互综合中的微分比[差异关系]和感性物之不对称综合中的强度比[强度关系]的对峙。交互综合 $\frac{dy}{dx}$ 在那将 y 与 x 联系在一起的不对称综合中延续。内强因素是一种偏导数,或是复合函数的微分。在强度与**理念**之间——就像是在差异的两种对应形态之间——建立起了一种交换流(courant d'échange)。**理念**是潜能的、成问题的或"交错的(perplexes)"繁复体,它们是由微分元素间的比[关系]构成。强度是被内含的繁复体或"复杂体(implexes)",是由不对称元素之间的比[关系]构成,它们从事的活动是指引**理念**的现实化过程并确定问题的解决实例。强度之感性论亦是在与**理念**之辩证法的对应中展开自身的每一环节:强度(深度)的强力是以**理念**的潜势性为基础。我们在感性论层面上碰到的那些幻相已然延续了辩证法的幻相。而且,在成为内强差异的倒像以前,否定之物的形式是问题及其元素的投影。内强量似乎被取消,正如成问题的**理念**消逝了。作为内强量的微知觉的无意识指向了**理念**的无意识。而且,感性论的技艺呼应着辩证法的技艺。辩证法的技艺是反讽,是问题和发问的技艺,表现它的是微分比[差异关系]的使用和普通者与奇异者的分配。而感性论的技艺则是幽默,是信号和符号的物理学技艺,它规定了局部解决或解决实例,简而言之,它就是内强量的被内含技艺。

尽管如此,这些极为一般的对应既没有指出亲合性如何得到确切行使,也没有指出内强量与微分的连接如何得到施行。我们来重新考察一下**理念**的运动,它与现实化过程密不可分。构成**理念**或繁复体(例如颜色的繁复体)的是某一秩序的发生元素或微分之间的各种比[关系]的潜能性共存。正是这些比[关系]在那些在质的层面上是清楚的(distinctes)的颜色之中得到了现实化,与此同时,它们的特异点则化身在了那些与这些质对应的突出的(distinguées)广延之中。因此,质是已分化的。至于各种广延,它们表现的是一条条发散线,而且,由于[316]只共存于**理念**之中的微分比[差异关系]是依照它们被现实化的,所以它们也是已分化的。如前所见,一切现实化过程就此而言都是双重分化——质的分化和广延的分化。而且,分化范畴无疑会随着对**理念**具有构成作用的微分秩序的变化而变化:质化(qualification)和部分化(partition)是物理分化的两个方面,正如特殊化和组织化是生物分化的两个方面。但是,下述要求会一再出现:质要根据它们各自现实化的比[关系]被分化,正如广延要根据它们体现的特异点被分化。因此,我们要形成 $\frac{微分}{分化}$(différen$\frac{t}{c}$iation)概念。这个概念一方面指示**理念**或潜能繁复体中的微分比[差异关系]的状态,另一方面指示质的与广延的系列的状态,而且微分比[差异关系]正是通过在这些系列当中被分化而被现实化的。但我们还根本没有确定这样一种现实化的条件是什么。**理念**是在何种规定的作用下化身于已分化的质或广延之中?共存于**理念**之中的各种比[关系]是在何种规定的作用下才在质和广延中被分化?对上述问题做出回答的正是内强量。内强量即是在现实化过程中起规定作用的因素。正是强度施行了戏剧化活动(dramatise)。它不仅直接在基础时空动力之中得到表现,而且还使微分比[差异关系],亦即**理念**中"不清楚的东西"在它的规定作用下化身于清楚的质和突出的广延之中。这样一来,从某种程度上说(不过——我们会看到——也仅仅是从某种程度上说),分化的范畴和运动与外展的范畴和运动是相同的。我们是结合进行现实化活动的**理念**来谈论分化。我们是结合被"展开"并且规定着现实化运动的强度来谈论外展。如果强度的确创造了它在其中被外展的质和广延,这是因为质和广延并不——而且是绝不——类似于在它们当中被现实化的理念性关系:分化内含着线的创造,而它正是根据这些线行动的。

个体化在理念之现实化中发挥的作用

强度如何发挥这一规定作用?就其自身而言,它应当独立于分化,独立于源出于它的外展。强度是独立于外展的,它通过界定它的内含秩序做到了这一点。强度是独立于分化的,它通过那[317]本质上属于它的过程做到了这一点。内强量的本质过程就是个体化(Le processus essentiel des quantités intensives est l'individuation)。强度是个体化的(individuante),内强量是个体化因素(facteurs individuants)。个体是信号—符号系统。一切个体性(individualité)都是内强的个体性:它因而像瀑布那样倾泻而下,如同开闸放水一般,个体性与个体性相互交流,其自身就包含和肯定了在构成它的诸强度之中的差异。西蒙东在最近的研究中表明:个体化首先假定了一种亚稳定状态(état métastable),亦即一种"龃龉化(disparation)"①的实存。龃龉至少是由两个量的秩序

---

① 【译按】参 Anne Sauvagnargues,"黑格尔与德勒兹:差异还是矛盾?"(Hegel and Deleuze: Difference or Contradiction, trans. M. Champagne, N. Feuerhahn & J. Vernon, in *Hegel and Deleuze: Together Again for the First Time*, eds. K. Houle, J. Vernon & J.-C. Martin, Evanston: Northwestern University Press, 2013),页39—41:"西蒙东的术(转下页注)

或两个异质性实在等级构成,各种潜势存在被分派在它们中间。尽管如此,这种前个体(pré-individuel)状态并不缺乏奇异性:潜势存在的实存和分派界定了特异点或奇异点。由此便出现了由异质秩序间的距离规定的客观的"成问题"场域。个体化作为这样一个问题的解决活动出现,或者换句话说,它作为潜势存在的现实化和龃龉存在的交流化[被置于交流状态当中]出现。个体化活动

(接上页注)语'龃龉化'来自知觉心理—生理学,它指的是深度知觉在双目〔立体〕视觉中的产生,指的是视网膜图像的不协调性、这种不可还原的龃龉性产生出了三维视觉,后者正是前者的创造性消解。每个视网膜都被一个二维图像覆盖着,但由于视差的原因,这两个图像无法达成一致(我们通过依次闭上一只眼睛就能轻易地观察到这一点)。因此,任何二维图像都无法解决西蒙东所说的'二维性公理',即:两个图像之间的互不协调性。用西蒙东的术语来说,这一公理意味着一个成问题场域(这里就是视觉)的客观构成,意味着一个须要被解决的'成问题者'或客观亚稳定状况的呈现。这样一种成问题的不协调性就是西蒙东想要用他的龃龉化概念把握的对象。为了消解两个视网膜之间的这种客观亚稳定性,人的大脑将其整合为一种新的公理,即三维性的连贯性条件。因此,体积视觉和深度知觉就作为问题的解决登场了。它们提供的解决方式就是创造出一个新的,并且是不可预见的第三维度,其并不包含在之前的两个视网膜图像中。这从本质上说就是龃龉化的过程,西蒙东把它从知觉领域扩展到了一种一般生成逻辑(general logic of becoming)那里。作为我们把握知觉活动之构成的可能性条件,龃龉化充当着一切个体化的范型,而且还提供出了一种对新事物的突现的说明。德勒兹正是从这一宏观视角出发来讨论差异概念。龃龉化提供出的解释方案可以让我们同时摆脱黑格尔的综合概念与矛盾的辩证法。为了消解视网膜图像的龃龉性,龃龉化产生出了一个新的第三维度。不过,重点在于,这个新的维度并未使两个视网膜之间的基本冲突消失。毋宁说,它将这种冲突纳入到了一个新的系统当中,这个系统就是深度。对于视网膜龃龉性的维持催生了这种朝向新维度的跳跃。这个新维度既没有带来综合,也没有消解矛盾,它毋宁说产生出了一种整合。这种整合将问题带到了一个全新的层面上,两个视网膜之间的龃龉性在这个层面上获得了新的意义。西蒙东断言道:'知觉的发现不是还原性的抽象,而是一种整合、一种放大化行动。'根据这种观点,深度知觉既没有削弱矛盾也没有消除支撑后者的视差。并没有什么对立面的辩证综合将龃龉性吸收进一种更高的统一性当中。至关重要的是一种截然不同的行动,一种为相互隔离的视网膜图像添加了新维度的创造性构建。这种解决并非出于对原初矛盾的消解,而是出自一个崭新维度——深度——的发生。深度绝没有被包含在呈现出的问题当中。因此,龃龉化成为了个体化的规定性范畴。它把握住了在一切真正的发生中运作着的过程,并且通过对西蒙东所说的'存在的亚稳定特征'进行说明而回答了潜能性的现实化这个持续存在的问题。"

的宗旨不是消除问题,而是将各种龃龉化元素(éléments de la disparation)整合到一种耦合状态当中,这种状态为它们的内共振提供了保证。因此,个体与一个前个体的半身(moitié)连接在了一起。这个半身不是个体之中的无人称存在,而是储藏个体的奇异性的场所。[1] 从所有这些角度看来,我们认为个体化从本质上说是内强的,而前个体的场域从本质上说则是理念的—潜能的,或者说,它是由微分比[差异关系]构成。对"**哪一个?**"这个问题做出回答的是强度,正如对"多少?"、"如何?"这些问题做出回答的是**理念**。"**哪一个?**"始终是一个强度……个体化乃是强度的活动。在这种活动的规定作用下,微分比[差异关系]按照分化线在强度创造的质和广延中被现实化。完整的概念便是:个体—$\frac{微分}{分化}$(indi-différen$\frac{t}{c}$iation)(个体—戏剧—$\frac{微分}{分化}$[indi-drama-différen$\frac{t}{c}$iation])。作为微分性[差异性]**理念**的技艺,反讽绝非不知道奇异性。恰恰相反,一切普通点和特异点的分配都要通过它完成。不过,重要的始终是被分派在**理念**之中的前个体的奇异性。反讽还不知道个体。针对个体以及各种个体化因素的是作为内强量之技艺的幽默。幽默表现了作为[318]解决实例的个体的游戏(相对于那些由它所规定的分化而言),而反讽本身则在问题之演算或问题条件之规定中进行着必要的微分运算[差异化活动]。

个体化与分化

个体既不是质也不是外延。个体化既不是质化也不是部分化,既不是特殊化也不是组织化。个体既不是 species infima[拉:最低的种]也不是部分的组合物。对于个体化这个问题,无论是

---

[1] 参 Gilbert Simondon,《个体及其物理学—生物学发生》(*L'individu et sa genèse physico-biologique*, Presses Universitaires de France, 1964)。

从质的角度进行的解释还是从广延的角度进行的解释,它们全都无法给出下述情况的理由:某一种质缘何不再是一般的?或者,某一广延综合缘何由此发端,于彼终结?质化与特殊化已然假定了那些有待定性的个体。而且,广延部分是相对于一个个体而言的(而不是相反)。但确切说来,仅仅指出个体化与分化一般之间的本性差异还不够。只要我们还没有接受这一本性差异所带来的后果,这个差异就仍然是不可理解的:个体化在原则上先于分化,一切分化都假定了在先的个体化内强场域。正是在个体化场域的作用下,微分比[差异关系]与特异点(前个体场域)被现实化了,也就是说,它们在直观中沿着一条条相互分化开来的线被组织了起来。在这一条件下,它们形成了个体的质与数目、种与部分,简而言之,就是形成了个体的一般性。由于既存在着属于不同种的个体又存在着属于相同种的个体,所以,即使个体化相对于特殊化而言具有不同的本性,征用了不同的方法,人们还是倾向于认为个体化是特殊化的延续。但事实上,无论是将这两种过程混为一谈,还是将个体化还原为分化的极限或并合,这都损害到了差异哲学的整体。这一次,人们是在现实的层面上犯了一个错误——这个错误类似于人们在混淆潜能与可能时犯下的错误。个体化不但没有假定任何分化,而且还起到了激发分化的作用。质与广延、形式与质料、种与部分并不是第一位的东西,它们被限制在了个体之中,就好像是被限制在了水晶当中。而且,正是整个世界——就像在一个水晶球中——在个体化差异或强度差异的运动深度中显示了出来。

个体化是内强的

所有差异都是由个体承担,但它们却并不因此就是个体(individuelles)差异。一个差异在什么条件下[319]才能被认为是个体差异？我们清楚地看到：分类问题始终是要赋予各种差异以秩序。但是，植物或动物的分类表明，只有在给定一个类似的连续性的多样性网络（réseau multiple de continuité de ressemblance）的条件下，人们才能赋予差异以秩序。生物之连续性的观念始终与分类的观念紧密相连，两种观念之间不存在任何对立。前一种观念并未对各种分类要求做出限制或使其变得更加精致，它反而是一切可能分类的要件。例如，人们会问：在多个差异中，是哪一个形成了真正的"特征"？也就是说，是哪一个差异使得那些在最大程度上相类似的存在能够在一种被反思的同一性当中得到归类？就此而言，属可以同时是反思概念和自然概念（就它"裁剪出来"的同一性在邻近的多个种那里被保存下来而言）。如果人们考察 A、B、C 三种植物，其中，A 与 B 是木本植物，C 是非木本植物，B 和 C 是蓝色植物，A 是红色植物，那么，能够形成特征的便是"木本的"，因为它保证了差异会最大限度地从属于递增和递减的类似性秩序。而且，人们无疑可以揭示类似性是归属于粗糙的知觉的，但条件是用宏大的构成性单位（要么是居维叶那宏大的机能单位［grandes unités fonctionnelles］，要么是若弗鲁瓦那宏大的合成单位［grande unité de composition］）取代反思单位。相对于这些宏大的构成性单位而言，差异仍然是在类比判断中或作为普遍概念中的变项被思考。总而言之，只要差异还从属于知觉中的类似性、反思中的同一性、判断中的类比或概念中的对立这些标准，它就不能被认为是个体差异（différence individuelle）。即使由个体所承载，它仍旧只是一般性差异（différence générale）。

达尔文（Darwin）的伟大创新也许就在于确立了个体差异的思想。《物种起源》（L'origine des espèces）的主导论题是：人们不知道个体差异能做什么！人们不知道，在与自然选择结合在一起的条件下，个体差异最终能到达哪里。达尔文提出自己的问题的方式和弗洛伊德在另一场合下提出问题的方式颇为相似:关键是要弄清楚微小的、自由的、流动的或未被钳合的差异是在什么条件下变成了可被感觉的、被钳合的与固定的差异。然而,正是自然选择现实地发挥着现实原则甚至成功原则的作用,正是它表明了各种差异是如何在[320]同一方向上被钳合、被积累的,而且它还表明了各种差异是如何越来越倾向于朝着不同甚至对立的方向发散。自然选择发挥着分化差异的重要作用(发散程度最高者的继续存在)。在选择未发挥作用或不再发挥作用的地方,差异仍然具有流动性或者重新具有了流动性;在它发挥作用的地方,它发挥作用的方式就是规定差异或使差异发散。当属、科、目、纲这些宏大的分类单位(unités taxinomiques)将差异与类似性、同一性、类比和对立这些条件关联在一起时,它们就不再被用于思考差异。相反,这些分类单位将差异以及作为自然选择之基本机制的差异之分化当成了自身被思考的出发点。毋庸置疑的是,就其自身得到思考的个体差异在达尔文那里尚未明确获得选择或分化的初始质料的地位:由于个体差异仍然是自由的、流动的、未被钳合的,所以它被等同于一种无规定的变异性(variété)。所以,通过表明个体差异是如何在有性繁殖中发现一种自然原因,魏斯曼(Weissmann)为达尔文主义做出了重大贡献:有性繁殖是"多样的个体差异之不断生产"的原则。就两性分化是有性繁殖的结果而言,我们可以看到:是种的分化、有机体各部分的分化、两性分化这三大生物学分化围绕着个体差异旋转,而不是个体差异围绕着三大生物学分化旋转。达尔文主义完成的哥白尼革命具有三重形态。第一重形态涉及个体差异的分化(différenciation des différences individuelles),亦即各种特征的发散和不同种群的规定;第二重形态涉及差异的钳合(liaison des différences),亦即各种特征在相同种群中的调配;第三重形态涉及差异的生产(production des différences),亦即分化与钳合之连续质料的生产。

有性繁殖只有从表面看来（当然，这种"从表面看来"是有根据的）才服从种的标准和有机体部分的要求。有机体的卵的确应当再生它所归属的那个有机体的所有部分。近似地，有性繁殖也的确是在种的界限内发挥作用。但是，人们经常注意到，所有的再生样式都内含着各种有机体的"去分化（dédifférenciation）"现象。卵能够重构有机体的各个部分，但条件是它要在一个不取决于它的场域中发育。而且，它的发育之所以能够在[321]种的界限内进行完全是因为发育活动本身也呈现出了种的去分化现象。只有属于同一个种的存在者们才真正能够超越种，只有属于同一个种的存在者们才能够生产出发挥着原基（ébauches）功能并被暂时还原为超一种的特征的存在者。贝尔表明，胚胎不是再生属于其他种的祖先的成体形式，而是感觉和经受着各种状态，进行着一些在种的层面上无法承受的、超越了种、属、目、纲的界限的、只能被它在胚胎生命的诸条件下体验的运动。而且正是通过表明这一点，贝尔做出了上述发现。贝尔还进一步得出了如下结论：后生（épigenèse）是从较高的一般程度向较低的一般程度的演进，也就是说，是从最为一般的类型向不同的属、种规定的演进。但这种高度的一般性绝非一个抽象的分类学概念，因为它本身是胚胎的体验对象。一方面，它指向了微分比[差异关系]，后者构成了先于种的现实化存在的潜能性；另一方面，它指向了种的现实化的初始运动，而且尤其指向这种现实化的条件，亦即在卵之中发现了自身的构成场域的个体化。因此，虽然生命的最高一般性超越了种和属，但这种超越朝向的不是无人称的抽象物，而是个体和前个体的奇异性。即便与贝尔一同注意到如下情况，我们也不会必然得出类型或门的不可还原性，即：不单胚胎的类型出现得太早，甚至连它的种的形式也是如此。我们从上面这种情况那里看到的毋宁是：个体化对现实化或特殊化所施加的影响的相对速度和

第五章 感性物的不对称综合

相对加速度。① 不是个体相对于种的特质而言是一个幻相,而是种相对于个体和个体化的活动而言是一个幻相(尽管是一个不可避免的、有根有据的幻相)。问题并不在于知道个体事实上能否与它的种和部分分离,因为这是不可能的。但是,这种"不可分离性"本身,以及[322]种和部分的出现速度,难道没有展现出个体化相对于分化而言的原则上的优先性吗? 个体既高于种又在原则上先于种。而且,胚胎即个体本身,它在自身的个体化场域中被直接把握到。有性繁殖界定了这一场域本身。如果在产物中,种的形式的更加早熟的出现(apparition)伴随着有性繁殖,这是因为种概念本身首先就取决于有性繁殖,有性繁殖通过个体化而加快了现实化的开动(卵本身已经是各种初始运动的所在地)。胚胎是其双亲的一种幻像(phantasme)。一切胚胎都是幻想(chimère),它可以作为原基发挥功能,并且它有能力经历那种对任何特殊化了的成体来说都是不可承受的东西。它进行着强制运动,构成着内共振,戏剧化着生命的原始关系。将动物的性与人类的性加以比较的主旨是探究性是如何停止作为一种机能并打破自身与生殖的关联的。这是因为人类的性内化了幻像的产生条件。梦便是我们的卵,我们的幼体,或我们那些原本的精神性个体。有生命的卵仍然是个体化场域;胚胎本身仍然是纯粹的个体;而且,前者在后者那里证实了个体化之于现实化的优先性,换句话说,也就是证实了个体化对于特殊化和组织化的优先性。

---

① 关于种的形式的类型的出现速度,参 Edmond Perrier,《动物群体与有机体的形成》(Les colonies animales et la formation des organismes, Masson, éd.),页 701 以下。——佩里耶强调指出,种概念是依赖于有性繁殖的:"对于每一个新生世代而言,各种共同特征的固定性会越来越显著……所有晚近的研究都在下面一点上达成了共识,亦即证明:在动物界的一些种群当中,繁殖在没有预先受精的情况下发生。种在这些种群中并不存在。所以,种的出现与有性世代的出现紧密地联系在了一起"(页707)。

个体差异与个体化差异

　　个体化差异首先应当在其个体化场域中被思考——不是迟来的差异,而可以说是在卵之中的差异。自从柴尔德(Child)与威斯(Weiss)的研究公布以来,人们已经知道卵之中存在着对称轴或对称面。但在这里,相对于各种既定的对称元素而言,仍旧缺席的、不在场的东西之中才存在实定性的东西。某一种强度形成了一种扩散至原生质的变异波(onde de variation),它沿着卵的轴,从一极到另一极分派着它的差异。最大活动区域(région d'activité maximale)第一个发生了作用,并且对部分的发育产生了支配性的影响(这些部分对应于一种低比率的活动)。卵之中的个体是一种名符其实的下落——它从最高处下落至最低处,并肯定了那些它被包含于其中、并在其中下落的强度差异。在一新生的**两栖动物**的新生原肠胚中,强度似乎在"胚孔的"中间焦点处达到了最高程度,然后沿着所有方向递减。但相比而言,朝向动物一极的递减相对缓慢。对于每一个横截面来说,强度在一个[323]**脊椎动物**的新生神经胚的中间胚层中由脊中线向腹中线递减。为了测探卵的 spatium[拉:空间],亦即它的内强深度,应当使方向与距离、动力与戏剧、潜势之物与潜势性复多化。世界就是一个卵。而且,卵实际上给予了我们理由秩序的范型:微分—个体化—戏剧化—分化(种的分化与有机体的分化)。我们认为,内含于卵之中的强度差异首先将微分比[差异关系]表现为一种有待被现实化的质料。在这一个体化内强场域的规定作用下,它所表现的各种比[关系]化身于时空动力之中(戏剧化),化身于与这些比[关系]对应的种之中(种的分化),化身于与这些比[关系]的特异点对应的有机体部分之中(有机体的分化)。所以,现实化始终受个体化支配:有机体的部分只有以它们的内强邻域的级度为出发点才能产生,类型只有以个体化强度为根据才能被特殊化。无论何处,强度相对于种的质与有机体的外延来说都是第一位的。达尔克(Dalcq)提出的"形态发生之潜势"、"场域—级度—阈限"这些本质上涉及强度比[强度关系]的概念说明了这一复合整体。正因为如此,无论是在卵之中还是在世界之中,对细胞核与细胞质各自发挥的作用进行比较的问题都不会被轻易解决。细胞核与基因仅仅指已被微分的质料,亦即那些对前个体的场域具有构成作用的,有待被现实化的微分比[差异关系];但是,这些比[关系]的现实化只能由细胞质及其级度和个体化场域规定。

种并不类似于那些在种之中被现实化的微分比[差异关系];有机体的各个部分并不类似于那些和微分比[差异关系]对应的特异点。种和部分并不类似于规定它们的强度。正如达尔克所说,当一个尾部附属肢在其内强邻域的作用下产生时,这个附属肢取决于一个系统,其中不存在任何先天地是尾部的东西。而且,它还对形态发生之潜势的某一层面作出了反应。① 正是卵摧毁了近似性范型。而且,[324]就类似性要求已然消失而言,下面两种争论似乎在很大程度失去了意义:一方面,一旦人们承认被包含的先成(préformations)是内强的,被展开的形成(formations)是质的与外延的,并且它们二者并不类似,先成说与后成说便不再是对立的。②

---

① Albert Dalcq,《卵及其组织性动力》(L'œuf et son dynamique organisateur, Albin Michel, 1941),页194以下。

② 【译按】关于这一点,德勒兹在《襞》一书中也有论述:"'发育'、'进化'已然颠转了自身的意义,因为它们现在指的是后成,亦即种既非先成的,亦非镶合的有机体与器官的出现——它们的形成是以另外一种不与它们类似的东西为出发点的:器官不是取决于某一先存的器官,而是取决于一种一般性程度更高、分化程度更低的原基。发育不是通过增加或增长而由小到大,而是通过一个首先是未分化的场域的分化——要么是在外部环境的作用下,要么是在那些指引性的、指向性的(而非构成性的或先成的)内部力量的影响下——而由一般到特殊。尽管如此,就先成说超出了单纯的度量变化的范围而言,它趋向于接近后成说,正如后成说被迫保持某种潜能的或潜势的先成那样"(Gilles Deleuze,《襞:莱布尼茨与巴洛克》,前揭,页14—15)。

另一方面,运动不再是从一个现实项到另一个现实性、从一般到特殊的运动,而是在一规定性个体化的中介下,从潜能到其现实化的运动,就此而言,物种不变论与物种进化论也同样趋向和解。

"交错"、"内含"、"外展"

尽管如此,我们尚未在主要的难题上有所进展。虽然我们诉诸于作为特殊化与组织化条件的个体化场域、个体化差异,但是这一个体化场域只能在一般层面上得到形式上的设定。对于既有的种来说,它似乎是"相同者",而且会随着种的变化而产生强度上的变化。因此,它似乎倚赖于种和特殊化,而且仍然会使我们回到由个体承载的差异,而不是个体差异那里。为了排除这个困难,个体化差异不仅应当在个体化场域一般中被思维,而且其自身还应当作为个体差异来被思维。场域的形式本身必然要由个体差异来填充。在卵之中,这一填充应当是直接的、早熟的,而不应当是晚生的——以至于不可辨别者原则的确应当具有卢克莱修给予它的那种表述:没有两只一模一样的蛋[卵],没有两颗一模一样的谷粒①。然而,我们认为强度之内含秩序完全满足了这些条件。强度只表现和预设微分比[差异关系],个体只预设**理念**。然而,**理念**中的微分比[差异关系]尚不属于种(或者属、科等),它们的特异点也尚不属于部分。它们仍然没有构成质和外延。与此相反,虽然按照被考察元素的不同而存在着秩序上的变化,但所有**理念**都共同存在,所有的比[关系]、比[关系]的变异与点都共同存在:虽然它们全然未被分化,但它们却被完全地规定或微分了。在我

---

① 【译按】参卢克莱修,《物性论》,方书春译,北京:商务印书馆,1981,页82:"最后,试拿任何的谷粒,你会看到对于任何谷粒来说,其中没有一粒是和另一粒这样地相同,以至它们之间在形状上再没有什么差别。"

们看来,这样一种"区别(distinction)"样式对应于**理念**的交错,亦即对应于**理念**的成问题特征和它所代表的潜能之实在。所以,**理念**自身的逻辑特征就是"既[325]清楚又模糊"。它正因为是清楚的(omni modo determinata[拉:以一切方式被规定的]①)所以才是模糊的(未分化的、与其他**理念**共存,且与它们"相交错")。关键在于,当**理念**被强度或个体表现时,我们要弄清楚在内含维度这一全新维度中究竟发生了什么。

强度、自在之差异因而表现了微分比[差异关系]与相应的特异点。它将一类新的区分引入到这些比[关系]之中,引入到了**理念**之间。现在,**理念**、比[关系]、比[关系]的变异、特异点都以某种方式被分离开来:它们没有共存,而是进入到了同时或继起的状态。尽管所有强度都相互内含着,每一强度本身都同时是行包含者与所包含者。因此,每一强度都继续表现着**理念**的变化着的整体(totalité changeante)、微分比[差异关系]的可变总体(ensemble variable)。不过,强度只是明白地表现了某些微分比[差异关系]或微分比[差异关系]的某些变异程度。那些由它们明白地表现的东西正是它们在具有行包含功能时直接针对的东西。不过,它仍然表现了所有的比[关系]、所有的程度、所有的点,但只是在其所包含功能中含混地表现。正如两种功能相互关联那样,正如强度首先被自身包含那样,我们应当说:作为表现**理念**的强度,亦即思维**理念**的个体中的逻辑特征,明白与含混是不可分割的,清楚与模糊在**理念**自身中也是不可分割的。与作为理念性统一体的清楚—模糊对应的是作为个体化内强统一体的明白—含混。由明白—含混定性的不是**理念**,而是思维或表达**理念**的思想者。因为思想者即个体自身。清楚并非模糊之外的任何东西,它就是作为清楚的模糊。现在,明白并非含混之外的任何东西,它就是作为明

---

① 【译按】参 Salomon Maïmon,《论先验哲学》,前揭,页249。

白的含混。如前所见,从认识的逻辑的观点看,表象理论的缺陷便是在明白与清楚之间建立了一种正比例关系,而无视那将这两种逻辑值联系在一起的反比例关系,这就导致思想形象整体上受到了损害。只有莱布尼茨接近了一种思想之逻辑的条件,而他能够做到这一点的原因就在于受到了自己的个体化理论和表现理论的启发。因为,除去一些文本层面的模糊性和复杂性,被表现者(微分比[差异关系]的连续体[326]或无意识的潜能性**理念**)似乎有时在自身中就是清楚的和模糊的:因此,大海的所有水滴就像是发生元素及其微分比[差异关系],这些比[关系]的变异和它们所包含的特异点,它们是清楚的和模糊的。另一方面,表现者(进行感知活动、想象活动或思维活动的个体)在本性上则是明白的和含混的:因此,我们对大海之声的知觉是明白的和含混的——它含混地包含了一切,但它只是根据我们的身体和我们的身体所规定的意识阈明白地表现了某些比[关系]和某些点。

  内含秩序既包含着行包含者又包含着所包含者,既包含着深度又包含着距离。当某一行包含的强度(intensité enveloppante)明白地表现了特定的微分比[差异关系]和特定的特异点时,它同时含混地表现了其他所有的比[关系]、它们的所有变异和所有的点。它因而在它包含的强度中,在所包含的强度(intensités enveloppées)中表现了它们。但是,所包含的强度内在于行包含的强度。行包含的强度(深度)构成了个体化场域、构成了个体化差异,所包含的强度(距离)则构成了个体差异。因此,所包含的强度必然会填充行包含的强度。为什么行包含的强度已经是个体化场域?这是因为被强度视为对象的微分比[差异关系]仍然不是一个种,它的特异点仍然不是部分。比[关系]和它的特异点会变成种和部分,但条件是它们要在强度所构成的场域的作用下被现实化。人们是不是至少应当做出这样的断言,即:既然同一个种的所有个体从起源上说都将同一种比[关系]视为对象,那么它们也就拥有相同的个体化场域？答案当然是否定的。这是因为，就其明白的表现而言，两个个体化强度可以被抽象地视为相同的东西，但若以它们包含的强度秩序或含混地表现的比［关系］为着眼点，它们就永远不能被视为相同者。存在着一个可变的秩序，根据这个秩序，比［关系］的总体以各种方式被内含在了这些第二强度之中。尽管如此，人们应当避免做出如下论断：个体只是就其含混的圆域而言才具有个体差异。因为这就等于再一次忽略了明白与含混的不可分解性；这就等于遗忘了明白之为明白本身就是含混的。实际上，第二强度表现了第一强度的基本性质，亦即通过改变本性而被划分的强力。两种强度永远不会同一，除非是抽象地同一。这两种强度之间存在本性的差异，而这完全取决于它们在其包含的强度中被划分的方式。最后，人们应当避免做出如下论断：属于同一个种的个体只有[327]通过分有其他种才可以相互区分：例如，仿佛在每个人身上都存在着驴子和狮子、狼或绵羊。这一切确实存在着，并且灵魂转生保留了自身全部的象征的真理。但是，驴和狼只有相对于那些明白地表现了它们的个体化场域而言才能被视为种。在含混之物和被包含之物中，它们仅仅扮演着可变者的角色，扮演着组合的灵魂或个体差异的角色。所以，莱布尼茨才有理由去用"身体转换（métaschématisme）"的概念替换灵魂转生的概念。① 他所理解的"身体转换"的内涵就是：一个灵魂并没有调换身体，而是它的身体被再包含、再内含了，目的是为了在必要时进入到其他个体化场域之中，并因而回到一个"更加微小的舞台"②上。被还原为自身的内强理由的身体或事物表现了**理念**，后

---

① 【译按】关于身体转换，参〈莱布尼茨致阿尔诺·1687年4月30日〉，段德智、桑靖宇译，载《莱布尼茨早期形而上学文集》，前揭，页208（中译者将"metaschematisrnis"译为"后系统性组合"）。

② Leibniz,《自然和神恩的原则》(*Principes de la Nature et de la Grâce*, 1714),§6（【译按】中译参《莱布尼茨读本》，前揭，页54）。

者的现实化正由它们所规定。就此而言，一切身体、一切事物都在思维，而且它们自身就是一种思想。但思想者本人却使诸事物成为了他的个体差异，就此而言，他盈溢着宝石和钻石，盈溢着植物"和动物本身"。① 思想者——无疑是永恒回归的思想者——是个体，是普遍个体。正是他为了思考**理念**（作为清楚—模糊之物的**理念**本身）而动用了明白与含混的所有强力，动用了明白—含混的所有强力。同样，我们应当不断提醒人们注意个体性那繁复的、运动的、交流的特征：它的被内含的特征。个体的不可分性完全取决于内强量那种必须在被划分的同时改变本性的性质。我们是由所有这些深度与距离，所有这些被展开、被再包含的（ré-enveloppent）内强灵魂组成。我们将这些行包含的强度与所包含的强度、个体化差异与个体差异——它们不停地深入到对方之中，贯穿着个体化场域——的整体称为个体化因素（facteurs individuants）。个体性并非**自我**的特征，它反而形成并维持着消解的**自我**的系统（système du Moi dissous）。

※

系统的进化

我们应当确定外展与分化之间的种种关系。强度创造了那些它自身在其中被外展的广延与质；这些广延、这些质都是已被分化的。从形式方面说，一个广延区别于另一个广延，[328]而且它在自身中包含着与不同特异点对应的不同部分间的区别；从质料方面说，一个质是特殊的，并且包含了与比[关系]的变异对应的区

---

① 【译按】参莱布尼茨，《单子论》，§70："每一个生命体都有一个主宰的隐德来希，它在动物中便是灵魂。但是，这一有生命的躯体的肢体却又充满着其他生命，充满着植物、动物，其中的每一个又都各有其隐德来希或者主宰的灵魂"。见《神义论》，前揭，页495—49。

别。创造活动始终是制造分化的线条与形态。但是，强度必须在自身被外展的同时在它所创造的这一被分化的系统中被取消。而且，人们还注意到，一个系统的分化是通过与一个被"去分化"的更为一般的系统的耦合产生的。就此而言，甚至生物都不与经验的退降原理（principe de dégradation）相抵牾，而且，一种总体的均一化会平衡局部的分化，正如一种最终的取消会平衡源始的创造。尽管如此，随着领域的不同，人们会看到一些非常重要的变化出现了。一个物理系统与一个生物系统首先通过它们所体现或现实化了的**理念秩序**——某一具体秩序的微分——区分开来。随后，它们会通过规定了这种现实化的个体化过程区分开来：先是在物理系统之中，并且只是在边缘处；而生物系统则获得了奇异性的相继不断的所予（apports successifs），并且使生物系统的整个内部环境参与到在外部界限处被做出的行动之中。最后，它们通过表现现实化自身的不同分化形态而区分开来：生物的特殊化和组织化不同于物理的单纯的质化和部分化。但是，无论被考察的领域是什么，外展的法则始终是取消生产性差异，抹去被生产的分化，物理的平均化和生物的死亡都是这一法则的表现。如前所述，退降原理从来不否认或反对什么。尽管如此，即便它"解释（explique）"了一切，它也什么都没有说明。可以这么说：如果一切都进去，就没有什么会从里面出来。如果没有任何东西反对它，如果它既没有相反秩序（contre-ordre）也没有例外，作为平衡，就必定存在着归属于另一秩序的事物。即便熵的局部重新上升被一种更为一般的退降平衡了，它也不是由这种退降包含或产生的。经验原则的命运便是使自身基础的元素外在于它们自身。显而易见的是，退降原理既不能说明最简单的系统之创造，也不能说明系统的进化（生物系统与物理系统的三重差异）。生命体亦表现了另一秩序、一种异质秩序和另一个维度——仿佛个体化因素或原子（每一个原子都是根据其相互交流的强力和流动[329]的不稳定性强力

[puissance de communication mutuelle et d'instabilité fluente]被把握的)在其中享有着更高的表现程度。①

包 含 中 心

如何表述这一"进化"？一个系统越复杂，内含的原本价值(valeurs propres d'implication)就在系统中出现得越多。正是这些价值的存在一方面使判断某一系统的复杂性或并合成为可能，另一方面使确定生物系统的各种先行特征成为可能。内含价值即是包含中心(Les valeurs d'implication sont des centres d'enveloppement)。虽然这些中心并非个体化内强因素本身，但是，在一个处于外展过程中的复杂总体之中，它们是这些因素的代表。正是它们在系统的核心处构成了一座座小岛，构成了熵的局部重新上升——虽然这一系统从整体上说是与退降相一致的：所以，以个体性为着眼点被把握的原子一旦在其被内含于其中的那个系统的外展秩序中被加以总体性的考察，它们就仍然确证了熵增法则。一个有机体(例如一头哺乳动物)，就其表现了定向分子(molécules orientées)间的个体作用而言，可以被当作一个微生物看待。我们可以通过多种方式来界定这些中心的功能。首先，就个体化因素形成了现象的本体而言，我们说本体倾向于在各种复杂系统中现身，它在诸外展中心中找到了自身的现象。其次，就意义［方向］与被体现的**理念**(Idées qui s'incarnent)和规定了这一体现的个体化联系在一起而言，我们说这些中心具有表现性，它们显示了意义［方向］。最后，一切现象都在一个环绕它的强度差异——就像在那些它在其间闪

---

① François Meyer,《进化问题》(*Problématique de l'évolution*, Presses Universitaires de France, 1954),页193："因此，生物系统的运转并不与热力学对立，前者不过是处在后者的应用领域之外……"——在这种意义上，梅耶尔重提了约尔丹的问题："一头哺乳动物是否是一个微生物？"(页288)。

烁的边缘——中找到自身的理由,就此而言,我们说复杂系统越来越倾向于内化它们的构成性差异:内化个体化因素正是包含中心的工作。而且,系统所依赖的差异越是发现自己被内化在了现象之中,重复就越是发现自己是内在的,它就越少依赖那些应当保证"相同"差异得以再生的外在条件。

与此同时,正如生命运动所表现的那样,差异与重复倾向于被内化在[330]信号—符号系统之中。提出遗传问题的生物学家们有理由不满足于单纯赋予遗传以"变异"与"繁殖"这两种不同的功能,而是要表明这两种功能的深层统一性或它们的互为条件性。就此而言,遗传理论必然要参与到一种自然哲学当中。可以说,重复从不是"相同者"之重复,而总是**不同者**之重复,并且自在之差异将重复当作自己的对象。当它们在一个系统中被(一劳永逸地)外展时,微分的[差异的]、内强的或个体化的因素表现了它们在内含中的持存,以及作为这一内含之真理的永恒回归。作为退降与死亡的无言的见证者,包含中心同时是永恒回归的阴暗预兆。但在这里,一切都仍然是由无言的见证者、阴暗预兆完成的,或者至少,一切都是在无言的见证者、阴暗预兆之中发生的。

个体化因素、我与自我

由于不断谈到进化,我们必然要将话题转移到精神系统(systèmes psychiques)上来。对于每一类系统来说,我们都应当追问什么是属于**理念**的,什么是属于个体化—内含和分化—外展的。如果说上述问题对于精神系统来说尤为必要,这是因为**我**和**自我**是否归属于个体化的领域是完全不确定的。它们毋宁说是分化的形态。**我**形成了原本意义上的精神的特殊化,而**自我**则形成了原本意义上的精神的组织化。**我**是作为种的人的质(Le Je est la qualité de l'homme en tant qu'espèce)。精神的特殊化与生物的特殊化完全属于不同的类型,因为在前者那里,规定应当与可规定者相等,或是与可规定者拥有同一种强力。所以,笛卡尔拒绝像界定动物那样通过属加种差的方式对人下定义(例如"理性动物")。但是,他恰恰将我思呈现为另一种定义方法,这种方法有能力显示人的特殊性及其实体的质。与**我**相关的自我应当在外延上被理解:**自我**意指真正的精神有机体。这个有机体的特异点是由不同能力所表现,后者重新进入到了**我**的内涵当中。因此,正如生物的相关关系(corrélation biologique)在种和部分、质和外延的互补性之中得到了表现,基本的精神的相关关系(corrélation psychique)在"**我思我**"(JE ME pense)这一表述中得到了表达。因此,虽然无论是**我**还是**自我**都是以差异为出发点,但这些差异[331]从一开始就是以有待被取消的方式、以良知和常识的要求为根据被分配的。因此,**我**和**自我**最终分别显现为无差异的精神生命的普遍形式和这一形式的普遍质料。**我**与**自我**相互外展——这从未间断的外展贯穿了 Cogito[拉:**我思**]的全部历史。

因此,个体化因素、个体化的被内含因素既不具有**我**的形式,也不具有**自我**的质料。这是因为,**我**与同一性形式不可分割,**自我**与一种由类似性的连续性(continuité de ressemblances)构成的质料不可分割。虽然被包含在**我**与**自我**之中的差异无疑是个体所承载的差异,但是,由于对它们的思考取决于**我**之中的同一性和**自我**之中的类似性,所以它们并非个体差异或个体化差异。与此相反,一切个体化因素已经是差异和差异之差异了。它在一种基本的龃龉性上被构建起来,它在这一龃龉性的边缘处发挥功能。所以,这些彼此包含的因素在一种同时搅乱了**自我**的质料和**我**的形式的流动变化中,不停地穿过各种个体化场域相互交流。享有外缘与边缘的个体化是可动的、异常灵活的、偶发的,因为施行个体化的强度既包含着其他强度,又被其他强度包含,并且还与所有强度进行交流。个体绝不是不可分的,它不停地通过改变本性而被分割。它

第五章 感性物的不对称综合 433

并非它所表现之物中的一个**自我**;因为它表现了**理念**,亦即由微分比[差异关系]和特异点、前个体的奇异性组成的内部繁复体。并且,它不再是一个作为表现的**我**;因为在这里,它仍然形成了现实化的繁复体,它是特异点的凝聚,是强度的开放集合(collection ouverte)。"个体享有着无规定外缘(la frange d'indétermination)"与"个体性本身具有相对的、漂动的和移动的特征"是两个经常被表明的事实(以两个物理粒子为例,当它们的在场领域[domaine de présence]或个体化场域部分地彼此叠盖时,人们便不再能理解它们的个体性;再以一个器官和一个有机体的生物学区别为例,这一区别取决于对应的强度的状况,并且以这些强度是否被包含在一个更为广大的个体化场域中为依据)。不过,要是认为这种相对性或无规定意味着个体性中的某种未完成之物或个体化中的某种中断之物,这可就错了。[332]它们所表现的反而是个体自身所具有的充足的实定性强力,以及个体与**我**、**自我**从本性上相区分的方式。个体与**我**和**自我**区分开来,正如内含的内强秩序与外展的外延秩序、质的秩序区分开来。未被规定、浮动、漂流、交流、行包含——所包含都是被个体所肯定的实定特征。为了发现个体化的真实地位,只是增加自我的数量或对**我**进行"弱化"是不够的。尽管如此,我们已经看到,自我被假定为被动的有机综合的条件,而且它已然扮演着无言的见证者的角色。但恰恰是在它们之中实现的时间综合不但受制于其他综合(就像受制于其他见证者那样),而且还将我们引入了具有另一种本性的领域之中——在这个领域中,**我**与自我不再存在,个体化的混沌统治却已开始。这是因为每一个自我仍然在其质料中保留了类似性,每一个**我**仍然保留了同一性,甚至是被弱化的同一性。但是,那将不似当作基底,或将差异之差异当作无底的东西是不会进入到**我**与**自我**的范畴之中的。

作为尼采哲学的伟大发现,在强力意志或狄奥尼索斯式世界的名称下标志着他与叔本华的决裂的正是如下内容:**我**与自我无疑应当在一个未分化的深渊中被超越,但这一深渊既非无人称之物,亦非抽象的、超越了个体化的**普遍之物**。与此相反,**我**、自我才是抽象的普遍之物。它们应当被超越,但却是通过个体化并在个体化之中被超越。这一超越朝向的是那些烧毁了**我**与自我,并且构成了狄奥尼索斯的流动世界的个体化因素。不可超越的是个体化自身。伫立于自我和**我**的彼岸的不是无人称之物,而是个体及其因素、个体化及其场域,个体性及其前个体的奇异性。因为前个体仍然是奇异的,正如前自我(ante-moi)、前我(ante-Je)仍然是个体的那样。不只是"仍然",应当说"最终"。因此,强度中的个体发现自身精神形象的场所既不是自我的组织化,也不是**我**的特殊化,而是分裂的**我**和消解的自我,是分裂的**我**和消解的自我的相关关系。作为思想者与思想的相关关系,作为明白—含混的思想者(狄奥尼索斯式思想者)与既模糊又清楚的**理念**的相关关系,分裂的**我**和消解的自我的相关关系清楚地呈现在了我们面前。正是**理念**将我们从分裂的**我**引向了解体的**自我**。如前所见,在龟裂处麇集的正是[333]以问题形式存在的**理念**,亦即由微分比[差异关系]和比[关系]的变异、特异点和点的变换构成的繁复体。然而,这些**理念**被表现在了个体化因素之中,被表现在了内强量的所内含的世界之中,这个世界构成了思想者具体的普遍的个体性(universelle individualité concrète du penseur)或解体的**自我**的系统。

死亡被纳入了**我**和自我之中,就像是一个外展系统中的差异之取消,或是那要平衡分化过程的退降。从这种观点看来,尽管死亡是不可避免的,但一切死亡仍都是偶然的、暴力的,而且它们始终来自外部。但死亡还同时具有另一种形态,这一次是在那些消解了自我的个体化因素之中:它因而就像是一种"死亡欲力",一种将个体化因素从束缚它们的**我**之形式或自我之质料那里解放出来的内部强力。人们可能会错误地将死亡的两面混为一谈,仿佛死亡欲力被还原为一种朝向熵增的趋势,或是被还原为一种向无生命物质的回归。一切死亡都是双重的,一面是它在广延中表现的宏大差异的取消,一面是它在强度中内含的微小差异的麇集和解放。弗洛伊德提出了如下假设:有机体想要死亡,但它想要以自己的方式死亡。因此,实际发生的死亡始终呈现着种种缩减(raccourcis),始终呈现着一种外在的、偶然的、暴力的特征,它和内部的"意欲死(vouloir-mourir)"相抵触。作为经验事件的死亡和作为"欲力"、作为先验审级的死亡必然是不一致的。弗洛伊德和斯宾诺莎两人都是有道理的:前者是就欲力而言,后者是就事件而言。如果是从内部被意欲的话,死亡始终是从外部降临的,始终处在另一种被动的、偶然的形态下。自杀就是一种趋向,它要使死亡这相互回避的两面相互对应和符合。但是,两个边缘并没有重新聚合,一切死亡都继续以双重方式存在。一方面,死亡是一种"去分化",它要在一个使**我**与**自我**均一化的总体系统中弥补**我**与**自我**的分化;另一方面,死亡是个体化,是个体的抗议,它永远不能在同是普遍之物的**自我**与**我**的界限内被认识。

他人在精神系统中的本性与功能

在正处于被外展过程中的精神系统中,依然应当存在内含价值,也就是说,应当存在一些为个体化因素做出了证明的包含中心。当然,构成这些包含中心的既非**我**,亦非**自我**,而是一种截然不同的结构,它[334]归属于**我**—**自我**的系统。这一结构应当被称为"他人(autrui)"。"他人"不是指任何人,而只是对另一个**我**而言的自我和对自我而言的另一个**我**。各种他人理论的错误就在于不断地从"他人被还原为对象状态"的一极振荡到"他人被提升至主体状态"的一极。甚至连萨特都仅仅满足于表明,当我是主体时,他人变为对象,只有当我本身成为对象时,他人才变为主体①。萨特以这种方式将上述振荡置入他人之中,他因此仍然误解了他人的结构及其在精神系统中发挥的功能。他人不是任何人,而是两个系统中的对于异己者而言的自我和对于自我而言的异己者,先天他人(Autrui a priori)在每个系统中都是根据自身的表现价值、亦即内含的和包含的价值得到界定。比如人们考察一副惊恐的面容(在一些经验条件下——我在这些条件下既看不到也感觉不到这种恐怖的缘由)。这副面容表现了一个可能世界——恐怖的世界。我们所理解的"表现"始终是行表现者和所表现者间的关系,这种关系本质上包含着一种扭曲。在表现关系中,所表现者并不在行表现者之外存在,但行表现者与所表现者的关系是一种与全然异己者的关系。因此,我们所理解的"可能"不是任何类似性,而是异质于包含它的东西的被内含之物、被包含之物的状态:惊恐的面容并不类似于令它惊恐的东西,而是包含了那令人惊恐的世界的某一状态。在每一个精神系统中都有一种环绕在实在性周围的可能性之麇集;但我们的可能始终是**异己者**(nos possibles sont toujours les Autres)。他人不能和构成它的表现性分开。甚至当我们把他人的躯体视为对象、把他人的耳朵和眼睛视为解剖学标本时,虽然我们极端简化了它们表现的世界,但并没有剥夺它们的任何表现性:眼睛是一道被内含的光,是一道可能的光的表现,而耳朵则是一种可能的声音的表现。② 但具体说来,它们是所谓的第三性质(qualités

---

① 【译按】参萨特,《存在与虚无》,前揭,页376—377:"简言之,他人对我们来说能以两种形式存在:如果我明白地体验到他,我就没有认识他;如果我认识了他,如果我作用于他,我就只达到他的对象存在和他的没于世界的或然实存;这两种形式的任何综合都是不可能的。但是我们不能就此停步:他人为我所是的对象和我为他人所是的对象都表现为身体。"

② 他人之为"可能"世界的表现、内含与包含:参 Michel Tournier,《礼拜五或太平洋的虚无缥缈之境》(*Vendredi ou les limbes du Pacifique*, N.R.F., 1967)。

dites tertiaires)①，它们的实存方式首先是被他人包含。与此相反，**我**和**自我**的特征直接由展开功能或外展功能所刻画：它们不仅将质一般（qualités en général）感觉为已然在它们的系统的广延中被展开的质，而且还倾向于外展、展开[335]他人表现的世界——要么是为了参与到这个世界之中，要么是为了否认这个世界的真实性（我展示了他人受惊的面容，我将它展开为一个被我们掌握了实在性或是被我们揭露了非实在性的造成惊恐的世界）。但是，这些既形成了我们与他人的一致又形成了我们与他人的争执的展开关系消解了他人的结构，并在一种情况下将它还原为对象状态，或在另一种情况下将它提升至主体状态。所以，从原则上说，我们为了把握他人本身是需要一些特殊的经验条件的（无论这些条件具有多高程度的人为性）：被表现者（对于我们来说）尚不具有外在于它的表现者的实存的环节。——作为可能世界之表现的**他人**。

因此，他人在**我—自我**的精神系统中是作为盘绕中心、包含中心或内含中心发挥作用。它代表了各种个体化因素。而且，如果一个有机体当真可以被看作微观存在，那么在精神系统中，**他人**就更有资格被视为微观存在。它在精神系统中形成了熵的局部重新上升，而自我对他人的外展则表现了一种与法则一致的退降。我们在前文中所援用的规则"不要过分外展"首先意味着"不要和他人过分外展"、"不要对他人过分外展"，要维持他人的隐含价值，要用所有这些不在自身的表现之外实存的被表现者填充我们的世

---

① 【译按】参洛克，《人类理解论》（关文运译，北京：商务印书馆，1983）："此外，还可以加上第三种性质。这些性质虽然亦同我所称的那些性质（按照普通说法），一样是真实性质，虽然亦同我为分别起见所称的第二性质，一样是真实性质，可是人们往往承认它们只是一种能力。不过这种能力仍是一种性质。因为火所以能在蜡上或泥上产生一种新颜色或新密度，亦正同它所以能在我心中产生一种新的热底观念，或烧底感觉似的；两种能力都是一种性质，都是凭借于同一的原始性质的，都是凭借于火底细部分底体积、组织和运动的"（页101）。

界,来使我们的世界复多化。因为,不是他人是另一个**我**,而是**我**是一个异己者、一个分裂的**我**。所有的爱都开始于一个可能世界(它盘绕在表现它的他人之中)的显现。阿尔贝蒂娜的面容表现了海滩和波浪的混合物:"她认出了我是来自哪个世界的吗?"[①]这个示范性的爱情故事完全就是对阿尔贝蒂娜所表现的多重可能世界的漫长外展,这一外展时而将她转变为迷人的主体,时而将她转变为令人失望的对象。我们会展开他人表现的种种可能,但他人的确有一种手段能够独立于这种展开活动赋予这些可能以实在性,这种手段便是语言。由他人大声说出的一个个词语将一个实在性位置赋予了如其所是的可能;由此产生了被纳入语言自身之中的谎言的基础。正是语言这种以内含价值或包含中心为根据的作用在种种具有内共振的系统中赋予了它力量。他人结构与语言的相应功能确确实实地表现了本体的显现与表现性价值的上升——总而言之,它们表现了这种内化差异的倾向。

---

① 【译按】参普鲁斯特,《追寻逝去的时光·第二卷:在少女花影下》,周克希译,上海:华东师范大学出版社,2004,页356。

结论　差异与重复

表象之批判

[337]只要差异还服从于表象的制约，它本身就没有得到思考，而且也不可能得到思考。我们应当仔细考查下面这个问题：差异难道"始终"要服从于这些制约吗？原因何在？下面这一点是显而易见的：纯粹龃龉之物所形成的要么是我们的表象性思维无法通达的神性理智的彼岸天国，要么是我们无法理解的**不相似海洋**的下界地狱。但无论是哪一种情况，自在之差异似乎都拒绝了一切使之成为可思之物的不同之物与不同之物的关系。它成为可思之物的条件似乎只能是被征服，也就是服从表象的四重枷锁：概念中的同一性、谓词中的对立、判断中的类比、知觉中的类似。正如福柯已经清楚地表明的那样，如果存在一个古典表象世界，那么这个世界是由测量它、调整它的四重维度所界定。它们便是理由律的四重根：ratio cognoscendi［拉：认识理由］，概念之同一性在其中被反映；ratio fiendi［拉：生成理由］，谓词之对立在其中展开；ratio essendi［拉：存在理由］，判断之类比在其中被分配；ratio agendi［拉：行动理由］，知觉之类似

对它做出了规定①。所以,任何其他差异,任何脱离上述四重根的差异都是无法测量的、不可调整的、无机的:差异的过大与过小不仅是就其被思考而言,而且还是对于它自身的存在而言。一旦不再被思考,差异就要消散于非存在之中。人们因而得出这样的结论:差异本身仍然是被诅咒的,它要么应当赎清自身的罪孽,要么应当被理由所拯救,成为可实际经验之物、可被思维之物,成为有机表象之对象。

哲学的最大努力可能就在于使表象成为无限的(狂放的)表象。而这涉及到使表象一直延伸至过大的差异与过小的差异[338];涉及到给予表象一个不容怀疑的视角,亦即发明使表象能够整合自在之差异的深度的神学、科学、美学技法;涉及到使表象征服晦暗;使它包含过小差异之消逝与过大差异之分割;使它骗取眩晕的强力、迷醉的强力、残酷的强力,甚至死亡的强力。简而言之,这涉及到使些许狄奥尼索斯的血液在阿波罗的有机血管中流动。这种努力一直渗透到表象的世界当中。变为狂放表象并征服自在:这就是有机表象最大的愿望。而这种努力在莱布尼茨与黑格尔那里迎来了自己的巅峰时刻。在莱布尼茨那里,表象征服了无限,是因为一种无限小的技法集聚了最小的差异和该差异的消逝;在黑格尔那里,表象征服了无限,是因为一种无限大的技法集聚了最大的差异和该差异的分解。由于黑格尔的问题同样是消逝的问题,而莱布尼茨的问题同样也是分解的问题,所以二者达成了一致。黑格尔的技法依据的是矛盾运动(差异应当一直到达矛盾,它应当一直延伸到矛盾)。它旨在将非本质之物纳入到本质之中,并用有限的综合同一性的武器征服无限。莱布尼茨的技法

---

① 【译按】参叔本华,《充足理由律的四重根》(陈晓希译,洪汉鼎校,北京:商务印书馆,1996),第20节"关于生成的充足理由律"(页35以下);第29节"认识的充足理由律"(页108);第36节"存在的充足理由律"(页135);第43节"意志·动机(目的因)的规律"(页149—151)。

依据的是一种应当被称为非本质矛盾的运动；它旨在从非本质之物出发来构建本质，旨在用无限的分析同一性征服有限（差异应当一直纵深到非本质矛盾那里）。但是，使表象成为无限的表象究竟有何用处？无限表象保存了表象的所有要求。人们在无限表象那里发现的不过是一个使差异的过剩与不足和同一之物、相似之物、类比之物、对立之物发生关系的根据：理由变为了根据，也就是变为了不让任何东西溜走的充足理由。但这并没有带来任何改变，差异仍旧承受着诅咒，人们不过是发现了一些更为精巧、更为卓越的方法来使差异在表象范畴下赎罪、服从与偿还。

有限—无限之非此即彼的取舍的无用性

这样一来，黑格尔式矛盾似乎将差异一直推到了尽头；但这却是走进了死胡同，因为它不但将差异引回了同一性，而且还使同一性成为了差异得以存在、得以被思考的充分条件。只有在与同一相关联，以同一为根据时，矛盾才是最大的差异。种种迷醉与眩晕不过是虚假作态而已；晦暗[339]从一开始就已经被明亮驱散。黑格尔辩证法中一个个平淡无奇的圆环的单一定中心无比清楚地表明了这一点。而且，相同的评价只须在方式上稍加变换就可以用来述说莱布尼茨式世界中的聚合条件。以莱布尼茨的非共可能性概念为例：所有人都同意，非共可能的东西不能被还原为矛盾的东西，共可能的东西不能被还原为同一的东西。就此而言，共可能的东西与不共可能的东西不仅是在可能世界的总体之中，而且还在每一个有待被选择的世界之中表现出了一种特殊的充足理由和一种无限的在场（présence de l'infini）。这些新概念究竟包含什么就更难说清了。不过，在我们看来，构成了共可能性的只能是最大限度的差异的最大限度的连续性条件，也就是围绕着连续统的奇异性建立起来的诸系列的聚合条件。相反地，诸世界之非共可能性是在奇异性的邻域处被确定的,且正是奇异性在世界之间引发了种种发散系列。简而言之,尽管表象变为了无限的表象,但它并没有获得肯定发散与偏移的威力。表象需要一个聚合的、单一定中心的世界:在这个世界中,迷醉只是表面现象,理性虽然纵酒狂歌,但它仍然是"纯粹"理性。这是因为充足理由或根据正是使同一支配无限,使类似之连续性、类比关系、谓词对立渗透到无限之中的手段。这样一来,充足理由的新颖之处便被抹杀了,它反倒成为了一种更好地保证差异服从四重桎梏的工具。因此,具有毁灭性的不仅仅是那有限表象的要求,其旨在为差异确定一个处于过剩与不足之间的既不过大也不过小的圆满时刻;而且还是这种表面上相反的无限表象的要求,其试图整合差异的无限大与无限小,整合过剩与不足本身。有限与无限这非此即彼的取舍极不适用于差异,因为它只是构成了表象的二律背反。我们已经在前面有关微分学的讨论中看到:无论是现代的有限论阐释还是旧式的无限论阐释,它们全都背离了微分的本性,因为它们全都堵死了那超命题的、下表象的源泉,也就是微分学得以汲取其威力的"问题"。此外,正是**小**与**大**这对非此即彼的取舍[340](无论是在将它们二者统统驱逐的有限表象之中,还是在试图包含它们,并且使它们彼此包含的无限表象之中)——正是这非此即彼的取舍,一般说来,是完全不适合于差异的,因为它只是表现了表象相对于一个始终处于支配地位的同一性所做的摇摆,或者更确切地说,表现了**同一**相对于一种始终在反抗的质料所做的摇摆(**同一**时而拒斥质料的过剩与不足,时而整合质料的过剩与不足)。最后,让我们把目光再次转向莱布尼茨与黑格尔的共同努力:将表象提升至无限。我们并不确定莱布尼茨没有走得"最远"(在二者中更少神学气息):他那作为微分比[差异关系]与奇异点之整体的**理念**构想,他那从非本质出发,将本质建构为围绕着奇异性的包含中心的方式,他对发散的预感,他的非本质矛盾方法,他的清楚与明白之间的反比例方法,所有这一切都表明了基底为何在莱布尼茨那里更为有力地嗥叫着,迷醉与眩晕为何在此是更少伪装的,含混性为何被更好地把握了、为何更为真切地接近了狄奥尼索斯的海岸。

同一性、类似性、对立与类比:它们如何背叛了差异(四重幻相)

差异服从于有限表象或无限表象的要求,这是出于什么动机?用柏拉图主义来界定形而上学是确切的,但用本质和现象的区别来定义柏拉图主义显然是不够的。由柏拉图所建立的第一个严格区别是原型相和复制品的区别;然而,复制品绝不只是单纯的现象,因为它表现出了与作为原型相的**理念**的精神的、精神论的、存在论的内在关系。第二种更为深刻的区别是复制品本身和幻像的区别。有一点是清楚的:柏拉图之所以对原型相与复制品进行区分甚至还将二者对立起来,只是为了得到复制品与拟像间的遴选标准:前者奠基于它们与原型相的关系之上,而后者则失掉了这种资格,因为它们无法忍受复制品的考验与原型相的约束。因此,如果现象是存在的,那么区分下面两种现象就非常重要:一种是有根有据、光辉灿烂的阿波罗式现象,另一种是恶意的、不祥的、影射的,既不尊重根据也不尊重被赋予根据者的现象。正是这一驱除拟像的柏拉图式意志引起了差异的服从。因为原型相只能被一种作为**相同**($a\dot{v}\tau\dot{o}\ \varkappa a\vartheta'\ a\dot{v}\tau\dot{o}$[希:据其自身])之本质的同一性设定所界定;复制品只能被一种作为**相似之质**[341]的内部类似性分殊所界定。而且,由于类似性是内在的,所以复制品自身应当具有一种与存在和真的内在关系,而后者本身是类比于原型相的内在关系的。最后,复制品应当按照这样一种方法被构成:它在两个对立谓词当中挑选出与原型相相合的那个赋予复制品。通过所有这些方式,复制品只能通过使差异从属于**相同**、**相似**、**类比**与**对立**这四个审级来与拟像区分开来。当然,不同于(亚里士多德创始的)被展布的表象世界,这些审级在柏拉图那里还没有得到完全的分配。但是,柏拉图仍然算得上是一个创立者和发起者,因为他发展了一种要使表象之展布成为可能的**理念**论。但在他这里表露出来的却恰恰是一种完完全全的道德动机:将种种拟像或幻像清除干净的意志绝无道德之外的动机。拟像遭谴责之处正是那海洋式的自由差异状态、游牧分配状态、戴皇冠的无政府状态,以及质疑原型相概念和复制品概念的一切恶意。随着时间的流逝,表象的世界会或多或少地遗忘自身的道德性起源和道德性前提。但它们却仍在本源之物与派生之物、原初之物与后续之物、根据与被奠基之物的区别当中发挥着作用,这种种区别通过延续原型相与复制品的互补性而激活了一种表象性的神学等级。

表象是先验幻相的场所。这一幻相具有多种形式,或者说,它具有四种互相渗透且分别与思想、感性物、**理念**和存在对应的形式。思想实际上是被一个由若干歪曲了它的运用和发生的公设所组成的"形象"覆盖着。这些公设终结于一个作为概念一般之同一性法则的同一的思维主体的设定(position d'un sujet identique)。一种从柏拉图式世界到表象世界的"滑行"由此产生(所以,我们在这里还是将柏拉图安排在了起源的位置上,安排在了一种决断的十字路口)。由**善**所保证的作为原型相的柏拉图式**理念**的"相同"已经让位给了奠基于思维主体之上的本源概念之同一性。思维主体将记忆、认知、自我意识这些主体伴生物给予了概念。但是,正是道德世界观一直这样延续着,并且在这一被肯定为常识(cogitatio natura universalis[拉:普遍的自然思维])的主观同一性之中被表象。当差异发现自己在思维主体的干预下从属于概念之同一性(这种[342]同一性是综合的同一性)时,消失的是思想中的差异,是这种随思想而思考的差异,是这种思考的生殖性,是这种深刻的**我**之龟裂。在这种龟裂的作用下,只有通过思考其自身的被动性,甚至只有通过思考其在纯粹空时间形式中的死亡,**我**才能去思考。恢复思想中的差异就是要解开这第一个纽结,亦即旨在在概念与思维主体的同一性之下表象差异的纽结。

第二个幻相毋宁说关涉着差异对类似性的从属。鉴于类似性被分配在了表象之中,它没有必要完完全全成为复制品对原型相的类似性。但是,它要放任自己被规定为感性物(杂多)与其自身的类似性。这样一来,概念同一性不但可以被应用于感性物之上,而且还可以从感性物那里获得特殊化的可能性。幻相获得了下面这种形式:差异必然倾向于在覆盖它的质中被取消,与此同时,不等之物趋向于在它被分派于其中的外延中被均等化。量的相等性或均等化的主题将重复质的类似性与同化的主题。如前所见,这一幻相乃是"良知"的幻相,也就是前一种幻相及其"常识"的增补。这一幻相是先验的,因为差异确确实实在质和外延中被取消了。但幻相终究还是幻相,因为差异的本性既不在覆盖它的质之中,也不在外展它的广延之中。差异是内强的,它与作为非外延的、非质化的 spatium[拉:空间]的深度,作为不等之物与包含差异之物的基体的深度浑然不分。但强度是不可感觉的,它是感性物之存在,各种不同之物正是在这一存在中彼此发生关系的。要解开这第二个扭结,就是恢复作为感性物之存在的强度中的差异:它使差异从属于知觉中的相似之物,并使差异只能在对充当同一概念质料的杂多进行同化的条件下行使感觉能力。

第三个幻相关涉着否定及其使差异在限制与对立的形式下从属于它的方式。第二个幻相已经为我们发现一种否定之神秘化(mystification du négatif)做好了准备:强度正是在质和广延中被颠倒的,正是在质和广延中倒立着出现的,而且也正是在质和广延中,强度那种对差异进行肯定的威力被质量限制(limitation qualitative et quantitative)、质量对立(opposition qualitative et quantitative)的形态背叛了。限制、对立是第一维度和第二维度中的表面游戏，[343]而活的深度、对角线则充斥着无否定的差异。在否定的平淡无奇下面存在着"龃龉化"的世界。确切地说，这种使差异服从于否定的虚假强力的幻相之起源应该被寻找，但不应该在感性世界中寻找，而应当在这样的东西之中寻找：其在深度中活动，而且还化身于感性世界之中。如前所见，**理念**具有真正的客体性（véritables objectivités），它们由微分元素[差异元素]和微分比[差异关系]组成，并且具有一种特殊的样式——"成问题的（problématique）"。被如此界定的问题（problème）既不意指思维主体中的任何无知，也不表现任何冲突，而是客观地刻画了如其所是的理念本性自身的特征。因此，μὴ ὄν[希：非存在]确实存在着，但它不应当与οὐκ ὄν[希：不存在]混为一谈，因为μὴ ὄν[希：非存在]所意谓的不是否定的存在，而是成问题的存在：不是否定的"non"，而是赘词"NE"。这一μὴ ὄν[希：非存在]之所以被如此称呼是因为它先于任何肯定；但它却又是全然实定的。**理念**—问题是实定的繁复体，是被微分了的充分实定性，它们由将问题和问题条件联系在一起的相互规定和完全规定的过程所描述。而构成问题之实定性（positivité）的正是被"设定（posé）"这一事实（问题由此与自身的条件联系在了一起，并得到了充分的规定）。从这种观点看来，问题的确造成了那些将它实现为回答或解决实例的命题。而这些命题本身又表象了这样一些肯定：它们将差异当作自身的对象，而这些差异对应于差异性场域的关系和特异性。我们只有在这种意义上才能确立实定（positif）与肯定（affirmatif）的区别，也就是确立作为差异性设定的**理念**之实定性与它所造成的那些体现它、解开它的肯定之间的区别。对于肯定，人们不应只把它们称为不同的肯定（affirmations différentes），而且还应根据专属于每一个**理念**的繁复体而把它们称为**差异之肯定**（affirmations de différences）。作为差异之肯定的肯定由作为差异性设定的问题之实定性生产出来；繁复的肯定由成问题的繁复体造就。"自身具

结论　差异与重复

有繁复的性质"、"肯定差异",这些属于肯定的本质。至于否定,它仅仅是投射在被生产的肯定之上的问题的影子;虽然否定是站在肯定旁边的一个无力的复身,但它还是表现着另一种强力,亦即有效的与固持的问题的强力。

但是,如果人们把在意识中表象了这些肯定的命题当成了出发点,一切就都颠倒了。因为**理念**—问题[344]就其本性而言是无意识的:它不但是超命题的、下表象的,而且还不与那些表象了它所造就的肯定的命题类似。假如人们试图按照意识命题的样子来将问题重构为意识命题的类似物,那么幻相就会成形,影子便被激活,并且似乎还获得了一种独立的生命:人们会说每个肯定都会指向它的否定,每个肯定只有通过自身的否定才会有"意义"。同时,一个一般化了的否定,一个 οὐκ ὄν [希:不存在]取代了问题与问题的 μὴ ὄν [希:非存在]。辩证法之变质的漫长历史就这样开始了:这种旨在以否定之劳作取代差异与微分之游戏的变质在黑格尔那里达到了顶峰。现在,界定辩证的审级的不是作为问题与发问之存在的(非)存在,而是作为否定之存在的非存在。实定与肯定、差异性设定与差异之肯定的互补性被虚假的肯定发生(fausse genèse de l'affirmation)取代了,后者由否定所生成并且就是否定之否定。实际上,一旦排除了这种变质的实践内涵与道德前提,这一切都变得无足轻重了。我们已经看到了这种否定之物的增值(valorisation)所意味的一切:这样一桩事业的保守灵魂,人们试图通过否定而造就的那种肯定的平庸乏味,以及那种使我们偏离最高任务(亦即对问题进行规定,将我们所具有的决定性的、创造性的力量带到问题之中)的方式。所以,在我们看来,冲突、对立、矛盾只是一些表面效果或意识的副现象,因为无意识是依靠问题与差异来维持自身的存在。历史前进的动力既不是否定,也不是否定之否定,而是问题之决断与差异之肯定。但这丝毫没有削弱它的血腥与残酷。不是历史而是历史的影子才靠否定来维持自身的存在。正义者是在一种被设定的微分之强力、一种被肯定的差异之强力的伴随下投身到历史当中。他们将影子归于影子。他们做出的否定仅仅是初始的实定性与肯定的结果。正如尼采所说,在正义者那里,肯定是第一位的,它肯定了差异,而否定则只是一个结果、一个肯定在其中二重化的倒影。① 所以,真正的革命往往带有节日的气氛。矛盾与其说是无产阶级的武器,毋宁说是资产阶级自卫、自保的手段。[345]资产阶级躲在矛盾的影子里维持其决定问题的要求。人们不是"解决"矛盾,而是驱散矛盾,所采取的手段便是控制那只是将自己的影子投在矛盾身上的问题。无论在何处,否定之物都是意识的反作用,都是真正的施动者或真正的行动者的变质。况且,只要哲学还停留在表象的界限以内,它就仍然是理论的二律背反(它们是意识的二律背反)的牺牲品。同**小**与**大**的非此即彼的取舍一样,下面这种非此即彼的取舍也是毫无意义的:差异是应当被构想为量的限制还是应当被构想为质的对立? 这是因为,无论是被构想为限制还是被构想为对立,差异都被错误地看成是一种否定的非存在。由此还会再产生一种虚幻的非此即彼的取舍:要么,存在是充分的实定性或纯粹的肯定,但这样一来,差异便不复存在,存在是未分化的;要么,存在包含着差异,存在即**差异**,同时还存在着非存在,一个否定的存在。所有这些二律背反都是相互勾连的,而且它们全都取决于同一个幻相。我们应当同时做出如下两个断言:(1)存在是充分的实定性和纯粹的肯定;(2)(非)存在存在,但它不是否定的东西的存在,而是成问题的东西的存在,是问题与发问的存在。事实上,二律背反的起源便是:一旦人们误解了成问题者的本性与界定着**理念**的繁复体,一旦人们将**理念**还原为**相同**或是概念的同一性,否定之物便会突飞猛进。浮出水面的不是**理念**中的规定之实定过程,而是相反谓词

---

① 参 Nietzsche,《道德的谱系》(*Généalogie de la morale*),I,§10。

结论　差异与重复

的对立过程或初始谓词的限制过程。恢复**理念**中的微分以及从中产生的肯定中的差异,这就意味着要切断那条使差异从属于否定之物的不当纽带。

第四个幻相,同样也是最后一个幻相,涉及的是差异对判断之类比的从属。实际上,概念同一性尚未给予我们一条具体的规定法则;它只是表现为**存在**或**我在**(在康德看来,这个**我在**是对一个独立于任何规定的实存的知觉或感受)①之类的未规定概念的同一性。因此,终极概念或初始的、源始的谓词〔范畴〕应当被设定为可规定者。它们是由于如下事实而被人们认识的:它们中的每一个都与存在维持着一种内在关系。就此而言,这些概念是类比者,或者说,**存在**相对于它们而言是类比的,并且它同时得到了一种分配的共通意义(sens commun)的同一性和一种顺序的(ordinal)良好意义(bon sens)的同一性(我们已经看到类比是如何具有这样两种形式,它们不是建立在相等性的基础上,而是[346]建立在判断关系之内在性的基础上)。因此,如果表象只是建立在未规定概念之同一性的基础上,这显然是不够的,同一性本身应当每次都被表象在一定数目的可规定概念之中。这些源始概念(**存在**相对于它们而言是分配的与顺序的)被称为存在的属或范畴。然而,在它们的条件下,衍生出来的种概念又可以被一种划分法规定,也就是在每一个属中的相反谓词的游戏(jeu de prédicats contraires dans chaque genre)。因此,差异便在两个不可彼此还原而又相互补充的形态下(即**大**与**小**,它们极为恰切地表明了差异对表象的归属)被划定了两个界限:作为先天概念的范畴和经验概念;源始的可规定概念和派生的被规定概念;类比概念和对立概念;大的属和种。这种差异的分配要满足表象的要求,而且它本质上是属于类比的观点。但在我们看来,这种由范畴掌控的分配形式已

---

① 【译按】参康德,《纯粹理性批判》,前揭,B276 以下、B429 以下,页 204、307。

经背叛了(作为集合概念和基要[cardinal]概念的)**存在**之本性、(作为游牧分配,而非定居分配或固定分配的)**分配**之本性,以及(作为个体化差异的)**差异**之本性。这是因为个体只能作为差异一般的承负者,并且也只能被思为差异一般的承负者。同时,**存在**本身也被分配在了这些差异的固定形式之中,并且还以类比的方式述说着存在之物。

但同一性、类似性、对立与类比如何同时背叛了重复?

但有一点是人们应当注意的:表象的四重幻相不但使差异变质,而且还使重复走形;而且,从某些方面看来,造成重复走形的原因与造成差异变质的原因具有可比性。首先,表象没有掌握任何将重复与一般性、类似性或等价性秩序区分开来的直接的、实定的标准。所以,重复被表象为完全的类似性或极端的相等性。其次,实际上,表象为了解释重复和理解差异而乞灵于概念的同一性。差异被表象在了同一性概念之中,且由此被还原为单纯的概念性差异。与此相反,重复被表象在概念之外,被表象为一种无概念的差异,不过它始终是以同一性概念为前提:所以,当诸事物在时空中 in numero[拉:在号数上]相互区别时,它们的[347]概念仍然是相同的,重复便这样产生了。因此,表象中的概念的同一性正是通过相同的运动而包含了差异,并将自身扩展至重复。由此产生了第三个方面:重复显然只能得到否定性的解释。实际上,这里涉及到的是解释无概念差异的可能性。要么,人们在概念的每一环节都援用一种概念的逻辑限定,亦即一个相对的"阻断",无论人们把概念的内涵推到多远,始终都会有无穷多的能与这个概念对应的事物,因为人们实际上永远不会到达这种使任何差异都成为一种概念性差异的内涵的无限。但这样一来,人们只能根据一种与我们的概念之表象相关的界限来解释重复;而且,我们正是从这种观点出发才舍弃了一切可以将重复与单纯的类似性区分开来的手段。要么,与此相反,人们乞灵于一种实在的对立,其有能力强加给概念一个绝对的自然阻断。为了做到这一点,这种对立要么是给概念确定一种在原则上必然有限的内涵,要么是界定一种外在于无定概念之内涵的秩序,要么是诉诸于与无限概念的主观伴随物(记忆、认知、自我意识)相对立的力量。如前所见,这三种实例是在名词概念、自然概念与自由概念——在词语、**自然**和无意识——之中找到了自身的例证。而且在所有这些实例中,由于绝对的自然阻断与人为的或逻辑的阻断的区别,人们无疑具有了区分重复与单纯类似性的手段,因为当诸事物在一个绝对相同的概念下不同(différent sous un concept *absolument* le même)时,它们就被说成是在重复。尽管如此,不光是这种区别,就连重复在这里都是以全然否定的方式被解释的。人们(语言)重复,因为人们(词语)不是实在的,因为它只具有名词性的定义。① 人们(自然)重复,因为人们(物质)不具有内在性,因为人们是 partes extra partes[拉:部分之外还有部分]。人们(无意识)重复,因为人们(自我)压抑,因为人们(**本我**)没有回忆、没有认知、没有自我意识——从根本上说是因为人们没有欲力,没有作为概念的种的主观伴随物的欲力(l'instinct étant le concomitant subjectif de l'espèce)。简而言之,人们重复的根据始终是自己不是和自己没有的东西。人们因为听不见才重复。正如克尔凯郭尔所说,这是聋子的重复,或不如说是为了聋子的重复,是词语之声、**自然**之声、[348]无意识之声的重复。各种保证了重复的力量,亦即同属一个绝对相同的概念的诸事物的繁复性,只能在表象之中得到否定性的规定。

---

① 【译按】参本书页5,脚注①。

第四，这是因为重复只有相对于一个概念的绝对同一性才能被界定，它本身应当以某种方式表象这个同一性概念。在这里产生了一个与判断之类比对应的现象。重复并不满足于在相同概念下增加样本的数量，它将概念置于其自身之外，并使其在大量hic et nunc［拉：此时此地的］样本中实存。它打碎了同一性自身，正如德谟克里特打碎了巴门尼德的**存在**一一，并将其复多化为原子。或者不如说，事物在绝对同一概念下繁复化的结果就是把概念划分为绝对同一的事物。正是物质实现了这种被置于自身之外的概念的状态或被无限重复的元素的状态。所以，作为"同一之物的断片化"或"最小之物的重复"的重复之范型与纯粹物质浑然一体。因此，从表象的观点看来，重复具有一种第一意义（sens premier），一种物质的、赤裸的重复的意义，一种相同者之重复（并且，不再只是处在相同概念之下）的意义。重复的其他所有意义都派生自这一外在的范型。也就是说：每当我们遭遇到变体、差异、伪装、移置时，我们虽然说这关涉到了重复，但这却仅仅是通过派生的方式和"类比"的方式（即便在弗洛伊德那里，精神生命中的重复这一令人惊奇的概念并不只是由压抑理论中的对立图示支配的，支配它的还有死亡欲力理论中的物质性范型）。尽管如此，这一外在的物质性范型只是给出了现成的重复，它将重复呈现给了一个从外部静观的观察者；它消除了重复在其中被创制、被制造的厚度（甚至是在物质和死亡当中）。由此反而产生了将伪装与移置表象为重复的构成性元素的倾向。但这同样以混淆重复与类比为条件。同一性不再是元素的同一性，而是与同一性的传统意义一致——相互区别的元素间的关系的同一性，是诸关系的关系的同一性。在前文中，自然物质（matière physique）将自身的第一意义给予了重复，并且其他的（生物学的、精神的、形而上学的……）意义是通过类比被述说的。现在，类比本身即重复的逻辑主题（matière logique），并给予了重复一种[349]分配的意义。① 但这始终是相对于一种被思维的同一性、一种被表象的相等性而言的,因此重复仍然是一个反思概念,它保证了诸项的分配与移置、元素的运送,但这仅仅是在表象之中,是对于一个仍然外在的旁观者而言。

※

作为理由的根据:它的三种意义

赋予根据即规定(Fonder, c'est déterminer)。但规定都包含什么? 它又是对什么发挥作用? 根据(fondement)是逻各斯或充足理由的活动。它本身具有三种意义。按照第一种意义,根据是**相同或同一**。它享有至高的同一性,亦即被假设为属于**理念**的至高的同一性,αὐτὸ καθ' αὐτό [希:据其自身]。无论是(est)还是有(a),它都第一个是、第一个有。那么,除了**勇敢**之外有哪一个是勇敢的? 除了**德性**之外有哪一个是合乎道德的? 因此,须要被根据赋予根据的只是那些后来者(ceux qui viennent après)的要求,在最好的情况下,是所有那些第二个拥有(posséderont en second)的要求者的要求。要求得到一个根据,或是对根据有所诉求的始终是一个要求,亦即一个"影像":例如,要变得勇敢、变得有德性的人的要求——简而言之,就是要拥有一个部分的人,要分有(μετέχειν [希:分有],亦即后来拥有)的人。这样一来,人们就区分出了作为理念性**本质**的根据,作为**要求者**或要求的被赋予根据者,以及要求所针对的对象,也就是**质**——根据第一个拥有质,而有根有据的要求者要第二个拥有它。作为要求的对象,这个质就是差

---

① 就此而言,最为用心的探索出现在法耶那本恰恰名为《类比》(Analogues, Editions du Seuil, 1964)的著作中。这部著作不但讨论了存在于若干系列之中的移置与伪装,还同时将重复设定为一种对于那无论如何都处于外部的眼光而言的类比,参见14—15。并且,这部著作还以类比的方式阐释了死亡欲力的作用。

异——未婚妻,阿莉阿德涅。作为根据的本质即本源地包含了自身对象的差异的同一之物。赋予根据的活动使要求者与根据相似(semblable),根据从内部将类似性给予了要求者,而且在这种条件下,根据使它分有了质,亦即它所要求的对象。由于与相同者相似,要求者被说成是类似(ressembler);但这种类似性不是一种针对对象的外在类似性,而是一种针对根据本身的内在类似性。为了得到女儿就应当类似于父亲。这里,差异是在**相同**之原则和类似性条件下被思考的。而且还会有[350]第三个、第四个、第五个要求者,它们全都是建立在这一内在类似性等级基础上的影像。所以,根据要在要求者当中进行选择、制造差异。每一个有根有据的影像或要求者都被称为表象(祭祀像),因为其秩序中的第一个相对于根据而言已经是第二个。**理念**正是在这种意义上开创了表象的世界或是赋予了表象的世界以根据。至于那些反叛的、没有类似性的影像(拟像),它们只能被消除、排斥,只能被揭露为无根据的、虚假的要求者。

按照第二种意义,一旦表象的世界被开创,根据就不再由同一做出界定。同一已经变成了表象自身的内部特征,正如类似性变成了它与事物的外在关系。现在,同一表现了一个本身应当被赋予根据的要求。因为被要求的对象不再是作为质的差异,而是差异之中的过大和过小、过剩和不足的东西,亦即无限。应当被赋予根据的东西是要征服无限的表象之要求,其目的是为了只对女儿负责,并虏获差异的心。不再是影像竭尽全力征服那似乎本源地包含在同一之物中的差异,反而是同一性竭尽全力征服那处于差异之中的没有被它包含的东西。赋予根据不再意味着开创表象并使表象成为可能,而是使表象成为无限表象。现在,为了将表象的界限扩展至无限小与无限大,根据应当在表象的内部发挥作用。实现这种活动的是这样一种方法:它保证了有限表象的所有可能中心的单一定中心,保证了表象的所有有限观点的聚合。这种活动表现了充足理由。充足理由不是同一性,而是一种手段,这种手段使差异中那在根据的第一种意义处避开了同一之物与表象之要求的东西(ce qui échappait à l'identique, et aux autres exigences de la representation de la difference au premier sens)从属于同一之物和表象的种种要求。

尽管如此,根据的前两种意义在第三种意义之中达成了统一。实际上,赋予根据的活动始终是使被赋予根据者弯曲、倾斜、再弯曲的活动——安排季节的顺序,安排年与日的顺序。要求的对象(质、差异)被置入圆圈当中;圆圈的一段段弧相互区分开来,因为根据在质的生成中建立了一些被包含在"最多"与"最少"这两个极端之间的停滞、时刻、停止。要求者们是围绕着可动的圆圈被分配的,[351]每一个要求者都获得了与其生命之优长相应的奖励〔命运〕:在这里,一个生命被视为一个严格的当前,这个当前将自己的要求对准圆圈的一个部分并对其进行"缩合"。在最多与最少的秩序中,它根据自身在影像等级中的前进或倒退抽取出输或赢(另一个当前、另一个生命则对另一个部分进行缩合)。人们在柏拉图主义中清楚地看到了圆圈的环流与命运的分配、循环与轮回如何形成了根据的考验或抽签。① 但在黑格尔那里,所有的可能开端、所有的当前都仍然被分派在了这样一条原则的连续不断的独一圆圈之中:这个圆圈进行着赋予根据的活动,并将它们包含在了它的中心处,一如它将它们分配在它的圆周上。而在莱布尼茨那里,共可能性本身就是一个聚合圆圈,它分配着组成了世界的所有观点、所有当前。按照第三种意义,赋予根据的活动即表象当

---

① 【译按】关于柏拉图式的抽签,参《理想国》,前揭,617d—620e,页389—394;亦参博尔赫斯,〈巴比伦彩票〉,见《博尔赫斯全集·小说卷》,前揭,页108:"无知的人以为无限的抽签需要无限的时间;其实不然,只要时间无限地细分就行,正如著名的乌龟比赛的寓言所说的那样。这种无限的概念十分符合偶然性的错综复杂的数字和柏拉图主义者酷爱的彩票完美典型。"

前的活动,它使当前在(有限或无限的)表象中到来、流逝。因此,根据显现为不可追忆的**记忆**或纯粹的**过去**。它是自身从未成为过当前的过去,它因而使当前得以流逝。而且,所有当前都相对于这个过去排成一个圆圈共存着。

从根据到无底

赋予根据始终是赋予表象以根据。但如何来解释一种对根据具有本质性意义的含混性?人们说根据被它赋予其根据(在上述三种意义上)的表象吸引(attiré)。与此相反,它同时还要被一个彼岸(au-dèla)吸入(aspiré)。根据仿佛是在下面这两种情况之间摇摆:它要么是下落到被赋予根据者那里,要么是被无底吞没。我们已经在根据——**记忆**那里看到:记忆本身倾向于被表象为一个先前的当前,并且作为元素重新进入到它在原则上组织的圆圈中。而且,这难道不是根据的最为一般的特征?也就是说,它所组织的这个圆圈亦是哲学中的"证明"的恶性循环——表象应当证明那将它证明了的东西(la représentation doit prouver ce qui la prouve),就像在康德那里,经验的可能性要用来证明其自身的证明。与此相反,当先验记忆统治着它的眩晕,并存留着纯粹过去之于任何在表象中流逝的当前的不可还原性时,这是为了看到纯粹过去以另一种方式消散,看到那被它过分简单地分配了差异和重复的圆圈消解。这样一来,重新统一了**爱若斯**与**摩涅莫绪涅**(作为回忆之探寻者的**爱若斯**、作为纯粹过去之宝藏的**摩涅莫绪涅**)的第二时间综合便在第三综合中被超越或颠覆了。第三综合在空时间形式下使被去性化了的死亡欲力和一个本质上患有遗忘症的自恋自我对峙。而且,怎样[352]才能防止根据在它的其他意义上遭到分离和中心偏移,遭到拟像的强力的抗议?正是它们颠覆了虚假的分配、虚假的分派、虚假的圆圈和虚假的抽签。根据的世界被它试图排除的东西削弱了,被吸入它、弄碎它的拟像侵蚀了。而且,当根据在其第一种意义上要求**理念**时,这一要求得以达成的条件便是给予**理念**以同一性。但**理念**本身并不具有这种同一性,后者只是它所试图证明的东西要求加在它身上的。**理念**并不内含什么同一性,它的现实化过程也不是通过类似性得到解释的。繁复体在**理念**的"相同"下嗥叫着。而且,毋庸置疑的是,在将**理念**描述为一种不能被还原为相同或**一**的名词性繁复体(multiplicité substantive)的过程中,我们已然表明,充足理由如何有能力在独立于表象的要求的情况下,通过在可规定性原则、相互规定和完全规定的三重形态下规定与**理念**对应的元素、关系[比]和奇异性,在如其所是的繁复者之行程(parcours du multiple en tant que tel)中自我创生。但确切说来,这种繁复理由(raison multiple)是在什么背景上产生与嬉戏的?它潜入了怎样一种无理性(déraison)之中?它又是从什么样的赌博或新型抽签中获得了它的奇异性和分配——而且这些奇异性和分配不能被还原为一切我们刚刚看到的东西?简而言之,充足理由、根据发生了奇怪的弯曲。一方面,它偏向于被它赋予根据的东西,偏向种种表象形式。但另一方面,它又在无底或根据的彼岸那里斜行、延续,后者抗拒所有形式且不允许自己被表象。如果差异是未婚妻,是阿莉阿德涅,那么它离开了忒修斯(Thésée),来到了狄奥尼索斯身边,它离开了赋予根据的原则,来到了普遍的"脱根据化"身边。

这是因为赋予根据即对未规定者做出规定。但这一活动并不简单。当"那个"规定被行使的时候,它并不满足于给出一个形式或在范畴的条件下赋予质料以形式。基底处的某物重新上升到了表面,但这上升的某物并不具有形式,它毋宁说是渗入到了各种形式之间,它是没有面容的独立的实存,是无形式的底部。这种现在处于表面的基底被称作深度、无底。相反地,当形式被映现在深度中时,它们便尽皆消散,所有的突出(modelé)都消解了,所有的面容都消失了,唯有抽象线仍然存在,它是与未规定者绝对相符的规定,是与夜空相等的闪电、与碱相等的酸,是与模糊整体相符的区别——它就是一头怪物(一个既不与未规定者对立,也不对未规定者进行限制的规定)。[353] 所以,质料—形式的对子是不足以描述规定机制的。质料已经被赋形,而形式则与种或形态的突出不可分割,这一切都处在范畴的庇护之下。事实上,这个对子是完全内在于表象的,而且它界定了自身那个已经由亚里士多德固定了的初始状态。援用力和基底的互补性已经是一个进步,因为这种互补性本身是形式、质料以及二者的统一的充足理由。但是,比这更深邃、更可怕的是消散了质料、消解了突出的抽象线与无底的对子。作为纯粹规定或抽象线的思想应当直面这种作为未规定者的无底。这一未规定者、这一无底亦是专属于思想的动物性(animalité)或思想的生殖性(génitalité):不是某种具体的动物形态,而是愚蠢。因为,如果思想只能在强制与强迫的条件下思考,如果没有东西强迫它思考它就仍然是迟钝的,那么强迫思想思考的东西不也是愚蠢的存在吗?也就是说,只要没有什么强迫它思考,它就不会去思考?让我们重述一遍海德格尔的名言:"最激发思的东西恰恰是我们尚未思想。"作为最高的规定,思想始终面对着愚蠢,就像是面对着那与它相符的未规定者。愚蠢(而非错误)构成了思想最彻底的无力(la plus grande impuissance de la pensée),但它同样也是思想之最高威力的源泉,因为它强迫思想去思考。这便是布瓦尔与佩居榭的惊人冒险,或无意义与意义的游戏。① 因此,未规定者与规定仍然保持着平等,它们始终是相互一致的。有一种将它们引向纺车甚或双

---

① "布瓦尔与佩居榭是否愚蠢"这个问题无关紧要。问题根本不是出在这里。福楼拜的计划是百科全书式的、"批判性的",而不是心理学的。愚蠢的问题是以哲学的方式被提出的,它实际上就是愚蠢与思想之关系的先验问题。在同一个被一分为二、或不如说被重复了的思维存在者(être pensant)中,至关重要的既是作为能力的愚蠢,又是不能容忍愚蠢的能力。这里,福楼拜认识到了他对叔本华思想的继承。

重阅书台的怪异重复。舍斯托夫在陀思妥耶夫斯基那里看到了结果,亦即《纯粹理性批判》的完成与出路。我们可以在布瓦尔和佩居榭那里看到《方法谈》的结果,即便只是片刻。Cogito[拉:**我思**]是一种愚蠢吗?这一命题试图自我述说,亦即同时述说自身和自身的意义,就此而言,它必然是一种无意义。但是,**我思**这个规定试图直接针对**我在**这个未规定的实存,而没有确定那个未规定者在其下可以被规定的形式,就此而言,它亦是一种悖谬(正如康德表明的那样)。[354]笛卡尔式cogito[拉:我思]的主体并不思考,它只是具有思考的可能性,并且它在这种可能性的中心处保持着迟钝的状态。它缺少的是可规定者之形式:不是一种特殊性,不是一种为质料赋形的特殊形式,不是为一个当前赋形的记忆,而是纯粹空时间形式。正是空时间形式将**差异**引入思想之中或是在思想之中构成了**差异**,而思想是从未规定者与规定之间的这种差异出发进行思考的。正是它在自身两侧分派了一个被抽象线割裂的**我**和一个从它所静观的无底那里产生出来的被动自我。正是它在思想之中造成了思维活动,因为思想只能伴随着差异,围绕着这一脱根据点思考。正是差异,或可规定者之形式,使思想这架未规定者和规定的完整机器运转了起来。思想的理论(théorie de la pensée)就像是绘画,它需要那种使绘画从表象艺术过渡到抽象艺术的革命;这便是一种无形象之思想的理论的对象。

无人称的个体化与前个体的奇异性

表象,特别是当它被提升至无限时,被一种无底的预感贯穿。但因为它为了承负差异而使自己成为了无限表象,所以它将无底表象为全然未分化的深渊、一个没有差异的普遍者、一片无差异的黑色虚无。这是因为,表象通过将个体化与**我**的形式和自我的质料联系起来而发端。实际上,对于表象而言,**我**不仅是一种更高的个体化形式,而且还是任何关于事物的个体性判断的认知原则和同一化原则:"这是同一块蜡……"对于表象来说,一切个体性都应当是人称的个体性(**我**),一切奇异性都应当是个体的奇异性(**自我**)。因此,人们不再说**我**之处便是个体化中止之所,个体化中止之所便是一切可能的奇异性终结之处。这样一来,无底就必然被表象为一种没有任何差异的东西,因为它既无个体性亦无奇异性。人们仍然可以在谢林、叔本华,甚或《悲剧的诞生》中那个最初的狄奥尼索斯那里看到这一点:他们的无底无法承受差异。尽管如此,自我,作为被动的自我,只是在在先的个体化场域中发生的一个事件:它缩合和静观着一个这样的场域的个体化因素,并在它们的系列的共振点上构成自身。同样地,**我**,作为分裂的**我**,听任所有的**理念**穿过自身的龟裂。这些**理念**是由其自身的奇异性界定的,而且它本身就先于个体化场域。

[355] 正如作为微分规定的奇异性是前个体的,作为个体化差异的个体化正是前**我**、前自我。无人称的个体化与前个体的奇异性的世界便是**人们**(ON)或"**它们**(ils)"的世界,这个世界不能被归结为日常生活的平淡无奇。恰恰相反,这是一个产生遭遇与共振的世界,它是狄奥尼索斯最后的面孔,它是那超越了表象并使拟像到来的深邃之物与无底的真正本性(按照黑格尔的批评,谢林被无差异的黑夜所围困,在这黑夜中,所有的母牛都是黑色的。但是,当我们在我们那无形象思想的厌烦与焦虑中低声说着"啊!母牛","它们过分了"之类的话时,有那么多的差异之预感在我们背后麇集着,这黑暗虽然是未被同一、未被个体化或勉强被个体化的,但它却既是所分化的又是行分化的,多少差异和奇异性都被作为攻击得到了分配,多少拟像为了组成"人们"与"它们"的世界而在这变为白昼的夜里现身)。① "虽然无底是无差异的,但它却充

---

① 阿达莫夫(Arthur Adamov)曾围绕这一主题撰写了一个非常精彩的剧本《大小手术》(*La grande et la petite manœuvre*, 1950, Théâtre I, N. R. F.)。

满着(fourmille)差异",这是限制的幻相或表象的外在幻相,它是作为所有内部幻相的结果产生的。并且,诸**理念**——伴随着自身那些具有构成作用的繁复体——如果不是那些在**我**的龟裂处蠢动的蚂蚁(fourmis)又能是什么?

※
拟　像

拟像是这样一个系统:其中,各种不同之物通过差异相互关联起来。作为系统的拟像是内强系统;它们得以确立的基础完全就是内强量的本性,而各种内强量正是通过自身的差异才产生交流。虽然这种交流有其条件(微小的差异、接近性,等等),但这一事实不应当导致我们相信一种先在的类似性条件,而只应当使我们相信内强量的特殊性质。内强量是可分的,但它们只有在依循着专属于它们的秩序发生本性变化时才能被划分。至于类似性,它在我们看来只是系统之运转的结果,就像是一个被错当成原因或条件的"后果"。简而言之,对拟像系统的描述应当借助一些似乎从一开始就与表象范畴截然不同的观念:(1)深度,spatium[拉:空间],[356]强度在其中得到了组织;(2)强度形成的龃龉系列、构成的个体化场域(个体化因素);(3)使它们进入到交流状态的"阴暗的预兆";(4)随之产生的耦合、内共振、强迫运动;(5)被动自我和幼生主体在系统中的构成与纯粹时空动力的形成;(6)质和广延、种和部分,它们形成了系统的二重分化,而且会覆盖先前的个体化因素;(7)包含中心,它们表现了个体化因素在被展开的质和广延的世界中的持存。拟像系统肯定了发散和偏移;对于所有这些系列来说,唯一的统一、唯一的聚合就是将它们全部包含起来的无定形的混沌(chaos informel)。没有哪个系列优先于另一系列,没有一个系列拥有范型的同一性,也没有一个系列拥有复制品的类似性。没有哪个系列与另一系列对立,也没有哪个系列类似于另一系列。戴皇冠的无政府状态取代了表象之等级;游牧分配取代了表象的定居分配。

理念与问题理论

如前所见,这些系统是**理念**的现实化场所。就此而言,**理念**既不是一也不是多:它是繁复体,是由微分元素[差异元素]〔dx、dy〕、元素间的微分比[差异关系]、与比[关系]对应的奇异性构成。元素、比[关系]和奇异性这三个维度构成了繁复理由的三个方面:可规定性或可量化性原则、相互规定或可质化原则、完全规定或潜势性原则。这三个方面全都被投射在了一个属于渐进规定的理想性时间维度(dimension temporelle idéale)之中。因此,存在着一种**理念**的经验论(empirisme de l'Idée)。在各种纷繁不同的实例中,我们应当追问:我们是否发现自己正面对着一些理想性元素,也就是一些既无形态亦无功能,但却可以在微分比[差异关系](不可定位的理念性关联)的网络中得到相互规定的理想性元素。例如:在这个实例中物理粒子是理想性元素吗?又是哪些粒子?在这个实例中生物基因是理想性元素吗?在这个实例中音素是理想性元素吗?我们同样应当追问:哪一种奇异性分配,哪一种奇异点与规则点的分配、特异点与普通点的分配是与微分比[差异关系]的值对应的?一个奇异性就是一个系列的出发点,它遍历了系列的[357]普通点,一直到达另一个奇异性的邻域;而这另一个奇异性又造就了另一个与第一个系列时而聚合、时而分离的系列。**理念**拥有肯定发散的强力,它在发散系列之间建立了一种共振。对于哲学本身来说,奇异和规则、特异和普通这些概念所具有的存在论和认识论的重要性远远大于与表象相关的真和假的重要性;因为人们所说的意义取决于这些在**理念**结构中闪耀着的点的区别与分配。因此,使**理念**自身得以被渐进规定的正是以种种比[关系]为着眼点的相互规定之游戏和以奇异性为着眼点的完全规定之游戏。这种**理念**中的游戏即是微分游戏;它遍历了作为繁复体的**理念**并构成了非本质矛盾的方法(虽然莱布尼茨极富天才地运用了这种方法,但他还是使这种方法从属于非法的聚合条件,而后者所表现的仍然是表象之要求的压力)。

通过上述方式得到界定的**理念**不具有任何现实性。它是纯粹的潜能性。所有以相互规定为根据的微分比[差异关系]和所有以完全规定为根据的奇异性分配共存于**理念**的潜能繁复体之中,它们遵循专属于它们的秩序。不过,**理念**首先化身在了个体化场域之中:个体化因素的内强系列包含着那些本身是前个体的理念的奇异性;而系列间的共振则将理想性关系调动了起来。这里,仍然是莱布尼茨深刻地表明了个体本质(essences individuelles)是如何在这些关系和奇异性的基础上被构成。其次,**理念**在种和部分、质和广延中被现实化,这些种和部分、质和广延覆盖并展开了这些个体化场域。一个种是由基因间的微分比[差异关系]构成的,正如机体部分和身体广延是由被现实化了的前个体的奇异性构成的。尽管如此,人们还是应当强调绝对的非类似性条件(condition absolue de non-ressemblance):种或质并不类似于被它们现实化的微分比[差异性关系],有机体部分也不类似于奇异性。只有可能和实在是类似的,但潜能和现实绝不是类似的。**理念**既没有被归并为同一也不具有任何同一性,**理念**之化身与现[358]实化既不通过类似性也不能依靠近似性来进行。

如果种和部分、质和广延,或者更确切地说,特殊化和部分化、质化和外延当真构成了分化的两个方面,那么**理念**就可以说是通过分化被现实化的。对**理念**来说,被现实化就意味着被分化。因此,**理念**在其自身中、在其潜能性中是全然未分化的。尽管如此,它绝不是无规定的:它反而是被完全地微分了(就此而言，潜能绝不是一个模糊的概念；它具有充分的客观实在性；缺少实在性的可能完全不能和它相提并论；可能是表象中的概念之同一性的样式［mode］，而潜能却是**理念**内部的微分之样态［modalité］）。应当赋予作为**差异**之符号的$\frac{t}{c}$这一"示差特征"以最大的重要性：微分（différentier）与分化（différencier）。系统整体调动了**理念**以及**理念**的化身与现实化，这个整体应当在"（个体）—$\frac{微分}{分化}$"这个复杂概念中得到表现。一切事物都拥有两个不成对的、不对称的、不相似的"一半"，而**符号**的两个一半中的每一个又都被划分为两个部分：在潜能之中延续的理念性的一半，它一方面由微分比［差异关系］构成，一方面由相应的奇异性构成；现实的一半，它一方面由将微分比［差异关系］现实化了的质构成，一方面由将奇异性现实化了的部分构成。正是个体化保证了这两个互不相似的重要的一半的嵌合。Ens omni modo determinatum［拉：以一切方式被规定的存在者］的问题应当这样被提出：**理念**中的东西虽然可以被完全规定（被微分），但它却缺少了那些构成现实实存的规定（它是未分化的，甚至是尚未个体化的）。如果我们将被完全地微分了的**理念**的状态称为"清楚的"，而将量与质的分化的形式称为"明白的"，那么我们就应当拒绝明白和清楚的正比例规则：**理念**本身是清楚的—模糊的。而且，它正是通过这种方式才成为了狄奥尼索斯式**理念**，它反对阿波罗式表象的明白和清楚（claire-et-distinct）。在它于自身中保留、保存的这片模糊区域中，在这已然被完全微分了的未分化中，在这［359］奇异的前个体状态中，存在着它那永远不能被平息的迷醉——哲学家正是运用这作为双重色彩的清楚—模糊，并动用一种微分的无意识的全部威力来描绘世界。

在问题那里看到一种临时的和主观的状态，并由此认为我们的认识应当根据它的事实界限来超脱这种状态，这是一个错误。

正是这种错误将否定释放了出来，它通过用否定的非存在替换问题的(非)存在而歪曲了辩证法。"成问题的"是世界的一种状态，是系统的一个维度，甚至是它的视域、它的焦点：它恰恰意指着**理念**的客观性、潜能的实在性。问题之为问题完全是已然被规定的，人们将它与它那些全然实定的条件关联在一起，就此而言，它是应当被微分的——虽然它仍然没有被"解决"，并因而仍然处在未分化的状态。或者毋宁说，问题一旦被设定与规定了，它便被解决了，但它仍然在它所造就的那些从本性上不同于它的解决中客观地持存着。所以，当微分学的形而上学为了作为问题理论的第一原理(premier principe)出现在**理念**之中而避开了表象中的有限与无限的二律背反时，它便找到了自身的真正意义。我们应当用交错(perplication)来称呼**理念**——问题的这种状态，以及它们那共存的繁复体和变异性，它们的元素规定和移动的奇异性分配，以及围绕着这些奇异性进行的理念性系列之形成。"交错"一词在这里指的是一种与意识状态截然不同的东西。我们用并合(complication)来称呼混沌状态，其保留并包含了所有现实的内强系列(séries intensives actuelles)，后者对应着理念性系列，而且还在体现了这些系列的同时肯定了它们的发散。此外，这种混沌不但在自身中集聚了问题之存在，而且还将成问题的东西的持存性价值给予了所有在它内部形成的系统和场域。我们用内含(implication)来称呼内强系列的状态，其凭借自身的差异进行交流，并通过形成种种个体化场域而产生共振。每一个内强系列都被其他的系列"内含"，而它本身又内含了其他的系列；它们形成了系统的"行包含者"和"所包含者"、"行解决者"和"所解决者"。最后，我们用外展(explication)来称呼质和广延的状态，其要在基础系列之间覆盖和展开系统：分化和整合，作为最终解决之总体的界定者，正是在外展中呈现出来的。但是，各个包含中心(centres d'enveloppement)[360]仍然表现着问题之持存,或证实了内含价值在外展与解决问题的运动中的持存(再内含[réplication])。

他 人

我们已经在精神系统中的**他人**身上看到了这几点。**他人**虽然不能与内含在系统之中的个体化因素混为一谈,但它却以某种方式"代表"了它们,也就是说,**他人**对个体化因素而言是有价值的。实际上,在知觉世界的被展开的质与广延当中,它包含、表现了不在自身的表现之外实存的可能世界。这样一来,它便表现了持存着的内含之价值,其赋予了它一种在知觉的被表象世界中发挥的本质功能。这是因为如果**他人**已然假定了个体化场域的组织化,它反而成为了这样一种条件:在这种条件下,我们在这些场域中知觉到了不同的客体和主体,而且,我们还把它们知觉为以不同的名义形成可认识、可认定的个体的东西(les percevons comme formant à divers titres des individus reconnaissables, identifiables)。"**他人**确切说来不是任何人,不是你也不是我",这意味着**他人**是一种结构,它只是在不同的知觉世界中被可变的项实现——**他人**在你的世界中对你来说就是我,在我的世界中对我来说就是你。甚至只是在**他人**中看到一种知觉世界一般(monde perceptif en général)的特殊结构或特异结构仍然不够;事实上,它作为一种结构奠基并保证了这一世界总体的所有运转。这是因为,如果**他人**没有在那儿(était là)表现着一个个可能世界(在可能世界当中,[对我们来说]位于基底的东西被同时前知觉[pré-perçu]或下知觉[sub-perçu]为可能的形式,深度被同时前知觉或下知觉为可能的长度,等等),那么为了描述这一世界所必需的那些概念——形状—底部、对象的断面—统一、深度—长度、视野—焦点,等等——就仍然是空洞的、无法应用的。对象之切分,过渡与断裂,从一个对象到另一个对象的过程,甚至"一个世界为了另一个世界之故而逝去"、"始终有某种仍旧要被外展、被展开的被内含之物"这样的事实,所有这一切的可能性条件都是他人结构(structure-autrui)及其在知觉中的表现性力量。简而言之,正是他人结构保证了知觉世界的个体化。它既不是**我**,也不是自我;**我**与自我反而需要它来保证自身能够被知觉为个体性。仿佛**他人**将个体化因素和前个体的奇异性整合进了对象与主体的界限之中,而对象与主体现在则作为被知觉者或知觉者被呈现给表象。因此,为了重新发现个体化因素(就像它们处于内强系列之中时那样)和[361]前个体的奇异性(就像它们处于**理念**之中时那样),应当沿着上述道路的反方向前进,从实现了他人结构的主体出发,一直回溯到这一结构自身那里,从而领会到**他人**即是**无人**〔**他人**不是任何人〕,然后沿着充足理由的转弯处继续前行,到达那他人结构不再发挥功能的区域(这绝非他人结构所约束的对象和主体),这为的是让奇异性在纯粹**理念**中被展开、被分配,为的是让个体化因素在纯粹强度中被分派。就此而言,思想者的确必然是孤独的(solitaire)和唯我的(solipsiste)〔没有**他人**的〕。

两种游戏:它们的特征

那么,**理念**及其关系变异和奇异性分配从何而来?这里,我们仍然要沿着那条存在着转弯处的道路前进,"理由"正是由这里延伸至彼岸的。根本起源总是被视为一场孤独的、神圣的游戏。当然,游戏的方式有很多种,而且属人的、集体的游戏并不类似于孤独的、神圣的游戏。我们可以根据若干特征来对比属人的游戏和理想性游戏。第一,属人的游戏假定了一些先存的定言规则(règles catégoriques)。第二,这些规则具有规定盖然性的效果,也就是说,它们要规定输的"假设"与赢的假设。第三,这些游戏从未肯定过全部偶然,它们反而打碎了偶然,而且每一次都要从偶然中析取出或者排除掉抛掷的结果,因为它们对具体的赢输的确定必然与假设联系在一起。所以,属人的游戏最终以定居的分配为依据:实际上,在先的定言规则不仅在这里扮演着**相同**这个不变的角色,而且还享有一种形而上学的或道德的必然性;它以这种身份归摄了种种相互对立的假设,而且还使一系列在号数上彼此区分,并且承担着对这些假设进行分配的责任的骰掷、抛掷、投掷与这些假设相对应;而且,骰掷的结果、骰子的再落下是根据它们的结果被排布的,是依循着一种假言必然性的结果,亦即被实现的假设。这便是定居的分配,其中存在着对一个被分配者施行的固定分割,这依循的是由规则所固定的比例性。这种属人的方式、这种虚假的游戏方式并没有隐藏它们的前提:这是一些道德的前提,在这些前提下,假设是**善**与**恶**的假设,而游戏则是对道德的学习。这种糟糕的游戏的范型便是帕斯卡尔的赌博游戏,①这种游戏方式打碎了偶然。在一个永远不受质疑的上帝的实存的恒常规则下,这种游戏方式分配着偶然的碎片,为的是分派人类的生存方式。[362]不过,从柏拉图式的抽签开始,一直到《根本起源》中的莱布尼茨式象棋,人们一次又一次地发现这种完全陷入必然、假设和假言必然性(定言原则或绝然原则、假设、结果)网络中的游戏概念。这种游戏已然与表象的运用混为一谈,它表现出了表象的所有元素:原则的高级同一性、假设的对立、在号数上相互区分的抛掷的类似性、结果与假设关系中的比例性。

　　神圣的游戏则截然不同。赫拉克利特可能谈到过这种游戏,马拉美怀着无比的宗教敬畏和忏悔乞灵于这种游戏,尼采极为确切地援用过这种游戏:这种游戏对我们来说最难理解,我们在表象的世

---

① 【译按】参帕斯卡尔,《思想录》,何兆武译,北京:商务印书馆,1985,断章233,页110—113。

界中无法掌控它。① 首先,不存在先存的规则,游戏遵循的是自身的规则。因此,每一次(à chaque fois),所有偶然都会在必然会赢的骰掷中被肯定。没有任何东西从游戏那里被排除:结果绝不是通过一种将它与特定断片统一起来的假言必然性联系(le lien d'une nécessité hypothétique qui l'unirait à un fragment déterminé)而从偶然中得出,与此相反,它与维持并划分了所有可能结果的偶然整体相符。这样一来,人们便不能再说不同的骰掷是在号数上相互区分了(numériquement distincts);每一次必然会赢的骰掷都引起了抛掷在另一规则下的再生——它仍然是在先前的结果中切割出自己的所有结果。每一次,不同的骰掷都不是在号数上,而是在形式上(formellement)相互区分。不同的规则是唯一的、相同的抛掷的形式,这种经过了"所有次(toutes les fois)"的抛掷在存在论的层次上是一(ontologiquement un)。而且,不同骰掷结果的分派不再是以它们所实现的假设之分配为根据,它们是将自身分配在了独一的、未分割的抛掷的开放空间中:游牧的分配取代了定居的分配。纯粹游戏**理念**,亦即一个不是别的,就是游戏的游戏**理念**,它不会被人类的劳作打碎、限制、打断(什么是最为接近孤独的神圣游戏的属人游戏呢?正如兰波所说,是搜寻 H、艺术作品)。然而,存在于**理念**之中的比[关系]之变异[363]和奇异性之分配的起源就是这些规则,它们是在存在论层次上为一的抛掷的不同形式。这是根本起源由以颠转为起源之缺席的点(在永恒回归那始终移置的圆圈中)。一个随机点通过骰子上的所有点而移置,就像是"一次"通过了所有的"每一次"。这些不同的抛掷发明了它们自身的规则,且它们组成了具有

---

① 参 Eugen Fink,《作为世界之象征的游戏》(*Le jeu comme symbole du monde*, trad. Hildenbrand et Linden-berg, Editions de Minuit, 1960);亦参阿克塞洛的《朝向行星式思想》(*Vers la pensée planétaire*, Editions de Minuit, 1964)——这两位作者试图从一种与我们尝试解说的观点不同的视角着眼来区分神圣游戏和属人游戏,为的是从中提炼出一种有关"存在论"差异的表述,而这显然是受到了海德格尔的影响。

多重形式的单一骰掷,组成了永恒回归的单一骰掷。这些抛掷当中的每一个都是命令性发问,而这种命令性发问则是以一个任由它们敞开、从不填充它们的惟一应答作为支撑。它们激活了理想性问题,而理想性问题的比[关系]与奇异性正是由它们所规定。而且,它们还以这些问题为媒介,激起了骰掷的各种结果,也就是那些体现了这些比[关系]和奇异性的已然被分化的解决。"意志"的世界:**理念**的所有实定性都是在偶然之肯定(命令性的、决定性的发问)和作为结果被造就的肯定(确定的解决实例或解决)之间展开。成问题的、命令的游戏已然取代了假言与定言的游戏;差异与重复的游戏替代了**相同与表象的游戏**。骰子向天空掷出,伴随着随机点的全部移置力量,伴随着它们那些闪光般的命令点,它们在理想之物的天空中形成了问题—星座。伴随着致使抛掷再一次出现的得胜的解决力量,骰子又落回了**大地**。这种游戏在两张桌子上进行着。在界限处,在两张桌子的接合处,怎么会没有裂缝? 而且,如何在第一张桌子上认定一个自身同一的实体性的**我**,如何在第二张桌子上认定一个持续与自身相似的自我? 就像要为结果付出代价或者会因结果而收益的人的类似性那样,游戏者的同一性已经消失了。裂缝、接合处即空时间形式或**阿伊昂**(Aiôn),①骰子每一次都通过时间之裂隙被掷出。一边只有被这一空形式割裂的**我**,另一边只有始终在这一空形式中消解的被动自我。断裂的大地与分裂的天空呼应。"啊,我头上的天空啊! 你这纯洁又高远的天空啊! 这现在于我,就是你的纯洁……——你是神性之偶然性的一个舞场,你是神性之骰子和骰子游戏者的一张神桌"!② 另一张桌上的回应

---

① 【译按】参 Gilles Deleuze,《意义的逻辑》,前揭,页 190—197。
② 《查拉图斯特拉》(Zarathoustra):这段文字,以及下面的两段文字,引自卷三、"日出之前"(【译按】中译参尼采,《查拉图斯特拉如是说》,前揭,页 262);卷三、"七个印记"、§3(【译按】中译参尼采,《查拉图斯特拉如是说》,前揭,页 372);卷四、"高等人"、§14(【译按】中译参尼采,《查拉图斯特拉如是说》,前揭,页 467)。

便是:"要是我曾在大地的神桌上与诸神掷骰子,使得[364]**大地**震动,分崩离析,喷出火流——因为**大地**就是一张神桌,由于创造性的新言辞和诸神的投骰而颤抖不已……"然而,分裂的天空与断裂的大地全都无法忍受否定之物。凭借那割裂或打断它们的东西,它们喷出了否定之物,它们驱逐了所有的否定形式——这些否定形式恰恰代表着虚假的游戏——"你们败于一次投掷。可是,你们这些掷骰子者,这算得了什么啊!你们没有学会游戏和玩耍……"

范 畴 批 判

我们始终在提出一些描述性概念:它们所描述的要么是现实的系列,要么是潜能的**理念**,要么是一切都从中产生的无底。但是:强度—耦合—共振—强迫运动、微分与奇异性、并合—内含—外展、微分—个体化—分化、发问—问题—解决,等等,所有这些概念绝没有形成一个范畴表。认为"范畴表在原则上是开放的"是徒劳的;尽管在事实上可能是这样,但在原则上却并非如此。因为范畴属于表象世界。在这个表象世界中,它们构成了种种分配形式——正是根据这些分配形式,**存在**按照定居的比例性规则在存在者之间被分派。所以,哲学始终试图在范畴的对立面树立起一些不同本性的概念。这些不同本性的概念是真正开放的,它们表现着**理念**的经验的、多元论的意义:"实存上的"反对"本质上的",感知物反对概念。——或者是人们在怀特海(Whitehead)哲学中发现的经验—理念性概念表(la liste des notions empirico-idéelles);正是因为后者的关系,《过程与实在》(*Process and Reality*)成为了最伟大的现代哲学著作之一。这些概念被应用于幻像或拟像之上,并在多重视角下与表象范畴区分开来,就此而言,它们应当被称为"幻想的(phantastiques)"概念。首先,它们是实在经验的条件,而不只是可能经验的条件。也正是在这种意义上,作为不大于被约束者的条件,它们重新统一了**感性论**的两个部分,也就是〔在康德哲学中〕被遗憾地割裂开来的经验之形式的理论和作为实验的艺术作品的理论。但这一方面还不足以让我们确定上述两类概念本性上的差异何在。这是因为,第二,这些〔概念〕类型支配着那些区别分明、无法还原、互不相容的分配:与范畴的定居分配对立的是由各种幻想的概念施行的游牧分配。实际上,这些幻想的概念既不是范畴那样的普遍之物,也不是[365]作为范畴在表象中应用于其上的杂多的 hic et nunc[拉:此时此地]、now here[英:此时此地]。它们是空间与时间的复合物,而且它们无疑是可运送的,但条件是要强加它们自己的风景,或是在它们暂时停留的地方支起帐篷;同时,它们也是一种本质的遭遇(而非一种认知)的对象。毫无疑问,能够意指它们的最佳词语就是巴特勒创造的"埃瑞璜"、"erewhon"。① 它们就是一个个"埃瑞璜"。康德最为强烈地预感到了这样一些概念:它们既不可被还原为概念之普遍性,又不可被还原为此时此地的特殊性,而是具有着想像力的幻想性质。因为如果综合是对此时此地的杂多的综合,如果综合或范畴的统一性是对任何可能经验进行约束的连续普遍之物(universels continus),那么图型则是这样一些先天的时空规定:它们以间断的方式在任何地点、任何时间运送地点与瞬间的实在复合物(complexes réels de lieux et de moments)。如果康德式图型不再不适当地从属于范畴(后者将图型还原为表象世界中的单纯中介状态)的话,它便可以产生飞跃,可以朝向一种差异性**理念**的构想跃进。而且,我们还要再进一步,假定在表象的彼岸有一个**存在**之问题——这些问题由范畴和幻想的或游牧的概念之间的差异调动起来;归根到底,存在被分配给存在者的方式究竟是类比的还是单义性的?

---

① 在我们看来,巴特勒的"埃瑞璜"不只是对 no-where[英:乌有之乡]的伪装,而且还是对 now-here[英:此时此地]的震荡。

※
重复、同一与否定

当我们将重复视为表象的对象时,我们不但以同一性来理解它,而且还以否定的方式来解释它。实际上,如果没有一种(限制的或对立的)否定性力量阻止概念根据自身所归摄的繁复性被特殊化、被分化,那么概念同一性便不能给重复定性。我们已经看到,物质重新统一了如下两个特征:(1)使绝对同一的概念实存于与"次数"或"实例"数量相当的范例中;(2)凭借这一概念的自然贫乏性或它那无意识的、异化的自然状态而阻止它被进一步特殊化。因此,物质虽然是心灵的同一性,亦即概念,但它是异化的、不具有自我意识的、被置于[366]自身之外的概念。表象在本质上要将那种它以**相同**来理解,以否定来解释的物质的、赤裸的重复当作范型。而这难道不同样是表象的二律背反吗:一方面,它只有在这些视角下才能表象重复;另一方面,它在这些视角下就无法无矛盾地表象重复。因为这一物质的、赤裸的范型确切说来是不可思维的(意识如何才能表象那对它只有在场可言的无意识呢?)。诸同一元素只有在诸"实例"相互独立或诸"次数"彼此间断(这两者只有在"一个"已经消失的情况下才会使"另一个"产生)的条件下才会被重复:表象之中的重复被迫在自身形成的同时消解自身。或者更确切说,表象中根本就没有形成过重复。在这些条件下,它无法在自身中形成。所以,为了表象重复,必须将静观的灵魂、被动的自我、下表象的综合、有能力缩合诸实例或诸元素(为的是随后在一个专属于表象自身的空间或存贮时间[temps de conservation]中恢复它们)的习惯安置在各个地方(ça et là)。由此产生的结果极为重要:这种缩合即差异,亦即静观的灵魂的一种变状;而且,它甚至就是这一灵魂的变状本身(la modification),是属于它的唯一变状(它在此变状后便会死亡），最具物质性的重复似乎只能借助一个通过缩合而从它那里析取出来的差异而产生，且就在这个差异之中产生；它只能借助一个从重复中析取出差异的灵魂，且就在这个灵魂之中产生。因此，重复虽然被表象了，但这种表象活动得以进行的条件是：要有一个具有完全不同的本性的静观与缩合的（而非行表象的与所表象的）灵魂。实际上，物质被这样一些灵魂充斥着、披盖着——这些灵魂给予了物质一种厚度，没有这种厚度，物质就无法在表面上呈现出任何的赤裸重复。并且，我们不要认为缩合外在于它所缩合的东西，或者这一差异外在于重复：它是重复不可或缺的构成性部分，它是任何在表面上重复的事物都不能缺少的深度。

一切都因此而改变。如果差异必然（在深度中）是那个它从中被析取出来的表面重复的组成部分，那么知道这种差异有何内容就变得至关重要。这种差异就是缩合，但这种缩合又有何内容？它难道不是过去（过去在所有舒张层面和所有程度上与自身共存）的最高缩合程度和最为紧张的层面？［367］整个过去伴随着每一时刻，但是在不同的程度和层面上。当前只是缩合程度最高、紧张程度最高的那个程度和层面。以上便是柏格森的著名假设。所以，与先前的情况不同，当前的差异不再是一个从诸时刻的表面重复那里析取出来的差异，它毋须勾勒一个表面重复的实存所不可或缺的深度。现在，是这个深度自身在展开。重复不再是一种元素的重复或前后相继的外在部分的重复，而是在不同的层面或程度上共存的整体的重复。差异不再是从元素的重复那里析取出来的，而是存在于一个每一次都是整体的、整体化的重复（une répétition chaque fois totale et totalisante）的诸程度或诸层面之间；从一个层面到另一个层面，差异移置着、伪装着，每一个层面都包含着它的奇异性，也就是专属于它的优先点。而且，对于涉及诸时刻的元素的重复，我们只能说它是整体的重复的最高舒张程度；对于从元素的重复那里析取出来的差异，我们只能说它恰恰是这个整体的重复的最高缩合程度。这样一来,差异本身就处于两种重复之间:一种是表面重复,也就是由它缩合的同一性、瞬时性的外在元素的重复;另一种是深度重复,也就是一个始终可变的过去(它是这个过去的缩合程度最高的层面)的内部整体的重复。差异因而拥有两副面孔,或者说,时间综合已经具有两个方面:一方面是**哈比图斯**,它倾向于以它为可能性条件的初始重复;另一方面是**摩涅莫绪涅**,它向第二种重复敞开,而且它本身就是第二种重复的结果。

两 种 重 复

因此,说"物质的重复有一个被动的、秘密的主体,这个主体无所作为,但一切都在这个主体中发生"和说"存在着两种重复,物质的重复是那种表面的重复"是一回事。虽然人们将记忆理解为一种既具有创生性又能够唤起回忆的纯粹过去的先验能力,但将物质的重复之外的另一种重复的全部特征都赋予**记忆**也可能是不确切的。总之,两种重复的对立特征是以多种形态出现的,记忆只是其中的第一种。在这两种重复中,一种是相同者之重复,它只拥有被抽取或析取出来的差异;另一种是**不同者**之重复,它包含了差异。前者拥有固定的项和位置,后者在本质上包含了移置与伪装。前者是否定的、不足的,后者是实定的、过剩的。前者是元素、实例、"次"、外在部分的重复;后者是可变的内部整体、程度和层面的重复。前者是在事实上继起的,后者是在原则上共存[368]的。前者是静态的,后者是动态的。前者是外延的,后者是内强的。前者是普通的,后者是特异的和奇异的。前者是水平的,后者是垂直的。前者是被展开的且应当被外展的;后者是被包含的且应当被阐释的。前者是结果中的相等性与对称性的重复,后者是原因中的不等性、非对称性的重复。前者是严密性与机械论的重复,后者是选择与自由的重复。前者是赤裸的重复,它被戴上面具的方式只能是外加的、事后的；后者是着装的重复，面具、移置与伪装既是它的初始元素，又是它的最终元素、唯一元素。

我们应当从上述特征的对立中得出两个结论。首先，人们"试图用**相同**来理解重复"和"以否定的方式来解释重复"，这两种做法的出发点是相同的，而且还是同时进行的。对于重复的哲学来说，这里有一种误解，它恰恰与那损害着差异哲学的误解相对应。实际上，人们对差异之概念的界定依据的是差异被纳入到概念一般之中的环节和方式；因此，差异之概念就与单纯的概念性差异混为一谈了；人们因而将差异包含在了同一性之中，概念一般只是在表象中展开的同一性原则。与此相应，重复只能被界定为一种无概念的差异；显而易见，这一定义继续将被重复之物的概念同一性假定为前提，但不是将差异纳入到概念之中，而是将差异置于概念之外从而使其成为号数上的差异，并进而将概念置于其自身之外，从而使其成为与那些在号数上有区别的次数或实例数量相当的样本。所以，它乞灵于一种外在力量或外在性形式，这种力量或形式可以将差异置于同一性概念之外，并通过阻断同一性概念的特殊化而将概念置于自身之外———如人们先前乞灵于一种内在力量或内在性形式，这种力量或形式可以将差异置于概念之中，并通过一种连续的特殊化而将概念置入自身之中。因此，在同一时间，出于相同的着眼点，概念的被假定的同一性"将差异整合、内化为概念性差异"，"又将重复投射为以否定的或不足的方式被解释的无概念的相关差异"。然而，如果所有的一切都在这一连串的误解中联系了起来，那么所有的一切同样应当在差异与重复[369]的复兴中联系起来。**理念**并非概念；作为永远实定的微分繁复体，它截然不同于概念的同一性；**理念**不是通过使差异首先从属于同一性概念，随后从属于知觉类似性、谓词对立、判断类比的方式表象了差异，而是解放了差异，并使差异在种种实定的系统中演进。在这些系统中，不同的东西相互关联在了一起，偏移、龃龉、分离成为肯定的对象，它们打破了概念性表象的框架。而重复的强力则是移置和伪装,正如差异的强力是分离和偏移。差异与重复全都归属于**理念**,因为**理念**既不具有内部亦不具有外部(它是"埃瑞璜")。**理念**将差异与重复造就为同一个问题。存在着一种专属于**理念**的过剩、一种**理念**的过度,它使差异与重复成为了统一的对象(objet réuni),成为了**理念**的"同时发生者(simultané)"。正是这种**理念**的过剩被概念不正当地利用了,而且这一利用还是以背叛和歪曲这种过剩为代价:实际上,概念将理念性过剩分成了两个部分:第一个部分是概念性差异,第二个部分是无概念的差异;第一个部分变得与其自身的概念同一性相等或相似,第二个部分仍然预设着同一种(不过是被阻断的)同一性的不足条件。尽管如此,如果我们追问是什么阻断了概念,我们会清楚地看到答案永不会是缺乏、不足、对立。它不是一个概念的名词的限制;它不是一个时空的自然无差异;它不是无意识的精神性对立。始终是**理念**之过剩构成那中止了概念或颠覆了表象之约束的高级实定性。并且,正是在同一时刻,正是从相同的着眼点出发,差异不再被还原为一个单纯的概念性差异,而重复则与差异结下了最为深邃的纽带,并且,它同时为自己和这一纽带找到了一条实定的原则(在记忆之彼岸,死亡欲力显而易见的悖论便是:尽管被冠以这样一个名称,但在我们看来,死亡欲力从一开始就具有双重功能:使不同之物的全部力量包含在重复之中,同时以最为实定、最为过剩的方式说明重复)。

　　第二个结论便是,仅仅将下面两种重复对立起来是不够的:一种是物质的、赤裸的、以概念的同一性和不足为根据的重复;另一种是精神的、形而上学的、着装的、[370]以始终实定的**理念**的差异和过剩为根据的重复。我们还应当在这第二种重复中发现第一种重复的"理由"。鲜活的、着装的、垂直的、包含着差异的重复应当是水平的、物质的、赤裸的重复(人们满足于从这一重复中析取出差异)产生的原因。对此,我们已经在自由概念、自然概念和名词概念这三种实例那里反复看到：在上述三种实例中，物质的重复始终是更为深邃的重复的结果。这种更为深邃的重复是在厚度中被创制的，它将物质的重复当作结果、当作外部包装（就像是一个可分离的外壳）生产出来。但是，一旦物质的重复不再由其原因或另一种重复所激活，它便失去了全部的意义、失去了自我再生的全部能力。因此，正是着装的重复存在于赤裸的重复下面——前者不但制造了后者，而且还将后者当作其分泌（sécrétion）的效果排出（excrète）。隐秘的（secrète）重复被一种机械的、赤裸的重复包围着。后者就像是最后的屏障，它到处标记着诸差异（在隐秘的重复的作用下，各种差异在一个运动系统中产生了交流）的终极边缘。而且，重复正是在同一个运动中包含着差异（差异不是一种偶然的、外在的变体，而是重复的核心。它组成了重复的本质性变体，构成了重复的移置和伪装，而这是为了一种本身是发散的和移置的差异）并应当获得一条引发了无差异的物质性重复（蛇的空皮；所内含之物的已然被掏空的外壳；只因自己那潜伏的灵魂或内容而或生或死的表皮）的实定性原则——这是一个恒久的事实。对于自然概念来说，情况已然如此。如果**自然**被还原为物质的表层，如果这种物质本身没有支配着一种作为**自然**之母胎的深度，**自然**便永远不会重复。在**自然**的母胎中，有生有死的重复不但被制造着，而且还变为命令性的、实定的存在，而实现此一状况的条件便是使一个始终在场的差异，一个将重复造就为进化的差异移置、伪装。没有这一母胎，**自然**的各种重复都只是一些听任实验者和科学家的善良意志支配的假言重复。一个科学家无法使春天来临，几个科学家也不会使季节轮转。**相同**永远不会为了在循环交替中将自身分配到若干"同类者（pareils）"那里而出离于自身之外，除非差异在这些循环中移置、在这相同中伪装，除非差异使重复成为命令性的重复，而不是单纯将赤裸的重复摆在外部观察者眼前，而在外部观察者看来，变体从本质上说并没有什么意义，它们没有对由它们在内部所构成的东西产生多大影响。

病理学与艺术、刻板症与副歌：作为全部重复之共存场所的艺术

[371]对于自由概念和名词概念而言就更是如此了。人类的言语和行为引发了各种物质的或赤裸的重复，但这些重复只是另外一些具有不同本性的更为深刻的重复的效果（"效果"是在因果、视觉与着装这三种意义上被使用的）。重复是痛苦（pathos），哲学即病理学（pathologie）。但是，病理学有很多种，重复也有很多种，而且还交错在一起。当强迫神经症患者重复着某一仪式时：一次、两次；当他重复计数时：1、2、3——他所进行的是一种外延的元素的重复，这种重复消除和表现了另一种重复，亦即垂直的、内强的过去的重复，其在每一次或每一计数那里都在移置，在所有数和所有"次"那里都在伪装。这便是宇宙论证明在病理学中的等价物：世界之中的因果的水平连贯性需要一个整体化的、世界之外的**第一因**，其乃是各种因果的垂直原因。人们要同时重复两次，但这两次重复的内容截然不同：一次在横向上，是机械的与物质的重复，一次在纵向上，是拟像的象征的重复；一次是部分在重复，一次是部分所依赖的整体在重复。这两次重复虽不在相同的维度之中，但却彼此共存；一种是诸时刻的重复，一种是过去的重复；一种是元素的重复，一种是整体化的重复；当然，最为深邃的重复、"生产性的"重复显然不是最为显见的、带来最多"效果"的重复。在我们看来，这两种重复一般进入了如此纷繁多样的关系之中，以至于必须进行一种尚未完成的极为系统的临床研究，从而能够区分那些与它们的各种可能组合相对应的实例。让我们来考察几种动作的或语言的重复，精神错乱或精神分裂类型的重复症与刻板症。它们似乎不再表现一种能够在仪式的框架内投注一个对象的意

志;确切说来,它们是作为生物反射发挥作用的,其标志着投注的一般失败(faillite générale)(所以,病人无法在他参与的测试中自主地重复)。"不由自主的"重复无论如何都不像否定性解释所认为的那样依存于失语症障碍或健忘症障碍,而是依存于大脑皮质下的病变和"情绪"障碍。这是对重复的另一种否定性解释方式吗——仿佛病人由于退化(dégénérescence)而再度陷入到了那些未被统合的初始回路(circuits primitifs non intégrés)之中? 事实上,人们应当在重复症甚至刻板症那里注意到缩合的恒常在场,它们通过元音或[372]多余的辅音来展现自身。然而,缩合仍然具有两个方面:一方面,它针对一个由它变更的物理重复元素,另一方面,它涉及到一个可以在不同程度上重复的精神整体(totalité psychique)。正是在这种意义上,人们不但在每一种刻板症之中,甚至在青春期精神分裂症患者那持续咀嚼所发出的咯吱声中,辨认出了一种持续存在的意向性。由于缺乏对象,这种意向性不仅将全部精神生命都倾注到断片、动作或词语之中,而且它本身也变成了另外一种重复的元素:譬如,一个病人用一只脚越来越快地旋转,另一条腿则伸得笔直,他似乎要以这种方式击退任何一个突然出现在他背后的人,他由此表达了自己对女人的恐惧以及对她们会惊吓到他的担忧。① 那原本是病理学的东西体现在两个方面:一

---

① 人们可以在阿贝勒(Xavier Abély)的《刻板症》(Les stéréotypies, Dirion, 1916)中找到各种诸如此类的例子。对刻板症和重复症的出色临床研究仍然是吉罗(Paul Guiraud)的《临床精神病学》(Psychiatrie clinique, Le François, éd., 1956,页196以下)和〈对刻板症症状的分析〉(Analyse du symptôme stéréotypie, L'Encéphale, nov. 1936)。吉罗明确地区分了言语重复症和重复(连续的重复症或间隔的刻板症)。这是因为,如果言语重复症的现象能够通过不足或精神空虚,亦即通过否定性的方式被解释,那么重复的现象则将"呈现凝聚和缩合"与"要求一条原初的、实定的解释原则"当作自身的双重性质。关于这个方面,人们注意到:当杰克逊主义将重复与"实定"症状的范畴关联在一起时,它却维持着一种完全否定的解释原则;因为它所援用的实定性只是机械的、赤裸的重复的实定性,其表现了一个假定的低级平衡或原始平衡层面(un niveau supposé d'équilibre inférieur ou archaïque)。事实上,机械的重复,就其构成了(转下页注)

方面,缩合不再保障同时以不同方式"上演"的两个或多个层面的共振,而是挤压所有的层面,将它们压缩在刻板症的断片之中。另一方面,缩合不再从元素那里抽取出一种使元素的重复在意志所组织的时空中成为可能的差异或变状,它反而使变状本身成为了要被重复的元素,它在一种加速(accélération)之中把自己当成了对象,而这种加速恰恰取消了任何赤裸的元素之重复的可能性。因此,人们在重复症和刻板症那里看到的不是纯粹机械的重复[373]的独立性,而是两种重复间的关系的特殊障碍(trouble spécifique),以及着装的重复由以是且始终是赤裸的重复的原因的那个过程的特殊障碍。

　　重复是语言的强力;重复内含着一种诗的**理念**(这种**理念**始终是过剩的),它绝不是以否定的方式或是通过一种名词概念的不足被解释的。根据那些刻画着它们的特征的奇异性,精神整体的诸共存层面可以被视为在种种被分化的系列中被现实化的东西。这些系列可以在一个"阴暗预兆"的作用下产生共振。作为断片,它对所有层面共存于其中的那个整体来说是有价值的。因此预兆由一个层面向另一个层面移置并伪装在所有系列之中,与此同时,任一系列都在另一系列中重复着。不过,预兆本身不属于任何一个层面或程度。具体到词语系列,我们将那种将先前词的意义当作自身所指的词语称为"高阶词(mot d'un degré

(接上页注)重复症或刻板症的显见方面而言,不是表现了一个整体层面,而是像莫纳柯夫(Monakow)和穆尔古(Mourgue)所说的那样在本质上关涉着断片或"碎片"。缩合与断片式凝聚的重要性正由此产生。但是,就此而言,真正的实定性在断片中投注着精神生命的整体,也就是说,它在机械的重复中投注着一种具有全然不同本性的重复,其属于那始终在移置与伪装的"欲力"之领域(情绪)。在刻板症中,人们可以说只有能指是原始的,所指并非如此:"在症候的断片化下面始终存在着一个或多或少具有更丰富意义的连续的所指"(A. Beley et J. -J. Lefrançois,〈对某些儿童运动刻板症的戏剧性症候学概述〉[Aperçu séméiologique dramatique de quelques stéréotypies motrices chez l'enfant, *Annales med. ps.*, avril 1962])。

supérieur)"。但是,作为典型语言学预兆的隐秘词或诗意词(对象＝X)却超越了一切程度(degré),因为它试图同时言说自身与自身的意义,因为它是那始终在移置与伪装的无意义("Snark"或"Blitturi"之类的没有意义的隐秘词)。相对于语言学预兆而言,所有的词语系列都形成了"同名同义词(synonymes)";相对于所有系列而言,预兆本身发挥着"同名异义词(homonymes)"的作用。因此,正是依据自身那最具实定性与理念性的强力,语言将自身的全部系统组织为一种着装的重复。现在,现实诗歌不必与这一诗歌**理念**相符,这是不言而喻的事情。我们只须将阴暗预兆同一化就足以使现实的诗歌出现——亦即赋予它一个至少是名词的同一性,简单地说就是给予共振一个身躯;这样一来,也就像在一首歌曲中那样,诸分化的系列被组织为段或节,而预兆则化身在了迭句或副歌之中。一个又一个的段围绕着副歌旋转。有什么能比歌曲更好地重新统一了名词概念和自由概念?一种赤裸的重复正是在下述条件下产生:既是在表现了作为对象＝X的副歌之回归中,又是在那些被分化的诸段的某些方面中(节拍、节奏,甚或与副歌押韵的段),其本身表现了诸系列的相互渗透。有时甚至是几近赤裸的重复取代了同名同义词和同名异义词的位置,譬如在贝玑和鲁塞尔那里。而且,[374]诗歌的精髓本身被同一于这些原始的重复(répétitions brutes)。不过,这精髓首先归属于**理念**,归属于**理念**从一种更为隐秘的重复出发来生产种种原始的重复的方式。

朝向第三种重复、存在论重复

尽管如此,两种重复之间的区别仍然不够充分。这是因为第二种重复包含了记忆与根据的所有含混之处。它虽然包含着差异,但却只是在诸层面或诸程度之间包含着差异。如前所见,它首先是在自身共存的过去的圆圈形式下出现;随后是在过去与当前

结论　差异与重复

的共存圆圈的形式下出现;最后是在所有流逝着的、相对于对象=X共存着的当前的圆圈形式下出现。简而言之,形而上学使自然、物理学成为了圆圈。但是,怎样才能使这一深邃的重复免于被它所激活的那些赤裸的重复覆盖?怎样才能使它免于屈从于原始重复之首要地位的幻相?根据重新陷入被它赋予了根据的表象之中,与此同时,诸圆圈开始按照**相同**的速度旋转。在我们看来,诸圆圈因此始终要消散在第三综合当中。在第三综合中,(1)根据在无底中被消除,(2)**理念**摆脱了记忆的种种形式,(3)重复的移置与伪装会与作为差异之强力的发散与偏移中心结合。在诸循环之彼岸伫立着首先呈直线状的空时间形式;在记忆之彼岸伫立着死亡欲力;在共振之彼岸伫立着强制运动。在赤裸的重复与着装的重复之彼岸,在那人们从中抽取出差异和那包含着差异的重复之彼岸,伫立着一种"制造"差异的重复。在被赋予了根据的重复与赋予他者以根据的重复之彼岸,伫立着一种脱根据的重复(重复之中的束缚者与解放者、死者与生者同时依靠着它)。在物理重复与精神重复或形而上学重复之彼岸是否伫立着一种存在论重复?存在论重复的功能不是将前两种重复取消,而是一方面将差异(作为抽取的差异或被包含的差异)分配给它们,一方面生产出影响它们的幻相,同时要阻止它们去发展那个它们会陷入其中的相连的谬误(erreur attenante)。终极的重复、终极的戏剧既可以以某种方式聚集一切,也可以以某种方式毁灭一切,还可以以某种方式在一切之中进行遴选。

也许艺术的最高目标便是使[375]所有这些差异,连同它们的本性差异与节奏差异,连同它们各自的移置与伪装、它们的发散与偏移中心同时上台表演,使它们相互嵌合,并且——从一种重复到另一种重复——将它们包含在那些所造成的"效果"随实例的不同而变化的幻相之中。艺术并不模仿,这首先是因为艺术在重复,它凭借一股内在的强力而重复一切重复(模仿是复制品,而艺术却是拟像，它将复制品颠转为拟像）。就连最为机械、最为日常、最具习惯性、最为刻板的重复（该重复始终在相对于其他重复移置，而这种移置发生的条件是：人们要为了其他那些重复而从这机械重复当中抽取出差异）都在艺术作品中找到了自己的位置。这是因为使艺术融入日常生活是唯一的美学问题。我们的日常生活越是表现得规格化、刻板化、服从于消费品的加速再生产，艺术就越是应当伴随着这样的生活。而且，艺术还应当从这样的生活那里夺得微小差异（这些差异不但包含在机械重复之中，而且还同时在重复的其他诸层面之间嬉戏）；应当使消费的习惯性系列的两端和毁灭与死亡的内驱力系列产生共振，从而将残酷性目录加诸于愚蠢目录之上；应当在消费下面发现青春期精神分裂症患者那持续咀嚼所发出的咯吱声；应当在最为无耻的战争破坏与消费之下以美学的方式再生那些构成了这一文明的真实本质的幻相与神秘化，而这是为了使**差异**最终带着这样一种本身即具有重复性的愤怒力量表现自身：它有能力引入最为怪异的遴选，即使这遴选只是一种可以处于各处的缩合，亦即一种为了世界之终结的自由。每一门艺术都拥有那些专属于自身的错综复杂的重复技艺。为了把我们从习惯的沉闷重复引向记忆的深邃重复，并进而引向那作为我们的自由之上演场所的死亡之终极重复，这些技艺的批判性的、革命性的威力具备了达致最高点的能力。我们只准备举三个殊为不同、龃龉异类的例子：现代音乐中所有重复共存的方式（譬如贝尔格［Alban Berg］的《沃采克》［*Wozzeck*］中的 Leitmotiv［德：主乐调］之深化）；绘画中的"波普艺术（Pop-Art）"之方式，其将"影像、影像之影像、影像之影像之影像……"一直推进到影像那颠覆自身、生成拟像的端点（譬如沃霍尔［Andy Warhol］那引人惊叹的"系列性"系列——习惯重复、记忆重复、死亡重复在其中统统联合在一起）；还有小说的写作手法：从习惯的原始性、[376] 机械性重复那里夺取微变（petites modifications）。这些微变本身激活了记忆的重复,而这又是为了一种更为根本的重复——这种根本的重复是生与死表演的舞台。所有这些重复全都共存着,但它们彼此之间又在相对移置,哪怕是通过将新的遴选引入其中而反作用于总体(布托的《变》[*La modification*];或是《去年在马里昂巴德》[*L'année dernière à Marienbad*]这部影片,它表现了电影所掌握或发明的种种特殊重复技法)。

※

时间形式与三种重复

一切重复不都是在纯粹时间形式中被排序吗?这一纯粹形式(时间直线)的定义实际上包括如下三个环节:(1)一个分配了之前、之中和之后的顺序;(2)一个将之前、之中、之后聚集在其先天综合之同时性中的总体;(3)一个使之前、之中、之后的每一个都有一类重复与其对应的系列。以此观点看来,我们应当从本质上区分纯粹的形式和经验的内容。这是因为经验的内容是变动不居、前后相继的;而时间的先天规定则是固定的,就像被"捕捉"在照片或固定镜头当中。这些时间规定共存于一种静态综合之中,后者根据一个卓绝行动的意象对前者进行区分。从经验的层面上说,卓绝的行动可以是任何一种行动,至少它可以在任何经验状况下发现自身的时机(行动 = X);只要这些状况使卓绝行动的"分离(isolation)"成为可能,只要卓绝行动充分地深入到时刻之中,为的是使自身的意象延伸至时间全体并成为形式的先天象征,这就足够了。另一方面,对于时间的各种经验内容,我们在它们那无定限的继起中区分出了第一、第二、第三……:可能没有任何东西在重复,也许重复是不可能的;也可能继起听任自己在一个循环中被界定,重复就产生了,但这样一来,它要么是在一种内部循环的(intra-cyclique)形式下产生,其中 2 重复 1、3 重复 2;要么是在一种交互循环的(inter-cyclique)形式下产生,其中 1_2 重复 1、2_2 重复 2、3_2 重复 3(即使人们构想了一种诸循环的无定限继起,最初的时间[le premier temps]也要被界定为那处于诸循环的起源处或两个循环之间的相同者或未分化者)。无论如何,重复仍然外在于那应当被设定为初始者的被重复之物;在"第一次(une première fois)"与重复自身之间,一条界线被划定了。"第一次"到底是躲避着[377]重复(所以人们才说它是"只此一次的"[一劳永逸的])还是听凭自己在一个循环或是一个接一个的循环中不断重复?对这个问题的回答完全取决于一个观察者的反思。当"第一次"被设定为**相同**时,人们追问"第二次"为了同一于**相同**是否与"第一次"足够类似:考虑到各种经验状况的变化,这个问题只有通过确立判断中的类比关系才能得到回答(路德是使徒保罗的类比者吗?法兰西革命是罗马共和的类比者吗?)。不过,如果从纯粹时间形式或时间直线的观点看来,情况就截然不同了。因为现在,在纯粹时间形式下,在与行动之意象的关系中,每一个规定本身(第一、第二、第三;之前、之中、之后)已经是重复了。与"第二次"、"第三次"一样,之前、"第一次"也是重复。既然每一次本身都是重复,问题便不再需要相对于一个假定的观察者而言的反思之类比,而是应当被实际经验为相对于一个卓绝意象而言的行动之内在条件的问题。重复不再(假设性地)针对着一个能够避开它,并且无论如何都外在于它的"第一次";重复命令性地针对着种种重复,针对着种种重复样式或类型。因此,"差异"这条界线发生了奇异的移置:它不再处于"第一次"和其他诸"次"之间、被重复者和重复之间,而是处于一类又一类的重复之间。进行重复的东西就是重复本身。而且,"只此一次[一劳永逸]"所定性的不再是避开了重复的初始者,而是与进行了无穷多次的重复对立的另一类重复(这样一来,基督教式重复与无神论式重复相互对立,克尔凯郭尔式重复与尼采式重复相互对立,因为在克尔凯郭尔那里是重复本身只进行一次[一劳永逸],而在尼采看来,重复会一次又一次地不断进行;而且,处于这两类重复之间的不是号数的差异,而是根本的差异)。

第三种重复的遴选性力量:永恒回归与尼采(拟像)

当重复针对着诸重复时,当它聚合了所有重复并将差异引入这些重复之间时,如何解释它同时获得了一种令人生畏的遴选能力这个事实?一切都有赖于诸重复在时间之形式、顺序、总体与系列下的分配。这一分配[378]极为复杂。按照第一个层次,**之前**的重复是以否定的、不足的方式被界定的:人们因不知所以而重复,因回忆不起而重复……,因不具备行动的能力而重复(这一行动在经验的层面上既可以是已经做出的,也可以是尚待完成的)。因此,"人们"在此指本我之无意识,它是重复的初始强力。**之中**(Pendant)的重复被一种"变得—类似"或"变得—相等"所界定:人们变得具备了行动的能力,变得与行动之意象相等。现在,"人们"意味着**自我**的无意识、变形,意味着它在作为重复的第二强力的**我**或理想自我中的投射。然而,由于"变得—相似"或"变得—相等"始终是变得与"某种被人们假定为自身同一者或是享有源始同一性之优先地位的东西"相似或相等,所以在这里,人们变得与之相似或相等的行动意象仍然只是对概念一般或**我**的同一性来说才有价值。因此,在这一层面上,前两种重复汇集和分派着否定之物或同一之物的各种特征(如前所见,正是它们构成了表象的界限)。而在另一个层面上,主人公则重复着第一种重复——**之前**的重复。这种重复就好像是在梦里,而且还是以一种赤裸的方式进行的。这种机械的、刻板的重复构成了喜剧。不过,尽管如此,如果这一重复想如其所是地存在的话,它就必然取决于那个存在于它自身的系列之中的藏匿之物、伪装之物,而这种藏匿之物、伪装之物则有能力像踌躇的**哈比图斯**（其中，另一种重复臻于成熟）那样将诸缩合引入系列之中。在第二种重复、**之中**的重复那里，主人公占有了伪装本身，他梦到的是变形。这种变形以一种悲剧的方式恢复了他和他自身的同一性，恢复了他和世界的全部记忆的至深处（tréfonds）；变得具有了行动能力的主人公试图将这一变形与时间全体等同起来。所以，在这第二个层面上，两种重复以自发的方式重演并分派了两种时间综合，两种刻画着它们的特征的形式（赤裸的形式与着装的形式）。

确定无疑的是，人们能够设想：两个重复进入到了一个循环之中，它们在其中充当两个类比的部分。而且，它们还会在循环结束时重新开始，从而启动了一个本身与第一次相类比的新行程；最终，内部循环假设与交互循环假设不但没有互相排除，而且还互相强化，并且在不同的层面上重复着各种重复。但对所有这些情况来说，决定一切的是第三种时间的本性：类比要求应当有第三种时间被给定，《斐多》的圆圈同样也要求两个圆弧应当被[379]第三个圆弧补完（在第三个圆弧那里，一切都取决于它们自身的回归）。例如，有人区分了作为不足的重复的《旧约》和作为变形的重复的《新约》（佛罗利斯的约阿希姆）；有人通过其他方式区分了神的时代（不足的重复、处在人类的无意识之中）和英雄时代（变形的重复、处在人类的**自我**之中）（维柯）。这里有两个问题：(1) 这两种时间是否在同一循环的内部按照类比的尺度相互重复？(2) 这两种时间本身是否在一个新的类比循环中被重复？——从本质上说，对这两个问题的回答完全取决于第三种时间的本性（约阿希姆的"即将到来的**圣约**"、维柯的"人的时代"，巴朗舍的"无名者"）。这是因为，如果第三种时间（亦即将来）是真正的决断场所，那么，就其本性而言，很可能发生的事情是：它消除了内部循环假设和交互循环假设，它同时消解了这两种假设，它使时间成为了一条直线，它重新树立起了时间并从中得出了纯粹的形式,也就是说,它造成了时间的"脱节",而且它本身作为第三综合,取消了另外两种综合的可能性。第三种时间不仅没有确保循环和类比,而且还将二者统统取消。这样一来,根据新的界线(frontière),各种重复间的差异就变成了这个样子:**之前**和**之中**是且始终是重复,但它们仅仅进行一次[一劳永逸]。第三种重复既依循时间的直线分配着它们,并且还消除了它们,又在将"一次又一次地不断进行"完全留给第三种时间的同时使它们只进行一次[一劳永逸]。就此而言,佛罗利斯的约阿希姆已然看到了本质性的东西:同一个被意指之物拥有两种意谓。具有本质性的是第三**圣约**。同一个被重复之物对应着两种重复,这独一的被意指之物、被重复之物自在地重复着自身。它既消除了自身的意谓又消除了自身的条件(conditions)。界线不再是在"第一次"和被它以假设的方式赋予了可能性的重复之间,而是在有条件的(conditionnelles)重复和第三种重复,亦即取消了另外两种重复回归的可能性的永恒回归中的重复之间。只有第三**圣约**自行旋转。只有第三种时间中存在着永恒回归:在该时间中,或者是固定镜头被重新激活,或者是被自身长度牵引的时间直线重又形成了一个循环。时间直线所形成的循环不类似于先前任何一种循环,因为它通向的是无形式之物。它是一个怪异的圆圈,它只对第三时间和归属于该时间的东西而言才有价值。如前所见,不足行动的条件不会回归,变形的施动者的条件也不会回归;只有产物中的无条件者(inconditionné)才会作为永恒回归回归。永恒回归的排除力、遴选力、离心力旨在将重复分配在伪循环(pseudo-cycle)的三种时间之中。但不仅如此,它还要防止前两种重复的回归,它们只出现一次[一劳永逸];它还要使自行旋转的第三种重复一次又一次地回归、永恒地回归。否定之物、相似之物、类比之物都是重复,但它们不会回归,因为它们总是被永恒回归之轮所驱赶。

不会回归的东西

我们都知道尼采没有对永恒回归进行阐明。由于各种各样的原因,我们了解到了这一点,其中既有最为简单的对文本的"客观评论"的原因,又有最为谦逊的诗意或戏剧性的领会的原因。《查拉图斯特拉》的文本状态告诉我们,尽管永恒回归的问题出现过两次,但它始终是一个没被达到、未被明言的真理:第一次是在侏儒、小丑发言时(III,"幻觉与谜团");第二次是在动物们发言时(III,"痊愈者")。单是第一次就足以使查拉图斯特拉患病,使他做了一个可怕的恶梦,并最终促使他决定出海旅行。第二次,经历了一次新的危机的查拉图斯特拉满怀宽容地向他的动物们微笑着,但他知道自己的命运只会存在于尚未被道出的"第三次"那里(第四部的结尾已经宣布了这第三次:"征兆出现了")。我们对尼采遗稿的使用必须遵循那些他在生前出版的著作中已然确定了的方向,因为这些手稿是一些被放在一边、有待将来进一步雕琢的保留材料。我们只知道《查拉图斯特拉》尚未完成,它本应当还有一部记述查拉图斯特拉之死的续篇:作为第三种时间、"第三次"。不过,《查拉图斯特拉》的戏剧性演进本身已然允许人们作出一连串的提问与回答。

(1)当听到侏儒说"所有真理都是弯曲的,时间本身就是一个圆圈"时,查拉图斯特拉为何会勃然大怒,而且还体验了一场异常恐怖的恶梦?在稍后阐释自己的恶梦时,他对此做出了解释:他害怕永恒回归意味着**一切**、**相同**与**相似**的回归,其中包括侏儒,包括最渺小的人(参III,"痊愈者")。他尤其担心重复是否定的、不足的:人们只是由于耳聋、矮小、跛脚、骑在[381]他人的脖子上才重复。人们因无力行动而重复(上帝之死)——即使行动已经被做出。而且,他知道循环性重复必然属于这一类型。所以,查拉图斯特拉否定了时间是一个圆圈,并对侏儒做出回应:"你这重力的精灵!你不要弄得太轻松了!"与"时间本身就是一个圆圈"相反,根据查拉图斯特拉的意愿,时间应当是一条向两个相反方向延伸的直线。而且,假如真的形成了一个怪异地偏离了圆心的圆圈,它也只是在直线的"末端"……;(2)查拉图斯特拉为何经历了一次新的危机并得以痊愈?与哈姆雷特一样,使查拉图斯特拉具有了行动能力的也是一次航海旅行,他认识到了主人公之变形的变得—相似、变得—相等;尽管如此,他觉得时刻尚未到来(参 III,"违愿的幸福")。这是因为他已经消除了否定之物的影子:他知道重复并非侏儒的重复。但是,主人公之变形的变得—相等、变得—相似只是让他接近了一种假定的源始同一性;他还没有消除同一之物那表面上的实定性。新的危机与痊愈是必要的。所以,动物们说是**相同**和**相似**在回归,它们能够将永恒回归解释成一种实证的自然确定性;查拉图斯特拉不再听它们讲话,而是紧闭双眼假装睡觉,他清楚这仍然不是永恒回归真正的样子,因为永恒回归不会让相同或相似回归;(3)尽管如此,查拉图斯特拉为何仍然一言不发?他为何还没有"成熟"?他为何只能在那未被道出的第三次当中变得成熟?"一切、**相同**并不回归"这一启示与"**相同**与**一切**皆回归"的信仰内含着同样多的焦虑——尽管它们内含的是不同的焦虑。将永恒回归构想为遴选的思想,将永恒回归中的重复构想为遴选的存在,这便是至高的考验。应当去体验与构想那脱节的时间,那呈现为一条直线的时间——它不带丝毫怜悯地去除了那些卷入到了时间之中,虽然登台露面,但却仅仅重复一次[一劳永逸]的事物。遴选是在两种重复之间发生的:那些否定地重复、同一地重复的东西要被消除。它们只重复一次[一劳永逸]。永恒回归只面向第三种时间:喜剧与悲剧之后的戏剧的时间(当悲剧变得欢快,喜剧成为超人的喜剧时,戏剧便被界定了)。永恒回归只面向第三种重复并且只处于第三种重复之中。圆圈处在直线的末端。无论是侏儒还是英雄,无论是患病的查拉图斯特拉还是痊愈的[382]查拉图斯特拉,他们都不能回归。永恒回归不仅没有使一切回归,而且还消灭了那些经不起考验的东西(而且,尼采仔细地指出了两种经不起考验的类型:被动的渺小之人或末人,能动的、英勇的、"自愿去死"的伟人)。① 否定不会回归。**同一**不会回归。**相同**与**相似**、**类比**与**对立**不会回归。只有肯定回归,也就是说,只有**不同**、**不似**才会回归。在从这种遴选的肯定中提取出快乐之前会有很多焦虑:没有任何否定永恒回归的东西能够回归,不足不能,相等也不能,唯有过剩能够回归。唯有第三种重复能够回归。这是以牺牲查拉图斯特拉本人的类似性与同一性为代价的:查拉图斯特拉应当失去它们,而且**自我**的类似性和**我**的同一性应当消逝,查拉图斯特拉应当死去。查拉图斯特拉—主人公被放在了等号的一边,而被放在等号另一边的恰恰是不等——哪怕以他现在失去主人公那假装的同一性为代价。因为,"人们"永恒地重复着,但"人们"现在指的是无人身的个体性与前个体的奇异性的世界。永恒回归不是**同一**给一个变为相似的世界造成的结果,不是一个被强加在世界之混沌上的外在秩序,而是世界与混沌的内部同一性——**混沌宇宙**(Chaosmos)。而且,读者怎么会相信尼采——这位**一切**、**相同**、**同一**、**相似**与**相等**、**我**与**自我**的最伟大批判者——会让永恒回归包含这些范畴?怎么会相信这位将"他的"假设与一切循环假设对立起来的思想家会将永恒回归构想为一种循环?② 怎么会相信他会陷溺到循环时间与线性时间、古代时间与现代时间之间的对立这种平淡无奇的虚假观念之中?

但这第三种时间,这处在时间形式末端的无定形,这在直线末

---

① 参 Nietzsche,《查拉图斯特拉》,前言 4 和 5——以及 IV,"论更高的人们":对英雄的批判。

② Nietzsche,《全集》(克略纳版),卷 XII,1,§ 106。

结论　差异与重复

端被移置的偏离中心的圆圈,它又有什么样的内容? 什么是被永恒回归影响、"变更"的内容? 我们已尝试表明,对上述问题进行回答的关键就在于拟像,此乃重中之重。从本质上说,拟像在同一种强力下(sous une même puissance)内含着无意识中的对象 = X、语言中的词语 = X、历史中的[383]行动 = X。拟像是这样一些系统:在其中,不同者借助差异自身而相互关联起来。具有本质意义的是,我们在这些系统中不会发现任何在先的同一性、任何内在的类似性。一切都是系列中的差异与系列之交流中的差异之差异。在系列中被移置与伪装的东西既不能也不应被同一化,它作为差异之施行分化者实存着、行动着。然而,重复在这里必然通过两种方式从差异之游戏中产生出来。一方面,因为每一系列只能通过内含其他系列才可以被外展、展开,所以它重复了其他的系列,并且在那些内含了它的其他系列之中被重复。但是,它在被其他系列内含的同时必须在这些系列中内含着它们,因此,它于自身中回归(revient en elle-même)的次数和它于另一系列中回归(revient dans une autre)的次数是相同的。在己之回归(revenir en soi)是赤裸重复的基底,一如在他之回归(revenir en autre)是着装重复的基底。另一方面,主宰着诸拟像之分配的游戏确保了每一个在号数上与他者有别的组合的重复,因为一次又一次的不同"骰掷"只是"在形式上"互有区别,不是"在号数上"互有区别,所以全部结果都会根据我们提及的行内含者与所内含者的关系被包含在每一骰掷之中。每一骰掷都根据诸骰掷的形式区别而在其他骰掷中回归,但每一骰掷也同样会根据差异之游戏的统一性而回归于自身。在所有这些方面下,永恒回归中的重复都显现为真正的差异强力;而进行重复者的移置与伪装则只是在差异的运送这唯一的运动中再生了不同者的发散与偏移中心。永恒回归肯定了差异,肯定了不似与龃龉、偶然、复多与生成。查拉图斯特拉就是永恒回归的阴暗预兆。被永恒回归消除的正是所有那些制约着差异,通过使差异服从于表象的四重桎梏而中止其运送的审级。差异只有在其强力的末端——亦即通过永恒回归中的重复——才会重新获胜、才会得到解放。永恒回归消除的是这样的东西：它通过取消差异之运送的可能性而取消了永恒回归的可能性。它消除的是作为表象之前提的**相同**与**相似**、**类比**与**否定**。因为，表象[再现]及其诸前提虽然回归，[384]但却只能回归一次，仅仅一次，仅此一次[一劳永逸]，一次又一次地回归对它们来说是不可能的。

相同的三种意义：存在论、幻相与谬误

尽管如此，我们仍然在谈论差异之游戏的单一性（unicité）。我们同样还在谈论"同一个系列"（当它在己回归时）和"相似的系列"（当一个系列在他回归时）。不过，语言中的微小移置却表现了概念中的激变与颠转。如前所见，"诸相似者不同"和"诸不同者相似"这两种表述有着天壤之别。下述情况同样如此：永恒回归的确是**相似**，永恒回归中的重复的确是**同一**——但类似性与同一性恰恰不先存于回归者之回归。它们并非首先对回归者做出定性，而是与其回归绝对地混然一体。不是相同者回归、相似者回归，而是**相同乃回归者之回归**——亦即**不同之回归**；相似乃回归者之回归——亦即**不似之回归**。永恒回归中的重复即相同，但条件是它只述说差异和不同者。这样一来，表象世界以及"同一的"、"相似的"在表象世界中所具有的意义全都被彻底颠覆。这一颠覆并不仅仅是思辨的，它是真正的实践的颠覆，因为它通过将"同一的"和"相似的"专门与拟像联系在一起而界定了这两个词语的正当使用条件，并且还将那以表象为着眼点的通常用法揭露为不正当的用法。所以，只要人们还满足于在术语的层面上将"那被认为集聚了不同者的**相同之深度**"和"那作为自身相等者的**同一的平淡无奇**"对立起来，**差异哲学**在我们看来就没有被很好地建

结论　差异与重复

立起来。① 这是因为,尽管包含差异的**相同**与使差异游离于自身之外的**同一**可以通过多种方式对立起来,但它们依然始终是表象的原则;它们至多会激活有限表象与无限表象的争执。真正的区别不是〔海德格尔所认为的〕同一和相同的区别,而是同一、相同或相似(一旦它们以不同身份被设定为初始者[premiers],它们之间的区别就变得微不足道了)和被阐明为第二强力或二次方(seconde puissance)的同一、相同或相似的区别。一旦得到了后面这种阐明,同一、相同或相似便更加强大,它们围绕着差异旋转,述说着自在之差异。[385]这样一来,所有一切都切实地改变了。只有当承担着全部**存在**的相同本身被应用在那些承担着全部"存在者"的拟像身上时,它作为始终偏离着中心的东西才会实实在在地围绕着差异旋转。

　　漫长的谬误的历史就是表象的历史、祭祀像的历史。这是因为**相同**、**同一**具有一种存在论的意义:永恒回归中的不同者的重复(每一行内含系列的重复)。相似具有一种存在论的意义:造就不同之物者(ce qui dépareille)的永恒回归(所内含的诸系列的重复)。但是,永恒回归本身通过旋转而催生了特定的幻相。永恒回归不但在这一幻相中自娱自乐、自我陶醉,而且还用它来二重化自己对不同者的肯定:现在,它制造了一种同一性影像,仿佛这影像就是不同者的目的;它制造了一种类似性影像,这种影像是"龃龉"的外在效果;它制造了一种否定者影像,其是它所肯定的东西的结果,是它固有的肯定的结果。即使它自身被这同一性、类似性、否定者包围,它依然使这些东西包围着拟像。但确切说来,它们是被模拟的同一性、类似性和否定。它享有着这同一性、类似性和否定,就像是享有着一个始终缺席的目的、一个始终变形的效

---

①　参 Heidegger,〈……人诗意地栖居……〉,见《演讲与论文集》,前揭,页231(【译按】中译参海德格尔,《演讲与论文集》,前揭,页202)。

果、一个始终偏斜的结果：这些全都是拟像之运作的产物。它对它们的每一次使用都是为了使同一之物偏离中心，使相似之物产生变形，使结果弯转迂回。因为不存在弯转迂回的结果之外的其他结果，不存在扭曲变形的类似性之外的其他类似性，不存在偏移中心的同一性之外的其他同一性，不存在缺席的目的之外的其他目的。在自身的产物中自娱自乐的永恒回归，它会揭露其他任何对目的、同一性、类似性与否定的使用。对于否定来说尤其如此：永恒回归以最彻底的方式利用着否定，但它利用否定的方式是服务于拟像的，目的是为了否定"所有否定不同的、繁复的肯定（affirmation différente et multiple）的东西"；是为了在否定中映照出自身的肯定；是为了在否定中将自己所肯定的东西二重化。从本质上说，对同一、相似、否定进行模拟正是拟像所发挥的功能。

存在之类比与表象，存在之单义性与重复

从存在论意义到被模拟的意义，其间存在着一种必然的连锁。被模拟的意义是从存在论意义那里派生出来的（dérive），也就是说，被模拟的意义始终在随波逐流（à la dérive），它既没有自主性也没有自发性。它的存在论原因就像暴风雨一样摆弄着它，而它只是这个原因的单纯结果。但是，表象不会从中获益吗？表象不会一度在波谷处借助幻相产生吗？它不会使幻相[386]成为一种"谬误"吗？这就是说，拟像之同一性、被模拟的同一性被投射或回射到了内部差异之上。被模拟的外部类似性被内化在了系统之中。否定之物变成了原则与施动者。每一个运作的产物都具有了独立性。人们因而假定：只有在先存的**相同**中，差异才有价值，才会存在，才可被思。而这个相同把差异当作概念性差异包含在自身之中，且还通过谓词的对立来规定它。人们假定重复只有在**同一**下才有价值，才会存在，才可被思。这个同一将重复设定为无概

念的差异,并以否定的方式来解释它。人们不是将赤裸的重复把握为着装的重复的产物,不是将着装的重复把握为差异之强力,而是把差异弄成概念中的相同的副产品,把着装的重复弄成赤裸的重复的一个派生品,把赤裸的重复弄成概念外之同一的副产品。正是在同一媒介中,也就是在表象的媒介中:一方面,差异被设定为概念性的差异,另一方面,重复被设定为无概念的差异。而且,由于在那些相同者被分配于其中的终极可规定概念之间不再存在概念性差异,表象的世界发现自身被一张类比之网罩住了,这张网使差异与重复都变成了单纯的反思概念。**相同**与**同一**能够通过多种方式被阐释:在存续性的意义上(A 是 A),在相等性的意义上(A = A),在类似性的意义上(A ≠ B),在对立的意义上(A ≠ 非 A),在类比的意义上(这就像排中律最后所提出的那样——它规定了一些条件,在这些条件下,第三个项只有在与另外两个项的比[关系]同一的比[关系] $\frac{A}{非 A(B)} = \frac{C}{非 C(D)}$ 之中才可以被规定)。但所有这些方式都只是表象的方式,而类比则会为表象添上最后一笔,添上一个作为最终元素的特殊终止。它们都是错误的意义(sens erroné)的发展,而这种意义同时背叛了差异与重复的本性。漫长的谬误由此开始了,它由于只发生一次而变得更加漫长了。

如前所见,类比在本质上属于表象的世界。一旦人们固定了概念一般对差异的纳入的界限时,最高界限就是由终极的可规定概念(存在之属或范畴)代表,而[387]最低界限则是由最小的被规定概念(种)代表。在有限表象中,属差和种差虽然在本性和运作方式上都不尽相同,但它们严格说来却是互为补充的:前者的多义性与后者的单义性处于相关关系当中。实际上,属相对于它的种来说是单义性的,而**存在**相对于它的属或范畴来说则是多义性的。存在之类比同时包含以下两个方面:一方面,存在被分配在可规定形式之中,这些形式必然与存在相区分并改变存在的意义;另一方面,被如此分配的存在必然被分派到存在者那里,后者不但得到了完好的规定,而且每一个都具有独一的意义。但是,这两端全都缺少存在的集合性意义和个体化差异在存在者之中的嬉戏。一切都是在属差和种差之间发生的。真正普遍的东西与真正奇异的东西双双缺席:存在只拥有分配性的共通意义,而个体只具有一般性的差异。人们完全可以"开放"范畴表,甚或使表象无限化,但存在依旧是以范畴为根据,在多种意义上被述说的,并且它所述说的事物始终只能被差异"一般"所规定。这是因为表象世界假定了一种特定类型的定居分配,这类分配区分和分割被分配之物的目的就在于让"每一个"都有它固定的一份(所以,在糟糕的游戏中,在差劲的游戏方法中,先存的规则界定了一些分配性的假设,而骰掷的结果正是根据这些假设来分派的)。人们因而进一步理解了重复是如何与表象相对立的。表象在本质上内含着存在之类比。而重复却是唯一**被实现的存在论**,亦即存在之单义性。从邓·司各脱到斯宾诺莎,单义性之设定始终以两个基本论点为基础。一个论点:虽然的确有若干存在形式,但与范畴相反,这些形式不会作为复多的存在论意义(pluralité de sens ontologique)对存在进行分割。另一个论点:被存在述说的东西是根据各种个体化差异来分派的,而本质上处于运动状态的个体化差异必然给予"每一个"一种样式意谓的多元性(pluralité de significations modales)。这一方案从《伦理学》一开始就得到了充满天才的解说和阐发:人们知道属性不能被还原为种或范畴,因为它们虽然在形式上互有区别,但却是全部相等且在存在论的层面上是一,而且,它们没有将任何分割引入[388]实体之中——而实体在唯一的意义上通过它们被表现、被述说(换言之,属性间的区别不是号数的区别,而是形式的区别)。另一方面,人们知道样式不能被还原为种,因为它们是根据个体化差异在属性中被分派的——在强度中,个体化差异作为强力程度而发挥作用,而强力程度则使它们直接与单义性发生关系(换言之,"存在者"之间的号数的区别不是实在的区别,而是样式的区别)。真正的掷骰子不也是如此吗?虽然一次又一次的抛掷在形式上相互区分,但却是为了一个在存在论的层次上是一的骰掷,骰掷的结果通过单义性那独一的、开放的空间而内含着、移置着、重建着它们相互之间的组合。要使单义性成为纯粹的肯定对象,斯宾诺莎主义唯一没能办到的就是让实体围绕着样式旋转,亦即将单义性实现为永恒回归中的重复。因为如果类比当真有两个方面(一方面,存在在多种意义上被述说;另一方面,存在述说着某一固定的、得到了完好规定的事物),那么单义性自身则有两个与之完全相反的方面:一方面,存在"无论以何种方式"都是在同一种意义上被述说;另一方面,它所述说的却是不同的东西,是始终在存在中运动、移置的差异本身。存在之单义性和个体化差异有着超越表象之外的联系,这种联系和属差与种差在表象之中的那种以类比为着眼点的联系同样深刻。单义性意味着:存在自身是单义性的,被存在述说的东西是多义性的。这恰恰与类比相反。存在根据那些并不破坏其意义的统一性的形式被述说,它在同一种意义上通过所有这些形式被述说——所以,我们已经将范畴与一些具有不同本性的概念对立起来。但是,被它述说的东西是不同的,被它述说的东西是差异自身。不是类比的存在被分配在了诸范畴之中并给诸存在者分派了一个固定的份额,而是诸存在者被分派在了由全部形式所敞开的单义性存在空间之中。敞开(ouverture)本质性地属于单义性[①]。与类比的定居

[①] 【译按】关于单义性存在的敞开性,德勒兹在《电影 I: 运动影像》(*Cinéma 1. L'image-mouvement*, Paris, Éd. Minuit, 1983)中结合柏格森哲学对其进行了阐发:"如果整体是无法被给予的,这是因为它就是**敞开**(Ouvert)。它要不停地变化,或是催生某种新的东西……如果生物是一个整体,因而可以与宇宙的整体相提并论,这并不是因为它是一个封闭的小宇宙(整体被假定为封闭的东西),而是因为它向世界敞开,因为世界、宇宙本身就是敞开"(页20)。

分配对立的是单义性中的游牧分配或戴皇冠的无政府状态。"一切皆平等！""一切皆回归！"但是，一切皆平等和一切皆回归只有在达到了差异的极端尖点时才能被述说。唯一的声音[389]内含着千万种声音，唯一的海洋内含着所有的水滴，唯一的**存在之喧嚣**（clamenr de l'Être）内含着所有的存在者：条件是每一个存在者，每一滴水，每一种声音都达到了过剩状态，亦即那移置它们，伪装它们，并通过围绕自身的可动尖点旋转而使它们回归的差异。

参考文献
人名与专题一览

[391]第一栏标明了作者的姓名；第二栏标明了著作的标题；第三栏指明了相关著作是就我们主题的哪个方面被引用的。

我们已经给科学著作和文学作品标上了星号。

显然，这一文献目录并非详尽齐全，而且它也无能为之（举例来说，像无意识中的"重复的冲动"这样的主题要动用所有——或者几乎所有——精神分析的书目）。我们在这里只满足于列出我们在行文中需要援引的作者和著作，即使我们所采用的只是一段或详或简的引文。

我们有时会以一种暗示性的、泛泛的与一般的方式来援引一些非常重要的作者或著作：例如——就差异哲学而言——达玛修斯、谢林、海德格尔；就重复而言——维柯、贝玑，等等，这是因为我们已经没有机会对这些作者创造的差异概念或重复概念本身进行阐明。与此相反，对于另外一些作者，我们会给出概述性的阐明：例如，柏拉图、亚里士多德、莱布尼茨、黑格尔或尼采。但即便如此，这些阐明从哲学史的视角看来仍然是远不够充分的，因为它们只能在我们的研究流程中找到出场的机会。因此，人们要充分认识到：这里不但不存在任何对出现在许多极为重要的作者那里的差异理论的分析,而且,即便是在这一分析被概述出来的情况下,它也仍旧只是局部的,而它所扮演的亦只是断片的角色。

对于某些作者(柏拉图、亚里士多德、莱布尼茨、黑格尔、弗洛伊德、海德格尔),我们只是在"著作"一栏中注明了"多处"(passim),这是因为差异或重复的主题事实上在他们的全部作品中都出现过。毫无疑问,其中一些著作比其他著作更为直接地论述了这些主题;我们已经在文中引用了它们。与此相反,在另外一些情况下,尤其是对于文学作品而言,我们只引用了一些被视为"范本"的作品——尽管相关作者的全部作品都是围绕着差异与重复展开的。

Abel, N. H.	*《著作全集》(*Œuvres completes*, 1881)	问题理论、微分与规定。
Abely, X.	《刻板症》(*Les stéréotypies*, Dirion, 1916)	精神病学中的刻板症。
Adamov, A.	*《大小手术》(*La grande et la petite manœuvre*, 1950, «Théâtre I», N. R. F.)	无人称的差异。
Allemann, B.	《荷尔德林与海德格尔》(*Hölderlin et Heidegger*, 1954, tr. fr., P. U. F.)	海德格尔的存在论差异。
Alquié, F.	《永恒之欲》(*Le désir d'éternité*, P. U. F., 1943)	无意识中的重复。
Althusser, L.	《保卫马克思》(*Pour Marx*, Maspéro, 1965)	
——与 Balibar, E. Establet, R. Machery, P. Rancière, J. 合著	《读〈资本论〉》(*Lire le Capital*, Maspéro, 1965)	差异与矛盾:差异的结构逻辑学。
Aristote	多处	差异的逻辑学与存在论(属差与种差)。

（续表）

Artaud, A.	*《著作全集》(*Œuvres completes*, N. R. F.)	规定、戏剧与思想。
Axelos, K.	《朝向行星式思想》(*Vers la pensée planétaire*, Éd. de Minuit, 1964)	存在论差异与游戏。
Bachelard, G.	《应用唯理论》(*Le rationalisme appliqué*, P. U. F., 1949)	问题与差异的认识论。
Ballanche, P.	《论社会的轮回》(*Essai de palingénésie sociale*, Paris, 1827—1832)	重复、世界史与信仰。
Beaufret, J.	《巴门尼德诗篇引论》(*Introduction au Poème de Parménide*, P. U. F., 1955)	海德格尔的存在论差异。
	〈荷尔德林与索福克勒斯〉(*Hölderlin et Sophocle*, in *Remarques sur Œdipe et sur Antigone de Hölderlin*, éd. 10/18, 1965)	差异、时间形式，以及荷尔德林所理解的休止。
Bergson, H.	《著作集》(*Œuvres*, P. U. F., Éd. du Centenaire)	物理重复、缩合、变化。 重复与记忆。 生物分化。 强度、质、外延。
Blanchot, M.	《文学空间》(*L'espace littéraire*, N. R. F., 1955)	差异、思想与死亡：拟像。
	《到来之书》(*Le livre à venir*, N. R. F., 1959)	
	〈诸神的笑声〉(*Le rire des dieux*, *La Nouvelle Revue Française*, juillet 1965)	
Boltzmann, L.	*《气体理论讲座》(*Leçons sur la théorie des gaz*, 1898, tr. fr., Gauthier-Villars)	差异与或然。
Bordas-Demoulin, J.	《笛卡尔主义或科学的真正革新》(*Le Cartésianisme ou la véritable rénovation des sciences*, Paris, 1843)	微分的[差异的]**理念**与微分学之阐释。
Borges, J.-L.	*《虚构集》(*Fictions*, 1941, tr. fr., N. R. F.)	混沌、游戏、差异与重复。

（续表）

Bouligand, G. Desgranges, J.	《数学—逻辑学的绝对的衰落》(Le déclin des absolus mathématico-logiques, Éd. d'Enseign. sup., 1949)	数学中的问题与差异的认识论。
Brunschwig, J.	〈亚里士多德的辩证法与存在论〉(Dialectique et ontologie chez Aristote, Revue philosophique, 1964)	差异与亚里士多德式辩证法。
Butler, S.	《生命与习惯》(La vie et l'habitude, 1878, tr. fr., N. R. F.)	重复与习惯。
	*《埃瑞璜》(Erewhon, 1872, tr. fr., N. R. F.)	
Butor, M.	《汇编 I》(Répertoire I, Éd. de Minuit, 1960)	鲁塞尔的重复与自由。
	*《变》(La Modification, Éd. de Minuit, 1957)	重复与变化。
Camus, A.	《希绪弗斯的神话》(Le mythe de Sisyphe, N. R. F., 1942)	差异与同一性。
Canguilhem, G.	《正常的与病理的》(Le normal et le pathologique, P. U. F., 1966)	生物学中的问题与差异的认识论。
Carnot, L.	*《关于微分学之形而上学的反思》(Réflexions sur la métaphysique du calcul infinitésimal, Paris, 1797)	微分学与问题。
Carroll, L.	*《著作全集》(The Complete Works, Londresm Nonesuch Library)	问题、意义与差异（对象 = x）。
Cohen, H.	《康德的经验理论》(Kants Theorie der Erfahrung, Dümmler, 1885)	内强量在《纯粹理性批判》中发挥的作用。
Cuénot, L.	《种》(L'espèce, Doin, 1936)	生物学中的差异。
Dalcq, A.	《卵及其组织性动力》(L'œuf et son dynamisme organisateur, Albin Michel, 1941)	强度、个体化与生物分化。

(续表)

Damascius	《第一原理的疑难与解决》(*Dubitationes et solutiones de primis principiis*, Éd. Ruelle)	新柏拉图主义的差异辩证法。
Damourette, J. Pichon, E.	《论法语语法》(*Essai de grammaire de la langue française*, D'Astrey, 1911—1952)	语言中的差异性的"Ne"。
Darwin, C.	《物种起源》(*L'origine des espèces*, 1859, tr. fr., Reinwald)	生物学中的差异之逻辑。
Dequoy, N.	*《射影几何的无否定的直觉主义公理》(*Axiomatique intuitionniste sans négation de la géométrie projective*, Gauthier-Villars, 1955)	逻辑学与数学中的实定的距离或差异(以格里斯的理解为根据)。
Derrida, J.	《书写与差异》(*L'écriture et la différence*, Éd. du Seuil, 1967)	无意识、语言与艺术作品中的差异与重复。
Duns Scot, J.	《牛津评注》(*Opus oxoniense*, Garcia, Quaracchi)	单义性、形式的区别与个体化差异。
Eco, U.	《开放的作品》(*L'œuvre ouverte*, 1962, tr. fr., Éd. du Seuil)	拟像、差异与艺术作品。
Eliade, M.	《永恒回归的神话》(*Le mythe de l'éternel retour*, N. R. F., 1949)	重复、神话与信仰。
Elie, H.	《可赋意的集合体》(*Le «complexe significabile»*, Vrin, 1936)	中世纪逻辑学中的意义与差异。
Faye, J.-P.	〈关于小说的辩论〉(*In* Débat sur le roman, *Tel Quel*, 17, 1964) *《类比》(*Analogues*, Éd. du Seuil, 1964)	艺术作品中的差异与重复。
Ferenczi, S. ——与 Rank, O. 合著	《精神分析的发展》(*Entwicklungziele der Psychoanalyse*, Neue Arbeiten zur ärtzlichen Psychoanalyse, Wien, 1924)	无意识中的移情与重复。

（续表）

Feuerbach, L.	《黑格尔哲学批判文集》(*Contribution à la critique de la philosophie de Hegel*, 1839, tr. fr.), 哲学宣言 (*Manifestes philosophiques*, P. U. F.)	哲学中的差异与开端。
Février, P.	*〈问题演算与命题演算间的关系〉(*Rapports entre le calcul des problèmes et le calcul des propositions*, C. R. Ac. des Sc., avril 1945)	逻辑学、数学、物理学中的差异与重复。
	《互补性这一基本概念的表现和意义》(*Manifestations et sens de la notion de complémentarité*, Dialectica, 1948)	
Fink, E.	《作为世界之象征的游戏》(*Le jeu comme symbole du monde*, 1960, tr. fr., Éd. de Minuit)	存在论差异与游戏。
Foucault, M.	雷蒙·鲁塞尔 (*Raymond Roussel*, N. R. F., 1963)	差异、类似性、同一性。拟像中的差异与重复。
	〈阿克特翁的散文〉(*La prose d'Actéon*, *La Nouvelle Revue Française*), 1964 年 3 月号	
	《词与物》(*Les mots et les choses*, N. R. F., 1966)	
Freud, S.	多处	无意识中的重复。
	1918 年开始的著作	重复、爱若斯与死亡欲力。
Geoffroy-Saint-Hilaire, E.	《动物学哲学原理》(*Principes de philosophie zoologique*, Paris, 1830)	生物学中的差异之逻辑。
	《自然哲学的综合观念与历史观念》(*Notions synthétiques et historiques de philosophie naturelle*, Paris, 1837)	

(续表)

Ghyka, M.	《黄金分割》(*Le nombre d'or*, N. R. F., 1931)	静态重复与动态重复、对称与不对称。
Gilson, E.	《邓·司各脱》(*Jean Duns Scot*, Vrin, 1952)	差异、类比、单义性。
Gombrowicz, W.	*《费尔迪杜凯》(*Ferdydurke*, tr. fr., Julliard, 1958) *《宇宙》(*Cosmos*, tr. fr., Denoël, 1966)	混沌、差异与重复。
Gredt, J.	《亚里士多德—托马斯哲学原理》(*Elementa philosophiae aristotelico-thomisticae*, I, Fribourg, 7ᵉ éd., 1937)	亚里士多德式类比与差异之逻辑。
Griss, G.-F.-C.	*《无否定的直觉主义数学之逻辑》(*Logique des mathématiques intuitionnistes sans négation*, C. R. Ac. des Sc., novembre 1948), *《论否定》(*Sur la négation*, *Synthèse*, Bussum, Amsterdam, 1948—1949)	逻辑学与数学中的实定的距离或差异。
Gueroult, M.	《迈蒙的先验哲学》(*La philosophie transcendantale de Salomon Maïmon*, Alcan, 1929) 《费希特知识学的演化与结构》(*L'évolution et la structure de la Doctrine de la Science chez Fichte*, Les Belles-Lettres, 1930)	后康德主义中的差异哲学。
	〈莱布尼茨哲学中的空间、点与虚空〉(Espace, point et vide chez Leibniz, *Revue de métaphysique et de morale*)	莱布尼茨的距离与差异。
Guillaume, G.	多处	语言中的差异之逻辑。

（续表）

Guiraud, P.	《临床精神病学》(*Psychiatrie clinique*, Le François, 1956, rééd. de la «Psychiatrie du médecin clinicien», 1922) 〈对刻板症症状的分析〉(*Analyse du symptôme stéréotypie*, *L'Encéphale*, novembre 1936)	精神病学中的重复症与刻板症。
Gurvitch, G.	《辩证法与社会学》(*Dialectique et sociologie*, Flammarion, 1962)	辩证法中的差异与对立。
Hegel, G. W. F.	多处	差异之逻辑与差异存在论（差异、否定、对立、矛盾）。
Heidegger, M.	多处	存在论差异（**存在**、差异与发问）。
Heyting, A.	《数学基础·直觉主义·证明理论》(*Les fondements mathématiques, intuitionnisme, théorie de la démonstration*, 1934, tr. fr., Gauthier-Villars)	逻辑学与数学中的实定的距离或差异（以格里斯的理解为根据）。
Hölderlin, F.	《关于俄狄浦斯的评注·关于安提戈涅的评注》(*Remarques sur Œdipe. Remarques sur Antigone*, 1804, tr. fr., 10/18)	差异、时间之形式与休止。
Hume, D.	《人性论》(*Traité de la Nature humaine*, 1739, tr. fr., Aubier)	物理重复、缩合、变化：习惯的问题。
Hyppolite, J.	《逻辑与实存》(*Logique et existence*, P. U. F., 1953)	黑格尔的差异逻辑学和差异存在论。
Joachim de Flore	《永恒的福音》(*L'Évangile éternel*, tr. fr., Rieder)	重复、世界史与信仰。
Joyce, J.	*《芬尼根的守灵夜》(*Finnegan's Wake*, Faker, 1939)	混沌、差异与重复。

(续表)

Jung, C. G.	《自我与无意识》(*Le moi et l'inconscient*, 1935, tr. fr., N. R. F.)	无意识、问题与分化。
Kant, E.	《未来形而上学导论》(*Prolégomènes*, 1783, tr. fr., Vrin)	内部差异与内在差异。
	《纯粹理性批判》第二版(*Critique de la raison pure*, 1787, 2ᵉ éd., tr. fr., Gibert)	**我思**与**理念**中的无规定者、可规定者和规定。诸能力之差异。
Kierkegaard, S.	《重复》(*La répétition*, 1843, tr. fr., Tisseau)	重复、差异、自由与信仰。
	《恐惧与颤栗》(*Crainte et tremblement*, 1843, tr. fr., Aubier)	
	《恐惧的概念》(*Le concept d'angoisse*, 1844, tr. fr., N. R. F.)	
	《哲学片断》(*Les miettes philosophiques*, 1844, tr. fr., «Le caillou blanc»)	
Klossowski, P.	《一种如此致命的欲望》(*Un si funeste désir*, N. R. F., 1963)	拟像与重复：强度、永恒回归与同一性之丧失。
	〈相同之永恒复归的实际性生存体验中的遗忘与记忆〉(*Oubli et anamnèse dans l'expértience vécue de l'éternel retour du Même*, *Nietzsche, cahiers de Royaumont*, Éd. de Minuit, 1966)	
	*《巴佛麦》(*Le Baphomet*, Mercure, 1966)	
Lacan, J.	《神经官能症患者的个体神话》(*Le mythe individual du névrosé*, G. D. U.)	无意识中的差异与重复：死亡欲力。
	《写作集》(*Écrits*, Éd. du Seuil, 1966)	
Lagache, D.	〈移情问题〉(*Le problème du transfert*, *Revue française et psychanalyse*, 1952)	无意识中的移情、习惯与重复。

(续表)

Lalande, A.	《进化论的种种幻相》(Les illusions évolutionnistes, Alcan, éd. de 1930) 〈差异的价值〉(Valeur de la différence, Revue philosophique, avril 1955)	差异与同一。
Laplanche, J. ——与 Pontalis, J.-B. 合著	〈源始的幻想、诸起源的幻想、幻想的起源〉(Fantasme originaire, fantasmes des origins, origine du fantasme, Les Temps Modernes, avril 1964)	幻想中的差异与重复。
Laroche, E.	《古希腊语中的词根"nem"的历史》(Histoire de la racine NEM - en grec ancien, Klincksieck, 1949)	古希腊人所构想的"分配"。
Lautman, A.	《论数学中的结构观念与实存观念》(Essai sur les notions de structure et d'existence en mathématiques, Hermann, 1938) 《数学之辩证结构新探》(Nouvelles recherches sur la structure dialectique des mathématiques, Hermann, 1939) 《时间问题》(Le problème du temps, Hermann, 1946)	辩证**理念**、微分与问题理论。
Leclaire, S.	〈强迫神经症患者的生命中的死亡〉(La mort dans la vie de l'obsédé, La Psychanalyse, 2, 1956) 〈精神病之精神治疗的原则的研究〉(A la recherche des principes d'une psychothérapie des psychoses, Évolution psychiatrique, II, 1958) 〈在精神分析中发挥作用的诸要素〉(Les elements en jeu dans une psychanalyse, Cahiers pour l'analyse, 5, 1966)	无意识中的差异与重复，以及发问所扮演的角色（根据拉康的观点）。

(续表)

Leibniz	多处	差异的逻辑学与存在论（连续性与不可分辨者，微分的［差异的］无意识）。
Lévi-Strauss, C.	《忧郁的热带》(*Tristes Tropiques*, Plon, 1955)	静态重复与动态重复。
	《今日之图腾崇拜》(*Le totétisme aujourd'hui*, P. U. F., 1962)	差异与类似性。
Maïmon, S.	《论先验哲学》(*Versuch über die Transzendentalphilosophie*, VOS, 1790)	微分的［差异的］**理念**与差异的先验哲学。
Marx, K.	《路易·波拿巴的雾月十八日》(*Le 18 Brumaire de Louis Bonaparte*, 1852, tr. fr., Éd. sociales)	重复与历史。
Meinong, A.	〈论韦伯法则的意义〉(Über die Bedeutung des Weberschen Gesetzes, in *Zeitschrif für Psychologie und Physiologie der Sinnesorgane*, XI, 1896)	差异与强度。
Meyer, F.	《进化问题》(*Problématique de l'évolution*, P. U. F., 1954)	生物学中的差异之逻辑。
Meyerson, E.	多处	差异与同一。
Miller, J.-A.	〈缝合〉(La suture, *Cahiers pour l'analyse*, 1, 1966)	无意识中的差异与重复（根据拉康的观点）。
Milner, J.-C.	〈能指之点〉(Le point du signifiant, *Cahiers pour l'analyse*, 3, 1966)	同上。
Mugler, C.	《希腊宇宙论的两个主题》(*Deux thèmes de la cosmologie grecque*, Klincksieck, 1953)	永恒回归在希腊思想中所扮演的角色。
Nietzsche, F.	《克略纳版著作全集》(*Werke*, Kröner)	差异与重复的存在论：强力意志与永恒回归。

(续表)

Ortigues, E.	《话语与象征》(*Le discours et le symbole*, Aubier, 1962)	语言中的差异之逻辑(根据纪尧姆的观点)。
Osborn, H. F.	《生命的起源与演化》(*L'origine et l'évolution de la vie*, 1917, tr. fr., Masson)	生命、差异与问题。
Paliard, J.	《内含的〔隐含的〕思想与视觉性知觉》(*Pensée implicite et perception visuelle*, P. U. F., 1949)	距离与深度。
Péguy, C.	多处	重复、差异、自由与信仰。 重复、变异与风格。
Perrier, E.	《动物群体与有机体的形成》(*Les colonies animales et la formation des organismes*, Masson, 1881)	生物学中的分化与重复。
Piaget, J.	《发生认识论导论》(*Introducton à l'épistémologie génétique*, P. U. F., 1949)	差异与强度。
Platon	多处	差异逻辑学与差异存在论(划分的方法与拟像)。
Porphyre	《亚里士多德〈范畴篇〉导论》(*Isagoge*, tr. fr., Vrin)	亚里士多德的差异逻辑学。
Pradines, M.	《心理学通论》(*Traité de psychologie générale*, P. U. F., 1943)	深度、距离、强度。
Proclus	《欧几里德〈几何原本〉第一卷注》(*Commentaire sur le 1er livre des Éléments d'Euclide*, tr. fr., Desclée de Brouwer) 《〈巴门尼德〉注》(*Commentaire du Parménide*, tr. fr., Lerous)	新柏拉图主义的差异辩证法;理念与问题。
Proust, M.	*《追寻失落的时间》(*A la recherche du temps perdu*, N. R. F.)	实际性生存体验中的差异与重复。

(续表)

Renouvier, C.	〈形而上学的迷宫〉(Les labyrinthes de la métaphysique, *La Critique philosophique*, 1877)	对各种微分学理论的批判性考察。
Ricœur, P.	《论阐释》(*De l'interprétation*, Éd. du Seuil, 1965)	无意识中的差异与重复(根据弗洛伊德的观点)。
Robbe-Grillet, A.	*多处	差异与重复;移置与拟像。
Rosenberg, H.	《"新"的传统》(*La tradition du nouveau*, 1959, tr. fr., Éd. de Minuit)	重复、戏剧与历史。
Rosny (J.-H.) aîné	《科学与多元论》(*Les sciences et le pluralisme*, Alcan, 1922)	强度与差异。
Rougier, L.	《在居里、卡诺与爱因斯坦之外》(*En marge de Curie, de Carnot et d'Einstein*, Chiron, 1922)	强度、不对称性与差异。
Rousseau, J.-J.	*《新爱洛伊斯》(*La nouvelle Héloïse*, 1761)	精神生活中的重复尝试。
Roussel, R.	*多处	差异与重复、变异与风格。
Russell, B.	《数学原理》(*The Principles of Mathematics*, Allen & Unwin, 1903)	差异、距离、强度。
Ruyer, R.	《精神生物学原理》(*Éléments de psycho-biologie*, P.U.F., 1946) 《生物形式的发生》(*La genèse des formes vivantes*, Flammarion, 1958) 〈价值论的立体感与深度感〉(Le relief axiologique et le sentiment de la profondeur, *Revue de métaphysique et de morale*, juillet 1956)	生物分化。 深度、差异、对立。

(续表)

Saussure, F. de.	《普通语言学教程》(*Cours de linguistique générale*, Payot, 1916)	语言中的差异之结果逻辑学。
Schelling, F. W.	《文集》(*Essais*, tr. fr., Aubier) 《世界年代》(*Les âges du monde*, 1815, tr. fr., Aubier)	差异、强力[乘方]、基底。
Schuhl, P.-M.	《柏拉图研究》(*Études platoniciennes*, P. U. F., 1960)	柏拉图哲学中的重复、变异与风格。
Selme, L.	《卡诺原理反对克劳修斯式经验表述》(*Principe de Carnot contre formule empirique de Clausius*, Givors, 1917)	强度、差异与熵。
Servien, P.	《美学原理》(*Principes d'esthétique*, Boivin, 1935) 《科学与诗学》(*Science et poésie*, Flammarion, 1947)	相等与重复。
Simondon, G.	《个体及其物理学—生物学发生》(*L'individu et sa genèse physico-biologique*, P. U. F., 1964)	差异、奇异性与个体性。
Sollers, P.	〈关于小说的辩论〉(In *Débat sur le roman*, *Tel Quel*, 17, 1964) *《戏剧》(*Drame*, Éd. du Seuil, 1965)	问题、艺术作品中的差异与重复。
Spinoza	《伦理学》(*Éthique*)	单义性、形式的区别与个体化差异。
Tarde, G.	多处	作为**自然**范畴与**精神**范畴的差异与重复。
Tournier, M.	*《礼拜五或太平洋的虚无缥缈之境》(*Vendredi ou les limbes du Pacifique*, N. R. F., 1967)	他人与差异。

参考文献 515

（续表）

Troubetzkoi	《音位学原理》（*Principes de phonologie*, 1939, tr. fr., Klincksieck）	语言中的差异的结构逻辑学。
Verriest, G.	*〈伽罗瓦与代数方程理论〉（*Évariste Galois et la théorie des équations algébriques*, in *Œuvres mathématiques*, Gauthier-Villars, 1961）	伽罗瓦的问题理论与规定理论。
Vialleton, L.	《四足脊椎动物的四肢与诸带》（*Membres et ceintures des Vertébrés Tétrapodes*, Doin, 1924）	生物分化。
Vico, J.-B.	《新科学》（*La science nouvelle*, 1744, tr. fr., Nagel）	重复与世界史。
Vuillemin, J.	《康德的遗产与哥白尼式革命》（*L'héritage kantien et la révolution copernicienne*, P.U.F., 1954）	后康德主义中的差异哲学，以及内强量在柯恩的阐释中所扮演的角色。
	《代数哲学》（*Philosophie de l'Algèbre*, P.U.F., 1962）	阿贝尔与伽罗瓦的问题理论和规定理论。
Wahl, J.	多处	辩证法与差异。
Warrain, F.	《弗龙斯基的哲学著作》（*L'œuvre philosophique de Hoëné Wronski*, Vega, 1933）	弗龙斯基的差异哲学。
Weismann, A.	《论遗传与自然选择》（*Essai sur l'hérédité et la sélection naturelle*, tr. fr., Reinwald, 1892）	生物学中的差异。
Wronski, H.	*《无限的哲学》（*Philosophie de l'infini*, 1814）	微分理念与微分学之阐释。
	*《算法技巧的哲学》（Philosophie de la technie algorithmique, 1817, in *Œuvres mathématiques*, Hermann）	

后　记

　　我能够获得翻译《差异与重复》这部德勒兹的 magnum opus 的机会要感谢同济大学人文学院的柯小刚教授。2006 年 11 月，当时担任同济大学哲学系讲师的柯小刚先生计划将德勒兹的《差异与重复》收入他所主编的"经典与书写"丛书的翻译子系当中，并邀请当时刚读硕士的我来翻译这部或许是德勒兹本人最难的著作。2007 年 6 月版权问题解决后我便开始着手翻译，就此开始了本书翻译的第一个阶段。

　　翻译工作历时两年半，译稿于 2010 年 1 月完成。当时正在法国巴黎第一大学（先贤祠－索邦大学）攻读博士学位的曾怡女士翻译了书中出现的所有希腊文和拉丁文术语，在此对她深表感谢！为求准确，我在翻译过程中参考了《差异与重复》的英、德、日三种译本。其中，日译本不仅准确程度最高，而且还包含了大量的说明性译注，对于读者理解这部极为难懂的著作提供了很大的帮助。因此，我将日译本的大部分译注译为中文，加入到译稿当中。此外，对于一些德勒兹特有概念的翻译，我也直接沿用了日译本的译法，最为典型的例子就是将德勒兹借自同时代法国哲学家西蒙东（Gilbert Simondon）的"disparation"概念翻译为"龃龉化"。

　　不过，由于种种原因，译稿被搁置。2018 年 6 月，在复旦大学曹伟嘉博士的帮助和华东师范大学出版社六点分社社长倪为国先生的支持下,《差异与重复》中译本的出版工作得以提上日程,本书的翻译由此进入到第二个阶段。在这个阶段中,本书的第二译者张子岳完成了大量的工作,他对照《差异与重复》的法文原著对2010年版译稿进行了彻底的修改,从而使译稿在准确程度和文字流畅程度上都有了显著的提升。在此基础上,我又对他的修改稿进行了二次修改,并加入了新的说明性注释,其中很多就来自德勒兹本人的授课内容。

在本书翻译的第三个阶段,也是最后一个阶段中,在责任编辑高建红女士和审读编辑施美均女士的大力协助下,我又对第二阶段完成的译稿进行了两次全面的修改,读者现在读到的就是多次彻底修改之后的最终成果。两位编辑认真细致的工作为译本质量的提升做出了重要贡献,在此向她们表示衷心的感谢!

最后,感谢多年来等待《差异与重复》中译本问世的读者们,是你们让我意识到了这项翻译工作的意义所在。陈嘉映先生在他为《存在与时间》的修订译本撰写的前言中写道:"翻译不能代替对原著的研究。这个译本所希望的,是使一般读者了解此书,并为专家研究原著提供参考。"同样,我也希望《差异与重复》的中译本能够为读者们加深对德勒兹思想的理解提供帮助。

安　靖

2019 年 5 月

图书在版编目(CIP)数据

差异与重复/(法)德勒兹著;安靖译.
--上海:华东师范大学出版社,2019
ISBN 978-7-5675-9136-3

Ⅰ.①差… Ⅱ.①德… ②安… Ⅲ.①西方哲学—哲学史—研究 Ⅳ.①B5

中国版本图书馆 CIP 数据核字(2019)第 076546 号

华东师范大学出版社六点分社
企划人 倪为国

Différence et répétition
by Gilles DELEUZE
Copyright © Presses Universitaires de France, 1968
Simplified Chinese edition arranged with Presses Universitaires de France
Simplified Chinese Translation Copyright © 2019 by East China Normal University Press Ltd.
ALL RIGHTS RESERVED.
上海市版权局著作权合同登记 图字:09-2008-767 号

差异与重复

著　者　(法)吉尔·德勒兹
译　者　安　靖　张子岳
审读编辑　施美均
责任编辑　高建红
封面设计　吴元瑛

出版发行　华东师范大学出版社
社　　址　上海市中山北路 3663 号　邮编　200062
网　　址　www.ecnupress.com.cn
电　　话　021-60821666　行政传真　021-62572105
客服电话　021-62865537
门市(邮购)电话　021-62869887
地　　址　上海市中山北路 3663 号华东师范大学校内先锋路口
网　　店　http://hdsdcbs.tmall.com/

印 刷 者　上海盛隆印务有限公司
开　　本　787×1092　1/32
印　　张　16.75
字　　数　420 千字
版　　次　2019 年 6 月第 1 版
印　　次　2023 年 11 月第 7 次
书　　号　ISBN 978-7-5675-9136-3/B·1186
定　　价　148.00 元

出 版 人　王　焰

(如发现本版图书有印订质量问题,请寄回本社客服中心调换或电话 021-62865537 联系)